JONAS VERLAG

Mitteilungen des Vereins für Geschichte
und Landeskunde zu Bad Homburg v.d. Höhe
38. Heft/1990

Gedruckt mit Unterstützung
der Stadt Bad Homburg v. d. Höhe

Rosenstraße 12/13, D-3550 Marburg

Gestaltung Gabriele Rudolph
Datenkonvertierung Thomas Rudolph, Deizisau
Druck alp-druck, Marburg

ISBN 3-89445-104-1

Angelika Baeumerth

Königsschloß contra Festtempel

Zur Architektur der Kursaalgebäude von Bad Homburg vor der Höhe

Jonas Verlag

Inhalt

Vorwort

Die kunsthistorische Erforschung der Architektur des 19. Jahrhunderts zog seit den 1970er Jahren erstmals ein erkennbares Interesse der Kunsthistoriker an der architektonischen Ausstattung der Kur- und Badeorte im deutschsprachigen Raum nach sich.

1974 erschien als Band 24 der „Studien zur Architektur des 19. Jahrhunderts" der Aufsatzband „Die deutsche Stadt" mit zwei Aufsätzen zur „Bäderarchitektur". Ulrike von Hase legte eine Studie zur architektonischen Entwicklung der Kur- und Residenzstadt Wiesbaden vor; Monika Steinhauser entwarf ein architektonisches Charakterbild von Baden-Baden.

Den Gedanken, eine historisch gewachsene Stadtgestalt in ihren architektonischen Determinanten monografisch nachzuvollziehen, haben in der Folge mehrere Autoren aufgegriffen. Besonders zu erwähnen ist hier die wiederum als Aufsatzsammlung erschienene, bisher umfassendste Publikation zum Thema, „Kurstädte in Deutschland", herausgegeben von Rolf Bothe. Die begriffliche Unschärfe des Untertitels „Zur Geschichte einer Baugattung" läßt die Intention des Autorenteams erkennen, die Gesamtheit der architektonischen Konkretisationen in den Kurorten – es handelt sich in dem Band nicht nur um „Kurstädte"– als zu bearbeitende Aufgabe aufzufassen.

Doch enthält der Band auch drei als Einleitung zu begreifende Kapitel, die den Untertitel rechtfertigen und ihn vielleicht als Forschungsansatz initiierten. In ihnen wird von der bewährten Gesamtbetrachtung abgegangen, und es werden mit der an exemplarischen Beispielen abgehandelten Entwicklung der Kurhäuser und der Badehäuser zweifellos die beiden wichtigsten kurörtlichen Baugattungen angesprochen. Die gattungsspezifische Entwicklung der Brunnenbauten, Wandelhallen, Boutiquenreihen usw. bleibt jedoch weiterhin ein Desiderat. Noch nicht behandelt wurde die Geschichte des Kurparks und seiner spezifischen Requisiten, wie z.B. den architektonischen Hinterlassenschaften dankbarer Kurgäste und den Denkmälern, die sich mancherorts zu veritablen Denkmal-Parcours formieren. Architektonische Sonderformen im Kurort, von den russischen, englischen und sonstigen Kirchen nicht ortsüblicher Religionsgemeinschaften bis hin zu den Fürstenbauten auf Bahnhöfen haben seitens der Kunstgeschichte noch nicht einmal ansatzweise Beachtung gefunden. Ganz zu schweigen von den kurörtlichen Detailausprägungen wie etwa den Balkonen an parknahen Villen oder den „Secreten" oder „Heimlichkeiten" (Toilettenanlagen), deren reale Bedeutung in keinem Verhältnis zu ihrer wissenschaftlichen Erforschung steht.

Die vorliegende Arbeit ist aus der faszinierten Auseinandersetzung der Verfasserin mit den eingangs erwähnten Aufsätzen von Steinhauser und von Hase hervorgegangen. Der bald sich herauskristallisierenden Möglichkeit und Notwendigkeit der Konzentration auf einen einzigen Kurort, Bad Homburg, folgten sehr umfassende Recherchen vor Ort .

Die literarische Situation über das Bad Homburg ist, wie in fast allen Kur- und Badeorten, sehr disparat. Es existieren diverse lokalgeschichtliche Kleinschriften und Aufsätze, die sich aber als wissenschaftlich unergiebig erweisen. An lokalgeschichtlichen Veröffentlichungen besonders hervorzuheben ist die 1935 zur 100-Jahrfeier des Bades Homburg erschienene Publikation von Heinrich Jacobi. Sie enthält eine Fülle von Informationen, die großenteils aus damals im Privatarchiv des Verfassers enthaltenen Dokumenten zu stammen scheinen. Da Jacobi seine Quellen nicht nannte und überdies der Nachlaß zerstreut und teilweise verloren ist, lassen sich seine Angaben nicht überprüfen. Ein Zurückgehen auf die Quellen in den Archiven in Bad Homburg und vor allem in Wiesbaden war daher unerläßlich. Ergänzend dazu hat die Verfasserin auf die in der Landesbibliothek Wiesbaden aufbewahrte Sammlung Hoehn zurückgegriffen. In ihr sind Aktenabschriften, Zeitungsartikel und sonstige Materialien zum Spielbankwesen enthalten; sieben Bände beziehen sich auf Bad Homburg.

Eine Dissertation über die Architektur dieser Kurstadt sollte, so lautete die Ausgangsthese, alle möglichen architektonischen Sonderformen behandeln, um zu einem noch präziseren, archivalisch unterbauten Charakterbild zu gelangen. Im Lauf der Zeit reifte die Erkenntnis, daß die in Bad Homburg zur Debatte stehenden Bauten nicht isoliert betrachtet werden konnten, sondern in eine vergleichende Betrachtung der Baugattungen in anderen Bädern eingebunden werden mußten. Dies lief darauf hinaus, daß unzählige mehr oder (meist) minder brauchbare heimatkundliche Schriften gesichtet werden mußten.

Hinzu kam der Vorsatz der Verfasserin, die ihrer Ansicht nach aus den Quellen offensichtlich hervorgehenden Rahmenbedingungen der Architektur adäquat zu berücksichtigen. Im Falle Bad Homburgs betraf dies vor allem die Problematik des Spielbankwesens, das in kunsthistorischen Arbeiten als kulturhistorisches Phänomen allenfalls am Rande wahrgenommen, aber nicht als einer der konstituierenden Faktoren der Architektur erkannt und analysiert wird.

Angesichts der beschriebenen Forschungslage erwies es sich als unmöglich, alle Bad Homburger Bauten der Kur gleichermaßen intensiv zu bearbeiten. Mehrere Baugattungen verdienen Einzelstudien. Hierauf soll zumindest stichwortartig eingegangen werden.

Die Gattung der Badehäuser spielte in dem Spielbad Homburg (bis 31.12.1872) nur eine untergeordnete Rolle. Man begnügte sich mit einem Badehaus, dessen Therapieerfolge nur sehr gering gewesen sein können, da es weit entfernt von den Quellen direkt neben dem Kursaalgebäude errichtet worden war, was zur Folge hatte, daß das Wasser in Kübeln herantransportiert werden mußte. Die Kritik der Ärzte an diesen Verhältnissen fiel erst, dann allerdings unmittelbar nach der Schließung der Spielbank auf fruchtbaren Boden. 1888 wurde der Grundstein zu einem neuen, in unmittelbarer Quellennähe errichteten Badehaus gelegt, das 1890 als Kaiser-Wilhelms-Bad eröffnet wurde. Sein Bau markierte das Ende der ambitionierten, an internationalen Standards orientierten Architekturentwicklung der „Spielbankzeit" . Das Kaiser-Wilhelms-Bad ist als das architektonische Bekenntnis der Stadt Homburg zu ihrem neuen „Herrn", dem preußischen König und Kaiser, zu interpretieren. Aus diesen die Situation knapp umreißenden Ausführungen wird deutlich, daß eine lediglich auf einem schütteren lokalgeschichtlichen Wissensstand basierende architekturhistorische Darstellung der Architektur an der eigentlichen Problematik vorbeigehen muß. So bleibt die Abhandlung zur Geschichte der Badehäuser in dem Band „Kurstädte in Deutschland", in der dem Kaiser-Wilhelms-Bad sein Platz in der Entwicklung der Baugattung zugewiesen wird, eine rein formgeschichtliche Betrachtung.

Wie stark die Architektur in Kurorten von historischen und gesellschaftlichen Wandlungen bestimmt wurde, zeigen in Bad Homburg vor allem die sich als äußerst ephemere Architektur erweisenden Brunnenbauten. Am Beispiel der prominentesten Quelle, des 1834 wiederentdeckten Elisabethenbrunnens, zeigt sich die Notwendigkeit, das Baugeschehen in die lokale, aber auch in die überlokale Bad-Geschichte einzubinden; in der vorliegenden Arbeit wurde dies für die Frühphase der Existenz des Brunnens aufzuzeigen versucht. Die relativ starke Beachtung der Brunnenbauten seitens des Spielbankpächters erklärt sich aus der auch für ein Spielbad notwendigen Schaffung von Spaziergängen mit lohnendem Ziel. Die Brunnen innerhalb des mit Bedacht einem der führenden deutschen Gartenarchitekten, P.J. Lenné anvertrauten Kurparks boten die Gewähr, „gesellschaftliche Vereinigungspunkte" darzustellen. Erst in preußischer Zeit, nach 1866, gewannen Tendenzen der Monumentalisierung der Brunnenbauten die Oberhand. Nicht zufällig wurde Kaiser Wilhelm II. persönlich zum Ideenlieferanten für zwei Neubauten von Brunnenanlagen.

Beide Baugattungen, sowohl die Brunnen- als auch die Badehaus-Architektur, gelangten in Homburg erst im ausgehenden 19. Jahrhundert zu nennenswerter Bedeutung.

In der ersten Blütezeit des Bades konzentrierte sich die Aufmerksamkeit auf andere architektonische Belange. Naturgemäß spielten in dem von dem von einem Tag auf den anderen zum Nobelbad gekürten Ort die Schaffung einer entsprechenden „Infrastruktur" eine vorrangige Rolle. Privates Unternehmertum war auf allen Ebenen gefragt. Homburger Privatiers sorgten für die notwendigen Logis. Die in den 1840/50er Jahren geschaffenen Logierhäuser legten in ihrer Entwicklung beredtes Zeugnis ab von dem wachsenden Wohlstand. Seit der Mitte der 1850er Jahre setzte eine beachtliche Spekulationstätigkeit seitens auswärtiger Interessenten ein. Großartige Hotel-Projekte wie die schon 1843 vorgelegte Planung eines „Hotel de France“ gelangten allerdings nicht zur Ausführung. Es ist bezeichnend, daß nicht die großen, eigene Angebote der Geselligkeit bereithaltenden Projekte, sondern die eher provinziellen, nur die Unterkunftsprobleme lösenden Privatpensionen zur Durchführung gelangten. Alles konzentrierte sich in jeder Hinsicht auf einen einzigen zentralen Mittelpunkt. Die bestehenden, teilweise Jahr für Jahr erweiterten und verschönerten Logierhäuser orientierten sich nicht zufällig in ihrer architektonischen Gestalt an dem Bau, der per se den Mittelpunkt der Homburger Geselligkeit bildete: an dem 1841–43 erbauten Kursaalgebäude. Mit diesem für die Frühzeit des Bades als Symbol stehenden Bau und den voraufgegangenen, nicht realisierten Projekten beschäftigt sich die vorliegende Arbeit.

Die Arbeit lag 1988 dem Fachbereich Neuere Deutsche Literatur und Kunstwissenschaft der Philipps-Universität Marburg als Dissertation vor. Für die Drucklegung wurde sie in einigen Teilen gekürzt und überarbeitet.

Auf Wunsch des Vereins für Geschichte und Landeskunde zu Bad Homburg e.V., der die Arbeit als Band 38 seiner „Mitteilungen“ herausgibt, wurde das Material zu den Nachfolgebauten bis zum gegenwärtigen „Kurhaus“ in Textform gebracht.

Ich danke allen, die am Zustandekommen dieser Arbeit beteiligt waren. Im Hessischen Hauptstaatsarchiv in Wiesbaden und zuletzt auch im Stadtarchiv Bad Homburg wurden mir die Archivalien bereitwillig zur Verfügung gestellt . Die Mitarbeiterinnen der Stadtbibliothek Bad Homburg haben mit ihrem unermüdlichen Einsatz bewiesen, daß sich eine Dissertation, die auf zum Teil schwer zu beschaffende Literatur zurückgreifen muß, auch abseits einer Universitätsstadt realisieren läßt.

Technische Hilfen bei der Erfassung des Textes leisteten Dipl.-Ing. Eberhard Baeumerth und Dr. Claudia Gabriele Philipp.

Der Jonas Verlag besorgte die verlegerische Betreuung.

Die Stadt Bad Homburg ermöglichte die Drucklegung in der vorliegenden Form.

Prof. Dr. Heinrich Klotz und. Prof. Dr. Hans Joachim Kunst, Philipps-Universität-Marburg, erwiesen sich als geduldige Referenten. Dem wissenschaftlichen Betreuer dieser Arbeit, Prof. Dr. Hans- Joachim Kunst, schulde ich besonderen Dank für seine Ratschläge und vielfachen Aufmunterungen.

Ich widme diese Arbeit meinem Mann, Karl Baeumerth, ohne dessen Unterstützung und Geduld ihre Fertigstellung undenkbar gewesen wäre.

Einleitung

Das „Kurhaus“ ist von der jüngeren Forschung als „der wichtigste eigenständige Bautypus der Kurarchitektur“ apostrophiert worden.[1] Allerdings belegt die Kunstwissenschaft noch immer eine breite Palette von Bautypen mit dem Terminus „Kurhaus“. Die Notwendigkeit zu einer neuen, wissenschaftlichen Begrifflichkeit zu gelangen, ist von den Forschern noch nicht hinreichend erkannt worden. Deshalb beschäftigt sich diese Arbeit zunächst einmal mit dem Versuch einer Klärung der Begriffe, womit zugleich Aspekte der Geschichte des Bautyps selbst angesprochen werden.

Als Haupttatbestand hat man einen höchst uneinheitlichen und damit verwirrenden Sprachgebrauch vom 17. bis zum 20. Jahrhundert zu konstatieren. Schlaglichtartig beleuchtet wird diese Problematik durch einen Definitionsversuch im Grimmschen Wörterbuch, dem zufolge der Begriff „Kursaal“ für den „saal im kurhaus“ stand, „aber auch für dieses selber“.[2] Hinzu kam, daß der am häufigsten gebrauchte Begriff „Kurhaus“ sowohl auf Badehäuser als auch auf Logierhäuser und Gesellschaftshäuser der verschiedensten Art angewendet wurde. Bothe sah in Gesellschaftshäusern als Teilen von Kuranlagen die architektonische Vorgeschichte des von ihm so genannten Kurhauses. Auf die – in Deutschland nicht häufigen – Gesamtanlagen „aus einem Guß“ konzentriert sich das Augenmerk aller jüngeren Autoren, so als sei mit ihnen im ausgehenden 18. Jahrhundert die Architektur in den Kurorten überhaupt erst entstanden. Als Typus hat das Gesellschaftshaus im Bad jedoch eine weiter zurückliegende Vorgeschichte, und zwar als eigenständiges Bauwerk.

An Gebäuden zur „geselligen Vereinigung“ bestand vor allem in den renommierten Badeorten seit der auf den Dreißigjährigen Krieg folgenden ersten neuzeitlichen Blütezeit der Bäder zunehmender Bedarf. Saalbauten gehörten Ende des 17., Anfang des 18. Jahrhunderts zu den vordringlichsten architektonischen Aufgaben, da Ereignisse wie der „Pyrmonter Fürstensommer“ 1681 gezeigt hatten, daß Zelte und Laubhütten zur Abhaltung von Festlichkeiten einem „Fürstenbad“ nicht gut anstanden.[3] Als eines der ersten Saalgebäude in einem neuzeitlichen Bad ist wohl der 1683 erbaute „Alleesaal“ in Langenschwalbach anzusehen. Das Gebäude enthielt einen „großen, ziemlich stattlichen Tanzsaal“ und mehrere Nebenzimmer. Das obere Stockwerk enthielt Wohnungen für die Kurgäste. „Hier treffen wir nun wieder die Musik und die Spieler, und in den Nebenzimmern Tische, an welchen man nach der Karte speisen kann“[4] Im vielgerühmten Karlsbad allerdings kannte man ein solches reines Gesellschaftshaus noch nicht, obwohl dieser Kurort seit 1682 etliche mit personenreichen Festen verbundene „Fürstenlager“ sah.[5] Als Kurfürst Friedrich von Brandenburg und Kurfürst August I. von Sachsen im Jahr 1698 „zu ihrer und der Badegäste Belustigung bizarre Feste“ gaben und einander in der Rolle der fürstlichen Gastgeber zu übertreffen trachteten, sah man sich immer noch gezwungen, „zur Bewirtung der Geladenen grüne Laubhütten und Lusthäuser (zu) bauen, da es damals Säle nicht gab“.[6] Auf Betreiben des Kurfürsten von Sachsen kam es dann 1701 zum Bau des ersten stabilen Saalgebäudes, und zwar am Standort der vormaligen Laubhütten. Es war „sofort der Mittelpunkt des Kulturlebens“.[7] 1726 gesellte sich zu ihm „am Eingange in die Allee das Becherische Lusthaus, später Böhmischer Saal genannt“. Mit diesen Sälen, hieß es, sei „einem dringenden Bedürfnis“ entsprochen worden; „denn sie erst machten das Badeleben angenehm“.[8] Die Bedeutung dieser Saalbauten für das gesellschaftliche Leben Karlsbads erhellt aus einer 1734 erschienenen Schrift, in der es hieß: „Sonders aber sind zu all selbst beliebender Ergötzlichkeit die schön erbaute Lust-Häuser wo zu all hohen Ständen beliebige Assembleen Gelegenheit, auch Spiel von Biliart, Loumbre etc. die Zeit zu paßiren ist, mit Leibeserfrischungen von kostbaren Confecturen, und vornehm raresten Geträncken ausländischer Weine“.[9] Eine große Rolle spielten Konzerte, Tanz und Bälle, deren Besuch ausschließlich den Badegästen vorbehalten war.[10]

Das Saalgebäude war im 17./18. Jahrhundert die Bauform, die man in Langenschwalbach für das öffentliche Spiel als geeignet ansah, in Karlsbad konnte derselbe Bautyp exklusive Feste aufnehmen. In jedem Fall haben die Saalbauten in den Kurorten eine so bedeutende gesellschaftliche Rolle gespielt, daß sie als die charakteristischen Typen von Gesellschaftshäusern vor dem Aufkommen der großen Badekomplexe gelten müssen. Vielerorts hat der Strukturwandel in den Badeorten diese Bauten bald zum Verschwinden gebracht. Im Bad Homburger Brunnensälchen hat sich der Bautyp konserviert.

Erst das ausgehende 18. Jahrhundert brachte in Kurorten eine Reihe von Begriffen in Anwendung, die ein und dasselbe meinten: Gesellschaftshäuser für die Kurgäste. Es soll im folgenden die breite Palette aufgefächert werden. Zugrundegelegt wurden jeweils historische Namensnennungen, wobei „Eintagsfliegen“ unberücksichtigt blieben und auf die Seriosität der Quelle geachtet wurde. Lokal besondere Begriffe wie „Alleesaal“ (Langenschwalbach), „Gallerie“ (Warmbrunn), „Regentenbau“ (Kissingen) u.ä. wurden nicht berücksichtigt, da sie nichts zur Klärung der Begrifflichkeit beitragen.

Im 18. Jahrhundert verbreitet war der Begriff *„Assemblée-Haus“*. In Pyrmont wurde er angewendet auf das zentrale Gesellschaftshaus, in dem die Spielbank ihren Sitz hatte und das unter anderem einen Ballsaal (deshalb auch die Bezeichnung „Ballhaus“) beherbergte.[11] Auch in Augustusbad bei Dresden wurde das Gesellschaftshaus zu Beginn des 18. Jahrhunderts als „Assemblée- oder Saalgebäude“ bezeichnet.[12] In Ems wurde um 1700 ein „Assembléesaal“ erbaut, der ebenfalls „dem Roulettespiel geöffnet“ war[13] und infolgedessen „vulgairement“ Spielsaal genannt wurde. Doch diente der Assembléesaal „nicht ausschließlich dem Spiel“; „vielmehr war er ein Gesellschaftshaus im weiteren Sinne, wo man stets deutsche und französische Zeitungen wie auch Landkarten fand, wo sich größere und kleinere Gesellschaften zwanglos trafen und bewirten ließen, wo die Kurgäste mit Vorliebe nachmittags den Tee einnahmen, wo gelegentlich Konzerte stattfanden und sich am Sonntage die Tanzlustigen einstellten“.[14] Die Selbstverständlichkeit, mit der ein französischer Autor 1810 das Gebäude als „maison d'Assemblée“ bezeichnete,[15] könnte auf die Herkunft des Begriffs aus dem westlichen Nachbarland schließen lassen.

Im angelsächsischen Raum existierte der Begriff „Assembly House“ nicht, aber ein Architekturlexikon des 19. Jahrhunderts definierte *„Assembly Room“* als einen Raum oder eine „suite of rooms appropriated to the reception of large parties, for balls. etc.“, und es präzisierte mit Blick auf den Sprachgebrauch im deutschsprachigen Raum: „The foreign building which most resembles the English assembly room is perhaps the cursaal of the German Spas“.[16] Die Verfasser des Handbuchs der Architektur betonten, daß „die englischen Kurhäuser“, „die Assembly rooms oder Vereinigungsräume“, weniger auf die Geselligkeit ausgerichtet seien als die deutschen und mehr privaten oder (Männer)Clubcharakter aufwiesen.[17] Es ist bezeichnend und wirft ein Licht auf die Entwicklungsgeschichte des Bautyps, daß sowohl in der deutschen wie in der englischen Sprache der Begriff für den zentralen Saal auf das gesamte Gebäude übertragen wurde.

Im späten 18. und frühen 19. Jahrhundert tauchte gelegentlich für Gesellschaftshäuser in Kurorten der Begriff *„Redoute“* auf,[18] so etwa in Aachen, Baden bei Wien, Godesberg und Wildbad. Sie folgten sämtlich den Anweisungen Franz Ludwig Cancrins über die „zweckmäsige Einrichtung der öffentlichen Redoutenhäuser“, insbesondere hinsichtlich des ersten von jenem genannten Erfordernisses: „Es muß ein solches Gebäude einen Redoutensaal enthalten“.[19]

Von den genannten Beispielen vertrat einzig die Godesberger Redoute (1790–1792, Michael Leydel d.Ä. und d.J.) den Typus eines noch von einem Hof abhängigen, aber schon auch dem Bürgertum geöffneten Gesellschaftsgebäudes an einem vom Auftraggeber als Bad aufgefaßten Ort.[20] Damit gehörte die Godesberger Redoute zu den Vorläufern der Gesellschaftshäuser in Kurorten, die sich nach M. Steinhauser „zunächst in England, dann in Frankreich aus dem höfischen Bereich der „maisons de Plaisance“ und der Ball- und Redoutenhäuser lösten“.[21]

Die Bemerkung Cancrins: „Es ist nicht ungewöhnlich, daß man die Redoutenhäuser an die Opern- und Komödienhäuser bauet“, liefert den Hinweis auf urbane Zusammenhänge, wie sie in großen, vor allem Residenzstädten, in der Regel aber nicht in Kurorten, gegeben waren. Nicht zufällig erinnerte der Redoutensaal in Wildbad an jenen in Stuttgart,[22] und der Redoutensaal in Baden bei Wien (1800) an den Rittersaal der Wiener

Hofburg bzw. den Hauptsaal des Palais Rasumoffsky in Wien.[23] In Kurorten von ausgeprägt städtischem Charakter, wie Aachen oder Budapest, stellte sich die Situation bezeichnenderweise anders dar, die Redouten waren Kur- und (städtische) Gesellschaftshäuser.[24] Die neue Redoute in Aachen hieß seit 1842 „Kurhaus".[25]

In der kunsthistorischen Literatur hat M. Steinhauser erstmals auf die Bedeutung der *Vauxhalls* für die Architektur in den Kurorten hingewiesen. „Es sind die Vauxhalls, deren Bauprogramm und Funktion jenen der späteren Konversationshäuser entsprechen. Vauxhall Gardens in London zeigen auf einem Stich von 1751 bereits jene, später von Francois Blondel als typisch für derartige Anlagen angeführte Kombination von Kolonnaden, Pavillons und Gesellschaftshäusern, welche auch für die Anlage eines Badeortes charakteristisch ist".[26]

Diese Charakterisierung der Vauxhalls enthält einen Widerspruch in sich, denn sie können nur Vorbild gewesen sein für größere Anlagen mit Einschluß der von Steinhauser angegebenen Baulichkeiten, nicht aber allein für die Gesellschaftshäuser in Kurorten, die in Deutschland sehr wohl ohne Kolonnaden, Pavillons etc. auszukommen vermochten. Die beschriebenen Gesamtanlagen kamen zwar in Frankreich sehr häufig vor, in Deutschland aber bildeten sie die Ausnahme. Als eine von ihnen wären die nicht realisierten Projekte von Joseph Amrein für Homburg anzusehen gewesen.

Hinzuweisen ist aber auch auf die, wenn auch nur verbale Unterscheidung, die in Frankreich selbst zwischen Vauxhall und station d'eau termale getroffen wurde. Bei letzteren handelte es sich de facto um Vauxhalls in Kurorten, die Vauxhalls im eigentlichen Sinn aber bedurften nicht zwingend der Heilquellen, sondern verstanden sich als Lokalitäten des Vergnügens.

Eine Vergnügungsanlage nach dem Vorbild des Londoner Vauxhall war das „Colisée de Paris" (1769), das zu den „Waux-Halls" gezählt wurde.[27] Unabhängig von einer Kuranlage entstand auch in Hannover, bereits 1768, eine Vergnügungsstätte „Vaux-Hall" – „auf dem abgetragenen Walle beim Ratsfischteich, dem Schlosse gegenüber".[28] Deutlich unterschieden wurde zwischen der Kuranlage und einer 1774 erbauten „weiteren Vergnügungsanlage außerhalb der Stadt", Vauxhall oder Komödienhaus genannt, in Aachen.[29] Dem Typus des Vauxhall folgte noch die als Krollsches Etablissement oder Krolloper bezeichnete Vergnügungsanlage in Berlin.[30] Daß diese, 1843/44 nach Entwürfen von Persius realisierte Einrichtung nach ihrem Betreiber, dem Unternehmer Joseph Kroll und nicht etwa „Vauxhall" genannt wurde, läßt den Schluß zu, daß dieser kurzlebige Begriff in Deutschland außer Gebrauch gekommen war.

Im Russischen dagegen hielt sich das aus Vauxhall abgeleitete Wort „Woksal" als Bezeichnung für Vergnügungsstätten, Kasinos, Tanzpaläste – und Bahnhöfe. Letzteres „nur weil einer der ersten russischen Bahnhöfe bei einem Vauxhall lag"[31] oder besser, weil das 1836 –1839 erbaute „Vauxhall-Gebäude" zu Pawlowsk Teil einer Vergnügungsanlage war, die, nicht ohne Bedacht kombiniert wurde mit dem neuen Verkehrsmittel Eisenbahn,[32] mittels dessen eine möglichst große Zahl von „Kunden" herangeführt werden konnten.

Das Konzept des Woksal zu Pawlowsk, dessen unter anderem mit einem großen Galerie-Saal ausgestattetes Vauxhall-Gebäude im übrigen tatsächlich starke Affinitäten zu den gleichzeitigen Gesellschaftshäusern in Kurorten aufwies, stellte sich allen anderen der oben erwähnten Vertreter des Anlagentyps in einer Hinsicht vollgültig zur Seite: Es wurde von Unternehmern und nicht, wie beispielsweise die im folgenden beschriebenen Zivilcasinos von clubartigen Gesellschaften initiiert und betrieben. Darin besteht ihre Gemeinsamkeit mit manchen, jedoch keineswegs mit allen Komplexen der Kur, die in den Kurorten des 19. Jahrhunderts entstanden.

In Italien können Säle und Gebäude dieser Bestimmung auch Casino heißen. In Deutschland verbindet man mit dem Begriff vor allem den Speisesaal im Betrieb. In beiden Fällen scheint es sich um einen Begriffswandel zu handeln, der im bürgerlichen oder Zivilcasino des 19. Jahrhunderts seinen Ursprung hat. Zivilcasinos entstanden – wie die englischen Assembly rooms – als Gesellschaftshäuser von Kasinogesellschaften, die im frühen 19. Jahrhundert in zahlreichen großen und Mittelstädten als Nachfolger sogenannter Lese- und literarischen Gesellschaften entstanden. Ihr exklusiver Charakter erhellt aus der Tatsache, daß sie sich „ausnahmslos aus Mitgliedern des gebildeten oder reichen Bürgertums" zusammensetzten.[33] In jedem Fall handelte es sich um eine in sich geschlossene gesellschaftliche Gruppe, deren architektonische Bedürfnisse in sehr ähnlicher Weise wie die der Besucher von Gesellschaftshäusern in Kurorten befriedigt wurden. Andererseits konnte der Bau eines Zivilcasinos geradezu vom Bau eines Kur-Gesellschaftshauses initiiert werden. So reagierte die Vorgängerorganisation der Wiesbadener Casinogesellschaft 1812 mit dem Bau eines Casinos auf die Einweihung des Kurhauses (1810), „das nicht so sehr den Einheimischen als den prominenten Besuchern des Bades zum gesellschaftlichen Mittelpunkt dienen sollte."

Die 1816 gegründete Casino-Gesellschaft in Wiesbaden, deren erklärter Zweck die „gesellige und litterärische Unterhaltung" darstellte, beschäftigte sich gleich im ersten Paragraphen ihrer Statuten mit ihrem Versammlungsort: „ein schickliches Local, welches nach den Unterhaltungsgegenständen in Conversations-, Spiel- und Lese-Zimmer eingetheilt ist".[34] Es sind exakt dieselben Räumlichkeiten, die auch ein Gesellschaftshaus im Kurort enthalten mußte. Auch ein Festsaal gehörte zum Bauprogramm des Zivilcasinos. Daß Mollers Saal des Darmstädter Casinos auch im Gesellschaftshaus eines Kurortes verwendet worden sein könnte und, wenn einer seiner Homburger Pläne realisiert worden wäre, auch hier seine Funktion erfüllt hätte, wird in der vorliegenden Arbeit ausgeführt. Aber auch Schinkels Zivilkasino in Glienicke wäre als Gesellschaftshaus auf den Kurort übertragbar gewesen.[35]

Dennoch war die Verwendung des Begriffs Casino auf ein Gesellschaftshaus im Kurort nicht von der architektonischen Gestalt des Gebäudes abhängig. Die Kombination des Begriffs mit den von Franzosen beherrschten Spielbanken – für diese ist „Spielcasino" in Deutschland eine durchaus geläufige Bezeichnung – läßt vielmehr darauf schließen, daß überall dort wo französische Einflüsse wirksam wurden, zu „Casino" gegriffen wurde. Fraglich ist nur, wofür. In dieser Hinsicht von Interesse ist der Umstand, daß in dem stark vom französischen Spielbankwesen beeinflußten belgischen Spa der Spielbank ein eigenes Gebäude reserviert wurde, das den Namen „Casino" trug, während das in unmittelbarer Nachbarschaft am gleichen Platz errichtete Gesellschaftshaus den Namen „Kursaal" trug.[36]

Das ursprünglich aus dem Italienischen stammende Wort „Casino" konnte dort auch auf eine gewisse Tradition als Bezeichnung für kleine Lusthäuser in Gärten zurückblicken. Im 19. Jahrhundert erfuhr der Begriff „an European acceptation in the sense of a place of recreation.[37] Vor allem in Frankreich erlebte er eine Renaissance. Der Bedeutungswandel, dem der Begriff unterworfen wurde, war signifikant, denn er kennzeichnete die neue Vorherrschaft des kollektiven Vergnügens. „Le mot casino... désigne surtout en France les établissements de réunion et de plaisir formant aujourd'hui un complément indispensable aux stations thermales et aux villes d'eaux et, suivant l'importance ou la vogue de ces endroits, les casinos occupent une plus ou moins grande superficie et comprennent des batiments plus ou moins nombreux et plus ou moins luxueusement décorés. Cependant, il entre dans le programme de tous les casinos – dont les dispositions ont été assez longtemps inspirées par celles des casins italiens – d'offrir une grande salle de réunion avec ou sans portiques, des salles spéciales pour les jeux, un cafe' et souvent, dans les plus importans, une salle à la fois de concert et de spectacle".[38]

Für die Verfasser des Handbuchs der Architektur war „Casino" die französische Bezeichnung für das von ihnen so genannte „Kurhaus" im Deutschen.[39]

Um 1800 taucht erstmals der Begriff *Konversationshaus* oder „maison de conversation" auf. Er bezeichnete ausschließlich Gesellschaftshäuser in Kurorten. Die Herkunft des Begriffes ist unklar, es fällt jedoch auf, daß in zahlreichen Gesellschaftshäusern Konversationsräume oder „chambres de conversation" enthalten waren. Daraus ließe sich eine, dem Kurhaus analoge Übertragung einer Raumbezeichnung auf das Gebäude rekonstruieren, wobei ein deutlicher Unterschied in der Gewichtung der als dominant erachteten Räumlichkeit bemerkt werden müßte. Es ist Verf. jedoch nur ein Gebäude, das Gesellschaftshaus in Franzensbad, bekannt, das, zeitweise, als „Konversationssaal" bezeichnet wurde.[40]

Bei dem 1801 erbauten Konversationshaus der jungen See-Bade-Anstalt Norderney ist zu bemerken, daß es zwar in zeitlichem Kontext mit einem Bade- und einem Logierhaus sowie einem „Bazar", aber konzeptionell vollkommen unabhängig von jenen erbaut wurde.[41] Es diente ausschließlich der „geselligen Vereinigung" der Kurgäste. Das zu Beginn des 19. Jahrhunderts meist als Kurhaus bezeichnete „Gesellschaftshaus" in Wiesbaden wurde nur gelegentlich und dann von Ortsunkundigen, z.B. dem Stecher eines bekannten Wiesbaden-Stahlstiches, mit dem Namen Konversationshaus belegt. Das hinsichtlich des Bauprogramms dem

Wiesbadener Gebäude ganz ähnliche Gesellschaftshaus in Baden-Baden dagegen hieß von Anfang an und bis in unser Jahrhundert hinein „Konversationshaus".[42] Wie es zur Wahl dieses sich definitiv von dem Wiesbadener Vorbild unterscheidenden Begriffes kam, ist unbekannt. Unverkennbar ist dagegen, daß die Titulierung des Baden-Badener Konversationshauses ihre Wirkung auf die Laien und vor allem auf die Spielbankgegner nicht verfehlte. Ein Autor der Gartenlaube jedenfalls glaubte, zwischen dem „maison de conversation" in Baden-Baden und den „Curhäusern" in Wiesbaden und Homburg einen gravierenden Unterschied zu erkennen: „Schon die geräumigen Localitäten, die vielen Säle, wo nicht gespielt wird, rechtfertigen den Titel Conversationshaus.[43] Natürlich muß letzteres bezweifelt werden, dennoch signalisiert die Begriffsverwendung ein bestimmtes Verständnis vom Wesen eines Konversationshauses, das jedenfalls von der Sündhaftigkeit der Spielbanken nicht dominiert werden durfte.

Es ist bezeichnend, daß es ein Arzt, Dr. Adolf Genth, war, der in seiner 1858 erschienenen „Kulturgeschichte der Stadt Schwalbach" beklagte, daß ein „Conversationshaus als Versammlungsort" fehlte.[44] Schließlich waren die grünen Tische seit einigen Jahren aus dem Bad Schwalbach verschwunden, und so wollte Genth mit seiner Wortwahl wohl andeuten, daß das gewünschte Gebäude keinen Tempel des schnöden Mammons, sondern ein an die großen Errungenschaften der historischen Badekultur anknüpfendes Gebäude sein sollte. Derart motiviert war auch das mit Bedacht „Konversationshaus" genannte, architektonisch an die Tradition römischer Thermenbauten erinnernde Gesellschaftshaus (mit „Kursaal") von Gottfried Semper in Baden/Aargau (1860).[45]

In Langenschwalbach indessen war man sich, seitdem 1871 „über den geeignetsten Platz für den Kursaal-Bau entschieden" worden war, einig, daß das zu errichtende Gebäude eben diesen Namen – „Cursaal-Bau" – tragen sollte.[46] Alle Pläne Philipp Hoffmanns, nach dessen Entwürfen das Gebäude 1873–1878 errichtet wurde, tragen diese Bezeichnung.

Das – relativ späte – Schwalbacher Beispiel zeigte erstmals ein begriffliches Problembewußtsein, indem sich die Beteiligten, wohl vor allem aufgrund des äußerst umfassenden Raumprogramms außerstande sahen, für dieses Gesellschaftshaus die Bezeichnung „Kursaal" zu benutzen.

Für die Verwendung des Begriffes „Kursaal", bezogen auf das Gesellschaftsgebäude im Kurort, lassen sich zahlreiche Belege finden. Von Anfang an hieß das 1827–33 in Bad Brückenau errichtete Gesellschaftshaus von J.G.Gutensohn „Kursaal" oder „Großer Kursaal". Der Name erhielt sich bis heute, denn „Kursaal" war der einzige Begriff, der in dem schon reich mit älteren Baulichkeiten bestückten Bad noch nicht „belegt" war.[47] Auch in Franzensbad wurde das 1876/77 errichtete (nach Brand 1904 wieder aufgebaute) Gesellschaftshaus als „Kursaal" bezeichnet, weil den Titel „Kurhaus" schon das älteste, 1793 errichtete Gebäude des Kurortes trug.[48]

Auch das Kursaalgebäude in Homburg wurde zuweilen in der Guidenliteratur, aber auch von dem Architekten des Erweiterungsbaus, J.P.Cluysenaar, als „Kursaal" bzw. „Le Kurzaal" bezeichnet.

Der deutsche Begriff steht in einigen Ländern Europas noch heute als Bezeichnung für das Gesellschaftshaus im Kurort. So wird im belgischen Spa das mit einer aufwendigen Front versehene Gesellschaftshaus als „Le Kursaal" bezeichnet, während „Casino" dem Spielbank-Gebäude vorbehalten ist. Im nordtoskanischen Seebad Viareggio allerdings wurde das 1912 erbaute Spielcasino als „Kursaal" bezeichnet.[49] In England bildete die Bezeichnung „Casino" eine große Ausnahme.[50] Der italienische Kurort Montecatini konfrontiert seine zahlreichen Gäste aus dem deutschsprachigen Raum heute noch mit heimischen Lauten. Daß gerade die Italiener für den Vereinigungsort der Kurgäste nicht die im 18./19.Jahrhundert auch in Deutschland gebräuchliche französische Vokabel „salle de réunion" – „Réunionssaal" – bevorzugen, beweist, daß der deutsche Begriff hier wie auch im angelsächsischen Raum als terminus technicus für das Gesellschaftshaus im Kurort begriffen wurde. Die im Italienischen sehr wohl bekannte und bis heute benutzte Bezeichnung. „Sala di Riunione" steht dagegen für die Versammlungsorte des Bürgertums und vor allem für die der bürgerlichen Parteien und ihrer Organisationen.

Auf Österreich und seine ehemaligen Einflußbereiche beschränkt ist die Verwendung des Begriffs „Kursalon". Der Kursalon im Wiener Stadtpark (1865–1868; J.Garben) zeigt, daß es sich bei den so bezeichneten Bauten um Komplexe mit Kursaalgebäuden handelte, im Falle Wien gehörte dazu eine „Kur-Trinkhalle" mit Wandelbahn.[51] Der Kursalon in Teplitz-Schönau enthielt „ein großes Restaurant und Konditorei, weiters zwei große Lesesäle, die mit zahlreichen in- und ausländischen Tagesblättern und periodischen Zeitschriften ausgestattet" waren und damit den üblichen Anforderungen an ein Gesellschaftshaus entsprachen. Nur ein Saal wird befremdlicherweise nicht erwähnt.[52] Auch in Herkulesbad in Ungarn trug das sich deutlich von den Logier- und Badehäusern unterscheidende Gesellschaftshaus den Titel „Kursalon".[53] Mit Blick auf einen 1906 veröffentlichten Wettbewerb „zur Erlangung von Plänen für den Neubau eines Kursalons in Teplitz-Schönau" schrieb Gustav Ebe in einem Aufsatz über „Die Anlage der Bäderstädte" von 1909, „der Kursalon mit Konzert-, Lese- und Spielräumen" komme als „Gebäude für gesellschaftliche Unterhaltung zunächst in Betracht".[54]

Diese scheinbar selbstverständliche Verwendung des „österreichischen" Begriffs Kursalon kann jedoch nicht darüber hinweg sehen lassen, daß in der Donaumonarchie schon seit dem ausgehenden 19. Jahrhundert die in Deutschland gebräuchlichen Bezeichnungen zu dem traditionellen Begriff getreten waren. Das 1899–1900 von Josef Schaffer in Marienbad errichtete Gesellschaftshaus wurde als Kurhaus oder als Kursaal bezeichnet.[55] In Karlsbad wurde 1910 ein „Wettbewerb zur Erlangung von Entwürfen für den Bau eines Kurhauses" ausgeschrieben. Das vorgeschriebene Raumprogramm war das eines typischen Gesellschaftshauses in einer Kurstadt der ausklingenden wilhelminischen Zeit; „Im Kurhaus waren zahlreiche Räume unterzubringen. Gefordert waren unter anderem ein großer und ein kleiner Konzertsaal, drei bis vier Speisesäle mit Terrassen, ein Café mit Garten, Lesesäle, Schreib- und Spielzimmer, Konversationssäle und Klubzimmer, American-Bar, Grillroom, sowie Läden im Erdgeschoß, dazu kamen noch die Wohnungen des Restaurateurs und des Dienstpersonnals". Einer der beiden ersten Preise wurde F. von Thiersch zugesprochen, das Projekt jedoch nicht realisiert.[56]

Eine der Erweiterung des Begriffes Kursaal zu Kursaal-Bau analoge Abwandlung gab es auch für das Wort Kursalon, allerdings unter Eliminierung der Silbe „Kur". Schon im frühen 19. Jahrhundert existierte in Alexisbad am Harz ein „Salongebäude", das „zur geselligen Unterhaltung, zum Speisen etc. „ diente und „einen trefflichen Saal" enthielt.[57]

Die Bezeichnung des Gesellschaftshauses im Kurort als Kursaal erwies sich schon bald als mißlich, da mißverständlich. Zum einen deshalb, weil auch der Saal im Innern des Gebäudes diesen Namen trug. Man hat sich, so gelegentlich auch in Homburg, damit beholfen, den Kursaal einfach als „Saal" oder „Großer Saal" zu bezeichnen, doch bedurfte es in diesem Fall immer des Zusatzes „im Kursaal", um diesen von anderen Sälen der Stadt, z.B. in Gasthöfen, zu unterscheiden. Häufiger aber ist die Wahl eines neuen Begriffes für das Gebäude selbst. Den eleganten, aber umständlichen Topos *„Curhaus-Etablissement"* wählte man gelegentlich für das Wiesbadener Kurhaus,[58] aber auch für den späten Kursaal in Marienbad (1899–1900).[59]

In den auf Homburg bezüglichen Akten taucht auch der Begriff *„Kurgebäude"* auf, allerdings zu einer Zeit, da das Projekt, seine künftige Gestalt und seine Realisierungschancen noch in den Sternen standen.[60] *In* der modernen Kunstwissenschaft ist der Begriff ebenfalls für Projekte in Anwendung gebracht worden, die sich mangels erschöpfender Dokumentation nicht exakt definieren lassen. Vor allem aber wurde der Versuch unternommen, das Wort „Kurgebäude" als Oberbegriff für alle Gebäude der Kur zu installieren.[61] Bei systematischem Gebrauch dürfte dies ein gangbarer Weg sein.

Als gängigste Bezeichnung setzte sich jedoch *„Kurhaus"* durch. Die exakte Beschreibung des 1851 eröffneten Gesellschaftshauses in Bad Oeynhausen lautete demzufolge: „Im Kurhaus wurden Reunions, Konzerte und Bälle abgehalten... Rechts vom Kursaale lag ein Herrensalon, links ein Billardzimmer nebst angrenzendem Damensalon..."[62]

Sowohl in Wiesbaden als auch in Oeynhausen wurden die Ersatzbezeichnungen inoffiziell verwendet, doch erhielten in beiden Fällen die Nachfolgebauten die offiziellen Titel „Kurhaus".

Mit dieser begrifflichen Differenzierung hätte es sein Bewenden haben können, hätten nicht am selben Kurort – wie des öfteren der Fall – schon ein oder mehrere, im Lauf der Zeit entstandene Baulichkeiten bereits den Titel Kurhaus für sich in Anspruch genommen oder wären mit diesem belegt worden.

In Ems existierten zwei Bade-Logierhäuser, die von den zeitgenössischen Autoren in verwirrendem Sprachgebrauch oft als „Kurhaus" bezeichnet wurden. Das erste Gesellschaftshaus in Ems, der um 1700 erbaute Assembléesaal, bereitete bei der Namengebung keine Schwierigkeiten, handelte es sich doch tatsächlich nur um einen umbauten Saal.[63] Als aber 1834 ein neues Gesellschaftshaus errichtet werden sollte, sprach man unter Eliminierung der Silbe „Kur“ von Anfang an von einem „Saalgebäude“.[64] Nach Fertigstellung des Baus setzte sich dann aber wieder die ungenügende, aber handlichere Bezeichnung „Kursaal“ durch.

Daß „*Kursaalgebäude*“ in der Umgangssprache nicht benutzt wurde, erklärt sich leicht aus der dem täglichen Gebrauch unzuträglichen Länge des Wortes.

Im Schriftverkehr findet sich die Wortschöpfung gelegentlich schon im 19. Jahrhundert. 1826 korrespondierte König Ludwig von Bayern mit Martin von Wagner über ein in Brückenau zu errichtendes „Speisesaalgebäude“, das er selbst wenig später einen „Kurspeisesaalbau“ nannte.[65] Der Architekt J.G.Gutensohn nannte diesen Bau in einer „Näheren Erläuterung von den drei Entwürfen“, die er dazu gefertigt hatte – „Kursaalgebäude“.[66] Auch Josef Thürmer hatte zu dem Projekt Entwürfe abgeliefert, die alle die Beschriftung „Cursaal Gebäude“ trugen.[67]

Erst die Kunsthistoriker haben die ursprüngliche Bezeichnung wieder „ausgegraben“ und ihr nachträglich die Silbe „Kur“ angefügt. Als „Kursaalgebäude“ unterscheidet sich das Gesellschaftshaus nicht nur von den übrigen Kurbauten am Ort, sondern auch von allen Gesellschaftshäusern in den Städten.

In der älteren kunsthistorischen Literatur taucht der Begriff „Kursaalgebäude“ nur einmal auf und zwar 1932 bei Anton Gnirs, der das landläufig als Kurhaus oder Kursaal bezeichnete Gesellschaftshaus in Marienbad als „Kursaalgebäude“ bezeichnete.[68] Die neuere Begriffsgeschichte nahm ihren Ausgang wiederum von der Situation in Ems. J. Kloft (1963/64) und A. Nold (1980) wandten den Begriff „Kursaalgebäude“ auf den Neubau von J.G. Gutensohn an.[69] E. Wegner und R. Bothe haben den neuen Begriff übernommen, jedoch nur auf die Gebäude in Ems und Brükkenau angewendet. Verf. ist jedoch der Ansicht, daß dieser Terminus auf alle Gesellschaftshäuser in Kurorten des 19. Jahrhunderts anwendbar ist. Eine um Präzision bemühte Sprache der Wissenschaft muß sich den differenzierenden Begriff aneignen können, gerade weil die alternativen Wortschöpfungen des 19./20. Jahrhunderts jede Auskunft über die Zweckbestimmung der gemeinten Gebäude schuldig bleiben, wie die folgenden Ausführungen zeigen.

Als eklatantes Beispiel sei der Fall Kissingens angeführt. Dort existierte ein gerade erst (1828–1830) erweitertes „Kurhaus“,[70] als Friedrich von Gärtner 1833 mit dem Neubau eines Gesellschaftshauses beauftragt wurde. Anfänglich unterschied man den rückwärtigen umbauten Saal als „Kursaal“ von dem vorgelegten „Arkadenbau“; aber die unausbleibliche Folge war, daß dieses Gebäude als Einheit betrachtet und Arkadenbau genannt wurde.[71] Es liegt auf der Hand, daß dieser Notbegriff ebenso inhaltsleer war wie der aus potenzierter Notlage gefundene Titel „Regentenbau“ für das nächstfolgende Gesellschaftshaus, das Max Littmann 1910–13 in Kissingen errichtete.[72]

Und schließlich läßt sich am Beispiel Kissingens ein weiteres und, wie die Entwicklung zeigt, äußerst gewichtiges Argument für eine verbale Differenzierung zumal hinsichtlich der Begriffe Kursaalgebäude/Kurhaus aufzeigen. Für das weiter oben erwähnte Kurhaus nämlich hatte F. v. Gärtner, vermutlich nach 1846, einen nicht realisierten Ersatz geplant. Er sah vor: „ein vollständiges Badehaus im Parterre, Speise- und Tanzsaal sowie Spiel-, Lese- und Konversationsräume in den Obergeschossen, in denen sich auch die Amtswohnungen des Pächters und des Badeinspektors befinden sollten.[73] Der Bearbeiter nannte das Projekt „Kurhaus“, was zweifellos zumindest unpräzise ist. Ein Parallelbeispiel zu diesem Projekt in Salzburg trägt die exakte Bezeichnung „Bade- und Kurhaus“.[74]

Ein Gebäude, das vom herkömmlichen Sinn des Begriffes sehr weit abwich, war das „Kurhaus“ in Karlsbad. Es enthielt ausschließlich Badekabinette für Bäder der verschiedensten Art und war zu seiner Erbauungszeit (1864–1867) das zentrale Badehaus dieses Kurorts.[75] Der Begriff „Kur“ hat hier wohl die Bedeutung einer Kuranstalt.

Der sich vor allem im Lauf des 19. Jahrhunderts, das eine Fülle verschiedenster Baulichkeiten der Kur hervorgebracht hatte, als unglücklich, weil zunehmend mißverständlich erweisenden Bezeichnung des Gesellschaftshauses versuchte man um die Jahrhundertwende dadurch zu begegnen, daß man schlichtweg alle Kurgebäude „Kurhaus“ nannte. So enthält der 1904 erschienene Band des Handbuchs der Architektur u. a. die „Kur- und

Konversationshäuser", eine Bezeichnung, die auf den ersten Blick eine erhebliche Unsicherheit in der Formulierung verriet.[76] Daß der eine Begriff nicht gegen den anderen austauschbar erschien, sondern eine zu diesem Zeitpunkt historische Abfolge von Begriffen markieren sollte, geht aus den unter dem Titel „Allgemeines" zu findenden Ausführungen hervor. Daraus war zu entnehmen, daß den für die „Paläste der früher in größerer Zahl bestehenden Spielbanken" zugekommenen Bezeichnungen „Kurhaus, Konversationshaus(wohl auch Gesellschaftshaus, in Frankreich Casino, in England zuweilen auch Spa und Kursaal genannt) die „Bauten der letzten Jahrzehnte gegenübergestellt werden sollten, „deren geschichtliche Entwickelung kaum begonnen hat". Damals besaß „fast jeder Badeort sein Kurhaus", aber es definierte sich von Ort zu Ort verschieden.

Das Handbuch der Architektur unterschied vier Haupttypen:

1. das selbständige Kur- und Konversationshaus, getrennt von Badeanstalt, Heilquelle etc.
2. das Kurhaus in Verbindung mit einem Gasthof oder mit Fremdenzimmern,
3. das Kurhaus in Verbindung mit Trinkhalle, Wandelbahn, Badehaus und zuweilen mit Gasthof;
4. das Kur- oder Konversationshaus mit Theater, Spielsälen etc."

Unter diesen verbalen Voraussetzungen verwundert es nicht, daß an ausgeführten Kurhäusern um und nach 1900 kein Mangel herrschte. Hatte doch die außerordentlich großzügige Begriffserweiterung geradezu zwangsläufig zur Folge, daß sich jedes passende oder unpassende Etablissement das Wort „Kurhaus" als ebenso dekorativen wie assoziationsreichen Zusatz zuzulegen vermochte. In diese Richtung scheint der urplötzliche Ersatz des altgedienten Wortes Badehotel durch das schickere „Kurhotel" (Wildbad) zu weisen. Ansichtspostkarten aus der Zeit um die Jahrhundertwende legen beredtes Zeugnis ab von der obwaltenden Fantasie der Betreiber. Was aber verbarg sich hinter Bezeichnungen wie „Kurhaus Hotel Fürstenhof" (Eisenach), „Kurhaus (Grand Hotel) (Bad Salzbrunn), „Kurhotel Fürstenhof" (Bad Kudowa), „Hotel Kurhaus" (Bad Elmen) u.a.? Der inflationäre Gebrauch des Begriffes „Kurhaus" reduzierte dessen Aussagekraft bis auf ein Minimum. Die moderne Wissenschaft ist aufgerufen, hier nachträglich begriffliche Klarheit herzustellen, um ihre Forschungsgegenstände präzise zu definieren. Mit dem Vorschlag, die im Handbuch der Architektur unter den Rubriken 1und 4 aufgeführten Bauten als Kursaalgebäude zu bezeichnen, ist der Weg beschritten worden. Aus der Abgrenzung gegen die beiden verbleibenden Bautypen ergibt sich als logische Folge die – für die vorliegende Arbeit gültige – Definition des Kursaalgebäudes. Es handelt sich um ein ausschließlich der geselligen Unterhaltung vorbehaltenes Gebäude, das weder Logierhaus- oder Hotelcharakter haben darf noch in irgendeiner Weise mit Räumlichkeiten zum Zweck des Heilens, das betrifft auch Badekabinette, ausgestattet sein kann. Das Angebot an Räumlichkeiten zum Zweck der Unterhaltung ist dagegen unbegrenzt und kann vom Lesekabinett über den Spielsaal bis zum Theater reichen. Die Existenz eines Kursaales, dem der Begriff seine Entstehung verdankt, muß für die Architektur des 19. Jahrhunderts nicht ausdrücklich gefordert werden, er war eine Selbstverständlichkeit.

Die Situation im ersten Drittel des 19. Jahrhunderts

Um 1800 erlebten die beiden alten Kurorte Wiesbaden und Baden-Baden eine Renaissance, die neue Konversationshäuser hervorbrachte. Für beide Städte war die politische Konstellation im Gefolge der napoleonischen „Eroberungen" von ausschlaggebender Bedeutung. Baden-Baden, von den Besuchern des Rastatter Kongresses als ländliche Idylle wiederentdeckt, entfaltete sich erst nach der Erhebung des Markgrafen Karl-Friedrich von Baden-Durlach zum Großherzog (1806), und auch der Ausbau des Wiesbadener Kurwesens setzte erst nach der Erhebung Nassaus zum Herzogtum (1806) im gleichen Jahr ein. Herzog Friedrich-August von Nassau, einer der beiden „von Napoleons Gnaden" zu höherem Rang und Würde gelangten Fürsten, ließ bereits 1807 den aus Stuttgart berufenen Christian Zais ein neues Konversationshaus für Wiesbaden konzipieren, das 1808–10 zur Ausführung gelangte.[77] Prototyp dieses Bauwerks war „nicht mehr das Schloß, sondern der palladianische Villenbau".[78] Auch der Kursaal Saal ging letztlich auf eine palladianische Schöpfung zurück.[79]

Der im Zusammenhang mit den Modebädern, besonders Wiesbaden, häufig gebrauchte Begriff des „Kosmopolitismus" läßt den Schluß zu, daß ein Publikum avisiert war, das sich weltoffen und übernational gab. Dazu gehörte auch der Adel, für den es „zu Hause nichts mehr zu thun“ gab, der nach neuen Existenzformen suchte und sie in den Salons der Großstädte sowie den Modebädern Europas fand.[80] „Fremde von höchstem und hohem Rang“ gingen im Kursaal des Wiesbadener Konversationshauses ein und aus, und in Baden-Baden trat „neben und an die Stelle der weitgehend bürgerlichen Besucher ... allmählich die internationale Aristokratie.[81] Dem Baden-Badener Publikum des Jahres 1817 bescheinigte der kritische Varnhagen von Ense:

„Die Gesellschaft konnte mit allem Recht eine europäische heißen, nicht nur weil die Hauptländer Europas ihre reichsten Beiträge dazu geben, sondern auch weil sie selbst in der Sphäre sich bewegte, wo die vornehme Bildung in den höheren Klassen über das Volkstümliche hinweg als Gemeinsames erscheint...“[82]

Kosmopolitismus wurde als „vornehme Bildung“ (nicht Gelehrsamkeit) verstanden und war das Ideal jener Europäer, die auch Baden-Badens Kursaal bevölkern, in dem man „zu gleicher Zeit fast alle Sprachen Europas durcheinander schwirren hören (kann), während die ersten Schönheiten der alten wie der neuen Welt sich durch den blendenden Schimmer ihre Reize wie durch glänzende Toilette zu überstrahlen suchen (und die Bälle sich) durch den herrschenden Glanz und den zur Schau getragenen Reichtum“ auszeichneten.[83]

Wer den Charakter des neuen, kosmopolitischen „Badelebens“ erfassen wollte, mußte „es in den Kursälen oder Gesellschaftshäusern beschauen, die überall mit der glänzenderen Gestaltung des Badelebens gleichen Schritt zu halten suchen.“[84] Die Gesellschaft war „upon an easy footing“, aber es blieb bis in die 1830er Jahre bemerkenswert, wenn sich bei Bällen und Konzerten eine „temporary democracy“ einstellte.[85] „Im buntesten Gemisch wogte eine kleine Welt von jedem Stand, Geschlecht und Alter aus den verschiedensten Nationen hier auf und nieder. Fürsten und Bürger, Damen und Herren, Einheimische,[86] Bekannte und Unbekannte durchkreuzen sich da .... und es erregt eine eigene Empfindung, wenn man die verschlungenen Gruppen von verschiedener Gesichtsbildung und Kleidung in anscheinender Verwirrung sich auf und ab bewegen sieht und das Summen und Zischen der mannigfaltigen Sprachen und Dialekte vernimmt...“[87]

In den Jahren 1827 –1833 wurde in dem fränkischen Bad Brückenau nach Plänen Johann G. Gutensohns ein Kursaalgebäude erbaut. Das Bad war im 18. Jahrhundert als „Baderesidenz“ gegründet worden[88] und galt jetzt als das „Bad des Königs“ (Ludwig I.). Seine Kur-Neubauten waren Staatsbauten, für deren Finanzierung Ludwig mit dem Hinweis warb, „bei so wirksamen Bädern (sei es) staatswirtschaftlich auf Zinsen gelegtes Geld, für die erforderlichen Bauten zu sorgen“. Gebaut wurde daher „für die Kurgäste“, nicht für den König, der sich „unabhängig vom Kurbetrieb“ wissen wollte.[89]

Zeitgenössische Beschreibungen des Bades enthalten einige beachtenswerte Topoi, die es in den größtmöglichen Kontrast zu den Modebädern rükken. So definiert sich Brückenau nach übereinstimmender Ansicht als stilles Bad, in dem es, wie die bürgerliche Zeitschrift für Politik und Literatur „Grenzboten“ hervorhebt, „kein Getümmel der Menge, die nur sehen und gesehen werden will“ gebe.[90] Anstelle einer sich in rauschenden Bällen und im Hazardspiel[91] ergehenden „kosmopolitischen Gesellschaft“ fänden sich hier Personen, die ein „wahres und wohlfeiles Familienleben“[92] schätzen und Tanzvergnügen bevorzugen bei denen auch „die Blüthe der weiblichen Jugend Frankens im fröhlichen Reigen beim Klange der Musik leicht“ hinschwebt.[93]

Das klingt, als handle es sich bei der Brückenauer Badegesellschaft um eine Familie, die im Kursaal aus ihrer Privatheit in die Öffentlichkeit des bürgerlichen Salons tritt.[94]

Noch präziser bezeichnet der „Grenzbote“ die Gruppe derer, denen der kleine, landschaftlich reizvoll gelegene Kurort ausdrücklich anempfohlen wird. Es sind die „Geschäftsmänner und Gelehrten ..., die von anstrengenden Geistesarbeiten körperlich zerrüttet und einem frühen Alter zugeführt werden“. Sie sollen hier die „Erholung“ finden, die nur einem „Berufstätigen“ zusteht und als wünschenswert vorschwebt. Angesprochen sind also die Bürgerlichen der „gebildeten Stände“, wobei vor allem mit der Nennung des „neue(n) Stand'(s) der Gelehrten“ auf das Kriterium des Bürgertums hingewiesen wird, mit dem es sich gegen den Adel abzugrenzen bemüht ist, die berufsbürgerliche Bildung.[95]

Ein Kursaalgebäude, das für diese Kurgäste gebaut wurde, muß sich notwendigerweise von vergleichbaren Bauten in den Modebädern unterscheiden. Die auffallend positive Aufnahme des Gutensohnschen Kursaalgebäudes bei Engländern indiziert, daß das Brückenauer Beispiel aus der Sicht der entwickelteren englischen Gesellschaft Modellcharakter hatte. 1853 wird das Brückenauer Kursaalgebäude in einem englischen Architekturlexikon als einziges deutsches Beispiel für den Bautypus genannt.[96] Dr. Granville sprach es deutlich aus: „Much as the Kursaal at Wiesbaden has been admired, and justly so, this of Bruckenau places it completely in the second rank".[97]

Die neuere Forschung hat aufgezeigt, daß Gutensohn „im Bereich der Kursaalarchitektur einen völlig neuen Typus" geschaffen hat. Der zweigeschossige Kursaal unterschied sich von den früheren peristylen Sälen vor allem durch die konsequente Anwendung des Renaissancestils.[98] Das Vorbild, durch das sich das „Nachbild" definiert, ist der idealtypisch dem historischen Motivkreis Renaissance zugeordnete Palasthof, der „praktisch überdacht und zum Festsaal umorientiert wurde".[99]

Daß es sich nur auf der ersten Bedeutungsebene darum handelte, „eine Bauaufgabe mit einem charakteristischen Stil zu verbinden", ergibt sich aus der Eigenschaft des Palasthofs als „repräsentative Mitte und Treffpunkt der Palastbewohner".[100] Mit der Stiladaption ist als zweite Bedeutungsebene die Adaption der Sinnsphäre verbunden. Der Hof stellt den öffentlichsten Teil des Renaissancepalastes dar. Als solcher diente er dem Familienverband mit dem Patron des Hauses zur Selbstdarstellung.

Mit der Übernahme dieser Bedeutungsschicht in die Kursaalarchitektur wird, ganz allgemein, die Vorbildlichkeit der Herrschaftsarchitektur gewahrt, werden elitäre Strukturen nicht aufgehoben, sondern in das Historische gewendet. In dieser allgemeinen Form können Villa, Palast und auch Tempelcella, obwohl alles andere als spezifisch bürgerlich, auch von einem königlichen Bauherrn einem bürgerlichen Publikum dargeboten werden. Solange das historische Zitat das „gesellschaftliche Kontinuum" belegt, ist es auch den „sich emanzipierenden Schichten gestattet, ihre Identität in noch unbesetzten Symbolen" bzw. Vorbildern zu suchen.[101]

Zumindest für die frühe Neurenaissance Gutensohns gilt, daß (nur) das Korrelat von Stil und Sinnsphäre zum „Leitbild künstlerischer Erneuerung" wird und „dem humanistisch gebildeten Bürgertum (als) umfassender Ausdruck einer neuen Zeit ... zum Aufbau einer idealen Kunst- und Weltordnung"[102] vor Augen steht.

Die Architektur des Brückenauer Kursaals demonstriert anschaulich, daß dieses neue, bürgerliche Weltverständnis, wie es sich hier zeigt, „Ausdruck vormärzlich liberaler Überzeugungen"[103] ist, jedoch keine revolutionären Züge aufweist. Der Saal adaptiert nämlich mit dem Stil des Renaissance-Palasthofs nicht nur die Sinnsphäre der Öffentlichkeit, sondern auch die der familiären Hierarchie. Wie im Palasthof als Ort der Selbstdarstellung die Rolle des Patrons als Haupt der Familienverbands unumstritten ist, so wird in Brückenau die Hausherrschaft des Königs als gegeben anerkannt. Ihr Symbol ist die Königsloge,[104] die den Hausherrn auch bei seiner Abwesenheit präsent sein läßt. Die versteckten Logen in Wiesbaden und Baden-Baden erfüllten ihre Funktion erst bei Anwesenheit der Fürsten.

Der Brückenauer Kursaal reproduzierte, sozusagen en miniature, die Weltordnung des „Patrimonialstaats".[105] Unter den Augen der königlichen Familie tafelte und vergnügte sich eine Gesellschaft, für die „the presence of the King and his family ... is a strong inducement with many, for preferring it to other Germans Spas" darstellte. Die Gesellschaft selbst beschreibt Granville als

> „of the very best description, as may be supposed, and the prevailing tone ist that which high breeding (sic) gives to great réunions. I have conversed with more than one person of distinction who spent a season or two at Bruchenau, and they all spoke in terms of great satisfaction at all they had seen and enjoyed. This Spa possesses all the pleasing features of Baden-Baden, without its grosser mixture of the excessive noise, the mélange of characters and vice, and the unceasing bustle which prevail there. Yet there is no restraint on account of the presence of court (sic), except what education and good taste would establish in any society, even without the presence of such exaltet personages..."[106]

Offensichtlich wird es als bemerkenswert und darum anreizend empfunden, daß die königliche Familie anwesend ist, aber nicht stört! Der Kursaal ist auch für den König in seiner privatrechtlichen Funktion als Patron ein Ort publikumsbezogener Privatheit. Unter Ausschaltung des Adels bewegen sich König/Patron und die bürgerlichen Stände auf gemeinsamer Basis.

Der Architekt des Brückenauer Kursaalgebäudes wurde kurz nach dessen Vollendung um Entwürfe für ein Hoftheater nach Coburg gebeten. Gutensohn präsentierte Herzog Ernst zwei Entwürfe, die den Typus Kursaalgebäude in zwei Varianten zum Vorbild hatten. Ein Entwurf orientierte sich an einem Konversationshaus-Entwurf von C. Zais für Wiesbaden, der andere an seinem eigenen, dem Brückenauer Kursaalgebäude.[107] Beide wurden abgelehnt, obwohl sich Gutensohn deutlich bemüht hatte,[108] das Brückenauer Vorbild „mit den Merkmalen höfischer Repräsentationsarchitektur“ zu versehen.[109] Der Wunsch, das Brückenauer Kursaalgebäude „in toto“ zu zitieren, war unvereinbar mit der Absicht, das Coburger Hoftheater nicht als öffentliches Gebäude,[110] sondern „als erweitertes Schloßtheater für die Repräsentation“ zu charakterisieren.[111]

Die bei dem von Harres ausgeführten Coburger Hoftheater dann doch zur Anwendung gelangte Übernahme von Architekturformen des Brückenauer Kursaalgebäudes hatte denn auch völlig anderen Stellenwert als bei Gutensohn. Am Außenbau reduzierte sich das Brückenau-Zitat auf die Giebelfront; das Öffentlichkeit signalisierende Motiv der das Gebäude umlaufenden „nach außen offenen Gänge oder Logen“ blieb eliminiert. Im Innern wurde nur an einem Ort auf den Kursaal verwiesen: im Foyer des Hoftheaters, dessen Deckendekoration „sich bis ins Detail eng an die des Brükkenauer Kursaals anlehnt.[112] Dieses Foyer aber war als „Vorsaal der herzoglichen Loge für das adlige Publikum des ersten Rangs reserviert“. Dementsprechend installierte man statt der als Loggia ausgebildeten Königsloge des Brückenauer Kursaals an der Schmalseite des Foyers eine „auf Konsolen ruhende Empore mit durchbrochener Brüstung…, die vom Umgang des dritten Rangs zu betreten ist“.[113] Das Coburger Foyer war nichts anderes als ein aus dem Schloß ausgegliederter Festsaal, das Hoftheater ein „Hofkasino“ – eine Lokalität „für einen geschlossenen Zirkel der vornehmsten Klasse“.[114]

Die Adaption des Brückenauer Kursaalgebäudes in der Architektur des Hoftheaters in Coburg (1837–41) beleuchtet schlaglichtartig die historische Situation.[115] Der Herzog lehnte für das Hoftheater das Vorbild des Brückenauer Kursaalgebäudes in seiner Funktion als öffentliche Architektur ab: weder das sich „erholende“ bildungsbürgerliche Publikum noch die Rolle König Ludwigs I. als seines „Patrons“ entsprachen den Intentionen des Herzogs, „dem es gerade auf Unterhaltung und Zerstreuung, weniger auf erziehende Belehrung des Hofes und seiner Untertanen ankam“.[116] Aber er legte Wert darauf, daß das Kursaalgebäude als das im weiten Umkreis bedeutendste Bauwerk und als Vertreter eines neuen Bautypus integriert wurde. Das öffentliche Kursaalgebäude wurde für ausschließlich höfische Zwecke vereinnahmt.

Damit ist in groben Zügen der Stand der Entwicklung des Kursaalbaus zu dem Zeitpunkt umrissen, zu dem in Homburg das erste nennenswerte Projekt eines Kursaalgebäudes entstand.

I. Zur Geschichte von Hessen-Homburg

1. Die Landgrafschaft 1622–1815

Im Jahr 1622 wurde das am Fuß des Taunus, „vor der Höhe“, gelegene Städtchen Homburg Haupt- und Residenzstadt der Landgrafschaft Hessen-Homburg. Nicht zuletzt bedingt durch die Wirren des Dreißigjährigen Kriegs hatte sich Landgraf Ludwig von Hessen-Darmstadt entschlossen, seinem Bruder Friedrich Stadt und Amt Homburg abzutreten und ihm diesen Zwergstaat als selbständige Landgrafschaft unter Oberhoheit von Darmstadt zu überlassen.[117]

Die Startbedingungen waren alles andere als vielversprechend. Sowohl die mangelhafte finanzielle Grundlage – die Einkünfte aus Stadt und Amt Homburg beliefen sich auf ca. 7000 fl. – als das sich aus der eingeschränkten Selbständigkeit ergebende Spannungsverhältnis zwischen dem Haus Hessen-Homburg und dem Haus Hessen-Darmstadt erwiesen sich als Ursache ständiger Sorge.[118] Unter dem bekanntesten Vertreter des Hauses, Landgraf Friedrich II. von Hessen-Homburg („mit dem Silbernen Bein“), kam es seit 1680 zum Bau eines Schlosses und zur Anlage der Neustadt; aber den merkantilistischen Ambitionen des Landgrafen war kein dauerhafter Erfolg beschieden.[119]

Mit Friedrich V. Ludwig gelangte 1766 ein Schöngeist zur Regentschaft, der mit den Geistesgrößen seiner Zeit Kontakte pflegte und Homburg zum Sitz eines „kleinen Musenhofes“ machte.[120*] Seine Abneigung gegen alles Französische wuchs mit den Wirren der Revolution.[121] Seine „vaterländische“ Gesinnung wurde sprichwörtlich und äußerte sich zuletzt in der Weigerung, dem Rheinbund beizutreten. Infolgedessen wurde Hessen-Homburg 1806 zugunsten des zum Großherzogtum erhobenen Hessen-Darmstadt mediatisiert. Der Sieg über Napoleon brachte den Umschwung der militärischen Gesamtlage und nährte in Friedrich V. Ludwig „die nie erloschene Hoffnung auf Restitution seiner landesherrlichen Rechte“. Es „hing für den Homburger Landgrafen und sein Haus alles von der guten Meinung und Stimmung der verbündeten Mächte, besonders Preußens, für ihn ab“.

Bei den deutschen Fürsten genoß Friedrich V. Ludwig größte Achtung, hatte er sich doch nicht nur sein „deutsches Herz“ bewahrt, sondern auch seine sechs „Heldensöhne“ an der Seite der Alliierten gegen Napoleon kämpfen lassen.[122] Dies kam ihm nun ebenso zugute wie die familiären Beziehungen nach Berlin und Rudolstadt. Freiherr von Stein und Wilhelm von Humboldt halfen den Weg ebnen.[123] Drei hessen-homburgische Prinzen und der landgräfliche Bevollmächtigte Isaac von Sinclair vertraten beim Wiener Kongreß die Interessen des Landgrafen und pochten auf seine Forderungen: Erlangung der vollen Souveränität und Territorialvergrößerung „um Homburg herum“.[124] Die Verhandlungen erwiesen sich als schwierig, denn „man konnte nicht einfach die Homburger Wünsche erfüllen, ohne nicht die ganze erstrebte Ordnung zu gefährden.“[125]

Die durch die überraschende Rückkehr Napoleons in Eile stattfindenden Schlußverhandlungen fielen für den Landgrafen – trotz der Abwesenheit der Homburger Prinzen und des plötzlich eingetretenen Todes Sinclairs – erstaunlich günstig aus. Das am 9. Juni 1815 unterzeichnete Schlußprotokoll sicherte dem Landgrafen von Hessen-Homburg (wie nur noch dem Herzog von Mecklenburg-Strelitz) eine Gebietserweiterung zu, „un territoire comprenant dix-mille habitans“, allerdings nicht „um Homburg herum“, sondern im herrenlos gewordenen département de la Sarre. Das Amt Meisenheim am Glan – vom Landgrafen als „district in China“ apostrophiert – wurde nur widerwillig akzeptiert.[126] Die Souveränität hingegen war laut Artikel 48 der Kongreßakte im vollen gewünschten Umfang sichergestellt: „Dem Landgrafen von Hessen-Homburg werden seine Besitzungen, Einkünfte, Rechte und politischen Beziehungen zurückerstattet, deren er infolge des Rheinbundes verlustig gegangen ist.“[127] Ein günstigeres Ergebnis war nicht zu erwarten gewesen. Die Zeitgenossen empfanden es vielmehr als ganz außerordentlich, daß die Landgrafschaft „mitten unter den Mediatisierungen der Zeit umgekehrt immediat“ wurde.[128]

Dem Landgrafen war es als einzigem deutschen Fürsten[129] gelungen, durch den Wiener Kongreß die Souveränität zu erlangen. Da die Mitgliederliste des Deutschen Bundes als abgeschlossen galt, gestaltete sich seine Aufnahme schwierig. Vor allem stießen die überzogenen und unrealistischen Ambitionen des Landgrafen auf einen „höheren Rang" innerhalb der Bundesversammlung auf den Widerstand der anderen Bundesfürsten, die ihre einmal erworbenen Rechte zu wahren suchten.[130] Die Folge war, „daß in den folgenden acht Jahren offiziell über diesen Gegenstand nicht mehr verhandelt wurde."[131] 1831 traten die Verhandlungen über die Stimmrechtsangelegenheit in ihre zweite Phase, doch erst am 9. September 1842 wurde Homburg in die Liste der Staaten des deutschen Bundes aufgenommen.

Im gesamten hier zur Betrachtung anstehenden Zeitraum führte die Landgrafschaft ein politisches Eigenleben, das über ihre engen Grenzen nicht hinausreichte. Die vieljährige nur nominelle Zugehörigkeit zum Deutschen Bund hob ihre Sonderstellung eher hervor und machte sie publik.

2. Hof und Stadt Homburg

Wie bei den meisten Kleinfürstentümern des ancien régime fielen Land und Herrschaft, Landesregierung und Hofhaltung faktisch zusammen. Hessen-Homburg wurde „im Geiste eines patriarchalischen Absolutismus" regiert.[132] Vom Landgrafen von Hessen-Homburg hieß es: „Er beherrscht seine Länder souverän, und noch sind so wenig in Homburg als in Meisenheim Landstände eingeführt, doch deren Einführung versprochen..."[133].

Als eine „Regierung im Rat" von einer „gewissen Gemütlichkeit und Formlosigkeit" charakterisierte Johann Jakob Moser das Homburger Staatswesen, mit dessen Reorganisation der berühmte Staatsrechtler 1747 betraut wurde. Mosers Vorschläge zur Sanierung der Finanzen scheiterten jedoch am „Trägheitswiderstand des landgräflichen Hofes und seiner Bediensteten, und so blieb es für ein weiteres Jahrhundert dabei, daß jedes größere Vorhaben an der schwachen Finanzkraft scheiterte.[134]

Wie finanziell gefährdet die Landgrafschaft von Anfang an gewesen war, zeigt die Tatsache, daß sie bereits weniger als ein halbes Jahrhundert nach ihrer Gründung verpfändet war und von dem zu Geld gekommenen Landgrafen Friedrich II. ausgelöst werden mußte. Um die schwierige finanzielle Situation nicht in einem Fiasko enden zu lassen, mußten sich, angefangen von Friedrich II., nahezu alle Homburger Prinzen zu auswärtigen, meist militärischen Diensten entschließen; es kam auch vor, daß regierende Landgrafen ihre Regentschaft neben einem bereits früher angetretenen Dienst ausübten.[135]

Gleichwohl kam es zu Ende der Regierungszeit Friedrichs V. Ludwig noch einmal zu einer Verpfändung, zunächst nur des wenige Jahre zuvor erst hinzugewonnenen Oberamts Meisenheim, schließlich aber fast der gesamten Landgrafschaft. Friedrich V. Ludwig hatte noch ein Jahr vor seinem Tod eine langfristige Anleihe von 250.000 fl. aufgenommen.[136] Das beleihende Bankhaus Meyer Amschel Rothschild war über die finanziellen Verhältnisse der Landgrafen also wohlinformiert, was sich nicht zuletzt auf das erste große Projekt zur Errichtung eines Gesellschaftshauses, 1830/31 negativ auswirken sollte.

Zu spät hatte Friedrich V. Ludwig den Hofgerichtspräsidenten Karl v. Zyllnhardt zum Leiter der Landesverwaltung berufen (1816); in pekuniärer Hinsicht war nichts mehr zu retten. Immerhin gelang es Zyllnhardt, die Landesverwaltung zu reorganisieren, 1817 einen dem Landgrafen unmittelbar unterstehenden Geheimen Rat „für die oberste Leitung der Angelegenheiten Unseres Landes und Landgräflichen Hauses" einzusetzen und 1818 die bisherigen Landescollegien in eine Landesregierung umzuwandeln, die sich aus drei Deputationen zusammensetzte.[137]

Nicht weniger verschuldet als der Staat war – und zwar seit einer Darlehensaufnahme im Jahr 1790 – die Stadt Homburg,[138] die sich aus einer Alt- und einer Neustadt zusammensetzte. Die im Tal unterhalb des Schlosses gelegene Ursiedlung Dietigheim bildete zusammen mit einer im 14. Jahrhundert entstandenen und zur Stadt erhobenen Marktsiedlung die „untere“ und die „obere“ Altstadt. An den schmalen Strassen standen die schmucklosen giebelständigen Fachwerkhäuser der sich im Lauf des 18. Jahrhunderts immer mehr reduzierenden Altstadtbewohner, die als Ackerbürger und kleine Handwerker ihren Lebensunterhalt fanden. Seit der Gründung der Neustadt hatte sich die Zahl der Häuser in der Altstadt von 181 im Jahr 1750 auf 170 im Jahr 1817 reduziert, während die der Neustadt im gleichen Zeitraum von 169 auf 218 Häuser angewachsen war. Die seit 1685 angelegte Neustadt war eine jener systematisch geplanten Stadtanlagen des Barock, freilich schlichten Zuschnitts, jedoch der historisch gewachsenen Altstadt, nach der Auffassung der Zeit sowohl in architektonischer wie in städtebaulicher Hinsicht bei weitem überlegen. Die Neustadthäuser reihten sich an einer schnurgerade, vom „Neuen Thor“ an der oberen Stadtmauer ausgehenden Straße, der Louisenstraße, aneinander. Der Regelmäßigkeit der Straßenanlage entsprach ihre einheitliche Bebauung nach einem vorgegebenen Schema. Sämtliche Häuser wurden direkt an die Straße gebaut, im Gegensatz zu den Altstadthäusern mit der Traufe zur Straße, wie es einem halbwegs städtischen Straßenbild entsprach. Auf recht großen, vor allem tiefen Grundstücken entstanden zweigeschossige, vorwiegend in Fachwerkbauweise errichtete Wohnhäuser von bescheidenen Ausmaßen. Den straßenseitigen Zugang flankierten je zwei, seltener je drei Fenster, hinter denen sich die Werkstätten und Lagerräume der Bewohner befanden. In Zuschnitt und Gliederung der Häuser spiegelte sich ihre Funktionsbestimmung als kombinierte Arbeits- und Wohnstätten. Die vom Landgrafen angeworbenen Neusiedler stellten eine für die Stadt wie die Landgrafschaft völlig neue soziale Schicht dar. Daß ihr Gewerbefleiß das Wirtschaftsleben der Stadt mehr prägte als die Ackerbürger- oder die Beamtenschaft, läßt sich leicht daran erkennen, daß die Louisenstraße bis

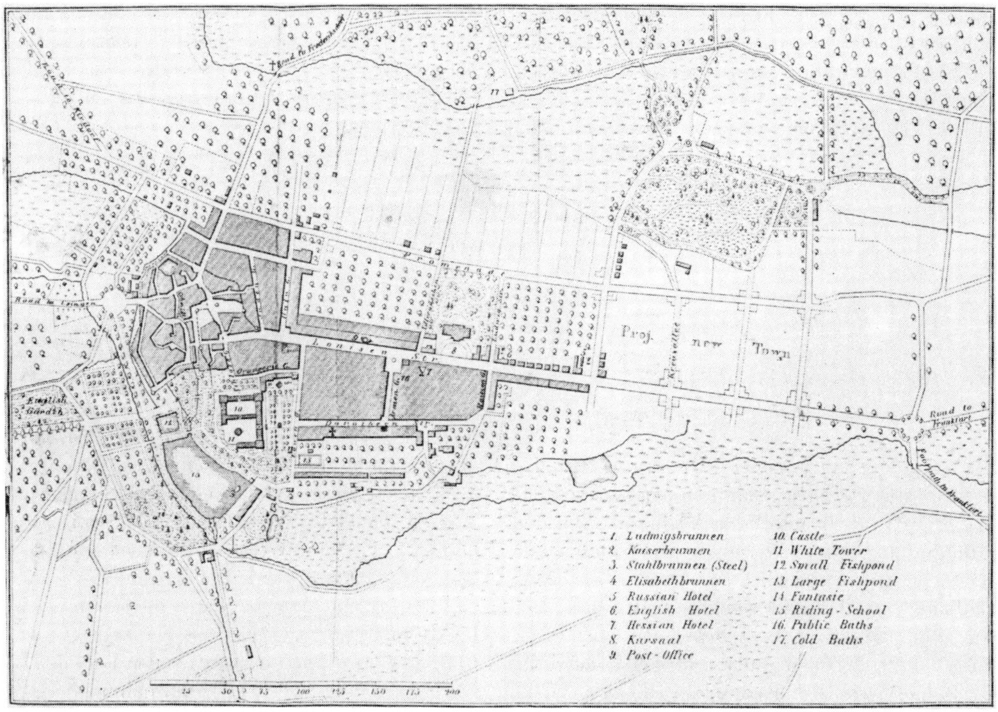

Coghlans Plan von Homburg vor der Höhe, 1844

heute die Haupt- und Hauptgeschäftsstraße Bad Homburgs darstellt.

Noch zu Lebzeiten Friedrichs II. waren einige der rechtwinklig von der Louisenstraße abzweigenden Querstraßen in gleichartiger Form wie die Hauptstraße selbst bebaut worden.

Parallel zur Louisenstraße wurde seit etwa 1710 ein schnurgerade auf das Schloßgartenportal ausgerichteter Straßenzug, die Dorotheenstraße, in Angriff genommen: die Dorotheenstraße; sie war zur Wohnstraße für landgräfliche Hofbeamte prädestiniert. Wie in der Louisenstraße waren die Häuser zweigeschossig, traufständig und mit einem von hier durchgängig je drei Fenstern flankierten straßenseitigen Hauseingang versehen. Es handelte sich jedoch um freistehende Wohnbauten mit Mansarddach, deren Wert in der Regel ungefähr das doppelte von dem eines Wohnhauses der Louisenstraße betrug. In diesen Häusern befanden sich keine Werkstätten, sondern Stuben, Kammern, eine Bibliothek u. ä.; allenfalls gab es zeitweise, im Hof, eine „alchimistische" Werkstatt. Von den 72 Beamten, Dienern und Beisassen (von insgesamt 224 Bürgern/innen), die im Jahr 1750 die Neustadt bewohnten, dürften sich die meisten in der Dorotheenstraße angesiedelt gehabt haben.[139]

Die Stadt Homburg präsentierte sich mithin um 1800 als eine sowohl städtebaulich als soziologisch dreigeteilte Stadt. Die zeitgenössische topografische Literatur läßt unschwer erkennen, welcher der drei Stadtteile als der bedeutendste galt:

„Die Stadt Homburg hat 421 Häuser, und wird noch beständig weiter angebauet. Die Neustadt ... ist regelmäßig angelegt, sie besteht aus 2 breiten und ziemlich langen schnur geraden Straßen, die mit 3 Querstraßen durchschnitten, und recht gut gebauet sind. ... Die Altstadt ist schlecht gebauet und unsauber; in beiden Städten zusammen rechnet man ohne die Handwerksgesellen ca. 2300 Seelen. ...

Die Stadt hat zwar etwas Ackerbau und Viehzucht, doch besteht ihre Hauptnahrung in Wollen- und Leinen-Manufaktur, vorzüglich in Strümpfen. Man findet hier Fabrikanten, die zum Spinnen ca. 3 bis 400 Menschen in Arbeit unterhalten, und die ganze umliegende Gegend von 8 bis 10 Stunden nähret sich zum Theil von der Stadt Homburg, Friederichsdorf und Dornholzhausen. Außer den wollen und leinenen Strümpfen werden auch in der Stadt wollene Kappen, Handschuhe, wollener Plüsch und Hüte fabriciret, auch geht man damit um, eine Kottondruckerei anzulegen..."[140]

Homburg um 1800: das war ein noch immer von der im Rahmen der merkantilen Wirtschaftspolitik Friedrichs II. vorgenommenen „Peuplierung" profitierendes, hauptsächlich auf die Strumpfweberei und die Herstellung von Kanevas-Stoffen spezialisiertes Gewerbestädtchen und auf diesem Gebiet von einiger Ausstrahlungs- und Wirtschaftskraft.

3. Saline oder Heilquelle

Als Wirtschaftsfaktor lag die Ausbeutung der salzhaltigen Quellen im sogenannten „Salzgrund" bei Homburg völlig brach.[141] Nachdem ein Plan des Landgrafen Wilhelm Christoph, zwei Gradierhäuser zu errichten und die Salzgewinnung auf neuzeitliche Grundlagen zu stellen (1660) gescheitert war, hatte Friedrich II. 1680/81 den Plan eines ausgedehnten Salinensystems entwerfen lassen.[142] Die Saline erwies sich als das einträglichste Unternehmen Friedrichs II. – 1690 erbrachte sie 1000 Achtel Salz zum Wert von 4.250 fl. –, jedoch gelang es den nachfolgenden Landgrafen nicht, sie auf der erreichten Höhe zu halten. Die Entwicklung gestaltete sich defizitär, bis das Salzwerk 1738 stillgelegt und 1740 die Gradierhäuser abgebaut und nach Nauheim verkauft wurden.

1776 lag ein Gutachten des Salinisten J. W. Langsdorff mit dem Nachweis der Effizienz der Brunnen und der wirtschaftlichen Rentabilität vor;[143] die daraufhin angestrebte Wiederherstellung der Saline scheiterte aus finanziellen Gründen. Die Salzbrunnen wurden zugeschüttet oder abgedeckt, bis der Landgraf 1782 erste Vorkehrungen treffen ließ, die darauf abzielten, Homburgs Salzbrunnen zu Heilzwecken zu nutzen.[144]

Damit wird erstmals in der Neuzeit vom Gebrauch der Homburger Quellen zu Heilzwecken gesprochen, so daß das Jahr 1782 als das ideelle Gründungsjahr und Landgraf Friedrich V. als der „ideelle" Badgründer gelten können.

Der Gedanke kam nicht von ungefähr, erlebte das Badewesen doch im ausgehenden 18. Jahrhundert die erste Hochblüte in nachmittelalterlicher Zeit. Fast jeder weltliche oder geistliche Fürst verfügte über eine „Baderesidenz" im eigenen Land.[145] Doch lag Friedrich V. wohl weniger an einer Hofhaltung im Bade als an einer Umwandlung der nicht in Schwung zu bringenden Saline in einen wirtschaftlich florierenden Badebetrieb. Friedrich V. gehörte selbst zu jenen Fürsten seiner Zeit, für die eine alljährliche Badereise zu den Selbstverständlichkeiten eines standesgemäßen Daseins gehörte, gleichgültig ob man es sich „leisten" konnte oder nicht.[146] Seit 1780 frequentierte er eines der großen „Fürstenbäder" der Zeit, Schlangenbad, zu dessen regelmäßigsten und treuesten Gästen er zählen sollte.[147] Ein kausaler Zusammenhang zwischen seinen ersten Besuchen in Schlangenbad und den Bemühungen um die Homburger Quellen ist nicht von der Hand zu weisen. Der Landgraf wollte offenbar prüfen, ob sich in Homburg ein zweites Schlangenbad etablieren lasse.

Im damaligen Schlangenbad wurde „ein unerhörter Luxus getrieben", was sich in einer ebenso unerhörten Preisgestaltung für Unterkünfte, Dienstleistungen etc. niederschlug.[148] Es lag auf der Hand, daß sich ein solches Bad rentabel gestaltete. „Merkantilistische Überlegungen, die auf eine aktive Handelsbilanz und die optimale Ausschöpfung vorhandener Einnahmequellen abzielten", spielten eine große Rolle. So auch im „Fürstenbad" Pyrmont, das sich als Domanialvermögen im Besitz des Herrscherhauses befand.[149]

Über den möglichen Staatsprofit von Bädern belehrte neuerdings auch Krünitz „Oekonomisch-technologische Encyclopädie":

„Der Nutzen der Gesund-Brunnen und Bäder erstreckt sich nicht bloß' auf das Medicinalwesen, und also mittelbar auf die Bevölkerung des Landes, sondern auch so gar auf das Finanz- und Cameralwesen, indem dieselben zugleich eine, öfters reiche, Quelle landesherrlicher Einkünfte eröffnen."[150]

Dem Traum des Landgrafen von einem Homburger Schlangenbad war von Anfang an wenig Aussicht auf Realisierung beschieden, da er weder über das Startkapital verfügte, um ein Bad in eigene Regie zu übernehmen, noch über den notwendigen Unternehmergeist. So blieb es denn dabei, daß der Landgraf nicht in Homburg kurte, sondern – alljährlich bis zu seinem Tod – nach Schlangenbad reiste[151] und sich dort „um die Ausschmückung der Anlagen in der nächsten Umgebung kein geringes Verdienst" erwarb.[152] Sogar als dieser Kurort schon längst nicht mehr fashionabel war, hielt die landgräfliche Familie Schlangenbad die Treue; noch für 1823 , 1829 und 1833 sind Besuche des „Prinzen Wilhelm" (Landgraf *Ludwig* Wilhelm) bezeugt.[153]

Bis um die Wende vom 18. zum 19. Jahrhundert gab es immer wieder Bemühungen, die Homburger Saline wiederherzustellen; von einer anderweitigen Nutzung des Salzwassers war jedoch nicht mehr die Rede.

Erst die Wiederentdeckung einer schon den Römern bekannt gewesenen Quelle – „mit einem angenehm schmeckenden Säuerling von geringem Mineralgehalt und reich an Kohlensäure" – im Jahr 1809 führte zu bescheidenen Aktivitäten.[154]

Die Bedeutung der Quelle wurde „sofort erkannt" und ihre Fassung auf Veranlassung des zuversichtliches Interesse bekundenden greisen Landgrafen Friedrich V. unverzüglich in Angriff genommen. Doch das sich in der Folge entwickelnde Engagement, die Quelle „zum wohlthätigen Gebrauch der leidenden Menschheit einzurichten", hielt sich in sehr bescheidenen Grenzen.[155]

Über dem „Sauerbrunnen" (später nach Landgraf Friedrich V. Ludwig „Ludwigsbrunnen") wurde nach den Plänen des Bauschreibers Wittmann ein hölzerner Brunnentempel mit acht (zweitverwendeten) Säulen und einer altertümlichen Kuppel errichtet.

„Zugleich wurde ein Häuschen, bestehend aus einem Wohnzimmer, einer Kammer, Küche und großer Remise für die Wasserkrüge erbaut, worein ein alter Schloßkutscher, welcher im Wald einen Beinbruch erlitten hatte und lahm ging, gesetzt wurde."[156]

Dieses auf herrschaftliche Rechnung errichtete „einstöckige Wohnhaus" (Taxwert: 700 fl.) mit Remise – es ist bildlich nicht überliefert – stellte den höchst bescheidenen Anfang einer „Brunnenwirtschaft" dar.[152]7 Sein Standort, südlich des Mineralbrunnens, und seine Zweckbestimmung als Brunnenwärter- und Brunnenversandhaus stellte es vergleichbaren Gebäuden in kleineren „Brunnenörtern“, etwa Weilbach, zur Seite.[158]

Bis zur Übernahme des Hauses durch die „Gewerkschaft der Salinen- und Badeanstalt“ und dem darauf folgenden Abbruch im Jahr 1824[159] stellten die bezeichneten Baulichkeiten „das Bad“ Homburg dar.

Der Brunnenversand,[160] nicht der Besuch des Brunnens, stand im Vordergrund der Bestrebungen, d. h. man setzte auf die Reklamewirkung des versendeten Wassers, nicht zuletzt mit dem Ziel und in der Hoffnung, einen privaten Pächter für die Mineralquelle zu finden. Aus diesem Grund kam es weder zur Errichtung einer Trinkhalle noch zum Bau eines Badehauses. Das „Bad“ Homburg definierte sich als Versandort, nicht als „Brunnen“– und auch nicht als „Badeort“.

4. Die Jahre 1820–1834

Der Tod des Landgrafen Friedrich V. im Jahr 1820 markierte einen Einschnitt in der Entwicklung der Landgrafschaft, in der sich während der letzten Jahrzehnte seiner 65-jährigen Regentschaft nichts mehr „bewegt“ hatte. Seinen Nachfolgern hinterließ er die Aufgabe, Versäumnisse nachzuholen.[161] Die zehnjährige Regierungszeit des Sohnes und Nachfolgers, Friedrich VI. Joseph, war gekennzeichnet von einer energisch betriebenen Politik der Verwaltungsreformen.

Schon im ersten Regierungsjahr erließ Friedrich VI. Joseph eine Reihe von Verordnungen, deren vorrangiges Ziel war, den „alten Schlendrian“ zu vertreiben und eine strenge Ordnung zu schaffen.[162] Sein Regierungsstil war durchaus konservativ. Es zog ein „Geist der unumschränkten fürstlichen Herrschaft in die Stadtverwaltung“[163] ein, gegen den jeder Widerstand vergeblich war.

Friedrich VI. Joseph war von dem Gedanken an ein funktionierendes Staatswesen beseelt. Von einer offenbar sofort nach seinem Regierungsantritt in Auftrag gegebenen Statistik erwartete Friedrich VI. Joseph Informationen, die der künftigen Regierungsführung dienlich sein sollten. Diesem Ansinnen entsprachen die sehr detaillierten Angaben der am 19. Januar 1821 ausgefertigten „Statistischen Übersicht des Amtes Homburg vor der Höhe...“, der Justizrat Rodaug eine Rubrik „Generalia und Merkwürdigkeiten“ anfügte, worin er seine Ansichten und Empfehlungen aussprach. Den Charakter eines Appells hatten die Ausführungen Rodaugs über das „Dorf Gonzenheim“, in dessen Gemarkung die „unermeßlichen Reichthümer an Salzquellen und sonstigen Mineralien“ lagen, die schon früher den Betrieb der „Homburger“ Saline ermöglicht hatten. Der Justizrat forderte die Wiederbelebung der Saline beziehungsweise deren Umwandlung in einen Heilwasserbetrieb. Ihr Ruin sei „durch treulose und vorzüglich durch unwissende Diener im Salzfache“ herbeigeführt worden, so daß „schon Millionen Gulden an Salz Wasser seit dieser Zeit unbenutzt weggeflossen sind“, schrieb Rodaug. Jetzt werde eine zweckmäßige Wiederherstellung „dieses Kunstwerks“ auf 400 000 fl. veranschlagt. Nach Ansicht des Beamten lohne diese Investition, denn: „Ein guter Mineral Brunnen dürfte leicht einen Cur Ort zu Homburg begründen, und wenn das Wasser den übrigen guten Mineralwassern gleich stünde, so würde derselbe heut zu Tage eine grosse Revenüe abgeben, wozu der Selterser Brunnen den Beweis liefert...“[164]

1824 kam es zur Gründung einer Bade- und Salinengewerkschaft, die sich die Etablierung einer „Badeanstalt“ in Homburg angelegen sein ließ, aber schon 1828 zusammenbrach. Als Carl Julius Weber wenige Jahre später die Stadt besuchte, war noch alles beim alten. Auch er sinnierte über die 1809 entdeckte Mineralquelle und verhieß, daß sie „sicher Brunnengäste nach der schönen Gegend, und dem so gebildeten Homburg locken würde“, aber der Weitgereiste deutete auch an, daß es vielleicht schon zu spät sein könnte für eine solche Entwicklung, denn: „wir haben der Bäder schon gar zu viele...“[165]

Unterdessen konzentrierten sich die Interessen des Landgrafen auf eine verbesserte Ausstattung des Hofes, die er dem 1815 erworbenen Status sowie der Herkunft seiner Gattin Elisabeth, einer Tochter des englischen Königs Georg III. schuldig zu sein glaubte.[166]

Er verfügte die Einführung einer neuen Hofverwaltung, an deren Spitze ein Hofmarschall stehen sollte, ließ das Militär verstärken und eine Militärkapelle bestellen. Es wurde „verschwenderisch gewirtschaftet“, zumal die Landgräfin ebenso freigebig[167] wie baulustig war. Ein Bauamt wurde eingerichtet, dem neben drei landgräflichen Beamten der Frankfurter Baurat J.F.Chr. Hess angehörte,[168] weshalb sich die 1821 erlassene Bauordnung deutlich an dem von Hess sen. 1818 geschaffenen Frankfurter Baustatut orientierte.[169] Das Homburger Bauwesen war infolgedessen nun nicht mehr nur im Sinn einer projektbezogenen, kurzfristigen Auftragsvergabe, wie sie seit dem 18. Jahrhundert bestanden hatte, mit Darmstadt verbunden, vielmehr öffnete es sich erstmals auch dem Einflußbereich Frankfurts, das gerade in jenen Jahren dem rationalistischen Architekturkonzept J.N.L. Durands zuneigte. Zu den vorrangig betriebenen Bauvorhaben, zu deren Realisierung man sich der Dienste des großherzoglich-hessischen Baurats Georg Moller bediente,[170] gehörten der Um- und Erweiterungsbau des Schlosses, die Errichtung eines Jagdhauses im Stil der englischen Neugotik und der Umbau des Schlosses in Meisenheim.[711] Minder großes Interesse hegten Landgraf und Landgräfin für den Ausbau der Stadt Homburg.[172]

Die einzigen selbständigen Sakralbauten waren eine Synagoge aus dem Jahr 1731, die mehr einem Wohnhaus glich, eine Saalkirche aus dem Jahr 1724, die ursprünglich von der französisch-reformierten Gemeinde errichtet worden war, dann aber von den Lutheranern genutzt wurde, da sich deren Gotteshaus – als Schloßkirche in den Schloßkomplex integriert – als baufällig erwies und schließlich (seit 1812) an die katholische Gemeinde vermietet wurde. Lutheraner und Reformierte, der Hauptanteil der Bevölkerung, waren demzufolge seit Anfang des 19. Jahrhunderts gezwungen, in der auch von der landgräflichen Familie genutzten Hofkapelle dem Gottesdienst zu folgen.[173]

Zu durchgreifenden Veränderungen, die den Vergleich mit modernen „Flächensanierungen“ nahelegen, sah sich das Landgrafenpaar nur dort veranlaßt, wo Stadt- und Schloßbereich störend aufeinandertrafen: „Das wichtigste für ein herrschaftliches Schloß, das nunmehr mit stärkerem Besuch von auswärts zu rechnen hatte, war die Schaffung eines würdigen und bequemen Zuganges von der Altstadt aus. Durch Entfernung einiger alten Häuser auf der Nordseite war eine Schloßfreiheit geschaffen, welche jetzt die Fassade des Gebäudes sehen ließ. Im Anschluß daran wurde 1828 die auf das Schloß zuführende „Herrngasse“ in ihrer Verlängerung verbreitert, wobei leider das malerische, über die Straße gebaute, bis an den Rathausturm reichende baufällig gewordene gothische Rathaus samt dem „Spielhaus“ und dem Gasthaus „Zum Rothen Ochsen“ abgebrochen wurde. An dessen Stelle trat eine mit Staketen eingefaßte Promenade, der „Altstädter Markt“... Damit war der Weg zum Oberthor und zur Durchgangsstraße nach dem Taunus geöffnet.“[174] Den stehengelassenen Rathausturm beließ man in seiner alten Gestalt, dem Stumpfen Turm gab man einen Zinnenkranz, der ihm einen neugotisch-glatten Anblick verlieh.

Man neigte dazu, Historismus gegen „historische“ Aneignung zu vertauschen. Willkommen in Homburg war eine ebenfalls wegen einer Straßenbaumaßnahme von ihrem Standort in Gelnhausen verdrängte Heilig-Grab-Kapelle aus dem Jahr 1490, weil für diese historische „Merkwürdigkeit“ auf dem reformierten Friedhof am Untertor ein „Reservat“ zur Verfügung stand.[175]

Die landgräfliche Familie verwendete also die ihr erstmals innerhalb der Geschichte der Landgrafschaft reichlich zur Verfügung stehenden Mittel nahezu ausschließlich für Hofhaltung und Repräsentation einerseits, für eine lebhafte Bautätigkeit andererseits. Sie führte ein durchaus von der bürgerlichen Welt und ihren Bedürfnissen abgehobenes Dasein; das soziale Wirken der Landgräfin und die Reformpolitik waren ein Teil der sich aus der ständischen Hierarchie ergebenden Zuständigkeiten.

Das vorhandene Potential an Finanzen, Erfahrung, Intelligenz und Macht wurde hofintern verbraucht, obwohl sich die wirtschaftlichen Geschikke der Stadt nicht zum besten wandelten. 1824 gab es in Homburg „5000 größtenteils unbemittelte, unbegüterte und außer Nahrung gesetzte Familien.“ Deren Lage wurde trostlos, als sich herausstellte, daß sich das einzige wirklich ertragreiche Gewerbe, die Textilfabrikation, nicht mehr gegen die Konkurrenz durchsetzen konnte. Von 264 im Jahr 1821 sank die Zahl der Textilarbeiter bis zum

Jahr 1830 auf nur noch 54. Es lag auf der Hand, daß neue Erwerbsmöglichkeiten geschaffen werden mußten.

Die Zahl der Einwohner Homburgs bewegte sich damals bei 3000, die des Amtes Homburg bei 7500.[176] Von der Absatzkrise betroffen war in der Landgrafschaft außer Homburg vor allem Friedrichsdorf, dessen vormals „vorzüglich blühende" Textilmanufakturen viele hundert Menschen im näheren Umkreis beschäftigt hatten.[177] Während sich aber Friedrichsdorf vor allem mit der Zwiebackproduktion eine bald aufblühende Nachfolgeindustrie zu schaffen verstand, mangelte es in Homburg an innovativen Kräften. Wenig förderlich war diesem Zustand, daß in Hessen-Homburg erst in den 1860er Jahren der Zunftzwang abgeschafft und die Gewerbefreiheit eingeführt wurde.

1829 herrschte auch in der Staatskasse wieder Ebbe, und Friedrich VI. Joseph mußte, wie sein Vater, noch kurz vor seinem Tod eine Hypothek von 1 175 000 fl. aufnehmen und das Amt Homburg, einschließlich Schloß, Waldungen etc. verpfänden.[178]

Mit Landgraf Ludwig trat 1829 ein liberaler Reformer die Regierung an.[179] Zu dem schweren Erbe – große Schuldenlast und mangelnder Unternehmungsgeist in der Landgrafschaft – kam erschwerend die Unmöglichkeit, sich selbst als Landgraf in Homburg niederzulassen. Ludwig weilte als Kommandant der deutschen Bundesfestung und Generalgouverneur während seiner gesamten zehnjährigen Regierungszeit in Luxemburg. Dennoch waren seine Bemühungen um die Landgrafschaft beachtlich.[180]

Bereits in den ersten Monaten seiner Regentschaft stellte der ebenso „volksnahe" wie weitblikkende Landgraf sein Interesse am wirtschaftlichen Wohlergehen unter Beweis: mit seinen Bemühungen um die Gründung einer großzügigen „Badeanstalt", um deren finanzielle Grundlage sich der Landgraf zuallererst bemühte. Als Architekt war der großherzoglich hessische Oberbaurat Georg Moller vorgesehen, der vor dem 10. Juli 1830 einen ersten Entwurf vorlegte, dem bis zum 10. Mai 1831 weitere, variierte Fassungen folgten.

Die Finanzierung gestaltete sich jedoch schwierig. Es wurden verschiedene Modelle in Erwägung gezogen, auch mit Meyer Amschel Rothschild verhandelt, der jedoch eine stärkere Einflußnahme anstrebte, als dem Landgrafen opportun erschien. 1832 zeichnete sich ein Scheitern des Vorhabens ab.

5. Zur Bedeutung der Entdeckung des Elisabethenbrunnens

Der 27. Juni 1834 gilt als der „eigentliche Geburtstag" des Bades Homburg.[181] An diesem Tag wurde die zweite Quelle Homburgs wiederentdeckt, der 1837 nach der „englischen" Landgräfin benannte „Elisabethenbrunnen".[182] In unserem Zusammenhang ist die Entdeckung des Elisabethenbrunnens insofern von Bedeutung als sich durch sie die Rahmenbedingungen für die künftigen Ausbauprojekte des Bades grundlegend änderten.

Noch 1834 bestand ein „überregionales Anspruchsniveau" des Bades Homburg in nur sehr moderater Form.[183] Die 1809 entdeckte Quelle, der Ludwigsbrunnen, war einer „physikalisch-chemischen Untersuchung" unterworfen und das Ergebnis 1811 in einer Schrift publiziert worden, in welcher der Brunnen den „beiden nächstverwandten Quellen von Selters und Schwalheim" gegenübergestellt wurde.[184] Diese beiden „Brunnenorte" waren zwar rühmlichst bekannt, jedoch nur durch ihr versendbares Heil- und Tafelwasser; als Kurorte hatten sich weder Selters noch Schwalheim einen Ruf zu erringen vermocht.[185] 1822 hatte der Homburger Justizrat Rodaug vorgeschlagen, Selters nachzueifern und Homburg zum Brunnenversandort auszugestalten.

In den 1830er Jahren lebte der zuletzt Ende des 18. Jahrhunderts erwogene Gedanke an einen Badeort Homburg wieder auf, als man von spektakulären Bohrversuchen im nahen Nauheim hörte, über die beispielsweise die auch in Homburg gelesene „Didaskalia" regelmäßig berichtete. Nach zwei gelungenen Bohrungen hatte 1833 ein Kurhessischer Obersteuerdirektor in Nauheim ein Badehaus errichten lassen, mit dessen Wirkung er so zufrieden war, daß er bei der Regierung in Kassel „für das Nauheimer Projekt direkt" einzutreten beschloß. Im März 1834 genehmigte der Kurfürst, „der Errichtung einer Solbadeanstalt in Nauheim näher zu treten", und am 1. Mai 1834 lag ein Plan „zu einem einstöckigen Haus mit 8 Badezellen und einigen Gesellschaftsräumen ... inmitten einer Gartenanlage gelegen" vor.[186] Dies bildete den Auftakt für das bald aufblühende Bad Nauheim.

Strebte man eine der Nauheimer ähnliche Lösung an, so empfahl es sich, in Homburg möglichst rasch eine neue Quelle zu erbohren oder besser zu entdecken, da eine Entdeckung von der Aura eines auf höheren Willen geschehenen Ereignisses umgeben war.

In Homburg war seit dem 6 August 1833 Dr. Eduard Christian Trapp „wirklicher zweiter Stadt- und Amtsphysikus" und Militärarzt mit dem Amtscharakter „Medizinalrat".[187] Trapp, der bereits als außerordentlicher Professor in Gießen gewirkt hatte, muß das kleine, noch nicht allzu ansehnliche Städtchen, das laut der im Jahr 1834 erstmals erscheinenden Cur- und Bade-Liste nicht mehr als 155 Cur- und Badegäste besuchten,[188] als höchst entwicklungsbedürftig empfunden haben. Trapp wußte wohl aus erster Quelle vom Scheitern des Homburger Projektes Mollers.[189]

Als sich der Arzt am 27. Juni 1834 zu einem Krankenbesuch begab, entdeckte er bei seinem Gang durch den „Salzgrund" den „alten Salzbrunn" und erkannte „zugleich die Bedeutung des an den Rakoczy-Brunnen (in Kissingen) erinnernden Wassers." Sofort leitete Trapp, der den Fund keinesfalls für ein Wunder, sondern für eine solide Grundlage des künftigen Bades Homburg hielt, geeignete Maßnahmen ein. Der Landgräfliche Bauinspektor Westerfeld nebst Gemahlin wurden herbeigeholt, um zu bezeugen, „daß ebensowenig Fremde als Einheimische vor uns den Brunnen besucht oder gekostet haben" und „daß nach unserem Wissen der Geh. Medizinalrat Dr. Trapp der erste war, welcher nicht allein auf die Wirksamkeit der Quelle aufmerksam gemacht, sondern auch der Erste war, welcher sie mit uns und durch uns in Anwendung gebracht."[190]

Dann, 1836, bat Trapp den von damaligen Badeorten gern angerufenen Chemiker Justus von Liebig um eine qualitative Analyse des Wassers,[191] deren Kernsatz lautete: „Es möchte wohl in Deutschland schwer seyn, ein Mineralwasser zu finden, welches gleichen Reichtum an wirksamen Bestandtheilen mit dem Homburger Mineralwasser darzubieten vermöchte."[192]

Mit diesem Satz ließ sich eine zunächst, wie üblich, auf die Ärzteschaft zielende Werbung für das Bad aufbauen.[193] Trapp begann noch 1836, Homburg in die Fachwelt einzuführen,[194] und auch Liebig veröffentlichte seine Untersuchungen unverzüglich in den „Annalen der Pharmacie".[195] Selbstverständlich wurde der „Elisabethbrunnen" als Heilwasser in alle Welt versandt.[196]

Für Homburg kam dieses Vorgehen, dessen Bedeutung im Vorrang des Arztes und des Chemikers bestand, dem Anbruch einer neuen Zeit gleich. Die auf die Entdeckung des Elisabethenbrunnens notwendigerweise folgenden Initiativen zur neuerlichen Badgründung spalteten sich in einen deutlich, auch personell, unterschiedenen medizinischen und unternehmerischen Zuständigkeitsbereich, wobei der Vertreter der Medizin zunächst die Führung übernahm. Das Landgrafenhaus spielte keine Rolle.[197]

Wie oben bemerkt, fühlte sich Trapp schon bei der ersten Probe an den Rakoczy-Brunnen erinnert, was er offensichtlich auch Liebig mitteilte. Dieser äußerte sich zu der Frage zunächst zurückhaltend, wenig später jedoch ganz im Sinne Trapps: „Ich bin durchdrungen von der Überzeugung, daß es dem Kissinger Wasser in keiner Beziehung nachsteht, es ist im Gegenteil noch reicher an Eisen Bestandtheilen wie gebundener Kohlensäure als dieses."[198]

Als der bekannte englische Arzt und Badereisende Dr. Granville 1836 oder 1837 Homburg einen Besuch abstattete, notierte er, man habe ihm „a short printed account, written in German by Dr. Liebig" überreicht. Wenig später publizierte Granville seine Beobachtungen an der „newly-discovered quelle" von Homburg und führte diese somit in die englischsprachige balneologische Literatur ein.[199]

Er befand, hinsichtlich der festen Bestandteile sei zwar eine Analogie festzustellen, aber der Geschmack sei „as different as possible" und im übrigen sei er überzeugt, der Elisabethenbrunnen entspringe „one and the same origin" wie der Ludwigsbrunnen.[200]

Wichtiger als die wissenschaftliche Haltbarkeit der These war die mit dem Vergleich verbundene Formulierung des Anspruchs und das Anspruchsziel als solches. Das aspirierte Vorbild war stark besucht, schon berühmt und medizinisch empfohlen: der Rakoczy-Brunnen genoß bereits „an European reputation“[201] Seine Entdeckung hatte „einen umfassenden Aufschwung des Badebetriebes“ begründet und Kissingen „seit 1831 einen europäischen Ruf“ verschafft, dem letztlich auch der im Jahr 1833 ergangene Auftrag zur Planung eines aufwendigen Kursaalgebäudes an Friedrich von Gärtner zu verdanken war, das „den Beginn einer neuen Ära“ markierte.[202]

Eine gleiche Wirkung auf die Entwicklung des Bades sprach die Allgemeine Badezeitung 1840 den „gefährlichsten Nebenbuhlerinnen Kissingens“, den Heilquellen von Homburg zu, das „jetzt ein kleines Bad (sei), sich aber bald zu einer Höhe ersten Ranges empor schwingen“ werden, wenn man nur „nicht ängstlich und kleinlich zu Werke“ gehe; „und vor allen Dingen sind zum Emporbringen kundige und unternehmende Leute erforderlich...“[203]

Den Homburger Brunnen als den „neuen Rakoczy“ zu feiern kam dem Anspruch auf die Nachfolge gleich und konnte von Seiten Kissingens nicht unwidersprochen bleiben. Aber selbst mit den öffentlich ausgetragenen Wortgefechten war das wesentliche erreicht: Homburg wurde in einem Atemzug mit dem renommierten Kissingen genannt.[204] Die Strategie zeitigte bereits 1857 ihre Wirkungen, als der Kissinger Spielbankpächter auch die geplante Spielbank in Homburg zu pachten wünschte, um „kleinliche Rivalität“ auszuschließen.[205] Der von jeher gepflegten Aufwertung einer neu entdeckten Quelle durch Vergleich mit einem „eingeführten“ Brunnen war, im „aufgeklärten“ 19. Jahrhundert, ein weiteres Mal zündende Wirkung beschieden.[206]

Wenige Jahre später unterblieb der Vergleich mit dem Rakoczy-Brunnen, nicht weil er wissenschaftlich unhaltbar geworden wäre, sondern weil er seine Dienste getan hatte. Das Anspruchsniveau war erreicht, und der Hinweis auf Kissingen schien nun mehr hinderlich als förderlich; er unterblieb aus gutem Grund bis auf den heutigen Tag.[207]

In den unmittelbar auf die Entdeckung des Elisabethenbrunnens folgenden Jahren, 1835–1840, bildete die durch den Außenbezug aufgestellte Konkurrenz die Basis der Verhandlungen zwischen der Regierung und den am Ausbau des Bades interessierten privaten Unternehmern.

6. Die Jahre 1835–1840

Von medizinischer Seite nunmehr der Sorge um die Propagierung des Bades enthoben, minderte sich die Schwierigkeit, einen Unternehmer zu finden oder besser: die Verhältnisse kehrten sich in ihr Gegenteil um. Die Jahre 1835 bis 1840 sind gekennzeichnet von einer Reihe von Anträgen Unternehmungswilliger.[208]

1835 und 1836 trat die landgräfliche Regierung in Unterhandlungen mit dem Bankhaus Rothschild, die recht weit gediehen, schließlich jedoch wieder an dessen Bedingungen scheiterten.

1836 setzten Verhandlungen mit Regierungsrat von Meex aus Mainz ein, 1837 trat Moritz Wittmar aus Kassel als Interessent auf und im September desselben Jahres bewarb sich Jodocus Kersting.

Mit Ausnahme von Meex' handelte es sich bei allen Bewerbern um Persönlichkeiten, denen ausschließlich am Betrieb einer Spielbank gelegen war; nur Wittmar verfügte über so viel Vermögen, daß er die Errichtung eines „Kurhauses“ zu übernehmen bereit war. Der Schriftwechsel mit diesen möglichen Unternehmern ließ großes Mißtrauen der landgräflichen Regierung erkennen, so daß immer wieder Stockungen eintraten, halbe Zusagen und dann wieder Absagen erteilt wurden.

Grundsätzliche Bedenken gegen die Einrichtung einer Spielbank scheinen nicht bestanden zu haben.

1838 entschloß sich Landgraf Ludwig selbst, einen „größeren Brunnensaal“ in der Nähe des Ludwigsbrunnens errichten zu lassen. Der Bau dieses „Brunnensälchens“ war offenbar das Resultat von mangelnder Entscheidungsfreudigkeit und teilweise begründetem Mißtrauen des Landgrafen gegenüber den bisherigen Bewerbern. Das Brunnensälchen diente dann mehrere Jahre lang als interimistisches Kursaalgebäude.

In einer Beilage zum Landgr. Hess. Amtsblatt erschien ein Nachruf – „Zum Andenken ... unsers am 19ten Januar 1839 heimgegangenen gnädigsten Fürsten und Landesvaters" –, in dem die Bedeutung Landgraf Ludwigs für das Homburger Badewesen im einzelnen zwar überzeichnet wurde. Grundsätzlich ist jedoch die historische Position dieses Landgrafen klar erkannt und hier ausgesprochen worden: in seiner Regierungszeit waren die wesentlichen Initiativen „zu einem besuchten Kur- und Badeort" ergriffen worden.

„... Kurz nach dem hohen Regierungs-Antritt nahm die Residenz einen besonderen Aufschwung. Durch Verschönerungen und Veränderungen, durch neue zweckmäßige Gebäulichkeiten und Gründung mehrerer, zum Bedürfnis gewordener Etablissements, größten Theils aus Höchsteigenen Geldmitteln hervorgerufen – durch geschmackvolle Ueberraschungen, Allee-Anlagen und Erholungsgebäude im anmuthigen Kurthale und in den nächsten reizenden Gefilden, wurde der Physiognomie Homburgs ein erhöheter Grad ansprechender Freundlichkeit gegeben und bleiben dieses Alles eben sowohl Gegenstände der angenehmsten Beobachtungen als dankbare Erinnerungen an den edlen Landgrafen. Auch erhob Höchstderselbe dieses freundliche Städtchen zu einem besuchten Kur- und Badeort, der schon jetzt eine nicht unbedeutende Stelle unter den vielen Kurplätzen Deutschlands einnimmt...".[209]

Gleich in seinem ersten Regierungsjahr, 1839, trat Landgraf Philipp erneut in Unterhandlungen mit neuen Bewerbern. Der Hotelier Theodor Privat aus Paris legte ein detailliertes Programm vor, erbot sich zum Bau eines Kurhauses und bot die Entrichtung einer jährlichen Spielpacht an. Parallel zu den Verhandlungen mit Privat korrespondierte die Regierung mit einem Konsortium, das sich aus einem Franzosen Grégoire, Jean de Mengden aus Ingelheim und dem Homburger Brunnenverwalter Karl Müller zusammensetzte. Daneben gab es noch weitere Bewerber, die jedoch aus dem Rennen gerieten. Landgraf und Regierung, sichtlich selbstbewußter geworden, versuchten jetzt, das bestmögliche Angebot abzuwarten.

Begünstigend kamen nun äußere Umstände hinzu, vor allem die Schließung der Spielbanken in Frankreich, die Spieler wie Spielbankpächter aus dem Land und in die deutschen Bäder trieb.

Mit zwei Spielbankpächtern aus Frankreich, Francois und Louis Blanc, hatte bereits Landgraf Ludwig in Luxemburg Kontakte aufgenommen, an die jetzt Landgraf Philipp erneut anknüpfte. Ihr Angebot erschien als das günstigste von allen bisher vorgelegten, und so erhielten sie mit Vertrag vom 29. Juli 1840 den Zuschlag. Damit begann Homburgs legendäre Spielbankzeit.

II. Projekt „Badeanstalt“

1. Eine „Bade- und Salinen-Gewerkschaft"

Die Lokalgeschichtsschreibung hat Landgraf Friedrich VI. Joseph jegliches Interesse an der Ausgestaltung Homburgs zum Bad abgesprochen.[210] Als Tatsache unübersehbar ist jedoch, daß in der Regierungszeit eben dieses Landgrafen erstmals Planungen für eine Homburger „Badeanstalt"[211] konkret wurden und Baulichkeiten entstanden. Die geringe Dauer ihrer Existenz schmälert nicht die Bedeutung der Initiative, deren Initiator offenbar in dem Justizrat Rodaug zu sehen ist, der sich 1822 energisch für die Ausschöpfung der Quellen ausgesprochen hatte.[212] Rodaug war wohl auch die treibende Kraft in den bald einsetzenden Gesprächen mit interessierten Unternehmern, die indessen eine mehr als stillschweigende Billigung seitens des Landgrafen voraussetzten.

Am 17. Januar 1824 meldete sich Louis Liepmann aus Dessau und suchte für sich und seinen Neffen August Alexander aus Paris um die Gewährung der Homburger Salinenkonzession nach, die ihm am 23. April 1824 „auf 70 Jahre bei 5 Freijahren" erteilt wurde.[213]

Der Vertrag umfaßte die Erlaubnis, „Bohrversuche auf Salzsohle, Steinsalz und Braunkohle anzustellen sowie einen Salinenbetrieb einzurichten, auch ein Kohlenbergwerk anzulegen." Dazu war den Pächtern das ausschließliche Recht eingeräumt, eine Badeanstalt zu errichten und zu unterhalten, „mit der Verpflichtung, die Mineralquellen auf ihre Kosten neu zu fassen."

Die sich aus dem Berg- und Hüttenwesen ableitende Bezeichnung des Unternehmens als „Gewerkschaft" deutete auf ein Gesellschaftsverhältnis, in dem „die Teilhaber Miteigentümer des Bergwerks (bzw. der Saline) und des dazugehörigen Vermögens seien" und „die Genossen für die gewerkschaftlichen Schulden persönlich und solidarisch einzustehen" hatten. Wesentlich und für das Homburger Badewesen wegweisend war daran, daß die volle Haftung von einer sich als Vorform einer Aktiengesellschaft verstehenden Gemeinschaft von Unternehmern übernommen werden sollte.[214]

Die Wahl des Begriffes und der Unternehmensform bezeugt die direkte Entwicklung des Heilbadgedankens aus der Homburger Salinentradition.

Der sich aus dem Anspruch des Unternehmens und den damit verbundenen Rechten ergebenden Verpflichtungen suchte sich Liepmann im Lauf des Sommers 1824 durch die Suche eines finanzkräftigen Teilhabers zu entledigen. Am 7. August 1824 zeigte er der Regierung an, er habe sich „mit dem H. Bouchet auf seinen Gütern in und bey Tours associiert" und bitte darum, „ihm die Rechte eines Theilhabers der Concession" zuzusprechen.[215]

Mit dem Gesellschafter Bouchet trat erstmals eine Gestalt auf den Plan, die ausschließlich aus spekulativen Gründen und ausschließlich an der „Badeanstalt" interessiert war. Er wollte sich mit der enormen Summe von einer Million Florin beteiligen und drängte Liepmann, der „Gewerkschaft" das Monopol für den Gastbetrieb derselben zu sichern.[216]

Schwierigkeiten traten auf, als sich herausstellte, daß die hochfliegenden Pläne Bouchets, der angeblich zu „viele und theure Aecker gekauft" hatte,[217] auf Sand gegründet waren. Mitte 1826 klagte Liepmann, es sei für ihn ein Unglück gewesen, auf einen „Associe zu treffen, welcher eine Million versprach u. im geringsten nichts leisten konnte."

Damit war das Unternehmen praktisch gestorben, denn Liepmann neigte dazu, alles „klein anzufangen", und sein Eifer war größer als sein Unternehmergeist. Die von ihm aufgestellte Liste der in den Jahren 1824–26 vollendeten Arbeiten charakterisiert ihn hinreichend: sie umfaßte den Bau von Kanälen ebenso wie die Fassung von Brunnen oder die Anlage von Sandgruben etc. – „alles dieses hat viel Geld gekostet, was man nicht sieht..."[218] Als Krönung seines Werkes nannte Liepmann „mein Badehaus" – wie sich herausstellen sollte, eine äußerst bescheidene Krönung.

Nachdem Bouchet im Herbst 1826 einen unrühmlichen Abgang genommen hatte,[219] geriet Liepmann in finanzielle Schwierigkeiten und sah sich bei der Regierung und dem Landgrafen einem wachsenden Vertrauensschwund ausgesetzt.[220]

1827 bat die „Gewerkschaft" dann „um gnädigste Erlaubniß, die Saline und das Recht Kohlen zu graben, an einen andern abtreten zu dürfen."[221] Im Mai 1828 wurde beschlossen, „das gewerkschaftliche Mo- und Immobiliar-Vermögen ... nunmehr zu Gunsten der Gläubiger öffentlich" zu verkaufen.[222] Die Auseinandersetzungen über die Konkursmasse des inzwischen „von hier entwichenen Louis Liepmann" zogen sich über den Zeitraum von 1829 bis 1831 hin.[223]

Geringer Sachverstand und Uneinigkeit der Unternehmer sowie mangelnde Erfahrung auf Regierungsseite hatten das rasche Ende des ersten Homburger Unternehmens zur Beförderung des Badewesens herbeigeführt.

Die Vertreter der Regierung ließen sich diesen Zusammenbruch eine Lehre sein. In der Folge zeigten sie sich gegenüber jedem neuen Interessenten höchst vorsichtig und mißtrauisch. Im übrigen scheinen sie die Überzeugung gewonnen zu haben, daß das Gelingen oder Scheitern einer solchen Unternehmung nicht allein von einem oder zwei Unternehmern abhängen dürfe, sondern daß man in Zukunft neue Finanzierungsmodelle ins Auge fassen müsse.

Noch während der laufenden Verhandlungen über die Konkursmasse Liepmann wurde 1830 die Gründung einer Aktiengesellschaft ins Auge gefaßt.

2. Projekt „Kurgebäude" mit „Spiel-Bänken"

Die „Baupolitik" der Gewerkschaft verlief parallel zu ihrer allgemeinen Entwicklung: mit einem Höhepunkt im Sommer 1824 und danach fallender Tendenz.

Im Zusammenhang mit der Konzessionierung der Saline, im April 1824, war der Bau eines „Badehauses" genehmigt worden. Als Bouchet Teilhaber wurde, erweiterte sich das Vorhaben auf „die Kurgebäude". Im Lauf des Sommers 1824 müssen die Pläne für diese „ganz in der Nähe der Mineralquellen" zu errichtenden Gebäude eingereicht und genehmigt worden sein.[224]

Die, vielleicht von dem Homburger Maurermeister Weckerling gefertigten Pläne sind verschollen.[225] Wie aus einem Schreiben der Gewerkschaft vom 7. August 1824 hervorgeht, handelte es sich um ein ehrgeiziges Projekt, das, nach deren Meinung, den Vergleich mit den Kurgebäuden in renommierten Kurorten nicht zu scheuen brauchte.

„Schon wird mit froher Thätigkeit an der Begründung des Werks gearbeitet und bis Montag der Anfang mit den Gebäulichkeiten des Kur- und Badehauses, sowie den Anlagen der Anfang gemacht. Wir werden dabey alles aufbieten, nicht allein dieses Unternehmen auf das ehrenvollste auszuführen, sondern auch unsere größte Aufmerksamkeit darauf richten, daß den Kurgästen zu ihrer Annehmlichkeit und Unterhaltung nichts mehr zu wünschen übrig bleibt, damit auch in dieser Hinsicht, die Kurorte Spa, Wiesbaden, Badenbaden pp. keinen Vorzug darbieten können. ... Wir haben nicht verfehlt, in demselben [dem Plan] die nöthigen Spielsäle aufzuzeichnen, deren Ausführung so seyn wird, daß dabey das Verlangen der Kurgäste gewiss befriedigt werden soll, da zur Abwechslung und besonders bey tristen Tagen diese Unterhaltungen gewünscht und gefordert werden. Um nun auch diesem gehörig entsprechen zu können, sehen wir uns genöthigt, Ew. Hochfürstliche Durchlaucht unterthänigst zu bitten: Höchstdieselben möchten huldreichst geruhen, gnädigst die Erlaubniß zu ertheilen, daß in dem Kursaale Spiel-Bänke errichtet werden dürfen. In Betreff der Regeln hätte dann der Uebernehmer des Spiels das Erforderliche geziemend nachzusuchen."[226]

Der letzte Teil des Schreibens enthielt das Hauptanliegen der Gewerkschaft und erklärt zugleich die erstaunliche Höhe des Einsatzes, den Bouchet zu leisten sich bereit gefunden hatte: eine Spielbank sollte das Unternehmen rentabel gestalten.[227]

Liepmann und Bouchet hielten es wohl für einen besonders geschickten Schachzug, mit diesem Anliegen erst an den Landgrafen heranzutreten, nachdem die Pläne genehmigt waren und ihre Ausführung, wie sie behaupteten, bevorstand. Das Gegenteil war der Fall. Tatsächlich hatte die Landesregierung zunächst auf die in den Plänen angegebene Zweckbestimmung der einzelnen Räumlichkeiten nicht sonderlich geachtet. Ihr Interesse wurde erst durch die nachträgliche Einholung der Konzession geweckt.

Die aufmerksam gewordenen Beamten scheinen umgehend Erkundigungen in anderen Badeorten eingeholt zu haben. Am 29. September 1824 teilte Regierungsrat Zurbuch der Landesregierung mit, daß er keine Bedenken gegen die Einrichtung einer Spielbank habe, daß diese jedoch „zur Vermeidung aller Irregularitäten ... unter obrigkeitlicher Autorität allzeit stehen“ und die Konzessionserteilung mit einem Entgelt verbunden sein müsse. „Da aber den Entrepreneurs oder Concessionisten in allen Staaten wo Bäder und Spielbanken sind von den Regierungen ein gewisses Concessionsgeld auf die Dauer gewisser Jahre zum Besten des herrschaftlichen Aerarii auferlegt wird, so wird es sich hierbei lediglich um die Frage handeln, ob und wieviel Concessionsgeld der supplicirenden Gewerkschaft auferlegt werden wolle?“

Als Begründung für die Notwendigkeit der Konzessionierung führte der Regierungsrat weiter an: „Die Erfahrung hat gelehrt, daß in Bäder wo Spielbänke existiren, ein nicht unbedeutender Gewinn für den Banquier entspringt, indem sich hier größtentheils die Reichen dieser Welt theils aus Gewinnsucht Erheiterung verschaffen, und diese Erheiterungen meistens mit schwerem Gelde bezahlen. Es entspricht also der Billigkeit, daß dafür dem Staat, unter dessen Autorität und Schutz ein solches Etablissement steht auch etwas gezahlt werde. Daß dieses jedoch in den ersten 5 Jahren wenn nemlich die Concession auf 10 Jahre ertheilt werden wolle nicht geschehe, zu diesem gehorsamsten Antrag bestimmt mich die Ursache, daß man erstlich nicht weis und nicht voraussagen kann, welcher Aufnahme sich die hiesige Badeanstalt zu erfreuen hat; sodann scheint es mir Pflicht zu seyn, der bittstellerischen Gewerkschaft für die erstaunenden Opfer und Anstrengungen möglichste Unterstützung und Begünstigung zu Theil werden zu lassen und ihnen den Weg zu einiger Schadloshaltung nicht zu versperren. Mein unzielsetzlicher Antrag geht somit unter Rückschluß der Vorstellung dahin: „der Gewerkschaft eine Concession zur Errichtung einer Spielbank auf 10 nacheinanderfolgende Jahre zu ertheilen mit der Begünstigung die 4 ersteren Concessions-Jahre kein Concessiongeld, die 5 letzteren aber jährlich 1500–2000 fl. zur Generalkasse dahier und zwar in vierteljährigen vorauszuzahlenden Raten zu entrichten.“[228]

Nachdem binnen eines Vierteljahres eine Reaktion des Landgrafen nicht erfolgt war, sah sich die Gewerkschaft veranlaßt, an die Eingabe vom 7. August 1824 zu erinnern. Gleichzeitig erbot sie sich jetzt unaufgefordert zur Zahlung eines jährlichen „Concessionsgeldes, welches unter Allergnädigster Berücksichtigung unserer Erbauungs- und Unterhaltungs-Kosten gewis dem Betrage nicht nachstehen wird, welchen die eine oder andere Spielbank der herzoglich-nassauischen Bäder an die Landesherrliche Casse zu entrichten hat.“[229] Laut mündlichem Gebot dachten die Unternehmer dabei an 1000 fl. jährlich bei einer Konzessionszeit von 10 Jahren.[230] Die daraufhin einsetzende rege amtliche Korrespondenz ist bei allem Bemühen, Vorteile für den Fiskus herauszuarbeiten, gekennzeichnet von dem unüberhörbaren Respekt vor dem finanziellen Engagement der Unternehmer. Moralische Bedenken gegen die Einrichtung einer Spielbank hegte niemand. Vielmehr war man der Meinung, daß „zur Erhebung und zum Leben einer solchen (Bade-Anstalt (das Spiel) eben so nothwendig (sei), als wie die Music bei einem zu haltenden Ball; nicht zu erwähnen, daß durch des Spiels Gestattung, sowohl die Unternehmer desselben, als wie das herrschaftliche Interesse mancherlei beachtliche Vortheile zu erhoffen habe, weswegen selbiges dann allerdings zu gestatten wäre.“[231] Nach der Erledigung von mancherlei Detailfragen erging am 31. Januar 1825 von der Landesregierung der Vorschlag um Genehmigung des Gesuchs an den Geheimen Rat, der am 5. Februar 1825 zu verstehen gab, daß er den Antrag „seinem ganzen Umfang nach für zweckmäßig und höchster Genehmigung empfehlenswürdig“ erachte.[232]

Es spricht einiges dagegen, daß dieser Vertrag Gültigkeit erlangte. Die erste Homburger Spielbank wurde wohl nicht im Jahr 1825, sondern mehr als anderthalb Jahrzehnte später, gegründet.[233]

Mit dem Spielbankprojekt scheinen gleichzeitig die Pläne zu den „Kurgebäuden“ aufgegeben worden zu sein, was nicht nur eine Reduktion, sondern eine Umorientierung des ursprünglichen Konzeptes bedeutete. Der nunmehrige Verzicht auf die Vergnügungseinrichtungen des jungen Badeortes war offensichtlich darauf zurückzuführen, daß sich Liepmanns Associe Bouchet zurückgezogen hatte.[234]

3. Das „Kurhäuschen“

Am 9. Januar 1826 genehmigte die Regierung Liepmanns Pläne „wegen Errichtung der zu der daselbst projectirten Badeanstalt erforderlichen Gebäude.“[235] Begonnen wurde mit einem Gebäude, das als „Haus am Mineralbrunnen“ bezeichnet wurde. Liepmann nannte dieses nach Bouchets Rückzug einzige realisierte Projekt „Mein Badehaus“.

In der Lokalgeschichte gilt dieses Gebäude als das erste Homburger „Kurhaus“. Dies trifft jedoch, mit Einschränkung, erst für die zweite Phase der Nutzungsgeschichte des Ende 1826 fertiggestellten Gebäudes zu.[236] Als die Gewerkschaft 1828 zusammenbrach, wurde das Haus in herrschaftlichen Besitz überführt.[237] Investiert scheint man nichts zu haben, denn als die Landesregierung am 25. Juni 1834 den Vorschlag unterbreitete, das Haus zu verpachten, nannte sie als Verbindlichkeit für den Pächter: „das Haus völlig auszubauen, die Anlagen und das Haus zu unterhalten“.[238] Nach den Vorstellungen der Landesregierung eignete sich das Gebäude zur „Brunnenwirtschaft“, in der neben anderen Erfrischungen Mineralwasser ausgeschenkt und auch Bäder verabreicht werden sollten.

„Ferner wird es von großem Nutzen und Vortheil für alle concurrirenden Interessenten sein, wenn das Haus am Mineralbrunnen, in dem Zustand, in dem es sich dermalen befindet ... an irgend einen tauglichen Pachter in Pacht gegeben würde, und zwar a) mit der Erlaubniß; Kaffee, Wein, Bier, Liqueur etc. etc. auszuschenken, Bäder dort anlegen, alle fremde Mineralwasser unterhalten, überhaupt eine sogenannte kleine Brunnenwirthschaft etabliren zu dürfen...“[239]

Nur zwei Tage nach dem ersten Schreiben der Landesregierung am 27. Juni 1834 entdeckte der Homburger Arzt Dr. E. Chr. Trapp den später so genannten Elisabethenbrunnen wieder.[240] Mit diesem Ereignis rückte das Haus am Mineralbrunnen als das einzige verfügbare Gebäude weit und breit in den Mittelpunkt des Interesses und die Landesregierung gab zu verstehen, daß die Verpachtung des Hauses am Mineralbrunnen dringend erforderlich sei, um eine „Verschönerung der Anlagen am Mineralbrunnen“ zu erreichen.

In aller Eile zeichnete der Bauschreiber Westerfeld einen Plan zur „Umänderung des Hauses am Mineralbrunnen“ und legte einen Kostenvoranschlag über 1906 fl. vor.[241] Die Landesregierung sprach sich im Hinblick auf die „allenthalbige Beförderung der Badeanstalt“ für eine rasche Genehmigung aus. Die Kosten seien durch die Verpachtung des Hauses „zur Restauration“ gedeckt.[242]

Am 8. April 1835 wurden die Bauarbeiten vergeben, daraufhin sofort mit der Ausführung begonnen und bereits am 20. Juli 1835 die „Wirthschaft“ eröffnet.[243]

Erst von diesem Zeitpunkt an kann von dem Haus am Mineralbrunnen als einem auf die Bedürfnisse von „Kurfremden“ zugeschnittenen Gebäude gesprochen werden. Allerdings zeigt sich gerade hier die große Deckungsbreite des Begriffes „Kurhaus“, der für das Haus am Mineralbrunnen seit 1835 nachweisbar ist.[244] Auch in dem durch Abbildungen bekannten Zustand nach der durchgreifenden Sanierung[245] handelte es sich immer noch um ein sehr schlichtes Gebäude.[246]

Beschreibung

Das Haus am Mineralbrunnen stand an der Stelle des ersten, 1824 abgebrochenen Hauses am Mineralbrunnen, wenige Meter südlich vom Brunnen selbst.[247] Die Hauptschauseite des zweigeschossigen, mit einem Walmdach gedeckten Gebäudes war auf eine platzartige Anlage zwischen dem Brunnen und dem Endpunkt einer doppelreihigen Allee ausgerichtet. Repräsentativ wirkte die fünfachsige Fassade nicht durch Mittelbetonung oder Gesimsgliederung, sondern allein durch die gleichmäßige Verteilung der in Erd- und Obergeschoß annähernd identisch dimensionierten, mit Klappläden versehenen Fensteröffnungen.

1 Das „Kurhäuschen“, 1837

Die rückwärtige, eine unregelmäßige Fensterverteilung und -größe aufweisende Längsseite nahm zwischen vier Fensterachsen einen Treppenrisalit.

Die beiden Schmalseiten verfügten nur über je ein in Fassadenmitte gelegenes Obergeschoßfenster, denen im Erdgeschoß möglicherweise Türöffnungen korrespondierten, was jedoch wegen der an die Hauswand anschließenden, die gesamte Erdgeschoßhöhe und -breite einnehmenden zeltartigen Vorbauten nicht eindeutig auszumachen ist.

Diese Zelte gehörten zu den Verschönerungen des Jahres 1835,[248] mittels deren dem wohn- oder landhausartigen Gebäude eine gewisse südländische Note verliehen werden sollte, von der man wohl glaubte, sie sei charakteristisch für die Atmosphäre eines Kurorts. In diesen Zelten ist der erste Versuch einer, wenn auch ephemeren, als kurstädtisch empfundenen Gestaltung der Homburger „Brunnen-Architektur“ zu sehen.[249]

Ansonsten scheinen sich die Umgestaltungen auf das Hausinnere konzentriert zu haben. Für den Restaurationsbetrieb wurden zwei Küchen eingerichtet und, „da der Zweck des Gebäudes“ es erforderte, und es wurde für Tapeten bzw. Wandanstrich gesorgt.[250] Möglicherweise wurden auch Logierzimmer für Kurgäste eingerichtet, die jedoch unbeheizbar bleiben sollten, „da die Benutzung des Gebäudes blos für die Badesaison bestimmt ist.“[251]

Das im Hinblick auf die spätere Kur-Architektur Homburgs äußerst bescheiden wirkende Gebäude muß gleichwohl auf die Bevölkerung wie auf die Besucher den Eindruck einer gewaltigen Neuerung gemacht haben. Wie das Haus am Mineralbrunnen auf Außenstehende wirkte, beschrieb

2 Das „Kurhäuschen“, im Hintergrund die Stadt Homburg, 1839

1839 Carl Jügel in seinem Taunus-Album, wo die Abbildung „Kurhaus zu Homburg" folgendermaßen beschrieben wird:

„Am weitesten sind die Anlagen und am lieblichsten ist der Aufenthalt bei dem Kurhäuschen. Man hat von da aus eine schöne Aussicht thalaufwärts nach dem Gebirg hin... Besonders lebhaft ist es am Kurhäuschen an bestimmten Tagen, wo die fürstliche Hofkapelle regelmäßig Musikstücke aufführt. Dann findet man hier die meisten Kurgäste und die vornehme Welt von Homburg versammelt."[252]

Das „Kurhäuschen" repräsentierte demzufolge den Typus des Restaurationsgebäudes in einem der Ausflugsorte „vor der Höhe", die von den Bürgern Frankfurts gern aufgesucht wurden.

Die Tatsache, daß das Gebäude an einem Mineralbrunnen stand, dessen Heilwirkung noch vor kurzem im Vordergrund gestanden hatte, spielte, wenn überhaupt, nur eine sekundäre Rolle. Als Badehaus scheint es nicht mehr genutzt worden zu sein.[253]

Als funktionsfähiges Gebäude im Sinne eines „Kurhauses" oder gar eines „Kursaalgebäudes" konnte das Gebäude jedoch keinesfalls angesehen werden, denn es fehlte ihm der Saal[254]. Schon 1838 sprach man von der Notwendigkeit, ein weiteres „Gesellschaftslocal" zu erbauen, das im Gegensatz zu dem „alten Brunnenhaus" – damit war das „Kurhäuschen" gemeint – einen „Kursaal" enthalten sollte.[255] Daraufhin wurde der „Brunnen-Kursaal" ("Brunnensälchen") errichtet.[256]

1840 übernahmen die Spielbankpächter Gebrüder Blanc das „Kurhäuschen" am Mineralbrunnen mit seinem Inventar.[257] Es galt jedoch alsbald als „reparatur-unfähig" und wurde am 20. März 1843 auf Abbruch versteigert.[258]

4. Resumé

Das von Liepmann und Bouchet ins Leben gerufene Unternehmen der „Gewerkschaft der Salinen- und Badeanstalt" stellt sich als ein „kleiner Anfang" der Entwicklung Homburgs zum Bad dar. Die große Zukunft war damit keineswegs programmiert. Gerade am Taunusrand wurden in der 1. Hälfte des 19. Jahrhunderts einige kleine Kurorte – „Badeanstalten" – gegründet, die über einen mit Homburg vergleichbaren Standard nicht hinausgelangten (Kronthal, Weilbach).

Ganz allgemein dauerte die schon von C. J. Weber bemerkte „Inflation" der Bäder an. Die „großen" Kurorte, wie Wiesbaden oder Ems, blickten nicht nur auf eine lange Bädertradition zurück, sondern waren oder wurden in ihren Einrichtungen auf den aktuellen Stand der Ansprüche gebracht. Neugründungen waren dieser Konkurrenz in der Regel nicht gewachsen, sie blieben „klein" und meistens „ländlich", was im 19. Jahrhundert – anders als im 18. Jahrhundert – durchaus keinen Vorzug darstellte und auch das „große" Publikum nicht lockte.

Die finanziellen Gewinne einer „Badeanstalt" hielten sich in bescheidenen Grenzen. Sowohl die Homburger Regierung als auch die Unternehmer Liepmann und Bouchet setzten daher auf eine „große" Lösung, die herbeizuführen sich jedoch beide nicht imstande sahen. Das „Kurhäuschen" war das einzige, eher klägliche Resultat.

Nach dem Scheitern der Gewerkschaft im Jahr 1828 war man – 19 Jahre nach der Entdeckung des Ludwigsbrunnens – noch um keinen Schritt weitergekommen. Das Vertrauen in bürgerliche Unternehmer war stark erschüttert.

III. Kombiniertes Bade-, Logier-, Gesellschaftshaus und Kolonnade

1. Zu den Grundriß-Zeichnungen Joseph Amreins

Zwei Jahre nach dem Zusammenbruch der Gewerkschaft der Salinen- und Badeanstalt setzten 1830 neuerliche Bemühungen zur Gründung einer „Badeanstalt“ ein.

In diesem Zusammenhang entstanden zwei Grundrißzeichnungen für eine sehr großzügig bemessene „Badeanstalt“.[290] Die Umstände ihrer Entstehung sind unbekannt. Vermutlich handelte es sich um eine Idealplanung, denn ein so umfangreicher Komplex war weder gefordert noch durch einen entsprechenden Finanzierungsplan abgesichert.

Die Blätter sind auf den 13. Juli 1830 und auf den 16. Juli 1830 datiert und signiert „Amrein“.[260] Der Planverfasser war der seit 1820 als Chaussee-Inspektor in landgräflich-hessischen Diensten stehende Johann Joseph *Amrein*, über dessen sonstige Entwurfstätigkeit nichts bekannt ist.[261]

Obwohl weder Aufrisse noch Ansichten existieren, darüber hinaus keinerlei schriftliche Quellen zu den Grundrissen vorliegen und der Planverfasser eine schwer zu fassende Persönlichkeit ist, verdienen die Blätter unter typologischen Aspekten Interesse.

Vorgestellt werden zwei, konzeptionell nur geringfügig voneinander abweichende Varianten desselben Bautyps, des kombinierten Bade-, Logier- und Gesellschaftshauses mit Kolonnade.

Die beiden Entwürfe Amreins sahen jeweils drei, untereinander durch Kolonnaden verbundene Baukomplexe vor. Als Standort hat der Planverfasser das Gelände im Anschluß an die Louisenstraße vorgesehen.[262] Er kannte also die Vorgaben und wußte wohl auch von der offiziellen Beauftragung Mollers.

Entwurf I

Der mit dem Datum 13. Juli 1830 versehene Entwurf I gliedert sich in zwei voneinander abgewandte, im Grundriß hufeisenförmige Komplexe, zwischen die – auf der Höhe der „Stifts“-(= Elisabethen)-Straße ein Mittelgebäude gestellt ist.

Der stadtseitige Bäder- und Logiertrakt soll über dem Grundriß eines Hufeisens mit verlängerten, in Querblöcke mündenden Schenkeln errichtet werden. Die beiden gleichartig konzipierten Rechteckbauten - sie lassen sich durch ihre innere Aufteilung als zweigeschossige Logierhäuser („Kuhrgebäude“, a) identifizieren – sind wohl in der Fluchtlinie eines Straßenzuges vorgesehen, ihre Wirkung der von freistehenden traufständigen Bürgerhäusern, wie sie in der Louisen– und in der Dorotheenstraße die Regel waren, angepaßt denken. Eine Baumstellung schließt den Raum zwischen den Gebäuden und gewährt beschränkten Einblick in eine vierreihige Allee mit einem Mittelweg, in deren Tiefe die Baumreihe eine sich optisch kontinuierlich verengende Kolonnade übergeht.

Der aus der Allee seitlich heraustretende Betrachter sieht sich jeweils einer Kolonnade (von 45 Säulen) gegenüber, die ihren Ausgang von dem Logierhaus nimmt, auf der gegenüberliegenden Seite abrundet und sich auf der Höhe der Alleemündung mit der jeweils gegenüberliegenden Kolonnade zu einem Halbkreis bzw. Hufeisen schließt. Der säulenumstandene Platz bietet seine grandiose Konzeption ausschnitthaft dar.

Der inneren Kolonnade entspricht eine äußere von gleicher Säulenzahl. Beide umschließen einen Gebäudekern, der insgesamt 156 Badezellen („Bäder“, b; „Bütten“, c) Raum bietet, die alternierend vom äußeren und vom inneren Säulengang betretbar sind; der Logiergast gelangt aus dem Treppenhaus des „Kuhrgebäudes“ in den Bädertrakt.

Als Zentrum der Anlage ist das Gesellschaftshaus „Kuhrhaus“, e) gedacht; sein Raumprogramm läßt vermuten, daß der große Mittelsaal, um den sich vier Spielzimmer (d) gruppieren, nach Art eines Tanzsaals anderthalb oder doppelte Geschoßhöhe erhalten und die risalitartig vor die Breitseiten des Gebäudes tretenden eingeschossigen Spielsäle überragen soll. Während sich das Gesellschaftshaus mittels einer Säulenvorhalle an den Bäder- und den ihm an der Gegenseite entsprechenden Trakt anschließt, entwickelt es an den Schmalseiten Fassadenwirkung. Der von der Stifts-bzw. der symmetrisch dazu geplanten Straße sich nähernde Besucher schreitet auf ein basilikal gegliedertes Gebäude mit Säulenportikus zu und erblickt rechts und links die viertelkreisförmigen Rundungen der äußeren Kolonnaden. Die Abgeschlossenheit des „Kurreservats" erscheint aufgehoben in der platzmodellierenden Wirkung der das Gesellschaftshaus in ein rhythmisch gegliedertes Architekturensemble integrierenden Kolonnaden.

Jenseits des als Gelenkstelle wirkenden Gesellschaftshauses wird der stadtseitige Trakt in einer Variante seines Grundmotivs wieder aufgenommen. Die sich nach der Promenade öffnende Kolonnade ist als hufeisenförmige, jedoch weniger lange Schenkel aufweisende Wandelhalle von vier Säulenreihen zu je 50 Säulen ausgebildet. Neben die Hufeisenenden ist je ein rechteckiges, wohl eingeschossiges, rings von Säulen umstandenes Gebäude gestellt, das je einen (Konversations-?) „Saal" (f) enthält. Ein in die Mitte des Platzes gesetzter Springbrunnen (g) mit optisch zentrierender Funktion figuriert zugleich als Symbol des Elementes Wasser, das diese Architektur initiiert hat.

Die von der Stadtansicht ausgegangene Beschreibung ließe sich ebensowohl umkehren und als Nachvollzug der Näherung von den Brunnen, durch das Terrain des künftigen Kurparks und die

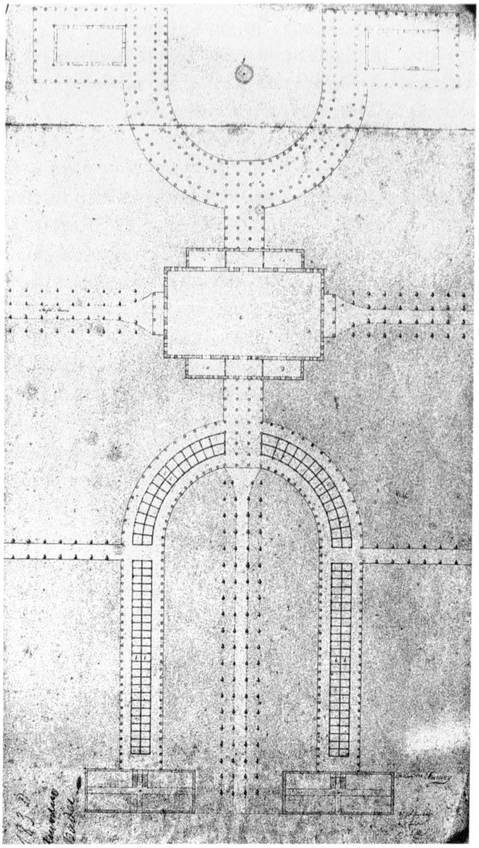

3 Entwurf zu einem kombinierten Bade-, Logier- und Gesellschaftshaus mit Kolonnade, bezeichnet Amrein, 13t. Juli 1830

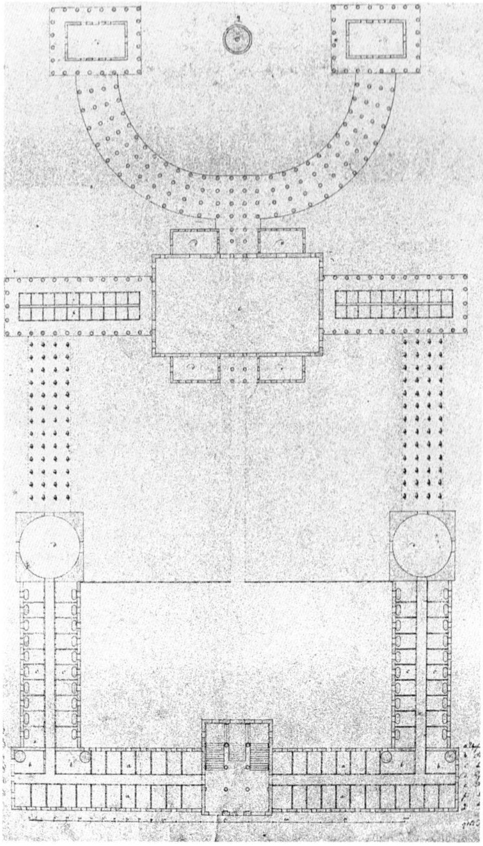

4 Entwurf zu einem kombinierten Bade-, Logier- und Gesellschaftshaus mit Kolonnade, bezeichnet Amrein, 16t. Juli 1830

Promenade lesen. Mit weit ausladenden „offenen Armen“ empfängt die untere Kolonnade den Architekturbenutzer Kurgast. Der vor ihm liegende Komplex staffelt sich weit in die Tiefe: sukzessive ansteigend erhebt sich über der unendlich wirkenden Säulenrunde als Fixpunkt das Gesellschaftshaus, das in weiter Ferne von den aufragenden Logierhäusern hinterfangen wird. Der weitgehenden Verschließung der Architektur an der Stadtseite korrespondiert eine ebenso weitgehende Öffnung an der Parkseite. Der einladende Gestus der sich präsentierenden Bauten gilt dem Kurgast.

Entwurf II

Amreins Entwurf II vom 16. Juli 1830 folgt ähnlichen funktionalen Vorstellungen wie Entwurf I, von dem er sich in der architektonischen Konzeption vor allem im stadtseitigen Teil unterscheidet.

An die Stelle des im Grundriß hufeisenförmigen Bädertrakts ist ein Karree getreten, an dessen Straßenseite sich statt zweier Einzelgebäude eine sich über die gesamte Breite der Anlage erstreckende Gebäudefront erhebt, die von einem zweigeschossigen, leicht vorspringenden Mittelbau beherrscht wird. Auf das darin untergebrachte großzügige Treppenhaus mit Vestibül münden beidseits die aus insgesamt 38 Zimmern bestehenden, an schmalen Fluren angeordneten „Wohnungen der Kuhrgäste“ (a).

Zwei rückseitig rechtwinklig anschließende Bauten – in ihnen sind insgesamt (nur) 40 Badezellen ohne Außenzugänge vorgesehen – geben dem Komplex den Aspekt einer von der Straße abgewandten Dreiflügelanlage. Vor die Flügelenden sind im Innern kreisrunde, als „Spielzimmer“ (d) bezeichnete Baublöcke gesetzt, die sich in der Seitenansicht wie Pendants zu den hier risalitartig vorspringenden Flanken des Vorbaus ausnehmen, während sie hofseitig – eine eingezeichnete Schranke deutet es an – bereits dem parkseitigen Komplex zugeordnet werden. Eine eindeutige funktionelle Trennung der einzelnen Komplexe findet jedoch, im Gegensatz zu Entwurf I, nicht statt.

Im Zentrum des mittleren Bezirks steht wiederum das Gesellschaftshaus mit „Kuhrsaal“ (e) und den Breitseiten vorgelagerten Spielzimmern (d); hinzugekommen sind säulenumstandene Flügelbauten, in denen nochmals Badezellen („Bütten, f) vorgesehen sind.

Vierreihige Alleen schließen den Komplex zu einer Vierflügelanlage. Die effektvolle Wirkung der Binnengliederung wie des Außenprospekts ist aufgegeben zugunsten einer, allerdings auf symmetrische Akzentuierung Bedacht nehmenden Gestaltung des in sich abgeschlossenen „Kurreservats“.

Der zur Promenade gerichtete Trakt ähnelt dem des ersten Entwurfs. Vergleichbar ist die hufeisenförmige Kolonnade mit den beiden hier jedoch vor die Schenkelenden gesetzten Spielzimmern (d). Sie markieren ein parkseitiges Entree, in dessen Zwischenraum ein Brunnen gesetzt ist, von dem aus sich ein Blick auf die Rundung der Kolonnade und auf das Gesellschaftshaus ergibt, hinter dem sich die Kontur des Logierhauses als rückwärtiges Ende des Kurbezirks abzeichnet.

Hier wie dort bestehen die bevorzugten Grundformen aus Rechteck und Quadrat sowie Voll- und Halbkreis; sie werden in vielfältigen Kombinationen und durch Zuordnungen von Säulen- oder Baumreihen modifiziert und miteinander verbunden, ohne einander zu durchdringen.

Insgesamt jedoch wirken die Bauten in Entwurf II blockhafter; sogar die Kolonnade präsentiert sich in gestauchter Hufeisenform. Von Rundungen kann im eigentlichen Sinn nicht gesprochen werden, die Gebäudetrakte wirken in sich und in ihrer Zuordnung kantig und streng; statt locker aneinander gereiht werden sie nah zueinander geschoben, so daß sich der Eindruck von Kompaktheit ergibt. Es charakterisiert diesen monumentaler wirkenden Entwurf, daß die drei einzelnen Baukörper zu einem Komplex mit nur noch zwei architektonischen Schwerpunkten zusammengeschmolzen erscheinen: der Mittelbau ist an drei Seiten eingebunden in eine Folge von Säulengängen, verfügt also nur über eine Schauseite und entwickelt infolgedessen keine körperhafte Eigendynamik. Das Hauptgewicht hat sich auf die stadtseitige Front verlagert, die sich mit ca. 100 m (355") Fassadenlänge und zwei Seitenflügeln schloßartig präsentieren soll.

Zur Typologie

Für die Entwürfe von Joseph Amrein lassen sich in der gebauten zeitgenössischen Architektur der deutschen Kurorte keine unmittelbaren Parallelen finden. Die symmetrische Gliederung wie auch die auffallend großzügige Konzeption der Komplexe weisen auf französische Vorbilder hin. Diese müssen dem Chausséebau-Inspektor Amrein durch Publikationen bekannt geworden sein. Einen Hinweis auf die mögliche Art der Vermittlung könnte der Umstand liefern, daß Amreins Schwiegervater, der hessen-homburgische Bauinspektor Wittmann, Mitglied des 1821 gegründeten Homburger Bauamtes war. In dieser Funktion kam es gewiß zu engen Kontakten mit dem Frankfurter Baumeister J.Chr. Hess, der zu jenen deutschen Architekten gehörte, die von der Pariser école polytechnique geformt worden waren. Frankfurt war geradezu das Sammelbecken jenes architektonischen Gedankenguts , dessen Ursprung bei dem großen Rationalisten unter den Architekten, J.N.L. Durand lag. Von Coudray über Rumpf und Heß bis zu den Architekten der 1840er Jahre fand man „encore à Francfort des constructions dans la ligne directe de Durand."[263] Selbstverständlich waren Durands berühmte „Précis des lecons" (1816/17) bekannt und studiert[264], und wahrscheinlich haben Rumpf und Hess nicht nur selbst davon Gebrauch gemacht, sondern das von seinem Verfasser als Lehrbuch angelegte Werk auch an jene weitergeleitet, die Durand selbst in seinem Vorwort als Adressaten benannt hatte: „les ingénieurs de toute classe, les officiers d'artillerie, etc.", denn sie seien diejenigen, die öfter als die eigentlichen Architekten Gelegenheit hätten „d'exécuter de grandes entreprises".[265] Zu diesen Praktikern gehörten sicher auch die Homburger Lotz, Wittmann und Amrein, und es ist nicht auszuschließen, daß Hess zu deren „Fortbildung" Durands Lehrbuch nach Homburg brachte.

Träfe letzteres zu, müßten sich in den beiden Amreinschen Grundrissen zumindest Spuren der Auseinandersetzung mit Durands Lehre nachweisen lassen.

Zunächst wird man danach fragen müssen, ob sich die von Amrein verwendeten Grundformen in Durands Précis wiederfinden. Mit einer Ausnahme – dem einem Quadrat einbeschriebenen Kreis – ist dies nur mittelbar der Fall; der hufeisenförmige Grundriß findet sich bei Durand weitaus seltener als das reine Halbrund, das einem Baukörper zugeordnet wird und nicht, wie bei Amrein, in gestauchter oder gestreckter Form mit Schenkeln, deren Eckbauten an- oder vorgebaut werden, in den offenen Raum weisend. Bei Durands „ensembles d'édifices" werden solche Kolonnaden immer dazu benutzt, eine „assemblage des parties" zusammenzuschließen und nicht, wie bei Amrein, um diese auseinanderzuziehen und dadurch auseinanderzureißen.[266] Ob es sich hier um ein Mißverständis der Durandschen Lehre handelt, oder ob sich etwa die Einflüsse eines anderen Lehrbuchs niedergeschlagen haben, ist nicht sicher zu sagen.

Geht man davon aus, daß Amrein, wie die anderen Architekten, Durands Précis um der Methode willen studiert hat, dann läßt sich feststellen, daß er dessen Lehre von der (Achsen-) Symmetrie, von der Regelmäßigkeit und von der Einfachheit folgte, indem er spiegelbildlich einander entsprechende Bauteile verwendete, diese klar voneinander schied und sie auf ihre stereometrischen Grundformen reduzierte. Weiterhin folgte Amrein der These Durands, daß ein Ensemble nur dann als gut entworfen gelten könne, wenn es wie aus einem Guß erscheine („d'un seul jet") und – das lehrten Durands Beispiele vor allem – entsprechend großzügig und weitläufig konzipiert sei.

Der Einfluß Durands auf Amrein bezieht er sich im wesentlichen auf diese letzten Punkte. Weniger intensiv hat sich der Homburger Chausséebau-Inspektor mit den Details in dem Lehrbuch auseinandergesetzt. Dafür sprechen sowohl konzeptionelle Mängel, die sich vor allem in der mangelnden Geschlossenheit der Anlage ausdrücken, als auch die Tatsache, daß Amrein sich offensichtlich nicht imstande sah, seine Grundrißentwürfe umzusetzen in Ansichten und Schnitte.

Schließlich befremdet noch, daß Amreins Entwürfe in keiner Weise das im 3. Teil, 2. Section der.Précis des lecons angeführte Beispiel einer Kuranlage („bains publics") reflektieren.[267] Gerade dort ließ sich studieren, wie eine Gruppe von Gebäuden um eine Freifläche im Zentrum angeordnet und wie Kolonnaden auf halbrundem Grundriß diesen zugeordnet werden mußten, um nicht zu zerfließen. Und schließlich fehlt den Amreinschen Entwürfen die gerade dieses Muster-Ensemble Durands auszeichnende Einbeziehung der Natur; statt eines „vaste jardin, au bord d'une rivière" gibt es bei ihm nur künstlich angepflanzte Baumreihen, deren Anordnung sich von jener der Kolonnaden nicht unerscheidet.

Es kann kaum einem Zweifel unterliegen, daß Amrein ein Lehr- oder Anleitungsbuch benutzt hat. Zwar deutet die Abstraktion von realistischen Vorgaben darauf hin, daß die Vorlage ein theoretisches Werk aus dem Umkreis Durands gewesen sein muß. Mit völliger Sicherheit läßt sich jedoch nicht sagen, daß dieses J.-N.-L.Durands Précis des lecon gewesen sei. Die Entwürfe Durands für eine Badeanlage stehen ihrerseits in einer Reihe mit Konzepten zu Badeanlagen, die von verschiedenen frazösischen Architekten des ausgehenden 18. Jahrhunderts vorgelegt wurden.

Prinzipiell unterschieden sich alle Varianten der Franzosen von zeitgleichen Entwürfen zu Badeanlagen deutscher Architekten. Hingewiesen sei insbesondere auf die programmatischen Äußerungen zur „Bäderarchitektur“ von Chr. G.L.Hirschfeld, F.L.Cancrin und selbst noch von Fürst Pückler-Muskau, die alle das prägende Ambiente der umgebenden Parkanlagen hervorheben.[268] Die Architektur selbst wird nach utilitären „Erfordernissen“ behandelt und der Ästhetik der Landschaftsgärtnerei untergeordnet; ihre Eigengesetzlichkeit steht nicht zur Debatte. Die Komplexe „wachsen“ hierzulande noch immer aus Einzelbauten zusammen (Hofgeismar, Auerbach), einheitliche Konzeptionen sind rare Ausnahmen (Lauchstädt). Das „Bad im Park“ ist die spezifisch deutsche Variante der Bäderarchitektur des ausgehenden 18. Jahrhunderts, und Teile seiner Architektur reflektieren Bautypen, deren Tradition in der Parkarchitektur liegt; dazu gehören vor allem die Orangeriebauten. An historischer Architektur, insbesondere an den Thermenbauten der Antike orientierte man sich nicht, diesbezügliche Interessen einzelner Architekten, z.B. Friedrich Weinbrenners, waren von mehr antiquarischer oder theoretischer Natur.

In gänzlich entgegengesetzter Richtung verlief die Entwicklung der Bäderarchitektur in Frankreich. Am Anfang stand die Ausschreibung der „Académie royale d'architecture“ für den Grand Prix von 1774 .Zu entwerfen waren „des bains publics d'eau minérale établis sur un terrain de 300 toises de longueur et 200 toises de largeur“.[269] Gefordert war die Konzeption mehrerer Gebäude, die untereinander durch Arkaden oder Wandelgänge verbunden werden sollten (“des bâtiments décorés de portiques qui établiront des communications à couvert...et serviront de promenoir à ceux qui prendront les eaux“). Dazu ein großes Badehaus, dessen Kompartimente nach Stand und Geschlecht geschieden werden sollten, und auf dem restlichen Terrain Logierhäuser (“batiments d'habitation“). Gewünscht waren außerdem ein Theater, ein Ballhaus, Spazierwege und Wasserflächen „à donner des fêtes“. Die Formulierung des Ausschreibungstextes legte eine Ausrichtung auf antikes Formengut oder gar auf römische Thermen nicht zwingend nahe. Als verbindlich wurde allerdings eine Gesamtanlage aus einem planerischen Guß angesehen. Dies läßt ebenso wie die Tatsache, daß die Anlage von „bains publics“ gleich dem Bau von Hospitälern, Schulen oder Gefängnissen zu den öffentlichen Bauaufgaben und damit zu dem an der Akademie zu lehrenden Repertoire gezählt wurde, auf eine gewandelte Grundeinstellung schließen, als deren Ursache vor allem die Erschließung des Badewesens für alle – feinsäuberlich voneinander getrennten – Stände anzusehen ist.

Der Entwurf des Boulléeschülers Mathurin Crucy, dem der erste Preis zuerkannt wurde, läßt den immensen Unterschied zur deutschen Tradition der Baderesidenzen deutlich werden. Bei ihm waren die geforderten Gebäude und Anlagen in ein klar begrenztes und aus der Umgebung (freie Landschaft?) ausgeschiedenes Terrain komponiert. Das Rasterschema, dem die Grundrißgliederung unterworfen wurde, läßt auf den ersten Blick an barocke Residenzplanungen denken. Dem kleineren Teil des Gartens mit spiegelsymmetrisch das geometrisch angeordnete „Festgewässer“ flankierenden zu Karrees gruppierten Baumstellungen steht der größere, annähernd quadratische Baukomplex gegenüber, der sich aus vier untereinander durch Wandelgänge verbundene Eckbauten und ein in den freien Mittelraum gestelltes Gebäude zusammensetzte. Vor allem die den Platz und das in dessen Mitte gesetzte Gebäude rahmenden Kolonnaden (“l'enceinte des portiques“) folgen bei genauerem Hinsehen „unbarocken“ Gestaltungsprinzipien. Das Ganze gleicht den „palestres hellénistiques“ und evoziert „les pompeux assemblages romains“, die römischen Thermen.[270] Obwohl Crucys preisgekröntem Entwurf das Schicksal vieler vergleichbarer Projekte zuteil wurde, nämlich das, nicht realisiert zu werden. war er für die Zukunft von einigem Einfluß. Er legte vielen Architekten den Grundstein zu einer „modernen“ öffentlichen Bäderarchitektur.[271] Die gleichzeitigen und folgenden Kolonnaden- und Badehausbauten wiesen mit ihrer Orientierung an Palladio und vor allem an antiker Thermenarchitektur – die als Typus zitiert wurde – in dieselbe Richtung, hatten jedoch gegenüber den „utopischen“ Planungen zu Gesamtanlagen den Vorteil der Ausführbarkeit.

In wie starkem Maße sich Crucy mit den römischen Thermen auseinandergesetzt hatte, zeigt der Vergleich mit einer Rekonstruktion des Hippiasbades durch Weinbrenner. Hier wie dort findet sich die annähernd quadratische Grundrißdisposition der Gebäudeanlage, die mit bei Weinbrenner tatsächlich, bei Crucy tendenziell rundum geführten Kolonnaden einen palästra-ähnlichen Platz begrenzt, in dessen Mitte sich das Badegebäude erhebt. Beiden Entwürfen liegt eine gemeinsame Inspirationsquelle zugrunde: Palladios Rekonstruktion der Diokletiansthermen.[272]

Die Raumorganisation von Weinbrenners Hauptbau versteht sich als eine wortgetreue Interpretation der sich auf diesen beschränkenden Beschreibung des Hippiasbades durch Lukian,[273] wie besonders die Dreizahl der Badebecken und die Existenz des als Rundraum gestalteten Apodyteriums bezeugen. Dem Gebot von „Ebenmass und Harmonie", Wohlproportioniertheit und durchgängiger Helligkeit als der hervorgehobenen Charakteristika dieses Bades entspricht Weinbrenner auch in den von Lukian nicht „angegebenen Gegenständen" (v.a. die Palästra) durch strenge Symmetrie und Großzügigkeit. „In Anlehnung an stadtrömische Thermen ist das eigentliche Badegebäude in die Mitte eines großen, von dorischen Säulenhallen umgebenen und durchschnittenen Hofes verlegt. Hinter dem Hauptbau in der Mittelachse der Therme befindet sich ein Schwimmbekken unter freiem Himmel, umgeben von dorischen Säulenhallen. Die rückwärtige Seite des Hofes nimmt ein weitausgreifendes Theater mit beiderseits anschließenden Bibliotheks- und Studierräumen und einem Tempel des Äskulap und der Hygieia ein".[274] Das Ganze hatte die Gestalt eines annähernd quadratischen Gevierts, das sich an drei Seiten, wovon eine halbrund ausbuchtete, als geschlossene Wandfläche präsentierte, während sich die vierte, als die Hauptfassade, mit doppelständigen Säulenreihen und Säulenportikus in der Art einer vorgeblendeten „Stoa" darbot.

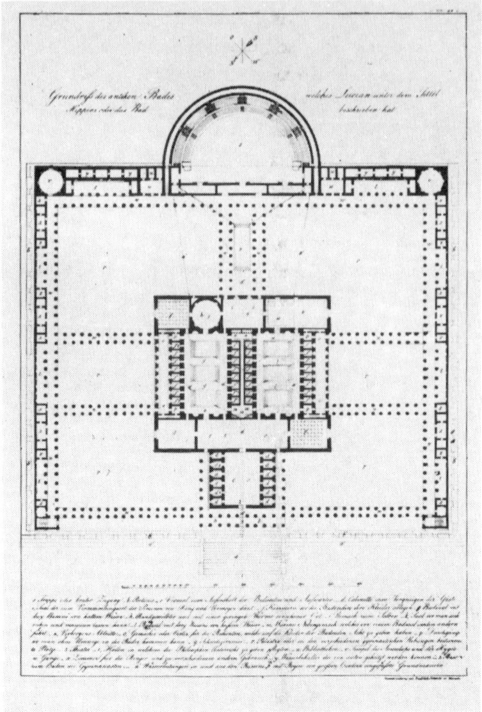

5 „Bad des Hippias", Rekonstruktion von Friedrich Weinbrenner

Weinbrenners Hippiasbad-Rekonstruktion ist im Zusammenhang mit seinem Interesse an den antiken Thermen zu sehen, das sich an dem 1784 ausgegrabenen Römerbad in Badenweiler entzündet hatte, in Rom vertieft wurde und in die Publikation eines Rekonstruktionsversuchs mündete.[275] Dieser fügte Weinbrenner die an den Großherzog gerichtete Bemerkung hinzu, mit diesem antiken Bad „möchte wohl in unsern Zeiten kein ländlicher Erholungsort oder vielmehr keines von denen so beliebten Hauptbädern, zu welchen alljährlich die Ersten Personen hinströmen.an Schönheit und Pracht zu vergleichen seyn".[276]

Die mit dieser Kritik an der zeitgenössischen Bäderarchitektur verknüpfte Aufforderung, die Rekonstruktionen „doch als fruchtbare Studien zur Ausübung der Baukunst" zu werten, zielten auf ein Antikenstudium nicht um des „Stils", sondern um des Bautypus willen. Weinbrenner hält die antiken Thermenbauten nicht nur für architektonisch überlegen, sondern für zeitgemäß. Er fordert die Architekten nicht nur zum typologischen Zitat auf, sondern schlägt seinem Fürsten vor, „die antike Therme Badenweilers wieder in Betrieb zu nehmen"(1812),[277] was offenbar abgelehnt wurde, ihn aber nicht zu einem Meinungswechsel veranlaßte. In seinen sehr zurückhaltend formulierten „Entwürfen und Ergänzungen" glaubte Weinbrenner – in der an den Großherzog gerichteten – Vorrede – zwar nur von Ideen" sprechen zu dürfen, die „als fruchtbare Studien zur Ausübung der Baukunst betrachtet werden" dürften. Aber im gleichen Jahr publizierte er eine Schrift „Über die Bäder der alten Römer", die er wiederum mit einem Hinweis auf die Gegenwart einleitete: „Wenn gleich in unseren Tagen das Baden zum allgemeinen Bedürfniß geworden, und in den Sommermonaten Tausende von Menschen zur Erholung oder zur Wiederherstellung der Gesundheit die öffentlichen Bäder und Kurbrunnen besuchen, deren Anzahl blos in Deutschland weit über hundert geht, so reicht die Badlust doch noch nicht an die Liebhaberey der alten Römer, welche beynahe täglich, zur Erhaltung ihrer Gesundheit, badeten und den größten Luxus für diese Art von Gebäuden verwandten." Daran anknüpfend verfocht er wiederum die Idee, „noch in den gleichen Badbehältern des ehemaligen Pracht und Kunst liebenden Römers baden" zu können.[278]

Wenn demzufolge die Revitalisierung antiker Thermenarchitektur in Erwägung gezogen wird, so sind auch die Rekonstruktionen wie sie Weinbrenner und andere Architekten nach antiken Autoren vornahmen, nicht als bloße „Idee" und „Exercice du Style" zu verstehen.In unserem Zusammenhang gewinnt die Rekonstruktion des Hippias-Bades unter diesem Aspekt erweitertes Interesse.

Weinbrenners Hinweis, daß sich J.N.Durand „das Bad des Hippias ganz anders als ich vorgestellt" habe[279] und sich „bey anderen Künstlern... andere Resultate ergeben" würden, bietet einen konkreten Anhaltspunkt auf seine Kenntnis der Tätigkeit seiner französischen Kollegen, deren Thermen-Rekonstruktionen nicht nur eine aus den 1770er Jahren datierende Tradition, sondern stets die Tendenz zur Realisierung bzw. zur Anverwandlung in gebaute Architektur hatten. Der Hinweis auf die römischen Thermen fehlt auch nicht bei J.N.L.Durand. Auch er rühmt vor allem die große Zahl von „édifices publics destinés à cet usage" bei den Alten. Dabei berief er sich in seinen „Paralleles d'Architecture" – anders als in den „Précis des lecons"– auf die Thermenrekonstruktionen Palladios.

Als Resultat der Thermendiskussion um 1800 blieb, auch bei Durand, der sich mit einer eigenen Hippiasbad-Rekonstruktion daran beteiligt hat, eine Tendenz zur Schaffung relativ großer Gesamtanlagen, die sich nach außen abschließen und im Innern einen Platz bilden. Die meist spiegelsymmetrisch angelegten, rechtwinklig aneinanderstoßenden Gebäude gewinnen durch ausgedehnte, diese verbindende oder begleitende Kolonnaden von meist antikisierender Durchformung gravitätische Eleganz.

Die von Frankreich ausgehende Neuformulierung des Architekturthemas hat auf die deutsche Bäderarchitektur nur beschränkt Einfluß nehmen können, da das Kursaalgebäude zunächst Vorrang hatte vor der Bauaufgabe „Badeanstalt". Die wenigen, unausgeführt gebliebenen Entwürfe deutscher Architekten sind gleichwohl ohne den Einfluß der französischen Vorbilder kaum denkbar.

Zu ihnen gehört ein Entwurf für eine „Curanlage" in Langenschwalbach aus dem Jahr 1823, der jüngst überzeugend Franz Christian Gau zugewiesen wurde.[280] Die Pläne wurden 1824 in Lithographien publiziert, um Interessenten für die Realisierung zu finden. Sie waren damit allgemein zu-

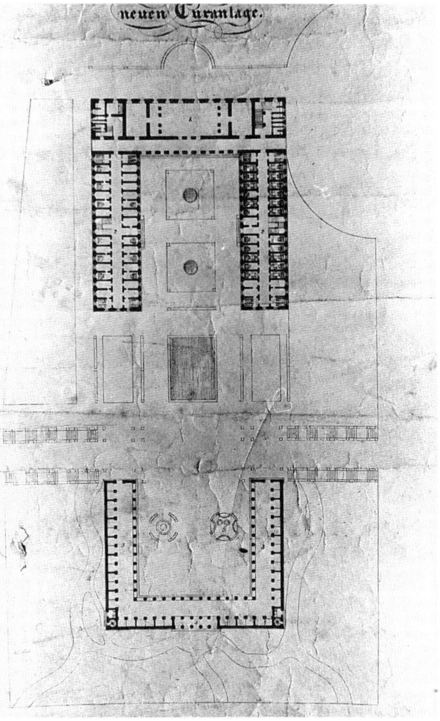

6 Entwurf für eine „Badeanstalt" nach Langenschwalbach, um 1827, Fr. Chr. Gau zugeschrieben, Grundriß

gänglich und konnten wohl auch in Homburg bekannt geworden sein.

Die über einen rechteckigen Platz mit Wasserbecken (und Trinkstellen) aufeinander bezogenen Gebäude bestehen einerseits aus einem Gesellschaftshaus, an das sich beidseits im rechten Winkel langgestreckte Flügelbauten anschließen, in denen die Bäder untergebracht sind. Auf der Gegenseite entspricht dem ein wohl als Badelogierhaus gedachtes Gebäude, das sich mit drei Flügeln rechtwinklig um einen Hof schließt. Die Anlage ist charakterisiert durch eine üppige Verwendung von Säulen. „Gaus Architektur hätte den Platz um den Weinbrunnen in eine Agora verwandelt, die gesamte Anlage hätte genau den Aufgaben entsprochen, die man dem antiken Gymnasion zuschrieb".[281] Die Autorschaft Gaus, der enge Kontakte zur französischen Architektur hatte und längere Zeit in Paris lebte und arbeitete, erklärt das in der Geschichte der deutschen Kurarchitektur singuläre Projekt. Es kam nicht zur Ausführung.

Die Homburger Entwürfe Joseph Amreins weisen erhebliche Unterschiede zu dem zuletzt genannten Beispiel auf. So zielten sie weit weniger auf eine absolute Geschlossenheit der Anlage und nur der vom 16.7.1830 datierte Entwurf wies einen in ähnlicher Weise wie in Langenschwalbach aus drei Flügeln bestehenden Bädertrakt auf, der sich auf das Zentrum hin öffnete. Was die beiden Entwürfe jedoch verbindet, ist das Konzept ihrer Entwerfer, nicht allein einen Kursaal oder ein Badehaus zu planen, sondern beide Funktionen in einer Anlage zu vereinen. Der Langenschwalbacher Architekt entwickelte seinen Gedanken jedoch nicht nur weiter, wie einige Ansichten, Schnitte und eine perspektivische Darstellung des Innenhofes zeigen, sondern auch konsequenter und mehr an den tatsächlichen Bedürfnissen der Architekturbenutzer orientiert. Sein Entwurf ist geprägt von der Idee des abgeschlossenen „Kurreservats", während der Homburger seine Architektur auch nach außen, zum Park öffnet und eine Außenwirkung der Architektur reflektiert.

Es ist sicher nicht dem Zufall zuzuschreiben, daß beide Entwürfe unausgeführt blieben. In Langenschwalbach wie auch in Homburg stießen sie an die Grenzen der Möglichkeiten. Der Architektentraum von einer einheitlich konzipierten Kuranlage war allerdings so abwegig nicht, denn es vollzog sich in den Bädern ein mondänes Leben, das solchen Träumen Nahrung gab.

7 Entwurf für eine „Badeanstalt" nach Langenschwalbach, um 1827, Fr. Chr. Gau zugeschrieben Perspektive

Am Ende der Entwicklung steht das Beispiel des „Badehauses" im Park des königlichen Lustschlosses Rosenstein bei Bad Cannstatt, zu dem Giovanni Salucci mehrere Entwürfe vorlegte. Sie sahen „einstöckige Bauten von beträchtlichen Ausmaßen (vor), die jeweils aus einem dominierenden rechteckigen Saal und daran anschließenden Flügeln bestehen" sollten, wobei vor allem jener Entwurf von 1830 aufschlußreich ist, dessen „Flügel zweimal im rechten Winkel umgebogen und vorne durch einen Portikus verbunden" wurden.[282] Es handelte sich um eine nach außen weitgehend geschlossene Anlage, die sich im Innern zu einem von dorischen Säulen umschlossenen Hof öffnete, auf dessen eine Längsseite man nach Betreten des Gebäudes und Durchschreiten einer Säulenportikus stieß.

Elke von Schulz hat darauf hingewiesen, daß Saluccis Entwurf „wie ein vereinfachter Ausschnitt aus dem Grundriß der Diokletians-Thermen" wirkt, daß der Säulenhof „in den Xysti der Thermen Entsprechungen" hatte und daß der Saal die „für die Thermensäle typische Form" aufwies; dem wäre hinzuzufügen, daß auch die Geschlossenheit der Anlage antike Thermenanlagen reflektierte. Die Entwürfe Saluccis fanden nicht die Billigung des Bauherrn, der den „maurischen" Stil bevorzugte, aber eigentlich das typologische Thermenzitat ablehnte, was im Zusammenhang mit der späteren „strikte(n) Abriegelung der Wilhelma" zu sehen ist und der Vermutung Wahrscheinlichkeitscharakter verleiht, daß „die Ablehnung von Saluccis Entwürfen außer in den antikischen Formen und der Aufwendigkeit der Pläne ihren

Grund auch darin (hatte), daß Salucci sich diese öffentlichen, für alle Schichten zugänglichen Bauten zum Vorbild nahm". Es spricht vieles dafür, daß ein kausaler Zusammenhang zwischen dem Begriffspaar Thermenarchitektur und Öffentlichkeit und der Bevorzugung der Alternative Parkarchitektur und höfische Öffentlichkeit besteht.

IV. Projekte von Georg Moller 1830–1833

Die im Jahr 1830 einsetzenden Bemühungen zur Begründung einer „Badeanstalt" erstreckten sich über einen Zeitraum von drei Jahren, brachen im Jahr 1833 abrupt ab und wurden von anderen Denkmodellen abgelöst.

Die Planungen konzentrierten sich auf ein Kursaalgebäude, mit dessen Entwürfen Oberbaurat G. Moller aus Darmstadt beauftragt wurde.[283] Er legte insgesamt vier oder fünf Projekte vor, von denen keines realisiert wurde.

Anhand der bislang unbekannt gebliebenen Akten ist es möglich, die Planungsgeschichte zu klären. Die Diskussion der einzelnen Projekte in den Quellen enthält auch Hinweise, die für die Ikonografie des Bautyps Kursaalgebäude von Bedeutung sind.

8 Georg Moller, gezeichnet von August Lucas, 1829

1. Initiative und Auftrag

Das erste auf das Projekt bezügliche Dokument datiert vom 26. Feburar 1830. Sein Verfasser ist der großherzoglich hessische Oberbaurat Georg Moller, sein Empfänger Landgraf Ludwig von Hessen-Homburg.

Aus diesem Schreiben geht hervor, daß Moller unlängst in Homburg geweilt und dem Landgrafen einen Besuch abgestattet hat, auf welchen er sich dankend bezieht.[284] Dieser Aufenthalt stand offensichtlich im Zusammenhang mit einer in seinem Brief erwähnten, zwei Wochen zuvor – am 12. Feburar 1830 – erfolgten Eröffnung der Subskription zur Gründung eines „Aktien-Vereins".[285] Dabei handelte es sich um eine Kapitalgesellschaft unter der Anführung Landgraf Ludwigs, der die Finanzierung einer künftigen „Badeanstalt" in Homburg aufgegeben werden sollte.

Mollers Schreiben läßt keinen Zweifel daran, daß er als ins Auge gefaßter Architekt nach Homburg beordert worden ist: „... Das wohlwollende Zutrauen, welches mir Se. Durchlaucht bei Veranlassung der Badeanstalt abermals bezeugt haben, ist mir höchst erfreulich und schmeichelhaft gewesen, und ich werde alles aufbieten, um nach Kräften demselben zu entsprechen..."

Bereits vor dem 26. Februar waren demzufolge konkrete Schritte zur Finanzierung des Vorhabens eingeleitet und ein vermutlich in die Auftragserteilung mündendes Gespräch mit dem Architekten geführt worden.

Vom 1. März 1830 datiert eine landesherrliche Verlautbarung, aus der sich als neuer Aspekt ergibt: „Serenissimus haben mit gnädigstem Wohlgefallen von den vorbereitenden Bemühungen hiesiger Einwohner zur Errichtung einer den örtlichen Verhältnissen angemessenen öffentlichen Badeanstalt Kenntnis genommen. Höchstdieselben sind gnädigst geneigt, die Ausführung diesesallgemein gewünschten und gemeinnützigen Unternehmens auf alle Weise zu befördern".[286]

In den Akten läßt sich eine diesbezügliche Eingabe „hiesiger Einwohner" indessen nicht nachweisen.[287] Es drängt sich der Gedanke auf, daß es sich um einen „toposmäßigen Verweis auf die Wünsche des Publikums, denen der Fürst gnädigst zu entsprechen geruht", handelt.[288] Mit gutem Grund verwies der Landgraf speziell auf die Wünsche „hiesiger" Einwohner, hatte er doch gerade in Friedrichsdorf die Erfahrung gemacht, daß ein von ihm favorisiertes Kirchenbauprojekt und sein Architekt, Georg Moller, von der Ortsbevölkerung zurückgewiesen wurde – zugunsten des Favoriten der dortigen Kirchengemeinde, Rudolf Burnitz, der in Homburg eine ähnliche Rolle spielen sollte[289]

Besonders opportun erschien es in Homburg, das Interesse der Bürgerschaft an der Badeanstalt festzustellen. Wurde diese nämlich als Einrichtung von öffentlichem Interesse anerkannt, war es auf dem Verordnungswege möglich, Expropriationen vorzunehmen.. Den Schwebezustand zwischen fürstlichem und bürgerschaftlichem Zuständigkeitsbereich und Interesse charakterisiert das Lavieren zwischen den konstituierenden Faktoren des Bauvorhabens, der Finanzierung, der Bauherrschaft, dem Bauplatz und dem Standort.

2. Finanzierung

Die beabsichtigte Gründung einer Aktiengesellschaft macht deutlich, daß die Errichtung der Bauten der „Badeanstalt" nicht auf Staatskosten gehen sollte. Der Landgraf stellte sich lediglich an die Spitze des „gemeinnützigen" Unternehmens, um ihm den Anstrich von Solidität zu verleihen und die fürstliche Verwandtschaft zur Beteiligung zu veranlassen.[290]

Es war klar, daß man die früher erwogenen oder beschrittenen Wege – der Übernahme in eigene Regie oder der völligen Überlassung an eine „Gewerkschaft" – als unzuträglich ansah und von diesen Abstand nehmen wollte. Insgesamt waren die sich auf die Badeanstalt konzentrierenden Bemühungen von andersartigem Charakter als in früheren Jahren, was sich nicht zuletzt in der Aufgabe des Gedankens, die Saline wiedereinzurichten, ausdrückt. Die neue Konzeption war ausschließlich darauf ausgerichtet, Homburg zu einem den Nachbarbädern ebenbürtigen Kurort zu erheben. Die Planungen beschränkten sich demzufolge auf den Bau eines Kursaalgebäudes als dem zeitgemäßesten, jedoch den Gedanken der Badeanstalt auf nur einen Teilaspekt reduzierenden Bautyp.

Am 1. März 1830 unterrichtete der Homburger Geheime Rat von Ibell die Herren Archivrat Henrich, Kammerrat Zurbuch und Regierungsassessor Haupt, daß sie unter seiner Leitung eine Kommission zur „Verwaltung der Actienkasse" für die zu errichtende Badeanstalt zu bilden hätten.[291] Dem Schreiben war ein Tilgungsplan „über 200 Kauf-Actien, jede zu 500 fl., mithin im Gesamtbetrag von 100 000 fl. zu 4 % Zinsen binnen 41 Jahren vom 1. Januar 1832 an" beigelegt.[292]

Bemerkenswert erscheint zum einen die Höhe des Betrages, zum anderen die Tatsache, daß der Bau auf Aktienbasis finanziert werden sollte.

Die mit den angegebenen 100 000 fl. identisch veranschlagten Baukosten lassen darauf schließen, daß ein Gebäude großzügigeren Zuschnitts geplant war. Das gerade im Bau befindliche Brükkenauer Kursaalgebäude (1826–33) war von seinem Architekten J. G. Gutensohn auf eine nahe bei 100 000 fl. – genau 93 000 fl. – liegende Summe veranschlagt worden.[293]

Was das Homburger von dem Brückenauer Gebäude unterscheiden sollte, war die Art der Finanzierung, die im Falle Brückenaus vom Staat übernommen wurde, was die bislang gängigste aller Finanzierungsarten für vergleichbare Bauvorhaben darstellte.[294] Doch zeigen die Finanzierungspläne Herzog Ernsts I. für das im übrigen auf nur 40 000 fl. veranschlagte Coburger Hoftheater – „sei es nun durch Aktien oder andere Teilnahme des Publikums"[295] – daß in den 1830er Jahren selbst in dem als höfisch ausgewiesenen Bereich des Theaterbaus die Dinge in Fluß gerieten.

Nur ein Kursaalgebäude, das Konversationshaus in Wiesbaden, war bislang auf Aktienbasis errichtet worden.[296] Voraussetzung und Attraktion für eine Beteiligung von Privatleuten war offensichtlich ein florierender Spielbetrieb, dem mit dem Bau eines neuen Konversationshauses der adäquate Rahmen verliehen werden sollte. Bereits 1805 waren die Wiesbadener Spielpächter Hyenlein und Fechenbach als Vertreter eines Aktienkonsortiums aufgetreten und hatten sich bei der nassauischen Regierung erboten, „40 000 Gulden beizusteuern, wenn die Regierung ein Gesellschaftshaus errichten“ wolle.

Nach Beendigung der Spielpacht „sollte der Herrschaft das Recht zustehen, gegen Rückgabe der 40 000 Gulden das Gebäude (ohne Mobiliar) als ihr Eigentum wieder an sich zu ziehen“.[297] Dieses Aktienkonsortium hätte das in der Verantwortung des Staates verbliebene Unternehmen also nicht wirklich mitfinanziert, sondern nur eine rückzahlbare Summe „zugeschossen“.

Unter diesen Voraussetzungen schlug die Regierung dem Landesherrn vor, lieber „allein und ohne jene vorzugehen“.[298] Erst als Christian Zais 1807 die Pläne für ein Konversationshaus vorlegte, befand man, daß „nichts übrig (bleibe), als den Fonds durch eine Gesellschaft von Aktionären aufzubringen“.[299] In dieser zögerlichen Haltung drückte sich die als (finanzieller) Zwang empfundene unfreiwillige Lösung aus dem Bereich der Zuständigkeit des Staats deutlich aus.

Das am 20./21. November 1807 abgefaßte Wiesbadener Aktienstatut bezifferte unter Punkt 5 die zur Errichtung des Gebäudes benötigte Summe auf 100 000 Rheinische Gulden, aufbringbar in „200 Kaufaktien, jede derselben zu 500 Gulden“.[300]

Das 23 Jahre später in Homburg abgefaßte Aktienstatut (19. Juli 1830) besagte bezüglich der Finanzierung unter Punkt4: „Die zur Errichtung der Gebäude und zu den Gartenanlagen erforderlichen Fonds werden durch 200 Kaufaktien, jede zu 500 Gulden aufgebracht…“[301]

Das nahezu wörtliche Zitat, vor allem die übereinstimmende Aufteilung der Aktien und die zahlenmäßige Übereinstimmung der Gesamtsumme

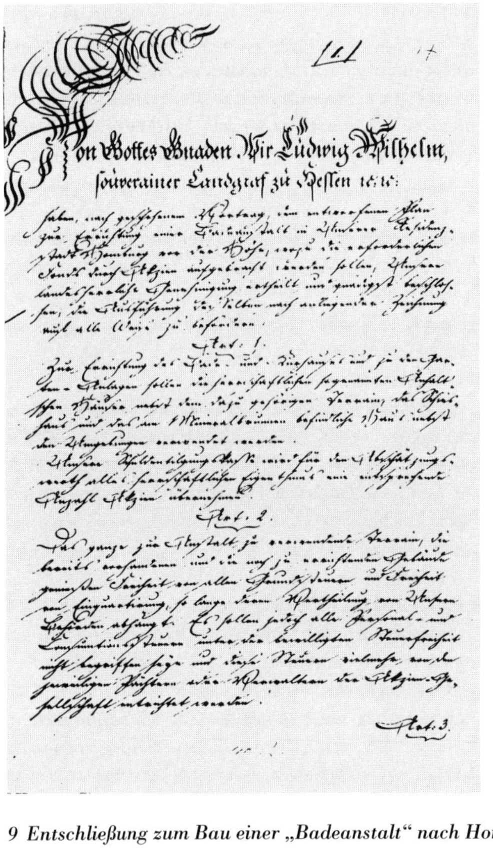
Von Gottes Gnaden Wir Ludwig Wilhelm,
souverainer Landgraf zu Hessen etc. etc.

Art. 1.

Art. 2.

Art. 3.

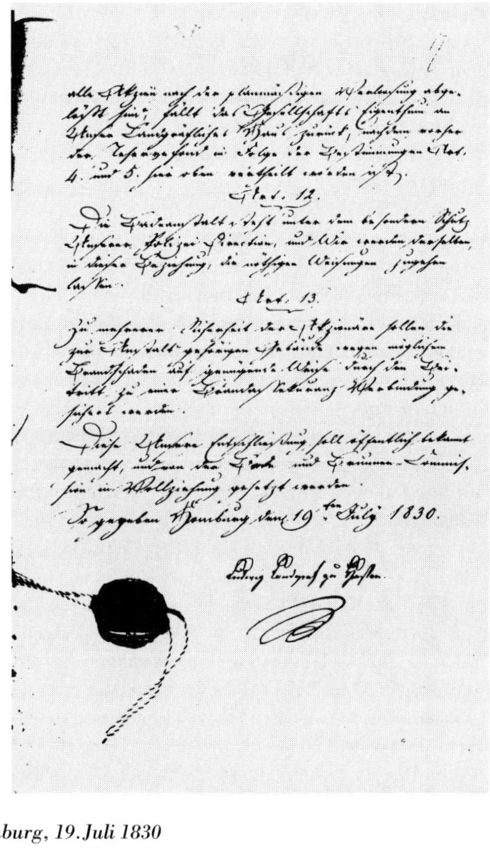
Art. 12.

Art. 13.

Gegeben Homburg den 19ten Juli 1830.

9 Entschließung zum Bau einer „Badeanstalt“ nach Homburg, 19. Juli 1830

läßt die Kenntnis des Wiesbadener Statuts als sehr wahrscheinlich erscheinen, zumal auch in anderen wesentlichen Punkten Übereinstimmung bestand.

Auf welchen Weg sich die Regierung bzw. der Landgraf (oder auch der Architekt) solche Detailkenntnisse aneigneten, läßt sich am Beispiel Wiesbadens zwar nicht nachvollziehen, aber ein anderer Hinweis gibt darüber Aufschluß.

In einem Schreiben des Geheimen Rats von Ibell an Moller vom 5. März 1830 übermittelt dieser dem Architekten die Ansichten des Landgrafen über das jenem zustehende Honorar. Es heißt da: „Vorläufig wollen Höchstdieselben (der Landgraf, A.B.) Ihnen eben so wie dies einst bei der Erbauung des Kurgebäudes zu Weilbach geschehen ist, neben freiem Transport und kostenfreiem Aufenthalt dahier bei den jeweiligen Besichtigungsreisen, zwey Actien, à 500 fl. jede, zusichern..."[302]

Die Bemerkung verdient an dieser Stelle insofern Interesse, als das erwähnte, 1826 tatsächlich auf Aktienbasis geplante Weilbacher Kurhaus nicht zur Ausführung kam, was dem Landgrafen offensichtlich nicht bekannt war.[303] Da der Landgraf aber sehr wohl darüber unterrichtet war, wie die Weilbacher „einst" ihren Architekten besolden wollten, liegt die Vermutung nahe, daß er sich von der Nassauer Landesregierung die Weilbacher Statuten erbeten hatte, die man ihm – kommentarlos – zusandte, ohne ihm mitzuteilen, daß das Unternehmen nicht realisiert worden war.

Es bestand eine rege Kommunikation zwischen den einzelnen Kurorten, und dies nicht nur hinsichtlich der Finanzierungsfragen, sondern auch und gerade hinsichtlich der, womöglich von einem Konkurrenzbad, eingeführten architektonischen Neuerungen.

Das Finanzierungsmodell für die Homburger „Badeanstalt" weist einige Eigentümlichkeiten auf, zu denen sich m. W. keine oder nur entfernte Parallelen auffinden lassen.

„HOMBURG 1830
Von Gottes Gnaden Wir Ludwig Wilhelm souverainer Landgraf zu Hessen etc. haben nach geschehenem Vortrag dem entworfenen Plan zur Errichtung einer Badeanstalt in Unserer Residenzstadt Homburg v. d. Höhe, wozu die erforderlichen Fonds durch Aktien aufgebracht werden sollen, Unsere landesherrliche Genehmigung erteilt und gnädigst beschlossen, die Ausführung des-selben nach anliegender Zeichnung auf alle Weise zu befördern.

...

2. Das ganze zur Anstalt zu verwendende Terrain, die bereits vorhandenen und die noch zu errichtenden Gebäude genießen Freiheiten von allen Grundsteuern und Freiheit von Einquartierung, solange deren Verteilung von Unseren Behörden abhängt...

...

3. ... die Gerechtigkeit der Bade- und Gastwirtschaft in der ausgedehntesten Art des Wein- und Caffee-Schankes, des Spiels und Billiards für die Dauer von 41 Jahren...

4. Die zur Errichtung der Gebäude und zu den Gartenanlagen erforderlichen Fonds werden durch 200 Kauf-Aktien, jede zu 500 Gulden aufgebracht, deren Ausfertigung der Bade- und Brunnen-Commission aufgetragen ist. Die Aktien werden zu 4 % jährlich verzinst... Die Verzinsung sowie auch die Zurückzahlung des für die Erwerbung jeder Aktie eingelegten Kapitals ist garantiert und die Gewährliestung auf Unsere Schuldentilgungskasse übertragen usw. usw.

...

6. Zur Verwaltung des Aktienfonds und der Einkünfte desselben ist Unsere Bade-und Brunnenkommission bestellt, unter deren Aufsicht und Leitung die Aktienkasse steht.

...

8. Das Honorar für den dirigirenden Architekten Großherzogl. Hessischen Oberbaurat Moller zu Darmstadt werden Wir übernehmen ohne dazu den Aktionären einen Beitrag berechnen zu lassen..."

„WIESBADEN 1807
Friedrich August, von Gottes Gnaden, souverainer Herzog von Nassau p. p., und Friedrich Wilhelm, von Gottes Gnaden, souverainer Fürst zu Nassau p. p. erklären andurch, nachdem Wir genehmigt haben, dass zur Bequemlichkeit und zum Vergnügen für die sich alle Jahre zahlreich zu Wiesbaden einfindende Badegesellschaft an dem Ende der Promenade hinter dem sogenannten

Wiesenbrunnen ein Gesellschaftshaus nach anliegender Zeichnung und Riss erbauet – und die zu jenem Bau erforderliche Fonds durch Actien aufgebracht werden sollen, Wir, um die Ausführung dieses Plans möglichst zu befördern, nicht allein diesem Gebäude –nachstehende Privilegien ertheilen, sondern auch noch der Gesellschaft der Actionaire nachfolgende Vortheile zu bewilligen beschlossen haben:

...

2. Bewilligen Wir diesem neuen Gesellschaftshause Freiheit von allen Grundsteuern und beständige freiheit von Einquartierung so lange deren Verteilung von Unsern eigenen Staatsbehörden abhängen wird...

...

5. Bewilligen Wir der Gesellschaft der Actionairs für dieses Gebäude die Spiel- und Billardsgerechtigkeiten unentgeltlich...

6. ... für die Summe 100 tauschen Rheinisch Gulden erbauet und eingerichtet werden kann; so gestatten Wir, dass zu Aufbringung dieses Capitals 200 Kaufactien, jede derselben zu 500 Gulden ... abgegeben werden sollen, deren Ausfertigung in Gemässheit gegenwärtiger Concession Unser Commissarius zu besorgen hat. Um den künftigen Inhabern dieser Actien zu Beförderung dieser gemeinnützugen Unternehmung vollkommene Sicherzeit (Sicherheit ?) zu gewährliesten, verordnen und erklären Wir für Uns, Unsere Erben und Nachfolger an der Regierung, dass jedem Actieninhaber die Verzinsung des auf den Ankauf jeder Actie zu verwendenden Capitals ... von Staates wegen garantiert seyn und bleiben solle... (5 p. ct.)

...

8. Wir befehlen ferner dass, die Oberaufsicht und Controlirung bey dem Bau des Gebäudes und dessen Einrichtung einem hierzu von Uns zu ernennenden Commissario ... mit Zuziehung zweyer von den Actien-Inhabern zu erwählenden Personen... Diesen 3 Mitgliedern soll auch unter dem Vorsitz Unseres Commissarii in der Folge die Aufsicht über die Casse und die Oeconomie ... übertragen werden...

13. ... Der Bauverständige, dem die Leitung des Baues übertragen wird, soll eine Actie, vorbehaltlich der von der Gesellschaft hiernächst etwa zu bestimmenden weiteren Remuneration, als Eigenthum wegen seiner Bemühungen bey dem Bau des Hauses, und eine andere zum Genusse, so lange er im Stand seyn wird, bey zukünfftigen möglichen Reparaturen oder Veränderungen solche zu leiten, erhalten..."

3. Bauherrschaft

Am 26. Februar 1830 hatte Moller bemerkt, der Landgraf habe ihm „die Entwerfung der Pläne und die obere Leitung des Bauwesens" für das zu erstellende Kursaalgebäude aufgetragen. Dies klang so, als solle sich Moller um einen „herrschaftlichen" Bau bemühen. Den Schluß, daß die „Badeanstalt" als eine Angelegenheit des Hofes zu betrachten sei, ließ auch die Kontaktaufnahme mit Moller zu.

Der durch die Existenz der Aktiengesellschaft als unbeschnitten betrachtete Anspruch des Landgrafen auf die Bauherrschaft wird durch dessen von vornherin übernommene Verpflichtung, das Architektenhonorar zu übernehmen, offensichtlich. Die daraus resultierende Möglichkeit der Einflußnahme auf das Planungsgeschehen wurde ausgeschöpft. Sie führte zu einem in dem Verfahren angelegten Konflikt, der zwischen den Regierungsbeamten und dem designierten Architekten ausgetragen wurde. Strittig war vor allem das von Moller vorgelegte grandiose Projekt II. Hier standen sich die Interessen des Souveräns, vertreten durch Moller, und die der bürgerlichen Regierungsbeamten, vertreten durch den kontrollierenden und dann konkurrierenden Architekten Burnitz, diametral gegenüber. Ihre Unvereinbarkeit führte letztlich das Scheitern beider Projekte herbei.

In diesem Zusammenhang gewinnt ein an sich marginal erscheinender Vorgang an Bedeutung.

Landgraf Ludwig hatte sich nicht nur die Bauherrschaft vorbehalten, vielmehr verfolgte er auch die Absicht, „seinen“ Architekten Moller in einer Art Schicksalsgemeinschaft an sich zu binden.

Auf das oben zitierte Angebot einer unbaren Honorierung in Aktien ging Moller ein, „da dasselbe, wie ich ersehe, unmittelbar von Sr. Durchlaucht bestimmt wird... (und) ich die Hoffnung hege bei den zu leistenden Arbeiten die höchste Zufriedenheit zu erwerben und ich daher meine weitere Belohnung dem großmüthigen Gesinnen Sr. Durchlaucht ganz unbedingt anheim stelle.“[304]

Das war ein sehr weitgehendes Entgegenkommen, das nur einem selbstbewußten und darüberhinaus dem Landgrafenhaus verbundenen Architekten abgewonnen werden konnte. Als der Landgraf jedoch den noch weitergehenden Vorschlag unterbreitete, Moller möge der zur Errichtung der „Badeanstalt“ gegründeten Kommission „als dirigirender Architect“ beitreten, glaubte jener, dies „aus mehreren Gründen und vornehmlich wegen meiner hiesigen (d. h. Darmstädter) Dienstverhältnisse ablehnen zu dürfen.“[305]

Der Vorschlag an sich war demjenigen des badischen Großherzogs nicht unähnlich, der Architekt des Baden-Badener Konversationshauses, Friedrich Weinbrenner, möge die Ausführung in „Generalentreprise“ nehmen. Weinbrenner begründete seine Ablehnung, ähnlich wie Moller, mit einem von Pflichtbewußtsein und Berufsethos kündenden Argument, dem nichts entgegengesetzt werden konnte: er könne „sich als ehrlicher Mann nicht dem Vorwurfe preisgeben..., von dem Gouvernement einen Gewinn gezogen zu haben.“[306]

Es ist sicher nicht dem Zufall zuzuschreiben, daß den beiden Architekten im Zusammenhang mit dem Bau eines Konversationshauses bzw. einer sogenannten Badeanstalt solche verpflichtenden und Risikobereitschaft verlangenden Angebote unterbreitet wurden. Keinem der beiden Fürsten wäre dergleichen beispielsweise im Zusammenhang mit einem Schloßbau eingefallen. Die der Bauaufgabe innewohnende Tendenz zur Lösung von fürstlichen Zuständigkeiten zeitigte selbst dort, wo es, wie in Homburg, zur Gründung einer Aktiengesellschaft kommen sollte, den sich auf den Architekten übertragenden Widerstand. Sowohl Weinbrenner als auch Moller verstanden es jedoch, sich aus der Affäre zu ziehen, ohne den Ruf des „ergebenen“ Architekten zu verlieren.

Im Fall Moller verdient die Gegenerklärung v. Ibells insofern Interesse, als sie zu ignorieren schien, weshalb die Ablehnung Mollers erfolgt war: Daß Sie „der Bade-und Brunnen-Commission als dirigirender Architekt beigeordnet würden, sollte mehr die Art und Natur des Geschäftsverhältnisses im Allgemeinen als irgend eine besondere Beziehung andeuten, indem es ganz außer der höchsten Absicht Sr. Durchlaucht des Herrn Landgrafen liegt, Euer pp. in eine subordinirte, mit dero Verhältnissen im großherzoglichen Staatsdienste unvereinbarliche Stellung zu bringen. Es wurde der Ausdruck der Beiordnung in der Eigenschaft eines dirigirenden Architekten gewählt, um zu bezeichnen, daß Euer pp. mit der Landgräflichen Verwaltungsbehörde und als technischer Consulent in ein Geschäfts-Verhältniß treten werden.“[307]

Moller aber hatte gar nicht die Absicht, mit der Verwaltungsbehörde in eine so weitgehende, risikoreiche Geschäftsbeziehung zu treten. Ihm war allein am Entwurf des Gebäudes gelegen, und dies machte er unmißverständlich klar, indem er die seiner Ansicht nach von ihm zu übernehmenden Arbeiten aufzählte:

„1. Entwerfung und Ausarbeitung aller Plane im Ganzen und seinen Theilen, mit allen Konstruktionen und Verzierungen, so wie die dazu gehörigen Vorschriften über die Art der Ausführung der einzelnen Arbeiten. (Die Auslagen für die Kopien der Zeichnungen ins Reine, so wie für die etwa erforderlichen Modelle, werden mir zu ersetzen seyn.)

2. die Aufstellung von Kostenvoranschlägen, welche ich unter meiner Leitung ausarbeiten lassen werde.

3. die obere Leitung der Ausführung durch Besichtigungen bei dem Abschlusse der Akkorde in technischer Hinsicht. (Mit dem eigentlichen Rechnungswesen kann ich mich nicht befassen.)

4. die Führung einer fortwährenden Correspondenz sowohl mit der Commission als auch in vorkommenden Fällen mit Euer Wohlgeboren.“[308]

Danach widmete sich Moller der Ausarbeitung der Pläne, während die endgültige Fassung des Aktienstatuts ausgearbeitet – das gedruckte Exemplar trägt das Datum vom 19. Juli 1830[309] – und die Verakkordierung der Arbeiten vorbereitet wurden.

4. Die Standortfrage

Ebenso neu wie das Vorhaben, eine Aktiengesellschaft zu gründen, war für Homburg der gleichzeitig, zu Beginn des Jahres 1830, aufgekommene Gedanke, das Kurgebäude nicht bei den Quellen zu errichten. Moller erhielt den Auftrag, die sogenannten Anhaltischen Häuser am damaligen Ende der Louisenstraße zu besichtigen und eine Bauaufnahme anzufertigen.[310] Es war vorgesehen, die Badeanstalt an dieser Stelle, direkt im Anschluß an die Stadt, zu erbauen, die Anhaltischen Häuser aber in die Planung einzubeziehen.

Dieser Standort am Rand der unter Landgraf Friedrich II. begonnenen Neustadt Homburgs bot sich für eine städtebauliche Erweiterung an. Die Standortverlegung erstaunt dennoch, denn der jetzt vorgesehene Bauplatz lag ca. 2 km von den Quellen entfernt.

Bei früheren Neugründungen von Badeorten wäre eine so weite Entfernung des Gesellschaftshauses von den Quellen undenkbar gewesen. Schon im 16. Jahrhundert hatte man in Boll,[311] im 17. und 18. Jahrhundert beispielsweise in Hofgeismar,[312] Brückenau,[313]Alexandersbad,[314] Nenndorf[315] und Franzensbad[316] darauf geachtet, daß sich die Kurgebäude unmittelbar bei den Quellen und damit oft weit abseits von der Gemeinde oder Stadt, der die Quellen gehörten, zu „Badekolonien“ formierten. Der strukturelle Wandel in den Badeorten führte in der ersten Hälfte des 19. Jahrhunderts auch zu neuen Lösungen für den Standort der Gesellschaftshäuser. Der Badeort war nicht mehr „Hoflager“, sondern er wurde mehr und mehr zu einem von „touristischen“ Interessen bestimmten Vergnügungsort, nicht für eine geschlossene Hofgesellschaft, sondern für Weltenbummler und Kurgäste, denen mehr am kosmopolitischen Charakater des Kurorts als an elitärer Solitüde gelegen war. Besonders deutlich drückte sich dieser Wandel in Badeorten wie Wiesbaden oder Baden-Baden aus, deren Bäderzentren sich jahrhundertelang in der unmittelbaren Umgebung der Quellen befunden hatten.[317] Erstmals wagte es Christian Zais 1808, das Wiesbadener Gesellschaftshaus weit von den Quellen entfernt zu planen. Auch in Baden-Baden hatte „seit mehr als anderhalb Jahrtausenden ... der Bädermittelpunkt der öffentlichen Bäder unmittelbar auf oder bei den heißen Quellen“, also in der heutigen Altstadt gelegen. Noch 1807–1809 hatte Weinbrenner hier mit dem Gast-, Bad- und Ballhaus „Badischer Hof“ ein respektables Gesellschaftshaus errichtet.[318] 1821 entschloß man sich zur Verlagerung der Kureinrichtungen von den Quellen in das Oostal, letztlich, wie in Wiesbaden, um der Enge der Altstadt zu entfliehen und neue städtebauliche Akzente zu schaffen. M. Steinhauser stellte dazu fest, daß sich hier „das Amusement von seiner vorherigen Verbindung zu den Heilquellen emanzipierte“.[319] In beiden Fällen lagen der Standortverlagerung Überlegungen zur „Wirtschaftlichkeit“ zugrunde.

Vor diesem Hintergrund ist die geplante Verlagerung des quellfernen Standorts des Kursaalgebäudes für Homburg als „zeitgemäße“ Erscheinung zu betrachten. Im Unterschied zu Wiesbaden und zu Baden-Baden bedeutete dies in Homburg nicht eine Lösung von der, sondern eine stärkere Anbindung an die Stadt. Eine nicht zu unterschätzende Rolle spielten dabei deren enge Grenzen; aller etwas weiter abgelegene Grund und Boden lag entweder auf Kirdorfer oder Gonzenheimer Gemarkung.

Die Wahl des Standorts scheint ausschließlich von dem Gedanken einer städtebaulichen Expansion des zukünftigen, in der Art einer Neustadt sich an das Kursaalgebäude anschließenden Kurorts getragen gewesen zu sein.

Das Kurgebäude sollte jedoch nicht jenseits jeglicher Bebauung errichtet werden, sondern auf einem bereits mit drei Gebäuden bestückten Terrain. Die Möglichkeit der Einbeziehung dieser Barockbauten in den neuen Komplex wurde zunächst erwogen, schließlich jedoch verworfen. Statt einer Standortverlagerung erfolgte der wohl schon in der Planungsphase beabsichtigte Abriß der Gebäude.

Das Interesse an diesem konkreten Platz erklärt sich auch daraus, daß das Terrain einschließlich der sogenannten Anhaltischen Häuser herrschaftlichen Besitz darstellten. Das Insistieren auf diesem Standort rührt aus der Intention, den Baugrund als Beitrag des Landgrafen zur Verfügung zu stellen. Diese Entlastung der Aktiengesellschaft wurde mit der in Artikel 1 des Aktienstatut-Entwurfs fixierten Verpflichtung verbunden, der landgräflichen Schuldentilgungskasse „für den Abschätzungswert alles herrschaftlichen Eigentums eine entsprechende Anzahl Aktien" zu überlassen.

Damit war zwar nicht die direkte Hausherrschaft, aber ein weiteres Mal die landgräfliche Einflußnahme auf das Bauvorhaben gesichert.

Die Unterwerfung unter den dezidierten Willen des Fürsten fiel der Bürgerschaft nicht schwer, konzentrierte sich ihr Augenmerk doch ganz allgemein darauf, das Kursaalgebäude im Anschluß an die Stadt entstehen zu lassen. Dieses Interesse durchzog die Planungen bis zur endlichen Ausführung des Baus. In einer Erklärung machte die Homburger Verwaltung 1836 in aller wünschenswerten Deutlichkeit klar, daß mit diesem Standort die wirtschaftlichen Interessen der Bevölkerung verknüpft waren:

„Alle Unternehmungen der Art, namentlich womit sich neue Erwerbsquellen öffnen, sucht man, wo nur immer möglich in den Ort zu verlegen, von wo die Unternehmung ausgeht oder welcher Ort den Namen dazu hergiebt, nicht leicht aber entfernt man eine solche Unternehmung oder Anstalt von diesem Ort, u. dieses aus ganz natürlichen Gründen. Befindet sich eine solche Anstalt entfernt von der Stadt, wenn auch selbst die Entfernung nicht sehr gros ist, dann entbehrt die Entfernung das rege Leben, das Treiben, welche durch den Zusammenfluß von Menschen aus Nah u. Fern herbeigeführt wird, entbehrt somit auch alles dasjenige, was sich an ein solches Leben u. Treiben knüpft. Alles konzentriert sich auf einen Platz vor der Stadt, während in der Stadt alles todt erscheint... Nun ist aber ein Plaz in der Stadt vorhanden, der zur Aufnahme eines solchen Gebäude sich nicht nur vollkommen eignet, sondern auch alle Zweckmäßigkeiten dafür darbietet u. allen Erfordernissen in Beziehung auf Raum, Größe, für Hpt. u. Nebengebäude, Verkaufbuden vollkommen entspricht, nemlich der Platz an der Stelle der unteren ehemals fürstl. Anhaltischen Häuser, mit Einschluß des von Kammerd. Mauch gepachteten herrschaftlichen Grundstücks. Hier befände sich die Anstalt resp. KURHAUS in der Stadt u. zugleich ausser der Stadt... Hier steht das Haus schon gleich in Verbindung mit anderen Privathäusern u. der Plaz ist sachgemäs ausgefüllt... Hier reiht es sich an einen großen, geräumigen, sehr nuzbaren, sehr eingerichteten mit Anlagen schon versehenen u. mit leichter Mühe u. geringen Kosten versehen werden könnenden Garten und Hofraum an...

Hier würde sich Se. Landgr. Durchlaucht in der Lage befinden, das zur Anstalt erforderliche Terrain, ohne baare Geldmittel zu liefern u. einer nicht unwichtigen Kontrakts-Bedingung genügen zu können..."[320]

Nach diesem eindringlichen Plädoyer für den Standort Stadt wurde die Entfernung des Kursaalgebäudes von den Quellen nurmehr als lösbares technisches Problem gesehen; es bedurfte einer „Wasserleitung, die doch über kurz oder lang angelegt werden muß". 1838 entwickelte ein Unternehmer sogar den „so wesentlich und so vorteilhaft für das Wohl der Stadt erscheinenden Plan, das Badewasser in die Stadt zu leiten". Zur Begründung führte er an:

„Man würde durch die Ausführung desselben die Entfernung der Salzquellen von der Stadt und somit auch das Bedürfniß, die Neubauten denselben möglichst zu nähern, weniger empfinden, und den Hausbesitzern bliebe der Werth ihres Eigenthums dadurch mehr gesichert. Aus demselben Gesichts-Puncte betrachtet, würde das in der Stadt selbst zu erbauende Curgebäude durch solche Leitung für alle Folgezeit mehr consolidirt werden..."[321]

5. Planungsverlauf

Projekte I und II

Am 26. Februar 1830 erwähnte Moller erstmals, daß ihm Landgraf Ludwig „die Entwerfung der Pläne und die obere Leitung des Bauwesens“ für ein Gesellschaftshaus in Homburg übertragen habe.[322] Unmittelbar danach muß mit der Erstellung der Lagepläne und mit den Bauaufnahmen begonnen worden sein. Zu diesem Zeitpunkt müssen sowohl an der Stelle der sogenannten Anhaltischen Häuser als auch bei den Mineralbrunnen Neubauten – wohl ein Gesellschaftshaus und eine Trinkanlage – erwogen worden sein.[323] Vermutlich arbeitete Moller seit März 1830 an den Entwürfen; ein exaktes Datum für ihre Vollendung ist nicht nachweisbar. In der ersten Bearbeitung des Projektes kam Moller über zwei Blätter - Aufrisse und Grundrisse[324] – nicht hinaus. Offenbar verzichtete er darauf, das von ihm als Rohkonzept betrachtete Projekt I in Homburg vorzulegen, sondern legte es beiseite. Am 10. Juli 1830 war er bereits mit der Ausarbeitung neuer Pläne beschäftigt, deren Resultat er am 27. Juli 1830 als Projekt II vorlegte.[325] Projekt I muß also nach dem 26.2. und vor dem 10.7.1830 entstanden sein.

Am 10. Juli 1830 schrieb Moller der Landgräflichen Landesregierung in Homburg, er sei „eifrig am Ausarbeiten der Plane und Beschreibungen u. hoffe unbeschadet der Schönheit und Bequemlichkeit, bedeutende Wohlfeilheit des Gebäudes zu erreichen“.[326] Nachdem die Pläne mehrfach angemahnt worden waren, trafen sie und der Kostenvoranschlag am 27. Juli 1830 in Homburg ein.[327]

Es handelte sich dabei mindestens um den Lageplan und die auf einem Blatt vereinigten Aufrisse von Garten- und Straßenfront, möglicherweise auch – obwohl nicht von Moller signiert – um einen Gebäude-Längs- und einen Gebäude-Querschnitt sowie einen Plan der Dachzerfallung; alle übrigen Blätter wurden nach dem 27. Juli und vor dem 11. September 1830 von Jakob Westerfeld gezeichnet oder „copirt“,[328] die eigenhändigen Mollers offenbar vernichtet.

Es kann keinem Zweifel unterliegen, daß die um den 10. bis zum 27. Juli 1830 erarbeiteten Entwürfe mit Projekt II identisch sind, da sich einige Bezeichnungen in dem von Moller auf „Juli 1830“ datierten Kostenvoranschlag nur auf dieses beziehen können. So etwa „die lange Fassade“ (= die Gartenfassade), „die Wände des langen Gangs an der langen Fassade“, „24 Stück Säulen im Saal“, die „Altane“ und die „beiden Höfe“; darüber hinaus ist von dem „Cursaal“ als einem dreistökkigen Gebäude die Rede.[329]

Gleichzeitig mit seiner Nachricht, daß er am Zeichnen der Pläne sei, hatte Moller am 10. Juli 1830 vorgeschlagen, die Versteigerung der Arbeiten für das Gesellschaftshaus auf den 2. August 1830 anzuberaumen. Die Pläne wollte er der Regierung spätestens am 27. Juli 1830 zugehen lassen.[330] Obwohl diese der Brunnen-Kommission vorschlug, „die Versteigerung nicht eher vorzunehmen, bis alle Erfordernisse, als Risse, Kostenüberschläge pp. geliefert seyen und die Kostenüberschläge einer möglichst allseitigen Prüfung“ unterworfen worden seien,[331] erging schon am Tag der Vertragsausfertigung, dem 19. Juli 1830, die „Entwurfs-Bekanntmachung“ an sieben Zeitungen in Homburg und Umgebung, in der die Versteigerung schon auf den 30. Juli 1830 festgelegt wurde.[332]

Am 26. Juli 1830 übersandte Moller die offenbar in Eile ausgearbeiteten Kostenüberschläge, die sich auf 77.933 fl. beliefen und damit nur geringfügig über der Vorgabe von 75.000 fl. lagen.[333] Wie sich zeigen sollte, war dies eine überaus optimistische Schätzung – wofür Moller zumindest in Darmstadt bekannt war.[334] Sofort nachdem Moller zum 27. Juli 1830 „den Plan, die Risse und Kosten-Ueberschläge sowie die Bedingungen zur Errichtung des Gesellschaftsgebäudes per Expressen überschickt hatte“ und diese in Homburg eingetroffen war, „trat die Bade- und Brunnen-Commission unter Zuziehung des Herrn Forstmeisters Lotz und des bereits von Darmstadt zurückgekehrten H. Westerfeld zusammen“, um die Unterlagen zu prüfen.

Bei den Arbeitsbeschreibungen und Kostenüberschlägen „fand man außer dem – bei vielen

Gegenständen sehr gering gegriffenen Preis-Ansatz" – zum Teil recht erhebliche Mängel, die man zu einer Liste von einem Dutzend fehlender Gegenstände zusammenfaßte. Zu ihnen gehörte die „Aufführung des Badehauses und der Einrichtung der Bäder"(!), „der sämtliche Treppen im Gesellschafts-Gebäude", aber auch der „Spengler-Arbeit", der „Stuccateur-Arbeiten" oder der Tapeten.[335]

Im Nachhinein machte Moller den Zeitdruck, unter dem er gearbeitet habe,[336] dafür verantwortlich, was jedoch die Situation der Kommission, die solches von dem berühmten und erfahrenen Oberbaurat nicht erwartet hatte, nicht weniger peinlich gestaltete. Da bereits die ersten Steigerungswilligen eingetroffen waren, sah man sich in der Kürze der Zeit außerstande, den Termin zu verschieben und beschloß, die Versteigerung durchzuführen, „so wie den H. Oberbaurath Moller zu ersuchen, die Risse, Beschreibungen und Ueberschläge von deren Versteigerung anderweit vornehmen zu können, oder, falls die erste Versteigerung am 30ten d. M. nicht zu Ende gehen sollte, beide miteinander zu verbinden."[337]

Als schließlich auch Mollers „schon mehrere Tage erwartetes" Schreiben eingetroffen war, fand sich die Bade- und Brunnen-Kommission am 14. August 1830 zu einer Debatte zusammen. Mollers Auskunft „entsprach jedoch umso weniger den Wünschen und Erwartungen der Commission als derselben die Ausführlichkeit der noch zu erläuternden Gegenstände gänzlich ermangelte".[338] Zusätzlich war man beunruhigt über die durch eine sechswöchige Reise Mollers zu erwartende Verzögerung und erbost über dessen vor seiner Abreise gemachte Bemerkung, „daß alles etwa noch zu Erledigende Zeit habe, indem es für dieses Jahr doch zu spät seye, die Bauten zu beginnen".[339]

Bei diesem den Unmut der Homburger Beamten hervorrufenden Reisevorhaben handelte es sich um Mollers einzigen nachweisbaren Englandaufenthalt. Moller trat offensichtlich in Eile nach dem 15. Juli 1830 – dem Tag, an dem er um Urlaub für eine „wissenschaftliche Reise nach England" gebeten hatte – die Reise an.[340] Im Hinblick auf das Homburger Projekt verdient besonders die Begegnung Mollers mit dem englischen Architekten und Altertumsforscher Charles Robert Cockerell, am 6. September 1830, Beachtung.[341]

Während der Abwesenheit Mollers vertrat ihn sein Homburger Schüler Jakob Westerfeld. Er überarbeitete und „copirte" die Entwürfe und war mit der nochmaligen Ausarbeitung der Kostenüberschläge für den „jetzigen Plan" – der vermutlich die vorher fehlenden Bäder enthielt – beauftragt. Erst am 11. September 1830 reichte er sie mit der Entschuldigung ein, daß sich die Arbeit „wegen der Weitläufigkeit des Gegenstandes verzögert" habe.[342]

Das zu einem unbekannten Zeitpunkt genehmigte Projekt II hatte bis zum 6. Januar 1831 Gültigkeit.[343] An diesem Tag versprach Moller, einen reduzierten Entwurf vorzulegen, Projekt III.

Gegenprojekt von Rudolf Burnitz

Die Abwesenheit Mollers war von den verärgerten, tatendurstigen Herren der Bade- und Brunnen-Kommission dazu genutzt worden, sich „im Stillen" um einen Unternehmer zu bemühen, der bereit war, die Ausführung des geplanten Gebäudes zu übernehmen.[344] Es kam ein, wie sich zeigen sollte, folgenreicher Kontakt mit dem Frankfurter Baurat Rudolf Burnitz zustande, von dem Moller zunächst nichts erfahren zu haben scheint.[345]

Rudolf Burnitz (1788–1849)[346] war zwischen 1808 und 1814 Weinbrenner-Schüler gewesen, hatte sich jedoch schon früh, vielleicht unter dem Einfluß Heinrich Hübschs, dessen Bekanntschaft er vermutlich in Italien gemacht hatte (1820/21), von den streng klassizistischen Anschauungen des Lehrers distanziert.[347]. Nachdem er in königlich württembergischen Diensten mit Umbauten an den Schlössern in Ludwigsburg und Hechingen betraut gewesen war,[348] ließ er sich 1822 als Architekt in Frankfurt/Main nieder.[349] Während ihm das 1823 zusammen mit Friedrich Rumpf vorgelegte Projekt für ein Opernhaus nur die „wohlwollende Aufnahme" seitens eines Teils der Bürgerschaft einbrachte, erwarb er sich seit 1824 mit dem Bau des Versorgungshauses, des Waisenhauses (1826) und des Israelischen Krankenhauses (1826) in Frankfurt einen Ruf.[350] Der Neubau im Saalhof später „Burnitzbau" genannt, entstand als sein wohl bekanntestes Werk 1841.[351]

1834/35 führte Burnitz das sogenannte Kurhaus in Kronthal aus.[352] Bereits in den ersten Frankfurter Jahren hatte er sich für das Badewesen und die damit verbundenen architektonischen Aufträge in der näheren Umgebung interessiert. Am 21. November 1823 besichtigte er mit dem Konkurrenten des Kronthaler Brunnenarztes Dr. Küster, dem Frankfurter Kaufmann A.H. Osterrieth, die „Quellen von Mammolshain".[353] 1831 gründeten Burnitz und Osterrieth eine „Frankfurter Aktiengesellschaft" mit dem Ziel, eine Kuranstalt ins Leben zu rufen, die bereits 1832 in einem provisorischen „Etablissement" ihren Betrieb aufnahm. Trotz des heftigen Widerstandes des der finanzkräftigen Aktiengesellschaft unterlegenen Dr. Küster gelang es dieser nach nur knapp einem Jahr Bauzeit am 14. Juni 1835 das nach Plänen von Burnitz errichtete Gesellschaftshaus zu eröffnen.[354]

Als freier Architekt vertrat Burnitz einen um 1830 noch recht raren Typus seines Berufsstandes. Er war in Kronthal Mitbegründer der Aktiengesellschaft und planender wie ausführender Architekt zugleich. Eine ähnliche Konstellation scheint ihm auch in Homburg vorgeschwebt zu haben. Sein von Winkelzügen und Anbiederungen begleitetes Auftreten stand in größtmöglichem Kontrast zur Person Mollers.

Die Homburger Bade- und Brunnen-Kommission hatte Burnitz die Mollerschen Entwürfe zugeschickt, „in der Absicht, ... Ihnen meine unzielsetzliche Erklärung mitzutheilen". Offenbar hatte man ihm, gegebenenfalls, die Bauausführung in Aussicht gestellt. Am 19. Oktober 1830 teilte Burnitz der Bade-und Brunnen-Kommission mit, er habe nach Prüfung der Unterlagen beschlossen, sich „nicht dabei zu beteiligen".[355] In seinen gutachtlichen „Bemerkungen zu der Veranschlagung der Kosten und über die Erbauung eines Gesellschaftshauses zu Homburg vor der Höhe" kritisierte Burnitz sowohl die seiner Meinung nach zu geringen Preisansätze,[356] als „daß auch in Bezug auf Construction bedeutende Anstände statt finden, ohne deren Beseitigung eine etwaige Übernahme nicht statt finden" könne.[357] Es folgte das Angebot Burnitz', „wenn es gütig entgegen genommen werde, einen Plan zu einem Gesellschafts-Haus zu entwerfen, der eben so dem Geschmack entsprechen als mit den Kosten und den vorhandenen Fonds in Verhältnis stehen sollte". Die Bade- und Brunnen-Komission, die den Baurat Burnitz als „practischen und in jeder Hinsicht soliden Baumeister" empfahl, sah „dieses Erbieten als eine willkommene Erscheinung an, da sie sich doch nicht von dem Gedanken trennen konnte, daß unter der Bau-Direkzion des Herrn Oberbaurath Moller, besonders nach den seitherigen Manipulazionen und der bisherigen Handlungsweise zu schließen, jener so wohlthätige und einflußreiche Plan der Errichtung einer Bade-Anstalt für Homburg, ausgeführt werden würde."[358]

Erst am 7. November 1830 bat man Moller, die eingegangenen Bemerkungen Burnitz' zu seinen Entwürfen und Kostenvoranschlägen zu begutachten.[359] Vor allem die mit 125 000 fl. realistisch eingeschätzten Kosten für das Mollersche Projekt dürften die Kommission beeindruckt haben.[360]

Mitte Dezember 1830 traf Burnitz' Alternativ-Entwurf in Homburg ein. Die aufschiebende Wirkung des aufgekommenen Gegenprojekts war erheblich, vor allem, weil die Bade- und Brunnen-Kommision dem sich bürgerlich-geschäftig gebenden Burnitz den Vorzug gab. Moller blieb für sie der vom Landgrafen favorisierte Architekt, dessen von ihr als geradezu allürenhaft dargestellte Verhaltens- und Arbeitsweise sie nicht zu billigen vermochte. So meinte sie denn auch schon am 18. Dezember 1830, „daß der von ihm [Moller] entworfene Plan in ästhetischer Hinsicht Allem entspricht, der Ausführbarkeit aber in technischer Hinsicht zunächst unendliche Schwierigkeiten entgegengestellt sind... Hieran reiht sich der Umstand, daß der Plan nach den anfangs veranschlagten Kosten ... nicht ausgeführt werden kann." Selbst das reduzierte Projekt hätte mehr als 100 000 fl. gekostet, womit es „schon wieder die Kräfte des fonds" überstiegen hätte.[361] Burnitz hingegen berechnete die Kosten für sein „alles Erforderliche" enthaltendes Projekt auf 85 982 fl.[362]

Gerade auf die dem höfischen Bauwesen diametral entgegenstehende bürgerlich-kapitalistische Finanzierungsweise, wie sie durch die Gründung einer Aktiengesellschaft vorgesehen war, glaubten die Herren der Bade- und Brunnen-Kommission besonders hinweisen zu müssen. „Die unterthänigst Unterzeichneten kennen den Herrn Oberbaurath Moller nur seinem Rufe nach, sie haben aber einstimmig und von allen Seiten vernehmen müssen, daß jede Ausführung eines großartigen Gebäudes allemal das doppelte des Anschlags überstiegen hat. Von einer solchen peinlichen und verdrieslichen Lage glaubt sich die unterzeichnete Commission verwaren zu müssen, da die Fonds durch Akzien aufgebracht werden und viele Individuen betheiligt sind, die es an angemessenen Vorwürfen nicht fehlen lassen dürften."[363] Mit Burnitz glaubte man dieser Gefahr um so sicherer zu entgehen, da man in ihm „zugleich einen Unternehmer (hätte), auf den Fall, daß bei einer Veraccordirung keine wohlfeilere Preise erzielt werden sollten, was bei dem Moller'schen Plan nicht der Fall ist, daher bei diesem neue Kämpfe und Schwierigkeiten, wie solches die Erfahrung bisher gelehrt hat, zu überwinden seyn werden."[364]

Es war offensichtlich, daß die Bade- und Brunnen-Kommission Burnitz gegen Moller ausspielen wollte, dem allerdings wohl zu Recht nicht nur die Nichteinhaltung von Terminen, sondern auch teilweise peinliche Nachlässigkeiten in der Planung vorgeworfen werden konnten.[365] Burnitz seinerseits tat alles, um im günstigsten Licht zu erscheinen. Pünktlich in der Mitte des Dezember 1830 „erhielten wir nun die erforderlichen Zeichnungen, Plaene, Kosten-Berechnungen und Beschreibungen von dem Herrn Baurath Burnitz. Um indessen alles erschöpfend vorlegen zu können, ersuchten wir denselben heute hierher zu kommen und diejenigen Erläuterungen zu geben, welche uns zu Vorlage des gegenwärtigen unterthänigsten Berichts erforderlich erschienen. Derselbe hat unserem Ersuchen eben so entsprochen als er in der Zeit, die er zur Ausarbeitung der Plane p. p. verwendete mit allen Auskunfts-Ertheilungen willig und bereit entgegen kam, ein Umstand, den wir während der Geschäftsverbindung mit H. Moller im höchsten Grad vermißt haben".[366] Die Position der Bade- und Brunnen-Kommission war also klar, sie nahm Partei für den ihren Leistungsansprüchen genügenden Burnitz.

Desungeachtet bat man Moller als „dirigirenden Architekten" um ein Gutachten zu den Burnitzschen Entwürfen.[367]

Projekt III

Bei einer für den 6. Januar 1831 nach Homburg einberufenen „Conferenz" sagte Moller nicht nur die Begutachtung der Burnitzschen Entwürfe zu, sondern erklärte sich bereit, selbst „auch zugleich einen dem bestimmten Fond angemessenen Plan ebenfalls zu liefern".[368] Am 30. oder 31. Januar 1831 hatte er „die Ehre die sämtliche Plane, (auch die des H. Burnitz) Sr. Durchlaucht dem H. Landgrafen vorzulegen".[369] Da er die Pläne jedoch wieder mit nach Darmstadt nahm, um sie, wie er schrieb, den „hiesigen allerhöchsten Herrschaften zur Einsicht vorzulegen",[370] gelangte die Bade- und Brunnen-Kommission „unserer dringenden Erinerungen ohnerachtet[371] ... erst durch Absendung eines Expressen am 7t d. M. in den Besitz des neuen Plans".[372]

Der nun wieder um eine Begutachtung der Mollerschen Pläne gebetene Burnitz stellte einige Mängel fest und berechnete, daß „das ganze Etablissement auf mindestens fl. 106 000 zu stehen kommen" werde. Obwohl die Bade- und Brunnen-Kommission bereits erklärt hatte, daß sie diesen Betrag nicht aufbringen könne, erklärte sich Burnitz plötzlich und unaufgefordert dazu bereit, die Ausführung zu übernehmen. Dies allerdings unter der Bedingung, daß „sich bei Umarbeitung des Plans keine weiteren Anstände ergeben".[373]

Die stillschweigend vorausgesetzte Planmodifikation gab der Angelegenheit eine Wendung, die bei der Bade- und Brunnen-Kommission auf wenig Verständnis stieß,[374] dem geheimen Rat und dem Landgrafen hingegen als willkommene salomonische Lösung erschien. Die Bade- und Brunnen-Commission erhielt daraufhin die landgräfliche Anweisung, „daß sie den H. Oberbau-Rath Moller und Bau Rath Burnitz auf einen Tag in der nächsten Woche hierher einzuladen, und wenn möglich eine Vereinbarung zwischen beiden dahin zu versuchen habe, daß Herr Burnitz als ausführender Unternehmer einen gemeinschaftlich adaptirten Plan sich gefallen lasse".[375] Daß sich womöglich Moller dieses Vorgehen nicht „gefallen" lassen könnte, kam niemandem in den Sinn. Zweck der Zusammenkunft sollte sein, daß sich Moller und Burnitz „wegen eines gemeinschaftlich zu akzeptirenden Planes zu dem zu erbauenden Gesellschaftsgebäude berathen möchten".[376]

Zunächst ließ sich die ungewöhnliche Konferenz gut an, da sich Moller nochmals bereit erklärte, „seinen Plan Aenderungen zu unterwerfen, indem namentlich durch Weglassung der Säulen im Saale, die gewünscht werden, eine Ersparniß von circa 1 000 fl. statt finden und diese Summe zu den Buden und Bädern verwendet werden könne". Als er jedoch verlangte, „daß er vor allem Anfang einer neuen Arbeit versichert sein müsse, daß sein Plan, insofern die Kosten-Ansätze convenirten", zur Ausführung käme, sah sich Burnitz durchschaut und erklärte sich zur Bauausführung nur dann bereit, „wenn ihm außer den Kostenanschlägen auch der Plan convenire".

„Dies führte zu weiteren Diskussionen, wobei die Herren Techniker ihre Plane aufhängten und sich gegenseitig auf dasjenige aufmerksam machten, was ihrer Überlegung entgegen sei und als Herr Oberbaurath Moller auf das Festeste erklärte, gerade in diesen Punkten bei dem zu entwerfenden Plan nicht abgehen zu können, so verweigerte auch Herr Baurath Burnitz auf das Bestimmteste die Übernahme der Ausführung dieses Planes. Herr Oberbaurath Moller äußerte hierauf mehrmals, daß er unter diesen Umständen für das Zweckmäßigste halte, den Burnitzschen Plan zur Ausführung zu bringen".[377]

Eine „Vereinigung der beiden Entwürfe" nach den Vorstellungen von Burnitz – wie sie sich die Homburger Regierung vorstellte – kam für Moller nicht in Frage.[378] Unmittelbar nach dieser Unterredung übersandte Moller am 30. März 1831 einen Kostenvoranschlag für sein Projekt III, bezüglich dessen Realisation er selbständig und offenbar ohne Wissen der Homburger Behörde die Firma Gebrüder Geier in Mainz kontaktiert hatte.

Franz Xaver *Geier* war, wie Moller und Burnitz, selbst Architekt und Weinbrenner-Schüler. Als Bauunternehmer betätigte er sich zusammen mit seinem Bruder Heinrich Claudius Geier in Mainz,[379] wo ihn Moller anläßlich seines dortigen Theaterbaus und der Planung der Mainzer Domkuppel kennengelernt haben dürfte.

In ihrer bereits am 11. Februar 1831 ausgefertigten Erklärung machten sich die Gebrüder Geier „verbindlich, die nach dem von Herrn Oberbau Rath Moller dahier vorgelegten Plane, bei Erbauung eines neuen Gesellschaftshauses in Homburg v.d.H. vorkommenden Bauarbeiten, welche sämtlich als dem von Herrn Moller vorgelegten Kostenvoranschlag, sich auf die Summe von 84 0034 fl. 43 kr. berechnen, um die runde Summe von 90 000 fl. zu übernehmen und nach den noch näher zu bestimmenden Bedingungen ausführen zu wollen".[380]

Daß Moller einen Unternehmer präsentieren konnte, der ohne Wenn und Aber bereit war, auf die Bedingungen einzugehen, ließ ihn in den Augen der Kommission wiederum interessant werden.[381] Als er sich schließlich am 31. März 1831 – nicht ohne darauf hinzuweisen, „daß es mir für meine Person nicht anders als höchst erwünscht seyn kann, wenn der Plan des H. B. gewählt wird" – erbot, einen neuerlich reduzierten Entwurf für das Gebäude zu erarbeiten, stimmte die Bade- und Brunnen-Kommission sofort zu.[382] In ihrem Bericht an den Geheimen Rat hieß es: „Des andern Tags erschien Herr Oberbaurath Moller bei dem Unterzeichneten mit der Erklärung, daß er nun einen neuen, in den Grenzen des Fonds liegenden Bauplan zu einem Cur- und Gesellschaftshaus innerhalb 14 Tagen entwerfen und Kostenüberschläge fertigen lasse, auch zu dessen Ausführung für taugliche Unternehmer besorgt sein wolle".[383]

Projekt IV oder V

Frölich/Sperlich nennen ein Projekt IV für das Homburger Gesellschaftshaus, das nach ihren Angaben „vollkommen verschwunden" sei.[384] Sie gehen dabei von der Numerierung der Blätter aus, die ein Projekt V, jedoch kein Projekt IV beinhaltet. Auch spricht Moller selbst von „fünf" von ihm gelieferten Projekten.

Gleichwohl scheint ein Irrtum vorzuliegen. Ein Projekt IV lag möglicherweise gar nicht vor, denn in den Akten fand sich darüber keinerlei Hinweis. Vielmehr ist in direktem Anschluß an die auf Projekt III bezüglichen Akten von Plänen die Rede, die zweifelsfrei mit dem sogenannten Projekt V identisch sind. In diesem Zusammenhang ist zu berücksichtigen, daß die Blätter des sog. Projektes V von anderer Hand und nicht so penibel wie die der ersten drei Projekte numeriert wurden, so daß an eine nachträgliche – falsche ? – Beschriftung gedacht werden kann.

Es kann also davon ausgegangen werden, daß das im folgenden behandelte Projekt – dem die Bezeichnung „Projekt IV oder V" zukommen soll – direkt auf das im Jahr 1831 gescheiterte Projekt III folgte.

Am 28. April 1831 mahnte die Bade- und Brunnen-Kommission Moller wieder einmal und fragte an, „ob Ew. p. in den Stand gesetzt sind, der obigen Zusicherung vollkommen zu entsprechen, oder ob etwaige Hindernisse die Ausführung eines Bauplans zu einem Kur- und Gesellschafts-Haus dahier, noch länger hinhalten und uns der Gefahr aussetzen, in diesem Jahr wieder kein festes und bestimmtes Resultat herbeigeführt zu sehen, das die hiesigen Einwohner respct. die Akzionärs über die jemalige Ausführung immer mehr in Ungewißheit läßt". Regierungsrat Zurbuch setzte sogar noch die Empfehlung hinzu, „nach fruchtlos verstrichenem Termin ... den Baurath Burnitzschen Plan anzunehmen".[385] Moller antwortete umgehend, daß „die nöthig gewordene gänzliche Umzeichnung mich bisher beschäftigt hat. Dieselben werden jetzt ins Reine gezeichnet".[386]

Am 10. Mai 1831 fand sich Moller selbst in Homburg ein und legte die Pläne vor.[387] Sie stimmten sowohl hinsichtlich der Anzahl von sieben Blättern als hinsichtlich ihrer Bezeichnung mit Frölich/Sperlichs sogenanntem Projekt V überein.[388]

Das Urteil der Bade- und Brunnen-Kommission war dieses Mal überraschend positiv: „Die ehrerbietigst Unterzeichneten finden diesen Plan schön und sehr zweckmäßig, so daß sie demselben ihren vollkommenen Beifall nicht versagen können".[389]

Diesen Sinneswandel hatten weniger die Pläne selbst herbeigeführt als die Kostenvoranschläge, die mit 70 000 fl. den finanziellen Vorstellungen der Bade- und Brunnen-Commission endlich entsprachen.[390]

Doch jetzt verhinderten neue Probleme den zügigen Fortgang der Vorbereitungen. Bereits am 30. April 1831 hatte Moller mitgeteilt, daß sich die Gebrüder Geier „wegen verspäteter Entscheidung auf ihr Gebot, sich in anderweite Engagements eingelassen" hätten,[391] weshalb er sich um einen neuen Unternehmer bemühen wolle. Am 2. Mai 1831 schickte Moller den Darmstädter „Gemeinderath und Hofweisbindermeister Brust, einen unserer geachtetsten Bauunternehmer" mit einer Empfehlung nach Homburg, damit dieser sich mit den örtlichen Verhältnissen vertraut mache.[392] Umgehend eingeholte Erkundigungen bestätigten der Bade- und Brunnen-Kommission, daß Brust „ein geschickter Baumeister sey, der schon viele und schöne Häuser erbaut habe", daß aber „die Vermögens-Verhältnisse eines Mannes von einem so großen Geschäft sich nicht gut beurtheilen ließen".[393] Man bat, mit Brust in Unterhandlungen treten zu dürfen, fügte jedoch hinzu, daß man sich dann „wieder, was freilich eine sehr delikate Sache ist, an Herrn Baurath Burnitz" wenden wolle.[394]

Angesichts der vorgerückten Jahreszeit, die einen Baubeginn noch im Jahr 1831 unmöglich erscheinen ließ, nahm sich die Verwaltung einen Monat Zeit bis zur Einberufung einer „Conferenz, um über die vorerst nöthigen, von der Bade- und Brunnen-Commission behufs der Ausführung des fraglichen Plans zu treffenden Einleitungen zu berathen".[395] Ebenso lange ließ die Genehmigung der Pläne auf sich warten. Erst am 15. Juni 1831 erteilte Geheimrat v. Ibell im Auftrag des Landgrafen dem „von dem Herrn Oberbau-Rath Moller in Darmstadt neuerdings eingeschickte(n) Plan zu dem hierselbst zu erbauenden Cur- und Gesellschaftshaus die höchste Approbation".[396]

Schon Anfang Juni hatte sich Moller gegenüber Boisserée zuversichtlich darüber ausgesprochen, daß das Projekt nun zur Ausführung gelange; bemerkenswerterweise nennt er es immer noch „ein ziemlich großes Bad und Gesellschaftshaus".[397]

Nachdem am 2. Juli 1831 noch ein detaillierter, 24 Paragraphen umfassender Entwurf für die „Bedingungen, welche der Unternehmer des hiesigen Kur- und Gesellschaftsgebäudes einzugehen hat",[398] ausgefertigt worden war, geriet die Korrespondenz abrupt ins Stocken und wurde erst gegen Jahresende wieder aufgenommen.[399]

Unterdessen war die Bade- und Brunnen-Kommission jedoch nicht müßig,[400] wie ihrem Bericht vom 28. November 1831 zu entnehmen ist:

„Mißtrauisch gemacht durch die öftere immer fehlerhafte, der Ausführung nicht fähigen Plane, durch die in aller Hinsicht nicht stichhaltige und falsche Berechnung in den Kosten-Anschlägen selbst, ferner besorgt darüber, daß der Herr Brust der Ausführung eines solchen Gebäudes nicht vollkommen gewachsen sey, auch in Beziehung auf Kauzions-Leistung die für uns dienliche und erforderliche Sicherheit nicht gewähre, ferner bedenklich darüber, daß Herr Oberbaurat Moller sich der Sache nicht persönlich und nicht mit Wärme und Lust annehme, daß die Ausführung aller seiner auch anderwärts projectirten großartigen Gebäulichkeiten, in den Kosten, ein bedeutendes Defizit erwachsen ist, wovon dem Vernehmen nach die Mainzer mit ihrem Theater, neuerdings ein Liedchen zu singen haben,[401] fand die unterzeichnete Kommission es dennoch für gut, den Herrn Baurath Burnitz zu sondiren, ob er geneigt seye, die Ausführung des Kurgebäudes, nach dem von dem Oberbaurath Moller lezt projectirten im altklassischen Styl angefertigten Plan, ... zu übernehmen". Nachdem sich der solchermaßen von der Bade- und Brunnen-Commission favorisierte Burnitz zur Übernahme der Bauausführung bereit erklärt hatte, „trugen dies die Herren der Bade- und Brunnen-Commission dem dirigirenden wirklichen Geheimen-Rath und Präsidenten von Ibell mündlich vor und baten auf diese Aeußerung hin um die Erlaubnis, dem Herrn Baurath Burnitz die sämtlichen Plane, Kosten-Anschläge zur Revision resp. zur Aufstellung eines Kostenanschlags, für welchen er die Ausführung übernehmen könne, zu übergeben, welche wir auch erhielten“.[402]

Die unverständliche Untätigkeit Mollers und Brusts lieferte der Bade- und Brunnen-Kommission das beste Motiv, um den von ihr bereits vorher protegierten Burnitz wieder in die Angelegenheit hineinzuziehen.[403] Außer den bereits früher von ihm vorgetragenen konstruktiven Mängeln des Mollerschen Projekts rügte Burnitz, daß der Kostenvoranschlag bei sorgfältiger Ausführung um circa 12.000 fl. zu niedrig angesetzt sei. Obwohl sein daraufhin vorgelegter eigener Kostenvoranschlag mit 113.000 fl. wiederum den Fonds überschritt, befürworteten die Herren der Kommission, was sie im Fall Mollers entschieden abgelehnt hätten. Nicht zuletzt dürfte sie die wachsende Ungeduld zu der paradoxen Hoffnung verleitet haben, „daß hie und da Ersparnisse eintreten können, wenn nur die Ausführung des Gebäudes durch Herrn Burnitz fest bestimmt ist“.[404]

Geheimrat v. Ibell war zwar der völlig gegenteiligen Ansicht, „daß diese Verzögerung und die ihr zum Grunde gelegene Reibung der Meinungen wesentlich zur Vervollkommnung des Bauplans beigetragen“ habe, aber er sah wohl ein, daß alle Beteiligten der strapaziösen Diskussionen und Streitigkeiten überdrüssig zu werden begannen. Daher ermächtigte er die Kommission, „unverzüglich mit H. Bau Rath Burnitz einen festen Akkord über die vollständige Ausführung des ganzen Bau Planes in allen und jeden Einzelheiten ehebald abzuschließen“.[405]

Das Urteil erschien salomonisch: die Bade- und Brunnen-Kommission hatte ihren Favoriten ebenso durchgesetzt wie die Regierung, deren Vertreter v. Ibell noch einmal betonte, daß eine der wesentlichsten Vertragsbedingungen „die möglichst genaue Ausführung des Mollerschen letzten Planes, sowohl im Aeusseren als im Innern des neuen Gebäudes“ sei.[406]

„Unverzüglich“, wie angeordnet, setzten sich die Herren der Bade- und Brunnen-Kommission mit Burnitz in Verbindung und beorderten ihn auf den 20. Dezember 1831 nach Homburg.[407] Bereits am 29. Dezember 1831 legte Westerfeld einen Kostenvoranschlag über die Renovierung der Anhaltischen Häuser vor,[408] und am 22. Januar 1832 hatte Burnitz detaillierte Kostenvoranschläge über den Bau des Gesellschaftshauses und der „zwey zu erbauende(n) Colonnaden zu dem Gesellschaftsgebäude“ in Händen.[409]

Der Homburger Chronist registrierte die Aktivitäten gewissenhaft und notierte zu einem Besuch Burnitz', der am 29. Februar 1832 wieder abreiste, in jenem Winter sei „in der That, und viel mit dem Munde an dem Kur- und Badehaus gebaut <worden>; denn nicht allein, daß viel davon gesprochen ward, sondern man machte auch Plane und Risse, mit den Kosten-Ueberschlägen, zum Veraccordiren, und an den Baurath Burnitz in Frankfurt a. Main sollte das ganze Bauwesen in einer runden Summe abgegeben werden“.[410]

Projekt Rothschild/Rumpf

Die Finanzierung des Bauvorhabens bereitete weiterhin große Schwierigkeiten.[411] Im März 1832 schien sich eine Möglichkeit zur Durchführung abzuzeichnen. In einem an Moller gerichteten Brief schrieb Meyer Amschel Rothschild am 16. März 1832, der Frankfurter Baurat Friedrich Rumpf wünsche,[412] „die Einrichtung der in Homburg zu erbauenden Bäder zu übernehmen, wozu wir ihn als einen sehr tüchtigen Mann auch empfehlen können“.[413] Wie Rothschild angekündigt hatte, setzte sich Rumpf wenig später mit Moller in Verbindung, um „sich in dieser Beziehung mit Hochdenselben zu besprechen“. Dieser wies darauf hin, daß seine Pläne genehmigt seien und weigerte sich auf eine offenbar geforderte „Abänderung meiner Plane“ einzugehen“.[414] Die Bade- und Brunnen-Kommission, die davon ausging, daß der Landgraf bei dem genehmigten Plan bleiben werde, sah sich daraufhin veranlaßt, Rothschild zu antworten: „Sehr leid ist es mir übrigens den Wünschen Ew. Hochwohlgeboren hinsichtlich des von H. Rumpf gefertigten Planes nicht entsprechen zu können“.[415] Auf den Vorschlag, den Mollerschen Plan durch Rumpf ausführen zu lassen, wollte jedoch Rothschild nicht eingehen.[416] Damit waren die vor allem im Hinblick auf ein zu erwartendes finanzielles Engagement des Bankhauses hoffnungsvoll begonnenen Verhandlungen festgefahren. Rothschild zog sich zurück, und so gediehen auch die Pläne Rumpfs „zu keiner Reife“.[417] Erst 1835, als das Haus Rothschild neuerdings Interesse an der Homburger Bauangelegenheit bekundete, trat auch Rumpf wieder auf.

Einstellung der Planung

Am 15. Juli 1832 wurde Baumeister Brust lapidar mitgeteilt, daß das Projekt der Errichtung eines Gesellschaftshauses in Homburg „bis auf weitere höchste Entschließung nicht zur Ausführung kommt“.[418] Dieses entsprach nicht der vollen Wahrheit, vielmehr hatte die Bade- und Brunnen-Kommission aus der Erlaubnis, den Kontakt zu Burnitz wieder aufnehmen zu dürfen, den Schluß gezogen, daß man mit Moller nunmehr endgültig brechen könne, woraus eine Absage an Brust als ganz natürliche Konsequenz folgerte.

Um „die Unterhandlungen mit Herrn Baurath Burnitz wieder anzuknüpfen“, ließ man ihn am 12. September 1832 nach Homburg kommen und besprach sich mit ihm vor allem über die zurückliegenden Kostenvoranschläge. Die finanziellen Voraussetzungen waren dieselben wie vor den Verhandlungen mit Rothschild. Neu war jedoch der resignative Vorschlag der Bade- und Brunnen-Kommission, das Gesellschaftshaus vorläufig nur teilweise auszuführen und erst später zu vollenden. Bemerkenswerterweise schlugen die Herren vor, auf die Errichtung der Kolonnaden zu verzichten; einem gleichlautenden Vorschlag Mollers hatten sie früher entschieden widersprochen.[419]

Wieder stand ein Vertragsabschluß mit Burnitz bevor.[420] Er scheiterte im wesentlichen daran, daß die Bade- und Brunnen-Kommission von Burnitz eine Kautionsleistung verlangte, was dieser unter Hinweis auf einige Beispiele aus der eigenen Berufspraxis als unüblich ablehnte.[421] Immerhin hatte Burnitz sich einverstanden erklärt, daß ihm jeweils nur zwei Drittel des Arbeitsentgelts erstattet und sein Honorar erst ein Jahr nach Fertigstellung des Baues gezahlt werde. Anstatt sich um ein gütliches Einvernehmen mit dem von ihnen favorisierten Architekten weiter zu bemühen, nahm die Bade-und Brunnen-Kommission nun wiederum Kontakte zu Brust auf, der sich „neuerdings als Konkurrent aufgeworfen“ hatte,[422] und riskierte damit das Scheitern der bereits weit fortgeschrittenen Verhandlungen und damit weitere Zeitverzögerungen. Einmal mehr erwiesen sich die Unerfahrenheit und der Kleingeist der Herren der Bade- und Brunnen-Kommission als die der Inangriffnahme entgegenstehende Hürde.

Am 25. März 1833 fand sich Brust in Homburg ein und erklärte sich bereit, die Ausführung des Kur- und Gesellschaftshauses für 82 000 fl. zu übernehmen, und zwar unter Zugrundelegung des Mollerschen Entwurfs (Projekt IV oder V), der ihm, ungeachtet der Einwände Burnitz', „in allen seinen Theilen sehr gut auszuführen“ schien.[423] Als sich Brust auch zur Kautionsleistung bereit erklärt hatte, fand es die Bade- und Brunnen-Kommission angebracht, die zusätzliche Bedingung in den Vertrag aufzunehmen, „daß dieser Vertrag erst dann seine volle Gültigkeit bekomme resp. zur Ausführung komme, wenn 2/3 der Actien untergebracht seien“.[424] Daraufhin verlautete, daß „Serenissimus reg. Landgräfliche Durchlaucht erwarten, daß die Bade- und Brunnen-Commission sowohl als auch jedes Mitglied derselben sich angelegen seyn lasse, die Actien sobald als möglich unterzubringen und dieses letzte Hinderniß gleich den übrigen zu beseitigen“.[425]

Am 26. Juni 1833 sandte die Bade- und Brunnen-Kommission Brust den Entwurf für einen „Haupt-Contract über die Erbauung eines Kur- oder Gesellschaftshauses pp. dahier“,[426] den dieser zunächst akzeptierte. Wohl nachdem er fachkundigen Rat eingeholt hatte, besann sich Brust jedoch eines anderen und lehnte die Übernahme im wesentlichen aus denselben Gründen ab wie Burnitz.[427] Man stehe wie vor einem Jahr an „derselben Klippe, wo alles gescheitert“ sei, schrieb die Bade- und Brunnen-Kommission und fügte fatalistisch hinzu: „Ein wahrer Unstern scheint über unserem Bade-Projekt zu walten“. Allerdings wäre es mit ein wenig mehr Diplomatie und Entscheidungsfreudigkeit ihrerseits wohl kaum soweit gekommen, daß man nun plötzlich „mit einem Wort, gar keinen Baumeister respec. Entrepreneur mehr“ hatte. Verloren hatte man aber auch das Vertrauen der Aktionäre, so daß die Bade- und Brunnen-Kommission sich nur noch mit Hindernissen konfrontiert sah und sich zum Scheitern ihrer Bemühungen bekennen mußte. „Der Unterzeichnete hält es bei so benannten Umständen für unerläßliche Pflicht, seine Meinung und Ansicht dahin auszusprechen, das Projekt der Aufführung eines Kur- oder Gesellschafts-Hauses in dem Umfang und in der Grösse als hierüber der Plan vorliegt, vor der Hand und noch zur Zeit ganz fallen zu lassen“.[428]

Der Vorschlag, wenigstens die Anhaltischen Häuser zu einem Gesellschaftshaus umzubauen, dieses „mit Einschluß der Spielkonzession zu verpachten“ und gegebenenfalls einen Unternehmer zu suchen, „der geneigt ist, eine Badeanstalt mit

Gastwirthschaft dahier auf eigene Rechnung zu etabliren",[429] beendete die mehr als drei Jahre andauernden Bemühungen um die Errichtung eines ersten Kur- und Gesellschaftshauses in Homburg. Nicht einmal der letzte, minimalste Vorschlag wurde einer Realisierung entgegengeführt.

Georg Moller hat erst 1836 alle Hoffnungen auf die Ausführung seines Bauvorhabens in Homburg aufgegeben.[430]

Der Einfluß der ins Spiel gebrachten Architekten schien in dem Bauvorhaben ganz erheblich zu sein. Jeder von ihnen repräsentierte eine jeweils unterschiedliche Interessengruppe. Moller stand als vom Landgrafen in Vorschlag gebrachter Architekt für das Interesse des Landesherrn an dem Bau, an den sich die Hoffnung auf eine künftige Prosperität Homburg knüpfte.

Der von den Vertretern der Bade- und Brunnen-Kommission favorisierte Burnitz kam aufgrund seines ausgeprägten Unternehmergeistes den bürgerlichen Vorstellungen von Aufwand und Effektivität im „öffentlichen" Bauwesen entgegen, die sich vor allem in den langwierigen Debatten um die von der Bade- und Brunnen-Kommission angestrebte Kostensenkung dokumentiert. Friedrich Rumpf hingegen vertrat als „Hausarchitekt" der Rothschilds die bürgerlich-kapitalistische Position, für die der Bau des Homburger Gesellschaftshauses eine Frage der Kapitalbeteiligung und sonstiger Einflußnahme auf dessen weiteren Betrieb darstellte.

Die diffizile Finanzierungsproblematik war wesentlich auf die mangelnde Finanzkraft des Landes und des Landesherrn zurückzuführen. Sowohl die Landesregierung als der Landgraf erwiesen sich als unzulänglich und unerfahren im Umgang mit der großen Bauaufgabe. Dennoch verbarg sich hinter dieser Problematik eine weitere, grundsätzliche Frage, die in den Badeorten des 19. Jahrhunderts jeweils verschieden beantwortet werden sollte: War das Kur- und Gesellschaftshaus eine landesherrliche, eine öffentliche oder eine private Bauaufgabe?

6. Die Entwürfe

Forschungsstand

Die Entwürfe Georg Mollers für ein Kursaalgebäude in Homburg haben sich größtenteils erhalten. 1911 hat sie der Bad Homburger Baurat Heinrich Jacobi dem Berliner Architekturmuseum geschenkt,[431] von dem sie an die Plansammlung der Universitätsbibliothek der Technischen Universität Berlin übergingen.[432]

Erstmals publiziert wurden die Pläne von Marie Frölich/Hans-Günther Sperlich in der 1959 erschienenen Moller-Monografie.[433] 1979 waren sie in der Ausstellung „Darmstadt in der Zeit des Klassizismus und der Romantik" zu sehen. Einige Blätter hat Eva Huber im zugehörigen Katalog wieder abgebildet und das Projekt mit einem an der zwischenzeitlich erschienenen Literatur orientierten Kommentar versehen.[434] Zuletzt unternahmen Ewald Wegner und Rolf Bothe den Versuch, das Homburger Projekt Mollers unter weitgehender Konzentration auf den Saal von Projekt II in die typologische Entwicklung des Kursaals als Bautypus zu integrieren.[435]

Die Auffindung der bisher unbekannten zugehörigen Akten erlaubte nunmehr eine Klärung der Planungsgeschichte und ließ eine weitgehend zuverlässige Datierung der einzelnen Projekte zu.

Moller selbst erstellte im Januar 1831 ein „Verzeichnis der zu den drei von mir entworfenen Projekten gehörigen Blätter" und führte auf:

„1. Projekt: 2 Blätter, Facade u. Grundriße

2. Projekt: 11 Blätter, näml. 4 Grundriße, 2 Facaden u. 5 Durchschnitte

3. Projekt: 5 Blätter, 3 Grundriße, 1 Facade, 2 Durchschnitte ergibt 18 Blätter".[436]

Danach legte Moller noch ein oder zwei abgeänderte Projekte vor.

Die weiter unten detailliert nachgewiesene Projektfolge stellt sich nach Auswertung der Akten insgesamt so dar:

Projekt I: nach 26. Februar 1830 und vor 10. Juli 1830

Georg Moller, Kursaalgebäude in Homburg, Projekt II, Saal-Längsschnitt

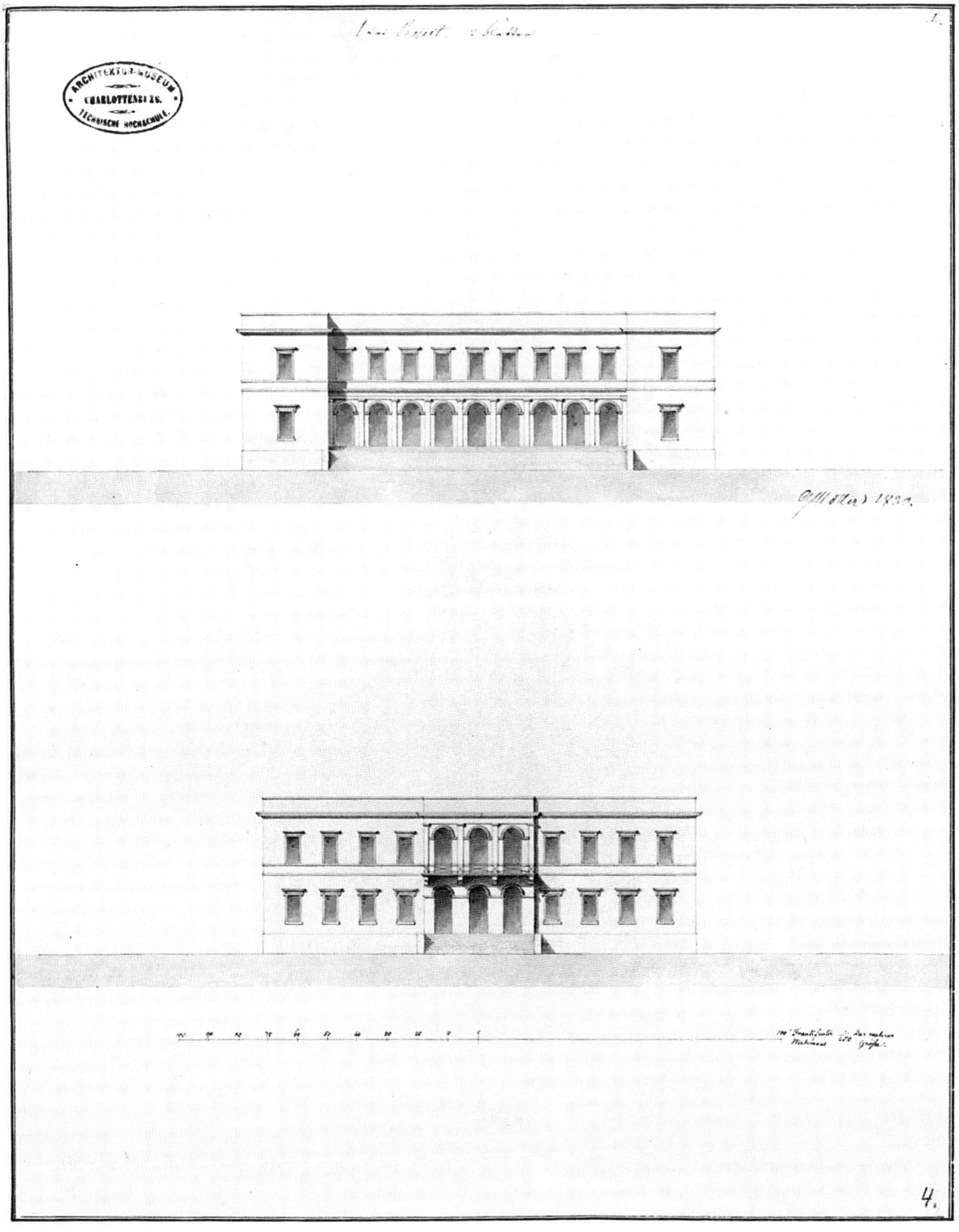

10 Kursaalgebäude Projekt I von Georg Moller, Aufrisse der Park- und der Straßenfront.Bez.: „Ites Project, V Blätter". „GMoller 1830". Alte Nummer: I; neue Nummer: 4.

Projekt II: am 10. Juli 1830 abgesandt am 26. Juli 1830 (allerhöchst genehmigt)

Projekt III: abgegeben am 30./31. Januar bzw. 7. Februar 1831

Projekt IV oder V: abgegeben am 10. Mai 1831.

Problematisch bleibt die zuletzt genannte Entwurfsgruppe. Während sich aus den Akten nur vier Projekte rekonstruieren lassen, sind die Blätter des letzten vorliegenden Projektes mit der Ziffer „V." bezeichnet. Moller selbst schrieb 1835, er habe „*fünf* Pläne, von denen drei vollständig ausgearbeitet worden" eingesandt.[437] Da sich die Frage, ob Moller ein Irrtum unterlaufen oder aber eine Entwurfsgruppe verloren gegangen ist, nicht eindeutig beantworten läßt, nennen wir die bisher als Projekt V bezeichnete Entwurfsgruppe jetzt Projekt IV oder V.

Die Auffindung zweier nicht nach Berlin gelangter Blätter zu Projekt II[438] – das damit in der ursprünglichen Anzahl von 11 Blättern vorliegt – erlaubt Angaben zu den Größen- und Maßverhältnissen des geplanten Kursaalgebäudes, woraus sich insbesondere hinsichtlich des Saales wichtige Folgerungen ergeben. Mit diesen beiden Blättern wäre die Hinterlassenschaft bis auf je ein Blatt von Projekt I und Projekt IV oder V komplett, wenn man von nur vier Projekten ausginge.

Die neu hinzugewonnenen Quellen ermöglichen eine Gesamtbeurteilung der Projekte unter Berücksichtigung der aus den Akten aufscheinenden lokalen Verhältnisse und damit den Nachvollzug der Bauidee vom Aufkommen bis zum Scheitern. Darüber hinaus enthalten vor allem die Akten wichtige Hinweise auf die Ikonografie der geplanten Kursaalgebäude.

Projekt I [439]

Die im Frühjahr 1830 von Moller erarbeiteten Entwürfe haben sich in zwei auf einem Blatt vereinigten Ansichten erhalten; ein Grundriß ist verschollen.[440]

Das zweigeschossige Bauwerk, dessen Stellung parallel zur Louisenstraße angenommen ist, bietet sich als ein blockhafter Rechteckbau mit betonter Horizontalgliederung und hinter einer Attika verborgenem Dach dar. Die elfachsige Straßenfassade gliedern in beiden Geschossen horizontal verdachte Rechteckfenster und ein leicht hervortretender Mittelrisalit, der sich im Erdgeschoß mit drei über eine Freitreppe zu betretenden Rundbogenportalen und in der Beletage mit drei gleichartigen, jedoch um Pilastervorlagen bereicherten Fenstertüren zu einem die Risalitbreite einnehmenden Balkon öffnet.

Die rückwärtige Fassade weist demgegenüber zwei vor den neunachsigen Kernbau vortretende Eckrisalite auf, deren mit der Straßenfassade identische Gliederung sich im Obergeschoß des zurückliegenden Mittelteils fortsetzt. Im über eine weitläufige Freitreppe erreichbaren Erdgeschoß wiederholt sich dagegen die Gliederung der vorderen Balkonzone, so daß alle sich nach außen öffnenden, betretbaren Einlässe durch eine Rundbogengliederung akzentuiert sind.

Rückschlüsse auf die Gestaltung des Gebäudeinneren lassen die Ansichten nicht zu, so daß nicht mit Bestimmtheit ausgesagt werden kann, ob es sich um einen Kombinationsbau mit Bädern, Wohnungen und Gesellschaftsräumen – also eine „Badeanstalt" – oder um ein Gesellschaftshaus handelt. Im Hinblick auf die späteren Projekte ist der letzteren Annahme der Vorzug zu geben.

Projekt II[441]

Eine mit der eigenhändigen Beschriftung „*Homburger Badehaus* von Dr. G. Moller. Project" versehene Skizze – ein Fassadenriß und ein „wahrscheinlicher Grundriss" – veranschaulicht den Übergang von Projekt I zu Projekt II,[442] dessen prima idea sie wiedergibt.

Das Blatt stellt keine konsequente Fortentwicklung von, sondern einen Bruch mit Projekt I dar.

Ausgangspunkt der Überlegungen ist die Moller nun notwendig erscheinende Unterbringung einer „mit Glasfenstern verschließbar gemacht(en) und mit Fußböden von Holz, statt von Stein" ausgestatteten Galerie, die „meiner Idee nach zu einem großen Conversations- und Gesellschafts-Raum dienen" soll.[443]

Diese „Promenade", die sich mit einer Länge von 21 Achsen vor das Gebäude legen soll, hat Konsequenzen für die rückwärtige Fassade, mit der sich Moller zunächst beschäftigt. Die enorme Länge der Galerie macht es notwendig, ein drittes Geschoß vorzusehen, um eine Stufung von drei auf elf und schließlich 21 Achsen zu erzielen, die der Fassade einen weitaus imposanteren Aspekt verleiht als dies in Projekt I mit seinem geschlossenen, eckigen Umriß der Fall war.

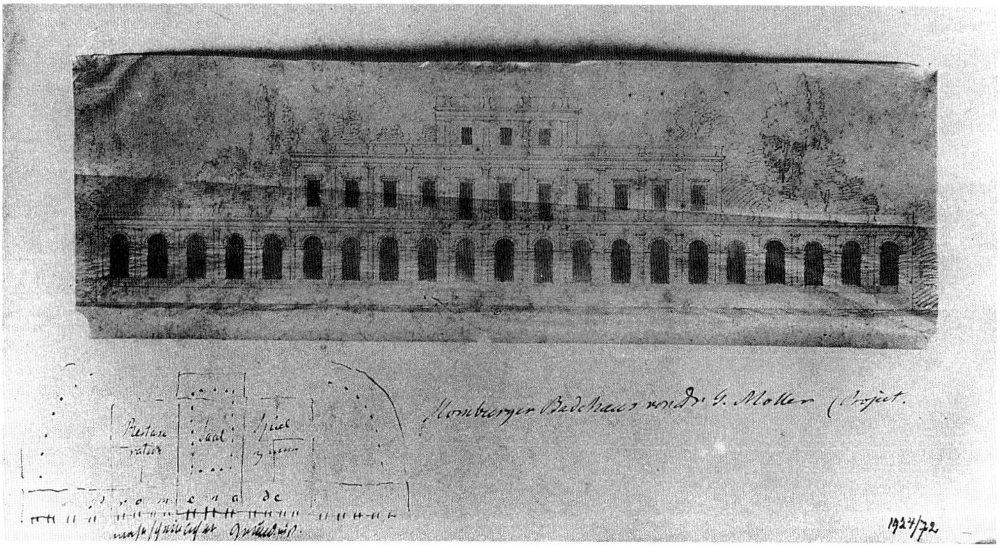

11 Kursaalgebäude Projekt II von Georg Moller, Skizze zur Parkfassade und Grundriß. Bez.: „Homburger Badehaus von Dr. G. Moller Project", Frühjahr/Sommer 1830

Erst nachdem die Fassadenprobleme gelöst sind, beginnt, nach Ausweis der unter die aufgeklebte Ansicht gesetzten Grundrißskizze, die Klärung der inneren Organisation des Baus und seines Grundrisses. Hier hat die neue Konzeption Auswirkungen grundsätzlicher Art noch nicht gezeitigt. Zugrundegelegt wird Projekt I mit seiner zu vermutenden Einteilung in einen zentralen „Saal" und flankierender „Restauration" beziehungsweise „Spielzimmer", dem die „Promenade" rechtwinklig angegliedert ist, so daß sich ein T-förmiger Grundriß mit einer angedeuteten, nicht näher bezeichneten äußeren Verbindung (Kolonnade?) zwischen Park- und Straßenseite ergibt

Die am 26. Juli 1830 eingereichten *Entwürfe* zu *Projekt II* sind in ihrer ursprünglichen Anzahl von elf Blättern erhalten.

In zwei Zeichnungen beschäftigt sich Moller nochmals mit dem *Fassaden*problem. Das von ihm mit „V" bezeichnete Blatt ist als Reinzeichnung der vorbesprochenen Skizze (Baumkulisse!) anzusehen; modifiziert wurde lediglich das dort mit Fenstertüren hinter einem Balkon, hier mit Fenstern, die jenen der Umgebung gleichgestaltet sind, ausgestattete Zentrum der Beletage.

Das zweite, „mit reichlich Maßangaben", jedoch nicht mit der Baumkulisse versehene Blatt diente der Arbeit im Büro.[444]

Es ist unschwer zu erkennen, daß Moller die von ihm als „die lange Fassade" angesprochene Parkfront als „die Hauptfassade"[445] ansah, denn „ohne Zweifel liegt der ganze Akzent außenarchitektonischer Absichten auf der Ausbildung der Gartenfront".[446]

Gerade weil die Parkfassade mit ihrer weit ausladenden Präsenz so stark an Gewicht gewonnen hat, fällt besonders auf, daß die – auf demselben Blatt wiedergegebene – Straßenfassade nurmehr den Rang einer „Abseite" beanspruchen kann.[447] Im Unterschied zur Parkseite präsentiert sich diese Front mit nur zwei Geschossen und einer Projekt I entlehnten, allerdings reduzierten Gliederung. Statt über elf verfügt sie nur über neun Achsen, die sich mit verdachten Fenstern und Fenstertüren – das Rundbogenportal bleibt nun der Parkseite reserviert – über die durch Horizontalgesimse[448] gegliederte, ansonsten völlig plane (risalitfreie) Mauerfläche gleichmäßig verteilen. Weder Freitreppe noch Balkon vermögen den Eindruck zu mildern, daß an die Stelle rhythmischer Zentrierung ein Gleichmaß ohne Akzent und festen Umriß getreten ist – das Gebäude „zerfließt" infolge reduzierter Attikahöhe auch nach oben.

Nur die Existenz einer Freitreppe zeichnet die Straßenfassade vor einer dritten, sich rechtwink-

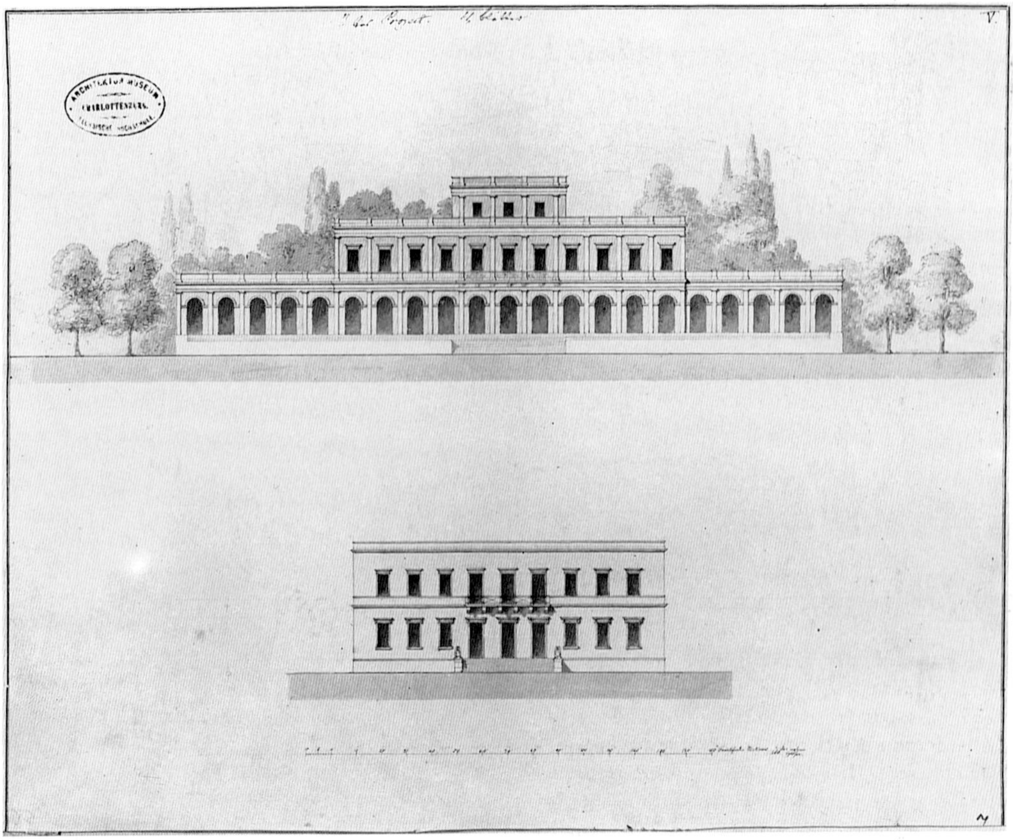

12 Kursaalgebäude Projekt II von Georg Moller, Parkfassade und Straßen- bzw. Gartenfassade. Bez.: „IItes Project, 11 Blätter", Alte Nummer: V; neue Nummer: 7

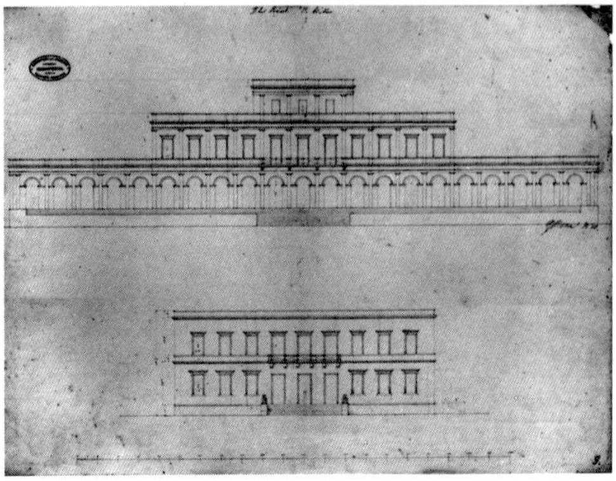

13 Kursaalgebäude Projekt II von Georg Moller, Parkfassade und Straßen- bzw. Gartenfassade.
Bez.: „GMoller 1830". „IItes Project, 11 Blätter". Alte Nummer: unleserlich; neue Nummer: 9.

lig anschließenden Fassade ("Gartenfassade") aus, die zu zeichnen nicht für notwendig befunden wird, denn beide sind identisch gestaltet.[449]

Der *Situationsplan* klärt über die Existenz der drei Fassaden auf.[450] Anstelle des rechteckigen, straßenparallelen Baublocks von Projekt I hat sich Moller für einen um 90° von der Straße abschwenkenden Komplex entschieden. Die Straßenfassade und das sich ihr im rechten Winkel anschließende identische Pendant bilden im Grundriß ein gleichschenkliges Dreieck, dessen Hypotenuse die weit ausladende Galerie an der Parkfront darstellt.

Der langgestreckte, straßenparallele Bau in der Fortsetzung der Straßenfassade zum Schwedenpfad – ein Bädertrakt – war ursprünglich nicht vorgesehen, sondern wurde nachträglich und lediglich dem Situationsplan hinzugefügt.[451]

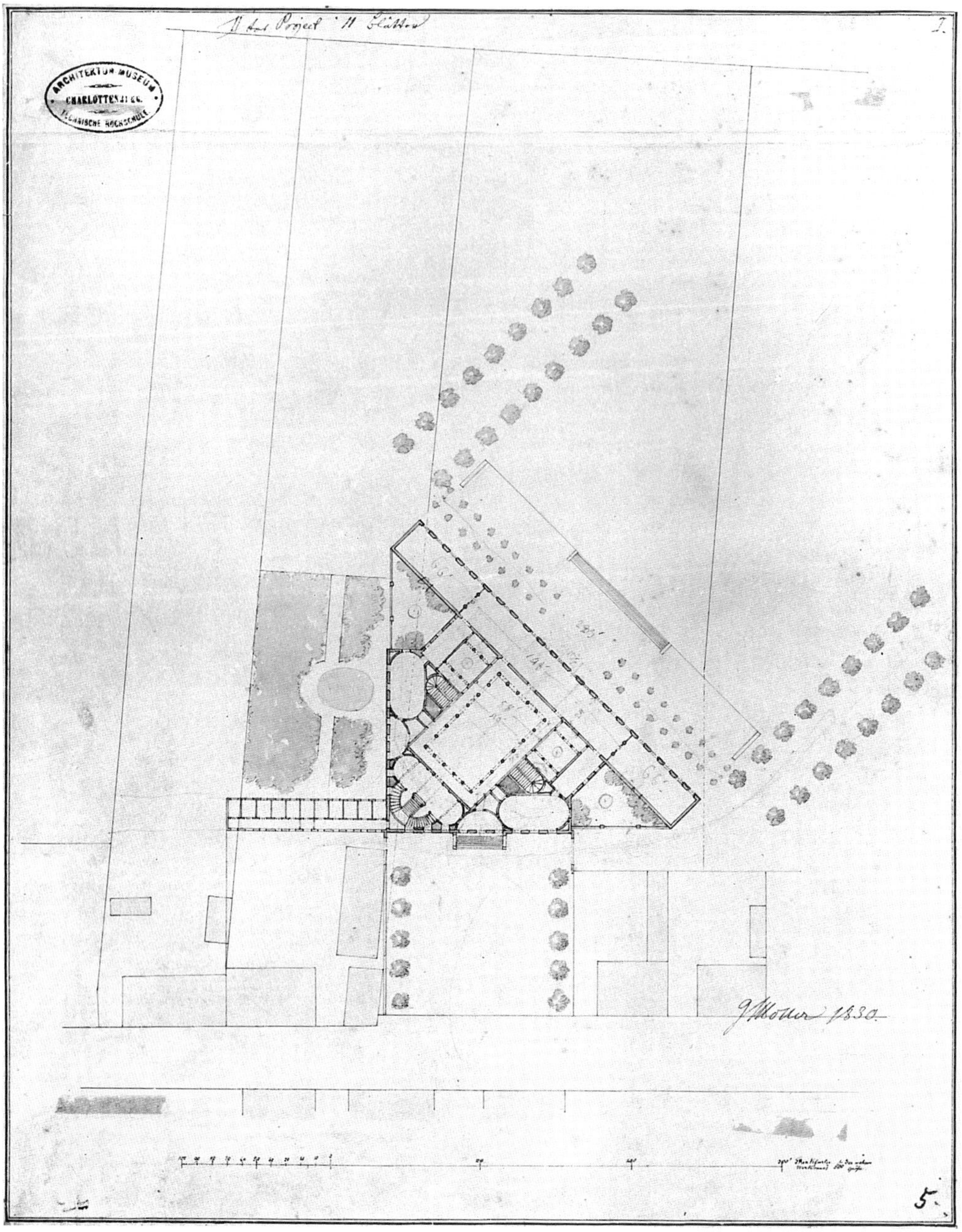

14 Kursaalgebäude Projekt II von Georg Moller, Situationsplan. Bez.: „GMoller 1830". „IItes Project, 11 Blätter". Alte Nummer: II (?); neue Nummer: 5.

„Die Grundrißanordnung ist überraschend genug“,[452] aber sie ist wohlbedacht und aus der spezifischen Situation heraus entwickelt. Die konstituierenden Faktoren sind der vorgegebene und schon in Projekt I wirksam gewordene Standort einerseits, darüber hinaus aber die Lage der Quellen als Zentrum des „therapeutischen Kurlebens“ andererseits.

Als Moller im Januar 1831 die Entwürfe zu dem parallel zur Straße konzipierten Projekt Burnitz' begutachtet, bemerkt er, dieses habe den Nachteil (sic), „daß die Hauptfacade schief gegen die nach den Brunnen zuführenden Anlagen zu stehen kommt“.[453] Hieraus folgert, daß ihm bei seinem eigenen Projekt II die Ausrichtung des Gebäudes mit seiner verschwenkten Parkfassade auf die Quellen ideal erscheint und von substantieller Bedeutung ist. Tatsächlich zielt die im Situationsplan angedeutete doppelreihige Allee in ihrer Verlängerung direkt in den „Salzgrund“, in dem die Quellen lagen; mit der vom Gebäude aus gesehen äußeren linken Baumreihe streift die Allee gerade den 1809 entdeckten „Mineralbrunnen“ (Ludwigsbrunnen). Die Parkfassade mit ihrer den Bedürfnissen der zukünftigen Kurgäste entgegenkommenden „Promenade“ soll demzufolge in einen sinn-vollen Kontakt zu dem Quellbezirk gesetzt werden. Die auf eine imponierende Fernwirkung angelegte Fassade ist also nicht Attitude, sondern Programm.

Aus diesem vorrangig behandeltenund als Herausforderung betrachteten Programm leitet sich die ungewöhnliche Gebäudeanordnung ab, denn die zweite Forderung, die Anbindung an die Stadt, läßt die Schaffung einer zweiten, auf die Louisenstraße ausgerichteten Fassade wünschenswert erscheinen. Diese Situation leistet der Ausgestaltung zur weit und mit ausladender Geste in den Park ausstrahlenden Hauptfassade weiteren Vorschub, denn an der Stadtseite ergeben sich Zwänge, die solches nicht zulassen.

Die zum Verbleib vorgesehenen Anhaltischen Häuser stellen an der Louisenstraße eine Randbebauung dar, die eine Weiterführung der Fassade bis zur Galerie nicht gestattet. Statt dessen entsteht ein unregelmäßiger, durch Baumpflanzungen kaschierter Hof, den eine leicht hinter die Front zurückspringende Umzäunung abschließt. Das Kur-

15 Kursaalgebäude Projekt II von Georg Moller. Projektierte doppelreihige Allee zwischen Kursaalgebäude und Mineralbrunnen.

saalgebäude hat sich hier in eine „Baulücke“ einzufügen. Die einzige Möglichkeit, der Stadtfassade überhaupt Gewicht zu verleihen besteht in der Schaffung eines Platzes, dessen beide seitlich begrenzende Baumreihen indessen die Beengtheit nur deutlicher werden lassen: sie minimieren den ohnehin schmalen Einblick auf die sich scheinbar nur als Ausschnitt eines größeren Ganzen darbietende Fassade.

Günstiger ist die Situation an der zweiten „kurzen Fassade“, da sich zwischen ihr und dem Schwedenpfad genügend Freiraum öffnet, um die neben Platz- und Fernwirkung dritte Möglichkeit der Anlage eines Gartens aufzugreifen. Gleichwohl bleibt diese „Gartenfassade“ der Straßenfront, wenn auch geringfügig, untergeordnet, da der anliegende Straßenzug, der Schwedenpfad, nicht die urbanistische Funktion einer Durchgangs-, sondern die einer Seitenstraße hat.

Von prägender Wirkung ist jedoch auch die Louisenstraße nicht. Das zentrale Gesellschaftsgebäude der Kurstadt knickt deutlich von ihr ab und bewirkt eine „Drehung der Achse“,[454] die das künftige Kurzentrum als einen eigenen, nur lose mit der Stadt verknüpften „Stadtteil“ konstituiert. Innerhalb seiner Grundrißfiguration als gleichschenkliges Dreieck kommt daher nicht den „Schenkeln“, sondern der „Grundlinie“ (= Parkfassade) die zentrale Bedeutung zu.

Wenn Moller das Kursaalgebäude „an der Winkelhalbierenden entlang“ entwickelt hat, dann nicht „nach der Tiefe hin“, sondern von der Tiefe her.[455] Dieser grundlegende konzeptionelle Unterschied zwischen Mollers bekannten, letztlich von der Auseinandersetzung seines Lehrers Weinbrenner mit dem Karslruher Stadtgrundriß abzuleitenden „Ecklösungen“, dem früheren Darmstädter Casino und dem späteren Wiesbadener Schloß,[456] ergibt sich schon daraus, daß in Homburg keine durch eine Ecklage des Grundstücks bedingte Notwendigkeit zu einer exzeptionellen Grundrißlösung vorliegt. Die Gestaltungsmöglichkeiten der Ecke bleiben daher, im Gegensatz zu den Bauten in Darmstadt und in Wiesbaden, gänzlich unausgeschöpft. In Homburg ist die Ecke ein bedeutungsloser Knick in der Mauerfläche. Das Kursaalgebäude soll nicht „übereck gesehen“ werden,[457] sondern sich in drei verschiedenartig ausgestalteten, bedeutungshierarchisch gestaffelten Aspekten darbieten.[458]

Die im Stadtarchiv Bad Homburg aufbewahrten *Grundrisse*, ein Erd- und ein Obergeschoßgrundriß, setzen die ursprüngliche Fassung des Situationsplans – ohne Bädertrakt – voraus und dürften daher vor September 1830 entstanden sein.[459]

In den Erdgeschoß-Grundriß sind Maße eingetragen, aus denen die Dimensionen des Kursaalgebäudes ersichtlich werden. Die Parkfassade soll demnach eine Länge von 285,4 Fuß = ca. 114 m erhalten, die „kurzen“ Fassaden jeweils 125 Fuß = ca. 50 m.

Den beachtlichen Ausmaßen entspricht eine ebenso reiche Vielfalt an baulichen Elementen. Der Grundriß erschließt sich nicht von der Stadt-, sondern von der Parkseite. Auf die Parkfassade axial bezogen ist der zentrale peristyle Saal, und alle unmittelbar angrenzenden Räume nehmen Bezug auf diese Ausrichtung. Daraus folgert, daß alle Haupträumlichkeiten schräg zur Straßen- und auch zur Gartenfassade liegen.

Der Bewegungsverlauf innerhalb des Gebäudes muß daher als vorrangig von der Konversationsgalerie ausgehend und in die mehr als Aus- denn als Zugänge zu wertenden Stadt- bzw. Gartenportale mündend interpretiert werden.[460] Daß die durch Freitreppe und drittes Geschoß, bei dem es sich um ein auf Fassadenwirkung angelegtes, nur galerieartiges Belvedere handelt,[461] akzentuierte Mittelachse der Parkfront als der Hauptzugang des Gebäudes anzusehen ist, zeigt die Binnengliederung der *Galerie*. Durch je zwei Säulenstellungen in der Flucht des Kernbaus dreigeteilt, ist sie nur im Hinblick auf die sich mit fünf Fenstertüren zur Terrasse, aber nur einer Tür zur Stadtseite öffnenden seitlichen Kompartimente[462] sowie auf das Obergeschoß als „Conversations- und Gesellschafts-Raum“ oder als „Promenade“ zu bezeichnen. Im mittleren (Erdgeschoß-)Bereich ist sie weniger Verweil-, als Eingangs- und Verteilerraum. Die Galerie, die hier durch insgesamt sieben Türöffnungen mit dem Kernbau in Verbindung gesetzt ist, „gewährt den Vortheil, daß der Saal nicht (wie z.B. in Wiesbaden) beständig als Durchgang dienen muß“.[463]

Die für notwendig erachtete separate Erschließung der den zentralen doppelgeschossigen Saal umgebenden – nicht nur, wie im Wiesbadener Kursaalgebäude, breitseitig flankierenden – Räumlichkeiten ist vorwiegend ein Resultat der Grundrißlösung. Die beiden außer dem Saal einzigen ausgesprochenen Verweilräume, der längsgerich-

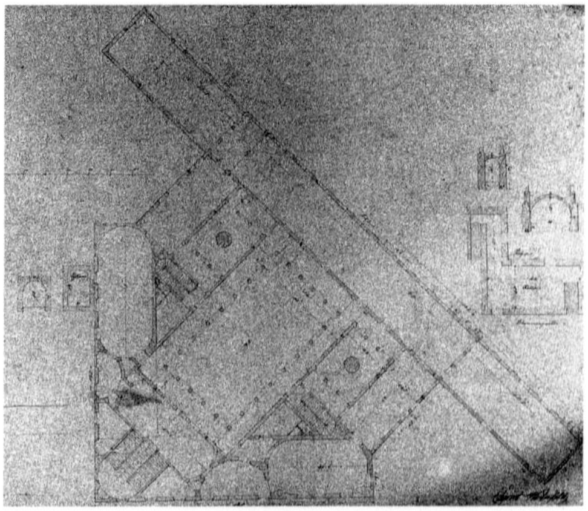

16 Kursaalgebäude Projekt II von Georg Moller, Grundriß Erdgeschoß. Bez.: „Copirt Westerfeld". „IItes Project, 11 Blätter". Alte Nummer: ?; neue Nummer: keine.

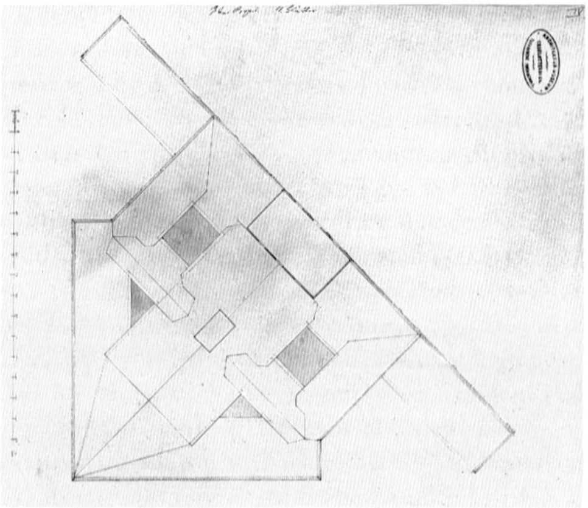

18 Kursaalgebäude Projekt II von Georg Moller, Dachzerfallung. Bez.: „IItes Project, 11 Blätter". Alte Nummer: IV; neue Nummer: 6.

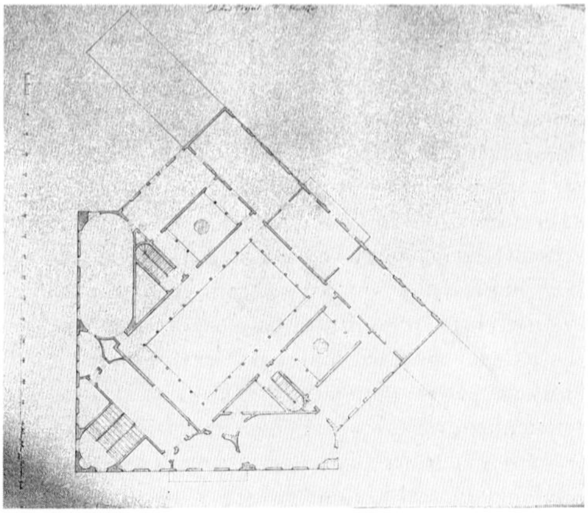

17 Kursaalgebäude Projekt II von Georg Moller, Grundriß Obergeschoß. Bez.: „IItes Project".Alte Nummer: verloren; neue Nummer: keine.

tete, an den Schmalseiten absidial schließende *Speise-* und der gleichartige etwas größere *Spielsaal*,[464] liegen parallel zur Straßen- bzw. zur Gartenfront und bedürfen erklärtermaßen der Kommunikation –auch zwischen den in einem Winkel von 45° zueinander ausgerichteten Fronten – dienlichen Höfchen und Durchgangsräume, um von der Galerie aus erreichbar zu sein.

Das Kommunikationssystem rund um den zentralen Saal schließt sich in der Ecke des Grundrißdreiecks. Hier korrespondiert der parkseitigen Galerie ein als Vestibül zu bezeichnender Raum von geringer Breite, aber der Saalbreite entsprechender Länge, dessen abgerundete Schmalseiten[465] mit zwei halbrunden Räumen – den Straßen- bzw. gartenseitigen *Entrees*[466] – kommunizieren, an die sich wiederum der Speise- bzw. der Spielsaal anschließen. Als einziger nicht fassadenparallel angeordneter Anraum, nimmt das Vestibül zugleich die Ausrichtung „entlang der Winkelhalbierenden" auf und folgt somit der Sequenz Galerie-Saal-Vestibül. Durch drei – im Situationsplan nur eine – (Fenster-?) Türen bewegt sich der Besucher aus dem Saal in das Vestibül, wo er sich einer dreiarmigen Treppenanlage konfrontiert sieht, in der sich die Bewegung der Raumflucht sammelt. In der dem rechten Winkel der Gebäudeecke einbeschriebenen Treppe treffen mit Katheten und Winkelhalbierender die beiden Grundrichtungen des Kursaalgebäudes aufeinander. Zugleich markiert der Scheitelpunkt der Treppenanlage die dritte Dimension; von dem Podest, zu dem der mittlere Antrittsarm führt, wird die Treppe zweiarmig in das Obergeschoß geführt.

Im Bereich der Treppenanlage lassen sich die auffälligsten *Diskrepanzen* zwischen dem Situationsplan und den Grundrissen konstatieren. Das zunächst vorgesehene, in die Ecke geschmiegte

Halbrund wird durch einen absidialen Kastenraum mit drei parallelen Treppenarmen ersetzt, womit eine harmonischere Verbindung von Außenerscheinung und Binnenstruktur erreicht,[467] aber eine die Proportionen verändernde Erweiterung des Treppenhauses[468] sowie die Entstehung von dreieckigen Zwickelräumen in Kauf genommen wird. Die dreiabsidiale Raumeinheit Vestibül-Treppe ist im Grundriß nicht mehr existent. Bei dem mit „copirt Westerfeld" gekennzeichneten Grundriß handelt es sich also keineswegs um eine im Einzelnen deutlich vom Situationsplan differierende Fassung. Weitere Abweichungen betreffen insbesondere die Binnenstruktur des Saals – hierauf wird im anschließenden Kapitel näher eingegangen – und die Größen der halbrunden Entréeräume und der Spiel- und Speisesäle. Diesen letzteren Modifikationen liegt offenbar der Wunsch zugrunde, den stadtseitigen Entréeraum großzügiger zu dimensionieren, wodurch sich die Größe des an diesen anstoßenden Saals reduziert. Damit ist die absolute Symmetrie des ursprünglichen „idealen" Konzepts, das die Signatur Mollers trägt, zugunsten einer funktionsbestimmten leichten Asymmetrie aufgegeben.

Im *Obergeschoß* gruppieren sich um die Treppenanlage Räumlichkeiten von identischer Grundrißbildung wie im Erdgeschoß. Das Vestibül ist zentraler Verteilerraum, es dient als Einlaß zur Galerie des Saals und in die rechter- und linkerhand anschließenden, wohl als Konversations- und Spielsalons anzusprechenden Räume.[469]

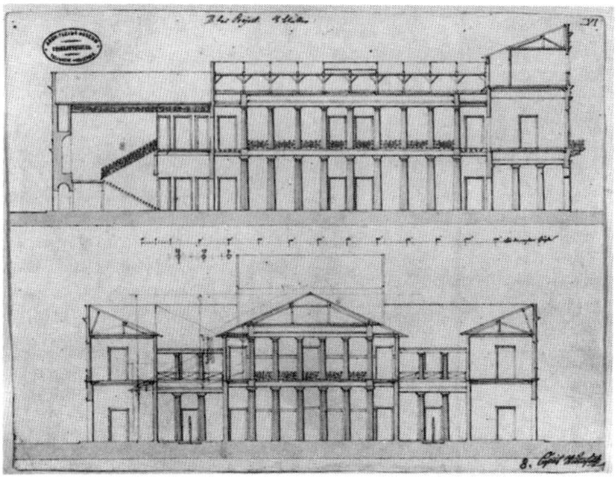

19 Kursaalgebäude Projekt II von Georg Moller, Gebäude-Längs- und -Querschnitt, Dorische Variante Bez.: „IItes Project, 11 Blätter". „Copirt Westerfeld". Alte Nummer: VI; neue Nummer: 8.

Im parkseitigen Teil des Obergeschosses bewirkt die zweigeschossige Anlage der den Saal flankierenden Höfchen eine weitere, nur umschreitbare Hohlform des Gebäudes. Das Resultat demonstriert der *Gebäudeschnitt*[470] auf der Höhe des Höfchens:[471] drei Vierteln nur betrachtbaren Raums steht ein Viertel betretbarer, noch dazu an die Peripherie rund um das Gebäude verlegter Raum gegenüber.

Gegenprojekt Burnitz

Die im Dezember 1830 von Rudolf *Burnitz* eingesandten Entwürfe zu einem „Gesellschaftshaus" in Homburg – fünf Blätter[472] – haben sich nicht erhalten.[473] Aus dem Schriftwechsel läßt sich das – nicht zur Ausführung gelangte – Gebäude annäherungsweise rekonstruieren.

Der vorgesehene *Standort* ist derjenige der Mollerschen Projekte. Auch hatte Burnitz „die Stellung des Hauptgebäudes rechtwinklich mit der Hauptstraße" angenommen,[474] wie Moller in den Projekten I, III und IV oder V. Die *Nebengebäude* bestanden in zwei Kolonnaden,[475] die als „Badhalle" und „Budenhalle"[476] vor der straßenseitigen Fassade und wohl rechtwinklig zu ihr „an dem Hof"[477] errichtet werden sollten.[478]

Das eigentliche *Kursaalgebäude* war zweigeschossig konzipiert und verfügte, wie dasjenige Mollers, über eine, jedoch nicht zum Park verschwenkte, sondern auf einen rückwärtigen Garten ausgerichtete *Galerie*, die „in einen äußeren Säulengang verwandelt" war.[479]

Auf das *Äußere*, dessen „Styl ... aus der byzantinischen und gothischen Baukunst ... zusammengesetzt" erschien, hatte Burnitz nach Einschätzung Mollers „eine Menge unnützer Verzierungen verschwendet ... Die Verzierungen sind aus der gothischen oder Spitzbögen Baukunst entlehnt, während die größeren Theile, als Säulen, Fenster etc. der älteren byzantinischen oder Rundbögen Baukunst angehören".[480]

Im Innern dominierte der zentrale, wohl kaum peristyle *Saal*, „den H. Burnitz so kahl wie eine Scheuer projectirt hat".[481] Trotz der „Beschränkung der Anzahl von Nebenzimmer und der übrigen Räume"[482] – „auf jeder Seite des Saals drei Zimmer"[483] – enthält das Gebäude nach Meinung

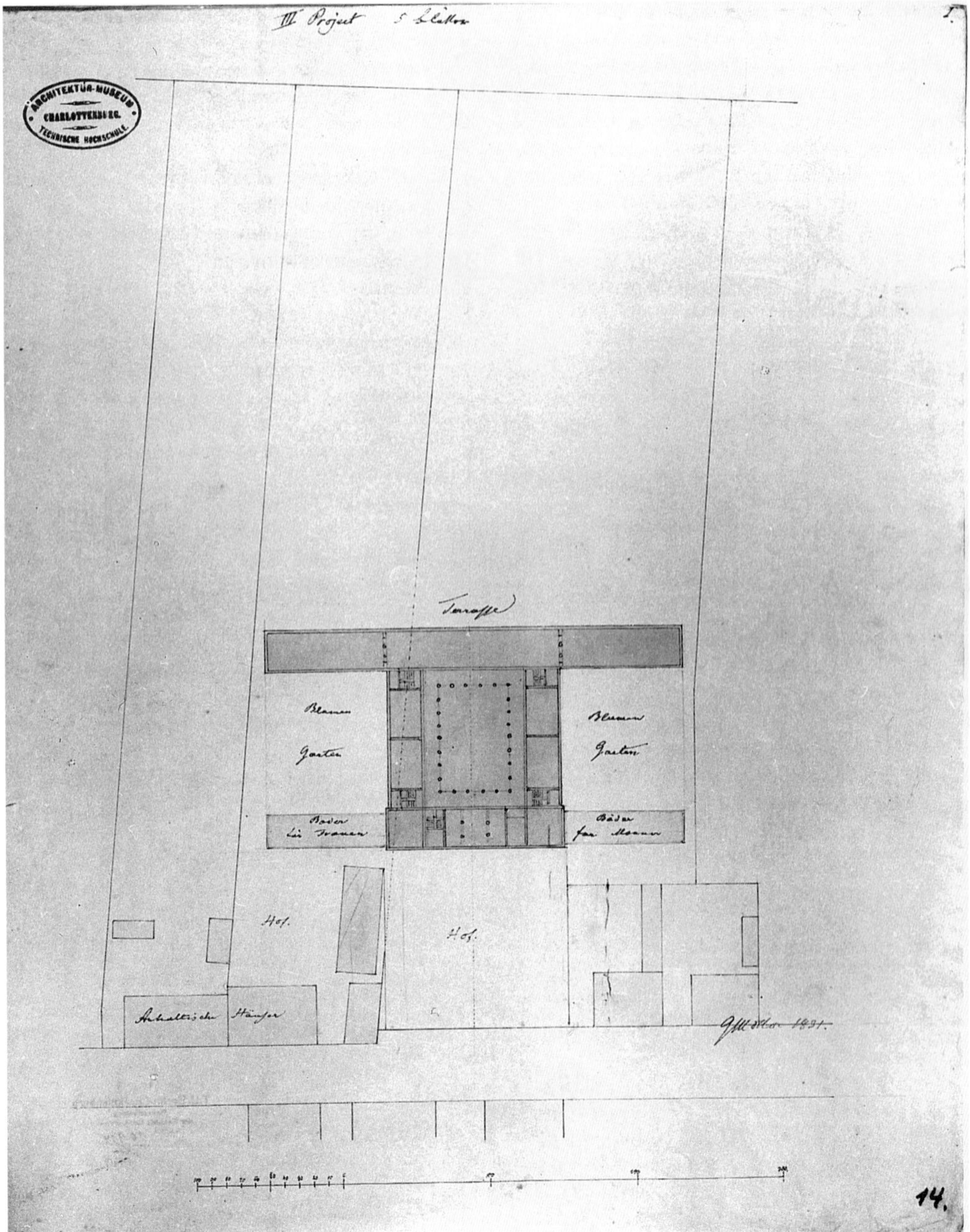

20 Kursaalgebäude Projekt III von Georg Moller, Situationsplan.
Bez.: „GMoller 1831“. „IIItes Project, 5 Blätter“. Alte Nummer: I (?); neue Nummer: 14.

der Bade- und Brunnen-Komission „so viele Zimmer und Gemächer, daß man sie bei Vollendung desselben zu jedem beliebigen Zweck verwenden kann ... und was die Pläne und Risse anbetrifft, so haben sie in jeder Hinsicht den Beifall der ehrerbietigst unterzeichneten Commission eingeerndtet und sie glaubt sogar, daß nach Lage der Umstände allem Erforderlichen entsprochen ist".[484]

Der um Begutachtung gebetene Moller konnte sich für den seiner Ansicht nach allzu sehr von Sparsamkeitsrücksichten gekennzeichneten Entwurf Burnitz' nicht erwärmen.

Mollers massive Kritik richtete sich auch gegen die ihm überflüssig und in der Burnitzschen Fassung ästhetisch unbefriedigend erscheinenden Bad- und Budenhallen. Auf Drängen der Bade- und Brunnen-Kommission sah er sich jedoch gezwungen, selbst einen neuen Entwurf zu liefern, der dieser „Grund-Idee" Burnitz' Rechnung trug.

Projekt III [485]

Zu den im Januar/Februar 1831 eingereichten Plänen[486] bemerkte Moller, diese seien „jetzt auf die Größe des Burnitz'-schen Projektes reduzirt".[487] Demzufolge dürften zwischen jenen Konkurrenzentwürfen und Mollers Projekt III sehr wesentliche Übereinstimmungen auch im Hinblick auf das Bauprogramm bestanden haben. Es ist ganz offensichtlich, daß sich Moller dem Gebot der „Sparsamkeit" beugte„Diese Planung.. kostet weniger Mauerwerk etc. und wird daher nicht zu umgehen seyn", auch wenn u.a. damit der Nachteil verbunden ist, „daß die Hauptfacade schief gegen die nach dem Brunnen zuführenden Anlagen zu stehen kommt".[488]

Die Rückkehr zur straßenparallelen Situierung, so daß „die Stellung des Saales ... rechtwinklicht mit der Straße angenommen" wird, bedeutete gleichwohl keine Wiederaufnahme der Konzeption von Projekt I. Vielmehr versuchte Moller beharrlich, die in Projekt II gefundene Lösung der gestaffelten Parkfassade mit dem straßenparallelen Konzept zu verknüpfen.

An der „absoluten Ausdehnung der Gartenfront" hatte sich nichts geändert, „die Folge der gleichmäßig behandelten Arkaden mit der alles umfassenden Terrasse (ergibt) immer noch ein imponierendes Bild".[489] Die Galerie hatte sich weder formal noch funktional verändert.

Die „Facade nach der Stadt" sollte „auch für die Stadt eine Verschönerung bilden"; sie glich in den Dimensionen und in der Gestaltung der Straßenfassade von Projekt II. Seitlich erweitert werden sollte sie durch jeweils eingeschossige Bauten mit vorgelegten Kolonnaden, die als „Bäder für Frauen" und als „Bäder für Männer" ausgewiesen sind. Sie finden sich wiederum nur auf dem Grundriß und werden in der Korrespondenz von Moller nicht erwähnt.

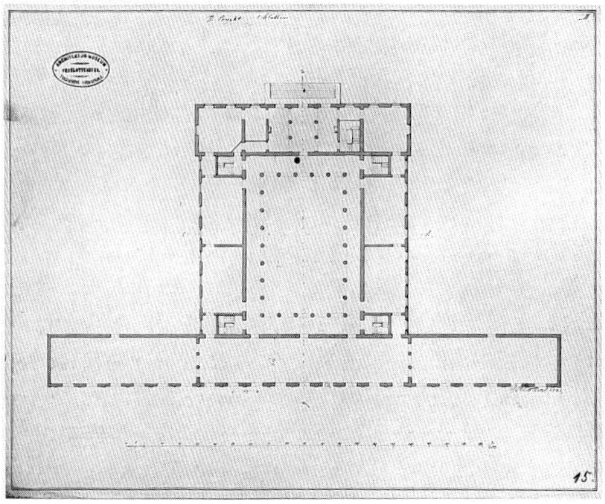

21 Kursaalgebäude Projekt III von Georg Moller, Grundriß Erdgeschoß.
Bez.: „GMoller 1831". „IIItes Project, 5 Blätter".
Alte Nummer: II; neue Nummer: 15.

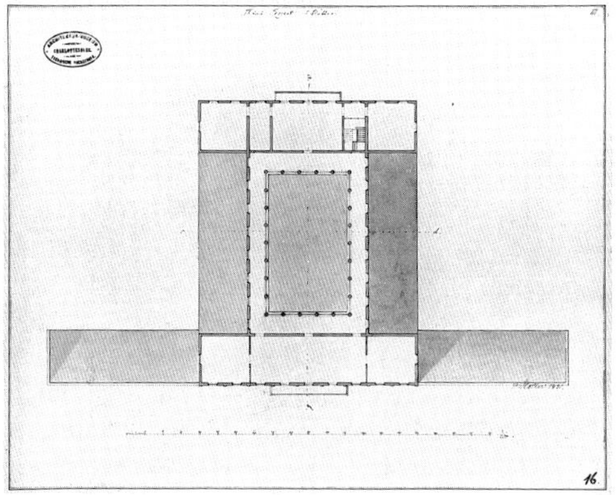

22 Kursaalgebäude Projekt III von Georg Moller, Grundriß Obergeschoß.
Bez.: „GMoller 1831". „IIItes Project, 5 Blätter".
Alte Nummer: III; neue Nummer: 16.

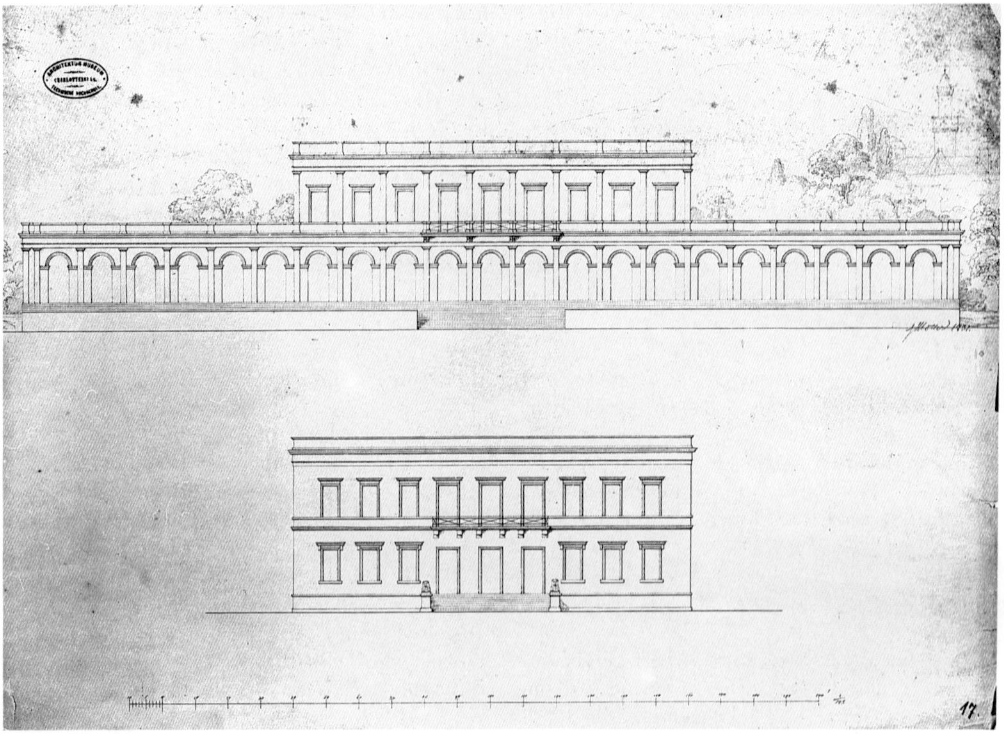

23 Kursaalgebäude Projekt III von Georg Moller, Aufrisse der Park- und der Straßenfassade. Bez.: „GMoller 1831". „IIItes Project, 5 Blätter". Alte Nummer: verloren (wohl IV); neue Nummer: 17.

Park- und Straßenfassade entsprechen sich demzufolge in Projekt III, und es entstand ein Gebäude-Grundriß in der Form eines gestürzten H, zwischen dessen „Balken" das Kerngebäude gespannt ist.

Durch „die Weglassung des oberen Stocks der Seitenzimmer" ergab sich hier eine Staffelung des Baukörpers in Höhe und Tiefe. Dem basilikalen Kernbau waren beidseits klare Grenzen gesetzt: einerseits durch den Riegel der Galerie, andererseits durch die mit zwei turmstumpfartigen, würfelförmigen Pavillons sich über die „Seitenschiffe" des Kernbaus erhebende Straßenfassade.

Der Bewegungsverlauf im Gebäude gestaltete sich gegenüber Projekt II entschieden spannungsloser: die drei „Schiffe" gestatteten nur eintöniges Auf und Ab, erst in der Galerie ging die Bewegung in ein Hin und Her über. Anders als in Projekt II mündete die – als solche beibehaltene – Raumsequenz Galerie-Saal-Vestibül nicht in einen Scheitelpunkt des Gebäudes, sondern entwickelte sich in entgegengesetzter Richtung von der dreigeteilten Eingangshalle aus, weitete sich zum Saal und griff weit aus in der wiederum dreigeteilten Galerie. Statt elegant geformter, spannungsreich aufeinander bezoger Spiel- und Speisesäle legten sich hier jeweils zwei, architektonisch nichtssagende rechteckige, untereinander verbundene Räume an die Breitseite des Saals. Zur separaten Erschließung des Saals waren eine parkseitige Galerie und zwei die stadtseitige Eingangshalle flankierende Eckräume vorgesehen.

Dominant, wie in Projekt II, war im Innern der peristyle Saal, der mit 6:9 Säulen der dorischen Variante von Projekt II entsprach.[490] Auch dessen Oberlicht behielt Moller bei, obwohl sich durch den Wegfall der Umbauung der Längsseite des Obergeschosses die Möglichkeit zur seitlichen Beleuchtung ergeben hätte.

Das basilikale Schema des Kernbaus hatte im Obergeschoß zur Folge, daß der zentrale Saal nicht von Räumlichkeiten umgeben, sondern le-

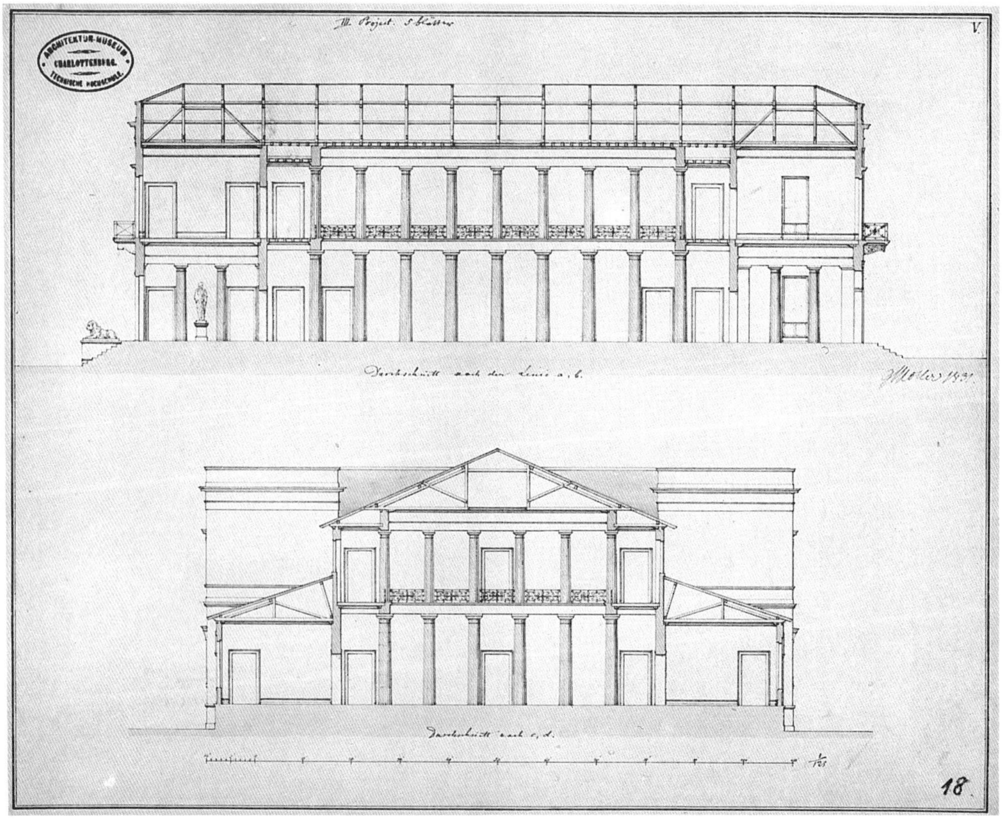

24 Kursaalgebäude Projekt III von Georg Moller, Gebäude-Längsschnitt und -Querschnitt auf der Saalachse. Bez.: „GMoller 1831“. „III. Project, 5 Blätter“. Alte Nummer: V; neue Nummer: 18.

diglich durch die Obergeschosse der park- und straßenseitigen Riegelbauten erschlossen und flankiert wurde. Obwohl zwischen diesen (Konversations?-, Spiel?-)Räumen eine Verbindung nur durch den Saal möglich war, wirkte das reduzierte Raumprogramm im Obergeschoß harmonischer als in Projekt II.

Projekt IV oder V[491]

Zu dem neuerlich reduzierten Projekt IV oder V haben sich sechs von ehemals sieben am 10. Mai 1831 eingereichten Blättern erhalten.[492]

Die hinter der von Projekt III übernommenen, jedoch auf 17 Achsen reduzierten *Parkfassade* aufscheinende Skizze des Homburger Schlosses auf Blatt 24 zeigt, „daß es sich um die gleiche Orientierung wie bei III handelt“.[493] Abweichend von Projekt III hat die dreigeteilte Galerie, der statt einer Terrasse drei Freitreppen vorgelagert sind, an der Straßenseite kein architektonisches Pendant.

Die *Flügelbauten* wurden separiert und flankieren als selbständige eingeschossige Bauten den stadtseitigen Platz vor der Fassade. Die von der Straße aus linke Kolonnade sollte sechs Badezellen enthalten, in der rechten „Buden“ eingerichtet werden.[494]

Mit dieser Angleichung an das Projekt Burnitz’ entsprach Moller dem Wunsch der Kommission nach zwei rechtwinklig vor das Kursaalgebäude gerückten Kolonnaden, da „diese zur Zierde der Straße gereichen ... und zugleich den üblen Prospect in die Höfe der zu beiden Seiten stehenden Häuser“ verdecken würden.[495]

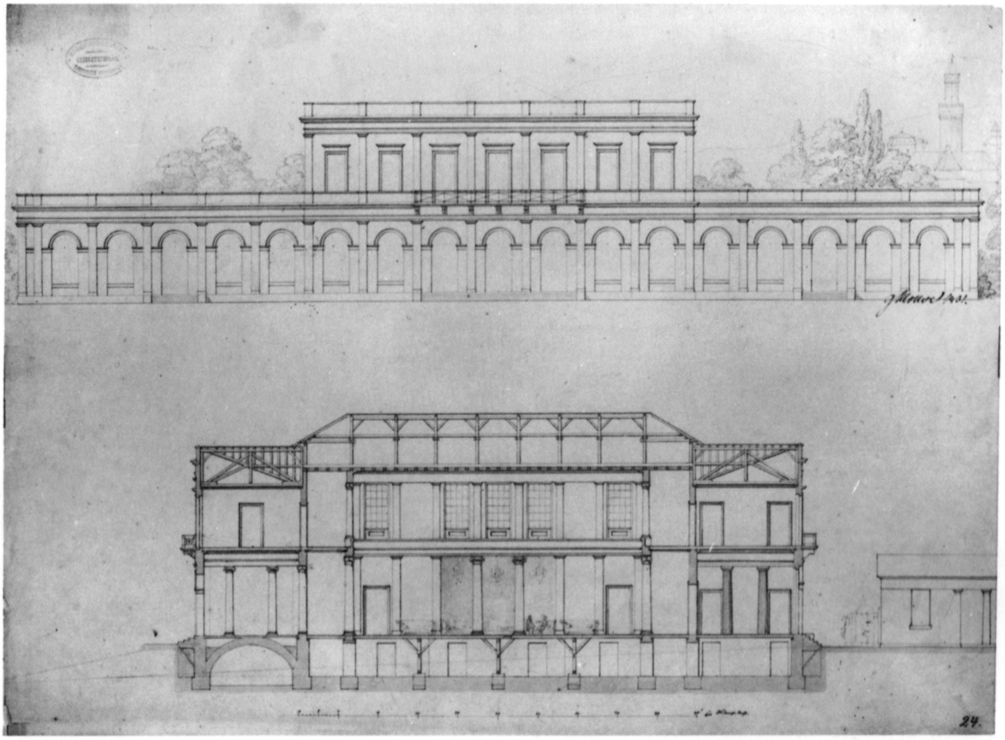

25 Kursaalgebäude Projekt IV oder V von Georg Moller, Parkfassade und Gebäude-Längsschnitt. Bez.: „V, 7 Bl.". Alte Nummer: keine; neue Nummer: 24.

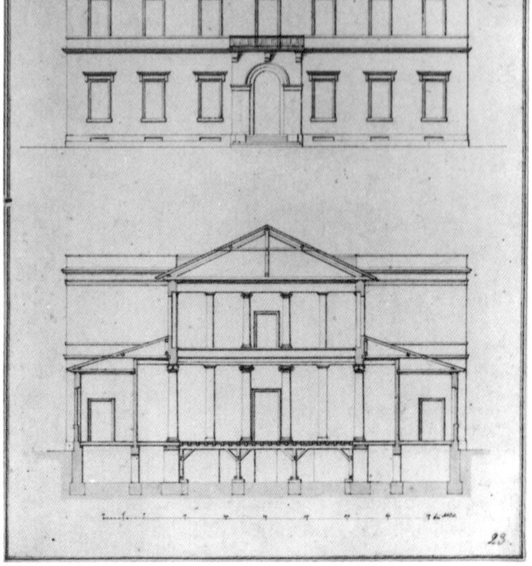

26 Kursaalgebäude Projekt IV oder V von Georg Moller, Straßen-Fassade und Gebäude-Querschnitt auf der Saalachse.Bez.: „V, 7 Bl.".
Alte Nummer: keine, neue Nummer: 23.

Die architektonische Platzgestaltung durch die Kolonnaden bedingte eine stärkere Akzentuierung der Stadtfassade. Im Erdgeschoß erhielten die Fensterverdachungen durch Konsolen reicheres Profil, und das Rundbogenportal trat mit einem balkonbekrönten Risalit hervor. Kompensiert wurde damit auch eine weitere Reduktion der Fassadenlänge um zwei Achsen sowie der Verlust der Seitenflügel. Daraus ergab sich für das Gebäude ein T-förmiger Grundriß.

Sowohl in der Existenz als in der Ausgestaltung von vier *Grundrissen*, unter denen sich erstmals ein Keller-Grundriß und nach Projekt II zum zweiten Mal eine Aufsicht auf das Dach befinden,[496] dokumentiert sich die Ausrichtung dieses Projekts auf seine Realisierbarkeit.

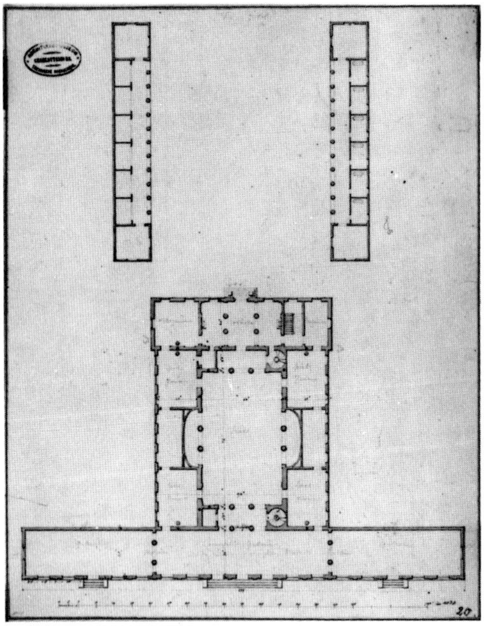

27 *Kursaalgebäude Projekt IV oder V von Georg Moller, Grundriß Erdgeschoß.Bez.: „V, 7 Bl.“. Alte Nummer: keine; neue Nummer: 20.*

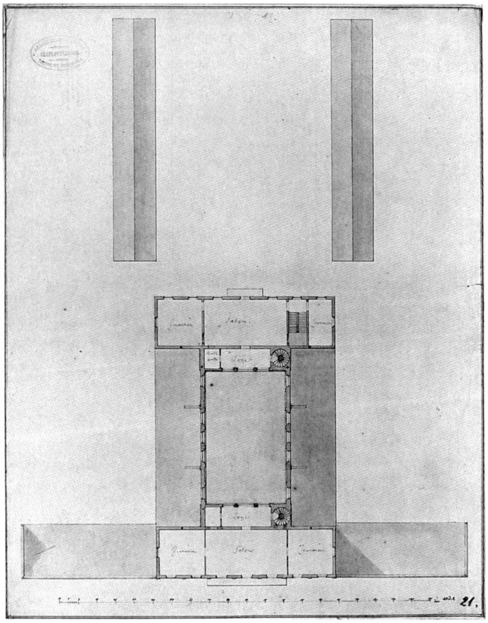

28 *Kursaalgebäude Projekt IV oder V von Georg Moller, Grundriß Obergeschoß. Bez.: „V, 7 Bl.“. Alte Nummer: keine; neue Nummer: 21.*

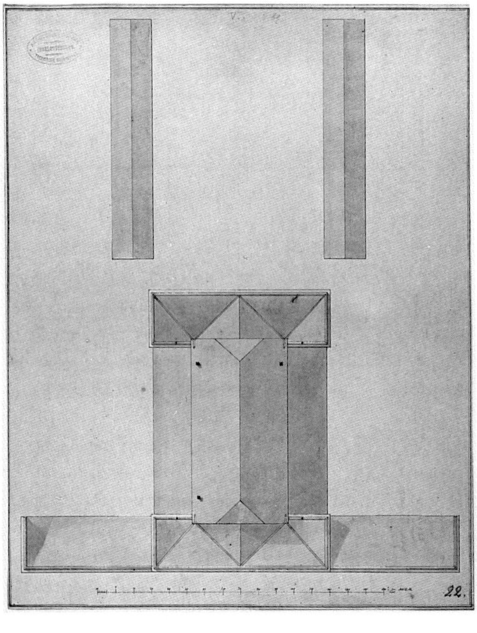

29 *Kursaalgebäude Projekt IV oder V von Georg Moller, Dachzerfallung. Bez.: „V, 7 Bl.“. Alte Nummer: keine; neue Nummer: 22.*

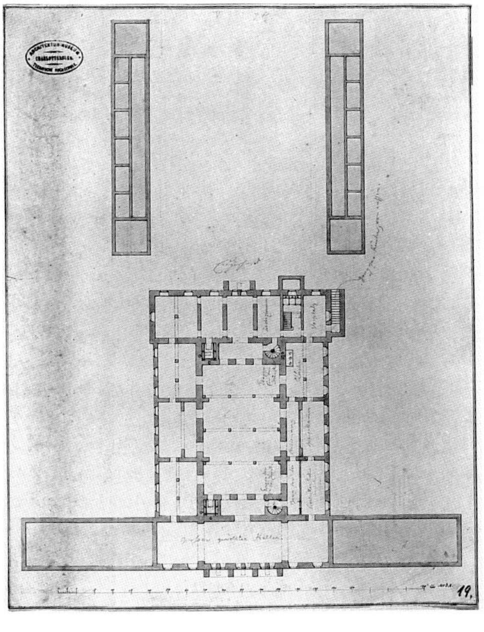

30 *Kursaalgebäude Projekt IV oder V von Georg Moller, Grundriß Kellergeschoß. Bez.: „V, 7 Bl.“. Alte Nummer: keine; neue Nummer: 19.*

Wie in Projekt III sollte eine Folge von hier sechs separat erschließbaren Räumlichkeiten – vier „Spielzimmer“, kein Speisezimmer mehr – den zentralen Saal längs flankieren. Der *Saal* selbst hat geringere Dimensionen und vor allem einen von seinen Vorgängern abweichenden Zuschnitt. Im Erdgeschoß-Grundriß präsentierte er sich als Rechteck, dessen vier Seiten jeweils mittig durch Säulenpaare gegliedert werden, hinter denen sich an den Längsseiten flache Nischen rundeten, an den Schmalseiten rechteckige Räume bildeten, denen im Obergeschoß Logen korrespondierten. Die Nischen an den Längsseiten waren entfallen zugunsten einer Dreiergruppe von Fenstern, die mit jeweils zwei flankierden Fenstern den „Obergaden“ des Saals bildeten.

Die basilikale Struktur des zwischen die beiden voneinander unabhängigen park- und straßenseitigen Trakte mit den Logen, Salons und Zimmern gespannten Saals war im Innern weitgehend aufgehoben. *Längs- und Querschnitt* zeigen, daß es sich hier um einen fiktiven zweigeschossigen Säulensaal handelte.

In Fortsetzung der vor die beiden breitseitigen Nischen gestellten Säulen zogen sich Pilaster, an den Schmalseiten sechs, an den Breitseiten acht, um das Erdgeschoß. Dieselbe Gliederung wiederholte sich über einer hohen „Architrav“-Zone im Obergaden, dessen Galeriecharakter durch die interkolumnienbreiten, pilasterhohen und dadurch optisch zurückspringenden Fenster mit niedrigen Brüstungen unterstrichen wurde. „Der Traum vom peristylen Saal“ ist in Projekt IV oder V noch nicht „endgültig ausgeträumt“.[497]

Resumé

Es läßt sich, wie in der Literatur bereits mehrfach festgestellt,[498] mit Projekt II ein Höhepunkt und dann eine sukzessive Reduktion des Anspruchs an das zu errichtende Kursaalgebäude feststellen. Sie ist auf den Druck der Regierung zustandegekommen. Der Einfluß der Planung des von ihr aufgestellten Konkurrenten ist, obwohl im Einzelnen nicht mehr nachweisbar, im Gesamtkonzept spürbar. Um seine eigene „Handschrift“ ließ sich Moller indessen selbst in dem resignativen Projekt IV oder V nicht bringen. Es fällt auf, daß er sich bei jedem Projekt der Mühe einer teilweisen oder gänzlichen Neubearbeitung unterzog, so daß drei bzw. vier verschiedene Ausprägungen des Bautypus Kursaalgebäude vorgestellt wurden.

7. Typologie der Projektfolge

Mit *Projekt I* führte Moller einen zwar nicht neuen, jedoch unter andersartigen Aspekten rezipierten Typus in die Architektur der Kursaalgebäude ein, die Villa.

Bereits bei dem Wiesbadener Konversationshaus zeigte „ein Vergleich mit oberitalienischen Villen des späten 18. Jahrhunderts, die in direkter Nachfolge Palladios entstanden waren, ... deutliche Parallelen“.[499] Die Vorbilder des Homburger Kursaalgebäudes Projekt I sind dagegen in der Villenarchitektur der römischen Renaissance zu suchen. Ein konkreter Bau stand nicht Pate, vielmehr flossen so allgemeine Charakteristika wie die blockhafte Erscheinung und die massige Gliederung, die Bevorzugung der zwischen Risalitbauten gespannten Arkadenloggia und die in der Regel zu beobachtende Glätte der Oberflächenbehandlung in das Konzept von Projekt I ein.

Die Villa der Campagna als Typus wurde zitiert. Sie war, anders als die stärker der ländlichen „economie“ und dem „podere“ verhaftete Palladio-Villa,[500] Lust- und Erholungsort, verbunden mit der Erbauung an Kunst und Kultur, und sie hatte im Nachfolgeanspruch auf die römisch-antike Villenkultur die Beweiskraft der Texte eines Livius und eines Plinius und nicht zuletzt die der Ruinen für sich. „Die Gegenden um Rom nach Frascati, Palestrina und Trivoli hin, der Meerbusen von Puzzuoli, so wie der neapolitanische, und viele andere Plätze (waren) mit Landhäusern gleichsam besäet“, aber „vornehmlich hatten die Römer für Tibur, jetzt Trivoli, die lebhafteste Zuneigung", schrieb Hirschfeld schon 1773.[501] Der gebildete Italienreisende kannte damals wie heute die beiden exemplarisch die Villenkultur der Antike und der Renaissance verkörpernden Villen des Kaisers Hadrian und des Kardinals d'Este. Es war bekannt, daß sowohl der Kaiser wie der Kardinal Tivoli nicht allein wegen seiner reizvollen Landschaft und seines angenehmen Klimas bevorzugten; vielmehr traf auf diesen Ort dasselbe zu, was Hirschfeld als Grund dafür benennt, daß Bajä „ein bezauberndes Lustrevier ward": man glaubte, „nur allein mit Vortheil den Brunnen zu trinken und die Bäder zu gebrauchen".[502] Unter Hinweis auf einen die „acque medicamentose" preisenden Inschriftstein, der „presso i ruderi delle antiche Terme" entdeckt wurde, beruft sich noch heute das durch intensiven Schwefelgeruch wie durch seine modernen „Terme" als Kurort ausgewiesene „Tivoli terme" (Acque Albule) auf seine 2000jährige Tradition, über die ein Kurprospekt im Detail informiert.[503] Mit einer Villa vom Typus der Villa d'Este in Tivoli wird deshalb eine spezifische Lokalität, eine Kur-Sommerfrische in der Umgebung Roms beschworen. Sie stand sowohl für die antike Bade- wie für die Villenkultur der Renaissance.

Bereits die Renaissance-Villa hatte, wie an dem Fehlen jeglicher zu Badezwecken genutzter Gebäude auf dem Terrain der Villa ersichtlich, die antiken Vorstellungen von der alle Lebensbereiche umfassenden, in der imperialen Villa Hadriana den Umfang einer Kleinstadt annehmenden Sommerfrische, die u. a. über zwei Thermengebäude verfügte, modifiziert und an den Standard der Renaissance-Villa angeglichen. Dabei handelte es sich im besagten Fall im wesentlichen um eine räumliche Trennung von Bad und Villa.

Die Anknüpfung an die antike Badekultur dokumentierte sich schon in der Wahl des Standorts. Der Kardinal erwarb Tivoli und damit die Herrschaft über die Villa Hadriana. Daß er der antiken Ruine eine moderne Villa entgegensetzte, machte seinen Nachfolgeanspruch deutlich. Dabei leitete die moderne Villa aus den Reminiszenzen einer lokalen antiken Badekultur eine Erweiterung ihrer Bedeutungsebene und eine Traditionslinie ab.

Wenn Moller die Situation der Sommerfrische am Fuß des Appenin vorschwebte, als er in Homburg „vor der Höhe" eine „Badeanstalt" zu planen hatte, konnte er sich nicht nur mit der räumlichen Entfernung des eigentlichen Badehauses auf das Vorbild berufen, sondern auch das Kursaalgebäude als Villa definieren, die gedanklich und architektonisch an die spezifisch römische Villa in der Campagna anknüpfte. Die Situierung des Gebäudes hatte dabei besonderen Verweischarakter, indem in ihr die konkretesten Erinnerungswerte beschlossen liegen. War schon „in monumentalem Maß die ars topiaria durch Hadrians Villa bei Tivoli veranschaulicht" worden, so zeugten im Park der Villa d'Este vor allem die Wasserspiele von der Ingeniosität ihrer Erfinder. Mit Bedacht legte Moller deshalb größten Wert auf den Park als wichtiges gemeinsames Element. Bereits am 22. Juli 1830 heißt es, daß dem „Garten Director Rinz zu Frankfurt ... die Fertigung des Plans zu diesen Anlagen aufgetragen sey".[504]

Die sinnige gedankliche Allusion der „Kur-Villa" an die Campagna-Villa wird nicht allein durch die Akzentuierung des Parks unterstrichen, sondern auch durch dessen vorgegebenes, sich als vorteilhaft erweisendes Verhältnis zur Villa, wie es Hirschfeld, in Anknüpfung an die Renaissance-Villen, für ein Landhaus forderte.

„Eine mäßige Höhe ist die angenehmste, so wie sie die gesündeste und bequemste ist und selbst das Gebäude am vortheilhaftesten zeigt. Aus einem Landhause auf dem Gipfel eines Hügels oder an dem Abhange eines Berges kann ich freyer und vergnügter athmen, und wenn ich die Weite der Landschaft überschaue, mehr entzückende Bilder einsammlen, erhabenere Empfindungen schöpfen, und mich leichter über die kleinen Sorgen und Beschäftigungen der Erde hinausheben..."[505]

Diesem Gedanken folgte beispielsweise K.F. Schinkel, als er 1824 ein am Ufer der Havel in Glienicke gelegenes älteres Gebäude zum Kasino umbaute.[506] Der zweigeschossige Bau mit den vorgezogenen Seitenrisaliten weist große Ähnlichkeiten mit Mollers Entwurf für Homburg auf. Aber es ähnelte sich auch ihre Anordnung: wie der Glienikker Bau zur Havel sollte sich der Homburger Bau

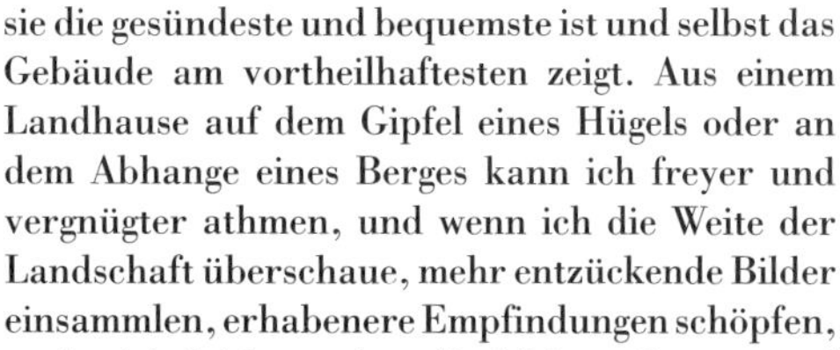

31 K.F.Schinkel, Casino in Glienicke

zum tiefer gelegenen Park öffnen, zur Straße sollte er eine geschlossene Front zeigen, in Glienicke lag er zum Park gar ebenerdig. Aus der Beschäftigung mit dem italienischen Villenbau war hier wie dort ein Bauwerk entstanden, das dem „Hinausheben" über die „kleinen Sorgen und Beschäftigungen der Erde" dienen konnte, sei es als privates Casino im Schloßbezirk, sei es öffentliches Kursaalgebäude im Kurort.

Eine Adaption der römischen Villa konnte schließlich auch als Hinweis auf deren Rolle im römischen Gesellschaftsleben gedeutet und auf das sich als Gesellschaftshaus verstehende Kursaalgebäude übertragen werden. Gerade Stadtvillen, wie die am Tiberufer gelegene Villa Farnesina (1505–1511; B. Peruzzi), deren Festmähler und Banketts „noch von späteren Autoren mit dem Prunk der römischen Kaiserzeit verglichen" wurden,[507] vermochten die Fantasie auch der Architekten anzuregen und zu Inspirationsquellen aufzusteigen. In dem Kursaalgebäude J.G. Gutensohns für Bad Ems (1835–1839) klang sie deutlich an.[508] Daß Bauten vom Typ der Farnesina im 19. Jahrhundert als der Inbegriff von Gesellschaftshaus-Architektur galten, zeigt ein Entwurf von G. L. Laves für ein Schützenhaus – d. h. ein Gesellschaftshaus für eine Schützengesellschaft – in Hannover (1821).[509]

Vergleichbar sind die Parallelen zwischen dem ebenfalls als Gesellschaftshaus für Schützen anzusehenden Schießhaus in Weimar (1803; H. Gentz) und dem Konversationshaus in Wiesbaden.[510] Hier dürfte eine sinngemäße Rezeption des seinerseits die Architektur „des italienischen Palladianismus" rezipierenden Weimarer Gesellschaftshauses mit in Betracht zu ziehen sein.

Obwohl auch Mollers Projekt I ein reines Gesellschaftshaus darstellte in dem Sinn, daß darin weder Wohnungen noch Bäder vorgesehen sind,[511] leitet es sich von einem Bautyp ab, der über die Wohn- und Gesellschaftsfunktionen hinaus an die Landschaft und an den Park gebunden war, die Naturgenuß vermitteln. Wie die Campagna-Villa bürgt die Kur-Villa Mollers auch für Erholung und Rekreation. Die „Badeanstalt" in ihrer herkömmlichen und von den Regierungsbeamten erwarteten geschlossenen Erscheinungsform wird aufgelöst. Die Villa bleibt jedoch nicht alleiniger Bedeutungsträger. Bereits in Projekt I wird die Möglichkeit einer ideellen Verknüpfung mit dem eigentlichen Brunnen- und badebezirk reflektiert worden sein, denn sie wurde zu einem der konstituierenden Merkmale von *Projekt II*, auch wenn Moller im Juli 1830 von diesem anfänglichen, vermutlich vom persönlichen Erleben und der eigenen Erinnerung an die römische Villenkultur geprägten Konzept plötzlich abweicht und das Vorbild der römischen Villa verließ.

Die komplizierte, auf den Park und die fernen Quellen Bedacht nehmende, sich der Stadt strikt entziehende Gebäudeanordnung von *Projekt II* hat bislang eine vorwiegend werkimmanente Interpretation erfahren, wobei besonders auf Mollers von Weinbrenner beeinflußte Vorliebe für die Entwicklung des Grundrisses entlang der Winkelhalbierenden hingewiesen wurde.[512] Erst jüngst hat Bothe auf formale Anleihen in der historischen Architektur aufmerksam gemacht und in der Fassade „an der Straßenfront wie zum Park hin deutliche Anklänge an Bauformen der Renaissance" erkannt.[513] Tatsächlich weckt der dreistufige Aufbau der Parkfassade Assoziationen an die stadtseitige Fassade des Palazzo Pitti, die in Klenzes – wiederum zur Stadt gerichtetem – Königsbau der Münchner Residenz als klassizistisch geglättetes Zitat aufscheint, während in Homburg auf jede Andeutung einer Rustizierung verzichtet wird.

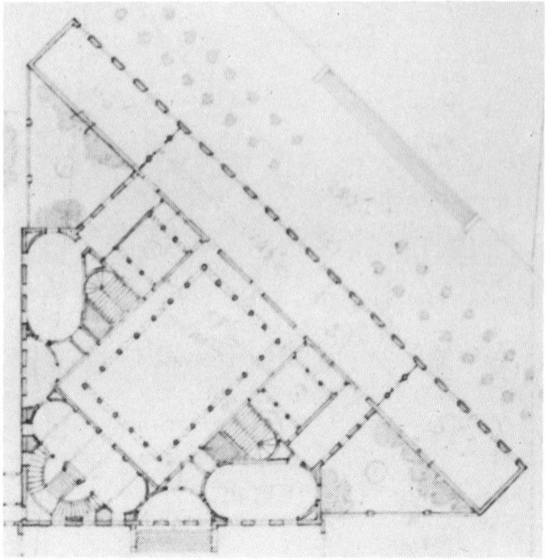

32 Kursaalgebäude Projekt II von Georg Moller
Situationsplan, Ausschnitt
Bez.: „GMoller 1830". „IItes Project, 11 Blätter".
Alte Nummer: II (?); neue Nummer: 5.

Sowohl der Grundriß als auch die Fassaden entziehen sich dem Versuch konkreter Ableitungen.

Eine Annäherung ergibt sich eher aus der Zusammenschau mit Projekt I, das sich so sehr einem historischen Typus verpflichtet zeigte. Auch wenn man davon ausgeht, daß der Architekt bei intensiver werdender Beschäftigung zunehmend „eigene“ Ideen entwickelt haben mag, wird man das Erscheinungsbild von Projekt II doch nicht als das Resultat einer Kompilation solcher Ideen ansehen wollen. Vielmehr liegt die Vermutung nahe, das Vorbild von Projekt I habe sich bei intensiverer Beschäftigung als unzureichend erwiesen, etwa weil der erwünschte Bezug zu den Quellen den Gedanken an die Galerie evozierte, woraus sich das beschriebene Anwachsen des Komplexes ergab, so daß ein Überdenken des vorbildlichen Typus unausweichlich war.

Eine Hilfestellung bietet wiederum Hirschfeld, der die Meinung vertrat, „das Prächtige und Majestätische“ schicke sich nicht für Landhäuser;[514] selbst bei ländlichen Lustschlössern seien „unnütze Verzierungen“ zu vermeiden, „weil hier die Hoheit einen großen Theil ihres beschwerlichen Gepränges ablegt, und sich mehr der glücklichen Mittelmäßigkeit des Lebens nähert“.[515]

Das Modell eines solchen als Landhaus „erhabener“ Bewohner verstandenen Lustschlosses bildete Hirschfeld im 5. Band seiner „Theorie der Gartenkunst“ ab.[516] Der Grundriß zeigt zwei spiegelbildlich einander entsprechende, jeweils um eine betonte Ecke geführte Flankenbauten, die völlig unabhängig voneinander konzipiert und nahezu identisch organisiert sind. Als Gelenkstelle fungiert ein zwischen beide Trakte gelegter Mittelbau, der äußerlich als Hauptportal charakterisiert ist und im Innern mit Vestibül und Gartensaal eine Bewegungsrichtung quer durch das Gebäude bezeichnet. Wenn Hirschfeld gerade diesen Entwurf als Exemplum anführt, ist daraus zu schließen, daß das (Lust-)Schloßmäßige z.B. durch die Verdoppelung eines theoretisch auch als Einzelgebäude denkbaren architektonischen Gebildes bewirkt werden kann.

Im städtischen Hôtel hielt die französische Architektur des ausgehenden 18. Jahrhunderts zahlreiche Beispiele solcher Einzelbauten bereit. Mit C. N. Ledoux' Hôtel Montmorency haben die Flankenbauten des Lustschlosses die Binnengliederung des Grundrisses entlang der Winkelhalbierenden gemeinsam, wobei hier wie dort die Ecke

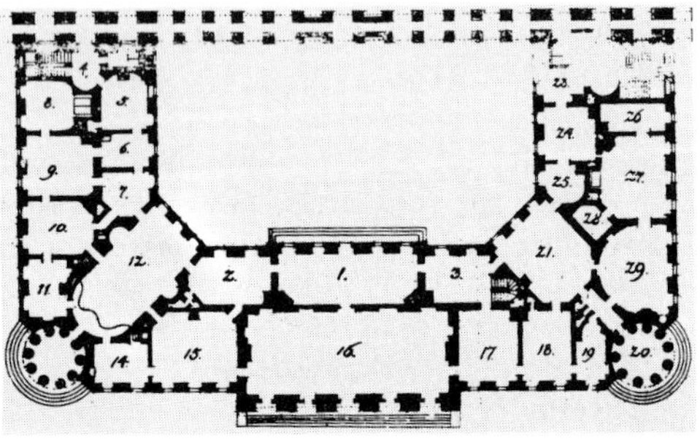

33 Chr. C. L. Hirschfeld, Lustschloß, Grundriß

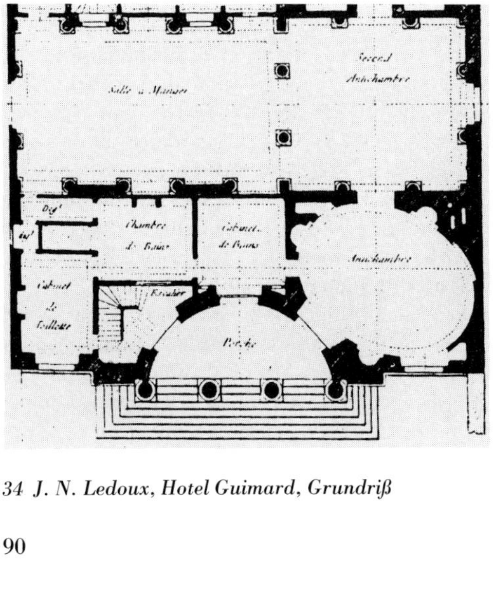

34 J. N. Ledoux, Hotel Guimard, Grundriß

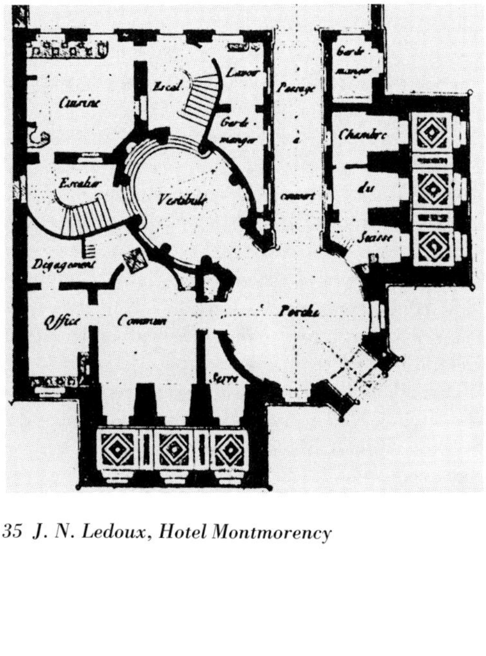

35 J. N. Ledoux, Hotel Montmorency

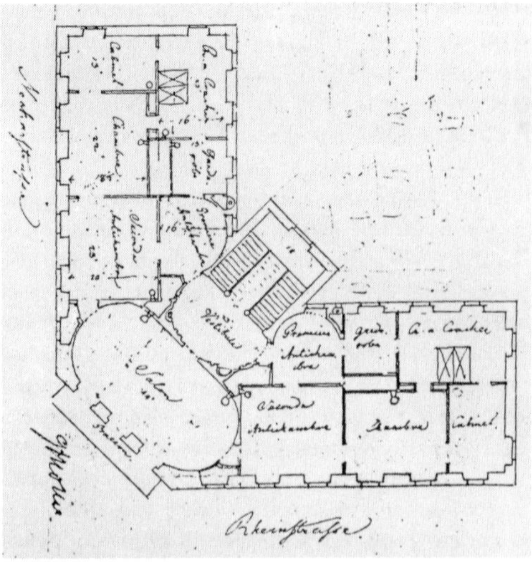

36 Georg Moller, Wohnhaus Ecke Neckar-/ Rheinstraße in Darmstadt, Grundrißerschließung

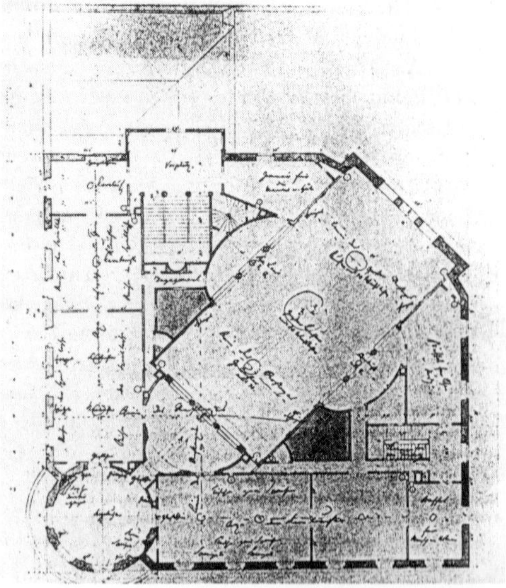

37 Georg Moller, Casino in Darmstadt, Grundrißerschließung

durch eine kreisrunde „porche" markiert wurde, der ein „Vestibule" folgte; beide durchschnitt das Gebäudekarree, in dem die übrigen Räume an den Gebäudekanten ausgerichtet waren, diagonal.[517]

Die „Schönheit übereck komponierter Bauwerke" allein dürfte nicht maßgeblich dafür gewesen sein, daß Mollers Grundriß zu einem Wohnhaus Ecke Neckar- und Rheinstraße in Darmstadt Ähnlichkeiten mit dem französischen Beispiel aufwies.[518] Die exakt den französischen Gepflogenheiten entsprechende Anordnung der Räumlichkeiten sowie deren, bei Moller unübliche, französische Beschriftung – „Vestibule", „Premiere Antichambre", „Ch. a coucher" etc. – läßt die Ausrichtung am französischen Hôtel-Typus deutlich werden. Daß dabei nicht primär ästhetische Erwägungen, sondern die Adaption des Bautypus eine Rolle spielte, unterstrich Mollers Aussage, er sei bestrebt, „bei Wohngebäuden (sic!) die französische, ebenso bequeme als schöne Einteilung der Appartements mit einem reineren und einfacheren Stl der äußeren und inneren Verzierung zu verbinden".[519]

Seine anspruchsvollste Ausprägung fand dieser Typus bei Moller im Schloß zu Wiesbaden, das sich, wie auch die nahtlose Einbindung in das Baugefüge der Kernstadt beweist, als das Wohnhaus eines „erhabenen" Bewohners zu erkennen gibt.

Auf nur zwei weitere Bauaufgaben hat Moller das Hôtel-Schema angewendet: auf das Casino und auf dessen Variante, das Kursaalgebäude. Die beiden in Frage stehenden Bauten bzw. Entwürfe zu solchen, das Haus der „Vereinigten Gesellschaft" in Darmstadt und das Projekt II für ein Kursaalgebäude in Homburg, fallen nicht allein durch eine der beschriebenen Grundrißstrukturen entsprechende Verschneidung von rechtem Winkel und Diagonaler auf, sondern auch durch die in ihnen zur Anwendung gekommenen Raumformen.

Am Darmstädter Casino wurde die in der Diagonalen der Einheit von „Vestibule" und „Porche" entsprechende Gruppe abgewandelt als Saal mit halbrundem Vorraum und von außen nicht betretbarem Ecksalon. Die Verteilerfunktion der Diagonalfolge wurde, unter Beibehaltung der erst in Wiesbaden wieder im Sinn einer „Porche" genutzten Rundung des Eckraums, aufgegeben, die Eingänge befanden sich an den Gebäudeseiten. Gleiches traf auf das Homburger Kursaalgebäude zu mit dem Unterschied, daß auf die Eckrundung überhaupt verzichtet wurde; die Funktion der „Porche" übernahmen zwei in der Mitte von Straßen- und Gartenfassade angeordnete halbrunde Entréeräume. In gleicher Funktion findet sich eine im Grundriß halbrunde, nach außen allerdings weiter, nämlich mit Säulenstellungen geöffnete „Porche", an Ledoux' Hôtel Guimard.[520]

Gleich den runden und halbrunden Grundformationen haben die längsrechteckigen, mit einer oder zwei Rundungen schließenden Räume in der französischen oder französisch beeinflußten Architektur des ausgehenden 18. Jahrhunderts ihren Ursprung. In Homburg finden sie sich, an Garten- und Straßenseite gleichermaßen der halbrunden „Porche" angegliedert wie etwa das „Antichambre" im Hôtel Guimard.

Soweit finden sich im Hôtel-Schema sehr konkrete Vorbilder und ein Rahmen, dem sich die Bauaufgabe Casino und Kursaalgebäude offenbar einbeschreiben ließ. Beide werden als aus dem Hôtel entwickelbar verstanden, wobei Casino und Kursaalgebäude innerhalb des Typus' einen zwischen Wohnhaus und („Privat"-) Schloß anzusiedelnden Anspruch vertreten.

Ein Widerspruch zwischen der für den Vorbildtypus verbindlichen „privaten" Nutzung und der Halböffentlichkeit des Casinos bzw. der Öffentlichkeit des Kursaalgebäudes wurde – wie gerade die beschriebenen, auffallend intim wirkenden Raumformen zeigen – ebensowenig gesehen wie im typologischen Vorbild der Villa für Projekt I.

Die Casino- bzw. die Kurgesellschaft erscheint als eine um „Hausgäste" erweiterte Familie. Dieser Sicht unterworfen wurde auch die einzige zur Aufnahme einer größeren Menge von Menschen bestimmten Räumlichkeit innerhalb des Gebäudes, der Saal.

Im Darmstädter Casino wie im Homburger Kursaalgebäude kam dem die ursprüngliche „Verteilerachse" des Bautypus weitgehend für sich in Anspruch nehmenden Saal mit seinen Trabanten die Rolle einer Kommunikationsachse zu. Die im Darmstädter Casinosaal bereits angelegte Erweiterung des Saals durch einen halbrunden, sich zum Saal öffnenden Vorraum wurde in Homburg weitergetrieben und dem Saal ein zugleich als zweites Vestibül dienender Raum vorgelegt. Seine biabsidiale Grundform ist aus dem Salon, wie ihn Moller z.B. am Eckhaus Neckar- und Rheinstraße in Darmstadt vorstellt,[521] abgeleitet, aber durch Streckung zum Promenierraum geworden.

Auf diese Räumlichkeit bezog sich Moller mit großer Wahrscheinlichkeit, als er betonte, daß ihm an einer dem Wiesbadener Saal überlegenen Organisation des Saalgeschehens gelegen war, zu welchem Zweck er „die vor dem Saal befindliche als großes Gesellschaftszimmer dienende Konversationsgalerie" eingerichtet habe: "durch sie findet zugleich die Verbindung der Nebenzimmer statt, und sie gewährt den Vortheil, daß der Saal nicht (wie z.B. in Wiesbaden) beständig als Durchgang dienen muß. Ich erlaube mir darauf aufmerksam zu machen, daß diese neue Anordnung zur Schönheit und Eleganz des ganzen Etablissements beitragen wird."[522]

Die Ähnlichkeit dieses Raums mit dem Vestibül und die des darüberliegenden mit dem Foyer eines Theaters ist auffällig. Die Grundrißform – „eine solche für Promenade geeignete, d. h. eine längliche viereckige", mit einer Breite, „daß wenigstens zwei Reihen zugleich nebeneinander promenieren können" – reflektierte ein Publikum, das "zum Gedankenaustausch, auch wohl zur Erholung ..., eine kurze Zeit auf und ab zu gehen"[523] wünscht, wie dies in den Theaterpausen geschieht. Innerhalb des architektonischen Gefüges wurden sie im Kursaalgebäude angeordnet wie das Foyer „im Grundrisse des Theaters ..., in der Mitte des Gebäudes, dem Eingangsvestibül entsprechend". Mit dem Kursaal korresponierten Foyer und Vestibül wie die gleichbedeutenden, der Geselligkeit und der Repräsentation vorbehaltenen Räumlichkeiten im Theater mit dem Zuschauerraum.

Höhepunkt der Gruppe ist die in die Ecke verlegte Treppenanlage, die sich, wie eine dritte Apsis, an die (vom Saal gesehen) äußere Längsseite des Vestibüls anlegt. Ihre Situierung läßt an Treppenanlage denken, wie sie sich, zwischen Zuschauerraum und Gebäudeecke, in Theatern seit dem Teatro olimpico vielfach belegen lassen.[524] Jedoch kam es erst zu Beginn des 19.Jahrhunderts zu einer repräsentativen Ausgestaltung, indem die Aufgänge die Form gewundener Treppen annahmen.[525] Allerdings blieb „die repräsentative Verbindung von Treppen und Foyer des Aufwands wegen bis ins späte 19. Jahrhundert ausschließlich auf die Hoftheater in der Nachfolge von Fischers Nationaltheater in München und Mollers Hoftheater in Darmstadt beschränkt".[526] Der Theaterbau seinerseits scheint insbesondere die Form der Treppe aus dem Bereich der höfischen Architektur übernommen zu haben. In Palästen und gehobenenen Wohnhäusern nahmen in den ersten Jahrzehnten des 19. Jahrhunderts die gewundenen Treppen im Gebäudezwickel „einen höheren Rang ein als den blosser Passagen; sie sind vielmehr in erster Linie als Zentralraum gedacht, in dem sich bei Gesellschaften, denen das gesamte Erdgeschoß als Festlokalität dient, die Gäste in ungezwungener Weise ergehen und aus dem sie nach Belieben in jeden der anderen Räume gelangen können".[527] Im Falle Mollers spielte wohl auch die zur Homburger Entwurfstätigkeit zeitparallele Planung eines Residenzschlosses für Darmstadt eine Rolle, dessen Treppenhaus als große Rotunde aufgefaßt war.[528] Obwohl die Homburger Treppe nur als „halbe" Rotunde angelegt werden sollte, verlieh ihr die Dreiarmigkeit die Repräsentanz eines Festaufgangs. Noch in Westerfelds abgewandelter, die Raumwirkung minimierender Fassung rekurrierte die Treppe mit den drei parallelen Treppenarmen auf einen Typus, der „auf die Bedingungen der höfischen Repräsentanz zugeschnitten" ist.[529]

Das anspruchsvolle, aus dem gehobenen Wohn- und dem Palastbau abzuleitende Raumprogramm von Projekt II fand in der zeitgenössischen Architektur vor allem bei den Hoftheatern Parallelen, wo „das Ostentationsbedürfnis der Beschauer verstärkt schon im Vestibül, Treppenhaus und Foyer befriedigt" wird, so daß „die Aufmerksamkeit im Auditorium gezielter auf des Spektakel gerichtet werden" kann.[530]

Diesem Vergleich hielt auch der zentrale zweigeschossige Saal stand, der einem Auditorium mit umlaufenden Galerien, aber ohne Bühne nahekam; selbst der Effekt des Abdunkelns des "Schauraums" fand in dem nur durch ein Oberlicht beleuchteten Saal seinen Niederschlag.

Die Saalkonzeption behielt Moller in *Projekt III* beharrlich bei, obwohl ihn die Auseinandersetzung mit dem Alternativ-Entwurf zur Aufgabe der Schräglage zwang, so daß Vestibül, Foyer und Treppenhaus entfielen, und obwohl sich durch den Wegfall der Umbauung der Längsseiten des Obergeschosses "die Möglichkeit zusätzlicher Beleuchtung an den Emporenaußenwänden" ergeben hätte.[531] So unterschied sich der Homburger Saal, Projekt III, von dem basilikal gestaffelten Kursaal in Brückenau (1826–1833)[532] nur noch graduell, nämlich durch den Verzicht auf die Sichtbarmachung des Aufrißschemas.

Seine Stellung innerhalb des Gebäudes, eingespannt zwischen anspruchslosen Rechteckräumen, Eingangsperistyl und Galerie, hat sich hingegen ganz dem gerade erst in wenigen Beispielen ausgeprägten Typus des Gesellschaftshauses in Kurorten, von denen das Wiesbadener Konversationshaus mit seinem T-förmigen Grundriß am ähnlichsten ist, angeglichen. Die im Grundriß wie ein straßenseitiges Pendant zur Galerie wirkenden Seitenflügel, in denen geeschlechtsweise getrennte Bäder untergebracht werden sollten, bezeichneten überdies, zumal die Anhaltischen Häuser im Situationsplan deutlich und wohl im Sinn künftiger Logierhäuser eingezeichnet sind, die Tendenz, das der Geselligkeit vorbehaltene Kursaalgebäude in eine „Badeanstalt" herkömmlicher Art zu verwandeln.

Dieser Eindruck verflüchtigt sich in *Projekt IV oder V*, das nur noch in der seit Projekt II, wenn auch reduziert, beibehaltenen Parkfassade den ursprünglichen Anspruch zu bewahren suchte, während die Straßenfront mit Ausnahme des an Mollersche Portikuslösungen, vor allem an Kirchen, erinnernden Portalvorbaus ausgesprochenen Wohnhauscharakter hatte; die Anhaltischen Häuser finden sich im Situationsplan nicht. Die Bad- und Boutiquenkolonnaden treten dagegen ganz in der Weise auf, wie sie Burnitz vorgeschlagen hatte und wie sie sich konsequent aus der baulichen Konstellation des Wiesbadener Konversationshauses ergab. Im eigentlichen Kursaalgebäude

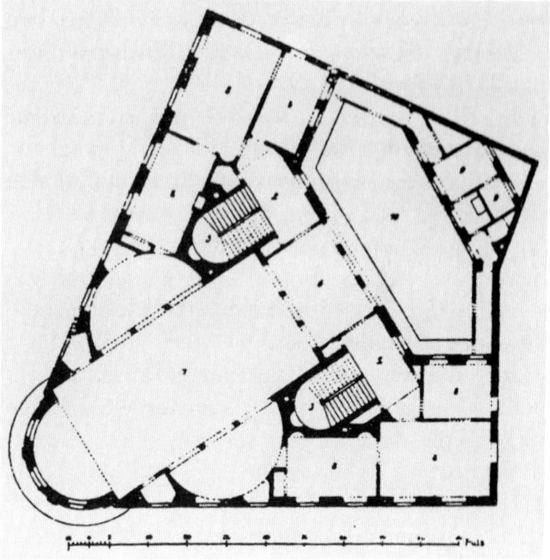

38 Friedrich Weinbrenner, Entwurf für ein Museum in Karlsruhe, Grundrißerschließung

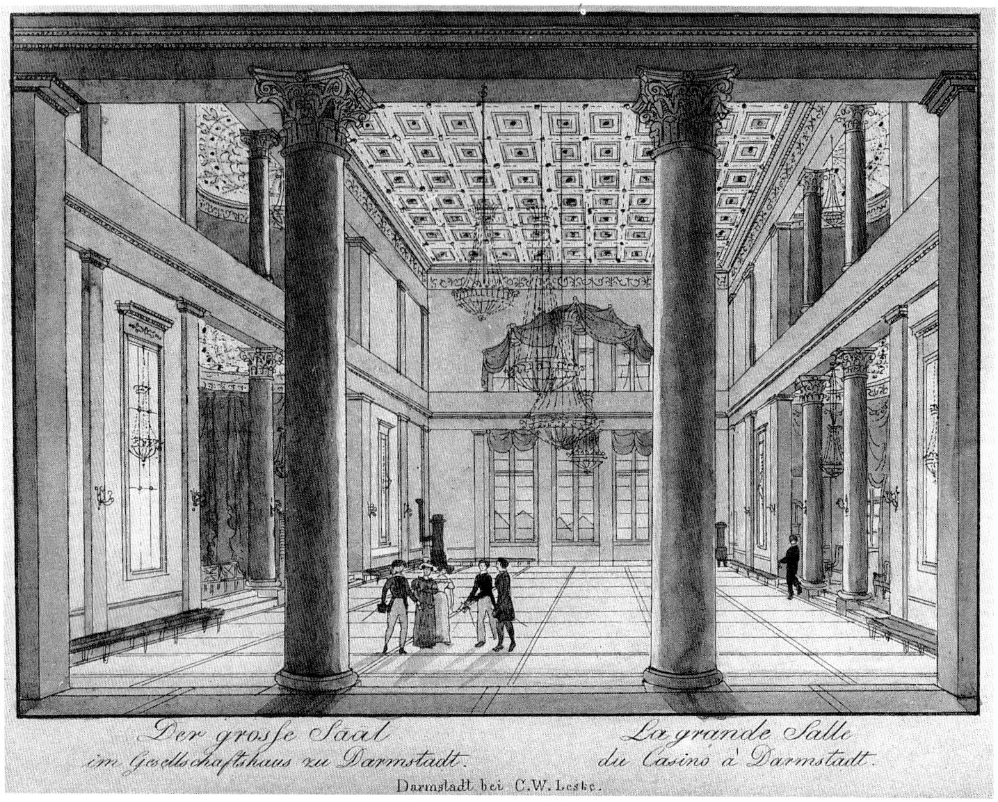

39 Ansicht des Saales im Casino von Georg Moller in Darmstadt

betrifft indessen die hauptsächliche Neuerung den in gleicher Weise wie in Projekt III zwischen Umräume, Portikus und Galerie gelegten Saal. Er hat nichts mehr gemein mit den Sälen von Projekt II und III und versteht sich als eine aus dem Gesellschaftshaus eines geschlossenen Zirkels auf den öffentlichen Saal übertragene Raumform. Hier erst zitierte Moller sich selbst, d. h. den Saal der Darmstädter Casinogesellschaft. [533] Mit dem Zitat einer zeitgenössischen Architekturform aber wurde ein Gedanke aufgegeben, der Projekt II mit seinem gedanklich ausgefeiltesten Saal zugrundegelegen hatte.

V. Der Kursaal in Mollers Projekten II und III

1. Die Saalentwürfe

Der Saalbeschreibung liegen drei verschiedenartige Planfassungen zugrunde.

Der *Situationsplan* (Abb. 32) zeigt die zentrale Lage des Saals, seine Losgelöstheit von den ihn umgebenden Räumlichkeiten im vorderen und seine Verbundenheit mit den ihn flankierenden, die Säulenreihe der Schmalseite fortsetzenden Höfchen und mit der ihm vorgelagerten Galerie im rückwärtigen Bereich. Mehrere Zugänge an den Längs- und an den Schmalseiten lösen ihn aus der Isolation.

Der Saal selbst ist von längsrechteckiger Grundrißform und weist eine Binnengliederung in Form eines allseitigen Umgangs von sechs mal acht Säulen an den Schmal- und an den Längsseiten auf.

Der peristyle Saal charakterisiert Projekt II und III. Seine Gestaltung hat Moller mehrfach modifiziert, jedoch nicht grundsätzlich in Frage gestellt.

Die *Grundrisse* des Erdgeschosses und des 1. Obergeschosses (Abb. 16 u. 17) zeigen den Saal bei

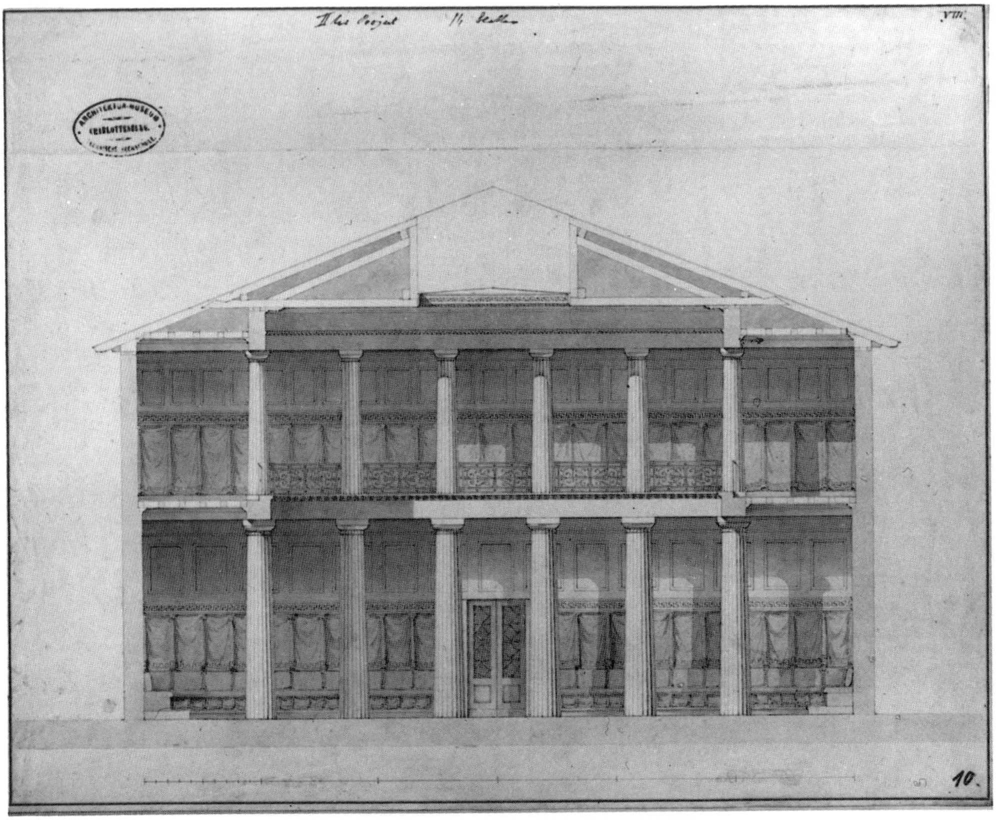

40 Kursaalgebäude Projekt II von Georg Moller, Saal-Querschnitt, Dorische Variante
Bez.: „IItes Project, 11 Blätter". Alte Nummer: VIII; neue Nummer: 10.

absolut gleicher Raumgröße um eine Säulenstellung an jeder Längsseite bereichert. Es handelt sich dabei augenscheinlich um eine der Korrekturmaßnahmen Westerfelds, der auch die Zahl und Anordnung der Türöffnungen verändert hat.

Auffällig ist die drei Interkolumnien breite Öffnung zum Vestibül, die den Charakter eines Hauptzugangs hat und den Saal an den vorderen Bereich des Gebäudes anbindet. Als zu den Grund-rissen gehörig haben die *Gebäudeschnitte* (Abb. 19) zu gelten. Der Saal weist wie bei diesem neun Säulen an den Längsseiten auf, und der Maßvergleich ergibt identische Dimensionen.[534] Wie der Erdgeschoßgrundriß trägt er den Hinweis „copirt Westerfeld“. Der Gebäudeschnitt zeigt die doppelte Säulenstellung des Peristyls. Es handelt sich um dorische Säulen, die im Obergeschoß niedriger und zierlicher gestaltet sind als im Erdgeschoß; in abermals reduzierter Größe sollten sie auch bei den ebenfalls zweigeschossigen Höfchen Anwendung finden.

Der *Längsschnitt* deutet die Art der intendierten Beleuchtung des fensterlosen Raumes an: über den mittleren zwei Interkolumnien wird eine Öffnung zum Dachwerk deutlich, und dieses selbst nimmt in seiner Konstruktion auf eine entsprechende Dachöffnung Bezug.

Diese anderthalb zu zwei Interkolumnien große Dachöffnung ist in dieser Form in Projekt III übernommen worden, so daß anzunehmen ist, daß der Gebäudeschnitt und die Grundrisse den Saal in der von Moller akzeptierten, gültigen Fassung zeigten.

Ein drittes Saalkonzept zeigen vier Blätter mit Saal-*Längs- und -Querschnitten* (Abb. 40–43).[535]

Der Saal weist nunmehr an den Längsseiten zehn Säulen auf, an den Schmalseiten wird die Zahl von sechs Säulen beibehalten. Die Saallänge ist die gleiche geblieben, die Saalbreite jedoch um vier Fuß erweitert worden.

Diese Veränderungen in Säulenzahl und Saalbreite resultieren aus dem Bestreben, die den Saal

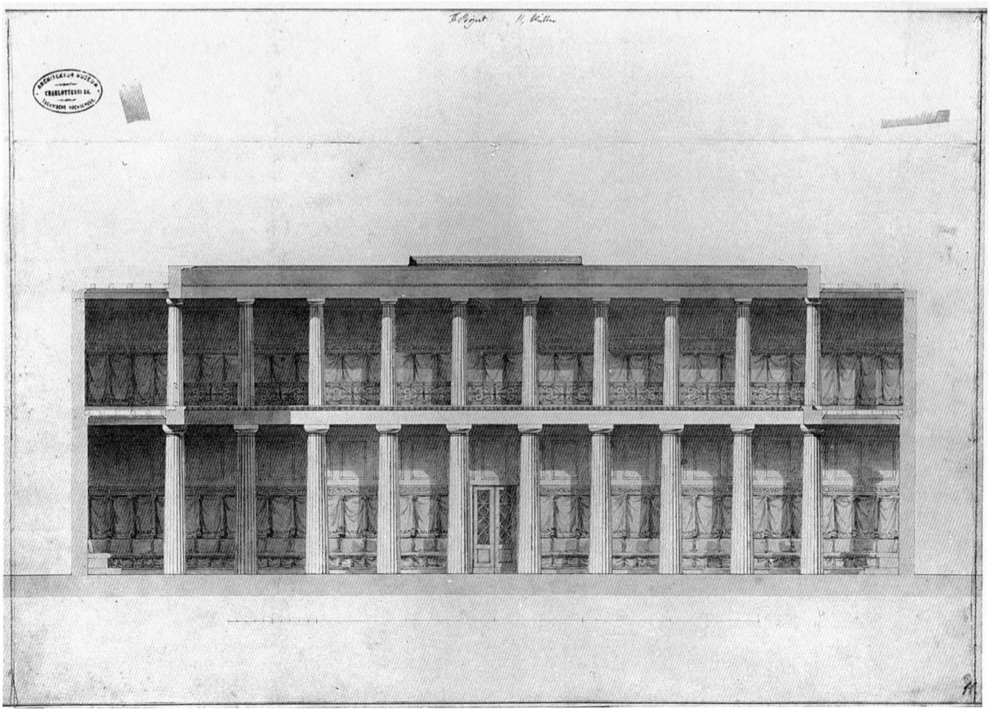

41 Kursaalgebäude Projekt II von Georg Moller, Saal-Längsschnitt, Dorische Variante Bez.: „IItes Project, 11 Blätter“. Alte Nummer: IX; neue Nummer: 11.

konstituierenden Elemente einer absoluten Symmetrie zu unterwerfen.

Für das Erscheinungsbild des Saales hatte dies zur Konsequenz, daß die Breite der Interkolumnien an allen vier Seiten ca. 5 1/2 Fuß – gegenüber 6 Fuß an der Längsseite und 5 1/2 Fuß an der Schmalseite beim Gebäudeschnitt – betrug und daß auch die Emporentiefe von ca. 9 Fuß an der Schmalseite und ca. 7 Fuß an der Längsseite bei Gebäudeschnitt auf ca. 9 1/2 Fuß an allen vier Saalseiten vereinheitlicht wurde.

Mit dieser Konzentration auf das Saalinnere geht eine deutliche Vernachlässigung des Zusammenhangs von Saal und umgebenden Räumlichkeiten einher. Dies läßt sich besonders deutlich an der drastischen Reduktion der Türöffnungen erkennen. Im Erdgeschoß verfügt der Saal jetzt nur noch über je eine Tür an den Längs- und an den Schmalseiten, das Obergeschoß bleibt ganz ohne Zugänge. Beides ist mit den Grundrissen unvereinbar und entbehrt der Funktionalität.

Der Saal soll nicht nur in allen Teilen harmonisiert werden, sondern er soll auch eine Polarisation erfahren. Der vermutlich aus dem Bemühen, den Saal nicht als Durchgangsraum erscheinen zu lassen, erklärlichen Reduktion der Zugänge entspricht ihre Einbindung in die Wandgestaltung, vor der sich wiederum die Säulenstellungen abheben. Die auf anderthalb zu zweieinhalb Interkolumniengröße erweiterte Dachöffnung hätte die Lichtregie auf jeweils ein Drittel der Länge und der Breite des Binnenraumes erweitert und eine nahezu gleichmäßige Ausleuchtung bewerkstelligt.

Die Saalschnitte sind bislang als verbindlich für Projekt II angesehen worden,[536] doch erscheinen hier Zweifel angebracht. Die Übernahme des Ge-

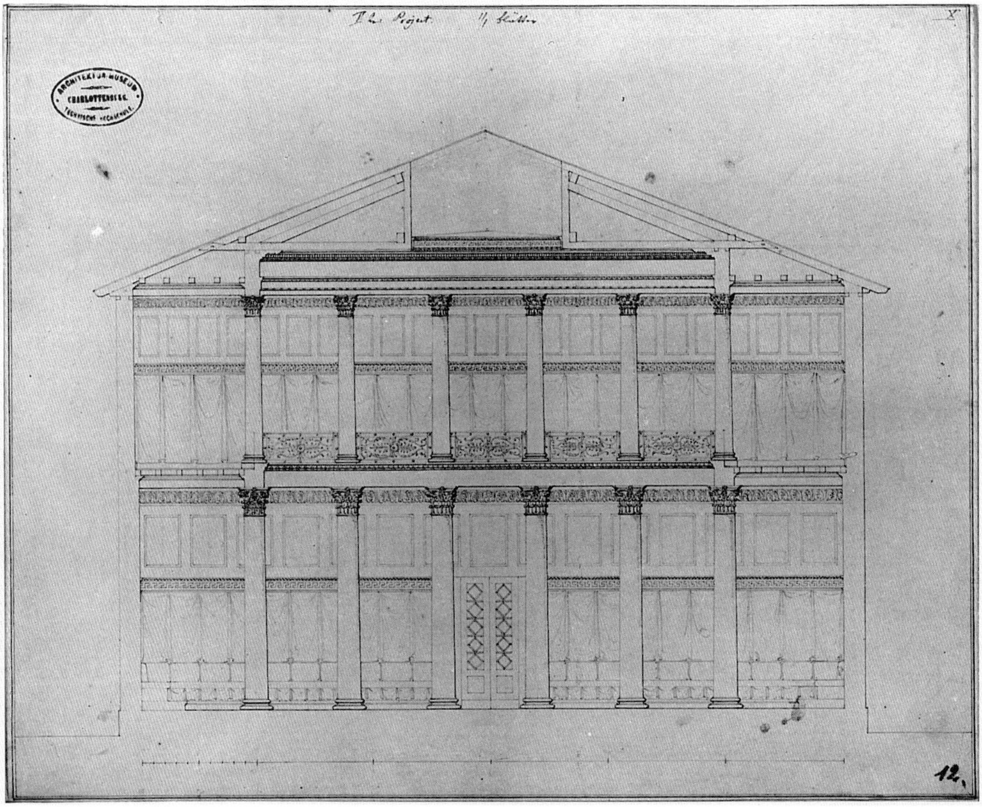

42 Kursaalgebäude Projekt II von Georg Moller, Saal-Querschnitt, Korinthische Variante
Bez.: „IItes Project, 11 Blätter". Alte Nummer: X; neue Nummer: 12

bäudeschnitts, mit neun Säulen an den Längsseiten, in Projekt III spricht für die auch durch die mangelnde Anbindung des Saals in den Saalschnitten bestätigte Annahme, daß diese relativ unabhängig von der Gesamtplanung konzipiert wurden.

Die Problematik des Verhältnisses von Saal- und Gebäudeschnitten ist von Bedeutung für die Interpretation des Raumes, so daß hier näher auf die bislang als konzeptionelle Einheit behandelten Saalschnitte – es handelt sich um vier Blätter – eingegangen werden muß.

Die bisherigen Bearbeiter haben ihr Augenmerk ausschließlich auf die beiden Saalschnitte gelenkt, die stilistisch dem Saal der Gebäudeschnitte entsprechen. Zwei von ihnen weichen jedoch stilistisch ab; sie stehen als „korinthische Variante" der „dorischen" Fassung gegenüber.

Sowohl den „dorischen" wie den „korinthischen" Saal charakterisieren doppelgeschossige Kolonnaden, die mit einer gleichen Anzahl von Säulen das Rauminnere an allen vier Seiten begrenzen. Es findet sich sowohl bei der „dorischen" wie bei der „korinthischen" Lösung eine Abstufung von im Erdgeschoß höheren Säulen von größerem Durchmesser und im Galeriegeschoß niedrigeren und zierlicheren, jedoch identisch gestalteten Säulen. Dem korinthischen Kanon entsprechend ist die Säule gegenüber der dorischen bei gleichem oberen Schaftdurchmesser schlanker gebildet und mit Basis und Kapitell versehen, die dorische Säule verfügt über Kannelur[537] und steht basislos auf.

Die korinthische Säule steht der strenger wirkenden dorischen als die elegantere und reichere gegenüber; sie verleiht dem Raum ein festliches Gepräge. In dieser der gängigen Architekturanschauung entsprechenden Unterscheidung erschöpft sich das „Korinthische" der Variante. Das Raumschema ist bei beiden Entwurfsvarianten dasselbe, die Dimensionen sind identisch, und die Säulenstellungen bleiben von der Konstanz der Breite der Interkolumnien bestimmt.

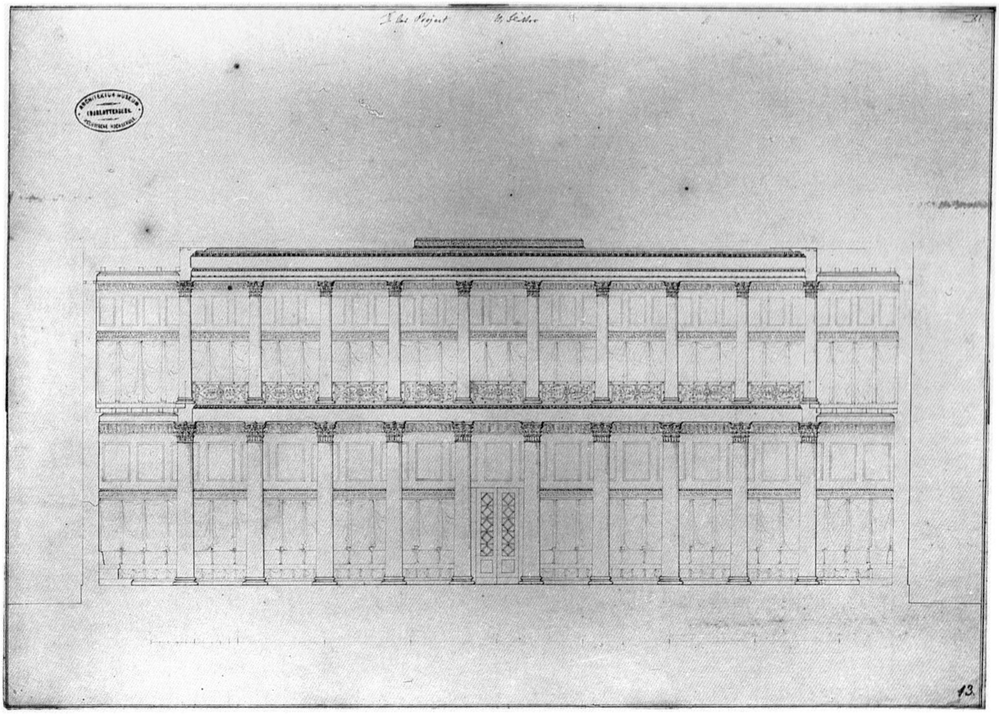

43 Kursaalgebäude Projekt II von Georg Moller, Saal-Längsschnitt, Korinthische Variante
Bez: „IItes Project, 11 Blätter". Alte Nummer: XI; neue Nummer: 13.

Gleiches läßt sich hinsichtlich der Wandgestaltung feststellen. Sie dient den Säulenstellungen als dekorative Folie und ist ganz auf diese abgestimmt. Die Saalwände werden rings von in gleichmäßigem Rapport fortlaufenden Motiven umzogen, die sich in der Vertikalen aus einer über einer umlaufenden Sitzbank illusionistisch gemalten Stoffdraperie, einem Mäanderfries und einer Spiegelfläche zusammensetzen. Das Grundmotiv ist auf die Breite der Interkolumnien bezogen; es wiederholt sich, nur von den Türöffnungen unterbrochen. Die „korinthische" Variante unterscheidet sich wiederum von der „dorischen" nur hinsichtlich der gestreckteren Proportionen der Motivfelder und der zierlicheren Gestaltung der Friese. In beiden Fällen dürfte eine „griechische" Wanddekoration gemeint sein.[538]

Diese Beschreibung trifft sowohl auf die „dorische" als auch auf die „korinthische" Fassung zu. Erst bei genauerem Hinsehen erfaßt der Betrachter Unterschiede in der Detailgestaltung: der gemalte Mäanderfries über den Draperien wird in der korinthischen Fassung um ein schmales (Perl- oder Eierstab?-) Band bereichert, und unter dem Gebälk zieht sich ein (Akanthus-?) Blattfries hin. Kaum wahrnehmbar wird die mäanderbandverzierte Umrandung des Oberlichts in der korinthischen Fassung durch eine kleinteilige Bekrönung bereichert.

Die Großform bleibt jedoch bestimmend, und diese ist in beiden Entwürfen dieselbe. Dies bekräftigt und bestätigt die Auffassung, daß Raumstruktur und Raumdekor als feste Größen gelten und daß lediglich die Säulen einer stilistischen Wandlung unterworfen wurden. Man wird daher von einer Variante mit „dorischen" oder mit „korinthischen" Säulen sprechen können, nicht aber von einem „dorischen" oder einem „korinthischen" Saal. Es handelte sich also nicht um eine alternative Raumlösung, sondern um die Ausstattung eines und desselben Saales in zwei verschiedenen Stilen.

2. Analyse der Saalentwürfe

Im Januar 1831 reichte Moller seinen reduzierten Entwurf – Projekt III – ein und bemerkte dazu: „Da sich ergeben hat, daß der frühere Entwurf, obgleich derselbe die höchste Billigung erhalten hatte, mit den vorhandenen Mitteln nicht zur Ausführung gebracht werden konnte, so wird dadurch die Nothwendigkeit herbeigeführt, einen Plan von geringerem Umfange zu wählen..."[539] Er beschreibt die Veränderungen, die er aus Ersparnisgründen vorgenommen habe und geht dann auf den Saal ein.

Dabei gab Moller zu erkennen, daß er von der Konzeption des Saales nicht abzuweichen gewillt war, und er begründete dies so: „Der Saal hat seine Gallerien von dorischen Säulen, welche zugleich zur Bequemlichkeit der Zuschauer und zur einfachen aber würdigen Zierde gereichen, behalten. Daß dieses Innere zugleich eine bis in den Dimensionen treue Restauration des Minerventempels zu Athen darstellt, möchte nebenbei nicht unerwünscht scheinen."[540] Die Aussage ist in mehrfacher Hinsicht von großer Tragweite.

Die Galerien

Zunächst rechtfertigte Moller die Beibehaltung der „Gallerien" – zweifellos ein beachtlicher Kostenfaktor – und führte hierfür utilitäre Gründe an. Bequem nannte er die Möglichkeit, die Galerien betreten, dort verweilen und von dort den Vorgängen in der Saalmitte folgen zu können.

Die Benutzer der Galerie werden ausdrücklich als „Zuschauer" bezeichnet. Daß der Blick von Oben und Unten den Statisten des Geschehens eingeräumt werden sollte, zeigt der Vergleich mit dem Saal im Wiesbadener Konversationshaus, der von Moller selbst mit seinen Homburger Saalentwürfen in Verbindung gebracht wurde.[541]

Dort waren die zwei sich an den Längsseiten erstreckenden, ebenfalls „Gallerien" genannten Laufgänge über den Kolonnaden „sowohl für die Musikchöre als die Zuschauer" bestimmt. Wie der Hausordnung zu entnehmen war, wurde deutlich zwischen aktiven, paarweise auftretenden Saal- und passiven, einzelnen Galeriebesuchern unterschieden: „Bey Bällen...wird von den Herren Entrée zu dem Tanzsaal, in welchem die Damen frey sind, mit 1 fl. zu der Gallerie mit 24 kr. für jede Person bezahlt.“[542]

Sowohl in Wiesbaden (Längsseiten) als auch in Baden-Baden (Schmalseite) lagen die Galerien versteckt hinter etwas ungeschickt zu Brüstungen umgeformten Attikazonen des Saals und traten optisch nicht in Erscheinung. Moller führte die Galerien, erstmals für einen Kursaal, um alle vier Raumseiten herumg und verlieh ihnen darüber hinaus mit der Zweigeschossigkeit eine neue architektonische Form und Würde.

Definiert man das Kursaalgebäude als ein Gesellschaftshaus in einem Kurort,[543] muß der Kursaal als die kurörtliche Entsprechung zum städtischen Gesellschaftssal verstanden und demzufolge mit diesem konfrontiert werden. Für den Saal der Projekte II und III ist auf den Hauptsaal des 1826–28 nach Plänen L. v. Klenzes erbauten Münchner Odeons zu verweisen. An der noch während der Planung dieses Gebäudes benutzten Bezeichnung als „Reduten-Saal“ läßt sich die mit dem Kursaal gemeinsame entwicklungsgeschichtliche Quelle ablesen, und auch in seiner Nutzung – als Konzert-, aber auch als Ballsaal – gibt sich der Odeonsaal als eine Parallelerscheinung zum Kursaal zu erkennen.[544] Mollers Kenntnis dieses Baus ist wahrscheinlich,[545] wenn auch ein Besuch Mollers in München erst für das Jahr 1834 gesichert ist.[546]

Der Odeonsaal gibt sich als Gesellschaftssaal mit Sonderfunktion als Konzertsaal zu erkennen. Wie die Gesellschafts- und auch die Kursäle wies der Münchner Saal keinerlei Ausstattung der Mittelfläche innerhalb des Peristyls (Bestuhlung) auf; „die ständige Ausstattung mit Sitzen“ beschränkte sich auf die erhöhten Umgänge.[547] Moller hat diese Einrichtung der Umgänge in einer im Kursaalbau bislang ungekannten Weise adaptiert. Darüber hinaus erhob er die den Saal rings umlaufenden Sitzbänke in dem auch zum Musiksaal bestimmten Festsaal des Palais Redern in Berlin (1829–31) vorsah.[548]

Der Homburger Saal reflektierte also außer dem allgemein als Gesellschaftssaal zu bezeichnenden Raumtypus die Ikonografie des Musik- oder Konzertsaals.

Von besonderer Bedeutung ist der Odeonsaal für den projektierten Homburger Saal, da er ebenfalls zweigeschossig mit einer Supraposition von Kolonnaden konzipiert war und damit einen Typ vertrat, der „besonders aufwendig und in weltlichen Gebäuden nicht so häufig“ war.[549] Gerade dieser Seltenheit sowie der zeitlichen Nähe zu Mollers Projekt wegen dürfte eine direkte Beeinflussung anzunehmen sein. Diese doppelgeschossige Kolonnade des Odeonsaals bildete, wie bei Moller, eine, allerdings an einer der Schmalseiten exedraförmige Raumschale mit parallel geführten, unbeleuchteten Umgängen; die beiden Oberlichter über der Raummitte waren von Klenze ursprünglich nicht vorgesehen gewesen. Anders als in Homburg waren die Säulenordnungen hier im Erdgeschoß toskanisch und im Obergeschoß ionisch, und auch die Position der oberen Säulen auf der Balustrade unterscheidet sie von dem Mollerschen Entwurf. Die typologische Verwandtschaft der beiden Säle bleibt von diesen Unterschieden im Detail jedoch unbeeinträchtigt.

Hinzuweisen ist noch auf eine weitere Gemeinsamkeit, die beide Säle von zeitgenössischen Kursälen unterscheidet. Im Münchner Odeonsaal fehlte die Königsloge, im Gegensatz zu dem etwa gleichzeitig entstandenen Kursaal in Brückenau. Aber auch der Wiesbadener und der Baden-Badener Kursaal wiesen Musik- und Fürstenlogen auf. Mollers Homburger Saal wäre mithin der erste Kursaal ohne Fürstenloge gewesen.[550]

Schließlich sei noch darauf hingewiesen, daß auch den Odeonsaal ein „weihevoller Charakter“ auszeichnete, der „an eine Kirche“ erinnerte.[551] Im Oeuvre Mollers spielt nicht nur die doppelgeschossige Kolonnade, sondern die Galerie im allgemeinen im Profanbau – mit Ausnahme Homburgs – keine, im Sakralbau hingegen eine größere Rolle. Es sei zunächst auf den zweigeschossigen Typ mit einer auf Säulen ruhenden Galerie eingegangen.

In diesem Zusammenhang muß darauf aufmerksam gemacht werden, daß Moller in der oben zitierten Textstelle vom Januar 1831 ausdrücklich von der Verwendung dorischer Säulen für den projektierten Saal sprach. Er hatte sich also nachträglich gegen die korinthische und für die dorische Säulenordnung entschieden, die er künftig (Projekt III) beibehielt.[551a] Diese Säulenform wurde von ihm so auffallend häufig für Kirchenräume verwendet, daß Frölich/Sperlich schließen konnten: Wo „in den Kirchenräumen die dorische Säule auftaucht ... muß eine Verbindung zu Moller vorausgesetzt werden.“[552]

Wenn Moller darüber hinaus die dorische Ordnung für Profanbauten nicht in Anwendung bringt, impliziert dies eine regelgemäße Verwendung der Dorica im Sinn der seit der Renaissance gültigen Architekturtheorie: „... Wenn dannenhero ein Tempel zu bauen und aufzurichten, der unserm Heyland Jesu Christo soll gewidmet (sein) ... so gebühret ihnen billich und mit recht diese generation der Dorica..."[553]

Daß der Homburger Saal in Mollers Oeuvre hinsichtlich der Verwendung der Dorica eine Ausnahme darstellt, rechtfertigt den Vergleich mit seinen Sakralbauten, auch wenn oder gerade weil sie dort auf die der christlichen Ikonografie der Säulenordnungen zugrundeliegende sakrale Ikonografie der Antike rekurriert.

Die von Frölich/Sperlich angeführten Beispiele aus dem Bereich des Kirchenbaus unterscheiden sich durchweg von dem Homburger Saal in der Verwendung einer hölzernen Brüstung, die die dahinter Sitzenden ganz oder teilweise verbarg (ähnlich dem Kursaal in Wiesbaden). Für den Homburger Saal dagegen hatte Moller ausdrücklich ein transparentes, wohl gußeisernes Gitter vorgesehen, das nur schützenden, nicht (ver)bergenden Charakter haben sollte. Im Gegensatz zu den Kirchenemporen, die bei Moller – im Gegensatz etwa zu Schinkel (Entwurf zu einer Kirche in der Oranienburger Vorstadt) – stets als Horizontalelemente die Kirchenräume stark mitprägten, gewinnt man den Eindruck, daß Moller in Homburg am liebsten auf jede Schranke verzichtet hätte, um die Kolonnade in ihrer Reinform wirken zu lassen. Die in den Kirchenräumen meist sehr weiten und allenfalls um drei Raumseiten geführten Säulenstellungen bilden nicht, wie in Homburg der Fall, eine innere Raumschale, vielmehr sind sie in den Raum gestellt, dessen Außenwände gelegentlich – etwa in der Kirche von Sickenhofen (1829–31!) – stilistisch auf die Säulenstellungen abgestimmte Wandmalereien in Form gräzisierender Wandmalereien (Mäanderfries, Palmettenmotiv) aufweisen, mit ihren großen Fensteröffnungen aber nicht als „Folie" wirken, sondern im Gegenteil für eine seitliche Durchleuchtung des Saales sorgen; der Homburger Saal dagegen wies keine Befensterung auf.

Aber die den Kirchenbauten und dem Homburger Kursaal gemeinsamen Charakteristika überwiegen. Um diese Gemeinsamkeiten zu definieren, ist es notwendig, Mollers „ästhetisches Argument" für die Beibehaltung der Galerien zu untersuchen. Eine „einfache aber würdige Zierde" des Saals sollten die mit dorischen Säulen bestückten Galerien darstellen – die Wortwahl läßt Anklänge an die einen sakralen Innenraum charakterisierende Atmosphäre erkennen.

Es läßt sich gerade bei Mollers Kirchenbauten feststellen, daß sie dieser Forderung am meisten entsprachen, wo sie in Form zweigeschossiger dorischer Säulenstellungen vorkamen (Birkenau, 1816; Gießen, 1819–21).[554] Das Birkenauer Beispiel zeigt im Emporengeschoß durch Säulenstellung und betonten Architrav kastenförmig ausgeschiedene Mittel-, Seiten- und Eckräume. Die Zahl der verwendeten Säulen ist wesentlich geringer, sie sind nicht regelmäßig, sondern nach dem Bedürfnis angeordnet, und im Emporengeschoß weisen sie nicht die von der Ordnung geforderte Verkleinerung, sondern lediglich eine Reduktion ihres Umfangs auf. Besonders auffallend ist, daß die Säulen im Emporengeschoß nicht auf dem Boden stehen, sondern auf den Brüstungen, was deren horizontal gliedernde Funktion noch deutlicher werden läßt als bei den nur im Erdgeschoß Kolonnaden aufweisenden Kirchenräumen. Der Umgang mit der dorischen Säule wirkt unbekümmert, der Eindruck des Ganzen weicht von dem des Homburger Saals erheblich ab.

Die Supraposition der dorischen Säulen aber hat die Birkenauer Kirche mit dem Homburger Saal gemeinsam und auch die Verwendung desselben Säulentyps in Erd- und Emporengeschoß (was den Homburger Saal von dem des Münchner Odeons unterschied). Beides verlieh sowohl dem Birkenauer Kirchenraum als dem Homburger Saal den Eindruck von Würde und Weihe.

Das dialektische Verhältnis – Sakralisierung eines Profanraums und Profanierung eines Sakralraums – charakterisierte Mollers Kirchenbauten ebenso wie seinen Homburger Saalentwurf.

Es lassen sich im übrigen Beispiele anführen, die diese zeittypische Grundhaltung verallgemeinern: Der Saal im Baden-Badener Konversationshaus ähnelt dem Innenraum der in der Tradition der Mollerschule stehenden Kirche in Kelsterbach, und der Wiesbadener Kursaal ist verwandt mit Mollers Langhausprojekt zu einer katholischen Kirche in Darmstadt (1813).[555]

3. „Restauration des Minerventempels“

Der aufschlußreichste, in seiner ganzen Tragweite nicht unmittelbar zu erfassende Teil der Aussage Mollers vom Januar 1831 bezog sich auf den Saal im Ganzen.[555a] Moller gab darin zu erkennen, daß er es für wichtig hielt, „daß dieses Innere zugleich eine bis in den Dimensionen treue Restauration des Minerventempels zu Athen darstellt.“ Mit dieser Äußerung gab Moller den deutlichen – wenn auch sicher für den Empfänger des Schreibens unverständlichen – Hinweis auf die der Saalgestaltung zugrunde liegende Inspirationsquelle: der „Minerventempel zu Athen“.

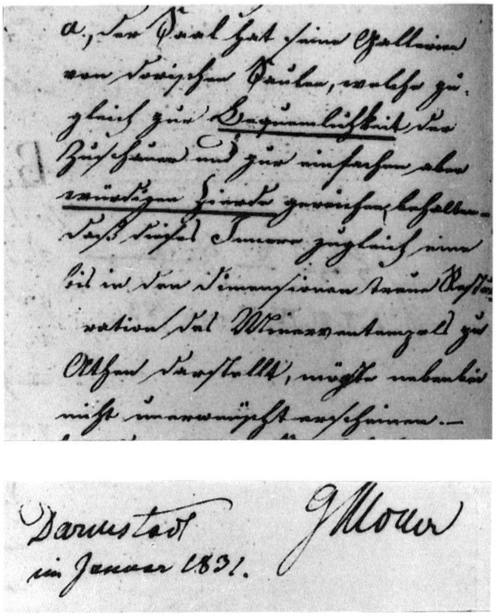

Darmstadt im Januar 1831. G Moller

44 Georg Moller „im Januar 1831“: „...der Saal hat seine Gallerien von dorischen Säulen, welche zugleich zur Bequemlichkeit der Zuschauer und zur einfachen aber würdigen Zierde gereichen, behalten. Daß dieses Innere zugleich eine bis in den Dimensionen treue Restauration des Minerventempels zu Athen darstellt, mögte nebenbei nicht unerwünscht erscheinen.“

Von den Athena-(= Minerva-)Tempeln der Athener Akropolis kann nur der in der zeitgenössischen Literatur als „temple of Minerva, called the Parthenon and Hecatompedon“ (Stuart & Revett, Antiquities of Athens) oder deutsch „Tempel der Minerva“ bezeichnete, der Athena Parthenos geweihte Tempel gemeint sein.

Zusammenhänge zwischen dem Parthenontempel und dem Homburger Saal erkennt der Betrachter zunächst allein in der Gemeinsamkeit der Verwendung dorischer Säulen, die Dorica hätte also für den Homburger Saal hier ihr konkretes Vorbild.

Moller sprach jedoch von einer „bis in den Dimensionen treue(n) Restauration des Minerventempels“. Der Außenbau des Parthenon kann damit nicht gemeint gewesen sein, da dieser weder in den absoluten Maßen noch in den Proportionen mit dem Homburger Saal in Übereinstimmung zu bringen ist. Auch entbehrte die dimensionsgetreue Übertragung eines Außenbaus auf einen Innenraum jeden tieferen Sinnes. Das Parthenoninnere aber, auf das sich Moller konsequenterweise bezogen haben muß, war zerstört. Es lag jedoch in gedruckter Form eine Rekonstruktion des Parthenon-Grundrisses in den „Antiquities of Athens“ von Stuart & Revett vor, die Auskunft über die Ausmaße der Cella geben konnte.

Die Überprüfung der Maße anhand dieser Quelle ergibt: der Homburger Saal hat die Länge von 92 Darmstädter Fuß (= ca. 23 m) und die Breite von 56 Darmstädter Fuß (= ca. 14 m)[556], die Cella des Parthenon aber die Länge von 98,725 englischen Fuß (= ca. 30 m) und eine Breite von 62,6 englischen Fuß (= ca. 19 m; jeweils lichte Maße, gemessen an den Außenwänden). Die tatsächlichen Längen- und Breitenmaße differieren also erheblich voneinander.

Interpretiert man die Aussage Mollers jedoch wortgetreu, so muß, gestützt auf den von ihm gewählten Begriff „Dimension“, eine Untersuchung der Maßverhältnisse erfolgen. Danach ergibt sich für den Homburger Saal ein Zahlenverhältnis der

Länge zur Breite von 1,64, für die Parthenoncella von 1,58. Es kann kein Zweifel bestehen, daß sich Mollers Dimensionsbegriff auf die Proportionen

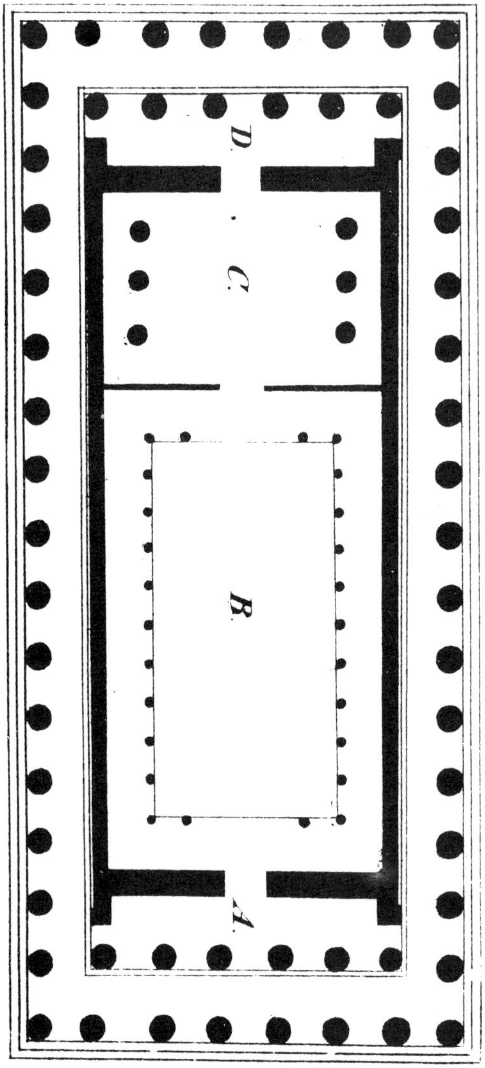

45 Grundriß-Rekonstruktion des Parthenon zu Athen nach Stuart/Revett

des Raumes bezog. Der Grundriß des Homburger Saals wäre infolgedessen als eine in einem bestimmten Zahlenverhältnis reduzierte Reproduktion des Grundrisses der Parthenoncella anzusehen.

Untersucht man die Stichhaltigkeit dieser These, so spricht zunächst einmal die Lage des Saals innerhalb des Baugefüges für sich. Er wird rings von Räumen umschlossen, die teilweise auf ihn bezogen sind, indem sie sich auf ihn öffnen oder indem sie die von ihm vorgegebene Struktur aufnehmen. Letzteres trifft insbesondere auf die beiden zwischen „Konversationsgalerie“ und Saal in den Zwickeln gelegenen Höfchen zu, deren Säulenstellungen die Eck- bzw. die jeweils vierten Säulen des Saals jenseits der Saalwände fortführen; im Aufriß geben sie sich als eine verkleinerte Variante der doppelgeschossigen Saalkolonnade zu erkennen. Die Höfchen leiten auf den Saal, heben aber die „Abgeschlossenheit des in sich verharrenden Saals“[557] nicht auf, sondern unterstreichen sie vielmehr. Diese Situation findet ihre Entsprechung in der Tempelcella.

Es erhebt sich die Frage, ob sich die intendierte „Restauration“ der Parthenoncella hierin erschöpft oder ob der Saal noch weitere Elemente einer Cellastruktur aufweist. Eine Annäherung an diesen Problemkreis muß sich wiederum auf den genauen Wortlaut von Mollers Aussage stützen. Er sprach nicht von einer „Kopie“ des „Minerventempels“, sondern von einer „Restauration“. Damit war zunächst einmal zweifelsfrei die Parthenoncella angesprochen. Im Gegensatz zum Äußeren des Parthenon, das die Zeitläufte relativ gut überstanden hatte, lag das Innere seit 1687 ruinös, ja existierte eigentlich gar nicht mehr.[558]

Findet die Wahl des Wortes „Restauration“ hierin ihre Erklärung, so wirft dieser Sachverhalt doch ein anderes Problem auf. Verstand Moller darunter eine freie Nachempfindung, oder stand für ihn „Restauration“ synonym für „Rekonstruktion“? Gab es überhaupt Kriterien für eine Rekonstruktion? Es erweist sich als notwendig, einen Blick auf frühe Erforschung des Parthenon zu werfen, um Mollers möglichen Kenntnisstand zu erkunden und diesen der Beurteilung zugrunde zu legen.

4. Zu den Anfängen der Parthenon-Forschung

Die wissenschaftliche Erforschung des Parthenon hatte in der Mitte des 18. Jahrhunderts ihren Anfang genommen.[559] Die englischen Maler und Architekten James Stuart (1713–11788) und Nicolas Revett (um 1720–1804) waren 1750 als vermutlich erste nicht zu einer „malerischen Reise", sondern zu einer „wissenschaftlichen Expedition" nach Griechenland aufgebrochen, um eine „accurate description of the antiquities of Athens" anzufertigen.[560] Eine unter anderen von J. J. Winckelmann mit Spannung erwartete[561] Publikation der Ergebnisse ließ lange auf sich warten. Die mit „sehr großer Genauigkeit" vorgenommenen Untersuchungen am Parthenon wurden erst durch den eine Reihe akkurater Zeichnungen und einen (relativ) profunden Text enthaltenden zweiten Band der „Antiquities of Athens" 1788 bekannt.[560], Der Zeitpunkt seines Erscheinens sicherte dem Werk auch und gerade in Deutschland die größte Sympathie und Aufmerksamkeit, bestärkte es doch die Vertreter des deutschen Idealismus in ihrer Geisteshaltung, die im griechischen Vorbild „das Ideal reinen Menschtums und sittlicher Freiheit" sahen.[563] In England erschien es „just in time for opening the next act of the Doric Revival".[564]

Die „Antiquities of Athens" waren das erste Werk, dem genauere Angaben über die Architektur der griechischen Antike entnommen werden konnten, und sie galten lange uneingeschränkt als verbindlich. Ihr Dokumentationsgehalt ließ die Bände binnen kürzester Zeit zum Hand- und Studienbuch der Architekten werden,[565] denen ihr Studium vielfach die nie zur conditio sine qua non gewordene Reise nach Griechenland ersetzte.

Erst die Griechenland-Expedition einer Gruppe junger Architekten und Maler in den Jahren 1810–1815 brachte neue Erkenntnisse zutage und schien geeignet, das Bild von der griechischen Architektur zu präzisieren. Die Dänen Koes und Bröndsted, die Deutschen Haller von Hallerstein, von Stackelberg und Linckh und die Engländer Cockerell und Foster hatten sich zu einem Freundschaftsbund zusammengefunden, dessen einigendes Band die Begeisterung für die Baukunst der griechischen Antike darstellte. Unter „mancherlei Entbehrungen" studierte man die neuentdeckten oder bereits bekannten Baudenkmäler, und „Hallers und Cockerells gründliche architektonische Untersuchungen belehrten nicht blos die Architekten selbst". Sie veranlaßten Ausgrabungen und Nachgrabungen, „deren über Erwartung wichtige Ergebnisse theils den Besitz der neuen Zeit an schönen Denkmälern altgriechischer Kunst bedeutend vermehrt haben, theils den schriftlichen und eigentlichen historischen Denkmälern angehörend, in den Kreis archäologischer Studien und geschichtlicher Forschungen über Verkehr und Thätigkeit der hellenischen Völker gezogen werden müssen."[566] Vor allem auf der Akropolis in Athen stellten Haller und Cockerell fest, daß „selbst die Werke Stuarts oft außerordentlich mangelhaft bey (den) Vergleichungen" waren, und sie versicherten, „das schätzenswerthe Werk Stuarts mit sehr interessanten Zusätzen vermehren zu können."[567] Eine nennenswerte Auswertung und Publikationstätigkeit unterblieb jedoch nach der Rückkehr der Forscher in ihre Heimatländer, um 1815, weitgehend.[568] So wurden auch die insbesondere von Haller und Cockerell vorgenommenen Untersuchungen am Parthenon nur unzureichend in Bröndsteds „Reisen und Untersuchungen" veröffentlicht. Cockerells Rekonstruktion der Parthenon-Cella fand deshalb nicht die gebührende Aufnahme und wurde, wenn bekannt, als abwegig eingeschätzt.

Cockerell hatte bei seinen bauhistorischen Studien am Parthenon „die feine Entasis der Säulen"[569] – „a most curious fact which has hitherto escaped Stuart and our most accurate observers"[570] *London 1978* – entdeckt. Insgesamt waren seine Bemühungen darauf ausgerichtet, das Erscheinungsbild der Tempel mit der schriftlichen Überlieferung in Übereinstimmung zu bringen, wobei ihn vor allem Detailfragen – Bedachung, Mauerwerk und, nicht zuletzt, „the arrangement and order of their (der Tempel) interior[571] – interessierten. Cockerell muß neben oder noch vor Haller als die Persönlichkeit angesehen werden, der die Parthenon-Forschung neue Ansätze und Erkenntnisse verdankte.[572]

Eine kritische Überarbeitung der „Antiquities" zu bewerkstelligen, war seit seinem Griechenland-Aufenthalt 1810–1815 das Ziel Cockerells, das er nie erreichte.

Georg Moller kannte und schätzte die „Antiquities" vor allem im Hinblick auf die von ihm selbst betriebene bauhistorische Forschung (Denkmäler der deutschen Baukunst). Die Beschäftigung mit den „Antiquities" hatte ihn dazu angeregt, dieser Publikation zu einer weiteren Verbreitung zu verhelfen. Bereits 1818 trug er sich mit dem Gedanken, eine deutsche Ausgabe der „Antiquities" zu veranlassen.[573] Allerdings lag Mollers Ambitionen nicht jener kritische Aspekt zugrunde, der Cockerell leitete. Für ihn hatte das Werk noch ausschließliche Gültigkeit: „Stuarts Werk über Griechische Alterthümer hat mehr Licht über die Baukunst der Griechen verbreitet, als alle möglichen sogenannten mahlerischen Reisen."[574]

1829 erschien als überarbeitete Fassung der „Antiquities"[575] Band I der von Karl Wagner in Darmstadt besorgten Übersetzung, 1831 Band II und 1833 Band III, alle im Darmstädter Verlag von Carl Wilhelm Leske, bei dem Moller auch seine „Denkmäler der deutschen Baukunst" publizierte.[576] Ob und inwieweit Moller die Übersetzung veranlaßt und betreut hat, läßt sich nicht nachweisen.

Der 1829 erschienene Band I behandelte im 2. Teil, Kapitel 1 den Parthenontempel.

Eine Mitarbeit Cockerells ist für den 1833 erschienenen Band III, dessen Vorwort bereits 1833 verfaßt wurde, nachweisbar. In diesem letzteren Band wird Moller mit einer Aussage zitiert, die sich auf die Anwendbarkeit der griechischen Baukunst in der Gegenwart bezieht.[577]

Bei der Beantwortung der Ausgangsfrage, ob und welche weiteren konkreten Bezüge der Homburger Saal zur Parthenoncella aufweise, ist das Problem diskrepanter Forschungsergebnisse im einzelnen zu berücksichtigen. Vor allem ist davon auszugehen, daß der auf der Basis von Stuarts und Revetts „Antiquities" arbeitenden Forschergruppe,[578] die streng am Befund orientierten Forschungsreisenden, allen voran Cockerell und Bröndsted, gegenüberstanden.

Mollers Ambitionen und zu vermutenden engen Kontakte zu dem Übersetzer- bzw. Überarbeiterteam, das sich den „Antiquities" widmete, sowie seine seit 1830 verbürgten Beziehungen zu Cockerell[579] lassen seine Kenntnis der Forschungsprobleme als zwingend erscheinen. Wahrscheinlich haben die Parthenon-Forschungen seiner Zeit sogar mit den Ausschlag für die Konzeption des Homburger Saals als einer „Reparation des Minerventempels" gegeben. Da Cockerells im Mai 1830 teilweise durch Bröndsted publizierte Forschungsergebnisse in einigen wesentlichen Punkten von der Darmstädter Übersetzung von 1829 abweichen, (so daß Cockerell infolgedessen nicht an dieser beteiligt gewesen sein kann), ergibt sich ein größerer Ermessensspielraum. Nicht die Frage, welcher, sondern ob Moller einer Forschungsrichtung anhing, die er in die architektonische Praxis übertrug, hat hier im Vordergrund zu stehen.

Zieht man des weiteren in Betracht, daß der Parthenon in der öffentlichen Diskussion jener Jahre breiten Raum einnahm – sie spiegelt sich z.B. in diversen Beiträgen im Kunstblatt zum Morgenblatt für gebildete Stände – so scheinen damit die allgemeinen Voraussetzungen und das Umfeld für Mollers Idee einer „Reparation des Minerventempels" benannt zu sein.

5. Der Kursaal – eine „Restauration“ der Parthenoncella?

An drei markanten, die Forschung in der Zeit um 1830 beschäftigenden Problemkreisen soll überprüft werden, ob und welche weitergehenden Affinitäten zwischen dem Homburger Saal und der Parthenoncella bestehen. Unberücksichtigt bleiben dabei Charakteristika, die dem Kursaal als Typus im allgemeinen eigen und nicht unmittelbar und ausschließlich mit dem Tempelbau in Verbindung zu bringen sind. Dieses gilt etwa für das durch eine Stufe von dem Mittelraum getrennte, höher gelegene Peristyl des Homburger Saals, das an das Peristyl der Parthenoncella erinnert, von dem es in den „Alterthümer“ heißt: „Nahe am Rande der kleinen Stufe, abwärts nach diesem Raume zu, sieht man noch sehr deutlich gewisse Kreise, worauf ohne Zweifel die Säulen des Peristyls standen…“[580] Peristylsäle in Konversationshäusern wiesen häufig diese Vertiefung des Mittelraums auf.

Grundrißdisposition: Säulenzahl und Säulenstellung

Der bereits für den Dimensionsvergleich herangezogene Parthenon-Grundriß von Stuart & Revett wies eine Säulenzahl von 11 x 4 an den Längs- und an den Schmalseiten auf. Der Herausgeber wies darauf hin, daß Wheler insgesamt 22 (oben: 23) Säulen gezählt hatte, daß aber „andere Säulenstellungen von verschiedenen Baukünstlern nach genauer Beobachtung übereinstimmend entdeckt worden“ seien.[581]

Übereinstimmung herrschte bezüglich der vermuteten Säulenzahl der Cella keineswegs. Schon 1816 schrieb Wilkins: „In the disposition of the interior colums of the Parthenon, as ist appears in the work of Stuart, it is to be observed, that some great error has unaccountably been made. The number and position is wrong: neither do the written dimensions accord with the distances which the plan of the temple assigns to them“.[582]

Letztlich bedeutete dies, daß der bei Stuart & Revett angegebene Grundriß nicht mehr als verbindlich gelten konnte. Zu gänzlich neuen Ergebnissen auch im Hinblick auf den Cellagrundriß führten die „neuen Beobachtungen und neuen Messungen“, die Ch. R. Cockerell zusammen mit seinem Freund C. Haller von Hallerstein 1810–1814 am Parthenon durchführte.[583] Bröndsted schrieb dazu 1830: „Eben die sehr bedeutenden Reste des Fussbodens, welche noch in den Jahren 1810–1814 übrig waren, verstatteten es, dass Cockerell die wahren und ursprünglichen Plätze der sechzehn Säulen innerhalb der Cella erkennen und bestimmen konnte.[584]

Ein im März 1814 von Cockerell angefertigter Ausschnitt des Parthenongrundrisses hat sich in einer Kopie Hallers erhalten.[585] Abgeschlossen waren zu diesem Zeitpunkt offenbar die Untersuchungen im Opistodom – sie hatten zu von Stuart und Revett deutlich abweichenden Ergebnissen hinsichtlich der Anzahl und Position der Säulen geführt –, während dem Cellagrundriß noch derjenige von Stuart und Revett zugrundegelegt wurde. Allerdings ließ Cockerell schon hier die Frage nach Existenz und Zahl der Säulen in der östlichen Cellapartie offen, was auf erste Zweifel an den Angaben bei Stuart und Revett schließen läßt. Cockerell gelangte demzufolge erst nach 1814 zu neuen Erkenntnissen bezüglich des Cellagrundrisses. Cockerells endgültige Cella-Grundriß-Rekonstruktion wurde durch dessen Freund P. O. Bröndsted 1830 in seinen „Reisen und Untersuchungen“ veröffentlicht, wobei der Verfasser betonte, er habe „vorzüglich die vom Stuartschen Plane abweichenden Angaben“ beachtet.[586]

Cockerell hatte erstmals versucht, die ursprüngliche Gestalt der Cella herauszukristallisieren, indem er durch genaue Beobachtungen einige Säulen als zu späteren Einbauten gehörig klassifizierte. Dies führte zu einer (wie sich zeigen sollte allzu) drastischen Reduktion der Säulenzahl. Die Cella verkürzte sich für ihn auf sieben Säulen an den Längsseiten und vier Säulen an nur einer

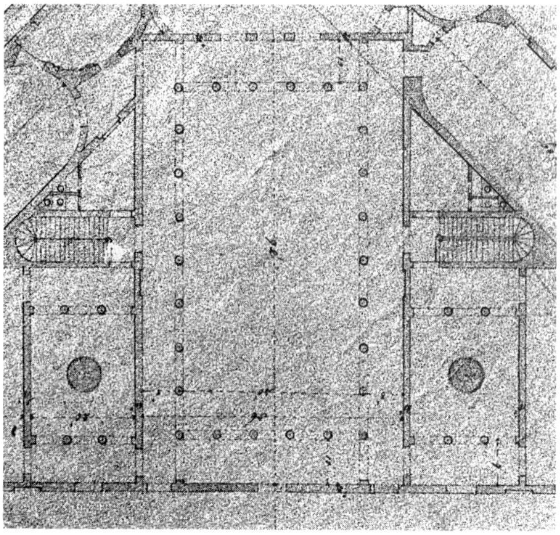

46 Kursaalgebäude Projekt II von Georg Moller Grundriß-Ausschnitt mit Saal

Schmalseite, während die östliche Schmalseite umgangsfrei blieb;[586a] letzteres hat die neuere Forschung bestätigt.[587] Damit war die Parthenon-Cella nicht mehr allansichtig, sondern wies eine gerichtete Raumstruktur auf.

Diese Grundrißrekonstruktion der Parthenoncella war schon 1821 in der englischen Ausgabe, und dann auch 1829[588] und 1844 in den beiden deutschsprachigen Ausgaben von Leakes Topographie Athens enthalten. (Die Ausgabe von 1844 befand sich in der großherzoglichen Bibliothek in Darmstadt.) Leake berief sich ausdrücklich auf Cockerells „neue Untersuchungen", die „über den inneren Plan wenig Zweifel" ließen.[589]

In Deutschland fanden Cockerells neue Erkenntnisse zunächst so gut wie keine Resonanz. Überhaupt war man nur sehr zögernd bereit, anzuerkennen, daß Stuart und Revetts Grundrißrekonstruktion nicht mehr haltbar sei.

1822 erwähnte „J.D. Weber in Venedig" im Kunstblatt die Leakesche Erstausgabe und kritisierte in einigen Punkten auch den Cockerellschen Grundriß. Zur Säulenzahl schrieb Weber: „Wenn man nun die Leakesche Zeichnung auf Cockerells Angaben im Innern des Tempels examiniert, so müssen die da bezeichneten 16 Säulen ohne anders verworfen werden, weil daselbst Spon und Wheler genau unter 22 oben 25 zählten, und selbst Stuart damit übereinstimmte... Es ist wohl zu überlegen, daß als Cockerell seine Untersuchungen und Vermuthungen anstellte, ein Theil des innern Parthenons verbaut und durch Bäume zugestellt war, welche leicht bey dergleichen Untersuchungen irre führen konnte..."[590] Neun Jahre später war im Kunstblatt eine positivere Stellungnahme zu lesen. In einer Rezension der „Reisen und Untersuchungen" Bröndsteds vom März 1831 wurde darauf hingewiesen, daß das Werk den „von Cockerell an Ort und Stelle aufgenommenen Grundriß des Parthenons" enthalte und man durch ihn „einige wichtige Angaben, namentlich über die Stellung der Säulen im Innern"[591] erhalte.

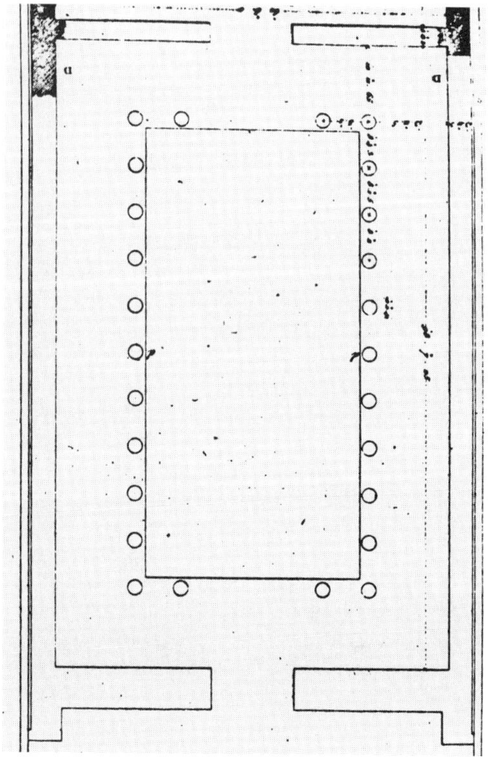

47 Grundriß-Rekonstruktion des Parthenon nach Stuart/Revett (Ausschnitt Cella)

Der Kommentator der 1829 ins Deutsche übersetzten „Antiquities of Athens" gestand ebenfalls zu, daß die „in dem hier beschriebenen Plan Stuarts" angegebene Säulenzahl der Cella nicht zutreffen könne. Aber die Cockerellsche Rekonstruktion war ihm entweder unbekannt oder er

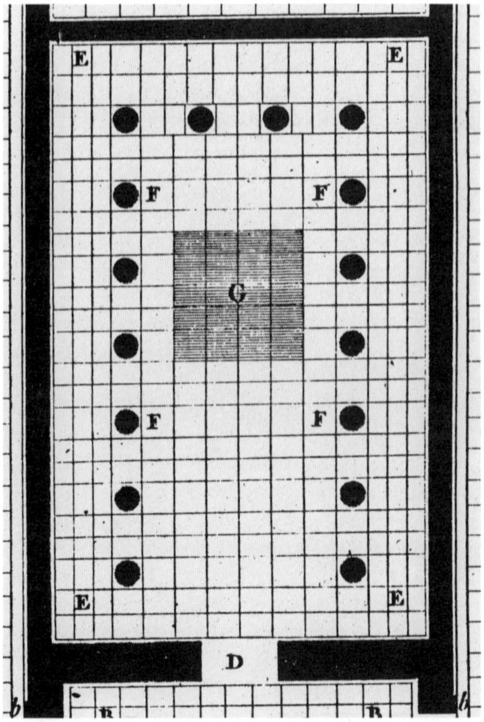

48 *Grundriß-Rekonstruktion des Parthenon nach J.R. Cockerell (Ausschnitt Cella) („Plan des Parthenons, architektonisch entworfen und gezeichnet von R. Cockerell")*

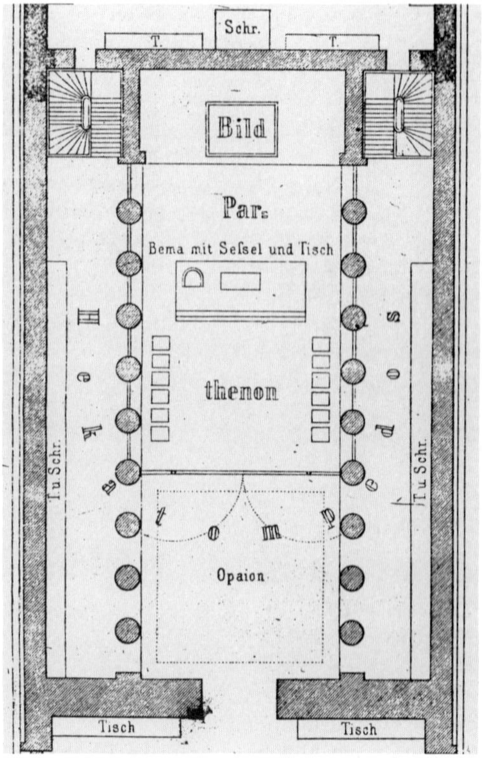

49 *Grundriß-Rekonstruktion des Parthenon nach K. Boetticher (Ausschnitt Cella)*

ging bewußt nicht darauf ein: jedenfalls versprach er „auf einer Platte unsers 4. Theils" mit einer neuen Rekonstruktion" aufzuwarten.[592]

Dennoch veröffentlichten Ersch/Gruber 1832 noch immer den Parthenongrundriß von Stuart und Revett.[593] Erst in der Ausgabe von 1838 wurden Zweifel an der Zahl von elf Säulen an den Längsseiten der Cella geäußert und statt dessen acht Säulen für wahrscheinlicher gehalten.[594] Boetticher sprach 1852 von neun Säulen.[595]

Abweichend von Stuart und Revett, aber auch von Cockerell rekonstruierte man in Deutschland aber auch die Säulenzahl der Schmalseiten.[596] Hier berief man sich auf Hirts Angabe: „Ferner standen je sechs Säulen vor der Vorzelle und vor der Nachzelle".[597] Nur der Mollerschüler Franz Heger ging davon aus, daß in der Parthenoncella „auf der Westseite fünf Säulen" gestanden hätten.[598] Den Nachweis für diese durch die moderne Forschung bestätigte Erkenntnis konnte Heger jedoch nicht mehr führen, so daß es bei einer diesbezüglichen Anmerkung Wagners in den Alterthümern von 1833 blieb. Wie sich Heger die Gestaltung der Ostseite der Cella vorstellte, ist ebenfalls unbekannt geblieben.

Unumstritten war demzufolge in der deutschen Forschung, daß die Parthenoncella an allen vier Seiten von Säulenstellungen umzogen gewesen sei. Dabei ging man noch über die Angaben bei Stuart und Revett hinaus, die im Osten und Westen jeweils die mittlere Säule der Schmalseiten eliminiert und dort eine Passage vorgesehen hatte, und „füllte" jene beiderseits mit jeweils zwei Säulen. Statt des Cockerellschen Richtungsraums rekonstruierte man einen allseits gleichmäßig von Säulen umstellten Cellaraum.

Moller nahm in seinem Homburger Saalgrundriß eindeutig Stellung zu den Parthenoncella-Rekonstruktionen seiner Zeit und pflichtete seinen deutschen Kollegen bei. Der allansichtige Innenraum mit zwischen neun und elf Säulen an den Schmalseiten ist als das Beharren auf der Hirtschen Rekonstruktion zu deuten. Hegers Erkenntnisse hat Moller nicht gekannt oder nicht reflektiert. Daß ihm die Cockerellsche Rekonstruktion nicht zusagte, zeigt sich daran, daß Moller auch nach seinem England-Aufenthalt und seiner Begegnung mit Cockerell bei der hierzulande verbreiteten Cellarekonstruktion blieb. In seinem im Januar 1831 gefertigten Projekt III findet sich dieselbe Saalkonzeption wie in Projekt II vom Juli 1830.

Zweigeschossigkeit

Die sich von allen Innenraum-Entwürfen Mollers unterscheidende Konzeption des Homburger Saals als Peristylsaal mit Supraposition von Kolonnaden, deren Säulen in der Galeriezone verhältnismäßig geringer dimensioniert sind als in der Erdgeschoßzone, drängt die Assoziation griechischer Tempelbauten geradezu auf.

Daß es sich um eine „Restauration" der Parthenoncella handeln könne, ist zunächst durch nichts anderes als durch Mollers eigene Aussage vorgegeben. Der Zustand des Parthenon-Innern könnte vermuten lassen, daß eine Rekonstruktion des Aufrisses um 1830 kaum möglich war.

Gleichwohl verwundert die weitgehende Übereinstimmung von Mollers Saalaufriß, insbesondere hinsichtlich der Säulenhöhen, mit späteren und noch heute gültigen Rekonstruktionen. Es muß also wiederum nach dem Kenntnisstand der Forschung um 1830 gefragt werden. Dabei gilt es nicht, den Nachweis zu erbringen, daß die Parthenoncella vorbildlich gewesen sein müsse, sondern daß sie es gewesen sein könne.

Ernsthaft bezweifelt wurde die Zweigeschossigkeit der Parthenoncella kaum, da dies die Aussagen der antiken Autoren nahelegten.[599] Auch hatten Spon und Wheler, die den Bau vor der Zerstörung von 1687 sahen, von einer „Art von Gallerie, die aus zwei Reihen von Pfeilern besteht", gesprochen.[600] Stuart und Revett hatten das Bauwerk in so ruinösem Zustand vorgefunden, daß ihnen die Anfertigung eines Cella-Aufrisses unmöglich erschien.

Erst Cockerell konnte aufgrund seiner intensiven Untersuchungen am Fußboden der Parthenoncella den Durchmesser der unteren Säulen – „von welchen 1813 noch zwei Plätze der südlichen Reihe am Fussboden sehr deutlich waren" – feststellen.[601] Aus der „Kleinheit des Durchmessers der Säulen" – „etwa 3 Fuss" bzw. „3 1/2 Fuss" – ließ sich zweifelsfrei schließen, „dass noch eine obere Reihe vorhanden war, wie in den Tempeln von Pästum und Aegina".[602]

Die Bestimmung der Höhe der Peristylsäulen nahm man durch Analogieschluß vor: Da eine der sechs Säulen des Pronaos – mit größerem Durchmesser, 5 Fuß 6 Zoll, als in der Cella – in voller Größe aufrecht stehen geblieben war, ließ sie sich errechnen, denn „die Verhältnisse der Säulen" konnten „denen des Pronaos und des äusseren Umganges möglichst analog angenommen" werden.[603] Bei feststehender unterer Säulenhöhe ließ sich dann, wiederum im Analogieschluß und aufgrund der Kenntnis der Höhe des Gebäudes „von der unteren Stufe vor dem Peristyl bis zum oberen Rand des Gesimses" (65 Fuß) – die mutmaßliche Höhe der oberen Säulen errechnen.[604] Eine Rekonstruktion des Cella-Aufrisses war also möglich.

Cockerell und seine Zeitgenossen haben es gleichwohl nicht gewagt, jedenfalls darauf verzichtet, Aufrisse oder Schnitte des Parthenon zu publizieren, sieht man von einer ohne weitere Resonanz gebliebenen 1831/32 in Paris ausgestellten „kostbare(n) Sammlung" von „Aufrisse(n), Durchschnitte(n) und einzelnen Theile(n) des Parthenons" des sizilianischen Architekten Itar ab.[605] In Deutschland publizierte Michaelis 1870 erstmals eine Rekonstruktion des Cella-Aufrisses des Parthenon.[606]

Man war sich also 1830 nicht nur über die Zweigeschossigkeit der Parthenoncella im klaren, sondern hatte wissenschaftliche Kriterien zur Detailausbildung der Kolonnaden entwickelt. Die Aktualität des Problems geht aus vielerlei Andeutungen in zeitgenössischen Aufsätzen und Publikationen hervor, so daß kein Anlaß besteht, die Nichtexistenz eines Aufrisses als ein Nichtwissen von seiner Beschaffenheit zu werten.

Die Zweigeschossigkeit des Homburger Saals steht demzufolge in Einklang mit Mollers Aussage, der Homburger Saal verstehe sich als eine „Restauration (der Cella) des Minerventempels".

Oberlicht

Ein Charakteristikum des Homburger Saalentwurfs stellte seine Fensterlosigkeit dar; die Beleuchtung erfolgte durch eine verglaste Öffnung des Daches über der Raummitte.[607] Zweifellos ist diese Instrumentierung des Lichts nicht funktional bzw. aus einer sich aus den umgebenden Raumgebilden ergebenden Notwendigkeit zu erklären.

Die jüngere Forschung hat, ausgehend von Kursälen, die sich als bedeckte Innenhöfe definieren lassen, auch dem Homburger Saal „Hofcharakter" beigesprochen und „das wohl von Pompeji bekannte antike Peristylhaus" als unmittelbares Vorbild benannt.[608] Dieses verfügte jedoch in aller Regel nur über ein Erdgeschoß-Peristyl, dessen Säulen zudem die Begrenzung der Binnenöffnung markierten.[609]

Der Homburger Saal dagegen war zweigeschossig konzipiert und wies nur eine sehr kleine, selbst bei den Saalschnitten nur anderthalb zu zweieinhalb Interkolumniengröße umfassende Lichtöffnung auf, die den Raum sehr spärlich beleuchtete. Das Rauminnere öffnete sich nicht dem Licht, sondern dieses drang in es ein, ohne es zu durchfluten.[610] Der Homburger Saal ist nicht als Lichthof zu verstehen, sondern als Binnenraum dessen Lichtöffnung im antiken Opaion sein Vorbild hat.[611]

Fensterlosigkeit und (kleines) Oberlicht evozieren die Atmosphäre einer Tempelcella, sie gehören zum Konzept eines Saales, der eine „Reparation des Minerventempels zu Athen" darzustellen beansprucht.

Mit den heute als verbindlich angesehenen Rekonstruktionen des Parthenon, die eine bedeckte

50 Cella-Rekonstruktion des Parthenon nach A. Michaelis

Cella vorsehen, ist dieses Opaion des Homburger Saals nicht in Verbindung zu bringen. Berücksichtigt man jedoch den Forschungsstand um 1830, so erkennt man, daß gerade die Beleuchtungsfrage der griechischen Tempel zu den am engagiertesten diskutierten Problemen gehörte. Dabei war „die Annahme, die Mehrzahl der griechischen Tempel sei hypäthral, d.h. ohne Dach über dem Innenraum gewesen" seit Quatremère de Quincys Publikation des „Jupiter Olympien", 1814, vorherrschend, und es wurde „Brauch" für den Grand Prix d'Architecture „Nachahmungen griechischer hypäthraler Tempel" anzubieten.[612] Die Hypäthros-Frage blieb jedoch bis in das ausgehende 19. Jahrhundert strittig.[613] Gegen eine vollständige Öffnung „in der Art eines Innenhofes" sprachen sich Victor Louvet[614] und Carl Boetticher aus. Paccard dagegen glaubte beweisen zu können, daß „la partie du milieu était entièrement à jour et sans toit" und „la statue de Minerve devait être entièrement exposé à l'air".[615] Boetticher erklärte unter Zugrundelegung einer Vitruv-Stelle: „In der hypäthrischen Cella bezeichnet medium sub divo denjenigen Raum zwischen den zweistökkigen Porticus, so weit ihn die vorspringenden Decken derselben mit ihrem Dache offen lassen. Nur dieses medium soll sine tecto sein, nicht aber der ganze Raum zwischen den Porticus".[616]

Auch den Parthenon hielten Hirt, Stuart und Revett und mit ihnen die gelehrte Welt für einen Hypäthraltempel.[617] Bröndsted sprach 1830 im Zusammenhang mit dem Parthenon ausdrücklich von einer „nach oben offenen (hypethrischen) Tempelcella".[618] In der deutschen Übersetzung der „Antiquities" hieß es, der Hypäthros müsse, nicht zuletzt zum Schutz des Kultbildes, eine zumindest temporäre Bedeckung aufgewiesen haben. Zur Diskussion stand die „sehr schwierige Frage, wie die Zelle von Hypäthren theilweise bedeckt" gewesen sein könne, und man kam zu dem Schluß, daß entweder ein Velum - man dachte dabei auch an den Peplos der Minerva – über dem Tempelinnern aufgespannt worden sei oder daß „der innere Säulengang ein Dach trug, welches einen grossen Theil der Zelle abschirmte".[619]

Vorherrschend war bis zum Ende des 19. Jahrhunderts die Vorstellung von einer zwar nach oben offenen, aber durch Dimensionierung oder Verhängung des Opaion stark abgedunkelten Tempelcella.[620] Konkrete Äußerungen zur Größe der Öffnung wie auch zu ihrer Situierung erfolgten von deutscher Seite nicht. C. R. Cockerell scheint den hypäthrischen Teil der Cella zwischen dem zweiten und vierten rückwärtigen Interkolumnium und das Opaion direkt über der Statue der Athena Parthenos angenommen zu haben.[621]

In Mollers Saalentwurf ist die nicht eindeutige Interpretation des Hypäthros vor allem des Parthenon deutlich ablesbar. Daß die Hypäthros-Problematik reflektiert wurde, macht die Existenz der Lichtöffnung deutlich. Die Situierung des Opaions in der Saalmitte bot sich zwar angesichts der umlaufenden Säulenstellungen an, aber sie hing wohl auch mit dem ungeklärten Forschungsstand zusammen. In der geringen Größe des (Saal-) Opaions spiegelt sich die Anschauung, die von den jüngeren Forschern, vor allem Cockerell, vertreten wurde. An eine textile Überspannung glaubte Moller wohl nicht, sonst hätte er die Decke geschlossen und ein fingiertes Velum nach Art der gemalten Theatervela gewählt. Statt dessen griff Moller zur Verglasung, aber wohl nicht aus beleuchtungstechnischen Gründen, denn auf dieses Erfordernis ist in den Entwürfen auffallend wenig Rücksicht genommen worden. Die Öffnung ergab sich allein aus dem Wunsch, den antiken Tempel so getreu wie möglich zu rekonstruieren. Die Verglasung gewährte lediglich eine technische Lösung eines klimabedingten Problems. „Unschicklich" erschien sie ihm nicht.[622]

Ganz ähnliche Gedanken wie Moller scheinen den Bauherrn der Walhalla, Ludwig I., dazu bewegt zu haben, im Ausschreibungswettbewerb für diesen ebenfalls am Parthenon orientierten Bau zu fordern: „Die Beleuchtung Licht wie vielen antiken Tempeln ertheilen, daß es nemlich zum Theil offen wäre, so würde der himmelsstrich keyn Hindernis seyn, weil sich in der Höhe wohl Glas anbringen läßt".[623]

Auf eine Verglasung konnte nur verzichten, wer, wie beispielsweise K. F. Schinkel, Hypäthren in Theaterprospekten verwendete.[624] Auch J. I. Hittorf sah für seinen Musentempel keine Verglasung der hypäthralen Öffnung vor, obwohl gerade er der (nicht mehr aktuellen) These Quincys von der weiten Öffnung folgte: auch dieses war keine gebaute Architektur, sondern das nur einen Meter hohe Modell eines den Musen gewidmeten Tempels, an dem Hittorf im Auftrag Jérôme Napoléons seinen „langen Forschungsweg ... durch die Architektur des Altertums" nachvollzog.[625]

Resumé

Der Homburger Saalentwurf nahm in mehr als nur den „Dimensionen" auf die Cella des Parthenon Bezug. Wie Moller ausgesagt hatte, stellte dieser Entwurf den Versuch einer „bis in den Dimensionen treue(n) Reparation" des Minerventempels zu Athen" dar. Seine Konzeption verrät die Kenntnis und die kritische Selektion der zeitgenössischen Parthenonliteratur.

Wo Moller schwankte, wie bei der Angabe der Säulenzahl der Kolonnaden (acht, neun oder zehn an den Längsseiten), läßt sich eine unsichere Forschungslage, ja ein gerade um 1830 diskutiertes Forschungsproblem als ursächlich nachweisen. Im wesentlichen jedoch bezog er klar Position, ohne sich dabei auf eine Forschungsrichtung zu fixieren. Entgegen Cockerells Mutmaßungen bestand er auf den sechs Säulen an den Schmalseiten der „Cella" und auf der Rundumführung der Kolonnaden. Den allzu vagen, in ein Gedankengerüst verstrickten Äußerungen zur Beleuchtungsfrage in den „Alterthümern" stellte er ein klares Bekenntis zum Opaion entgegen.

Mollers Homburger Saalentwurf verstand sich also nicht als eine freie architektonische Nachempfindung einer antiken Tempelarchitektur. Vielmehr hielt sich der Architekt an die Erkenntnisse der in den Anfangsgründen stehenden Wissenschaft. In diesem Saal sollte der antike Tempel in seiner ursprünglichen Gestalt wiederauferstehen. Der dargelegte Stand der zeitgenössischen Parthenonforschung läßt unzweideutig erkennen, daß nicht das Idealbild eines Tempels, sondern, wie auch Moller selbst sagte, der Parthenontempel architektonische Gestalt annehmen sollte.

Das Interesse gerade an diesem Tempel kam nicht von ungefähr. Der Parthenon als der im 19. Jahrhundert meistdiskutierte Tempel stand als Symbol für das antike Athen, er gewährte einen „Blick in Griechenlands Blüte".[626] Seiner Aussagekraft verdankte er eine Schlüsselstellung, die jedem Gebildeten geläufig war. Die archäologische Parthenonforschung stand im Rampenlicht der gebildeten Öffentlichkeit, und ihre Popularität legitimierte und animierte die Architekten zu parthenonrezeptiver Architektur. Mollers Homburger Kursaal hätte, wenn verwirklicht, als würdiges und zugleich außergewöhnliches Glied in der Reihe der Parthenon-Rezeptionsbauten des 19. Jahrhunderts gestanden.

6. Parthenon-Rezeptionsbauten 1790–1830

Der Homburger Kursaal steht als den Parthenon rezipierender Entwurf am Ende einer Entwicklung, die kurz vor 1800 eingesetzt hatte. Es lassen sich zwei deutlich voneinander zu unterscheidende, chronologisch aufeinander folgende Entwicklungsstränge aufzeigen: erstens die partielle Rezeption und zweitens das dem Gesamtbau geltende Faksimile. Die Entwicklung ließe sich gleichermaßen als diejenige von der Auseinandersetzung mit dem Werk von Stuart und Revett zu dessen kritischer Revision aufgrund archäologischer Forschungen beschreiben. Und endlich wäre es möglich, die Entwürfe vor der geistesgeschichtlichen Folie der sich entwickelnden Sicht auf Griechenland zu sehen, die sich vom literarischen Idealismus Hölderlins zum kämpferisch gegenwartsbezogenen Realismus der Philhellenen wandelte.

Parthenonfront-Rezeptionen

Die Beschäftigung der praktizierenden Architekten mit dem Parthenontempel setzte im ausgehenden 18. Jahrhundert mit einer Reihe von Entwürfen ein, die den Tempel partiell rezipierten, indem sie seine Giebelfront als Portikusmotiv mit einer Pantheonkuppel kombinierten.

Jeder dieser Entwürfe war deutlich von der französischen Akademie-Architektur beeinflußt, doch betrifft dies nur die Gesamthaltung, nicht das uns hier interessierende „Versatzstück" der Parthenonfront. Die Parthenonfront hatte für die französischen Akademiker keine Bedeutung, da ihnen einerseits die römische Architektur näherstand als die griechische und andererseits eine freie Interpretation der Antike gepflegt wurde; „the recourse of antiquity being based on principles rather than a detailed endeavour to attain correctness". So weist denn keiner der veröffentlichten Entwürfe der Pariser Akademie einen Parthenonfront-Portikus auf.[627]

An untergeordneter Stelle – an dem Seitenflügel – erscheint die Parthenonfront als Portikus in Thomas Harrisons Projekt für ein Nationaldenkmal, 1796.[628] Die Positionierung erstaunt im Hinblick auf den architektonischen Kontext, dessen Zentrum von einem Kubus gebildet werden sollte, den eine Pantheonkuppel bedeckte und dessen Front aus einem sechssäuligen ionischen Portikus bestand. Harrison verzichtete auf eine Zuordnung der „ranghöchsten" Architekturteile zugunsten der Erzielung einer monumentalen Wirkung für die Seitenfront. Vor der Möglichkeit assoziativer Bezugnahme wurde den letztendlich willkürlich und dekorativ verwendeten Architekturteilen die Priorität eingeräumt.

Friedrich Weinbrenners Entwurfsreihe für eine evangelische Kirche, 1791/92, mündete in eine Variante mit Pantheonkuppel und Parthenonfront-Portikus.[629] Der anfangs dominante Rundbau nach dem Vorbild des Pantheon war sukzessive zurückgedrängt worden zugunsten des Portikus, der mit seinen acht dorischen Säulen und dem mächtigen Giebel die Maße des Kernbaus sprengt und damit an Eigenständigkeit gewinnt. Daß dieser Parthenonfront-Portikus nicht als dekorative Applik verstanden werden will, zeigt sich deutlich an dem seitenschiffartigen Umgang, den er verursacht hat. Und schließlich wird die Triglyphenzone des Portikus als dorischer Fries um den ganzen Bau herumgeführt und bildet zusammen mit der als Gebäudesockel interpretierten Treppe eine Umklammerung des Ganzen. Bei aller Freiheit im Umgang mit den vorbildlichen Formen nähert sich Weinbrenners Auseinandersetzung mit dem Parthenon doch dem Zitat.

Den Schritt zum bewußt und wirkungsvoll eingesetzten Zitat der Parthenonfront gingen die Architekten jedoch erst nach der Jahrhundertwende.

Noch ganz dem Charakter der französischen Akademietradition verpflichtet war der erste Entwurf von Carl von Fischer für die *Walhalla, 1809* (Projekt Walhalla I), der einen zentralen Kuppelbau vom Typus des Pantheon „mit dem griechi-

51 a Friedrich Weinbrenner, Entwurf für eine Evangelische Kirche, 1791/92, Fassade

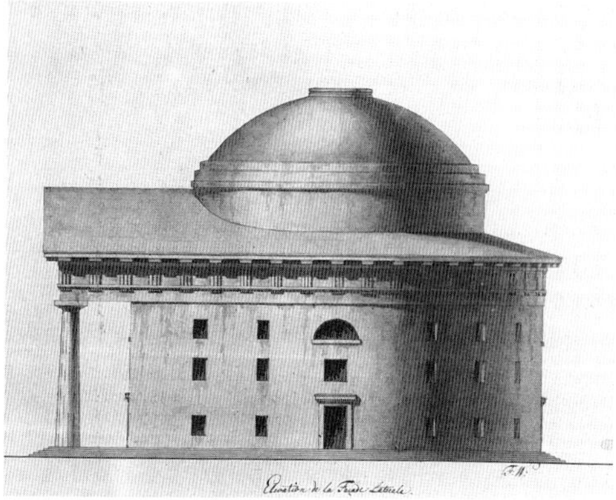

51 b Friedrich Weinbrenner, Entwurf für eine Evangelische Kirche, 1791/92, Seitenansicht

schen Schema der achtsäuligen dorischen Tempelfront des Parthenon" vorsah.[630]

An Weinbrenners Entwurf erinnert das Motiv des umlaufenden Gebälks, dessen aus dem „Parthenon-Portikus" abgeleitetes Triglyphen-Metopen-Schema den Bau optisch verklammern sollte.

Das schmucklose Innere verrät die revolutionsklassizistische Grundhaltung des Entwurfs, der allenfalls im Zentralraum mit Kuppelöffnung konkrete Anklänge an das Pantheon aufkommen läßt. Die Parthenonfront bleibt dagegen Chiffre, übernimmt als Motiv die Funktion eines vorgeblendeten Portikus.

Nach O. Hederer waren die Walhalla-Projekte Carl von Fischers „nicht etwa nur auf das Gefällige ausgerichtete Arbeiten, sondern nach strengen Gesetzen aufgebaut, ... nach genauesten Maßzahlen und Proportionen berechnet".[631] Doch waren nicht immer die antiken Proportionen maßgeblich. Im Fall des Entwurfs Walhalla I erscheint das antike Vorbild überlagert von der Proportionslehre des Architekten; die Maßverhältnisse ergaben sich aus Zahlenbeziehungen, die nicht am vorbildlichen Objekt orientiert, sondern abstrakt sind.

Einen Rundbau in Kombination mit einem Parthenonfront-Portikus sah auch Thomas Harrisons „proposal for a monument to commemorate the defeat of Napoleon", 1814/15, vor.[632] Harrison umgab den runden Gebäudekern mit einer Kolonnade von dorischen Säulen, die jenen des Portikus glichen. Der über die Konzeptionen von Weinbrenner und Fischer hinausgehende Parthenon-

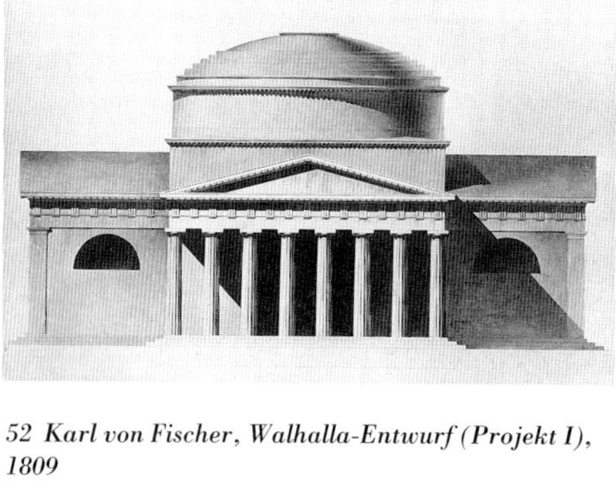

52 Karl von Fischer, Walhalla-Entwurf (Projekt I), 1809

53 Thomas Harrison, Zentralbau ("Proposal for a monument to commemorate the defeat of Napoleon"), 1814/15

Bezug wird durch den „Peripteros-Charakter" des Umgangs bei gleichzeitiger Fortführung der Triglyphen-Metopen-Zone im Gebälk unterstrichen.

Am 14. Juni 1813 berichtete Kronprinz Ludwig dem in Athen mit Forschungsarbeiten, unter anderem am Parthenontempel, beschäftigten Architekten *Carl Haller von Hallerstein*, er habe sich entschlossen, ein *Gebäude „zur Aufbewahrung von Werken der Bildhauerkunst"* zu errichten. Wenig später, am 27.6.1813 forderte Ludwig Haller zur Anfertigung von zwei Entwürfen auf, beide „im reinsten griechischen Styl", „aber der eine mit einer der Facade entlangen Vorhalle von gerünnten Säulen dorischer Ordnung getragen". Auch das Dach wünschte Ludwig ausdrücklich „rein antik". Und endlich: „Schönheit ist der Hauptzweck, so ist es besser als minder zu seyn, daß es Kopie des Parthenons gebe".[633]

Zu dem an dieser Stelle allein interessierenden Hauptentwurf Hallers von 1815 bemerkte dieser selbst, er habe, um „auch den Bau selbst zu einem Denkmale der Kunst zu erheben ... dazu den altdorischen Styl" gewählt.[634] Für die in eine malerische Landschaft gebettete Anlage schwebten dem Architekten, wiederum nach eigener Aussage, „die Propyläen der Akropolis Athens" vor.[635] Als zentrales Motiv der Fassade wählte er einen „Hauptportikus", der „in archäologischer Treue die dorische Front des Parthenon" wiedergab.[636] Wie bei den vorbesprochenen Beispielen wurde auch hier der „Parthenon-Portikus" in der Art einer Applik vor die Fassade gestellt. Haller beließ es jedoch nicht dabei. Schon vor der Inangriffnahme der Arbeiten stand für den Architekten fest, daß er „einen dorischen Tempel zum Motif" nehmen und insbesondere den Charakter des Hypäthraltempels" wirksam werden lassen werde. „Er wird ein achtsäuliger Peripteros Hypathros werden, dessen Cella ein ionisches Peristylium bekommt".[637] (Hypäthral war demzufolge für Haller gleichbedeutend mit peristyl.) Schließlich entschloß sich Haller zu einem dorischen Peristylhof, dessen „dem Eingang zugekehrte so wie die ihr gegenüber liegend correspondirende Seyte" durch Hofportiken ausgezeichnet wurden, die „maßstabsgetreue Abbilder der Hauptfront des Aegina-Tempels" darstellten.[638] Das Neue an diesem Konzept war, daß die historischen Versatzstücke nicht mehr im Sinn einer Dekoration verwendet, sondern um ihrer selbst willen nachgebildet und einer nachempfundenen Baustruktur integriert wurden. Die antiken Zitate werden vom Motiv- zum Bedeutungsträger.

Daher rührt die Betonung von Maßstäblichkeit und archäologischer Treue; Aspekte, die beispielsweise bei Karl von Fischers Glyptothek-Entwurf von 1809 noch nicht reflektiert wurden. Hallers Forschungen an griechischen Tempeln hatten unmittelbare Auswirkungen auf seine architektonischen Entwürfe gezeitigt. Hallers archäologische Treue ging so weit, daß er, nachdem er festgestellt hatte, „daß die Löwenköpfe des Parthenon nicht geradeaus nach vorne blicken, sondern sich zur Seite leicht drehen", diesen Sachverhalt „als besondere Finesse" in seinen Wettbewerbsentwürfen zur Glyptothek und zur Walhalla berücksichtigte.[639] Damit war Ludwigs Wünschen und Hoffnungen durchaus entsprochen, der die Pläne „aus-

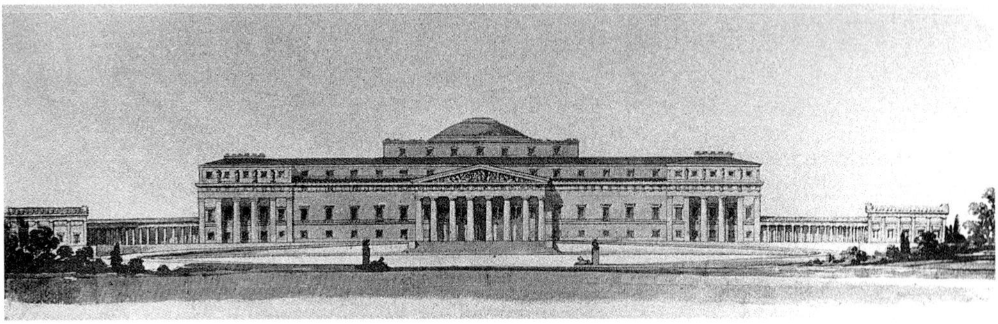

54 Charles Robert Cockerell, Entwurf für einen Palast des Herzogs von Wellington, 1816

drücklich in Griechenland noch von Ihnen verfertigt"[640] haben wollte, da er mit der Wirksamkeit des „genius loci" rechnete.

Am 6.1.1814 hatte Ludwig über Haller auch des-sen ebenfalls in Athen weilenden Freund C.R. Cockerell zur Teilnahme an dem Wettbewerb aufgefordert. Obwohl Cockerell versprach, der Einladung „gewiß nachzukommen", ist seine Beteiligung zweifelhaft; Entwürfe haben sich nicht erhalten.[641]

Als Cockerell 1814–16 seinen ersten architektonischen Auftrag, einen Palast für den Herzog von Wellington, erhielt, stand für ihn fest, daß „the Greek (style) as the most classical and convenient should be prefered". Für diesen Privatbau entwarf er einen Portikus, dessen acht Säulen „would be of the doric of the Temple of Minerva at Athens".[642] Die Praxis desillusionierte Cockerell, gerade weil er, im Gegensatz zu seinen eifrig und maßstabsgetreu[643] nach den Veröffentlichungen von Stuart und Revett „griechisch" bauenden englischen Kollegen, in Griechenland gewesen war und die griechischen Tempel eingehend studiert hatte. Archäologische Treue erschien ihm als „a hindrance to architectural development". Der Bau des Wellington Palastes bewies ihm „the folly and impossibility of close imitation".

Der in Deutschland auffälligen Konzentration der Parthenon-Rezeptionsbauten auf Gebäude der musealen, kommemorativen oder sakralen Sphäre tritt in der Neuen Welt ein Entwurf des Latrobe-Schülers William Strickland (1788–1854) gegenüber, mit dem er 1819 den Wettbewerb für einen dem Kommerz geweihten Bau gewann. Das Gebäude der Branch Bank of the United States in Philadelphia folgte der Wettbewerbs-Ausschreibung – „a chaste imitation of Grecian Architecture, in its simplest and least expensive form".[644] Der kastenförmige Bau weist sowohl an der Vorder- wie an der Rückfront Portices auf, die in „design and proportions" den Giebelseiten des Parthenon nachgebildet sind. Als Vorlage dienten die Zeichnungen in den „Antiquities" von Stuart und Revett, „which were consciously copied, even in small detail". Im Unterschied zu den vorbesprochenen Bauten stehen die beiden Parthenonfront-Portices der Branch Bank nicht im Kontext eines umfassenderen Entwurfskonzepts, sondern sie markieren die Schauseiten des Gebäudes, das sich als „bescheidene Kopie" des Parthenon verstanden wissen will und somit zum „Parthenon-Faksimile" tendiert.

Parthenon-Faksimiles

Der aus dem Wettbewerb für ein Antikenmuseum und ein Nationaldenkmal von 1814 als einziger Preisträger hervorgegangene Entwurf zur Walhalla stammte sehr wahrscheinlich von Karl von Fischer, der ihn unter dem Namen seines Schülers Anton Weiß einreichte (Wettbewerbsprojekt). Die (verschollenen) Pläne zeigten einen Peripteraltempel von 8 x 17 Säulen dorischer Ordnung.[645] Zweifellos gingen diese Blätter auf einen Entwurf zurück, den *Karl von Fischer* bereits 1809 erarbeitet hatte (*Projekt Walhalla II*). Anders als bei dem ebenfalls 1809 entstandenen Projekt Walhalla I verzichtete Fischer hier „auf alle römischen Bauelemente und schlug in Anlehnung an den Poseidon-Tempel in Paestum und an den Parthenon einen freistehenden dorischen Peripteros vor (mit 8 x 18 Säulen)".[646] Zwar ist „die Giebelfront mit dem Portikus von Projekt I fast identisch",[647] geradezu entgegengesetzt aber ist der Kontext, in den sie hier gestellt wird. Sie ist Teil eines räumlichen Architekturgebildes, an dem nicht Versatzstücke von historischen Bauten kompiliert sind, sondern der als Ganzes einen einzigen Bau zitiert.

Seit Gillys Friedrichdenkmal-Entwurf war dies das erste dreidimensionale Faksimile eines griechischen Tempels. Im Unterschied zu Gillys Entwurf handelte es sich hier aber nicht um das Ideal eines griechischen Tempels, sondern um einen konkreten, benennbaren und vom Betrachter zu erkennenden Bau. Der Auftraggeber dieses Entwurfes jedenfalls erkannte in dem Vorbild ganz eindeutig den Parthenontempel. Ludwig am 19. August 1811: „Wenn das Parthenon die vortrefflichsten Säulen dorischer Ordnung enthält, sollen an Höhe und Durchmesser, welche an Walhalla kommen, diesen gleich sein".[648]

In seinem Wettbewerbsprojekt reflektierte Fischer diesen Wunsch nach Dimensionstreue insofern, als er die Maßverhältnisse eines antiken Tempels zugrundelegte; nach Hederer soll jedoch nicht der Parthenon, sondern der Cerestempel in Paestum maßgeblich gewesen sein.[649] Entscheidend ist, daß alle Proportionen exakt dem antiken Vorbild folgten, auch im Innern. „Die Cella zeigt das Verhältnis der Breite zur Länge von 4 x 9; die Jochzahl zwischen den die Cella umstehenden Säulen ist 7:17..., der mittlere Raum der Cella weist wie die halbe Ringhalle das Verhältnis 5 zu 6 auf..."[650]

55 Karl von Fischer, Walhalla-Entwurf (Projekt II), 1809

Die Existenz der „ungeteilten Cella" entsprach den Wettbewerbsbedingungen, deren Formulierung ihrerseits wiederum Fischers Projekt II zugrundelag. Dort hatte Fischer eine Binnengliederung vorgesehen, die überhaupt erst den Gedanken an ein Tempelinneres erweckte. Der Tempel war der Länge nach in drei Kompartimente untergliedert, deren mittleres durch je eine Reihe von fünf ionischen Säulen und einen hohen antikisierenden Figurenfries hervorgehoben war und als Cella interpretiert werden konnte. Diese im Verhältnis zum Gesamtbau zu kleinteilige Konzeption rechtfertigte den Wunsch nach einer „ungeteilten Cella". In dem Wettbewerbsprojekt beherrschte dann eine Cella als großer Saal das Innere von Walhalla. Im Gegensatz zu Projekt II hatte Fischer jetzt die Kolonnaden eliminiert und statt dessen vollrunde Säulen vor alle vier Wände gestellt.

Bei keinem der beiden Entwürfe zeigte sich der Architekt um eine Rekonstruktion des Innern jenes Tempels bemüht, den der Außenbau in einer mit allen Sinnen wahrnehmbaren Weise reproduzierte. Statt einer „Reparation" der zweigeschossigen Parthenoncella bot Fischer freie Nachempfindungen antiker Innenräume. Während die Diskrepanz in der Konzeption von Innen und Außen etwa bei Hallers Glyptothek-Entwurf durch funktionale Zwänge begründet werden könnte, waren für den „Kultraum" der Walhalla noch keine hemmenden Festlegungen erfolgt.

Auch *Carl Haller von Hallerstein* lieferte einen *Entwurf zur Walhalla (1814)*, der wie derjenige Karl von Fischers zu den Parthenon-Faksimiles zu zählen ist.[651] Hallers Äußerungen zu seinem Entwurf für ein Gebäude „zur Aufbewahrung von Werken der Bildhauerkunst" hatten schon 1813 die Tendenz zum archäologisch treuen Nachbau erkennen lassen.[652] Sein Walhalla-Entwurf ist als „Musterbeispiel" für die Art und Begründung der Antikenrezeption „dieses ersten solchermaßen in Griechenland arbeitenden Architekten" gewürdigt worden.[653]

„Die angestrebte Parthenon-Nähe ist zu erkennen am Typ des (dorischen) Peripteros von 8 x 17 Säulen, mit prostylen Vorhallen vor dem Naos".[654] Die festgestellten Abweichungen, u.a. hinsichtlich der für den Parthenon verbindlichen Proportion 4:9, werden als Beweis dafür angeführt, daß sich Hallers Walhalla nicht als „Parthenonkopie" verstehe. Hierzu gehört auch die Beobachtung, daß

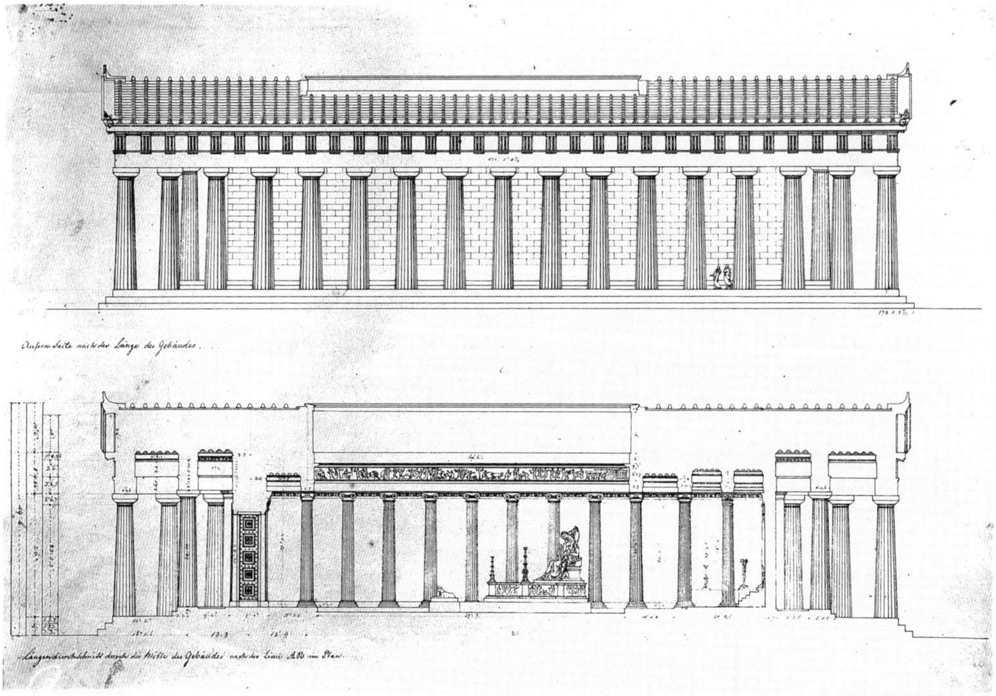

56 Carl Haller von Hallerstein, Walhalla-Entwurf, 1814, Seitenansicht und Längsschnitt

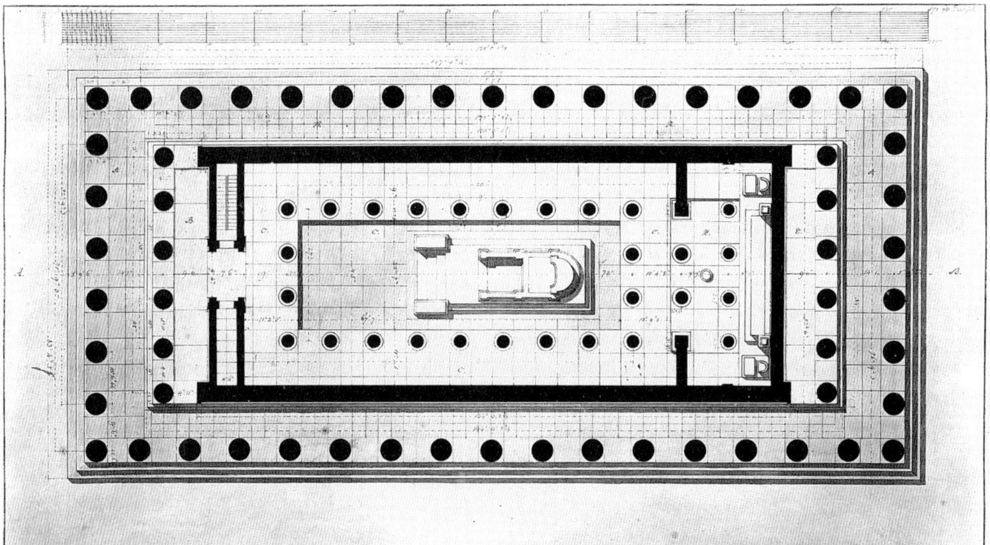

57 Carl Haller von Hallerstein, Walhalla-Entwurf, 1814, Grundriß

die Walhalla „erheblich kleiner“ als der Parthenon werden sollte. Dieser Sachverhalt kann jedoch mit ebensoviel Berechtigung dahingehend gedeutet werden, daß die Walhalla ein „Parthenon-Faksimile“ sein sollte. Denn es entsprechen sich zwar nicht die absoluten Maße,[655] aber der Verkleinerungsmaßstab von jeweils 0,444 an den Längs- und an den Schmalseiten stimmt bis ins Detail überein. Es handelt sich somit um dasselbe Verfahren und auch um dieselbe Intention, die Moller im Hinblick auf seinen (weit größere Abweichung vom „Original“ aufweisenden) Homburger Kursaal-Entwurf in die – weiter oben interpretierten – Worte faßte, er habe treu „bis in die Dimensionen“ verfahren wollen.

Um so mehr fällt Hallers Konzeption des Innern ins Auge. Er projektierte die Cella in den Maßen 45'x90'(= 13,14 x 26,28 m), Moller hingegen sah für den Homburger Saal 56'x92'(= 14 x 23 m) vor. Die, auch relativ, erheblich voneinander differierenden Maße liegen jedoch nicht in der unsicheren Forschungslage begründet. Vielmehr beabsichtigte Haller – im Gegensatz zu Moller – keine „Reparation“ der Parthenon-Cella. Die Proportionen seines Saals (1:2) orientierten sich an Vitruv; möglicherweise wurde auch die Cella eines anderen Tempels, z.B. des Aphaiatempels in Aegina als Vorbild gewählt.[656] Dieses gerade im Hinblick auf Hallers eigene Forschungen an der Parthenon-Cella bemerkenswerte Abweichen vom Parthenon läßt sich vermutlich damit erklären, daß auch Haller (wie Moller) für einen zeitgenössisch nutzbaren Saal nicht den erwiesenen dreiseitigen Umgang der Parthenon-Cella „gebrauchen“ konnte, sondern die vierseitige Kolonnade.

Auch im übrigen Aufbau des Innern wich Haller vom Parthenon ab, und dies bewußt, wie die Wahl einer eingeschossigen ionischen Säulenhalle zeigt, denn die Zweigeschossigkeit der Parthenon-Cella war Haller selbstverständlich bekannt. Für das Oberlicht der Walhalla war die zeitgenössische Vorstellung vom Hypäthros im allgemeinen vorbildlich; im besonderen, vor allem hinsichtlich der ionischen Säulenordnung und des Figurenfrieses, orientierte sich Haller an den (ebenfalls hypäthral vorgestellten) Tempeln von Aegina und Bassae.[657]

„Das Ergebnis dieses eklektischen Verfahrens ist also eine Art gebauter Enzyklopädie, in die Haller seine Kenntnisse antiker Architektur, an einigen Musterbeispielen gewonnen, eingebracht hat“. Von epochaler, da den Klassizismus überwindender Bedeutung ist dabei, daß es Haller stets um „bewußt antikentreues Zitieren“ ging. „Wenn er verändert, ändert er nicht nach akademischen Regeln, sondern wechselt nur das Vorbild, was bedeutet, daß er sich für die „Richtigkeit“ und die „Gültigkeit“ seiner Einzel- wie der Gesamtform immer auf ein autochthon griechisches Muster und Vorbild berufen konnte“.[658]

Hallers Walhalla-Entwurf war „ein gänzlich neuer, groß angelegter Versuch, bei exakter Antikentreue im Detail einen Tempel zu entwerfen, der Griechisches im Historischen und im Geistigen verbindet, keine herkömmliche Kopie eines Modells, sondern eine beispielhafte Verkörperung aus archäologischem Wissen und idealistischer Haltung“.[659]

Die Antikentreue Hallers war für die deutsche Architekturpraxis neu. Sie stieß auf Ablehnung selbst bei L. v. Klenze, der am meisten gerade von diesem Entwurf Hallers profitierte (s. Klenzes Walhalla) und dennoch dessen „strenge unbedingte Nachahmung“ als „ungeheuren Mißgriff“ abkanzelte.[660]

Die geistigen Wurzeln dieses Entwurfs lagen in England. Dort hatte die Architektur des „Greek Revival“ ihre ersten Höhepunkte bereits überschritten.[661]_ Als „Vermittler“ spielte zweifellos Hallers Freund Cockerell eine Rolle.[662] Auch auf diesen kam nach der Rückkehr aus Griechenland die Planung einer „Walhalla“ zu. Der zumindest teilweise ausgeführte Bau – er bezeichnet den Höhe- und den Endpunkt des Greek Revival – wies unverkennbare Verwandtschaft mit Hallers Walhalla-Entwurf auf. Es war ein Parthenon-Faksimile.

Wenige Jahre nach dem Münchner Walhalla-Preisausschreiben kam 1817 in Schottland der Gedanke an ein in Edinburgh zu errichtendes „National Monument“ auf, das wie die Münchner Walhalla den Gedanken der Befreiung (vom „Joch“ Napoleons) mit nationaler Heldenehrung verknüpfen sollte:[663] „it was intended to serve partly as a memorial to Scotsmen killed in the Napoleonic Wars, partly as a permanent Valhalla“.[664] Später reduzierte sich das Projekt auf eine christliche Kirche mit einem Gedenkraum für die nationalen Helden.

Mindestens zwei der beteiligten Persönlichkeiten lassen darauf schließen, daß das Münchner Projekt bekannt und vermutlich auch vorbildlich

58 Charles Robert Cockerell, Rekonstruktion des Parthenon zu Athen

war: Lord Elgin und C. R. Cockerell, der in eben diesem Jahr 1817 von seinem neunjährigen Studienaufenthalt im Süden zurückgekehrt war. Dem Lord waren die Kenntnisse und Leistungen Cockerells bekannt, hatte dieser doch gerade am Parthenon gearbeitet, als Elgin die nach ihm benannten „Marbles" nach London verbringen ließ. Er war es denn wohl vor allem, der durchsetzte, daß der Engländer Cockerell mit der Planung des National Monuments beauftragt wurde.[665]

Cockerell arbeitete 1822 die Entwürfe aus,[666] der Grundstein wurde gelegt und er selbst 1823 öffentlich als Architekt benannt.[667] Bauausführender Architekt wurde dann aber ein Schotte, William Henry Playfair (1790–1857),[668] der seit 1818 mit der Planung der Bebauung von Calton Hill befaßt war.[669] Auf dem Hügel, dessen topographische Situation den Zeitgenossen die Vorstellung einer „Caledonischen Akropolis" nahelegte, sollte das neue Edinburgh, das „Athen des Nordens" entstehen.[670] An Hamiltons 1825 erbauter High School waren der Theseus-Tempel, das Thrasyllos-Monument und die Propyläen – sämtlich Bauten des antiken Athen – unschwer als Vorbilder abzulesen.[671]

Cockerell hat später stets den Eindruck zu erwecken versucht, als sei nicht er, sondern die Sponsoren des Projektes zunächst verantwortlich für die Konzeption des National Monuments gewesen. Tatsächlich hatte er zunächst „a variety of designs with Ionic porticoes of four, six and eight columns" angefertigt.[672] Als aber 1822 beschlossen wurde, „to erect a facsimile of the Parthenon"[673] bzw. einen Bau zu entwerfen, der „a replica of the Parthenon" darstellen sollte,[674] ließ sich Cockerell darauf ein und nannte das Projekt lapidar „the Parthenon".[675]

Kein Gebäude, dessen Portikus allein an den berühmten griechischen Tempel erinnerte, sondern ein begehbares, in allen seinen optischen und sinnlichen Dimensionen erfahrbares Bau- und Raumgebilde war gefordert. Ein Bauwerk, das „dem Original gleich" sein sollte, ein „Faksimile". Schinkel nannte das Projekt einen „Nachbau", als er 1826 nach seinem Besuch in Edinburgh schrieb, daß auf dem Felsen von Calton Hill „der Parthenon vollkommen nachgebaut werden soll als Nationalmonument".[676]

Mit der bloßen Formenübernahme, wie sie die Vokabeln „Nachbau", „Faksimile", „Replica" nahezulegen schienen, beschieden sich die Initiatoren und Sponsoren des Unternehmens nicht. Sie sprachen von einer „restoration of the Parthenon"[677] und meinten damit dasselbe wie der Übersetzer der Antiquities, K. Wagner, der mit Bezug auf dieses Gebäude von einer „Wiederherstellung" sprach und „die allgemeine Bewunderung der Architektur dieses Gebäudes" (des Parthenon) für die ideelle Voraussetzung hielt.[678] Tatsächlich aber standen hinter dem Projekt drei verschiedene Intentionen. Erstens sollten „the architectural riches of the empire" bereichert werden. Zweitens sollte der (Napoleonischen) Befreiungskriege gedacht werden. Und drittens sollte der „Edinburgh Parthenon" eine Art gebautes Zeichen der Solidarität mit den bedrängten Griechen sein, deren eigener Parthenon noch immer von Barbaren entwürdigt wurde. Aus den beiden letzten Beweggründen ergab sich für die Sponsoren, daß der Bau „as a matter not merely of Scottish concern, but of international concern" betrachtet werden müsse.[679]

Ein zeitgenössischer Stich, der das vollendete Monument als Vision wiedergibt, verdeutlicht anschaulich die Lage des Edinburgh Parthenon, die tatsächlich annähernd derjenigen des Parthenon in Athen entsprach.[680] Damit ist einer der Gründe angegeben, warum Cockerell, der sich doch so schroff gegen eine Nachahmung der griechischen Architektur in seiner Heimat ausgesprochen hatte, hier eine Ausnahme gelten ließ. In einer seiner Vorlesungen ließ er sich über die Bedeutung des Standorts für die Gestalt eines Bauwerks aus und konstatierte unter Bezugnahme auf sein eigenes Werk, das National Monument, daß „the Greek Doric, when placed in modern streets and combined with vertical lines appears out of place, like an elephant in a cage. Thus in this country it can only be properly employed in such situations as Edinburgh and similar elevated spots".[681]

Des weiteren lehrt diese Ansicht, daß Cockerells Betonung der „necessity of setting forth the Parthenon as a free translation of the original",[682] ähnlich zu werten ist wie Klenzes Behauptung, die Walhalla bei Regensburg orientiere sich nur ganz entfernt an dem Athener Bauwerk. De facto handelte es sich hier wie da um einen „Nachbau".

Wagner berichtete 1829, in England sei geplant, den Parthenontempel „nach dem Maasstabe des Originals wiederherzustellen".[683] Und Cockerell selbst stellte 1829 „Sections of the National Monu-

59 Edinburgh, Calton Hill. Stahlstich, um 1830

ment of Scotland" aus, von dem er selbst sagte, es sei „the model of the Parthenon of Athens, and of the same dimensions, 228 feet by 102 feet".[684] Cockerells Vorstellungen reichten jedoch, wie die jüngst aufgefundenen Pläne zum Edinburgh-Parthenon und Cockerells Beschreibung derselben zeigen, auch in das Parthenon-Innere.[685] Im Vorraum zur Kirche rekonstruierte er den viersäuligen Opisthodom des Parthenon bis hin zu Anzahl und Ausmaßen der Säulen. Cockerell hatte in Athen die Struktur des Fußbodens studiert, die Plinthen vermessen und als erster die Überzeugung gewonnen, daß nur vier Säulen und zwar von bedeutend größerem Durchmesser als die der Cella, die Decke trugen.[686] Das Kirchenschiff interessiert in unserem Zusammenhang am meisten, denn es sollte, wie der Homburger Saal Mollers, der Cella des Parthenon entsprechen. Diese Absicht wird beim ersten Blick auf Cockerells Saalschnitt nicht offenbar, denn es findet sich hier weder die „hypäthrale" Beleuchtung durch das Dach noch die dorische Ordnung. Für beides hatte Cockerell Erklärungen unterschiedlicher Art. Die Beleuchtung des Parthenon konnte auf eine schottische Kirche nicht angewendet werden. Hinsichtlich der Säulenordnung hielt es Cockerell dagegen durchaus nicht für ausgemacht, daß es sich in der Parthenoncella um eine dorische gehandelt habe. Er glaubte vielmehr aufgrund der vermuteten Säulenhöhe schließen zu dürfen, „that they were of the corinthian order" und installierte korinthische Säulen in seinem „Edinburgh Parthenon". Gemäß seiner eigenen Rekonstruktion der Parthenoncella sah er nur eine dreiseitige Säulenstellung vor. Die Säulenzahl veranschaulicht einmal mehr die Zweifel in der jungen Parthenon-Forschung: mit acht Säulen an den Längsseiten und vier Säulen an einer Schmalseite distanzierte sich Cockerell von seinen eigenen früheren Forschungsergebnissen, die an den Längsseiten sieben Säulen angenommen hatten. Unzweifelhaft waren dagegen die Ausmaße der Cella. Hier beließ es Cockerell, anders als Moller, nicht bei relativen Dimensionen, sondern er wählte exakt diejenigen der Parthenon-Cella: „that which was the cell of the Temple being about 98 feet by 62".[687]

Das Konzept des Edinburgh Parthenon war also von seinem ideellen Ansatz her identisch mit der „bis in die Dimensionen treue(n) Reparation des Minerventempels zu Athen", wie sie Moller wenige Jahre später anstrebte. In seiner Ausführung wäre der Edinburgh Parthenon sogar noch über Mollers Intentionen hinausgegangen.

Abgesehen von der Gefahr der ideologischen Aneignung, die das architektonische Faksimile bei Architekten ebenso unbeliebt wie bei Auftraggebern begehrt erscheinen ließ, barg diese Art des Umganges mit historischer Architektur auf der Rezeptionsebene die Problematik notorischen Mißverständnisses. Eine – erst durch die moderne Formanalyse als undifferenziert zu widerlegende[688] – Kritik sah das Faksimile nicht als Träger von Formerinnerungen, sondern als „Kopie" und assoziierte, Architektur lasse sich vervielfältigend vergegenwärtigen, wie etwa antike Plastik im Gips-

59 a Charles Robert Cockerell, The Edinburgh Parthenon, Längsschnitt

abguß.[689] Das „Gipsmuseum“ mit seinen Sammlungen von Abgüssen mag die Vorstellung genährt haben, die vermeintlich reproduzierte Architektur, das Faksimile, sei als Lehrstück oder Sammlungsgegenstand eines architektonischen „Gipsmuseums“ unter freiem Himmel zu verstehen.

Dieses aber konnte nicht im Sinn der Architekturtheorie der Zeit sein, die zunehmend Abstand nahm von „der geistlosen bloß äußerlichen und formellen Nachahmung, die man bequemer gefunden hatte, anstatt in die geistige Methode selbst einzudringen“.[690] Der Erkenntnis, das Winckelmannsche Prinzip der Nachahmung sei, vor allem im englischen Greek Revival, gründlich mißverstanden worden, hat auch Schinkel Ausdruck verliehen: „alles Detail ruht auf der Nachahmung griechischer Monumente; es fehlt jedoch das feine Gefühl für das Verhältnis und für consequente Anwendung.“[691]

Vor der Folie insbesondere von Schinkels eigenem Schaffen, in dem griechische Formen verwendet, jedoch „nicht archäologisch getreu kopiert“ (Neue Wache 1816)[692] und in dem von konkreten Vorbildern, wie dem Thrasyllos-Monument, in einem solchen Maß abstrahiert wird, „daß eine Identifikation .... ohne seinen Hinweis nicht möglich wäre“ (Schauspielhaus, 1818–21),[693] nahm sich die „bloß äußerliche“ Nachahmung schlechterdings unschöpferisch aus.

Damit waren die Begriffe „Nachahmung“ und „Kopie“ synonym geworden. Der negative Beigeschmack, der mit der nun als „sklavisch“[694] verstandenen „gemeinen Nachahmung“ verbunden war, hatte seine Ursache weniger in der Existenz von Negativbeispielen, denn die Architekten des frühen Klassizismus hatten allenfalls oberflächlich, jedoch nicht sklavisch kopiert; vielmehr hatte die aufkommende Klassiszismuskritik Sensibilisierung und Problembewußtsein erzeugt.[695]

Problematisch erschien nicht nur die sinnentleerte Oberflächlichkeit der Nachahmung, sondern in gleichem Maß ihr Gegenteil: die rigorose Übertragung „antiquarischer Gelehrsamkeit“ auf die Architekturpraxis.

Leo von Klenze hat in einem „Glaubensbekenntnis“, ganz ähnlich wie Schinkel, darauf verwiesen, es sei nichts „nötiger, nichts ratsamer als sich die hellenische Denkungsart zu eigen zu machen und in ihrem hohen Sinne fortzufahren.“ Deutlicher als Schinkel spricht er jedoch an, wie er sich die Umsetzung denkt und wie er sie sich nicht denkt: „... nichts ist verwerflicher als die strenge unbedingte Nachahmung und der hellenische Rigorismus..., so wie Palladio durch sinnreiche Übertragung römischer Architektur auf seiner Zeit und seines Landes Bedürfnisse groß und unsterblich ward, so mögte ich es mit der Griechen Werken, dieses ist der einzig mögliche Weg, mehr als ein glatter Plagiant zu werden.“[696] An dieser Aussage muß sich *Leo von Klenzes Walhalla messen* lassen.

Unter den gegebenen Voraussetzungen erscheint der hartnäckige Kampf Klenzes gegen die Intentionen Ludwigs I., die Walhalla als „Kopie“ des Parthenon zu konzipieren, nicht nur verständlich, sondern selbstverständlich als Kampf gegen das Plagiat.

Bereits der Entwurf, mit dem sich Klenze an dem Walhalla-Wettbewerb 1814 beteiligte, läßt erkennen, daß ihm von allem Anfang an daran gelegen war, im Innern eine unmißverständlich zeitgenössische Architektur zu schaffen. Um den ungeteilten, stark gestreckt rechteckigen Innenraum mit Tonnenwölbung war ein den Wettbewerbsbedingungen entsprechender Peripteros von 8 x 17 Säulen, dem Parthenon entsprechend, herumgelegt.[697]

Ein sicherlich mit der Kenntnis der Entwürfe Hallersteins in Verbindung zu bringender, innerhalb der gesamten „Nachahmungs-Diskussion“ noch nie zuvor eingebrachter Aspekt – „Wie aber sollte ich das Parthenon nachahmen, ohne das Parthenon gesehen zu haben?“ (1817)[698] – läßt erste Zweifel Klenzes erkennen und darauf schließen, daß sich die authentische Begegnung mit dem und die Erforschung des „Original-Parthenon“ unmittelbar auch auf ihn als ein Problemfaktor ausgewirkt hat.

Seit 1819, als er das Projekt erneut zur Sprache gebracht hatte, sprach er sich nicht nur gegen das Vorbild selbst, sondern gegen „jede Nachahmung“ aus, obwohl oder gerade weil für ihn, wie er Ludwig gegenüber betonte, der Parthenon „das schönste Gebäude der Welt und Zeiten“ und die „einzig wahre, mathematisch gewiß beste Architektur“ darstellte.[699]

Noch der Entschluß, doch auf die Tempelform zurückzugehen (1820), veranlaßte ihn zu der Erklärung, er glaube „obwohl das Schema des griechischen Tempels zum Grunde liegt, (den Entwurf) doch Erfindung nennen zu dürfen.“[700]

Als das Bauwerk endlich vollendet war, sah sich Klenze zu einer apologetischen Erklärung veran-

60 Leo von Klenze, Walhalla bei Regensburg

laßt, in der es ihm nicht zuletzt darum ging, zu betonen, er habe „kein griechisches Verhältnis und keine griechische Form sklavisch nachgeahmt, sondern nur die ganz großen Lehren" der griechischen Antike befolgt und „keineswegs die Nachahmung oder auch nur das Annähern an die einzelnen Formen und Verhältnisse irgend eines bestimmten Tempels" intendiert.[701] Der Außenbau der Walhalla spricht dieser Erklärung Hohn, obgleich auch bei ihm nicht von einer „Kopie" gesprochen werden kann[702]

Die äußerst herbe Kritik der Walhalla macht verständlich, warum Klenze die Erklärung für angebracht hielt. Als gewichtigsten Grund gegen eine Parthenon-Kopie hatte der Architekt angeführt, es lasse sich das Äußere nicht mit dem Inneren harmonisch verbinden und das Resultat werde daher „ein zur Walhalla arrangierter Tempel" sein.[703] Vor allem das Argument, daß das Innere „bei ganz verschiedenartiger Bestimmung auch eine von der inneren Gestaltung antiker Tempel ganz abweichende und eigentümliche Anordnung" erhalten müsse, überzeugte den König.[704] Eine Rekonstruktion der Parthenoncella war damit ausgeschlossen.[705]

Resumé

Die bis zum Jahr 1830 projektierten Parthenon-Rezeptionsbauten konzentrierten sich, mit einer Ausnahme, dem Edinburgh-Parthenon, auf den weitgehend erhaltenen Außenbau des Tempels, wobei eine Tendenz von der partiellen Adaption (Giebelfront) zum Faksimile feststellbar ist. Diese Tendenz lag vornehmlich im Interesse der Auftraggeber. Damit in Zusammenhang steht die Zweckbestimmung dieser als architektonische Denkmäler konzipierten Bauten, deren „Aussage" ein hoher Stellenwert beigemessen wird.[706] Wie die in ihnen konservierten Zeugnisse von Geschichte und Kunst spiegeln sie, als Gehäuse, das Selbst- und Weltverständnis ihrer Auftraggeber. Der Verzicht auf eine Rekonstruktion des Parthenoninnern wurde daher gern und freiwillig geleistet; er ist nicht in der Funktionalität der Rezeptionsbauten begründet, sondern in dem Wunsch nach deren ostentativer Ausstrahlung, die als eine der wesentlichen Funktionen dieser Parthenon-Rezeptionsbauten anzusehen ist.

Mit allen diesen aufgezeigten Charakteristika hat Mollers Homburger Saal nichts gemeinsam. Der wesentliche Unterschied, die „Restauration" der Parthenoncella, kehrt gerade das zuletzt genannte Verhältnis um: die Parthenon-Rezeption findet ausschließlich im Innern statt.

Nur Ch.R.Cockerell ging noch einen Schritt weiter, indem er Faksimile und „Reparation" kombinierte. Den Anstoß zur „Re-Kreation" kann nicht allein die Verehrung der griechischen Architektur gegeben haben, denn Moller hat, anders als einige seiner Zeitgenossen, von ihr nur als von der „Frucht des klaren Verstandes und eines richtigen Schönheitssinnes" gesprochen.[707] Dies machte sie „anwendbar", empfahl sie jedoch nicht zwangsläufig zur Nachahmung.[708]

Um welchen Stil es sich auch handelte, kam es für Moller „einer herrschenden Mode zu folgen" gleich, wenn „bei Errichtung neuer Gebäude die Wiedereinführung eines Kunstgeschmacks" intendiert wurde, „welcher uns fremd geworden ist, und die Verhältnisse, welche in erzeugten, nicht mehr dieselben sind..."[709]

Stand jedoch nicht „imitatio", sondern „renovatio" zur Debatte, verhielt es sich anders. Da es zur Vollendung bedeutenderer Bauten, etwa Kirchen, immer mehrerer Generationen bedurft habe, war es nach Moller legitim, sie „posthum", d.h. obwohl ihr „Stil uns fremd geworden ist", zu vollenden. Wichtig erschien nur, daß „ihre Verwirklichung von der über den zeitlichen Ideenwechsel fortdauernden Treue zum ersten Plane abhänge."[710] Ließ man sich auf dieses gedankliche Konstrukt ein, lag der Schritt zu einer entsprechenden Wiederherstellungstheorie nicht fern, der die Prämisse zugrundegelegt werden konnte, statt den alten Baurissen mit Hilfe präziser archäologischer Erkenntnisse zu handeln. Das Verfahren war jeweils ein denkmalpflegerisches, das Ergebnis jeweils: neue, aber den Intentionen „der Alten" entsprechende Architektur. Der re-kreative Schaffensprozeß mittels derer dem Rezipienten eine anschauliche Lehre der Geschichte zuteil werden soll, die je mehr nach einem Höchstmaß an Authentizität streben muß, je expliziter der Bildungsgedanke den der Funktionalität des Gebäudes überlagert, d.h. je mehr es „museal" zu verstehen ist.[711]

Die Suche nach den Kölner Domrissen und die eingehende Erforschung des Parthenon entspricht diesem selben Movens; beides ist als die Suche nach den Autzhentizitätsnachweisen zu verstehen.[712] Die „archäologische Treue" des Homburger Saalentwurfs erwies sich als das genaue Gegenteil einer Nachahmung, sie war das Mittel zum Zweck der Erlangung einer authentischen, gleichwohl schöpferischen Bearbeitung voraussetzenden Re-Kreation der Parthenoncella.

Schließlich sollte in diesem Saal nicht Geschichte und Kunst konserviert werden, sondern seine Bestimmung war es, festlich gestimmten Menschen als architektonischer Rahmen zu dienen. Diese Zweckbestimmung wirft die Frage danach auf, was diese Bauten bzw. Entwürfe einte bzw. trennte. Gab es einen oder mehrere Sinnbezüge, die diesen Rezeptionsbauten hinterlegt wurden.

7. Sinnsphäre und Sinnbezug

Vor der Folie von Freiheitskampf, Entwicklung des Nationalgedankens und Philhellenismus vollzog sich in den ersten drei Dezennien des 19. Jahrhunderts die in eine Parthenon-Rekreation mündende Parthenon-Rezeption, in der sich der Wandel des Umgangs mit der Architektur der griechischen Antike in exemplarischer Weise erfüllte.

Es konnte gezeigt werden, daß die Antikenrezeption in aller Regel und verstärkt um 1820 in zunehmendem Maß keineswegs als formale, sinnentleerte Nachahmung verstanden wurde. Vielmehr zeigte sich, seitdem die Architektur der griechischen Antike „pur", das heißt nicht „gefiltert" durch die Renaissance, rezipiert wurde, das Streben, zu einer ethischen Aussage der Baukunst zu gelangen.[713]

Es kann weder von einem „Stilchaos“ noch von einer „Beliebigkeit der Bezugsmöglichkeiten“ die Rede sein;[714] auch der Begriff der stilistischen Ikonografie greift, da zu oberflächlich, nicht. Vielmehr wird man stets mit einem Sinnbezug zum antiken Vorbild zu rechnen haben, auch wenn es nicht immer gelingen mag, die intendierte Sinnsphäre zu ergründen und damit die ethische Aussage zu erfassen.[715]

Wenn Schinkel in seinem Schauspielhaus (1818) einen Sinnbezug zum choragischen Monument des Thrasyllos herstellte, die intendierte Sinnsphäre aber nicht unmittelbar, sondern nur nach Hinweis nachvollziehbar wurde, kann man damit rechnen, daß auch dort, wo dieser nicht gegeben wurde, zugrundegelegen hat. Im Fall des Schauspielhauses hat Schinkel selbst den Hinweis auf das Vorbild als einem „dem Theaterbereich zugehörigen Monument“, das heißt einem derselben Sinnsphäre zugehörigen antiken Denkmals, gegeben.[716]

Wie H.-J. Kunst gezeigt hat, entziehen sich solchermaßen rezeptiv sich verhaltende Bauwerke der an Stilkategorien orientierten Interpretation. Die zitathaft vorgetragenen historisierenden Formen müssen daher gewertet werden als „Träger einer bestimmten Bedeutung, nämlich der ideellen Aneignung einer historischen Objektivität. In diesem Sinne ist es gerechtfertigt, Formen historischer Stile als Modi zu begreifen, als Modi, die – so zeichnet es sich ab – vornehmlich den politischen und gesellschaftlichen Stellenwert von Architektur visualisieren.“[717] Die Kenntnis des zugrundegelegten Sinnbezugs und noch mehr der avisierten Sinnsphäre erlaubt demnach Rückschlüsse auf die intendierte „Aussage“ des Rezeptionsbaus und gestattet, um im Bild zu bleiben, sowohl eine adäquate Interpretation seines Vokabulars als auch seiner „Sprache“.

Bereits der erste „rein griechische“ Bau Berlins, das Brandenburger Tor (1789), stand in einem „sinn-vollen“ Bezug zu dem griechischen Vorbild der Athener Propyläen: „Langhans sah diesen Bau als Stadttor an und wußte nicht, daß die Propyläen auch einst ein altes Festungstor durch eine „Pracht-Tor“ als würdigen Eingang zum Tempelbezirk ersetzten.“[718] Damit war die Sinnsphäre „auf den wohl geordneten Staat (und) das weise Regiment des Perikles“ ausgerichtet. Der historische Kontext wurde „mitbedacht“, jedoch aus der rezeptiven Situation gesehen und ihr entsprechend „modelliert“, denn „auf dieser Ebene konnten Preußen und seine Monarchie mit Athen in Beziehung gesetzt werden.“[719]

Wenn auch die antiken Vorbilder im Klassizismus „auf so allgemeine Begriffe reduziert (wurden), daß der einst konkrete historische Sinn sich auflöst“, so ist doch ihre Vorbildlichkeit weniger „abstrakt“ als durch das am jeweiligen Objekt orientierte Bedürfnis bestimmt. Der Sinnbezug zwischen einem Bahnhof des Greek Revival – Euston Station von Philipp Hardwick – und den Propyläen rekurriert ganz allgemein auf den Begriff und die Vorstellung „Tor“; seine Sinngebung als „Tor zu einer neuen Welt“ stellt das Vorbild in einen neuen, zeitgebundenen gesellschaftlichen Zusammenhang.

Die Vielfalt der ein und demselben Objekt entnommenen beziehungsweise ihm beigelegten Sinnbezüge gestaltete die Rezeptionsbauten zu kreativ reflektierten Neu- und Nachschöpfungen. Der Bezug, wenn auch nur auf eine der möglichen und der Sicht der Rezipienten unterworfene ursprüngliche Sinnsphäre belegt das Zitat mit einem Sinn und enthebt den Rezeptionsbau dem Verdikt der „bloß äußerlichen“ Nachahmung. Gerade die formal großen Unterschiede zwischen den bekannten Propyläen-Rezeptionsbauten beweisen dies.

Die Historizität des Vorbildes blieb bei dieser Vorgehensweise nicht nur gewahrt, sie diente geradezu der Rückversicherung und Legitimation, hatte Hinweischarakter. So etwa, wenn sich Schinkel bei der Fassade des Museums, dessen „Kunstschätze durch Zugänglichkeit gemeinnützig für die Bildung der Nation wirksam gemacht werden“ sollten, auf die Stoa Poikile in Athen als einer „öffentlichen Halle“, wo sich „die um die Polis gesorgten „politischen“ Bürger trafen und diskutierten,“ bezog.[720]

Sinnsphäre „*Reichstempel*“

Der griechische Tempelbau, insbesondere der Parthenon, bot die Möglichkeit zu mehreren unterschiedlichen Sinnbezügen.[721] In Gillys Friedrichsdenkmal-Entwurf wurde der Tempel als Heiligtum und „Sitz der Gottheit“ begriffen und, von seiner „geschichtlichen, kultischen Wirklichkeit abstrahierend, als „Hort der Größe des Königs“ rezipiert und als Ehrenmal formuliert.[722] Die Sinngebung ging dabei deutlich vom Architekten aus.

Der bei Gilly angelegte Gedanke eines National-Heiligtums in Tempelform ist aufgegriffen worden, nachdem Kronprinz Ludwig von Bayern „in den Tagen der großen Erniedrigung Deutschlands" 1807 (in Berlin) den Entschluß gefaßt hatte, „dem Vaterlande und seinen großen Männern und Frauen eine Ruhmeshalle zu errichten."[723] Die von Karl von Fischer 1810 eingereichten Entwürfe verwiesen erstmals mit einem konkreten Zitat auf den Parthenontempel, jedoch nicht ausschließlich, sondern in Kombination mit dem Pantheon (Projekt I) und dem Poseidontempel in Paestum (Projekt II).[724] In der Wahl der Vorbilder, besonders im Fall von Projekt I, dokumentiert sich die Gedankenkonstruktion von Ruhmestempel (= Pantheon) und griechischer Architektur als dem Symbol der Freiheit.

Der Gedanke konkretisierte sich erst nach den Befreiungskriegen, als der Aspekt des Ruhmes durch den Sieg der „großen Männer" des Vaterlandes über den „Giganten" Napoleon Erweiterung erfuhr. Das nun avisierte architektonische Denkmal sollte zwar kein Denkmal der Befreiungskriege werden, aber die Vorstellung des jetzt geplanten Nationaldenkmals, das der Verherrlichung der vaterländischen Geschichte und Tradition gelten sollte, bezog diese als Voraussetzung und historische Erfahrung mit ein.[725] Damit erhielt der Bezug auf den Parthenon einen neuen Sinn, der ihn, ausschließlich und konkret, erneut zum „zitierwürdigen" Objekt werden ließ.

Seine Sinnsphäre ist nicht die des „Hortes der Gottheit", sondern die seiner historischen Existenz als „Symbol des Sieges der Griechen über die Perser und damit der griechischen Einheit."[726] Befreiung und nationale Einigung finden sich im Parthenon präfiguriert.[727] Noch bevor es zur Realisierung der Walhalla kam, waren in England Pläne der Verwirklichung entgegengeführt worden, die eben dieser Idee folgten. Obwohl sich England nur durch die Kontinentalsperre als in den Befreiungskrieg einbezogen begreifen konnte, kam dort der Gedanke auf, den Gefallenen der „Napoleonic wars" ein Denkmal zu setzen. 1822 – unter dem Eindruck des griechischen Freiheitskampfes – erging der Aufruf „to erect *a facsimile of the Parthenon*". Dieses von Cockerell konzipierte „Faksimile" des Parthenon fand seine Zweckbestimmung als „Scottish National Monument". Es blieb unvollendet.[728]

Als die Walhalla nach langer Planungs- und Bauzeit endlich fertiggestellt war, erschien ihre Vollendung „wie eine anachronistische Projektion einer vollkommen unaktuellen, schon weit aus der Vergangenheit reichenden, idealistischen Vorstellung ... die geistige Situation (ist) eine andere als nach der Erhebung von 1814. In den dreißiger und vierziger Jahren hatte bereits die Tragfähigkeit der nationalen Ideale, die der Zeit der napoleonischen Kriege entsprangen, nachgelassen".[729] Wenn anläßlich der Walhalla-Eröffnung von „Anordnern" der Feierlichkeiten die Rede ist, die dafür Sorge trugen, daß nicht das Volk „zu Hunderttausenden aus allen seinen Ständen" herbeiströmte, sondern „ferngehalten" wurde, und wenn darüberhinaus kritisiert wird, daß „nur eine Uniform, ob landesüblich oder fremd", zu dem „deutschen Ehrenfeste", das schließlich nur noch den „Anblick eines Familienfestes" bot, zugelassen war, wird die restaurative Tendenz vollends deutlich.[730]

Der Walhalla-Gedanke erwies sich – Rezeption und Schicksal des Bauwerks bewiesen es – als veraltet. Die Sinnsphäre des Parthenon als Nationaldenkmal „vermittelte sich" nicht mehr. Die Bindung an nur einen der möglichen Sinnbezüge zeigte ihre Nachteile in solcher offensichtlichen Deutlichkeit, gerade weil dieser Sinnbezug eine Projektion gegenwärtiger, Wandlungsprozessen unterworfener Ideale in die Antike darstellte.

Hier schließt sich der Kreis zur Formanalyse. Zeitbezogenes Antikenzitat und „sklavische" Nachahmung, so sieht Schinkel als einer der wenigen seiner Zeit die Problematik, basieren auf einem Mißverständnis: „Wer die Geschichte nur mit den Vorurtheilen der Spätzeit fragt, wird Sklave der Nachahmung, welcher der hohen Bestimmung einer ewigen Fortentwicklung des Menschengeschlechts höchst unwürdig".[731]

Ein Umgehen dieser Problematik erschien nur möglich, indem das antike Vorbild selbst als Symbol sittlichen und ethischen Handelns begriffen wurde und als solches in unzweideutiger Weise auf die Nachschöpfung Einfluß nahm, d.h. wenn die mit ihm verbundene Sinnsphäre auf die Zweckbestimmung übertragen wurde (Theater-Schauspielhaus) und wenn die rezipierte Sinnsphäre einem gültigen Wert (Freiheit) entsprach. Der Parthenon bot eine solche Anknüpfungsmöglichkeit. Sie lag dem Konzept von Mollers Homburger Kursaal zugrunde.[732]

Sinnsphäre „*Festtempel*"

Mollers Interesse war nicht auf das Äußere des Parthenontempels gerichtet. Nicht das Homburger Gesellschaftshaus, sondern allein der Saal verkörperte die rekonstruierte Parthenoncella. Der Saal galt, wie die Cella, als das geistige Zentrum und der Bedeutungsträger.[733]

Doch kam den umgebenden Räumlichkeiten im Baugefüge des Homburger Gesellschaftshauses eine für die Interpretation nicht unwesentliche Rolle zu. Sie umschlossen den Saal nicht nur, sie steigerten seine Wirkung. Der das Gebäude Betretende sollte von kleinen, in sich geschlossenen Räumlichkeiten empfangen mit Erwartung erfüllt werden, bis er im Saal der „Größe" der ihm dargebotenen Architektur gewahr wurde.

Der sukzessive auf den Gebäudekern hinlenkende Aufbau des Gesellschaftshauses war im Effekt, wenn auch nicht in der architektonischen Gestaltung, dem sich von außen nach innen verdichtenden Aufbau eines griechischen Tempels vergleichbar.[734] Die inmitten gelegene Tempelcella beherbergte das Bild der Göttin, das angegliederte Opistodom den Tempelschatz. In der Cella also kulminierte die Architektur, weil sich der Tempel aus ihrem Kult konstituierte.

Versteht man die von Moller intendierte „Restauration" als eine ideelle Wiederherstellung, so läßt sich der Saal als eine Re-Novatio der Parthenoncella definieren, der Saal *ist* also die Parthenoncella in ihrer ursprünglichen Gestalt. Mit der Parthenoncella, dem heiligsten Raum des Tempels, wurde – im Bemühen um architektonische Treue – nicht allein die Architektur, sondern auch die Sinnsphäre beschworen.

Diese manifestierte sich im Fall des Parthenontempels im Fest der Panathenäen, das im August jeden Jahres als die „Kleinen Panathenäen" und jeden vierten Jahres als die „Großen Panathenäen" begangen wurde.[735]

Nicht „für den Cultus und die Mythologie der Pallas (war) dies große, prachtvolle Bauwerk" von Bedeutung, sondern aufgrund der Tatsache, „daß es seine Bestimmung besonders bei der glänzenden Feier der Panathenäen erfüllte".[736]

Die Panathenäen aber wurden als das Hauptfest des *Staates* gefeiert, da sie nach Meinung der Athener bei der Einigung Attikas begründet worden seien. Dies erhob sie zu einem „in ein religiöses Gewand gekleidete(n) politische(n) Fest, aus dem dann im Laufe der Geschichte das großartige, Athens Macht und Glanz verherrlichende Reichsfest wurde."[737] Waren die Panathenäen das Reichsfest, vor dem Hintergrund Attikas, so konnte der Parthenon als der „Reichstempel" der Athener bzw. als „attisches Nationaldenkmal"[738] begriffen und diese Sinnsphäre auf das deutsche Nationaldenkmal übertragen werden.[739]

Klenze hat bei der Walhalla die Panathenäen mitbedacht und während der Bauzeit ihre der Sinngebung seines Baus entsprechende Integration reflektiert. Seiner Ansicht nach war die Inauguration jeder neu hinzukommenden Büste eines ruhmeswerten Deutschen als eine „nationelle Handlung" zu begehen und „immer mit einem teutschen Nationalfeste (vielleicht am 18. Okt. ?) zu verknüpfen." Er dachte an eine Prozession in vaterländischem Geist: Die jeweilige Büste sollte „mit einem feierlichen Zuge hinan in den Tempel gebracht werden, (und) so wie das Parthenon und seine Vorhalle und Unterbau (die Propyleen) erst beim Festzuge der Panathenäen, so würde die Walhalla ihre volle Bedeutung und die Schönheit bei diesem pangermanischen Feste entwickeln..."[740]

Nicht allein die Architektur sollte also an das „National-Heiligtum" der Athener anknüpfen, vielmehr sollte durch den Nachvollzug der Panathenäen ein kultisch-ethischer Bezug hergestellt werden. Bereits früher, anläßlich der Planung eines Friedensdenkmals (1815), hatte Klenze in offenbarem Hinblick auf die Panathenäen davon gesprochen, daß jenes Monument, „érigé par l'Europe réunie", mit der „célébration des fêtes paneuropéennes" verbunden werden solle.[741]

Die „pangermanisch" und „paneuropäisch" interpretierten Panathenäen sollten, wie die Architektur, dem (in Klenzes Augen noch) gegenwartsbezogenen Ideal der Nationalfeier anverwandelt werden.[742]

Auch Moller hat an die Panathenäen gedacht, vielleicht auch im Sinn einer nationalen Feier. Vor allem aber konnten die Panathenäen nach den Schilderungen der antiken Autoren als das Fest angesehen werden, in dem sich griechischer „Geist" prototypisch manifestierte. Sakralität war hier nicht gleichzusetzen mit Stille und Andacht, sondern vielmehr mit einer zu Ehren der Göttin inszenierten Festlichkeit, deren weltliche Bestandteile zum Ritus erhoben und in den Dienst des Kults gestellt erschienen. Doch handelte es sich bei den Panathenäen nicht um ein ausgelassenes, sondern um ein den Agonen und, vor allem seit der Zeit des Perikles, den Musen gewidmetes Fest.

Die dreigeteilte Feier begann in der Nacht vor dem Haupttag des Festes mit einem Fackelwettlauf und einer musikalischen Feier, bei der Chöre von Jünglingen und Jungfrauen Gesänge anstimmten und einen Reigen aufführten. Die „Pompe" waren ein Opferzug, der die konstituierenden Elemente der Demokratie repräsentierte, an ihr nahmen außer den Priestern und sakralen Ministranten Vertreter der Behörden und Beamte, die Wehrmacht und „eine gewisse Zahl Teilnehmer" aus dem Volk teil. Das Opfer selbst gestaltete sich zum feierlich begangenen Staatsakt. Daran schlossen sich die gymnischen, hippischen und musischen Agone an; Sport und Spiel, aber auch Musik und Theater gehörten als integrale Bestandteile zu dem Fest.

Im Parthenontempel – so glaubte man im 19. Jahrhundert – kulminierten die Feierlichkeiten. Hier fand die Weihe des Peplos statt und auch die „Kränzungsfeier der Panathenäensieger".

Aufgrund ihrer zentralen Rolle im öffentlichen Geistesleben des antiken Athen und ihrer festen Verankerung im athenischen Festkalender konnten die Panathenäen als zur ethisch-kulturellen Substanz des Parthenon gehörig begriffen werden. Die aufgegriffene und rezipierte Sinnsphäre des Parthenon lag also in ihm selbst begründet.

Darin und in der, allerdings äußerst wichtigen, Funktion als Hort des Staatsschatzes erschöpfte sich die Funktion des Parthenon, der den Zeitgenossen Mollers als „das grundlegende Beispiel" für „Thesauren und agonale Festtempel" galt.[743] Boetticher sprach klar und unmißverständlich aus, daß er den Parthenon für ein Bauwerk hielt, „welches zwar Form und Namen eines Tempels trug, jedoch die heilige Weihe und Anerkennung als Kultusstätte nicht empfangen konnte."[744] Zwar kam der Parthenoncella nach Auffassung des 19. Jahrhunderts im Zusammenhang mit den Panathenäen die Rolle eines kultartigen Raumes zu, da sich hier die Statue der Göttin befand, der dieses Fest geweiht war, und in dem jenes der Göttin geweihte Tuch, der Peplos, dauerhaft verblieb und dem Raum als ephemere Bedeckung „sakrale" Atmosphäre verlieh;[745] aber es handelte sich weder um einen echten Kultraum noch waren die Panathenäen kultische Feste. Der Parthenon und seine Cella galten demzufolge als pseudo-sakrale, im wesentlichen profane (und als solche höchst wichtige) architektonische Gebilde.

Diese Sinnsphäre zu rezipieren heißt, die Funktion des Parthenon als des Festtempels der Athener auf den Homburger Saal zu übertragen, der dem Fest, der Musik und dem Tanz vorbehalten sein sollte; dies kam einer Vergegenwärtigung „griechischer Mentalität" gleich, wie sie sich in der Ausübung griechischer Festlichkeit manifestierte.

Die Übertragung der Sinnsphäre der Parthenoncella ging jedoch weiter.[746] Der Homburger Saal sollte, wie jene, als exklusive Raumgestaltung verstanden werden. Die Cella war ja kein Versammlungsraum wie das Innere der christlichen Kirche, sondern ein Kultraum, der von gewöhnlichen Sterblichen nicht betreten werden konnte. Gerade der Parthenon galt als Schatz- und Festtempel, dessen „innere Räume ... für Niemand ausser den Schatzbeamten zugänglich" waren, dessen „Thüren stets verschlossen und mit dem Amtssiegel verwahrt (waren); nur an den erwähnten Festtagen der Götterspiele werden sie festlich zugerüstet dem Volke zur Anschau geöffnet und ihre Schätze unter Aufsicht der Beamten gezeigt."[747] Die Cella des Parthenon bot aber noch in anderer Weise die Möglichkeit, diese als „Exklusivraum" zu definieren.

Um die gegenüber dem Umgang nochmals durch eine Stufe erhöhte Cella nämlich zog sich der 160 m lange Fries mit der Darstellung des Panathenäenzuges.[748] Auf ihm waren nicht Szenen aus der griechischen Mythologie oder aus dem Wirken der Athena dargestellt, sondern das Panathenäenfest selbst war festgehalten. Dieser berühmte Fries umschloß und begrenzte die Cella, indem er mit seinen Darstellungen nach außen, also zum Umgang hin ausgerichtet war. In diesem Abbild realer Vorgänge, an denen auch „das Volk" beteiligt war, konnte sich der Sterbliche wiederfinden, und es legitimierte seinen Zugang – jedoch nur bis zur Außenwand der Cella.[749]

Diese Konzeption der Cella als einem sakrosankten Raumgebilde hat Moller in die rezeptive Architektur einfließen lassen und in seiner Saalkonzeption nachvollzogen: die ihn umgebenden Räume gehörten dem „profanen" Bereich des Gesellschaftshauses an, die Höfchen leiteten auf ihn zu und stimmten auf ihn ein. Dennoch schloß sich der Saal nach außen ab und wahrte damit seine Exklusivität.

Somit wurden im Homburger Saal nicht allgemein antike Architekturformen verwendet, sondern eine konkrete antike Tempelarchitektur einschließlich ihrer Sinnsphäre zu neuem Leben erweckt.

Der Vorgang hatte seine Parallele in der Übertragung der Sinnsphäre etwa eines antiken Amphitheaters auf ein modernes Theater oder des antiken Odeon auf den modernen Konzertsaal.[750]

Die Übertragung gegenwärtiger Bedürfnisideale geht, gemessen an der Architektur der Nationaldenkmäler, weniger von der zeitbedingten Interessenlage aus, als daß sie sich an der Zweckbestimmung der antiken Vorbilder ausrichtete. Zweckbestimmung und architektonische Aussage werden dabei einer mit einer konkreten Architektur verknüpften Sinnsphäre integriert oder unterstellt, so daß der historisch legitimierenden Interpretation doch einiger Interpretations-Spielraum gegeben ist. Im vorliegenden Fall werden die mit den Panathenäen und somit mit dem Parthenon in Verbindung stehenden Festlichkeiten als Manifestationen griechischer Festlichkeit vorgestellt. Mit der Re-Kreation der Architektur wird die Wiederbelebung geistig-kultureller Gehalte verbunden, die als verbindlich anerkannt werden sollen, und in denen sich die gegenwärtige Gesellschaft wiederfinden soll.

Geht man davon aus, daß die Auseinandersetzung mit der Antike „als Ausdruck des Bemühens des Bürgertums (zu sehen ist), sich die Geschichte auf seine Weise anzueignen, die Tradition mit eigenen Maßstäben zu beurteilen und für sich zu nutzen", so erscheint „die authentische Interpretation klassisch-griechischer Originale in der zeitgenössischen Architektur (als) die Legitimation für den Gebildeten."[751]

Dabei bleibt zu berücksichtigen, daß der Auseinandersetzung mit der Antike die Auseinandersetzung mit der mittelalterlichen, speziell der gotischen Architektur als mögliche Alternative entgegensteht, die „als Emanation einer freiheitlichen, sich keiner Regel, keinen Zwängen beugenden Idee (verstanden werden kann), während der Klassizismus sich als eine Ordnungsmacht vorstellt."[752] Daß „neugotische" Architekturentwürfe jedoch keineswegs zwangsläufig als auf die „untergeordnete Klasse" projiziert anzusehen sind, ist am Beispiel der Schinkelschen Entwürfe für die Friedrich Werdersche Kirche in Berlin aufgezeigt worden. Sowohl gotische als antike Rezeptionsarchitektur können der Abgrenzung nach „unten" dienstbar gemacht werden, wobei die letztere ausschließlich als solche in Erscheinung zu treten scheint. Vom Bürgertum angeeignete antike Architektur ist damit zwangsläufig „Bildungsarchitektur", denn sie grenzt sich ab mit dem ihr eigenen Machtmittel, der Bildung.

Zwei Tendenzen zeichnen sich ab, die geeignet erscheinen, klassizistische und besonders neuhellenische Architektur[753] als die Ausdrucksform einer Bildungselite zu kennzeichnen. Die eine ist die der Verschleierung des Vorbildes, wie dies am Schauspielhaus Schinkels, aber auch am Homburger Saal Mollers geschah bzw. geschehen sollte. Dabei soll die Rezeption nicht als eine persönliche Geheimwissenschaft verstanden werden, denn beide Architekten haben in schriftlicher, also tradierbarer Form ihre „Quelle" offenbart. Es ist vielmehr beabsichtigt, den Kreis der Wissenden möglichst klein zu halten und die Masse der Unwissenden vor dem „Überbau" verharren zu lassen.

Zum zweiten erscheint es signifikant, mit welcher Ernsthaftigkeit etwa im Fall des Münchner Odeon ein „rein äußerlich bis in die alltäglichen Bereiche hinein" verwendetes „altertümelndes" Modewort – Odeon – in seinem ursprünglichen Sinn und damit „über dem Durchschnittsniveau der antikisierenden Mode" entsprechend angewandt wird.[754] Noch mehr trifft dies auf das besonders in der 1. Hälfte des 19. Jahrhunderts in geradezu inflationären Gebrauch gekommene und damit nivellierte Wort „Tempel" zu. Gerade weil die Epitheta den „Tempel" von der Göttlichkeit entfernen, indem vom „Tempel der Muse" die Rede ist, der sich leicht zum „Tempel des Ergötzens", des Vergnügens, ja sogar des Spiels verallgemeinern und banalisieren läßt, gilt es, ihn in die humanistische Sphäre zurückzuholen.[755] Wenn der Wiesbadener Kursaal mit einem Heiligtum verglichen, das Baden-Badener Konversationshaus dagegen als ein „bâtard du Parthénon" geschmäht wurde,[756] signalisierte dies nicht nur eine „bloß äußerliche" (im Sinn von „oberflächliche"), sondern eine im Gegenteil gerade vom Äußeren, d.h. von der architektonischen Gestaltung weitgehend abstrahierende, rein subjektivem Empfinden unterworfene Anschauungsweise.

Wenn dazu Gebäude als „Bastarde" antiker Vorbilder unter Verdikt gerieten, die solchen gar nicht nahezukommen trachteten, galt es entweder der Antike ganz zu entsagen oder sie mit aller Ernsthaftigkeit und Eindringlichkeit, und das hieß Authentizität zum Vortrag zu bringen. Die Architektur um 1830 befand sich in diesem – hier auf einen einzigen, sich aber aus dem Gegenstand der Betrachtung ergebenden Aspekt reduzierten – Zwiespalt.

Der Homburger Saal Mollers steht für den zweiten Weg, er meinte den antiken Tempel in seinem vollen Wortsinn; er zitierte diesen einen antiken Tempel, den Parthenon, in seiner ursprünglichen Form und er nahm Bezug auf seine einstige Sinnsphäre.

Damit wurde der Saal der zeitgenössischen Anforderung an die Architektur, sie solle ihre Zweckbestimmung erkennen lassen, gerecht, ohne daß Moller die antike Form aufgab. Letzteres charakterisiert ihn jedoch nicht als den „ewigen Klassizisten", denn es ist „irrig, den Wandel des Ideals eine folgerichtige Wahl eines entwickelteren und komplizierteren Geistes zu nennen".[757] Die antike Form, wie sie Moller in seinem Saal-Entwurf anwendet, ist ebenso „sinnig" in Aussage und Gehalt wie etwa ein in den Formen der Renaissance gehaltener Entwurf, wie er bereits 1826 für ein Kursaalgebäude in Brückenau Form angenommen hatte.

8. Philhellenismus und „philhellenische Architektur"

Die Auseinandersetzung mit der Parthenonforschung und die Initiative zur Übersetzung der „Antiquities", die Veröffentlichung von Bröndsteds „Reisen und Untersuchungen" (Band 2) und Mollers explizit „griechischer" Kursaal sind nicht ohne weiteres auf den gemeinsamen Nenner des Klassizismus zu bringen. Vielmehr waren die aktuellen Zeitumstände dazu angetan, den normativen Klassizismus aus seiner Zeitlosigkeit zu entlassen und ihm eine historische Wendung zu geben. Die Situation Griechenlands – nicht in der Antike, sondern in der Gegenwart – spielte dabei eine entscheidende Rolle.

Spätestens seit dem Wiener Kongreß war der Drang der „Neugriechen", sich dem „türkischen Joch" zu entziehen, in das Bewußtsein der Europäer gedrungen.[758] In seinem Vorwort zu „Hellas" (1821) formulierte Shelley die Grundmotive der künftigen philhellenischen Bewegung. „We are all Greeks. Our laws, our literature, our religion, our arts have their root in Greece... The Modern Greek is the descendant of those glorious beings whom the imagination almost refuses to figure to itself as belonging to our kind, and he inherits much of their sensibility, their rapidity of conception, their enthusiasm, and their courage".[759]

Getragen von einem der ethisch-kulturellen Tradition verpflichteten gesamteuropäischen Philhellenismus entwickelte sich der 1821 einsetzende Freiheitskampf der Griechen in drei jeweils von einer Nation und ihren Interessen an Griechenland geprägten Phasen. In der ersten –1821 bis Ende 1822 – engagierten sich vor allem die Deutschen und die Schweizer, in der zweiten –1823 bis Mitte 1825 – die Engländer und in der dritten – seit Mitte 1825 bis ca. 1833 – die Franzosen.[760]

Zuerst schlugen „in Deutschland ... die Wogen der Griechenbegeisterung am höchsten",[761] denn „nowhere in Europe was the classical tradition stronger. The enthusiasm for the Ancient Greeks in the late eighteenth and early nineteenth centuries had prepared the ground well". Hinzu kam, daß sich „during the last years of the war against Napoleon a powerful idealistic and nationalist spirit" entwickelt hatte. „The war had been fought for 'Freedom', a concept of intoxicating freshness and one closely connected with the newfound Ancient Greeks".[762]

Auf den Kampf auf fernem Schauplatz wurden jene Hoffnungen übertragen, für deren Scheitern im eigenen Land der Name Metternichs stand.[763] „Liberals tended to be philhellenes and philhellenes to be liberals".[764]

Wie später in den anderen Ländern ging in Deutschland der Philhellenismus von den liberalen Intellektuellen und damit von den Universitäten aus. Der Leipziger Professor Wilhelm Traugott Krug, Verfasser dreier aufsehenerregender philhellenischer Schriften, war der erste, der am 1. August 1821 „zur Gründung eines Hülfsvereins für die Griechen" aufrief.[765] Ihm wurde das weitere Eintreten für die Griechen verboten.

In dem philhellenischen Engagement des Münchner Philologen Friedrich Thiersch vereinigte sich humanistisches Gedankengut mit liberalen politischen Anschauungen. Bereits 1815–1818 leitete er eine Studienstätte („Athenäum") für junge Griechen, die durch Bildung auf die Geistigkeit ihrer eigenen Nation zurückgeführt werden sollten, um sie erneuern helfen zu können.[766] Nicht auf den Widerstand seines Landesherrn, aber den Preußens und Österreichs stießen 1821 die Schriften Thierschs und seine vehemente Forderung, den Griechen militärische Hilfe angedeihen zu lassen.[767]

Diesen restriktiven Maßnahmen zum Trotz wurde der Philhellenismus binnen kurzem zu einer Volksbewegung. Geldspenden flossen reichlich, und „selbst bei den armen Häuslern des Erzgebirges sammelte man für die Griechen".[768] Idealisten und Abenteurer, in jedem Fall kampfbereite Griechenfreunde aus allen Schichten, gingen als Freiwillige nach Griechenland – in den Jahren 1821 und 1822 waren es 265 Deutsche gegenüber 71 Franzosen und 12 Engländern.[769]

Diese Zahlen verdienen um so mehr Beachtung als gerade in Deutschland Bestrebungen zur Gründung von „Griechenvereinen", in denen die Aktivitäten kanalisiert und organisiert werden sollten, vielfach unterdrückt wurden.[770] Nur in den Kleinstaaten Südwestdeutschlands, z.B. im Großherzogtum Hessen, konnte sich die philhellenische Bewegung ungestört entfalten, „and the committees of Darmstadt, Stuttgart, and Frankfurt found themselves thrust into a position of leadership... In Germany all roads led to Darmstadt, Stuttgart and Frankfurt".[771]

In Darmstadt fand der Befreiungskampf der Griechen begeisterte Anhänger. Vor allem der Kaufmann Ernst Emil Hoffmann wirkte unermüdlich für die Sache der Griechen .[772] Er stand an der Spitze des Darmstädter Griechenvereins und hatte „für die Bearbeitung der griechischen Angelegenheiten ein besonderes Bureau mit zahlreichem Personal" eingerichtet.[773] Als die Griechenvereine Deutschlands und der Schweiz im Dezember 1822 beschlossen, eine „Deutsche Legion" nach Griechenland zu entsenden, wurde Hoffmann die gesamte Organisation übertragen, eine Aufgabe, der er sich in dem für ihn „charakteristischen großartigen Stil" entledigte. Hoffmann, ursprünglich vom Großherzog gefördert und früh zum Kommerzienrat ernannt, „wurde nach den Befreiungskriegen zu einem der populärsten Anführer der liberalen Opposition. Er gehörte zu den Vorkämpfern für die Verfassung von 1820 und wurde später mehrmals in den Landtag gewählt".[774] Am 15. Juni 1823 verlieh ihm das griechische Parlament das griechische Ehrenbürgerrecht, während „seine philhellenischen Aktivitäten zuhause umstritten waren".[775]

Darmstadt war die einzige Stadt Deutschlands, in der es ein Politiker wagen konnte, im Landtag den Aufstand der Griechen für gerechtfertigt zu erklären. Am 19. Juni 1821 hielt Hans Christoph von Gagern – Vater des späteren Präsidenten der Nationalversammlung – vor der zweiten Kammer der hessischen Landstände eine flammende Rede. Es war die erste und letzte, in der ein deutscher Philhellene „in einem deutschen Parlament das Wort für die Griechen ergriff".[776]

Die griechenfreundliche Atmosphäre in Darmstadt dürfte an Georg Moller nicht spurlos vorübergegangen sein. Nachweise über mögliche Aktivitäten, etwa im Darmstädter Griechenverein, lassen sich jedoch nicht erbringen.[777]

Die Presse, vom Morgenblatt für gebildete Stände über die Augsburger Zeitung bis zur Didaskalia, trug dem verbreiteten Interesse ihrer Leser mit regelmäßigen, nicht immer übereinstimmenden Berichten „vom Kriegsschauplatz" Rechnung. Tatsächlich sorgte wohl „der Umstand am meisten für die Verbreitung des Philhellenismus, daß jedes, auch das kleinste Blatt, von Griechenland und seinem Aufstand berichtete".[778] Der Abdruck eines der zahlreich entstehenden Griechen-Gedichte o.ä. bewirkte zusätzliche moralische Aufrüstung. Die in diese literarische Sparte gehörigen „Lieder der Griechen" von Wilhelm Müller waren im Herbst 1821 innerhalb von sechs Wochen ausverkauft.[779] Selbst Historiker, Philologen und Theologen beeilten sich, mit der Veröffentlichung philhellenischer Schriften einen Beitrag zu leisten; auf der Leipziger Buchmesse wurden zu Ostern 1821 bereits 18 philhellenische Publikationen gezählt.[780]

Vor der Folie aktueller und lebhaft mitempfundener Ereignisse fand gerade für die deutschen Literaten die Griechensehnsucht des Idealismus ihr reales Ziel.

Besonders in Hölderlins „Hyperion" sah man eine geniale Vorahnung der „Wiedergeburt Griechenlands". In jenem unter dem Eindruck der ersten griechischen Freiheitsregungen entstandenen Roman schien das Verhältnis von Neugriechentum und antikem Hellenentum vorgebildet, denn in der Entdeckung der Ursprünge des Menschseins erfüllte sich für Hölderlin die Suche nach dem Griechentum. Mit Varnhagen befand man, der Hyperion „fände keine bessere Zeit" und wartete ungeduldig auf seine Neuauflage. Sie sollte „zur Befreiung der Hellenen mithelfen"![781] Selbst ein „tätiger Philhellene", entsprach der Verleger Cotta dem allgemeinen Wunsch und brachte den Hyperion noch 1822 heraus; ein Teil des Erlöses sollte dem Stuttgarter Griechenverein zufließen.[782] Die Motivation zu solcher Opferleistung lag nach den Worten des Homer-Übersetzers und Spenders von 1000 fl. Johann Heinrich Voß in der moralischen Verpflichtung begründet, „einen kleinen Beitrag jener großen Schuld für die von Hellas erhaltene Bildung" zu leisten.[783]

Der „Hyperion" war jenes Werk Hölderlins, das 1799 in Homburg vollendet wurde. Es hatte am Landgrafenhof nicht nur freundliche Aufnahme gefunden, sondern zugleich die Zuneigung der Prinzessin Auguste zu Hölderlin[784] sowie umgekehrt dessen Wertschätzung der Landgrafenfamilie begründet. „Die Familie des Landgrafen besteht aus ächt edlen Menschen, die sich durch ihre Gesinnungen und ihre Lebensart von andern ihrer Klasse ganz auffallend auszeichnen".[785]

1805 schrieb Prinzessin Marianne an ihre Schwester Auguste: „Ich lese viel im Hyperion... ach! wie lieb ich das Buch! Was macht denn sein Verfasser?"[786] Als Hegel am 6. März 1830 mit der Prinzessin über Hölderlin sprach – „der für die Welt verschollen ist – von seinem Buch Hyperion"–, weckte das Gespräch die Erinnerung: „... eine ganze Vergangenheit ging auf... Ich sah auf einmal das Buch Hyperion, wie es grün eingebunden lag auf dem Fenster der Schwester Auguste... – kurz die ganze Vergangenheit ging mir auf in dem befreundeten Nahmen".[787]

Das literarische Griechenbild fand seine Erfüllung im Philhellenismus. Außerdem: es wiederholte sich im Freiheitskampf der Griechen der eigene gegen Napoleon. Die Kinder des Landgrafen mit dem „deutschen Herzen" waren engagierte Philhellenen. 1826 tat sich Marianne, nunmehr Prinzessin Wilhelm von Preußen, durch eine Griechenspende hervor, deren Höhe die aller anderer Mitglieder des Berliner Hofes übertraf.[788]

Prinz Ludwig von Hessen-Homburg, der eine Spende in gleicher Höhe beitrug,[789] kannte Griechenland aus eigener Anschauung. Eine Reise nach Italien, Griechenland und in die Türkei, 1816/17, hatte ihn auch nach Athen geführt. Am 27. Mai 1817 habe er dort „das alten Geschütze angesehen", schrieb Ludwig 1821.[790] Seinen Reisenotizen ist zu entnehmen, daß er noch am 5. Juni 1817 in der Stadt weilte, denn er erwähnte die Akropolis.[791] In jenen Wochen muß auch die Bleistiftzeichnung entstanden sein, auf der er die Akropolis aus der klassischen Perspektive mit Blick auf die Giebelfront des Parthenon wiedergab. Von Ludwigs eigener Hand ist diese Skizze bezeichnet mit „zu Athen Schloß".

Als am 20. Oktober 1827 bei Navarino die türkisch-ägyptische Flotte von den vereinigten Flotten Englands, Frankreichs und Rußlands geschlagen worden war, ließ er sich „sogleich einen Plan kommen", um sich „mit allen Einzelheiten genau bekannt zu machen". Er sah in der Schlacht, mit der das militärische Ende des griechischen Befreiungskrieges gekommen war, „das wichtigste Ereignis, durch welches die Freiheit Griechenlands" bewirkt werde.[792]

Zweifellos gehörte Ludwig zu den wenigen Fürsten, die dem Philhellenismus nicht nur nicht feindlich gegenüberstanden, sondern ihm im Gegenteil sehr gewogen waren und aktiven Anteil nahmen.

Drei Jahre später war es Landgraf Ludwig, dem Moller seinen Homburger Saalentwurf vorlegte.

Der Schlacht bei Navarino waren – mit dem Fall von Missolonghi und der Besetzung Athens etc. – Ereignisse vorausgegangen, die das seit 1823 weitgehend erloschene Interesse an Griechenland neu entfachte. Mit der Zuspitzung der Situation im Lande reifte bei den Regierungen Englands und Frankreichs die Erkenntnis, daß eine Unterstützung Griechenlands nicht zuletzt aus Gründen des europäischen Kräfteausgleichs ebenso notwendig wie schwierig – Frankreich paktierte mit der Türkei – war. „The simple ideas about regenerating Ancient Greece and defending Christians against Infidels which had inspired the first philhellenic efforts on the Continent were now alloyed with apparently more sophisticated considerations".[793]

Die nun tonangebenden englischen und französischen Griechenvereine, einschließlich einzelner nach Griechenland entsandter Philhellenen wie der als Galionsfigur eingesetzte Lord Byron, fungierten als verlängerte Arme der Regierung.[794] Die idealistischen Grundmotive der Philhellenen gerieten in den Strudel der Machtpolitik, mit dem

Nebeneffekt, daß der Ruch des „Revolutionären“ schwand.

Damit eröffnete sich auch für viele Deutsche die Möglichkeit, sich zu ihrer Griechenfreundlichkeit zu bekennen. Selbst Ludwig I. trat erst nach seinem Regierungsantritt 1825 „offen für die Griechen“ ein.[795] Sogar in Preußen hatte sich die Stimmung gewandelt. Jetzt gab es in Berlin einen „Verein zur Unterstützung der Notleidenden Griechen“, und jetzt konnte Christoph Wilhelm Hufeland es wagen, einen Aufruf zu Hilfsaktionen für Griechenland zu veröffentlichen;[796] die Spendensubskriptionsliste wurde von der Königin selbst angeführt.[797]

Ursächlich beeinflußt wurde das neuerliche Emporflammen des Philhellenismus in den Jahren 1825/1826 – „lebendiger, feuriger als je“[798] – von der Besetzung Athens seit dem Frühjahr 1825, von der nur die Akropolis ausgenommen war. Damit geriet die an strategischer Bedeutung gewinnende klassische Stätte zunehmend in Gefahr.

Bereits 1822 hatte ein Bericht des Morgenblatts den Eindruck erweckt, als würde mit der möglichen Zerstörung der Akropolis jede Hoffnung auf eine Wiedergeburt Griechenlands zunichte – „und so ist das Parthenon jetzt vielleicht zerstört“.[799] Auf die Akropolis konzentrierte sich seit 1825 der Verteidigungswille der Griechen, für die sie nicht so sehr eine Festung als einen „talisman of civilization“ darstellte,[800] wie das Interesse der Deutschen am Schicksal Griechenlands, das noch immer ausschließlich von humanistischem und humanitärem Gedankengut getragen wurde. Die letztlich der Befreiung der Akropolis geltende konzertierte Aktion, die zur Seeschlacht von Navarino führte, wurde denn auch von Ludwig I. durch Entsendung eines von General Heideck geleiteten Trupps unterstützt.[801] Gleichwohl erschien und erscheint der Beitrag der deutschen Staaten am endlichen Sieg der Griechen als ein vornehmlich ideeller.[802] Noch 1829 versäumte der deutsche Übersetzer der „Antiquities“ nicht, seinen wissenschaftlichen Anmerkungen die zeitbezogene Notiz hinzuzufügen: „Es schmerzt uns, sagen zu müssen, dass der Tempel der Minerva bisher noch weitere Verheerungen erlitten hat: eine natürliche Folge der zerstörenden Kämpfe, welche Griechenland noch immer erschüttern“.[803]

Mit der Befreiung Athens war die Wiedergeburt Griechenlands in greifbare Nähe gerückt, seine künftige Stellung jedoch noch Gegenstand von Verhandlungen. Erst mit der Unterzeichnung des Londoner Protokolls am 3. Februar 1830 war Griechenland als „freier und unabhängiger Staat“ anerkannt.[804] Die Neugestaltung Griechenlands konnte beginnen. Die Schinkelschüler Schaubert und Kleanthes reisten nach Griechenland, um die städtebauliche und architektonische Zukunft der künftigen Metropole vorzubereiten. Der Parthenon, Symbol der Erneuerung des antiken im wiedererstandenen Athen, sollte durch Restaurierung und Wiederaufbau ein neues perikleisches Zeitalter für Griechenland beschwören.[805]

Getreu dem jahrelang gepflegten Motto „We are all Greeks“ gedachte Europa an Griechenlands Zukunft ebenso Anteil zu nehmen wie an seiner jüngeren Vergangenheit.

Im Mai 1830 hielt es Peter Oluf Bröndsted für opportun, seine und Cockerells in den Jahren 1810–1815 getätigten „Untersuchungen über den Parthenon, die für eine spätere Abtheilung meines Werks bestimmt waren, jetzt zu fördern“ und zu publizieren, um „durch das vorliegende Buch wo möglich (zu) bewähren“, daß die Zukunft der Akropolis und Griechenlands eine christliche auf der Basis der „Bildung“ der alten Griechen sei.[806] Da diese im Parthenon gleichsam Gestalt angenommen hatte, „gibt es in unserer Zeit [!] kein griechisches Bauwerk …, das uns über den grossartigen Sinn der Hellenen, und über den, diesem Volke eingebohrenen Takt des Wahren und Schönen, woraus zu der besten Zeit ihres politischen Lebens, aller Schmuck ihrer grossen religiösen Bauwerke entstand, besser und gründlicher, als gerade der Parthenon belehren könnte…“

Bröndsted fühlte sich durch „ein stätes und lebhaftes Gefühl von der Wichtigkeit gerade dieses Gegenstandes“ zur Erforschung der Parthenon-Metopen bewogen, um das „bildliche und religiöse Ornamentalsystem“ des Parthenon nachzuweisen. Es ist bezeichnend und charakterisiert die Zeitbezogenheit seiner Forschungen, daß er keine Formen-, sondern ikonografische Studien betrieb. Um das Begreifen des in den Bildwerken des Parthenon obwaltenden „Geistes“ ging es ihm und damit letztlich – das war wichtig in jener konkreten historischen Situation – um den Nachweis einer politischen, religiösen und kulturellen Traditionslinie.

Wenige Wochen nach der Unterzeichnung des Londoner Protokolls arbeitete Moller an Projekt I für das Homburger Kursaalgebäude, das er, scheinbar ohne ersichtlichen Grund und ohne Auftrag, verwarf, um sich Projekt II zu widmen, dessen Kursaal sich als „Reparation" der Parthenoncella präsentierte. Jetzt erhielt die „Wiederverjüngung" des Parthenon ihren tieferen Sinn. Moller bietet, wie Bröndsted, eine wissenschaftlich fundierte Interpretation eines dem Parthenon verloren gegangenen Bestandteils seiner Architektur. Ausdrücklich postuliert er ein allgemeines Interesse nicht nur an dem Vorbild, sondern an der archäologischen Treue seiner Wiederherstellung, wenn er davon spricht, daß eine „bis in die Dimensionen treue Reparation des Minerventemepls" als „nicht unerwünscht" zu betrachten sei.

Resumé

Der Homburger Saal war Mollers Beitrag zur Wiedergeburt Griechenlands. In dieser, modellhaft eine denkmalpflegerische Maßnahme vorwegnehmenden Rekonstruktion der Parthenoncella spiegelt sich philhellenisches Bewußtsein. An griechischem Geist geschulte Europäer, „durch unsere Bildung Schüler der alten und unseren Glauben Brüder der jetzigen Griechen",[807] zollten ihren Lehrmeistern Tribut und restituierten, nun selbst Präzeptoren, erworbene Bildung.

Philhellenische Ideale und humanistisches Bildungsgut kontaminierten in einem architektonischen Konzept, das sich nicht mit der „Wiederverjüngung" der Form der Parthenoncella beschied, sondern aus der Vergegenwärtigung der ursprünglichen Sinnsphäre des Festtempels seine Aussage bezog. Das Zeitalter des Perikles, in dem es einem Iktinos vergönnt war, den Tempel zu schaffen, zu dessen Rekreation sich Moller gerade jetzt berufen sah,[808] wurde für die Jetztzeit beschworen, für Griechenland, für Europa und für das Haus Hessen-Homburg, das im Freiheitskampf obsiegt hatte.

9. Die Projekte Georg Mollers im Kontext ihrer Entstehungszeit

Keiner der von Moller für Homburg in Vorschlag gebrachten *Kursäle* zitierte oder zeigte architektonische Verwandtschaft mit den in der Einleitung vorgestellten Sälen in Wiesbaden, Baden-Baden und Brückenau.

Auffälligstes Indiz für den „Alleingang" des Homburger Kursaals ist der *Stil* von Projekt II. Der „griechische" Saal erscheint gleichsam umhüllt von einer Architektur, die der Renaissance verpflichtet ist. Stilistische Sprünge zwischen Innen und Außen wurden in der Architektur des frühen 19. Jahrhunderts nicht als Diskrepanzen empfunden.[809] Vielmehr verstand sich speziell die Kombination von Antike und Renaissance als eine „der Antikenrezeption des Quattrocento vergleichbare, originelle Verarbeitung des historisch Vorgegebenen, die den Klassizismus letztlich mit allen Merkmalen stilistischer Autonomie versieht."[810]

In diesem Sinn stellte sich Moller in zwei programmatischen Äußerungen zu dem von ihm gewählten Stil in die Nachfolge der „großen italiänischen Meister des 16. Jahrhunderts".

„Der Styl der früheren beiden Planen [Projekt I und II] ist in meinem lezten Entwurf [Projekt III] beibehalten worden; es ist der antike und er wird nie von der Mode abhängen; seit Jahrhunderten ist er von den größten Künstlern in ihren Werken angewendet und er wird auch solange geachtet werden, als klassische Bildung überhaupt geschätzt wird. Ob es mir gelungen ist diesen antiken Styl hier rein und folgerecht anzuwenden, dieses zu entscheiden steht mir nicht zu...

...Über den Ausdruck klassischer Styl will H. B. (Herr Burnitz) ebenfalls misverstehen. Man bezeichnet in der Baukunst den, den Alten nachgebildeten Styl, welchen die großen italiänischen Meister des 16. Jahrhunderts angewendet haben, und der eben so musterhaft gehalten wird als z.B. die für die deutsche Sprache die Werke von Göthe und Schiller oder für die französische die Schriftsteller unter Ludwig XIV. Daß die Werke jener alten Italiäner dem H.B. nicht gefallen, habe ich gestern nicht ohne einiges Erstaunen gehört…“

In R. Burnitz hatte sich ein Kontrahent gefunden, der im Sinne Heinrich Hübschs – Stichworte Klima, Bautechnik, Kostenaufwand – gegen die Anwendung des „sogenannten classischen Styls“ für ein stadtbürgerliches Publikum opponierte. Nicht zufällig richtete sich die Kritik der Neugotiker dagegen, daß Kasino, Börse, Theater etc. „nach dem heidnischen Tempel-Typus zurecht gefoltert“ würden.[811] „Die Baumeister des Parthenon und der Propyläen würden sich einen ergötzlichen Eindruckes zu erfreuen haben, wenn dieselben vor die Travestieen ihrer Schöpfungen hinträten“.[812]

„Was nun den sogenannten classischen Styl betrifft, dem Herr Moller den Vorzug gibt, weil der von mir gewählte sich nicht lange halten werde, so muß ich freimütig bekennen, daß ich dieser individuellen Ansicht nicht beipflichten kann, nicht allein deßwegen, weil der Mollersche nicht der classische, sondern ein gemischter Styl ist – hauptsächlich aber darum, weil er unserm Klima fremd, und im allgemeinen so in dem gegenwärtigen Fall sich nur schwer aneignen läßt, und dabei unverhältnismäßig größere Kosten zur Erreichung des Zwecks erfordert als der von mir gewählte Einheimische, der bei erweiterten Geldmitteln aber höchster Preiße fähig ist, und bei gründlicher Anwendung obigem Vorwurf nie unterliegen wird“.[813]

Der „byzantinisch-gotische Styl“ Burnitz'[814] wurde von Moller als Stil einer modischen Gebrauchsarchitektur klassifiziert, während der „classische Styl“ einer der „klassischen Bildung“ verpflichteten Bildungsarchitektur entsprach. Damit entpuppt sich der vermeintliche Stilstreit als ein Disput um die jeweils unterschiedlich eingeschätzte Einordnung des Kursaalgebäudes in die Hierarchie der Bauaufgaben.

Mollers Position war eindeutig. Die Verwandtschaft des Homburger Saals in Projekt II mit demjenigen im Münchner *Odeon* – auch dieses im übrigen innen „antikisch“, außen im Renaissancestil gehalten – zeigt die Richtung an.[815]

Nach H. Habels Definition des Gesellschaftshauses „im weiteren Sinn“ – „alle Gebäude mit Räumlichkeiten zu den … Zwecken geselligen Lebens“[816] – gehören hierzu sowohl das Theater als die Redoute mit der Vielfalt von beider Kombinationen bis hin zu den multifunktionalen städtischen Gebäuden, „die so ziemlich alle diese Elemente in sich vereinigen“,[817] also auch das Kursaalgebäude. In diesem weiteren Sinn trägt das Odeon „ausgesprochene Züge eines Gesellschaftshauses an sich – doch den Vorrang erhält eindeutig die ernste Musik“.[818] Der Odeonsaal wird zum architektonisch „getragensten“ Bestandteil des Gebäudes. Dasselbe läßt sich etwa auch bei dem mit vielerlei Funktionen befrachteten öffentlichen Theater- und Gesellschaftshaus in Regensburg beobachten, dessen „für Bälle und Konzerte“ reservierter Redoutensaal, ein Peristylsaal mit vierseitiger Galerie auf ionischen Säulen, sich in seinem architektonischen Anspruch dem Theater zur Seite stellt.[819] Gerade ihre (u. U. Zusatz-)Funktion als Konzertsaal hebt sie ab von den „profanen“ Konversationsräumen, Cafés, Restaurants oder gar Börsensälen, die ein solches Gebäude aufnehmen konnte. Diese Säle werden – ihre nicht selten „sakrale“ Aura weist darauf hin – wie das Theater dem Bereich der Bildung oder dem „Räsonnement“ zugeordnet, „das sich an den öffentlich zugängig gewordenen Gebilden der Kultur: im Lesesaal und im Theater, in Museen und Konzerten entzündet“.[820]

Wenn Theater und Museum auf die Architektur der griechischen Antike zurückgreifen, so geschieht dies gemäß der Maxime W. v. Humboldts: „Die Deutschen besitzen das unstreitige Verdienst, die griechische Bildung zuerst treu aufgefasst und tief gefühlt zu haben… Deutsche knüpft daher seitdem ein ungleich festeres Band an die Griechen als an irgendeine andere, auch bei weitem näherliegende Zeit oder Nation“.[821]

Mit dem Rückgriff auf die seit Gutensohns Brückenauer Bau für Kursaalgebäude und selbst für Hoftheater (Meiningen, Coburg) nicht mehr verbindliche Antike unterstreicht Mollers Homburger Entwurf den Anspruch, in der Architekturhierarchie den Bildungsbauten zugeordnet zu werden.

Der Stil definiert jedoch lediglich das Verhältnis zur Gegenwartsarchitektur, eine tiefere Sinnschicht erschließt das historische Vorbild und seine Sinnsphäre. Dabei kann es sich, wie im Fall des Brückenauer Saals, um einen Bautypus – den Renaissance-Palasthof – oder um einen konkret bestimmbaren Bau der Vergangenheit handeln; für das letztere hat sich Moller entschieden.

Mit seinem *Mainzer Stadttheater* – 1829 begonnen, 1830 also im Bau, 1833 vollendet – hat Moller erstmals nicht den Stil als Bedeutungsträger vorgestellt, sondern – an der berühmt gewordenen Stirnseite des Außenbaus – den Typus Theater, vertreten durch das römische Kolosseum.[822] Mit Bedacht hat Moller – im Gegensatz etwa zu Schinkel (Schauspielhaus Berlin, 1818–1821)[823] – nicht auf das griechische Musentheater, sondern auf das in gebildeten Kreisen wenig geachtete römische Vergnügungstheater zurückgegriffen. Der Sinn der Vorbildübernahme ist klar: wie das römische Amphitheater steht diese sich dezidiert als „Nichthoftheater" definierende Einrichtung den „Volksmassen", d.h. dem städtischen Publikum offen.

Gerade weil sich Moller so dezidiert für die „Anwendbarkeit" der griechischen Kunst aussprach, muß es auffallen, daß er bei einem Vergnügungsbau auf den griechischen Stil zurückgreift, bei einem Bildungsbau dagegen nicht. Erst die Zuordnung zur Sinnsphäre des gewählten Vorbilds erläutert die nur scheinbar „verkehrte" Anwendung der Stile. So wie es Moller in Mainz darauf ankommt, den Theaterbau unter das Motto „Öffentlichkeit für alle" zu stellen, ist es ihm im *Homburger Saal* wichtig, zu der an sich schon aussagekräftigen Stilwahl einen Bezug zu einem historischen Bauwerk herzustellen, dessen Sinnsphäre den Kursaal zum exklusiven Festsaal erhebt.

Auf die schwere Verstehbarkeit und die bewußte *Verschleierung der Sinnsphäre* des Homburger Saals als eines Zitats des Parthenons als des Festtempels der Athener wurde bereits hingewiesen. Auch Schinkel abstrahierte am Berliner Schauspielhaus „derart vom antiken Vorbild, daß eine Identifikation des Thrasyllos-Monumentes ohne seinen Hinweis nicht möglich wäre".[824]

W.Busch hat vergleichbare Tendenzen in der englischen Malerei des 18. Jahrhunderts erforscht und herausgefunden, daß die Maler Zitate als Zeichen bewußt eingesetzten Geistes (wit) ansahen und verwendeten.[825] Zweck des Zitats sei nicht die formale Nachahmung eines exzellenten Kunstwerks, sondern die Definition der Nachschöpfung, wobei vorausgesetzt werde, „daß das Vergnügen an der Entdeckung eines Vorbildes sich steigere, je versteckter die Ähnlichkeit von Bild und Abbild sei". Als Zielgruppe konnte das aufstrebende Bürgertum benannt werden, dem die Entschlüsselung „quasi als bildungsbürgerlicher Nachweis" diene.[826]

Gutensohns Kursaal, Schinkels Schauspielhaus, Mollers Mainzer Theater und das Homburger Kursaalkonzept scheinen für eine Übertragbarkeit der „wit"-Theorie auf die deutsche Architekturtheorie um 1820–1830 zu sprechen.

Damit stimmt die Beobachtung überein, daß das Münchner Odeon von der Fachwelt und dem „gebildeten und eleganten Publikum" als „tempelartiger, herrlicher Prachtsaal" und als „neuer Tempel des Vergnügens" gerühmt und sein sakraler Charakter erkannt wurde, während es „dem widerstrebenden, verständnislosen Volk als Geschenk geradezu aufgedrängt" werden mußte.[827] Es ist also dieselbe Gesellschaftsschicht wie in Brückenau, für die Ludwig hier baut. Stil und Charakter des Raums lassen jedoch erkennen, daß der König sich hier nicht als Patron verstanden wissen will, sondern als Donator,[828] der, antikem Herrschaftsverständnis entsprechend, (bei Konzerten) „in der ersten Reihe nur als primus inter pares" sitzt – „in einem solchen Raum (blieb) auch kein Platz für eine eigene Königsloge".[829]

Die Übereinstimmungen des Odeonsaals mit dem Homburger Kursaal sind zahlreich, wenn auch das Homburger Projekt explizit als Kursaalgebäude definiert wird. Bedenkt man, daß in der wirtschaftlich desolaten Landgrafschaft Hessen-Homburg[830] festliche Geselligkeit auf einen kleinen Kreis beschränkt blieb, wird deutlich, daß die Konzeption eines Gesellschaftshauses, Kasinos, Konzerthauses oder gar eines Hoftheaters auf das Unverständnis der Bürgerschaft gestoßen wäre; an ihr vorbei zu handeln konnte und wollte der liberale Landgraf sich nicht leisten. Von Notwendigkeit und Nutzen eines Kursaalgebäudes war die Bürgerschaft hingegen ohne weiteres zu überzeugen, versprach dieses doch die lang ersehnte Entwicklung zum Kurort und eine Belebung der Wirtschaft. Das Engagement des Fürsten für das Projekt konnte als Fördermaßnahme und Gunstbezeigung erfahren werden, seine Einflußnahme als Erfolgsgarantie. Schließlich fielen die Intentionen von Landgraf und Bürgerschaft auch insofern in idealer Weise zusammen, als der gewählte Standort in beider Sinn war. Während die Bürgerschaft mit der Anbindung des Kursaalgebäudes an die Stadt wirtschaftliche Interessen verband, kam dem Landgrafen die Existenz eines unter seiner Obhut stehenden öffentlichen Gebäudes in der Stadt entgegen. Wie das Beispiel des Münchner Odeons zeigt, wurde die Bereitstellung eines öffentlichen Gebäudes um 1820–30 als eine adäquate Möglichkeit verstanden, dem Fürsten außerhalb des Schlosses Öffentlichkeit zu schaffen. In Homburg konnte nur ein Kursaalgebäude das notwendige Potential an Publikum heranführen. In diesem Zusammenhang verdient Beachtung, daß die gleichzeitigen Ausbaupläne des Homburger Landgrafenschlosses – mit denen ebenfalls Moller betraut war[831] – mit Bibliothek, Kapelle und Speisesaal ausgesprochen auf die fürstliche Privatsphäre ausgerichtet sind, ein Festsaal jedoch fehlt.[832] Es liegt auf der Hand, daß der Saal im Kursaalgebäude dessen Stelle einnehmen sollte.

Das als Kursaalgebäude deklarierte Gesellschaftshaus trat an die Stelle eines in Homburg nicht zu realisierenden und historisch überlebten Hoftheaters.

Die durch das Kursaalgebäude initiierte städtebauliche „Drehung der Achse“ hat den Aspekt eines Neubeginns abseits der barocken Residenz und den Stellenwert eines Wegweisers in eine sich an zeitgenössischen Maßstäben orientierenden Zukunft angenommen. Damit wird nicht nur der 1815 erlangten Souveränität der Landgrafenschaft Hessen-Homburg Ausdruck verliehen, sondern der Anspruch auf volle Anerkennung im Bund formuliert.[833] Der hochmodische Bautyp des Gesellschaftshauses/Kursaalgebäudes scheint geeignet, diesen Anspruch mit den Mitteln der Architektur zu unterstreichen.

Nichts jedoch deutet an und in diesem geplanten Bauwerk auf die fürstliche Familie hin. Wie im Münchner Odeon existiert weder eine Loge noch läßt sich ein anderes, den Fürsten auszeichnendes Indiz ausmachen. Der Landgraf von Hessen-Homburg baut, wie Ludwig I von Bayern, „für die Kurgäste“. Das Gebäude gibt sich nicht ohne Bedacht nach außen als ein der auf das Kur-Saalgebäude übertragenen Idee der antiken Villa verpflichtet zu erkennen und verweist damit auf seine utilitäre Funktion.

Im Saal wird das Zielpublikum sozusagen spezifiziert. Seine „philhellenische“ Architektur richtet sich an Gebildete und an Philhellenen. Der philhellenischem Gedankengut nahestehende Landgraf und seine Familie begreift sich als zu diesem Publikum gehörig und, wie im Odeon, als „primus inter pares“.

VI. Projekte 1834-1841

1. Projekt Rothschild

Ein Jahr nach dem endgültigen Scheitern des Mollerschen Projektes schienen die Verhandlungen erneut in Gang zu kommen. Den Anstoß gab die Entdeckung des „Elisabethenbrunnens" am 27.6.1834. Der bereits früher als Unternehmer aufgetretene Baumeister Brust aus Darmstadt meldete umgehend, am 7.7.1834, sein Interesse an.[834]

Erst am 25.9.1835 lag der Entwurf zu einer Schuldverschreibung über ein Darlehen von 150 000 fl. vor, das der Landgraf „zum Behuf der Erbauung eines neuen Kur- und Gesellschaftshauses der in Unserer Residenz Stadt Homburg zum allgemeinen Nutzen neu entstandenen Bade-Anstalt bei dem Wechselhaus der Herrn M. A. v. R. u. S. zu Frankfurt" aufzunehmen gedachte.[835]

Die Konzeption des Vorhabens unterschied sich wesentlich von den früheren gescheiterten Projekten. Vor allem sollte das Engagement des landgräflichen Hauses gegenüber 1830 stärker werden. Wie aus der Liste des zu verpfändenden Besitzes hervorgeht, sah der Landgraf in der Badeanstalt ein explizit landesherrliches Unternehmen von öffentlichem Interesse. Zwar sollte eine Aktiengesellschaft gegründet werden. Aber man wollte den „Parzial-Gläubigern" und den Konzessionären des Hazardspiels weitaus weniger Rechte einräumen als im Vertrag vom 19.7.1830.[836] Das Bankhaus Rothschild scheint bestrebt gewesen zu sein, diesen Vertrag außer Kraft zu setzen.[837] Vor allem behielten sich die Geldgeber die Gründung der Aktiengesellschaft selbst vor, womit sie sich die Möglichkeit offenhielten, als Haupt- oder alleinige Aktionäre über das Schicksal des Unternehmens zu bestimmen. Konkret bedeutete dies, wie § 4 besagte: „Das zu erbauende Kur- und Bade-Haus mit den dazu gehörenden Grundstücken und Anlagen wird zwar Domäne Sr. Hochfürstlichen Durchlaucht und bleibt in Hochderen Obereigenthum. Hochdieselben treten aber das Nutzeigenthum dieser Immobilien und der inneren Einrichtung auf die Dauer von fünfzig Jahren den Darleihern, ihren Erben und insbesondere der Actien-Gesellschaft, deren Bildung dem Hause M. A. von Rothschild & Söhne zufolge § 10 ab."[838]

Die Homburger Regierung zeigte sich von dem Projekt sehr angetan, erkannte jedoch auch Nachteile.

„Die schöne Aussicht, welche sich den Einwohnern von Homburg in dem ... Projekt wegen Erweiterung der hiesigen Bade-Anstalt und Erbauung eines angemessenen Gesellschafts-Hauses nach dem anliegenden Plan u. der beigefügten Beschreibung neuerdings wieder eröffnet, mehr zu verwirklichen, dem Projekt in keiner Weise unnöthige Hindernisse in Weg zu legen, ..., dies halte ich in der fraglichen wichtigen Angelegenheit, in Berücksichtigung so mancher Umstände für durchaus räthlich und sachgemäs, um ein so allgemein nützliches Werk in Ausführung zu bringen, und dem gnädigsten Willen so wie den in der redlichsten Absicht längst genährten Wunsch Serenissimi die Bade-Anstalt zum Nutzen und Frommen zunächst HöchstSeiner Residenzstadt u. ihrer Umgebung durch Erbauung eines Kur- und Gesellschafts-Hauses erweitert zu sehen, zu entsprechen. Bei der Prüfung des Entwurfes habe ich nur dasjenige herausgenommen und beanstandet, was ich ganz für besonders wesentlich gehalten habe...

Es scheint aber von den eben so billigen als gründlichen Bedingungen in manchen Beziehungen Umgang genommen u. nur diese adoptirt worden zu seyn, welche dem beleihenden Wechselhaus nur allein nützlich sind..."[839]

Zu den nur „dem beleihenden Wechselhaus" nützlichen Bedingungen gehörte vor allem jene der „Abtretung des Nutzeigenthums"; man hielt eine hypothekarische Verpfändung für vorteilhafter. Auch wandten sich die Regierungsbeamten entschieden dagegen, „die Akzien in feste Hände, d.h. in Hände wie Kapitalisten sind, die auf weiter nichts als auf den Eingang der ... Zinsen rechnen" zu legen. Mit ihrem Plädoyer für eine weitestgehende Erleichterung des Erwerbs und Kursierens der Aktien – „je mehr deren sind, je besser ist es für die Anstalt" – suchte die Verwaltung auf den bereits früher eingeschlagenen Weg zurückzuführen; sehr wohl wissend, daß in diesem Fall das Bankhaus Rothschild nicht mehr interessiert sein würde. Die Regierung ließ durchblicken, daß sie darin keinen Schaden sehe: „Bei einiger Unterstützung u. mit Beihilfe Landgr. Schulden-Tilgungskasse in Nothfällen, lässt sich das Projekt der Bade-Anstalt resp. des Kurhauses auch ohne Zuthun eines Wechselhauses recht gut ausführen!“

Am 25. Februar 1836 trafen sich die Regierungsvertreter mit den „Chefs“ des Bankhauses Rothschild in Frankfurt und trugen die Kritikpunkte vor. Am 2. März 1836 ging der „gänzlich nach dem Sinn unserer jüngsten Besprechung“ abgeänderte Vertragsentwurf nach Homburg ab,[840] fand aber nicht die Zustimmung der Regierung. Diese konnte sich noch immer nicht „von der Ueberzeugung trennen, daß das Ganze auf einem sehr komplizierten Geschäft beruht,“ innerhalb dessen sie selbst durch das Bankhaus „in gewisser Hinsicht bevormundet“ würde, was „unverkennbar merklichen Einfluß auf die Akziengesellschaft“ haben werde;[841] für die Staatskasse aber bedeute das Ganze „nichts als Schaden“.[842]

In anderen Worten: die Regierung lehnte die Ausführung des Projekts durch das Bankhaus Rothschild aus prinzipiellen Erwägungen ab und entwickelte auf der Basis staatswirtschaftlichen (statt finanzwirtschaftlichen) Kalküls ein Gegenmodell.

Im Mittelpunkt der Überlegungen stand die Spielbank – von Rothschild wie selbstverständlich, d. h. stillschweigend und doch in Kenntnis der bevorstehenden Spielbankschließungen in Frankreich übernommen. Erstmals und offenbar ebenfalls unter dem Eindruck der Spielbankdiskussionen in Frankreich begann man in Homburg zu begreifen, welche Vorteile es bot, daß Homburg nicht nur diesseits des Rheins lag, sondern daß dieses Homburg souverän war und entscheiden konnte, ob es die Etablierung einer Spielbank für sinnvoll erachtete oder nicht. Über das Recht der Konzessionserteilung zu verfügen bedeutete Macht, die es staatswirtschaftlich sinnvoll zu nutzen galt.

Dieser Grundsatz kehrte die Verhältnisse um und führte zu folgender Theorie: „Man verpachte schon für die nächste Bade-Saison auf ein, höchstens drei Jahre für Rechnung (des Fiskus?) die Spielbank. Die Auflegung einer solchen überlasse man vorerst dem Pächter, man darf darüber, daß er ein Lokal dafür findet, ganz beruhigt seyn... Hierdurch wäre Homburg förmlich zum Bade-Ort erhoben; an einer Konkurrenz wird es nicht fehlen. Dem Pächter der Spielbank u. anderen Privaten, überlasse man das weitere. Sie werden, was gewöhnlich bei solchen Unternehmern der Fall ist, das Nöthige thun, um die Konkurrenz so viel als möglich auszudehnen. Geräth die Sache, was oft von Zufälligkeiten abhängt, dann entstehen neue Häuser u. Gebäude, ohne alles Zuthun des Staats u. ohne irgend eine Garantie zu übernehmen, die tief gesunkenen Häuserpreise erheben sich, indem sich der Mietwerth steigert, die Konsumzion vermehrt sich, u. der Staat hat sein Interesse dabei, überhaupt die Sache geht ihren Gang fort u. erweitert sich von Jahr zu Jahr, endlich kommt auch das Bedürfnis eines großen Gesellschaftshauses, u. es entsteht, ohne irgend eine Garantie des Staates...“[843]

Diesen deutlichen Warnungen vor einem Vertrag mit dem Bankhaus Rothschild wird man es zuzuschreiben haben, daß weitere Verhandlungen unterblieben.[844]

Die Rumpfsche Planung

Wie schon 1832 versuchte Rothschild, den von ihm favorisierten Friedrich Rumpf als Architekten durchzusetzen, dieses Mal mit mehr Erfolg. Am 5. Oktober 1835 war dieser in Begleitung eines „Herrn Goldschmit aus unserem Hause“ nach Homburg gereist, um Auskünfte über die projektierte „Badeanstalt“ einzuholen. Bereits einen Tag später fügte Rothschild seinem Dankschreiben „für die zuvorkommende gefällige Aufnahme“ eine Übersicht Rumpfs „hinsichtlich der fraglichen Entreprise“ und einen Kostenvoranschlag über insgesamt 120 000 fl. – 88 000 fl. Baukosten, 20 000 fl. für Inneneinrichtung und Anlage des Gartens, 12 000 fl für Terrainerwerb – bei.[845]

Der Übersicht ist zu entnehmen, daß der Erwerb eines Bauplatzes „vor der Stadt“, also ein anderer als der früher vorgesehene Standort geplant war. Das Gebäude war als kombiniertes Bade-, Logier- und Gesellschaftshaus konzipiert. Mit Ausnahme der Bäder sollten alle Räumlichkeiten wirtschaftlichen Gewinn erbringen. Für die Verpachtung des Saals waren jährlich 6 000 fl. und für die Vermietung einer „Wirtschaft“, von Logierzimmern und einer Reihe von Läden weitere 6 000 fl. Jahreseinnahmen in Ansatz gebracht.

Mit diesem Konzept einer sich als Wirtschaftsunternehmen verstehenden „Badeanstalt" erklärte sich der Landgraf einverstanden und wünschte „nichts mehr als daß alle Vorbereitungen zur Ausführung dieser Entreprise recht bald beendigt seyn möchten."[846] Einflußnahme auf den Architekten und auf die Architektur wurde seitens des Landgrafen nicht begehrt, und Friedrich Rumpf wurde ohne Debatten akzeptiert, nur die Wahl und die Honorierung des „kontrollierenden Baumeisters" sollte landesherrlicher Kompetenz unterliegen.

Im Januar 1836 legte der Architekt die „Beschreibung zweier Projecte zu einem neuen Kurgebäude" und wohl auch die Pläne dazu vor. Die noch 1935 vorhanden gewesenen Entwürfe sind inzwischen verschollen.[847] Erhalten haben sich nur die detaillierten Beschreibungen, die eine allgemeine Einschätzung zulassen.

Projekt A überstieg hinsichtlich der Baukosten den ursprünglichen und in Projekt B beinhalteten Ansatz und sollte sich auf 100 000 fl. belaufen.[848] Es war derselbe Betrag, der schon 1830 zur Debatte gestanden hatte.

Das projektierte Gebäude sollte „von allen Seiten frei" in den umgebenden Gartenanlagen stehen und als „reines Viereck" von 130 Werkschuh Seitenlänge (Projekt B: 120 Werkschuh) gebildet sein, seine Mauern „von Stein und in- und auswendig verputzt" werden.

Im Souterrain waren 16 (bzw. 15) Badekabinette mit den zugehörigen Räumlichkeiten sowie die Wirtschaftsräume vorgesehen. Das Erdgeschoß sollte der Geselligkeit vorbehalten sein: im Zentrum ein zweigeschossiger runder Tanzsaal von 72 (bzw. 64) Werkschuh Durchmesser und 48 Werkschuh Höhe, „im Erdgeschoß sowohl als im 1ten Stock mit einer Gallerie umgeben, welche in jeder Etage auf 24 Säulen ruht." Durch drei Glastüren sollte man von hier aus in den an der einen Seite des Tanzsaals gelegenen großen Speisesaal gelangen, der „oben rund verschalt" werden und sich mit sieben Fenstern und zwei Türen zum Garten öffnen sollte. Zwei weitere Räume schlossen sich an, wovon einer als Speisesaal „mit Palladio-Fenstern nach beiden Seiten" und ein weiterer als Konversations(Musik-?) Zimmer „mit einer halbrunden Vertiefung" genutzt werden sollten. Dieser Anordnung entsprach an der gegenüberliegenden Seite die Anlage eines großen und zweier kleinerer Spielsäle „mit denselben Dimensionen und derselben Anlage und Einrichtung" wie im Restaurationstrakt.

Diesen Räumlichkeiten sollte an der „Vorderseite" des Gebäudes eine nahezu die gesamte Gebäudebreite einnehmende Galerie vorgelagert werden, in der 20 (bzw. 18) Verkaufsstände zu etablieren waren und durch die der Hauptzugang in Form einer „Flügelthüre" erreichbar war. Die Gebäuderückseite war dagegen als solche durch ein „Vorhaus" mit flankierenden Treppenanlagen gekennzeichnet, und an den Nebenseiten befand sich nur je ein Eingang.

Anders als das Erdgeschoß waren die beiden Obergeschosse gleichartig gestaltet und gleichmäßig mit je dreizehn Fenstern ausgestattet, hinter denen im ersten Obergeschoß 28 (bzw. 26), im zweiten Obergeschoß 32 (bzw. 27) Gästezimmer lagen, während im Dachgeschoß Raum für 12 Bedienstetenzimmer vorhanden war.

Diese Beschreibung des Gebäudes evoziert eines jeder Bade-Logierhäuser, die im ausgehenden 18. Jahrhundert das Bild der Kurorte bestimmt hatten, wobei insbesondere die Anlage der Galerie im Erdgeschoß den Vergleich mit dem Wilhelmsbader Kurgebäude nahelegt. Seine würfelförmige oder sich der Würfelform nähernde kubische Form übersetzte die in der Regel breit hingelagerten Vorbilder in eine am zeitgenössischen Villenbau Frankfurts orientierte Architektursprache. Der Säulensaal im Innern verwies mit seiner Rundform auf ebenfalls dem ausgehenden 18. Jahrhundert angehörende Festsäle innerhalb des Schloßbaus,[849] wobei, wie es scheint aus Utilitätsgründen, deren hohe Kuppelzone als Galerie interpretiert wurde. Ob diese – innerhalb des Kursaalbaus ohne Parallele dastehende – Raumkonzeption der nichthöfischen Geselligkeit des Kurorts entsprochen hätte, muß angesichts des Fehlens planerischer Unterlagen dahingestellt bleiben.

Auffällig, da später immer wieder zu registrieren, ist die Tatsache, daß keine der Räumlichkeiten als „Spielzimmer" oder gar „Spielsaal" deklariert war, obwohl doch festgelegt und mit Bestimmtheit gefordert worden war, daß „nur *eine* Spielbank und zwar *nur* in dem Kur- und Gesellschaftshaus errichtet werden dürfe."[850]

Eine Orientierung an der Konzeption zeitgleich errichteter Kursaalgebäude (z.B. Kissingen) fand nicht statt. Der Auftraggeber, Rothschild, schien weniger an einem Gesellschaftshaus als an einem rentabilitätsorientierten Haus vom Typ eines „Badehotels" interessiert zu sein.

Die Homburger Regierung bezeichnete den Plan als „zweckmäßig, schön u. selbst grosartig, mithin den ersten Anforderungen *mehr* als entsprechend",[851] und ein Vertreter des Bauamts hielt ihn für „ein ebenso geschmackvolles als zweckmäsiges Werk", dessen Realisierung – „besonders des großen Projekts" – wünschenswert sei.[852]

Um den vorgesehenen Standort – „vor die Stadt ...ohngefähr an die Stelle, wo ehemals der Louis Liepmann sein Badehaus placieren wollte" – entspann sich ein Disput von grundsätzlichem Charakter. Der Wahl eines Bauplatzes in der Nähe der Quellen standen die kommerziellen Interessen der Einwohner entgegen, die auf einer Beibehaltung des Standorts an der Louisenstraße insistierten.[853]

2. Projekte von Meex, Kersting und Wittmar

Im Oktober 1836 trat in der Gestalt eines Regierungsrats von Meex aus Mainz ein neuer Interessent auf.[854] Er schrieb, er habe „Unternehmer für ein dortiges Kurhaus" gefunden und erklärte sich bereit, eventuell vorhandene Pläne zu übernehmen. Seine Forderungen schlossen die „ausschließliche Überlassung des Badewesens" sowie die „ausschließliche Erlaubnis zu Hazardspielen ... gegen Entrichtung eines annoch festzusetzenden Honorars" ein. Dafür wollte er für die Ausführung eines „ansehnlichen Kurhauses, dessen Kosten sich in keinem Fall unter 50 000 fl. belaufen dürfen", Sorge tragen.[855]

Die Homburger Regierung war jedoch nicht mehr bereit, auf so vage Angebote einzugehen und setzte Meex unter Druck.

„Das Maas der von dem hiesigen Gouvernement zu gewährenden Zugeständnisse hängt nemlich einzig und allein ab von der Größe des auf das projektirte Kuretablissement zu verwendenden Kapitals. Ist solches von der Bedeutung, daß man hier Orts auch die Ausführung eines großartigen Etablissements mit Bestimmtheit ersehen kann, so glaube ich Ihnen auch die feste Versicherung ertheilen zu können, daß man sich hier bei Ertheilung der gewünschten Conzession nicht karg wird finden lassen. Es ist daher vor allem nöthig, mir über diesen Punkt einige Gewißheit zu verschaffen..."[856]

Daraufhin erklärte sich der Unternehmer bereit 200 000 Franken „vorläufig auf das dortige Kuretablissement zu verwenden."[857] Nachdem noch einige Modifikationen der gegenseitigen Bedingungen vorgenommen worden waren, gerieten die Verhandlungen ins Stocken; im Spätsommer 1837 endete die Korrespondenz aus unbekannten Gründen.[858]

Das letzte Schreiben gibt Anlaß zu der Vermutung, daß v. Meex Mittelsmann eines stark an der Konzessionierung der Spielbank interessierten Herrn Lafitte aus Paris war.

Die Absicht der Homburger Regierung, die „Badeanstalt" nun tatsächlich zu realisieren, veranlaßte jetzt einige Spielbankhalter, sich für das Projekt zu interessieren. Den Gewohnheiten der Branche entsprechend bemühten sich einige von ihnen, über die von ihnen andernorts bereits gepachtete Spielbank hinaus weitere Etablissements an sich zu ziehen, um eine Konkurrenz gar nicht erst aufkommen zu lassen. Wieder wogen die Regierungsbeamten die Vorteile – dazu gehörte vor allem die Erfahrung, die diese Interessenten einbrachten – gegen die Nachteile eines solchen Pachtverhältnisses ab. Es stand zu befürchten, daß Homburg als „Zweigbetrieb" eines Hauptunternehmens womöglich nachlässig betrieben und seine erhoffte Blüte ausbleiben werde.

Im Sommer 1837 meldete sich Moritz *Wittmar* (oder Willmar) aus Frankfurt – „Pächter des Spiels in Kissingen und Wilhelmsbad"[859] – und bot die Errichtung eines Kurhauses und von „Bädern" an. Dafür verlangte er eine 40jährige Pachtdauer, da er „die Bäder von Kissingen auf gleichen Zeitraum besitze und ... kleinliche Rivalität[860] nur durch gleichstellende Dauer der Pachtzeit beyder Bäder" vermieden werden könne.

Nach nur kurzem Briefwechsel lehnte der Landgraf jedoch ab, und zwar mit der hier erstmals expressis verbis geäußerten Begründung, „daß er bei den sowohl dahier als in anderen Bädern so laut und offen ausgesprochenen Ansichten gegen das Spiel ... sich noch zur Zeit nicht entschließen können die Spiel-Concession zu ertheilen".[861] Ausschlaggebend war jedoch wohl die zu unklare Formulierung des Angebots von Wittmar.

Desinteressiert zeigte sich die Regierung auch, als im September 1837 der „Partikulier Jodocus *Kersting* zu Cassel in Kurhessen" um die Erteilung der Konzession „zum Roulett-Spiel mit rouge u. noir während der Sommermonate im Bad zu Homburg" nachsuchte.

Auch Kersting gab an, bereits „Banquier" einer Spielbank, des „Roulettspiels zu Schlangenbad" zu sein;[862] er verlieh seiner Überzeugung Ausdruck, „daß ein Badeort nur durch das Roulett-Spiel die wahre Würze erhält und daß ein solches zur Unterhaltung und Vergnügung der anwesenden Gäste von Nöthen ist, da jedenfalls durch dieses die meisten Fremden angezogen werden." Auch Kerstings Angebot fiel sehr pauschal aus: „Ich bin nicht nur bereit einen Kursaal oder ein anderes nöthig scheinendes Gebäude auf meine Gefahr und Kosten, nach Ew. Durchlaucht Wunsch aufführen zu lassen, sondern mache mich verbindlich, zu den Kosten der Verschönerung einen von Ew. Durchlaucht gnädigst zu bestimmenden Beitrag zu leisten."[863] Auf dieses Anerbieten reagierte man in Homburg nicht.[864]

3. Pläne der Regierung

Im Oktober 1837 resümierte die Landesregierung, die „Saison" sei befriedigend verlaufen und „die diesjährige Kur reich an Erfahrungen gewesen". Die vier Regierungsräte Henrich, Schleussner, Wernigk und Zurbuch nahmen dies zur „Veranlassung, auf dasjenige zu denken, was dem nächsten Bedürfnis entspricht und zur Belebung, Erheiterung und Erholung der Kurgäste dient". Ihr ausführlicher Bericht faßte die aus den bisherigen Verhandlungen gewonnenen Erkenntnisse zusammen und brachte ihre Vorstellungen für die Zukunft zu Gehör:[865] „... Das nächste Bedürfniß dürfte unstreitig ein umfassendes Lokal seyn, auf einer passenden Stelle errichtet, das zur Aufnahme der Kurfremden, und Bewirthung derselben dient, d.h. ein Vereinigungs-Punkt, ein Gesellschafts- oder Kurhaus."

„Daß dieses Haus eine gewisse Grosartigkeit in seiner Ausführung in sich vereinigen, eine Ausdehnung haben muß, die alle Bequemlichkeiten in Beziehung auf Einrichtung pp. darbietet, läßt wohl keinem Zweifel Raum, denn in denen in unserer Nähe sich befindenden Bade Orten ist Großes schon geschehen, und wenn man dem jungen Kurort Homburg auch nicht zumuthen kann, das in anderen bewährten und sich zu einer großen Frequenz bereits erhobenen Bade-Orten schon Geschehene zu überbieten, so darf er doch in Aufführung eines zu dem vorgenannten Zweck bestimmten Gebäudes, in Beziehung auf Zierde von Ausen und auf Einrichtung im Inneren, um soweniger zurückstehen, als das Publikum jetzt nur an das Grosartige gewöhnt ist, seiner Bequemlichkeit nichts mehr vergeben will".

Deutlicher als Jahre zuvor machte sich die Konkurrenz der Nachbarbäder als die treibende Kraft für den Ausbau des Bades und für den Bau eines Kursaalgebäudes als dem dringendsten Erfordernis bemerkbar. Jetzt hatten die Regierungsbeamten erkannt, daß „Großartigkeit" das Gebot der Stunde war. Man sah sogar, daß die Idee eines Kursaalgebäudes mit den ersten Eisenbahn-Projekten von Frankfurt in Verbindung zu bringen sei.

„Ein solches Zurückstehen, d.h. die Aufführung eines unansehnlichen Gebäudes, beengt in seinen Mitteln und in seiner inneren Einrichtung, abgesehen, daß es seinen Zweck durchaus verfehlt, erscheint aber auch bei der Lage der Umstände um so weniger rathsam, als die *Welt* jetzt von Eisenbahn-Anlagen spricht, und man in der kürzesten Zeit eine Eisenbahn von Frankfurt nach Wiesbaden ins Leben treten sehen wird, worauf man schneller und billigeren Preißes von Frankfurt nach Wiesbaden kommen kann, als es der Fall seyn wird, wenn die Tour von

Frankfurt hierher per Achse gemacht werden will.

Zwar spricht man in Frankfurt ... von einer Eisenbahn-Anlage von Frankfurt nach Homburg, und obgleich der Ausführung dieses großen Projects, jedoch gerade wegen der Eisenbahn von Frankfurt nach Wiesbaden, ganz besondere Schwierigkeiten entgegengesetzt werden dürften; so möchte doch die Aufführung eines ansehnlichen Kurgebäudes auch dazu dienen, das ebengenannte Eisenbahn-Project nicht allzuweit in den Hintergrund gestellt zu sehen."

Es handelt sich hier um einen der frühesten Belege für den Einfluß eines Eisenbahnbau-Projektes auf den Bau eines Kursaalgebäudes. Als das Kursaalgebäude dann realisiert worden war, kehrte sich die Argumentation um und der Bahnbau wurde „im Interesse des Bades und der Spielbank" dringend erwünscht.[866]

Der Bericht vom Oktober des Jahres 1837 enthält aber auch eine Stellungnahme für die Erteilung einer Konzession über Kursaalgebäude, Spielbank und Quellen an eine private Gesellschaft.

„Die Errichtung eines grosartigen, den Zwecken und Bestimmungen genügenden Kurgebäudes, erfordert nicht allein parate Mittel, sondern auch eine Umsicht und vielseitige Erfahrung, (damit) dasselbe, wenn es seine Vollendung erreicht hat, dem tadelsüchtigen Publikum in Beziehung auf Konstrukzion und Einrichtung kein sonderlicher Spielraum gelassen worden ist, bestmöglichst zu benutzen und die darauf verwendeten Summen valiren zu machen.

Daß dieses am besten und dienlichsten der Industrie der Privaten überlassen bleibt, ein solches Unternehmen weit besser und schneller in den Händen der Privaten gedeiht und geräth, steht nicht allein unzweifelhaft richtig, sondern es ist dieses auch ein bewährter staatswirtschaftlicher Grundsatz.

Soll nun dieses Unternehmen von Privaten, von einer Gesellschaft Leute, die hierzu Mittel und Fähigkeiten besitzen, dasselbe unternehmen zu können, unternommen werden, dann darf es nicht im mindesten auffallen, wenn die Gesellschaft trachtet, möglichst gute Bedingungen für ihr Unternehmen, die ihr eine Aussicht offenläßt, die Mittel nutzbringend angelegt zu haben, von Seiten des Staats zu erhalten, in welchem das Unternehmen gegründet werden soll, und das Gouvernement ist im eigenen wohlverstandenen Interesse verpflichtet, zwar keine gefährliche Garantien zu übernehmen, wohl aber Conzessionen zu bewilligen, die dem Unternehmer förderlich sind. Sind selbst diese Konzessionen für den Augenblick mit Opfer verbunden, dann dürfen sie um so weniger gescheut werden, als die aus diesem Unternehmen für den Staat und seine Bewohner entspringende Vortheile zu entscheidend sind, als daß hierüber etwas Näheres zu sagen nöthig wäre. Der Staat wird jedenfalls für seine gebrachten Opfer indirekt ausreichend schadlos gehalten.

Reflectirt das hiesige Gouvernement auf eine Gesellschaft Leute, die ein solches für die Stadt und ihre Bewohner und selbst für das Staats-Interesse gleich nützliche Unternehmen gründet, dann möge es die Versicherung entgegen nehmen, daß sich eine solche sehr bald findet, wenn sich die Regierung durch Ausfertigung einer Konzessions-Urkunde entschließen und einen Kommissär ernennen wollte, in dessen Hände diese Urkunde, Behufs der Aufbringung einer solchen Gesellschaft, gegeben werde...

Hinsichtlich der Konzessionen/Vergünstigungen/, welche der unternehmenden Gesellschaft nach den Vorschlägen bewilligt werden sollen; so umfassen diese drei Punkte von besonderer Wesenheit; als

1. unentgeltliche Ueberlassung des Platzes, worauf das Kurhausgebäude nebst den nöthigen Oekonomie-Gebäuden, den Stallungen, Remisen pp zu stehen kommen,

2. die Konzession, Hazardspiele geben zu dürfen, mit Ueberlassung eines Theils der deßfallsigen Räume und

3. die Ueberlassung des Wasser-Verschleißes vom Elisabethenbrunnen auf die Dauer von zwölf Jahren unentgeltlich oder doch nur gegen eine geringe Abgabe.

Hierzu erlauben sich die ehrerbietigst Unterschriebenen in gedrängter Kürze nachfolgende Bemerkungen:

ad 1. In allen Staaten, wo Neubauten begünstigt werden, werden gewisse Bau-Unterstützungen gegeben. In der Regel bestehen diese in freier und unentgeltlicher Abgabe des Bauplatzes, den sich der Bau-Unternehmer, unter Beobachtung der hierüber bestehenden Vorschriften, wählet. Bei einem Unternehmen der fraglichen Art, kann daher das Opfer, welches der Staat durch die freie und unentgeltliche Abgabe des Bauplatzes leistet, nicht groß genannt werden, selbst wenn der gewählte

Platz sonst ein besonderes Interesse oder einen besonderen Werth in sich enthalten sollte.

ad 2. In allen frequenten Bade-Orten, namentlich da wo sich Kurfremde von allen Nationen einfinden, bestehen solche Conzessionen, und kann eine solche selbst als ein Uebel betrachtet werden, so ist sie nach allen gemachten Erfahrungen und eingezogenen Erkundigungen unentbehrlich. Bis jetzt ist ein Bedürfnis, in Homburg während der Kurzeit Hazardspiele zu geben, noch nicht vorhanden, und dieses Bedürfnis wird auch so lange nicht eintreten, als wir ein anderes Kurpublikum nicht zählen, als das aus der nahen und nächsten Umgebung. Nimmt aber Homburg an Kurfremden und namentlich an solchen aus entfernteren Gegenden und Ländern zu, was selbst zu wünschen wäre, indem das Kurpublikum aus der nahen Nachbarschaft nicht von Dauer sein könnte; so wird sich das Bedürfnis nach einem Hazardspiel, gleich wie in anderen frequenten Bade-Orten sehr bald herausstellen, und die Regierung wird den gehegten Wünschen, um dem Ganzen nicht zu schaden, wohl nicht anders als entsprechen müssen. Daß dem Staats-Aerar für die Surveillance und für die polizeiliche Anordnung dabei eine gewisse Abgabe gebührt, wird nicht in Abrede gestellt werden wollen, dagegen kann und darf es aber nicht auffallen, wenn sich der Staat bei einem Unternehmen der Art dieser Einnahme auf eine kurze Reihe von Jahren zu Gunsten der den Kurhausbau unternehmenden Gesellschaft begiebt, indem dadurch das Unternehmen gleichsam bedingt wird..."

Der Landgraf reagierte zurückhaltend und wies die Anregungen der Regierungsräte besonders wegen „der allgemein vorherrschenden Ansicht gegen Hazardspiele" zurück.[867]

4. Projekt Privat

Der zunächst ablehnenden Haltung des Landgrafen zum Trotz kam es 1838 zur Ausfertigung der von den Regierungsbeamten vorgeschlagenen Konzessionsurkunde. Darin verpflichtete sich der Unternehmer, dem die Gründung einer Aktiengesellschaft zugestanden wurde, zum Bau eines „Kur- und Badegebäudes in großartigem Styl", dessen „Bauplan der höchsten Genehmigung Sr. Landgräflichen Durchlaucht" bedurfte. Das „um einen billigen Kaufpreis" in Form von Aktien überlassene Terrain und das Gebäude sollten auf zehn Jahre von Steuern und Einquartierung frei bleiben und die Wirtschaftsgerechtigkeit sowie die „Concession zu Hazardspielen" erteilt werden.[868] Die Ausfertigung dieser — schließlich doch ungenutzt gebliebenen – Konzession stand mit dem Auftauchen eines Interessenten in Zusammenhang,[869] der sich um Bau eines „Hôtel" oder Etablissement „pour les étrangers" anbot.[870]

Der Bewerber war Pierre Privat, Besitzer des „Hôtel des Princes" im Börsen-Quartier von Paris, Rue de Richelieu 97–99, wo es damals „weder an Spielsälen noch an Etablissements eindeutiger und zweideutiger Bestimmungen" fehlte. Das „Hôtel des Princes" galt als Luxushotel; es verfügte über Salons, Spielsäle und eine exquisite Küche.[871] Privats Kenntnis der Vorgänge in Homburg erklärt sich wohl aus seiner Herkunft: er entstammte einer Hugenottenfamilie, die in Friedrichsdorf bei Homburg ansässig war.[872]

Die gerade erst angelaufenen Verhandlungen zwischen der Landesregierung und Privat wurden jäh unterbrochen durch einen Vorfall, der die Situation schlaglichtartig erhellt. Privat war während eines Aufenthalts in Wiesbaden, wo er sich in einschlägigen Kreisen bewegt zu haben scheint, „durch eine fingirte Concession (in Zweifel) gesetzt worden, welche ein Baron Devaux erhalten zu haben behauptete"; erst die „ihm darüber gegebene Erklärung" von Seiten der Homburger Behörde, die auch den Erhalt der Konzession in Aussicht stellte, bewog Privat Ende August 1838, sich wieder ernstlich mit der Angelegenheit zu befassen,[873] die ihn im September „unablässig" beschäftigte.

Die von Privat vorgelegten, offenbar von einem Pariser Architekten gefertigten Pläne[874] nebst „Beschreibung und Bezeichnung" wurden Landgraf Ludwig vorgelegt, der „dieses Projekt für hinlänglich groß und geräumig, auch sein Äußeres schön und seine innere Einrichtung im allgemeinen zweckentsprechend" befand.[875] Den Kostenaufwand schätzte Privat auf 200 000 fl., die durch Aktien à 500 fl. zusammengebracht werden sollten. Einem Änderungswunsch für den Tanzsaal suchte Privat durch sofortige Anfertigung eines neuen Erdgeschoß-Grundrisses Rechnung zu tragen, „durch welche Abänderung wir mehr Wohn- und mehr Badezimmer gewinnen, und durch die der Tanzsaal bequemer wird".[876]

Gleichzeitig ließ Privat durchblicken, es sei ihm „sehr leid, nicht selbst an Ort und Stelle sein zu können" und es „den Localbehörden in Homburg überlassen (zu müssen), die Preise mit den Handwerkern festzustellen", damit man – womit vermutlich wiederum die Landesregierung gemeint war – „eine Liste zur Feststellung der Actien entwerfen" und „die Actien-Unterzeichner in Bewegung setzen" könne.

Privats Zeitplan zufolge sollte der Grundstein am 1. Mai 1839 gelegt werden – er selbst gedachte, „dann dort zu sein" und die Zeremonie vorzunehmen –, so daß das Gebäude rechtzeitig fertiggestellt wäre, „um mit dem 1. Juni 1840 Fremde aufnehmen zu können".

Diese Absicht sowie der sich steigernde Enthusiasmus Privats förderten bei der Behörde die Meinung, dieses Unternehmen solle ihm, Privat, vor allem „unsterblichen Ruhm" einbringen. „Privat selbst ist weniger mit seinem finanziellen Interesse beschäftigt, als mit dem Wunsche, als Gründer eines großen Unternehmens dazustehen und sich einen Ehrentempel [!] zu erbauen. Die Absicht dem Curgebäude die Spielconcession zu erwerben, geht aus dieser Absicht hervor, und die Erreichung desselben soll als Mittel zum Zweck dienen..." Der Berichterstatter K. Müller glaubte, „unbedingt annehmen zu dürfen..., daß das Unternehmen als zeit- und sachgemäß anzusehen sei", was er mit Hinweisen auf die Situation der großen Modebäder Wiesbaden, Baden-Baden und Kissingen [!] – „verdankt den Glanz seiner Cur der großartigen Anlage des Kursaales" – zu untermauern suchte.[877]

Obwohl Landesregierung und Geheimer Rat gegen Privat als Unternehmer keine Bedenken hegten, – „er ist ein Mann vom métier und scheint außerdem die Quellen recht gut zu wählen, woraus er zu schöpfen hat", und „es ist außerdem der erste Unternehmer, welcher sich mit reellen Absichten gezeigt hat"[878] –, hielt man es für geraten, Karl Müller als Vertreter der Landesregierung mit einem detaillierten Vertragsentwurf, der ggf. „salva ratificatione" abgeschlossen werden sollte, und dem Auftrag, Erkundigungen über Privat einzuziehen, nach Paris zu schicken.[879]

Der Vertragsentwurf präzisierte die zu treffenden Vereinbarungen dahingehend, daß das Terrain gegen eine Kaufsumme von 12–15 000 fl. abzutreten sei, daß Privat eine bare Kaution von 25 000 fl. zu stellen und er sich zu einer Fertigstellung des Gebäudes bis zum 1. Mai 1841 zu verpflichten habe. „Der Unternehmer macht sich ferner verbindlich, von Eröffnung des Hazardspieles an und zwar für die ersten 10 Jahre von dem Pacht desselben 25 % in die Staatskasse zu bezahlen", doch war ihm ein Spielbetrieb „auf eigene Rechnung" gegen eine zu vereinbarende Abgabe zugestanden.

Am 3. Dezember 1838 traf Müller in Paris ein. Seine Erkundigungen zur Person waren positiv, aber es rührten sich erste Zweifel, ob Privat die nötigen Mittel für das von ihm mit 30 000 fl um die Hälfte zu niedrig veranschlagte Homburger Vorhaben flüssig machen könne.

„Privat ist bekanntlich Eigenthümer eines der angesehensten Hotels garnis in einer der vorzüglichsten Lagen der Stadt Paris, das er in günstiger Zeit um mäßigen Preis an sich gebracht, dann viel verbessert und beträchtlich erweitert hat. Seitdem hat sich der Werth des Grundbesitzes in Paris vervierfacht, und Privat gehört mit zu den angesehensten Proprietaires der Stadt.

Indessen besteht sein ganzes Vermögen in diesem Hotel und seiner Einrichtung. Was er demnach zu unseren Zwecken verwenden wollte, müßte er seinem Geschäfte entziehen oder dieses mit Passiven belasten... Auch scheint dies nie in dem Plane Privats gelegen zu haben, vielmehr wollte er das Vertrauen, dessen er wirklich genießt, benutzen um mit der Concession in der Hand Unternehmer oder Actionäre zu finden...

Privat glaubte, daß es ihm ein Leichtes sein würde, in Paris 30 000 fl. auf Actien zusammenzubringen, und auf diese Summe glaubte er sein Project veranschlagen zu müssen. Die Manie [der Investition in Aktien?] hat sich aber unterdessen sehr gelegt, und das Mißlingen vieler der ins Leben gerufenen Unternehmen stand als Schreckbild da..."[880]

Privat versuchte, das Vorhaben durch die Beteiligung eines „H. Borquis in Frankfurt, der gerade in Paris anwesend war" zu retten. Da dieser jedoch sein Engagement von der Erteilung der Spielerlaubnis abhängig machte, hielt es Müller für opportun, sich mit dem Spielbankpächter von Baden-Baden, Bénazet, der ebenfalls gerade in Paris weilte, „in directen Rapport zu setzen, und fand dazu wieder die beste Gelegenheit durch Privat, der ihn persönlich kannte".

Ohne nennenswerte Erfolge vorweisen zu können, reiste Müller zur Berichterstattung bei Landgraf Ludwig nach Luxemburg und dann nach Homburg zurück.

Der Tod Privats unterbrach die Verhandlungen. Erst im September 1839 wurden sie durch dessen Sohn *Théodore* wiederaufgenommen. Théodore Privat trat im wesentlichen mit den Forderungen seines Vaters auf, ohne jedoch dafür Gegenleistungen anzubieten. Aus Homburg verlautete daraufhin, daß hierauf „nie eingegangen werden könne", daß man aber auf der Basis der P. Privat „gemachten Propositionen auf ein solches Unternehmen einzugehen" bereit sei.[881] Darauf ließ sich Th. Privat ein, und das Verfahren begann von neuem.[882]

Der Vertragsentwurf der Landesregierung zeigt, daß sich die Ausgangsbasis verändert hatte und daß sie sich in die Lage versetzt sah, dem aus rein geschäftlichen Gründen interessierten Privat jun. entgegenzukommen, jedoch auch ihrerseits die Vertragsbedingungen zu steigern.

Privat sollte das Terrain zugestanden werden, „ohne dafür einen Kaufpreis in Anspruch zu nehmen", und die Dauer der Spielkonzession sollte sich über 50 Jahre erstrecken. Dafür aber sollte er sich verpflichten, „auf eigene Kosten und Gefahr innerhalb von drei Jahren ... ein ansehnliches großartiges Curgebäude" zu erbauen, das „den Kosten-Aufwand von 300 000 frcs. (140 000 fl.) erreichen" sollte, welche Summe insgesamt als Kaution zu hinterlegen war. Für die Gewährung der Spielkonzession errechnete man einen zu entrichtenden Gesamtbetrag von 350 000 fl.

Diesen Vertrag nahm Privat nicht an, da er, entgegen der Forderung der Landesregierung nach einer Aussetzung der Konzessionserteilung auf sechs Monate, darauf bestand, „eine bedingte Concession jetzt schon in Händen zu haben".[883]

Der Landesregierung kam diese Reaktion nicht ungelegen, waren ihr doch zwischenzeitlich von neuen Bewerbern „Anerbietungen und Forderungen" zugeleitet worden, die „unbedingt den Vorzug vor denen des Herrn Privat verdienten",[884] die nun weniger vorteilhaft waren, „als man es nach der Natur des Gegenstandes zu erwarten berechtigt" sei. Man kam überein, „daß den Anerbietungen des Theodor Privat so lange eine ernstere Beachtung und speciellere Prüfung wohl nicht zuzuwenden sei, als Aussicht vorhanden ist, daß das andere Project des Herrn Gregoire und Cons. zur Ausführung kommen wird".[885]

„Etablissement pour les Etrangers"

Die in den Akten erwähnten Pläne für ein „Etablissement pour les Etrangers", einschließlich der Planänderung des Erdgeschosses sowie des 1839 angefertigten, vermutlich reduzierten Alternativentwurfs, sind verschollen.[886] Erhalten hat sich eine detaillierte Beschreibung des ersten Entwurfs von Pierre Privat, die eine ungefähre Rekonstruktion des Raumprogramms und eine versuchsweise typologische Zuordnung des Projekts erlaubt.[887]

Als Standort für das von Privat als „Hôtel" bezeichnete „Etablissement pour les Etrangers" war das bereits früher avisierte Terrain am unteren Ende der Louisenstraße vorgesehen; ein Haupteingang sollte von der Louisenstraße, ein weiterer „von dem Wege nach dem Elisabethenbrunnen" (Ludwigstraße?, Promenade?) erreichbar sein.

Das durch einen Garten (mit zweigeschossigen Pavillons für Wache, Hausmeister, Gärtner o. ä.?) von der Louisenstraße getrennte Gebäude umschloß einen „mittleren Hof" von 53 x 55 m, dessen rückwärtige Bebauung aus „schönen Ställen" für 74 Pferde und aus Remisen für 38 Wagen bestehen sollte. In der Mitte des Hofes sah der Plan neben einem „schönen Brunnen" einen Bädertrakt mit 20 Badezellen vor.

Ein zweiter Hof oder Garten, jenseits der Remisen und zur Promenade hin, sollte mit Karussell, Schwimmbecken und Einrichtungen für „gymnastische Spiele" ausgestattet werden.

Das *Hauptgebäude* an der Louisenstraße war das Gesellschaftshaus. Aus Kostengründen war es in Holzkonstruktion vorgesehen. Seine Länge läßt sich auf mindestens viermal 86 franz. Fuß (ca. 111 m) schätzen; seine Tiefe wird mit 44 franz. Fuß (ca. 14 m) angegeben.

Über seiner äußere Gestaltung gibt die Beschreibung keine Auskunft. Unklar bleibt vor allem, ob die angesprochenen „Gänge, die um das Gebäude herum laufen und den verschiedenen

Räumen als Verbindung dienen" sollten, an der Straßen- oder an der Hofseite vorgesehen waren.

Im Innern sollte ein „schöner Korridor" von ca. 2,5 m Breite das Gebäude in beiden Geschossen in eine vordere und eine hintere Hälfte teilen. Ihre jeweilige Breite von 22 franz. Fuß (7 m) stellte eine Konstante des Grundrasters dar, dem die Gliederung des Gebäudes unterworfen wurde.

Im Erdgeschoß waren ca. 30 Räume unterschiedlicher Größe vorgesehen. Die beidseits des wohl parallel zur Fassade verlaufenden Korridors angeordneten Gesellschaftsräume gliederten sich in einen „gegen die Fassade", also zur Louisenstraße gerichteten Speisesaal mit Orchester, eine daran anschließende Küche, die sowohl den Speisesaal als den „auf der entgegengesetzten Seite" gelegenen Rauchsalon und das Café (ca. 16,5 x 7 m) versorgen sollte, einen Ballsaal mit Orchester ("das von dem Entresol genommen ist"), einen Gesellschaftssaal, einen „Saal zu verschiedenen Spielen" und „drei Zimmer für Hazardspiele". Die Hauptsäle waren straßenseitig angeordnet und über Treppenanlagen mit dem Garten verbunden.

Die Speise-, Ball-, Gesellschafts- und Spielsäle sowie die drei Spielzimmer wiesen jeweils gleiche Ausmaße – 86 x 22 franz. Fuß = ca. 28 x 7 m – auf. Café (51 x 22 franz. Fuß) und Bibliothek (35 x 22 franz. Fuß) ergaben zusammen ebenfalls das Grundmaß von 86 x 22 franz. Fuß = ca. 28 x 7 m. desgleichen der Rauchsalon (51 x 22 franz. Fuß) und das Billardzimmer (35 x 22 franz. Fuß).

Diese sieben gleichartigen Kompartimente sollten ergänzt werden durch die angegebenen Wirtschaftsräume, den Saal für die Aufwärter beim Spiel, die Nebenzimmer, die fünf Zimmer „für Kränkliche", das Laboratorium und die Kasse; insgesamt nahmen diese Räumlichkeiten mindestens ein Kompartiment von 86 x 22 franz. Fuß in Anspruch.

Kritisiert wurden die durch das Grundrißschema vorgegebenen Maße des Ballsaals (86 x 22 franz. Fuß). Landgraf Ludwig befand, daß der Saal „in keinem zweckmäßigen Verhältnis (stehe) und viel zu schmal" sei. Seinem Vorschlag zufolge sollte „die ganze Tiefe des Gebäudes zu seiner (des Ballsaals) Breite genommen (werden), wodurch denn der Saal eine solche von 44 Fuß erhalten würde".[888]

Der *Zwischenstock* (Entresol; 9 franz. Fuß hoch) war „eingetheilt in einen großen Verbindungsgang über dem des Erdgeschosses u. von derselben Breite." Der straßenseitige Trakt bot Zugang zu den beiden Orchestern über den doppelgeschossigen Ball- und Spielsälen, während der hofseitige Trakt 36 „vom Hof aus erleuchtete" und fünf nach der „Straße nach dem Elisabethenbrunnen" gerichtete Logierzimmer enthalten sollte.

Das *Obergeschoß* war ausschließlich Logierzwecken vorbehalten. Es enthielt „40 Zimmer nach dem Garten und 36 nach dem Hof", jedes von ihnen 21 x 15 franz. Fuß (6,8 – 4,8 m) groß und mit einem „Alkoven und zwei Garderobenkabinetts" versehen.

In allen drei Geschossen sollte es „in den vier Ecken des Hauses ... Örtchen nach englischer Art geben". Der *Dachraum* war „in 120 Bedienten Zimmer eingetheilt".

Im Ganzen gibt sich der Komplex als eine „Badeanstalt" zu erkennen, deren dominantes Hauptgebäude nicht dem Typus des in den deutschen Bädern aktuellen Kursaalgebäudes folgt. Die Kombination von ausgedehnten Gesellschaftsräumen im Erdgeschoß mit zwei Logiergeschossen erinnert an die älteren deutschen Badelogierhäuser. Doch fehlte diesen die systematische Entwicklung des Grundrisses auf der Basis eines Maßschemas sowie die doppelte Ordnung der zwei parallel laufenden Reihen von Zimmern (appartement double), „so daß sich die größeren repräsentativen Räume nach der Gartenseite zu befinden, während nach der Hofseite hin kleiner, in der Hauptsache praktischen Zwecken dienende Gemächer" liegen.[889] Ausgehend von den Adelshotels des ausgehenden 17. Jahrhunderts gehörte diese als „appartement double" bezeichnete Anordnung im 19. Jahrhundert zu dem sich in Frankreich entwikkelnden Typus des Stadthotels „pour les Etrangers".[890]

Im rückwärtigen Bereich des Hofes fallen besonders die zahlreichen Ställe und Remisen auf, die einen ganzen Flügel bilden und damit ebenfalls auf den Relaischarakter des Etablissements verweisen. Mit einem Badelogierhaus ganz unvereinbar wäre vor allem der Standort des Bädertraktes, abgedrängt in den Hof und umgeben von Wirtschaftstrakten, Ställen und Remisen. Die „Bäder von Homburg", denen P. Privat „den richtigen Schwung verleihen" wollte, waren nicht identisch mit diesem Trakt, sondern gleichbedeutend mit dem Ort selbst: „Hombourg-les-bains", dessen Urbanisierung mit dieser Kombination aus traditionellem Badelogierhaus und Stadthotel französischem Muster eingeleitet werden sollte. Dem entsprach der Wunsch P. Privats, „daß das Haus zum ständigen Vereinigungspunkt der Spaziergänger würde und für Homburg ein Zusammenströmen von Fremden bringen würde, so daß es nötig werden würde, 100 neue Häuser zu bauen, da die Stadt nicht ausreichen würde, alle zu beherbergen“.

5. Das Brunnensälchen

Während der Verhandlungen mit privaten Unternehmern faßte Landgraf Ludwig zu Beginn des Jahres 1838 den Entschluß zum Bau eines „größeren Brunnensaals“ in eigener Regie.[891] Als Baumotivation wurde der dringende Bedarf eines „Gesellschaftslocales“ angeführt. Die Entwürfe fertigte der „L. Bauinspektor Westerfeld unter Leitung des Hr. Hofbaudirektors Moller“.[892] Landgraf Ludwig bewilligte einen namhaften Zuschuß zu den Baukosten. Noch 1838 wurde mit dem Bau begonnen; am 7.8.1839 wurde das Brunnensälchen mit einem Ball eröffnet. Das Gebäude wurde bereits vor seiner Fertigstellung den in den Jahren 1838–1840 massiert auftretenden Interessenten für das Unternehmen „Badeanstalt“ zur Pacht angetragen.

Mit dem Brunnensälchen wurde erstmals seit dem Bau des „Kurhäuschens“ (Haus am Mineralbrunnen) wieder ein Gebäude im Brunnenbezirk errichtet. Die relativ bescheidene landesherrliche Initiative fernab der Stadt war zu verstehen als Gegenpol zu dem aufwendigeren Projekt eines

61 Bad Homburg, Brunnensälchen, Ansichtspostkarte, vor 1980

62 „Der Cursaal in Homburg vor der Höhe" (Brunnensälchen), Inneres, um 1840

künftigen Kursaalgebäudes an der Louisenstraße. Durch seine klare Architektur hob es sich jedoch von dem in der Nachbarschaft stehenden Brunnenhaus wohltuend ab. Eingeschossigkeit, Allansichtigkeit und Gleichmaß verleihen dem Brunnensälchen den Aspekt eines Saalgebäudes, dessen Funktion am Außenbau als der „Hülle" des umbauten Saales gleichsam ablesbar ist. Im Innern des Brunnensälchens obwaltete eine Dreiteilung, die sich am Außenbau nicht abzeichnete. Der annähernd quadratische Saal nahm die gesamte Gebäudebreite ein. Die einzige zeitgenössische Darstellung zeigt einen sehr sparsam möblierten Raum: Es fehlte an Tischen, Stühle und Bänke waren entlang den Wänden plaziert. Der daraus ersichtlichen vorrangigen Funktion als Tanzsaal entsprach die an einer Schmalseite angebrachte Musikempore. Mit dem Brunnensälchen wurde ein Bautyp aufgegriffen, zu dessen Charakteristika der Standort am Brunnen und die Eingeschossigkeit gehörten. Verwandte zeitgenössische Bauten befanden sich in Wiesbaden und Salzhausen.[893]

Als der „Brunnen-Kursaal" am 7. August 1837 eröffnet wurde, bemerkte der Chronist, das Gebäude scheine „dem Zweck nicht zu entsprechen". Offenbar hatte die Bürgerschaft mit einem andersartigen Gebäude, wohl einer Art größeres Brunnenhaus mit „Brunnenwirtschaft" gerechnet. Mit Vertrag vom 29. Juli 1840 wurden – „bis zur Vollendung des neuen Kurhauses" – den Gebrüdern Blanc „die Spiele in dem Brunnenhaus" gestattet.[894]

Seit dem 7. April 1949 beherbergt das Brunnensälchen die wiedergegründete Spielbank Bad Homburgs.

Die Errichtung des Homburger Brunnensälchens war signifikant für die Situation des Bades am Ende des Jahrzehnts, das mit den Projekten Georg Mollers vielverheißend begonnen hatte.

Das Brunnensälchen war ein Interims-Kursaalgebäude, jedoch so konzipiert, daß es das künftige Kursaalgebäude ergänze. Die mit seinem Bau demonstrierte Handlungsfähigkeit von Fürst und Staat fällt zusammen mit der zunehmend als unausweichlich und unmittelbar bevorstehend erachteten Überlassung des „großen“ Bauvorhabens, des künftigen Kursaalgebäudes, an private Unternehmer. Der damit unweigerlich verbundenen Kommerzialisierung des Badebetriebs wurde mit dem Brunnensälchen ein letztes Mal eine von der Sorge um die öffentlichen Belange getragene staatliche Aktivität entgegengesetzt. Obwohl noch während der Bauzeit Privatleuten zur kommerziellen Nutzung angeboten, hat sich das Bewußtsein vom öffentlichen Auftrag, vor allem aber die Aura des dem Brunnensälchen zuteil gewordenen Mäzenatentums bis heute nicht verflüchtigt.

6. Projekte mit Konsortien

Vom 1. Juli 1839 liegt ein neuer Konzessions-Entwurf vor, aufgrund dessen „vorbehaltlich der Höchsten Ratifikation unterhandelt werden“ sollte.[895] Verhandlungspartner war ein Pariser *Obrist Dupont*, der – für Homburg erstmals – im Namen eines Konsortiums agierte.

Die Unternehmer verpflichteten sich vertraglich zur Errichtung eines „Kursaals“, dessen Baukosten „geringstens auf die Summe von 100 000 fl. angeschlagen“ wurden und der „bis zum Herbst 1840“ vollendet sein mußte. Das Terrain an der Louisenstraße sollte ihnen zu dem bereits P. Privat angetragenen Kaufpreis von „12–15 000 f.“, die jedoch nicht als Beteiligung angesehen wurden, überlassen werden.

Ausführlicher als bei allen früheren Vertragsentwürfen wurde auf die Regelung des Spiels eingegangen, dessen Konzessionierung auf 40 Jahre zu einem Pachtzins von „geringstens fünftausend Gulden jährlich“ nun unumstößlich fest stand. Neu für Homburg, aber den Gepflogenheiten etwa in Wiesbaden und Baden-Baden entsprechend, waren das Spielverbot für Inländer und die den Unternehmern aufgegebene Stellung von vier Mann Polizei „zur Überwachung und zum Schutz des Etablissements“, die „vorschriftsmäßig zu kleiden und jeder mit 150 fl. jährlich zu bezahlen“ waren.

Der letzte der 18 Paragraphen zeigt, wie stark das Anspruchsniveau an den großen Modebädern und vor allem an den immer wieder herangezogenen Kurstädten Baden-Baden und Wiesbaden orientiert war.

„Einem jeden Unternehmer wird zur Verbindlichkeit gemacht, daß nicht nur die Errichtung und Einrichtung des Kurgebäudes dem Geschmacke der Zeit gemäß in Ausführung gebracht werde, sondern daß dasselbe auch mit der weiteren Ausdehnung des Bades gleichen Schritt halten und auf die notwendig werdende Vergrößerung und Erweiterung der Kurgebäude bedacht sey, und nach dem Vorbild von Baden-Baden, Wiesbaden und anderer Kurorte alles aufbiete, was die Annehmlichkeit des Aufenthalts für die Fremden erhöhen und zur Prosperität der Stadt dienen kann.“

Als die mit Dupont „eingeleiteten Unterhandlungen wieder scheiterten und sich zerschlugen“, intensivierte der beauftragte Brunnenverwalter K. Müller seine Kontakte zu einem *Baron von Mengden* aus Ingelheim, mit dem er „schon ein ganzes Jahr hindurch“ Verhandlungen zwecks Begründung eines Konsortiums gepflogen hatte.[896]

In *Grégoire Grégoire*, einem ehemaligen Kaufmann aus Brüssel, fand sich ein zweiter und in dem Brunnenverwalter *Karl Müller* selbst ein dritter Konsorte, der betonte, seine Beteiligung betreffe „ausschließlich die Pachtung des Elisabethenbrunnens“. Am 25. Oktober 1839 unterzeichneten sie den Entwurf zu einer Konzession und zu einem „Special-Vertrag“ über das Brunnenwesen.[897]

Die ersten sieben und der vorletzte der insgesamt 23 Paragraphen des Hauptvertrages beschäftigten sich ausschließlich mit dem zu errichtenden Kursaalgebäude. Bemerkenswerterweise stand nicht die Terrainfrage am Anfang, sondern das Aussehen des Gebäudes: „Die Unternehmer verpflichten sich, ein Curgebäude auf ihre Kosten und für ihre Rechnung nach dem Muster des Cursaals in Wiesbaden oder des Conversationshauses in Baden-Baden zu errichten, das, außer (sic!) den Spielzimmern einen Tanz- und Conversationssaal, Lesecabinet, Restauration nebst den nöthig erachteten Neben-Zimmern enthält“.

Die Bestimmung über Vergrößerung und Erweiterung des Kursaalgebäudes „nach dem Vorbilde von Baden-Baden, Wiesbaden und anderen Curorten Deutschlands" (§ 19) wurde wörtlich aus dem Vertragsentwurf für den Obristen Dupont vom 1. Juni 1838 übernommen.

§ 2 legte fest: „Die Erbauungskosten dieses Curhauses werden wenigstens auf die Summe von hundert und fünfzig tausend Gulden angeschlagen", und § 3 bestimmte, daß der Bauplan innerhalb von vier Wochen zur Genehmigung einzureichen sei.

Das Terrain an der Louisenstraße sollte den Unternehmern für 16 000 fl. überlassen werden, wobei die Anhaltischen Häuser „zur Abtragung und die Gärten zur Anlage eines öffentlichen Parks bestimmt" wurden. Eine geforderte Kaution von 50 000 fl. konnte durch Eröffnung eines Kredits „bei einem der ersten Frankfurter Banquiershäuser" geleistet werden. Zehn Prozent dieser Summe sollten als Entschädigung bei zeitlicher Verzögerung des Bauvorhabens erstattet werden.

Als Gegenleistungen des Staates wurden die üblichen Freiheiten gewährt, die „taxfreie Ertheilung einer Real-Wirthschafts-Gerechtigkeit" sowie die „ausschließliche Concession zur Errichtung und Ausübung von Hazardspielen, wo sie in Baden, Wiesbaden und anderen Bädern Deutschlands bestehen, entweder persönlich oder durch andere oder in Verbindung mit anderen Capitalisten". Bei einer Konzessionsdauer von 30 Jahren sollten Pachtgelder entrichtet werden, die sich von 5 000 fl. auf 25 000 fl. pro Jahr steigerten. Auch mit dieser für Homburg erstmalig vorgeschlagenen Staffelung des Pachtpreises orientierte man sich an den Vorbildern der Spielbanken von Wiesbaden und Baden-Baden, blieb jedoch hinsichtlich der Höhe der Beträge vergleichsweise moderat.

Für die Durchführung der Spiele, die am 15. April 1840 in dem „alte(n) nebst dem neu erbauten Brunnenhause" beginnen sollten, galt das bereits in früheren Entwürfen formulierte.

Neu war hingegen der Einbezug der Pachtung des Elisabethenbrunnens, worüber ein hier nicht zu behandelnder Separatvertrag abgeschlossen werden sollte. Über die Unternehmensform war, entgegen der früheren Usance, nichts ausgesagt, wohl deshalb, weil die Regierung davon ausging, daß die Antragsteller als die alleinigen Kapitalgeber zu betrachten seien. Der Vertragsentwurf wurde – zusammen mit dem allerdings gleich zu Beginn ausgeschiedenen Privats – am 4. November 1839 von den zu einer Plenarsitzung einberufenen sieben Regierungsbeamten diskutiert und zu Protokoll gebracht, daß das Projekt des Konsortiums Grégoire, v. Mengden und Müller „in seinen Hauptgrundzügen und wesentlichen Bedingungen dem Gouvernement und der hiesigen Badeanstalt nur als sehr günstig und vortheilhaft angesehen werden könne und ... im allgemeinen zur Annahme zu empfehlen sei".[898] Nur Geheimrat v. Ibell sprach, neben einigen Empfehlungen zu einer dem Staat noch mehr Sicherheit gewährleistenden Abfassung des Vertrags, die Befürchtung aus, daß die Angebote des Konsortiums, „wenn man die übrigen Verhältnisse unseres eben erst aufblühenden Curortes, sowie die früheren zu gleichem Zweck gemachten Offerten in Erwägung zieht, so überaus günstig (erscheinen), daß bei jedem Unbefangenen gerechte Zweifel darüber entstehen müssen, ob unter solchen Bedingungen die Unternehmer ihre Nahrung finden können".[899]

Diese Befürchtung, aus der das berechtigte Erstaunen des Laien über die Gründungseuphorie des Konsortiums spricht, teilte Landgraf Philipp nicht. Er bekundete vielmehr seinen Willen, „jene Propositionen mit dem Vorbehalt der nöthig befundenen Modificationen zu genehmigen und somit dem Ansuchen zu willfahren". Regierungsrat Zurbuch wurde beauftragt, mit den Unternehmern in „nähere Unterhandlung" zu treten und eine Übereinkunft „mit Vorbehalt Unserer Genehmigung förmlich abzuschließen", „wofür zugleich eine Frist von drei Wochen, unter dem Anfügen festgelegt wurde, daß nach deren fruchtlosem Ablauf auf die Vorschläge der Proponenden hierorts keine weitere Rücksicht genommen werden kann".[900]

Diese kurze Frist stellte die Hürde dar, die das Konsortium (bzw. Grégoire als der designierte Kapitalbeschaffer) nicht zu überwinden vermochte. Vermutlich begab sich Grégoire (von v. Mengden ist keine Rede mehr) auf eine längere Suche nach weiteren Kapitalgebern; der Vertragstext ließ diese Auslegung zu.

Erst im Januar 1840 kündete Grégoire die Überbringung eines, wohl inhaltsreichen, Briefes des österreichischen Gesandten in Brüssel an, woraufhin er eine sehr kühle Antwort aus Homburg erhielt.[901] Das Homburger Kurprojekt hatte sich an der Säumigkeit der Aspiranten zerschlagen.[902]

Wiederum war es der Brunnenverwalter Müller, der durch sein „unablässiges Bemühen, diesem Unternehmen meine Theilhabe zu gewinnen", einen an dem Homburger Projekt interessierten Unternehmer ausfindig machte. Dieses Mal hatte er sich in Aachen umgesehen, „da der Conctract des in Aachen etablirten Spiels mit diesem Jahre seine Endschaft erreicht und die bisherige Gesellschaft wenig Aussicht hat, denselben für sich erneuert zu sehen".[903] An seinem neuen Kandidaten pries Müller vor allem die Sachkenntnis (in Spielbankangelegenheiten), an der es ihm im Nachhinein wohl bei Grégoire zu mangeln schien. Ein *Baron von der Boyen*,[904] bisher angeblich Aachener Spielbankpächter, der an der Spitze eines wiederum als Konsortium geplanten Unternehmens stehen sollte, zeigte sich interessiert, befand jedoch den Vertragsentwurf vom Vorjahr hinsichtlich der Höhe der Spielpacht, die er auf insgesamt 450 000 fl. reduziert zu haben wünschte, als in seinen Bedingungen „zu erschwerend".[905]

Müller wurde daraufhin beauftragt, sich die gewünschten Modifikationen vorlegen zu lassen und den Abschluß eines Vertrags anzustreben.[906]

Müller scheint mit von der Boyen handelseinig geworden zu sein,[907] und dieser begab sich wiederum auf eine längere Suche nach Kapitalgebern. Erst am 28. Juli 1840 berichtete er dem Landgrafen, er habe „dans ce moment" einen Großteil des benötigten Kapitals zusammengebracht, „et cela avec des personnes très respectables des Provinces Rhénanes"; er bitte, diese mit großen Ausgaben verbundenen Bemühungen gerecht beurteilen zu wollen. Von der Boyen war zu Ohren gekommen, daß ein anderer Interessent dem Gouvernement eine Offerte vorgelegt habe. Besonders ärgerlich war für ihn die Person dieser Konkurrenten, „M. Blanc qui indirectement par notre Canal a eu connaissance de l'affaire".[908]

Verborgen geblieben war von der Boyen, daß der schleppende Fortgang seiner Verhandlungen noch weitere Unternehmer auf den Plan gerufen hatte.[909]

Am 9. Juli 1840 legten die Gebrüder *Homberg*, Bankiers aus Frankfurt,[910] unter Bezugnahme auf eine „mündliche Unterredung mit Ihnen", der Landesregierung einen Vertragsentwurf zur Prüfung vor und baten, „uns einen provisorischen Vertrag anzuvertrauen, worin sämtliche Stipulationen ausgeführt und wir zu Substituierung einer passenden Person während längstens vier Wochen ermächtigt werden".[911]

Die Gebrüder Homberg verstanden sich – „da Ausübung von Hazardspielen nicht die Art ihrer Geschäfte sei" – als Mittelsmänner, die sich wiederum um einen ungenannt bleibenden Unternehmer bemühen wollten. Dies in dem verhältnismäßig kurzen Zeitraum von vier Wochen, was die sich bestätigende Vermutung zuließ, daß, laut mündlicher Aussage der Gebrüder Homberg, „die Person schon gefunden" sei. Der Interessent stand angeblich „an Reputation und an pekuniären Mitteln sowie an moralischer Solidität weder einem Chabert in Wiesbaden noch einem Benazet in Baden-Baden nach",[912] was als Hinweis darauf zu werten sein dürfte, daß es sich um eine Persönlichkeit aus Pariser Spielbankkreisen handelte.[913]

Der Vertragsentwurf der Landesregierung sah eine auffällige Reduktion der Baukosten für das Kursaalgebäude – auf 100 000 fl. – vor, wovon „sogleich bei Unterschrift" 50 000 fl. als Kaution verlangt wurden; „die weiteren 50 000 fl. sind alsdann vom Pächter binnen der gesetzten 5jährigen (sic!) Frist zum Bau zu verwenden und successive zuzuschießen".[914]

Auch die auf 50 Jahre festgesetzte Pachtzeit und Spielkonzession wies bei steigender Pacht günstigere Bedingungen auf: 5 Jahre pachtfrei, 10 Jahre lang 5 000 fl. jährlich, 20 Jahre lang 12 000 fl. jährlich und 15 Jahre lang 16 000 fl. jährlich.

Des weiteren hatte sich der Pächter zwar den „bestehenden polizeilichen Verfügungen zu unterwerfen", aber das Gouvernement beanspruchte „keinerlei Controlle über die Geschäfte der Bank".

Erstmals in einen Vertragsentwurf aufgenommen wurde eine Bestimmung über das Schicksal des Kursaalgebäudes nach Ablauf der Pacht: „... der Pächter oder dessen Erben (bleiben) Eigenthümer des Kurhauses, Terrains und des darin befindlichen Mobiliars". Zieht man in Betracht, daß bereits in dem 10 Jahre zurückliegenden ersten Vertragsentwurf vom 19. Juli 1830 vorgesehen gewesen war, daß nach Ablauf der Pachtzeit „das Gesellschafts-Eigenthum an Unser Landgräfliches Haus zurück" fallen sollte und berücksichtigt man die spätere Praxis, so läßt sich unschwer erkennen, daß auch diese Bestimmung für den Unternehmer überaus günstig war.[915]

Regierungsrat Zurbuch, der das Projekt der Gebrüder Homberg unter mehrmaligem Hinweis auf deren bekannte Solidität förderte, legte gerade die starken Abweichungen von den früheren Vertragsentwürfen als Vorteil für das Gouvernement und für die zu gründende Badeanstalt aus. Im Gegensatz zu den früheren, mit „Projektemachern" eingeleiteten Entwürfen sei dieser „auf Vernunft und auf einer gewissen Solidität basirt" und biete bei Realisierung „dem Landgr. Gouvernement eine gewisse Garantie, die Conception ungestört aus- und durchgeführt zu sehen".[916]

Geheimrat von Ibell ließ daraufhin wissen, daß der Antrag inhaltlich, vor allem hinsichtlich der Konzessionsdauer und des Pachtgeldes, „die höchste Genehmigung erhalten" habe; allerdings könne ein Vertrag erst abgeschlossen werden, „sobald sie sich als die Bevollmächtigten eines passenden Unternehmers ausgewiesen haben werden".[917]

Unterdessen gelangten die Verhandlungen mit zwei weiteren Bewerbern, den Gebrüdern Blanc, in das Stadium des Abschlusses und die Gebrüder Homberg in ein zeitliches Hintertreffen. Am 4. August 1840 wurde ihnen mitgeteilt, „daß gleichzeitig mit ihren Propositionen andere von Herrn Louis Blanc aus Paris eingereicht worden, welche die Höchste Genehmigung erhalten hätten".[918]

7. Projekt Blanc

Den im Juli 1840 feststellbaren „Wettlauf" um den Erhalt der Konzession gewannen die Brüder Louis und Francois *Blanc* vor den Herren Homberg und von der Boyen. Verhandlungsgeschick, Erfahrung im Banken- und Spielbankwesen, Zielstrebigkeit und Skrupellosigkeit verhalfen ihnen zum Sieg.[919]

Am 17. Juli 1840 unterbreitete Louis Blanc – „pour satisfaire à Vos désirs" – dem Landgrafen seine Offerten.[920] Dieses Angebot stellte das Vorhaben auf eine wiederum neue Ausgangsbasis, da nicht die Blancs, sondern der Landgraf als Bauherr auftreten sollte. Hierzu verlocken sollte ihn das Angebot der Unternehmer, die Baukosten von 100 000 fl. zu übernehmen, während der Bau im Besitz des Landgrafen (des Staats?) bliebe; auch könne er so das Gebäude „d'après Ses idées et Son bon plaisir" entwerfen lassen.[921]

Der Vorteil der Unternehmer lag klar auf der Hand. Sie hätten das Risiko des gesamten Bauwesens von sich abgewendet, hätten keine Kosten in den Erwerb von Terrain investieren müssen und nach Beendigung der Spielpacht das Gebäude wie vorgefunden verlassen können. Wie wenig den Blancs – zu diesem Zeitpunkt – an einer Einflußnahme auf die Gestaltung des Bauwerks und wie viel ihnen daran gelegen war, den Landgrafen als Bauherrn zu sehen, zeigt eine Wiederholung dieses Vorschlags gelegentlich der Präsentation der ersten Baupläne, also lange nach Vertragsabschluß.[922]

Dafür boten die Unternehmer an, die mobile Einrichtung, die ihr Eigentum bleiben sollte, zu finanzieren. Auch erklärten sie sich bereit, eine relativ geringe Laufzeit des Pachtvertrags von 25 Jahren, bei gleichbleibender Pacht von 6 000 fl., zu akzeptieren.

Dem Geheimen Rat schien dieses Angebot „im Ganzen annehmbar" und in jedem Fall dem der Gebrüder Homberg vorzuziehen.[923] Daß man den Bau eines Kursaalgebäudes unter den genannten Bedingungen sehr wohl in eigene Regie nehmen könne, zeigte das Beispiel des gerade (1839) fertiggestellten staatlichen Kursaalgebäudes in Ems, dessen Bau ohne die Finanzmittel des Spielbankpächters „kaum möglich gewesen" wäre.[924]

Der Landgraf zeigte sich zunächst geneigt, „den Bau selbst zu übernehmen, die Häuser und den Platz aber käuflich zu überlassen" und weitere Verbindlichkeiten, wie die Anlage eines Parks zu 6 000 fl. und die Erhöhung der Pachtsumme in der zweiten Hälfte der Pachtzeit, daran zu knüpfen.[925]

Nachdem die Blancs deutlich gemacht hatten, daß sie diesen Bedingungen die Übernahme des Kursaalbaus in eigener Regie vorzögen, waren für beide Seiten akzeptable Voraussetzungen geschaffen. Es konnte ein Vertrag aufgesetzt werden,[926] der bereits am 29. Juli 1840 ratifiziert und am 21. August 1840 von Landgraf Philipp unterzeichnet wurde.[927]

Die ersten Paragraphen des Vertrags konzentrieren sich auf das zu erbauende Kursaalgebäude; ihre Formulierung ähnelt dem Wortlaut früherer Vertragsentwürfe. Die Unternehmer verpflichteten sich zum Bau eines auf dem vorbestimmten Platz an der Louisenstraße zu errichtenden, in seiner Planung genehmigungspflichtigen Kursaalgebäudes einschließlich „Meublirung und Decorationen", dessen Kosten sich „mindestens auf die Summe von 100 000 fl." belaufen müssen und das „gegen Ende 1842 vollendet sein muß", sowie zur Anlage eines „öffentlichen englischen Parks". Außerdem hatten „die H. Blanc Gebrüder ... in dem Kurhaus ein gutes Billard, eine Lese-Kabinet mit französischen, englischen und deutschen Zeitschriften, dann einen geschickten Restaurateur zu unterhalten, und überhaupt alles darin zu vereinigen, was den Fremden angenehm und nützlich sein kann".

Ein käuflicher Erwerb des Terrains stand nicht zur Debatte, da sich die Unternehmer auf eine bislang von keinem Interessenten in Erwägung gezogene Bestimmung einließen: „Das Kurhaus wie das ganze Etablissement bleibt Eigenthum des Landgräflich Hessischen Gouvernements, ohne daß die H. Blanc Gebrüder irgend eine Wiedererstattung in Anspruch nehmen können".

Die Bauherren hatten demzufolge das Kursaalgebäude in Pacht zu übernehmen, wobei – bezeichnenderweise – die Pacht des Gebäudes identisch sein sollte mit der Pacht der den Gebrüdern Blanc für 30 Jahre gestatteten Hazardspiele, die zunächst 10 Jahre lang 3 000 fl., dann 10 Jahre lang 6.500 fl und zuletzt 10 Jahre lang 10 000 fl. jährlich betragen sollte.[928]

Resumé

Der mit den Gebrüdern Blanc abgeschlossene Vertrag unterschied sich hinsichtlich der von den Unternehmern zu leistenden Verbindlichkeiten nur auf den ersten Blick erheblich von den vorausgegangenen Vertragsentwürfen.

Bereits früher hatten Interessenten den Bau eines Kursaalgebäudes zu einem in zwei Fällen sogar noch höher angesetzten Baupreis übernehmen wollen, und auch die den Blancs abgeforderte Kaution von 25 000 fl. war bereits auf das Doppelte dieses Betrags gesteigert gewesen. Selbst die spektakulär erscheinende, bisher für keinen anderen Kurort jener Zeit nachzuweisende Überlassung des von den Unternehmern mit 100 000 fl. sozusagen „verlorenem" Kapital errichteten Kursaalgebäudes fand ihr Äquivalent in der, verglichen mit Baden-Baden oder Wiesbaden, relativ moderaten Höhe der Pacht und dem Verbleib der mobilen Einrichtung im Besitz der Unternehmer. Hinzu kam, daß dem Fiskus aus dem zur Verfügung gestellten Terrain kein Ertrag erwuchs.

Gerade deshalb stellt sich die Frage nach dem Grund des so überaus großen Interesses der Landesregierung an den Gebrüdern Blanc.

Der rasche Vertragsabschluß begründet sich nicht allein in dem Engagement der Gebrüder Blanc für das Homburger Projekt, sondern in dem Vorzug, den sie gegenüber allen anderen in den vergangenen beiden Jahren aufgetretenen Konsortien aufzuweisen hatten: sie verfolgten die Absicht, Alleinunternehmer zu werden. Damit entfiel die, wie sich gezeigt hatte, langwierige und oft genug unfruchtbare Suche nach Partnern. Hinzu kam, daß die Blancs, wie sich schnell feststellen ließ, über die notwendigen Mittel verfügten. Schon wenige Tage nach der endgültigen Ratifizierung des Vertrags meldete der Geheime Rat, die „Kauzion ad 25 000 fl." sei bereits deponiert. Demselben Schreiben ist zu entnehmen, welch großes Interesse die Landesregierung an diesem Betrag sowie an den künftig regelmäßig eingehenden Pachten hatte.

Um „erstere Summe bis zu ihrer Kontractlichen Restitution möglichst nutzbringend zu verwenden" wurde sie der „Schuldentilgungs-Verwaltung" überwiesen und gleichzeitig die „Landgräfl. Schuldentilgungs-Commission" beauftragt, „vom nächsten Jahre an den jedesmaligen Jahrespacht der Schuldentilgungs-Kasse in Einnahme zu überweisen und im Interesse der Schuldentilgung zu verwenden".[929]

VII. Zur Problematik der Spielbanken

1. Entwicklung bis zum Spielbankschluß in Frankreich

Das Homburger Projekt von 1830–1833 war bereits mit dem Gedanken der Konzessionierung einer Spielbank verknüpft gewesen; doch wurde dieser während der dreijährigen Planungsdauer nicht näher ventiliert. Für die meisten der nachfolgenden Projekte war das Hazardspiel von wachsender und für die Gebrüder Blanc schließlich von ausschlaggebender Bedeutung. Die Entwicklung im Homburg der 1830er Jahre steht nicht isoliert im Raum, sondern sie fügt sich in die Geschichte der Spielbanken in Deutschland.

Das Glücksspiel hat in den deutschen Kurorten eine bis in das frühe 18. Jahrhundert zurückgreifende Tradition.[930] In Pyrmont blühte das Glücksspiel „schon um 1700", [931]in Langenschwalbach zählte man 1739 allein an dem „Versammlungsplatz, wo man spielt ... bei dreißig Spieltische von allerhand Arten".[932] „Die Badegäste brachten die Gewohnheit zu spielte mit, und der Mangel jeglicher Unterhaltung im Bade trieb sie dem Spiele noch mehr in die Arme".[933]

Die Glücksspiele waren an den Höfen, besonders dem absolutistischen Ludwigs XIV., gesellschaftsfähig geworden. Entsprechend dem „Königsmechanismus", der im höfischen Adel als „Form resignativen Verhaltens, die aus einem Zuviel an Ordnung erwächst", die Langeweile und daraus folgernd das Bedürfnis diese zu vertreiben evozierte.[934] Aus dem Leiden des Hofadels an seiner „erzwungenen Muße" resultierte das Privileg zu spielen. Gleichwohl spielte im 17./18. Jahrhundert nicht „nur der Adel".[935] Anderenfalls wären nicht derart viele Spielverbote ergangen, deren Durchsetzung an einem gewaltigen Hindernis scheiterte: „l'exemple de la cour et des grands".[936] Wie jeder „Zwang zum Luxus", der vom König ausging, verbreitete sich das Spiel allmählich „über alle Kreise, die ihr Ideal im Hofe erblickten".[937] Nur so erklärt sich die Vielzahl der Möglichkeiten zum Spiel gerade in der Kapitale des französischen Absolutismus: 1717 gab es 62 „Spielhöllen" in Paris [938]Wie Zedlers Universal-Lexikon von 1743 zu entnehmen ist, war die damals existierende „Fachliteratur" zum Thema ausschließlich französischsprachig.[939]

Von Zedler angesprochen wird auch die Frage, „ob die Spiele erlaubt seyn, und unter die indifferenten Dinge gehören, oder nicht?" Doch werden insbesondere die auf das Glücksspiel bezüglichen Stellungnahmen in der Literatur so uninteressiert referiert, daß der Schluß naheliegt, die Fragestellung habe zu diesem Zeitpunkt in Deutschland keine Problematik von brennender Aktualität dargestellt. Unter dem Stichwort „Hazard" – „Gefahr, Verwegenheit, ingleichen das Glück, ein unvermutheter Zufall" – ist „Hazardspiel" (Glücksspiel) nicht vertreten.[940] Erst in Ersch/Grubers Enzyklopädie von 1828 wird das – eigens als Stichwort geführte – „Hazardspiel" definiert und abgehandelt. Das Problem der Spielbanken, speziell in Kurorten, begann sich abzuzeichnen.[941]

Auf Frankreich traf zu, daß die Großstadt „ganz neue Möglichkeiten heiterer und üppiger Lebensführung und damit neue Formen des Luxus" schuf. Im vorrevolutionären Paris übertrugen sich „die Feste, die bis dahin die Höflinge im Schlosse des Fürsten allein gefeiert hatten, auf breite Schichten der Bevölkerung, die nun ebenfalls sich ihre Stätten schaffen, wo sie ihren Vergnügungen regelmäßig nachgehen".[942] In Deutschland dagegen verlief die Entwicklung der Stadtkultur erheblich zeitverzögert. In Baden, Hessen-Darmstadt und Hannover kamen damals auf 100 Stadtbewohner 560 Landbewohner, in Preußen zählte man gleichzeitig nur 15 Städte über 30 000 Einwohner – „Und was für „Städte" waren es!".[943]

Wenn es in Deutschland überhaupt einen Ort gab, an dem sich „eine Art kollektiver Luxusgestaltung" entfaltete, dann war dies der Badeort. Mehr als ein halbes Jahrhundert bevor „das Bad" zum Kurort mit städtischer Attitüde avancierte, breitete sich hier eine eigen- und einzigartige Atmosphäre aus, die ihre treffendste Umschreibung im Titel von R. Kuhnerts Arbeit „Urbanität auf dem „Lande" gefunden ist. So war es bezeichnend für die allgemeine Situation, daß die Göttinger Studenten schon in der zweiten Hälfte des 18. Jahrhunderts" nicht in Göttingen, sondern in Bädern und bei den Gesundbrunnen" gespielt haben, weil dort „das frechste Spiel geduldet" wurde.[944] Das andernorts Verpönte und Verbotene, vor allem das Glücksspiel, war hier nicht nur gestattet, sondern wurde von der Badegesellschaft „sogar fast erwartet".[945]

Spielverbote sind vermutlich ebenso alt wie die Glücksspiele selbst. Am Grad der Schärfe ihrer Formulierung läßt sich die jeweils unterschiedliche Brisanz der Angelegenheit abschätzen. So liest sich das Spielverbot in der Weimarischen Landes-Ordnung von 1589 eher wie eine wohlmeinende Empfehlung.[946] In Frankreich, dessen Hazardspielverbote sich bis ins Jahr 813 zurückverfolgen lassen, ging nach Ausweis der Verordnungen erst im 17. Jahrhundert von den Spielen eine Bedrohung für die Gesellschaft aus: „En 1629 fut rendue une ordonnance dont les dispositions contre le jeu sont très-rigoureuses".[947] In Deutschland wurden die rigorosen Spielverbote erst im 18. Jahrhundert üblich. So ergingen in Hessen 1733 und 1741 allgemeine Spielverbote. Ausgenommen davon waren nur die Badeorte.[948]

Das älteste bekannte, aber sicher nicht das erste Spielverbot für Hessen-Homburg datiert aus dem Jahr 1818. Daß es Badeorten keine Sonderstellung einräumt, liegt allein in deren Nichtvorhandensein in der Landgrafschaft begründet. „Hazardspiele sind sowohl in Wirths- als auch in Privathäusern bei 5 fl. sowohl von dem Bewohner des Hauses, worin dergleichen Hazardspiele gespielt werden, als auch von den Mitspielern zu zahlende Strafe verboten".[949]

Allen moralische Bedenken zum Trotz wurden die Ausnahmegenehmigungen für Badeorte im 18. Jahrhundert die Regel, die Badeorte zu „Inseln der Glückseligkeiten". Man pflegte „bey Gesund-Brunnen und Bädern" die Glücksspiele zu erlauben, denn man glaubte, „daß dadurch die Gäste angelocket und die Brunnen-Einkünfte vermehret würden. Man hat auch hierin Recht, indem eine Menge Personen nur des Spielens wegen die Gesund-Brunnen besuchen, mithin daselbst viel Geld verzehren".[950] Diese Ausnahmegenehmigungen lassen deutlich erkennen, daß die Mechanismen des Glücksspiels in der modernen Gesellschaft exakt denjenigen entsprachen, die Sombart für diejenigen des Luxus im allgemeinen analysiert hat: „Man erkannte, daß der Luxus diejenigen Wirtschaftsformen, die damals im Entstehen begriffen waren, eben die kapitalistischen, zur Entfaltung bringe, und deshalb waren die Freunde des ökonomischen „Fortschritts" auch warme Fürsprecher des Luxus ... die Regierungen richteten ihre Politik in einem luxusfreundlichen Sinne ein".[951]

Niemand nahm Anstoß daran, wenn etwa der Student H.A.O. Reichard im Sommer 1768 „seine gesamte Barschaft an der Pyrmonter Pharobank" verlor,[952] denn „der gelegentlich bis zum finanziellen Ruin getriebene Luxus höherer Klassen (wurde) als standesgemäßer und damit sozial notwendiger Aufwand akzeptiert".[953] Da der Luxusbegriff relativ ist, verkehrte sich die Sicht der Dinge genau ins Gegenteil, wenn die unteren Bevölkerungsschichten ein wachsendes Luxusbedürfnis erkennen ließen. Ihr Glücksspiel löste „heftige Debatten und eine Reihe staatlicher Verordnungen" aus.

Ersch/Gruber gingen 1828 sogar soweit, die Zulässigkeit der Glücksspiele nach dem Einzelfall zu entscheiden, wobei einerseits die aufgestellten Spielregeln, andererseits „die Rücksicht auf die Subjecte, welche spielen" als leitende Gesichtspunkte dienen sollten. „Was uneigennützige erlaubte Erholung für Mitglieder der höheren Stände ist, kann, wenn es der Bürger oder Bauer vornimmt, als strafbares Hazardspiel sich darstellen".[954]

Als Variante hierzu verstehen sich die *Spielverbote für Ortsansässige* in den Kurorten mit Spielbanken. In Homburg tauchte in einem Vertragsentwurf vom 1. Juni 1839 erstmals der Gedanke auf, „den Inländern", d. h. den Bewohnern der gesamten Landgrafschaft, „die Theilnahme an dem Spiel" zu verbieten; „und wird sich das desfalls zu erlassende Verbot ausdrücklich vorbehalten".[955] Eine „im Wesentlichen der Herzoglich Nassauischen Verordnung vom 21. November 1827 nachgebildete" Gesetzesvorlage unterbreitete die Landgräflich Hessische Landesregierung 1841, nachdem mit den Brüdern Blanc ein Vertrag „wegen Erbauung eines Kurhauses und Ertheilung einer Spiel-Konzession" abgeschlossen worden war, in dem man sich den Erlaß eines „Spielverbots für Inländer" vorbehalten hatte.[956]

„§ 1. Allen Angehörigen Unseres Landgrafthums bleibt jede Theilnahme an den, im hiesigen Bade- und Brunnenort, während der Dauer der Kurzeit durch besondere Konzession und ausnahmsweise gestatteten Hazardspielen untersagt.

§ 2. Die Uebertretung dieses Verbots wird im ersten Fall mit einer Geldbuße von dreisig bis einhundert fünfzig Gulden, im zweiten Fall mit einer solchen von einhundert fünfzig bis dreihundert Gulden, im dritten Fall mit einer Correctionshausstrafe von wenigstens drei Monaten und höchstens zwei Jahren, bei allen Angestellten ohne Ausnahme im letzteren Fall anstatt der Gefängnisstrafe mit Dienstentsetzung und Cassation geahndet.

§ 3. Können die angedrohten Geldstrafen aus Mangel an Vermögen nicht erlegt werden, so werden dieselben in Arreststrafen von verhältnismäßiger Dauer verwandelt..."[957]

Gerade weil vorrangig die unteren Bevölkerungsschichten vom Spiel abgehalten werden sollten, fühlte man sich im darauffolgenden Jahr veranlaßt, das Gesetz um eine „Nachträgliche Verordnung" zu erweitern, in der es hieß, daß das Spielverbot „auch auf solche Personen Anwendung finden solle, welche obgleich Unserm Landgrafenthume nicht angehörig, bei Inländern in Lehre, Dienst oder Arbeit stehen, ingleichen auf solche Ausländer, welche im hiesigen Lande ihr beständiges Domizil haben und zugleich daselbst Fabriken oder Gewerbe betreiben, sowie auf deren Dienst- oder Arbeitsleute".[958]

Die hinter diesen Spielverboten stehende Sorge um die „Landeskinder" entfiel bei Fremden, die es lediglich zu überwachen galt. Dabei bediente sich der Staat als Inhaber des *„Konzessionsregals"* seit der 2. Hälfte des 18. Jahrhunderts der Möglichkeit „gegen Bezahlung Spielmonopole bei Festen, Messen, in Bädern usw." zu erteilen.[959] Diese Entwicklung war in Wiesbaden, Schwalbach und Schlangenbad um die Mitte der zweiten Hälfte des 18. Jahrhunderts vollzogen".[960]

Auch in Pyrmont wurde 1768 „die alleinige Lizenz für den öffentlichen Spielbetrieb" vergeben – an den Rat und Agenten J. A. Tabor, von dem vor allem die Aufsicht über die Ordnung an den Spieltischen erwartet wurde. Denn der Vergabe der Lizenz war eine Reihe von Beschwerden vorausgegangen über „allerhand verdächtige Spieler und darunter sogar auch Juden, so die Spieltische einnehmen, Banque halten und zum Verdruß der Fremden eben dardurch eine Hinderung machen, daß diese an dem Vergnügen des Spiels keinen theil nehmen können".[961]

Die staatliche Spielkonzessionierung und -monopolisierung setzten unternehmerisches Interesse von Seiten des Staats wie von Seiten des Spielpächters voraus und ebneten einer zunehmend gewerblichen Orientierung des Spiels den Weg.[962] Die Pächter der sich etablierenden öffentlichen „Spielbanken", in denen Bankwesen und „Börsenspiel" eine „höllische" Verbindung eingingen,[963] hießen nicht zufällig „Banquiers"; sie waren es oft genug. Auf sie ist die Einführung des ebenso verführerischen wie sicheren und damit gegenüber den früher üblichen Karten- und Würfelspielen[964] „gefährlichen" Roulette[965]; zurückzuführen. Im Vordergrund stand nunmehr das Motiv des Gewinns, das Spielkonzessionierer, Spielpächter und Spieler einte.

Damit wurde das Hazardspiel für die Großen dieser Welt anrüchig. Man monierte Blücher, als er in Pyrmont spielte, da er dem Betrachter „viel zu verehrungswürdig (erschien), als daß aller Welt gerade die schwächste Seite seines Charakters gezeigt werde. Es ist nie gut, wenn die niedern Klassen einen großen Mann in so unbewachten Augenblicken beobachten. Welche Vergleiche fordert es heraus, wenn sich zeigt, daß auch er wie sie heftige Leidenschaften und Fehler besitzt."[966]

Wiederum ausgehend von Frankreich drängten in die Spielbanken nunmehr auch die Bürger und selbst die Bauern[967] – in Paris gab es „als Errungenschaft der Revolution Spieltische für alle Klassen"[968]– und das Hazardspiel wurde „zum Schauspiele des mondänen Lebens und der Tausend ungeregelter Existenzen, die in den Souterrains einer Stadt zuhause sind".[969]

Mit dem Spiel wurde ein zur Großstadtkultur gehöriger kommerzieller Amüsierbetrieb in die deutschen Kurorte hineingetragen. Das „unbedeutende Dorf" Spa, seit 1794 französischer Kurort, trat zuerst in den Dunstkreis von Paris: „Es giebt hier Schauspiele, wie in Paris, nur daß sie etwas schlechter sind, es giebt Spielhäuser, wo Narren von Spitzbuben betrogen werden wie in Paris" etc.[970] Spa galt als „der berüchtigtste Tempel des Spiels".[971]

Neuerlichen Aufschwung nahm das „Jeu" in den 1790er Jahren, als sich zahlreiche französische Emigranten bevorzugt in den deutschen Bädern aufhielten – besonders Baden-Baden gewann das Profil eines „Asyls der Refugiés von 1789"[972] – sowie während der Napoleonischen Kriege, als durch die „fast immer dem Glücksspiel huldigenden Soldaten die Lust am Hasard weit verbreitet" wurde.[973]

Mit der erhöhten Frequenz vor allem der „rheinischen" Bäder und dem Anwachsen der Zahl potentieller Spieler wuchs das Interesse an der Spielbankpacht, und die Verpachtung der Spielbanken erwies sich um 1800 in zunehmendem Maß als einträgliches Geschäft für den Staat. Spielbankpächter waren fast ausschließlich Franzosen.[974]

2. Einzug der Spielbanken in die Kursaalgebäude

Mit der Etablierung der Wiesbadener Spielbank in dem neuerbauten Konversationshaus, 1810, war eine Steigerung der Spielpacht auf 2 000 fl. jährlich (gegenüber 200 im Jahr 1771)[975] erreicht und damit eine Entwicklung zu der wohl ersten „Großbank" in einem deutschen Bad eingeleitet. Ihr Standort war ausschließlich das Konversationshaus. Zu diesem Zeitpunkt wurde in anderen Bädern noch immer in weniger prominenten Lokalitäten gespielt. In Doberan und Kissingen konzentrierte sich das Spiel auf das „Logierhaus",[976] in Nenndorf waren „Commerzspiele" auch in der Allee erlaubt[977] und selbst in Baden-Baden, wo das konzessionierte und von Spielkommissaren überwachte Hazardspiel bereits organisiert war, verteilten sich noch immer die Lokalitäten für das Spiel auf mehrere Stellen – das staatliche Promenadenhaus, Gasthöfe und Hotels der Stadt.[978]

In den Modebädern des 18. Jahrhunderts ließen sich Tendenzen zur Reservierung exklusiv auf das Spiel zugeschnittener Baulichkeiten erkennen, die zu den Vorläufern des Bautypus Kursaalgebäude gezählt werden können. Hierzu gehörte das „Assembléehaus" in Pyrmont, wo allerdings auch in einem „Kaffeehaus" gespielt wurde,[979] vor allem aber in Aachen, wo zu Beginn des 18. Jahrhunderts im Stadtkomödienhaus den „Banko- und Commerz-Spielen" Raum gegeben worden war, das 1744 lebhaft besuchte „umfangreiche Gesellschaftshaus mit Theatersaal und Gartenanlagen an der Bever, auch Vauxhall genannt..."[980] Die „Neue Redoute", ein palaisartiges Gebäude, wurde dem Spielpächter Reumont 1785 durch Zession überlassen.[981] In die Nachfolge dieser Bauten trat das Wiesbadener Konversationshaus, über dessen Bestimmung § 1 des Konzessionsvertrags von 1832 unzweideutig Auskunft gibt:

„Der allgemeine Zweck des Cursaal-Etablissements ist: Vereinigungsort der im Bade von einander getrennt wohnenden gebildeten Fremden. – Der Einzelne findet hier Zerstreuung und Erholung, Gelegenheit, Bekanntschaften anzuknüpfen, ausgezeichnet gute Bewirthung, gefällig und geschmackvoll meublirte Apartements, eine freundliche Umgebung. –

Um diesen Zweck des Curhauses zu erreichen, ist dasselbe mit dem Monopol des Hazard-Spieles und mit der vollständigsten Wirthschafts-Weinschenk-Billard- Kaffee- und Conditorey-Gerechtigkeit verliehen worden und legen die Contrahenten den hier bezeichneten allgemeinen Zweck des Curhauses dem gegenwärtigen Contract ausdrücklich zum Grunde".[982]

Das Spielmonopol – eine Bedingung, die in der ersten Wiesbadener Konzessionsurkunde von 1810[983] noch nicht enthalten gewesen war, während die Baden-Badener Konzession von 1824 festlegte, daß „in einem Umfang von sechs Stunden ... kein Hazardspiel gespielt werden" dürfe[984]– definierte das Konversationshaus als „Maison de Jeu". Das Spielmonopol bedingte eine Kompliziertheit der Besitz- und Pachtverhältnisse, die von keiner anderen öffentlichen Bauaufgabe des 19. Jahrhunderts übertroffen worden sein dürfte. Der enorme Bedeutungszuwachs des Spielmonopols läßt sich an den in den ersten Jahrzehnten an Umfang und Detailliertheit zunehmenden Verträgen zwischen den Regierungen und den „Pächtern des Hazardspiels und des Konversationshauses" ablesen. Hatte die Wiesbadener Konzession von 1810 mit 24 und die Baden-Badener von 1824 noch 25 Paragraphen umfaßt, so präsentierte sich die Wiesbadener Konzession von 1832 mit mehr als der doppelten Anzahl – 54 Paragraphen – als ein ausgeklügeltes Vertragswerk. Es ist sehr wahrscheinlich, daß sich die Homburger Regierungsbeamten an dem Wiesbadener Vorbild orientierten, als sie in der zweiten Hälfte der 1830er Jahre einen ähnlichen Vertragsabschluß vorzubereiten hatten.

Privileg und Oktroi zugleich beinhaltete die dem Pächter auferlegte Verfügung, das Konversationshaus mit seinen Einrichtungen, vor allem die Spielbank, dem polizeilichen und militärischen Schutz und der Oberaufsicht der Regierung zu unterstellen.[985] Den Modalitäten beim Spiel galten mehrere Paragraphen. Es war genau festgelegt, wo[986] welche Art und Anzahl von Spielen zu welcher Tages- und Jahreszeit gespielt werden durften.[987] Der „geringste Point für alle Hazardspiele wurde auf einen Viertel Kronenthaler bestimmt“ – ein so niedriger Einsatz, daß „selbst dem wenig bemittelten Mann zu geringem aber drückendem Verlust Gelegenheit wird“.[988] Die Bank war verpflichtet, „mit guten Münzsorten“ zu zahlen und „stets einen baaren augenblicklich disponiblen Spielfond von wenigstens viertausend Louisdor“ nachzuweisen.[989]

Zur Unterhaltung der Gäste war der Pächter verpflichtet, im Sommer, „alle Sonntag Abend eine Ball in dem großen Saale“ sowie einen Mittwochsball zu geben[990] und „vom ersten Ball-Tag bis zum letzten Ball-Tag alle Mittage vollständige Table d'hôte“ anzubieten. Mit der Kontrolle über die „Eleganz“ der Einrichtung, die Feinheit des Gedecks, die Beschaffenheit der Weine und Preiswürdigkeit des Gebotenen sicherte sich die Regierung Einflußnahme bis ins Detail.

Die Behörde ihrerseits behielt sich als Hausherr vor, den „Kursaal zu öffentlichen Festen“ zur Disposition gestellt zu bekommen bzw. „gegen Einziehung der Entree-Gelder die Bälle ihrerseits zu veranstalten“.[991] Auch in Baden-Baden mußte der Pächter „sowohl den Hauptsaal als die Seitensäle“ zur Verfügung stellen, „sollten auf höhere Anordnung den Wünschen des Publicums gemäs, gewisse Täge zu gesellschaftlichem Vereine bestimmt werden, um sich durch Spiel, Musik, Tanz pp. zu unterhalten“.[992] Besonders abgehoben wurde hier auf die uneingeschränkte Öffentlichkeit eines Teils des Konversationshauses, indem es nicht erlaubt war, „den Hauptsaal und die angränzende hintere Spielsäle“ zu geschlossenen Gesellschaften zu benutzen, da „diese ohne Beschränkung für das ganze Publicum bestimmt sind“.[993]

Der Wiesbadener Pächter, dem das Gebäude – exklusive der anderweit vermieteten Boutiquen und der herzoglichen Loge im großen Saal[994] – „zum Benutz“ überlassen wurde, hatte „das Ameublement für das ganze Gebäude“ (mit Ausnahme desjenigen im großen Saal), das „anständig, modern und dem Styl des ganzen Gebäudes angemessen“ sein mußte, zu stellen und „für die anständigste Beleuchtung zu sorgen“. Obwohl das Mobiliar sein einziges Eigentum an bzw. in dem Gebäude darstellte – weshalb es von der „Rücklieferung“ nach Ablauf der Konzessionszeit ausgenommen blieb[995] –, hatte es der Pächter der Revision und den Reparaturforderungen der General-Domänen-Direktion zu unterwerfen. „Der verpachtende Teil übernimmt die Unterhaltung des Gebäudes in größeren Reparaturen“,[996] die „innere Unterhaltung“ ist Sache des Pächters.[997]

Hinsichtlich der Modalitäten hielt sich der Wiesbadener Pachtvertrag von 1832 im wesentlichen an die Vorbilder der Verträge von 1810 und 1824. Erweiterungen und Präzisierungen ergaben sich aus der Praxis. Die Pachtdauer hatte sich von 12 auf 15 Jahre (wie bereits 1824 in Baden-Baden) nur unwesentlich erhöht. Um so mehr muß auffallen, daß 1810 in Wiesbaden Pachtgeld in Höhe von 7 000 fl. erzielt und keine Kaution verlangt worden war,[998] in Baden-Baden 1824 hingegen bereits 27 000 fl. und eine „Caution von baaren siebenundzwanzig tausend Gulden“ verlangt wurde[999] und daß sich der Pachtzins 1832 in Wiesbaden wiederum auf 31 000 fl. erhöhte und eine gleich hohe Kaution verlangt wurde, wobei allerdings berücksichtigt werden muß, daß er alle vier nassauischen Bäder umfaßte, die Spielbanken in Ems, vor allem aber in Schlangenbad und Langenschwalbach jedoch nur mäßig besucht waren.[1000]

Zum Zeitpunkt der Neuvergabe der nassauischen Konzessionen, 1832, zeichnete sich eine Wende im Spielbankwesen ab. In England wurden die Spielbanken verboten, und aus Frankreich verlautete, daß auch Louis Philippe sich mit dem Gedanken trage, dem Glücksspiel ein Ende zu bereiten. Die Spielpächter des Pariser Palais-Royal sahen demzufolge seit etwa 1830 einem Ende ihrer Tätigkeit entgegen, und es setzte ein „Run“ auf die deutschen Bäder ein. Nicht erst das 1838 realisierte französische Spielverbot, sondern bereits eine Ankündigung, „führte zu einer Hochkonjunktur der deutschen Bäder Homburg, Wiesbaden und Baden-Baden“.[1001] In diesem Licht müssen die Vorgänge in diesen drei Bädern seit 1832 gesehen werden.

Exkurs: Zur Bedeutung des Pariser Palais-Royal

Das ursprünglich dem Kardinal Richelieu gehörige, seit 1643 von der königlichen Familie bewohnte Palais in der Nähe des Louvre, erfuhr 1781–84 eine entscheidende Erweiterung um zwei vorgelagerte Galeriebauten von 180 Arkaden.[1002] Philippe d'Orléans hatte sich aus spekulativen Gründen zum Neubau entschlossen: um seiner Schulden Herr zu werden sollte das Gebäude parzellenweise veräußert oder zu vermietet[1003] werden – an Hoteliers, Restaurateure, Cafétiers und Betreiber eleganter Läden. Mit dem Konsum hielten die Spiele um Geld Einzug. Paris war zu jener Zeit „eine reine Konsumstadt", in der sich breite Schichten der Bevölkerung nun ebenfalls ihre Stätten schufen, in denen sie regelmäßig ihren Vergnügungen nachgingen.[1004] Das Palais-Royal, einst eine der „vornehmsten Stätten" der Geselligkeit[1005], wurde zu einem skandalumwitterten öffentlichen Vergnügungszentrum .

„Le public adopta cette vaste promenade, devenue à la fois un bazar européen et un rendez-vous d'affaires et de galanterie. Outre le théâtre du palais, devenu depuis la Comédie Francaise, le duc fit construire une seconde salle à l'extrémité des galeries, et, au milieu du jardin, un cirque transformé plus tard en restaurant, puis, sous la Revolution, en club. Des cafés et des restaurants célèbres s'étaient installés dans les galeries; on y trouvait les cafés Corazza et de Foy; les restaurants Véry et des Trois frères provencaux, le Salon des joueurs d'échecs, le Musée des enfants, le Cabinet des figures en cire de Curtius, les Fantoccini, les Ombres chinoises de Séraphin ... On avait permis, à la place, d'elever provisoirement des hangars de planches formant trois rengées de boutiques et deux galeries couvertes; c'est de qu'on appela le Camp des Tartares, puis la Galerie de bos. Ces galeries durèrent quarante-trois ans, jusqu'à la galerie d'Orléans actuelle, et furent dès leur installation, louées par des modistes et des lingères, auxquelle se mêlèrent bientôt toutes les prostituées de Paris. Ce fut, à partir de cette époque, le quartier général de la débauche, une sortie de marché public aux exhibitons scandaleuses..."[1006]

Nicht zufällig nahmen 1789 hier die zur Revolution führenden Ereignisse, für die man Philippe d'Orléans verantwortlich machte und exekutieren ließ, ihren Anfang.[1007]

Die Galerien hielten bereit, was der Adel gewohnt und dem Bürger nicht länger verwehrt war. Als sich der „französisch-preußische Offizier" J. K. Friederich 1810 in das Palais-Royal begab, und ein lukullisches Mittagsmahl mit der eingebrochenen Nacht bei den frères provencaux einnahm, bewunderte er die prächtigen „Kaffeesäle und Restaurationen", in denen „die Leckerbissen aller 5 Welttheile zu haben" waren. Dieser „Sammelplatz und das Rendez-Vous der Individuen aller Nationen" entfaltete seinen ganzen Zauber bei Nacht, im Gaslicht. So „gefile mir das Palais-Royal weit besser als am Tag,[1008] es war fast magisch erleuchtet, seine reichen Buden mit ihrem zum Theil sehr kostbaren Inhalt warfen einen blendenden Glanz von sich". In dieser künstlichen Atmosphäre, die den Besuchern die Beherrschbarkeit der Natur durch den Menschen suggerierte, gedieh das Geschäft mit dem Glücksspiel. Friederich stellte sarkastisch fest, daß es sich um „Spielhöllen" handelte, die die Selbstmordrate drastisch steigerten.[1009]

Philippe d'Orléans hatte von vornherein „cercles de jeux" vorgesehen[1010], obwohl der König gerade im Jahr der Grundsteinlegung zu dem Neubau, 1781, ein bereits 1629 ergangenes Verbot aller Spiele „dont les chances sont inégales" wiederholt hatte.[1011]

Während der Revolution kannte die Spielleidenschaft keine Grenzen; „aux gens riches, les salons dorés du no. 33 du Palais-Royal, ou taille Dumoulin, ci-devant laquais de la Du Barry",[1012] lautete die revolutionäre Parole. Nach dem Tod Philippes und dem Übergang des Palais an den Staat begann die eigentliche Herrschaft der „maisons de jeu" im Palais-Royal. „La banque se tient dans les cafés".[1013] Unter dem Directoire gab es vier „maisons de jeu" im Palais-Royal (in ganz Paris neun),[1014] „et le nombre en doubla bientôt", obwohl die Direktoren der Spielbanken dem Staat nun ein Konzessionsgeld in schwindelerregender Höhe zu zahlen hatten.[1015] Unter dem Konsulat wurden die Hazardspiele in Generalpacht vergeben. Die „ferme des jeux" setzte sich aus sieben Häusern zusammen; das siebte war „le Palais-Royal, ce grand tripot parisien".[1016] Nach der Auflösung des Tribunals, zu dessen Sitz Napoleon das Palais-Royal bestimmt hatte, bezog es Lucien Bonaparte, dessen Sohn ein passionierter Spieler werden und 1852 die Homburger Spielbank sprengen sollte.[1017] Zu diesem Zeitpunkt waren die

Hazardspiele in den luxuriös ausgestatteten Salons des Palais-Royal „au plus haut. Blücher perdit un million et demi".[1018]

Daran änderte sich auch nichts, als Louis-Philippe 1815 den Palast wieder bezog. „Es gab als Errungenschaft der Revolution Spieltische für alle Klassen der Gesellschaft, der kleine Mann konnte 20 Sous setzen, der reiche 10 000 Francs auf den Tisch werfen".[1019]

Die Prostitution, ständige Begleiterin des Hazardspiels, feierte Triumphe. Die im ausgehenden 18. Jahrhundert „in Frankreich zu voller Entwicklung" gelangte „Stadtmätresse"[1020] hatte sich längst im Palais-Royal etabliert und „zur Bequemlichkeit der Lebemänner gleich im zweiten Stock des Palais ihre Wohnung aufgeschlagen".[1021] Die grünen Tische, eine der „Joueuses" bezeichnete sie als ihre „vrais champs de bataille"[1022], verwandelten die Mätresse in eine ordinäre Prostituierte; sie wurde ein Teil dieser Welt des käuflichen Glücks. Friederich, der sich distanziert gebende Offizier, betrachtete die „Tausende der Töchter der Freude, von denen es wimmelte, alle in prächtiger, wenn auch oft burlesker Toilette", und registrierte, sie verliehen dem Etablissement „einen eignen Reiz und machten es wenigstens für den Beobachter sehr unterhaltend, besonders wenn man die Künste wahrnahm, welche sie anwandten, um die Gimpel aus den Provinzen und der Fremde, den unerfahrenen Neuling in ihre Netze zu locken und zu fangen".[1023]

Mit dem Regierungsantritt Louis-Philippes zeichneten sich für das Palais-Royal durchgreifende Veränderungen ab. „Es war dem Monarchen gleich zu Beginn seiner Regierung ein Dorn im Auge gewesen, daß in dem mit dem Namen Orléans so eng verknüpften Palais-Royal alle Arten menschlicher Leidenschaft gefällige Gelegenheit zur Befriedigung fanden".[1024] Als Erste verschwanden die „schön geschmückte(n) Hetären, welche hier ihre Reize feil boten, sobald die Sonne unter dem Horizont verschwand. Jezt darf sich keine mehr öffentlich zur Schau stellen. Daher hat man dem Herzoge nachgerühmt, er habe den Stall des Augias gereinigt".[1025] Der Beseitigung der Spielhöllen nahm sich Philippe, im Verein mit seiner von dem Treiben um ihre Wohnstatt „schokkierten" Schwester Adélaide, in den folgenden Jahren um so eifriger an, da die im Palais-Royal verbrachten Tage der Revolution von 1830 jene von 1789 beschworen und ihn zu einer übereilten Übersiedlung in die Tuilerien veranlaßten.[1026]

Noch war das Palais-Royal das „Spielzentrum Europas",[1027] wenn auch seit 1830 mit deutlich rückläufigem Gewinn.[1028] Generalpächter der Spiele war in jenen Jahren Jacques Benazet. Am 31. Dezember 1837 lautete die Parole „rien ne va plus", das Spielbankverbot für Frankreich trat in Kraft. Mit den Spielern wanderten die Pächter ab. „M. Benazet, le dernier fermier, alla s'installer à Bade".[1029] Seine Freunde Francois und Louis Blanc etablierten sich in Homburg. „Dès lors, le coeur battant du Paris de la Révolution cessera tout à fait de vivre. Finis la révolte, la luxure et le jeu. Peu à peu, lentement, les restaurants et les cafés fermeront..."[1030] „Aujourd'hui; les boulevards ont remplacé le Palais-Royal dans la faveur publique; peut-être la suppression des jeux a-t-elle donné aux galeries le coup de grâce?"[1031]

3. Nach dem Spielbankschluß in Frankreich

In Baden-Baden war seit 1824 Antoine Chabert Spielpächter; seine Konzession sollte 1837 ablaufen. Unter den obwaltenden Umständen verstand es sich, daß die Pariser Kollegen der Ära Chabert in Baden-Baden gern ein Ende bereitet hätten. Der damalige Pächter des Pariser Palais-Royal wurde aktiv. Jacques Benazet, ein durch Spekulation und Spielbankbeteiligungen reich gewordener Unternehmer, ließ sich von Hofbankier von Haber in Karlsruhe einführen und „bot 40 000 Gulden Pacht, dazu einen Einstand von 140 000 Gulden sowie eine zinstragende Kaution von 34 000 Gulden".[1032] Damit war Chabert so gut wie aus dem Feld geschlagen.

Erst jetzt schaltete sich Chabert in die Spielbankpacht-Konkurrenz in Wiesbaden ein und überbot mit 31 000 fl. das bereits erzielte Höchstgebot um 690 fl.[1033] Für die Wiesbadener Spielbank bedeutete dies erneut eine enorme Steigerung der Pachteinkünfte, wenngleich nicht zu übersehen war, daß sie im Wettlauf um die Höchstsumme hinter Baden-Baden auf den 2. Platz verwiesen worden war. Chabert aber hatte sich den Zugriff auf alle nassauischen Bäder gesichert, mithin im weiteren Umkreis jede Konkurrenz ausgeschaltet.[1034] Am 22. Februar 1834 wurde ihm „die Pachtung der Cursäle zu Wiesbaden und Ems und der Hazardspiele an diesen Orten und in Langenschwalbach und Schlangenbad" übertragen.[1035]

Im Sommer desselben Jahres ließen sich in Homburg erstmals wieder Überlegungen zur Begründung einer „Badeanstalt" registrieren. Es fällt auf, daß das Projekt von 1830–33 nicht mehr zur Debatte stand und daß erste Kontakte nicht mit einem Architekten, sondern ausschließlich mit privaten Unternehmern, d. h. zukünftigen Pächtern Kontakte aufgenommen wurden. Die an keinem anderen Kurort nachweisbare Fülle von Vertragsentwürfen belegt das gesteigerte und sich steigernde Interesse privater Unternehmer ebenso wie den Wunsch der Regierung, zu einem möglichst vorteilhaften Ergebnis zu gelangen. Die Vorgänge lassen sich nur aus den geschilderten Zeitumständen erklären.

Das allen nun auftretenden Aspiranten gemeinsame Interesse am Erhalt der Konzession zum Betrieb der Hazardspiele in Homburg wurde dabei von der Regierung genutzt, um den schwierigsten Punkt der Verhandlungen für sich zu entscheiden: das im Gegensatz zu Baden-Baden und Wiesbaden neu zu errichtende Kursaalgebäude. Die Verhandlungen zogen sich nicht zuletzt deshalb bis 1840 hin, weil die Regierung weder willens noch imstande war, das Kursaalgebäude als fiskalischen Bau zu betrachten und selbst zu finanzieren. Die an den künftigen Pächter gerichtete Forderung, das Kursaalgebäude auf dessen Kosten – ihre Höhe von mindestens 100 000 fl. war Hauptverhandlungsgegenstand – zu errichten, stellte eine Bedingung dar, deren Ausmaß weder mit der Pachtung des in Staatsbesitz befindlichen Konversationshauses in Baden-Baden noch mit der des einer Aktiengesellschaft gehörigen Konversationshauses in Wiesbaden zu vergleichen war.

Zwar lassen sich regierungsseitige Bestrebungen, die Spielkonzession an ein „Aufbauprogramm" zu knüpfen, schon 1809 in Baden-Baden feststellen, aber bei den in die „Konzessionsgelder-Kasse des Hazardspiels" eingezahlten Geldern handelte es sich um den jährlich zu entrichtenden Pachtbetrag.[1036] Erst 1854 trat in Baden-Baden an die Stelle der von der Regierung verwalteten Kasse die dem Pächter auferlegte Verpflichtung, „jährlich eine Summe von fünf und zwanzig tausend Gulden zu Neubauten, Verbesserungen oder Verschönerungen auf eine die Annehmlichkeit des Kurorts für die Gäste möglichst fördernde Weise im Einverständnis mit der Regierung zu verwenden".[1037]

In Wiesbaden verpflichtete die Regierung den Spielpächter erstmals 1831 indirekt zur Mitfinanzierung eines bereits geplanten und ihm in Zeichnungen vorgelegten Neubaus von „Bogen-Colonnaden", deren Kosten auf 80 000 fl. geschätzt wurden.[1038] Allerdings handelte es sich hier lediglich um eine Umrechnung der künftigen Mietkosten. Ebenso verhielt es sich bei der gleichzeitig für die Spielpacht in Ems erhobenen Forderung: „Sollte sich die herzogliche General-Domänen-Verwaltung im Laufe der jetzigen Pachtzeit entschließen, einen größeren, den Bedürfnissen und Forderungen entsprechenden Cursaal neu zu erbauen" (50 000 fl.),[1039] so müsse der Pächter 5 Prozent der Zinsen für das aufzunehmende Kapital aufbringen.

Im Vergleich mit diesen Gepflogenheiten waren die Forderungen der Homburger Regierung sehr erheblich. Dabei muß bedacht werden, daß es sich bei den herangezogenen Beispielen um Kurorte handelte, die bereits über einiges Renomée verfügten, was in Homburg in keiner Weise der Fall war. Daß sich dennoch Interessenten fanden, erklärt sich nur aus der in der bevorstehenden Spielbankschließung in Frankreich begründeten Situation. Wohl aus demselben Grund zeigte sich Chabert in Nassau bereit, „über die regelmäßig fälligen Pacht- und Steuerzahlungen hinaus stattliche Summen zur Finanzierung an den Wiesbadener Kurgebäuden und -anlagen" sowie zur Errichtung des Emser Kursaalgebäudes" aufzubringen.

„Der geschäftstüchtige Spielpächter wußte, daß sich diese Investitionen lohnten".[1040] Auf einen gleichermaßen geschäftstüchtigen Spielpächter hoffte die Homburger Regierung.

Ebenso evident wie die Abhängigkeit der Errichtung eines Kursaalgebäudes von der Etablierung einer Spielbank war, daß die nach neuen Betätigungsfeldern Ausschau haltenden Franzosen einander nur so lange in ihren Offerten überbieten würden, als sie ihre Kapitalien noch nicht angetastet und sich selbst noch nicht anderweitig orientiert hatten. Der Zeitfaktor spielte demzufolge in den Verhandlungen eine immer größere Rolle. Mehrfach wies die Regierung darauf hin, „daß die Zeit drängt".[1041] Eilig hatten es aber auch die Verhandlungspartner, deren einer, um anderen zuvorzukommen, um eine schnelle Erteilung der Konzession und sofortigen Baubeginn bat: „Il faudrai pour ne point perdre de tems commencé de suite à faire Marcher l'affaire, à pouvoir en jouer à la Saison prochaine".[1042]

Als die Verhandlungen 1838, mehrere Monate nach Spielbankschluß in Frankreich, noch immer kein absehbares Ende erkennen ließen, fühlte sich der Homburger Brunnenverwalter Müller zur Abfassung eines Memorials bewogen, aus dem zugleich die Orientierung an den Verhältnissen in den in Hochblüte stehenden „rheinischen" Bädern hervorgeht:

„Da der Hebel eines großartigen Unternehmens der Art inzwischen (sic!) immer in der Concession des Spiels zu liegen schien, mir aber zur Beurtheilung der Wichtigkeit und des Werthes einer solchen Concession die Erfahrung mangelte..., so war mein Bemühen dahin gerichtet, mich mit den Einrichtungen und Stipulationen der Spielbanken anderer Curorte mehr und mehr bekannt zu machen. Eine Vergleichung der Spielbanken im Herzogthum Nassau und im Großherzogthum Baden führte zu außerordentlichen Resultaten, die ich denn den neuen Verhältnissen unseres auflebenden Curortes anzupassen mich bestrebte. Ich glaubte hiernach nicht anstehen zu dürfen, die ... Bedingungen in der Weise abzuändern, daß die dadurch den Unternehmern gestellten Forderungen sich verdoppelten und selbst verdreifachten, und ich möchte mich nunmehr der Hoffnung hingeben, daß mich meine Ansicht nicht irre geleitet hat..."[1043]

Mit diesen hochgespannten Zielen war ein in den Akten mehrfach anklingender Umstand verbunden, der die Herren der Landesregierung auf eine Bewährungsprobe stellte, die sie nicht immer bestanden: bei ihren Verhandlungspartnern handelte es sich einerseits um routinierte Unternehmer, andererseits um Spekulanten, Abenteurer und selbst Schwindler. Der Versuch eines Baron Devaux, mit einer fingierten Homburger Spielkonzession das Engagement potenter (Mit-?)Spielpächter zu erlangen, wirft ein Schlaglicht auf die Chancen und Bedingungen, denen der Bau des Homburger Kursaalgebäudes unterworfen war.

Der Homburger Brunnenverwalter Müller erfuhr von dem Schwindel des Baron Devaux in Paris, wo er sich auf einer einem anderen Interessenten geltenden Erkundigungsreise befand. Sein Gesprächspartner war der Baden-Badener Spielpächter Jacques Benazet, an den sich der vorgebliche Konzessionsinhaber unter anderen gewandt hatte, jedoch abgewiesen wurde, da jener das „Spiel" durchschaute. Aus dem Bericht Müllers an den Landgrafen klingt deutlich die Enttäuschung darüber, daß an Homburg eine ihm verlockend erscheinende Chance vorbeiging, eine „Benazet-Spielbank" zu erhalten sowie die Hoffnung, der „Spielgewaltige" werde sich bei entsprechendem Verhalten Serenissimi doch noch gewinnen lassen:

„... Benazet kam in dieser Zeit nach Paris. Er soll in glänzenden Verhältnissen sein und ein Vermögen von 5 bis 6 Millionen Franken besitzen. Sein Metier betreibt er mit großer Umsicht und Energie und sucht, nachdem die Spielbanken in Paris aufgehoben worden sind, dasselbe ins Ausland zu transplantieren. So ist er Spielpächter in Baden geworden und soll bereits, wiewohl vergeblich, Versuche gemacht habe, eine Concession für Frankfurt zu erlangen. Durch den Baron Devaux, der sich auf seine falschen Dokumente stützte, war ihm früher ein Vertrag für Homburg proponirt, und durch einen geschäftstüchtigen Juden von Wiesbaden ihm die Spielconcession für hier förmlich angetragen worden, indem dieser ausdrücklich in dieser Absicht nach Baden-Baden gereist war. Natürlich mußte durch solche nur auf Schwindeleien gestützten Anträge der Sache geschadet und dieselbe compromittirt werden, was mir Benazet auch geradezu erklärte. Dennoch bleibt für ihn die Aussicht, in der Nähe der bedeutenden Stadt Frankfurt, dem Zusammenfluß so vieler Fremden von Distinction, concessionirt werden zu können, wünschenswerth und lockend, und es würde ein Vertrag mit ihm allerdings in Aussicht gestellt werden können..."[1044]

Die französische Spielbankfrage mit ihren Verboten und Auswirkungen brachte für das Homburger Vorhaben die entscheidende Wende. Die Haltung der Regierung zeigt, daß man wußte, was man zu vergeben hatte und auf welcher Seite der Bittsteller stand. Die Vertragsentwürfe orientier-

62a William Powell Frith (1819-1909), Salon d'or at Bad Homburg, Gemälde, vor 1873

ten sich an und übertrafen zeitgleiche Konzessionen, die Forderungen wurden immer mehr gesteigert, die Formulierungen ausgefeilt. Die Spielkonzession war zum Verhandlungsäquivalent des Kursaalbaus geworden.

Mit dem Vertragsabschluß zwischen den Gebrüdern Blanc und dem Landgrafen von Hessen-Homburg, 1840, fand dieses „Poker-Spiel" nur ein vorläufiges Ende. Die Wechselbeziehung von Spielbank und Kursaalgebäude/Kurhaus durchzog die Geschichte der Homburger Spielbank und der sie beherbergenden Gebäude bis zum Spielbankverbot von 1868 und darüber hinaus.[1045]

VIII. Kursaalgebäude von J. B. Métivier (1841–43)

1. Blanc frères, die Unternehmer

Mit der Entwicklung der deutschen Spielbanken zu „Großbetrieben“[1046] wuchs das öffentliche Interesse an den Betreibern dieser Einrichtungen. Im Mittelpunkt der zahlreichen, nahezu ausnahmslos tendenziösen Schriften über die „Spielhöllen“, die mit „Enthüllungen aus Bad Homburg und Geheimnisse(n) des dortigen Treibens“ aufwarteten, von „Homburg und seine(n) Mysterien“ berichteten oder die „Geheimnisse des grünen Tisches“ aufdeckten, standen die als „Spiel-Crösusse“, „wahre Fürsten“ oder „Herren des Spiels“ titulierten Pächter der Banken.[1047] Die öffentliche Diskussion um die Einrichtungen einerseits und ihre die Fantasie erregenden Verlockungen andererseits ließen die Unternehmer im Rampenlicht zwischen Bewunderung und Verachtung erscheinen. Ihr Erfolg entfachte die Fantasie der Schriftsteller und Feuilletonisten.

Zum „Zauberer“ hat noch in diesem Jahrhundert Conte Corti den für die Homburger Spielbank bedeutenderen der beiden Gebrüder Blanc, Francois, erhoben.[1048] Bis heute bleibt Francois Blanc der Romanliteratur verhaftet, in die er charakteristischerweise Eintritt gefunden hat; eine Erforschung seiner vermutlich bereits zu Lebzeiten vor der Außenwelt verborgenen Persönlichkeit blieb aus.

Louis (1806–1850) und Francois (1806–1877) Blanc kamen als Zwillingssöhne eines Steuerbeamten im südfranzösischen Courthézon (bei Avignon) zur Welt. Gemeinsam, wie alle künftigen Unternehmen, betrieben sie in Bordeaux eine „kleine Bank“. Sie verfügten über einen „ausgesprochenen Spieltrieb, der sie nicht nur an der Börse mit kleinsten Beträgen, sondern auch in Klubs und privaten Gesellschaften Karten ... spielen ließ“.[1049]

Die Übergänge vom Spiel- zum Bankwesen waren für sie, wie für alle großen Spieler ihrer Zeit,[1050] fließend. „Jeu de bourse“ nannte sich in Frankreich bezeichnenderweise jene Spekulation, die auf der Differenz zwischen Tages- und Verkaufskurs beruhte.[1051] Die Blancs haben sich an dieser damals relativ jungen Art der Effektenspekulation – sie wird bei ihrem ersten verbürgten Auftreten in Deutschland 1817 als „Hazardspiel“ bezeichnet[1052] – eifrig beteiligt. Durch trickreiche, aber mißbräuchliche Nutzung des zwischen Bordeaux und Paris existierenden „télégraphe aérien“ verschafften sich die Brüder, ohne die Bestechung von Beamten zu scheuen, über zwei Jahre lang einen Vorsprung in der Übermittlung der Pariser Börsenkurse. Als der Schwindel bekannt wurde, und es zu einem spektakulären Prozeß kam, waren sie zwar nicht ihres auf „mehrere 100 000 Francs“ bezifferten Kapitals, aber ihres guten Rufes als Bankiers beraubt.[1053] Sie gingen nach Paris, nannten sich „Rentiers“[1054] und „widmeten sich dem Glücksspiel“.[1055]

Als das Palais-Royal 1838 seine Pforten schließen mußte, beschlossen die Blanc „es ihrem Freunde Bénazet gleichzutun“ und im Ausland – sie sollen Luxemburg gewählt haben – einen Spielklub zu begründen.[1056]

Als die Brüder im Juli 1840 in Homburg vorsprachen, gelang es ihnen binnen kürzester Zeit, die Konzession für eine zu gründende Spielbank zu erhalten. Ihr Auftreten wird als das von erfahrenen Geschäftsleuten beschrieben.

Louis Blanc, der die ersten Verhandlungen führte, sich dann jedoch krankheitshalber nach Paris zurückzog, galt als der Bedächtigere, Francois als der Gewandtere. Francois Blanc verkörperte den Typus des zu Geld gekommenen Bürgers, dem der Besitz von Kapital den Weg zu Ansehen und Macht zu garantieren schien. Überkommene gesellschaftliche und Machtstrukturen hatten für ihn keine Gültigkeit: er „handelte“ auch mit dem Landgrafen von Hessen-Homburg um Vertragsänderungen wie mit einem Kollegen um Wertpapiere, und er widersetzte sich als einziger Spielbankhalter 1849 dem Befehl eines mit Exekutionstruppe in Homburg einmarschierenden Reichskommissars, indem er, statt die Spielbank zu schließen, eine „Umgehungsgesellschaft“, den Cercle, begründete.

Überzeugt von der Bestechlichkeit der Menschen, betrieb er den „Kauf“ der Medien und nutz-

63 Francois Blanc, um 1850

te sie als Waffe gegen die Anfeindungen seiner zahlreichen Widersacher.

Im Großen und im Kleinen stets auf das Interesse der Spielbank bedacht, zeigte er sich als penibler Rechner, kühl-berechnender Verhandlungspartner und maßvoller Mäzen: ein Geschäftsmann von amerikanischem Ausmaß, dessen tadellos geführte Geschäftsbücher „auch dem modernen Finanz-Fachmann Respekt einflößen".[1057]

Ein Spieler-Bonmot faßte den Sachverhalt in den Satz: „Ni rouge ni noir, c'est toujours Blanc qui gagne".[1058] Francois Blanc betrieb die Spielbank wie eine Bank mit erweitertem Aufgabenbereich. Daß er sich zeitlebens als Bankier begriff, bezeugen drei in seiner Homburger Zeit publizierte Abhandlungen zu Problemen des Bankwesens.[1059]

Diesem Selbstbild suchte Blanc sein Äußeres anzugleichen. „Er hatte kleine, graue, tiefliegende Augen, die einen etwas lauernden Ausdruck trugen, aber durch Goldbrillen verdeckt waren. Er sprach wenig, dann aber kurz und treffend, und war eine durchaus gewöhnlich Erscheinung ohne alle auffälligen Merkmale".[1060]

Von betont unauffälliger Eleganz war die Kleidung, in der er sich dem Maler präsentierte.[1061] Der dunkle Nadelstreifenanzug, die Weste mit vorn herabhängender Uhrkette, das hochgeschlossene Hemd mit Vatermörder und Binde charakterisieren ihn als einen der englischen Etikette verpflichteten, seine Wohlhabenheit nicht zur Schau stellenden Unternehmer oder Bankier.

Unprätentiös wie der Aufbau des Hüftbildes ist die Haltung des mit leicht zurückgenommener Schulter und aufgelegtem linkem Unterarm aufrecht stehenden Mannes, der mit regungslosem Gesicht und indifferentem Blick an dem Betrachter vorbei in die Ferne blickt. Die „gewöhnliche Erscheinung" war die Attitude Blancs.

In merkwürdigem und deshalb um so auffallenderem Kontrast zu seiner Person steht das lediglich angedeutete Ambiente. Der in den Vordergrund geschobene Stuhl, über dessen gepolsterten, samtbezogenen Rücken lässig ein Pelz gelegt ist, steht für den Reichtum, auf den sich der Dargestellte im bildlichen wie im übertragenen Sinn stützt. Hinterfangen wird das Bild des Bankiers von den Symbolen absolutistischer Macht, einem zur Seite geschobenen Samtvorhang, der den Blick auf eine Marmorsäule freigibt.

Dieses „großbürgerliche Herrscherbild" findet sein kontrastierendes Pendant in dem Porträt des Baden-Badener Spielbankpächters Jacques Bénazet, der vor nahezu gleichartigem Hintergrund wie Blanc posierte und dessen Linke mit ähnlicher, aber deutlicherer Geste die Lehne eines Stuhles umfaßte. In größtmöglichem Gegensatz zum Erscheinungsbild Blancs steht indessen die Persönlichkeit Bénazets. Er ist „als tätiger Geschäftsmann charakterisiert, mit offenem Hemd und Mantel am Tisch sitzend und schreibend, mit der gewichtigen Präsenz seiner Körperlichkeit das Bild beherrschend und den schweren Kopf in diktierendem Gestus herauswendend ... im Habitus des seinen Besitz nur mehr verwaltenden, nicht mehr erwerbenden Feudalherrn".[1062]

Der Theatralik, mit der Jacques Bénazet und sein sich in der Rolle des Grandseigneurs gefallender Sohn Edouard ihre eigene Person und ihr Ambiente – auch das von dem „gefeiertsten Bühnenbildner" Paris', Cicéri, in eine Welt der Illusion verwandelte Konversationshaus[1063] – in das Rampenlicht der Öffentlichkeit schieben, setzt Blanc eine andere Strategie entgegen: er präsentiert sein solides „Know-how" und persönliches „Understatement".

Diesem „Image" äußerst förderlich war Blancs Romanze mit einer fast dreißig Jahre jüngeren Schusterstochter aus Friedrichsdorf, der er

Kenntnisse und aristokratischen (!) Schliff verleihen ließ, bevor er sie ehelichte.[1064] Eine vorausgegangene, offenbar nicht legalisierte Bindung, der die beiden Söhne Camille und Charles entstammten, ließ Blanc nicht an die Öffentlichkeit dringen.[1065] Während Bénazet, standesgemäß, „amoureuse Abenteuer" pflegte,[1066] erfüllte sich in der Verbindung von Francois und Marie Blanc der bürgerliche Traum von Aufstieg, Reichtum, Glück. Als „Madame Blanc" vertrat die Schusterstochter den zu ihrer Zeit seltenen, ihr aus dem kleinbürgerlichen Milieu vertrauten Typus der Partnerfrau, die aktiv in das Geschäftsleben Blancs eingreift und erheblichen Einfluß auf die Spielbank gewinnt.

In Monte-Carlo, dessen Casino 1863 in Blancsche Pacht überging, nannte man sie „la patronne" und „la banquière de Monaco".[1067] Nach dem Tod Blancs, 1877,[1068] leitete sie das Unternehmen; „l'œuvre de Francois Blanc est la sienne..., les mécanismes finanziers lui sont familiers".[1069]

Blancs Sorge für das Gemeinwohl war stets dem Verdacht des Eigennutzes ausgesetzt, das seiner Frau wurde als Generosität und Mildtätigkeit gewürdigt. Sie spendete reichlich, unterstützte ihre Familie und verteilte großzügig, aber gezielt Geldgeschenke.[1070] Als sie starb, hinterließ sie nichts als Schulden und eine aufsehenerregende Sammlung erlesenen Schmucks.[1071]

Mit dem ausgeprägten Luxusbedürfnis der Parvenus gab sie immense Summen für Möbel und Gemälde,[1072] Schlösser (Ermenonville,[1073] Moutiers[1074]), Anwesen (Englischer Garten, Homburg[1075]) und Brillanten aus und verlieh so dem nüchternen Bankier den adäquaten äußeren Rahmen.

Ihren Kindern wies und ebnete Marie Blanc den Weg zu ihrem eigenen gesellschaftlichen Orientierungspunkt, dem europäischen Hochadel, und initiierte damit den Verfall der „Spielbankpächter-Familie" Blanc.[1076]

Die Töchter heirateten verarmte Adlige mit klangvollen Namen, den Prinzen Konstantin Radziwill und den Prinzen Roland Bonaparte.[1077] Als Hochzeitsangebinde erhielt Tochter Marie die „Ahnengalerie" der Bonaparte aus Schloß Wilhelmshöhe.[1078]

Das Kind aus dieser Ehe, Marie Bonaparte, ging mit Prinz Georg von Griechenland die Ehe ein, „so daß also die Enkelin Blancs Mitglied eines regierenden königlichen Hauses wurde".[1079] Das Lebenswerk des Großvaters war ihr fatal, „un crime".[1080]

In Bad Homburg haben „empfindliche Leute sich stets dagegen gesträubt, seinen [Francois Blancs] Namen durch eine Straßenbezeichnung für die Stadtgeschichte festzuhalten".[1081]

2. Baugeschichte

Bauherrschaft

„Die Herren Gebrüder Blanc erbauen ein Kurhaus nach einem der Landgräflichen Regierung vorzulegenden und von dieser zu genehmigenden Plan. Die Kosten der Erbauung werden von den Unternehmern getragen und müssen sich mindestens auf die Summe von hundert tausend Gulden belaufen".[1082] Der Wortlaut dieses an den Anfang des Vertrags zwischen den Gebrüdern Blanc und dem Landgrafen von Hessen-Homburg gesetzten Paragraphen läßt den Bau eines „Kurhauses" als den Hauptzweck des Vertragsverhältnisses erscheinen. Er ist es vor allem aus der Sicht des Gouvernements.

Den Brüdern Blanc wird dagegen, in Paragraph 10, „das Privilegium zur Ausübung der Hazardspiele, wie sie in Baden, Wiesbaden und anderen Bädern Deutschlands statt finden ... auf dreißig nach einander folgende Jahre und zwar vom 1. April 1841 bis 1. April 1871 gegen einen jährlichen Spielpacht zugestanden".

Daß es sich hier um Leistung und Gegenleistung handelt, wobei „Kurhaus" und 30jährige Spielpacht als von beiden Seiten akzeptierte Ponderabilie in die Waagschale geworfen werden, verdeutlicht Paragraph 3: „Das Kurhaus wie das ganze Etablissement bleibt Eigenthum des Landgräflich

Hessischen Gouvernements, ohne daß die H. Blanc Gebrüder irgend eine Wiedererstattung in Anspruch nehmen könnten".

Damit war die Ausgangsposition vertraglich festgestellt. Die Spielbankpächter sollten als Bauherren fungieren, nicht aber zugleich Eigentümer des zu errichtenden Gebäudes sein. Bereits Varnhagen von Ense registrierte mit einiger Verwunderung, das Pachtverhältnis sei „eigen gestellt", die Spielbankpächter hätten „das Kurhaus erbaut und fürstlich eingerichtet, den Garten angelegt" etc. und sie zahlten eine jährliche Pacht; „nach dreißig Jahren aber gehört alles dem Landgrafen und der Kontrakt hört auf".[1083]

Nicht daß die Spielbankpacht mit einem Bauvorhaben verknüpft wurde, sondern wie dies geschah, war das Außergewöhnliche.

Die Übertragung der Bauherrschaft an die Spielbankpächter hat im 19. Jahrhundert kaum eine Parallele.[1084] In Wiesbaden, Baden-Baden, Ems etc. war den Spielbankpächtern jeweils lediglich die Rolle von Finanziers der Bauvorhaben zugekommen. Erst 1853 ließ Kurfürst Wilhelm II. Spielbankpächter Viali einen Vertrag unterschreiben, mit dem sich dieser u.a. zum Bau eines Kursaalgebäudes in Nauheim und zu dessen Übereignung (einschließlich des Mobiliars) an den Staat im Jahr 1860 verpflichtete; doch war dieser Vorgang offensichtlich von dem „eigen gestellten" Pachtverhältnis im nahen Homburg angeregt.[1085] Noch im 20. Jahrhundert gehört das, am Ort als bewährt gepflegte Homburger „Bauherrenmodell" zu den Ausnahmen.[1086]

Das vor dem Hintergrund eines großen und breitgefächerten Angebots von Interessenten entstandene Vertragswerk scheint auf den ersten Blick dem modernen marktwirtschaftlichen Prinzip von Angebot und Nachfrage zu folgen, denn die Vorteile für den Konzessionsgeber lagen auf der Hand. Verantwortung und Risiko auch für den Bau des Kursaalgebäudes waren voll und ganz den Spielpächtern übertragen. Diese versuchten denn auch noch nach dem Vertragsabschluß am 6. November 1840 die Bauherrschaft von sich abzuwenden, indem sie argumentierten, sie hätten die Überzeugung gewonnen, „que nous ne pourrions faire bâtir un Kurhaus digne du pays et de nousmême qu'un dépensant une somme de cent vingt mille florins", welche Summe die vertraglich festgelegten Baukosten von 100 000 fl. übersteige. Sie zeigten sich geneigt, dieser, weitgehend selbstverfügten, Abänderung des Vertrags zuzustimmen, wenn sie ihrerseits aus der Pflicht der Bauherrschaft genommen würden. „Nous remettions au Gouvernement de votre Altesse les cent mille florins pour la construction du Kurhaus qui ferait luimême construire le bâtiment".[1087]

Mit der unter das Schreiben gesetzten knappen Antwort „Se. Landgr. Durchlaucht sind nicht geneigt auf die hierin gemachten Propositionen einzugehen, verlangen vielmehr die Erfüllung der Contractsbestimmungen", war der nicht ohne Bedacht vorgetragene Vorschlag abgeschmettert. Der Landgraf hatte ausdrücklich nur auf seinen Rechten als Konzessionsgeber bestanden und die Regierung in die Rolle der Genehmigungsbehörde gedrängt. Den als Bauherren „wider eigenen Willen" fungierenden Spielbankpächtern eröffneten sich damit auch Möglichkeiten, die sie zuallererst in der Frage der Architektenwahl auszuschöpfen gedachten.

Planung

Auffallen muß zunächst, daß auf die bereits vorliegenden, ausgearbeiteten Entwürfe Mollers nicht zurückgegriffen wurde. Von ihnen ist in den Akten mit keinem Wort die Rede, obwohl ihre Verwendung nicht nur aus Ersparnis-, sondern auch aus Zeitgründen – letzteres ein wichtiges Argument angesichts der Verpflichtung, den Bau „spätestens zu Ende des Jahres 1842 beendigt" zu haben – wünschenswert hätte erscheinen müssen.

Sicher dokumentiert sich in diesem Verzicht die explizite Absicht der Bauherren („wider eigenen Willen"), die unter landgräflichem Patronat entstandenen Projekte Mollers auszuschließen, gerade weil der Landgraf die Übernahme der Bauherrschaft strikt von sich gewiesen hatte. Auch unter Berücksichtigung der Tatsache, daß nicht der regierende Landgraf Philipp, sondern sein 1830 verstorbener Bruder Ludwig seinerzeit den Auftrag an Moller erteilt hatte, wäre es zu kurz gegriffen, die bereitwillige Aufgabe dieser Projekte auch seitens des Landgrafen damit erklären zu wollen, daß für ihn die aufgezeigte persönliche Identifikation mit der geplanten Architektur und ihrem Symbolgehalt weitgehend entfiel. Daß Landgraf Philipp nicht einmal den Versuch unternahm, die Ausführung eines der Mollerschen Projekte vorzuschlagen oder gar darauf zu bestehen, belegt seine Einschätzung des Bauvorhabens – wie sich im übrigen auch an seiner späteren distanzierten Haltung gegenüber dem Etablissement zeigt – als eines völlig autonomen Unternehmens, von dem er sich fernhalten wollte. Er benahm sich seines Rechts auf Einflußnahme, u.a. in der Architektenwahl, auf das er aus mancherlei Erwägungen keinen Wert legte oder legen zu können glaubte. Seine Berührungsängste basierten, wie weiter unten zu zeigen sein wird, vor allem auf der gegen ihn persönlich gerichteten Kritik an der Einrichtung der Spielbank. Damit war dem sich unerhört freizügig entfaltenden Unternehmertum der Spielbankpächter der Weg geebnet. Landgraf Philipp selbst zementierte das Konzept eines Kursaalgebäudes als eines kommerziellen Vergnügungsetablissements, das der Bauidee seines Vorgängers, die in Mollers Planung, vor allem in Projekt II, Gestalt angenommen hatte, diametral entgegenstand.

Aus dem bereits zitierten Schreiben der Gebrüder Blanc vom 6. November 1840 geht hervor, daß sie unmittelbar nach Vertragsabschluß ihrer ersten Bauherrenpflicht nachgekommen sein müssen, indem sie „plusieurs plans“ in Auftrag gaben, die zu diesem Zeitpunkt bereits dem Landgrafen vorgelegt worden sein müssen. „Les plans de Monsieur Sand ... m'a-t-on dit, ont eu une entière approbation de votre Altesse“.[1088]

Der sich anschließende Vorschlag, die Regierung möge diese Pläne, auf Kosten der Spielbankpächter, selbst durchführen lassen, wurde abschlägig beschieden. Nun sahen sich die Blancs nicht mehr veranlaßt, diese „approbierten“ Entwürfe beizubehalten; auch von Herrn Sand war keine Rede mehr. Unverzüglich müssen drei Architekten aus der näheren Umgebung Homburgs um die Erarbeitung von (Konkurrenz-)Entwürfen gebeten worden sein. Gegen Ende November 1840 legte Louis Blanc das Sortiment bereits dem Landgrafen zur Auswahl vor. Am 1. Dezember 1840 wurde der Landesregierung daraufhin „eröffnet, daß Se. Landgräfl. Durchlaucht unter den von Mr. L. Blanc br. m. vorgelegten, von den Baumeistern Peipers[1089] und Ritter[1090] in Frankfurt, so wie den Gebrüdern Geyer[1091] in Mainz gefertigten Plänen, demjenigen der Letzteren, welcher hier beifolgt, den Vorzug ertheilt und gegen dessen Ausführung, mit Ausnahme des projectirten großen Tanzsaals nichts zu erinnern gefunden haben. Was diesen Saal anlangt, so scheint dessen Tiefe oder Breite mit seiner Länge in keinem richtigen Verhältniß zu stehen, und es wird räthlich sein wenn H. Blanc über diesen Anstand noch den Rath resp. die Ansicht anderer Bautechniker hört“.[1092]

So reibungslos wie der Landgraf sich den weiteren Ablauf vorstellte – „Nach vollständiger Anfertigung des Bauplans und der Kosten-Ueberschläge, wird N. (= die Landesregierung) sich Duplicate davon fertigen lassen und sodann die richtige und dauerhafte Ausführung des Plans in allen seinen Teilen genau überwachen lassen“ –, sollten sich die Dinge indessen nicht gestalten.

Jetzt nämlich entschieden die Gebrüder Blanc, und zwar gegen den vom Landgrafen akzeptierten Entwurf von Geyer. Zwar hat sich keiner der Entwürfe erhalten,[1093] so daß nicht nachvollziehbar ist, welche Gesichtspunkte den Ausschlag gaben. Es ist aber nicht von der Hand zu weisen, daß es sich um eine pro-forma-Ausschreibung gehandelt hatte. Erst in einem zweiten Anlauf präsentierten die Spielbankpächter dann die Entwürfe des Architekten ihrer Wahl. Peipers sollte nur mit der Bauausführung betraut werden.

Spätestens im Dezember 1840 hatten die Gebrüder Blanc „ihren“ Architekten gefunden und mit der Erarbeitung von Entwürfen beauftragt. Auf einen Landsmann der Blancs, den in München tätigen Franzosen Jean Baptiste Métivier, war die Wahl gefallen.

Im Februar 1841 lagen die Pläne vor. Am 20. Februar 1841 quittierte der mit „Conseiller des Bâtiemens royaux du Roi de Bavière“ unterzeichnende Métivier den Empfang von 528 fl. „pour composition du plan d'un établissement public dit Kursale et pour Copie du dit“.[1094] Am 25. Februar 1841 unterbreitete Louis Blanc dem Landgrafen die Entwürfe mit der Bitte, sie baldmöglichst zu genehmigen. Dieses geschah umgehend und mit den lapidar unter das Schreiben gesetzten Zeilen: „Mit obigem Antrag bin ich in allen seinen Theilen ganz einverstanden, und kann nur seine baldigste Ausführung empfehlen. P. L.“[1095]

Zwei Tage danach erging an die Landesregierung die Nachricht, daß „Se. Landgräfl. Durchlaucht mit Rücksicht auf die von dem Entrepreneur L. Blanc in Betreff der Erbauung eines Kurhauses vorgelegten Wünsche“ die frühere Genehmigung der Geyerschen Entwürfe zurückziehe.[1096] Mit dieser Flexibilität bezeugte der Landgraf nicht nur seinen Wunsch, den Bau nunmehr um jeden Preis — auch um jenen der Verfügungsgewalt über die architektonische Konzeption – ausgeführt zu sehen.

In der Konzedierung der freien Architektenwahl seitens der „Entrepreneurs" dokumentierte sich ja nicht nur die Freistellung autonomen Unternehmertums, sondern die alles andere als einen Rückzug darstellende, öffentlich zur Schau getragene Distanzierung des Landgrafenhauses gegenüber dem Unternehmen – ein angesichts der landläufigen Polemik gegen die Spielbanken *und* gegen die Konzessionsgeber nicht zu unterschätzender Aspekt. Gerade weil die von den Blancs vorgelegte Konzeption des künftigen Kursaalgebäudes eine, wie weiter unten dargelegt wird, Konfliktsituation für das Landgrafenhaus heraufsbeschwören konnte, empfahl sich ein Heraushalten aus der Verantwortung – „unter Aufrechterhaltung jedoch der übrigen Bestimmungen", nämlich der Genehmigungspflicht und der Aufsicht über „die richtige und dauerhafte Ausführung des Plans".

Im März 1841 setzten die Vorarbeiten für die Bauausführung ein.[1097] Gegen den Standort des künftigen Kursaalgebäudes, den bereits früher vorgesehenen Platz am Ende der Louisenstaße, fanden die Blancs nichts einzuwenden, er scheint vielmehr ihren Intentionen voll entsprochen zu haben.

Als Beauftragter der Bauherren fungierte Julius de Wellens.[1098] „Der ausführende Baumeister war Hr. Peipers aus Cöln dermalen Baumeister zu Frankfurt a. Main.[1099] Der aufsehende Bauconducteur war Herr Carl Müller Maurermeister zu Frankfurt a. M.[1100] Der von dem landgräflichen Gouvernement zur Aufsicht bestimmte Bauinspektor war Hr. Westerfeld.[1101] Der Maurermeister welcher die Arbeit an dem Kurgebäude übernommen hatte, war Hr. Heinrich We[c]kerling[1102] und der von dem Maurermeister angestellte Polier war Friedrich Achenbach aus Fechenheim a. M."[1103]

J. B. Métivier wurde nur noch als ferne Größe zitiert: als „königlichen Baumeister", der den Bauplan „trefflich gezeichnet" habe.[1104] In Homburg trat er öffentlich nie in Erscheinung. Nur ein einziges Mal, „Anfangs im Februar" 1841, ist seine Anwesenheit hier durch Westerfeld bezeugt.[1105] Vermutlich hat Métivier lediglich die Pläne abgeliefert und ist sofort wieder nach München zurückgereist.[1106] Die Empfangsbescheinigung für das Honorar wurde am 20. Februar 1841 in München ausgefertigt.

Métivier figurierte in einer für seine Zeit ungewöhnlichen Ausschließlichkeit als weitgehend anonym bleibender Plan-"Lieferant". Daß zwischen Architekt und ausführendem Baumeister bzw. der Bauaufsicht so gut wie kein persönlicher Kontakt bestand, bezeugt ein bemerkenswerter, anekdotisch tradierter Umstand, den der Chronist Hamel sorgfältig notierte.

„Den Plan zeichnete ein Münchener Baumeister; und da derselbe französische, die hierortige, resp. Frankfurter Baumeister aber hiesiges Maas annahmen, so ward der ganze Bau in allen seinen Theilen verhältnißmäßig kleiner zum Aerger des H. Blanc, der es zu spät merkte".[1107]

Dem ausführenden Baumeister Peipers kam es denn auch bei der *Grundsteinlegung* zu, „eine dem erhebenden Acte angemessene Rede" zu halten.[1108]

Grundsteinlegung

Das dem Landgrafen zur Genehmigung vorgelegte „Programm für die Grundsteinlegung zum neuen Kurhaus" sah die Teilnahme der „Landgr. Herrn Commissarien", des „Stadtrat(s) von Homburg", der „Herrn Gebrüder Blanc", der Herren Peipers und Westerfeld sowie des „gesamte(n) übrige(n) Bau-Personal(s)" vor.[1109] Landgraf Philipp nahm an dem „erhebenden Acte" nicht Teil.

Deutlich unterschieden wurde zwischen dem als Konzessionsgeber in Erscheinung tretenden Souverain und den Bauherren und „Unternehmer", den Gebrüdern Blanc, auch in der Grundsteinlegungs-Urkunde.

„Zur Notiz für die Nachwelt wird hiermit folgendes denkwürdige in den Grundstein niedergelegt.

Das Kursaalgebäude wurde im Jahr 1841 unter Gottes gesegnetem Beistand und unter der milden und weisen Regierung des Souverainen Landgrafen zu Hessen, Philipp August Landgräfliche Durchlaucht erbauet und den 31ten März dieß Jahres der erste Mauerstein zu diesem Gebäude gelegt.

Die Unternehmer dieses Kurgebäudes waren die Mr. Gebrüder Francois et Louis Blanc à Marseille nachdem mit denselben im Jahre 1840 von Seiten des Landgräflichen Gouvernements durch die hierzu bestellten Kommißarien, der Landgräfliche Regierungsrat Hr. Zurbuch und dem Landgräflichen Brunnenverwalter Hr. Karl Müller ein Vertrag dieserhalb abgeschlossen worden war...

Die Feierlichkeit der Grundsteinlegung ist in einem besonderen Protokoll aufgenommen und in dem Landgräflichen Archiv niedergelegt".[1110]

In J. G. Hamels „Fest-Lied bei der Legung des Grundsteins zum Kurgebäude" wurden die vorsichtig als „Gründer" bezeichneten Unternehmer „nicht minder" gefeiert wie der nur noch als „graue Eminenz" erscheinende Landgraf.

„... Unserm Fürsten weihen
Wir ein Lebehoch!

Vaterländisches.

Homburg vor der Höhe, den 23. Mai 1841.

Der heutige Tag

wird für die Kurstadt Homburg für die Zukunft von erfreulichen Folgen bleiben. Es wird nämlich **heute** die wirkliche Eröffnung der dießjährigen Saison und des eben so freundlich gelegenen, als sehr elegant eingerichteten, provisorischen Kursaales, so wie der neu gegründeten, umfassenden Restauration in dem ehemals von Anhalt'schen Hause — am Frankfurter Thore, — worin sich zugleich die öffentliche Spielbank befindet, statt haben, des Nachmittags um 3 Uhr die Feier der Grundsteinlegung zum neuen, nach dem Plane eines der ersten Münchener Architekten bereits im Baue begriffenen Kurhauses beginnen, sodann um 4 Uhr durch musikalische Unterhaltungen im Brunnenthale diese Feier fortgesetzt, zur Belustigung der Menge um 5 Uhr ein Steigbaum beklettert, hierauf ein Concert gegeben und um halb 9 Uhr ein Feuerwerk abgebrannt werden. Ein Ball wird den Schluß der Tagesfeier herbeiführen.

Vielfache Verbindungen sichern zwar den Fremden ein äußerst leichtes und wohlfeiles Hierhergelangen, demohngeachtet aber haben die Herren Blanc noch eine besondere Omnibus-Anstalt — wozu die Herren Gerlach und Roth in Frankfurt Karten abgeben — begründet, deren Führer jeden Morgen um 9 und Nachmittags um 3 Uhr — in den angesehensten Gasthöfen sich meldend — von Frankfurt hierher und Abends zurückfahren, so wie auch für diejenigen Damen und Herren, welche Promenaden in die Umgegend und in das Gebirg auf eine bequeme Weise unternehmen wollen, gute Reitpferde und Esel zur Disposition gestellt sind; und — obgleich seit einigen Jahren das sociale Leben und Treiben in Homburg Blüthe getrieben, wurde — zu noch mehrerer Unterhaltung — nicht nur eine Theatergesellschaft concessionirt, sondern auch ein schönes Lesekabinet eingerichtet, worin — außer einer ansehnlichen Leih- und Lesebibliothek täglich die werthvollsten politischen und belletristischen Tagesblätter in deutscher, französischer, englischer und holländischer Sprache anzutreffen sind, sowie nicht minder den sich hier einfindenden Fremden durch wöchentliche Bälle oder Concerte Genüsse dargeboten werden sollen, die wohl allen Anforderungen Gebildeter zu entsprechen im Stande sein möchten. Endlich wird auch denjenigen Gästen, welche die Freuden wohlbesetzter Tafel lieben, hierin alle Befriedigung geboten. In den Gasthöfen — mit einander wetteifernd — und in den Restaurationen, sowohl in der Stadt als am Brunnen, wird ein vorzügliches Diner und reine, köstliche Weine servirt werden und das Ganze durch Mannichfaltigkeit der Gegenstände und der Lage alle Besuchende erfreuen.

Stamm, Red.

64 Leitartikel zur Grundsteinlegung des Kursaalgebäudes im Amts- und Intelligenz-Blatt vom 23. Mai 1841

Mög'durch ihn gedeihen
Manches Gute noch! –
Unter seiner Hand
Blüh'das Vaterland!

Auch des Werkes Gründer
Sei hierbei gedacht. –
Ihnen auch nicht minder,
Sei ein Hoch! gebracht.
Ihres Werk's Gedeih'n
Möge sie erfreu'n! ..."[1111]

Derselbe Autor hatte noch im März 1841 in seiner Stadtchronik „die Herren Blanc" als die alleinigen Kräfte bezeichnet, die sich „ihr Unternehmen sehr angelegen sein lassen".[1112] Im Rückblick erschien Hamel die Grundsteinlegung zum Kursaalgebäude als ein für die Zukunft der Stadt Homburg hochbedeutender historischer Akt. Wie der Chronist Hamel prophezeite der Redakteur des Amts- und Intelligenzblattes, Stamm, am Tag der Grundsteinlegung in einem für dieses Blatt außergewöhnlich umfangreichen Artikel, daß „der heutige Tag für die Kurstadt Homburg für die Zukunft von erfreulichen Folgen bleiben" werde.

„Als am 23. Mai 1841 der erste Hammerschlag auf den Grundstein des neuen Kurgebäudes in der Luisenstraße geschah, verkündete sein Schall für Homburg eine neue Periode, eine glücklichere Zukunft. Denn Homburg war nicht mehr die alte Fabrikstadt, sondern ihre Zukunft und ihre Hoffnung mußte das Bad seyn, mußte sie vor gänzlicher Verarmung, wie sie seit 1830 namentlich über sie eingebrochen war (erretten). War schon seit 1834 ein reges Leben im Badewesen eingetreten, so begann es aber um so mehr vom obigen Tage an..."[1113]

Stamms Aufmerksamkeit galt nicht allein der „Feier der Grundsteinlegung zum neuen, nach dem Plane eines der ersten Münchener Architekten bereits im Bau begriffenen Kurhauses"[1114] und der damit verbundenen „Belustigung der Menge", dem Feuerwerk und dem abschließenden Ball,[1115] sondern gleichermaßen der Eröffnung des „eben so freundlich gelegenen, als sehr elegant eingerichteten, provisorischen Kursaales,[1116] so wie der neu gegründeten, umfassenden Restauration in dem ehemals von Anhalt'schen Hause..., worin sich zugleich die *öffentliche Spielbank* befindet".[1117]

In der bereits vor der Fertigstellung, ja vor der Grundsteinlegung des Kursaalgebäudes zugelassenen Spielbank sahen nicht nur deren Pächter den Motor ihres Unternehmens. Karl Müller (Charles Muller), „Le Directeur des eaux minérales de Hesse-Homburg", ließ sich bereits in einer vom 5. April 1841 datierten, den „Eaux minérales de Hombourg" gewidmeten Propagandaschrift zu einer Lobeshymne hinreißen, in der er nicht versäumte, sowohl das gegenwärtige als das zukünftige „Casino" in den rosigsten Farben zu schildern. Nach seinen Angaben existierte in Homburg „une jolie salle de bal et un casino provisoire, où l'on trouve une bonne restauration et des salons de jeux et de lecture avec des journaux allemands, anglais, francais et hollandais...",[1118] womit das Repertoire eines präsentablen Kurorts der Zeit umschrieben war. Der Erscheinungsort des Werks, Paris, und die Übersetzung des ursprünglich deutschen Textes in die französische Sprache lassen keinen Zweifel daran, daß mit der Schrift vor allem in der Heimat der Homburger Spielbankpächter, dem „spielbankfreien" Frankreich, geworben werden sollte.[1119]

Im „Inland", d. h. in der näheren Umgebung und in Homburg selbst galt es dagegen, den propagandistischen Schwerpunkt auf allgemeine künftige „Strukturverbesserungen" im Gefolge der Spielbank und des Kursaalbaus zu legen – nicht zuletzt um die lokale „öffentliche Meinung" günstig zu stimmen und gegen die alsbald einsetzenden Angriffe von außen zu stabilisieren.[1120] In dem Redakteur des Amts- und Intelligenz-Blatts fand sich neben Müller das zweite „Sprachrohr" der Blancs. Seinen bereits auszugsweise zitierten Leitartikel vom 23. Mai 1841 ließ Stamm in der Schilderung des künftigen Homburg als einer Kurstadt von Weltrang münden, als deren Initiatoren unzweifelhaft die Spielbankpächter anzusehen waren.

„... Vielfache Verbindungen sichern zwar den Fremden ein äußerst leichtes und wohlfeiles Hierhergelangen, demohngeachtet aber haben die Herren Blanc noch eine besondere Omnibus-Anstalt – wozu die Herren Gerlach und Roth in Frankfurt Karten abgeben – begründet, deren Führer jeden Morgen um 9 und Nachmittags um 3 Uhr – in den angesehensten Gasthöfen sich meldend – von Frankfurt hierher und Abends zurückfahren, so wie auch für diejenigen Damen und Herren, welche Promenaden in die Umgegend und in das Gebirg auf eine bequeme Weise unternehmen wollen, gute Reitpferde und Esel zur Disposition gestellt sind; und – obgleich seit einigen Jahren das sociale Leben und Treiben in Homburg zur Blüthe getrieben wurde – zu noch mehrerer Unterhaltung – nicht nur eine Theatergesellschaft concessionirt, sondern auch ein schönes Lesekabinet eingerichtet, worin – außer einer ansehnlichen Leih- und Lesebibliothek täglich die werthvollsten politischen und belletristischen Tagesblätter in deutscher, französischer, englischer und holländischer Sprache anzutreffen sind, sowie nicht minder den sich hier einfindenden Fremden durch wöchentliche Bälle oder Concerte Genüsse dargeboten werden sollen, die wohl allen Anforderungen Gebildeter zu entsprechen im Stande sein möchten. Endlich wird auch denjenigen Gästen, welche die Freuden wohlbesetzter Tafel lieben, hierin alle Befriedigung geboten. In den Gasthöfen – mit einander wetteifernd – und in den Restaurationen, sowohl in der Stadt als am Brunnen, wird ein vorzügliches Diner und reine, köstliche Weine servirt werden und das Ganze durch Mannichfaltigkeit der Gegenstände und der Lage alle Besuchende erfreuen. Stamm, Red."[1121]

Daß Landgraf Philipp in Stamms Artikel mit keiner Silbe erwähnt wird, wirft zusätzlich ein Licht auf die Situation zum Zeitpunkt der Grundsteinlegung. Der Souverän, der am 20. April 1841 „allen Angehörigen Unseres Landgrafentums ... jede Theilnahme an den in dem hiesigen Bade- und Brunnenort während der Dauer der Kurzeit durch besondere Konzession und ausnahmsweise gestatteten Hazard spielen untersagt" hatte,[1122] beschränkte sich mit seiner Verfügungsgewalt auf die Bewohner der Landgrafschaft. Die Klientel der Spielbank erscheint dagegen als eine von hemmenden Gesetzen befreite Gesellschaft. Doch war diese Freiheit nur eine scheinbare, denn die Spielbankpächter hafteten dem Souverän für Recht und Ordnung an der Spielbank.

Auch für diese Autonomie von Spielbank und Spielgesellschaft stand das Kursaalgebäude, das als eximierter Bereich galt, noch bevor es Gestalt angenommen hat.

Bauvorgang

Die *Rekonstruktion des Bauvorgangs* gestaltet sich angesichts der fragmentarischen Quellenlage – als Resultat des Umstands, daß es sich um einen Privatbau handelte – schwierig.[1123] Auch war die Bauaufsicht während des gesamten Bauablaufs von geringer Strenge gekennzeichnet; mehrfach, jedoch ohne erkennbare Wirkung, wurde J. Westerfeld angewiesen, die „technische Beaufsichtigung der Arbeiten" und vor allem die Berichterstattung an die Landesregierung zu intensivieren.[1124]

Im Sommer und Herbst 1841 schritten die Bauarbeiten so zügig voran, daß Ende Oktober die Maurerarbeiten abgeschlossen werden konnten, und am 23. Dezember 1841 war die „Deckung des ganzen Kurbau-Daches mit Schiefern fertig".[1125] Daß bis zu diesem Zeitpunkt unter Hochdruck gearbeitet wurde, bezeugt Westerfeld, der am 12. Dezember 1841 schrieb, im August habe er noch sehr daran gezweifelt, daß die Arbeiten „soweit wie sie jetzt sind, kommen könnten"; es seien „die Arbeiten an dem fraglichen Bau sehr fleißig betrieben worden". Gleichzeitig meldete Westerfeld, es sei außer der Abwandlung „der viereckigen Fenster und Thüren in halbrunde, an der unteren Giebelseite nach der Ludwigstraße... bisher keine Abänderung geschehen". Die vom ursprünglichen Plan abweichende, Haupt- und Nebendächer gesondert behandelnde Dachkonstruktion – nicht „nach alter Art, sondern nach dem neuen Mollerischen System"– sei im Februar zwischen Peipers und Métivier, „in meiner Gegenwart", für gut befunden und vereinbart worden. Der um Begutachtung gebetene Moller (habe), bei seiner letzten Anwesenheit dahier die Pläne und Abänderung der Dachkonstruction sowie die Arbeiten am Bau gesehen und ebenfalls seine Zufriedenheit zu erkennen gegeben".[1126]

Im Oktober 1841 hatten die Gebrüder Blanc exakte Zahlen über bisher verausgabte Mittel vorgelegt. Demzufolge waren zu diesem Zeitpunkt bereits 34.743 fl. für die „Construction du Curzaal" aufgewendet worden. Aus einer beeindruckenden Liste der von ihnen eingeleiteten „opérations" – sie reichten von der Einrichtung des „Curzaal provisoire" und der „Salle Elisabeth" (Brunnensälchen) über den Ankauf des „Magasin d'Eau-Minerale" und die „construction d'un pont" bis zur „Entreprise des Omnibus" und die Organisation der „Chasses" (sog. Kurjagden) – läßt sich in aller wünschenswerten Deutlichkeit ablesen, daß der Bau des Kursaalgebäudes nur Teil eines großangelegten und in seiner Notwendigkeit ausführlich begründeten Programms mit entsprechenden Kosten war; die Gesamtheit der „dépenses faites jusqu'à ce jour" bezifferten die Spielbankpächter auf 133 112 fl.[1127]

In einer umfänglichen Schilderung gaben die Blancs erschöpfende Auskunft über den Stand der Dinge. Zugleich wirft ihr allerdings positive wie negative Aspekte überzeichnender Bericht ein Schlaglicht auf die Implikationen und die Konditionen des Kursaalbaus.

Nach Abschluß ihres Vertrags hätten sie, die „Entrepreneurs", unverzüglich die Arbeiten beginnen lassen,

„et ils ont été poussée avec une telle activité que les deux ailes du Curzaal se trouvent déja sous toites et que le principal coup du bâtiment ne tardera pas à l'être.

Mais ce n'était pas sur ce point seulement que devaient se porter les efforts des Entrepreneurs, s'ils voulaient préparer les voies et les moyens d'établir la prosperité de l'Entreprise d'autres travaux non moins urgents, réclamaient leur sollicitude, dans un pays ou tout était à créer, ou les moyens de transport, les facilités de séjour pour les Etrangers et ou tout enfin manque, ou l'esprit industriel et d'Entreprise qu'ils devaient croire rencontrer chez les habitants pour leur faciliter leur tâche, était nul et leur faisait faute plus encore que les moyens pécuniaires, aussi l'absence de l'aide et du concours qu'ils auraient dus naturellement attendre de leur interêt personel, les Entrepreneurs furent obligé de pourvoir à tout par eux mêmes, de subventionnes, d'aides, de (unleserlich), toutes les executions qui étaient cependant indispensables dans un établissement de ce genre..."

Es folgte eine 15-Punkte-Liste derjenigen Gegenstände, deren sie sich „immédiatement" hätten annehmen müssen.[1128] Das Schreiben schloß mit einer eingehenden Betrachtung der gegenwärtigen Situation und der Schilderung einer für Homburg rosigen Zukunft, an deren Anfang die Fertigstellung des Kursaalgebäudes stehen sollte.

„Il est impossible de mettre un seul instant en doute l'avenir prospere reservé (?) à cette Entreprise, si l'on veut considerer ce que quelques mois d'efforce seulement ont amenés déjà d'amélioration dans sa position, amélioration constaté par le chiffre de la vente des Eaux qui en deux mois a presque égalée celle qui se faisait precédement dans une année, il en est de même relativement à la quantité de malades qui ont fréquenteés l'établissement cette année, leur nombre (selon les documents officiels fournis par la police) s'est élevé à 1.200 auquel il faut ajouter près de 10 000 visiteurs, tandis que l'année dernière 792 visiteurs et malades se sont seulement rendus à Hombourg...

Si l'on considère en outre que l'année prochaine tout sera disposé pour recevoir convenablement les Etrangers, que le Curzaal, un des plus élégantes qui existera, sera dejà prêt à leur être livré, qu'enfin, reveillé de leur apathie à la rue du nombre inacoutume de visiteurs qui sont venues cette année à Hombourg, stimulée par l'exemple des travaux qui font éxécuter les Entrepreneurs et ne pouvant plus revoquer en doute la prosperité (reservé ?) à Hombourg, les habitants tortants enfin de leur indifférence et reconnaissant les nombreux sources de bien être et de luxe qui leur sont ouvertes, rivalisent (?) aujourd'hui de zéla pour être en mesure l'année prochaine et utiliser à leur profit toutes les branches d'opération et d'exploitation qui sont inhérentes à un établissement de ce genre, les hotels s'agrandissent, d'autres se projettent, de jolies maisons s'élèvent sur tous les point et offriront enfin, l'année prochaine, aux Etrangers les moyens d'y passer agréablement, comfortablement et élégamment la Saison, si on veut enfin remarquer que par suite de ce mouvement, de cet elan donné à tous les embellissements et toutes les améliorations les Entrepreneurs pourront supprimer les [unleserlich] qu'ils avaient été obliger d'accorder dans l'origine que leurs dépenses seront par conséquent considérablement reduites, que celles nécessitées par une première installation sont faites et ne se renouvelleront plus, que par contre, les recettes aussi bien celles des Eaux que celles des jeux ne peuvent manquer de s'accroiter d'une manière remarquable on ne peut nier que cet Etablissement n'ais de grandes chances de succès et les Entrepreneurs pensent que dans cette position, ils n'étérent et n'évaluent pas trop haut leurs espérances et leurs prétentions, en comptant pour l'année prochaine sur une Recette double de celle de cette année...

De si nombreux éléments de succès, tant de causes de réussite, l'exemple de ce qu'ils ont pu obtenir en si peu de temps, malgré que dans l'absence des choses les plus nécessaires, ils aient du tout improviser, l'efficacité, la puissance constatée des Eaux minérales, le voisinage de Francfort, constamment fréquenté et traversé par une immense quantité d'Etrangers qui ne pourront manquer de venir visiter à une si petite distance une des places de bain les plus jolies d'Allemagne et un des Etablissements les plus splendides et la plus élégant qui y existe, toutes ces causes ne peuvent manquer de justifier la foi que les Entrepreneurs ont dans leur opération, les sacrifices qu'ils ont fait et sont encore prêt à faire pour préparer tous les moyens d'atteindre leur but, les sommes qu'ils ont avancé dans cette intention et l'ardeur avec laquelle ils veulent pousser les travaux pour tâcher d'être en mesure de toute ponte à l'ouverture de la Saison prochaine".[1129]

Mit dieser im Stil einer Lektion in Sachen kapitalistischer Unternehmensentwicklung vorgetragenen Ausführung offenbarten die professionellen Banquiers die Programmatik ihres Unternehmens Spielbank, das sie eingebunden sahen in eine Art Strukturverbesserungsplan für Homburg, innerhalb dessen dem Kursaalbau Signalfunktion zukam. Der eigentliche Anlaß zum Vortrag dieser Ideen, die Bitte um vorzeitige Rückzahlung ihrer Kaution von 25 000 fl.,[1130] nahm sich im Hinblick auf Umfang und Bedeutung der mit großen Engagement vorgebrachten Ausführungen als sekundäres Anliegen aus. Die schließlich gewährte einstweilige Rückerstattung von 10 000 fl. konnte tatsächlich nur über eine kurzfristige Geldverlegenheit hinweghelfen.[1131] Bemerkens- und den Gebrüdern Blanc vielleicht erprobenswert war vor allem die Reaktion der Landesregierung, des Geheimen Rats und Landgraf Philipps. Letzterer setzte ein schlichtes „Genehmigt" unter die Befürwortung des bereits von den Spielbankpächtern auf die Summe von 10 000 fl. reduzierten Betrags. Als die Basis des bereits jetzt in sie gesetzten Vertrauens formulierte die Landesregierung,

„daß dieselben bedeutende Kosten auf das Unternehmen bereits schon verwandt haben und daß dasselbe einen guten Fortgang genommen. Diese Thatsachen gewähren dem Landgräflichen Gouvernement die Bürgschaft, daß die Unternehmer nicht auf halbem Wege stehen bleiben werden. Dass das Landgr. Gouvernement ein nicht geringeres Interesse daran hat, als das der Unternehmer ist, daß das Unternehmen mit einem glücklichen Erfolg gekrönt wird, bedarf keiner näheren Erörterung... Und weil das Interesse des Staates mit dem Unternehmer sehr eng verbunden ist, so ist jede Unterstützung, die dem Unternehmen unbeschadet des Staats-Interesses zu Theil werden kann, eine weise und fürsorgliche Maßregel für das Gemeinwohl zu nennen..."[1132]

Noch im Dezember 1841 setzte die Vergabe der Innenausbau-Arbeiten ein.[1133] Auch konnte im Winter an dem Kursaalgebäude „manches, besonders Erdarbeiten, gefertigt und planirt werden".[1134]

Unterdessen hielten sich „während diesem gelinden Winter 1841–42 ... immer noch eine kleine Anzahl von Fremden, namentlich Engländer und Franzosen hier auf. Roulet ward immerfort gespielt".[1135]

Im April 1842 trat plötzlich ein Stillstand in den Bauarbeiten ein.[1136] Die landgräflichen Beamten vermuteten als Ursache die Entlassung des „inspicirenden Baumeister(s) Peipers", dem Versäumnisse und Fehler nachgesagt wurden. Doch wurde dies von dem Beauftragten der Spielbankpächter, de Wellens, scharf und unter Hinweis darauf zurückgewiesen, „daß jedesmal die H. Gebrüder Blanc bei solchen falschen Nachrichten ganz ungehalten seien". Zugleich ließ de Wellens wissen, daß die Gebrüder Blanc einige ihnen nun „zu klein" erscheinende Räumlichkeiten zu vergrößern wünschten.[1137] Der landgräfliche Bauinspektor und die Landesregierung befürworteten die gewünschten Abänderungen, die im wesentlichen auf eine Erweiterung der Räumlichkeiten für das Hazardspiel hinausliefen.[1138]

„... Diese Aenderungen bestehen nach der Bezeichnung des Landgr. Bauinspectors unter a), b) und c) in der Vergrößerung des Spiel-, Billard- und Kursaals und folgeweise, was übrigens in dem erwähnten Bericht nicht gesagt ist, in der Kassirung resp. Verlegung anderer früher projectirter Räumlichkeiten, als Bedienten-Zimmer, Schlafzimmer für Kellner usw. an andere Orte im Kurgebäude.

Da der Herr Bauinspector Westerfeld gegen diese Aenderungen nicht nur nichts zu erinnern findet, sondern sie selbst für zweckmäßig hält, da die innere Einrichtung des Kurgebäudes nach dem ursprünglichen Plan auch wieder hergestellt werden kann, wenn nach Ablauf der Conzessionszeit dieses gewünscht oder für nothwendig erachtet werden sollte, (und da) innerhalb der Benutzungszeit wahrscheinlicherweise noch mancherlei Aenderungen stattfinden werden, so glauben wir einen die Genehmigung dieser Aenderungen versagenden Antrag nicht stellen zu dürfen..."[1139]

Unbeantwortet blieb die Ausgangsfrage der Landesregierung nach dem Grund für den schleppenden Baufortgang. Zwar erklärte auch Westerfeld, das Gerücht über eine Entlassung Peipers' beruhe auf Verleumdungen, aber es kam dann doch zu einem nicht exakt belegbaren Zeitpunkt, sicher noch im Jahr 1842, zur Entfernung Peipers. Sie wurde ebenso stillschweigend vorgenommen wie die Einstellung seines Nachfolgers und ehemaligen Konkurrenten bei der Planung des Kursaalgebäudes, F. Geier.[1140] Unter Geiers Leitung ging der Kursaalbau seiner Fertigstellung entgegen.

Bei der Auftragserteilung an die Handwerker fällt auf, daß einfache Tätigkeiten, wie Zimmer-, Schreiner-, Schlosser-, Spengler- und Glaser- und Tapeziererarbeiten vorwiegend an Homburger Firmen vergeben wurden.[1141] Die Gebrüder Blanc zeigten sich bemüht, den heimischen Handwerkern Aufträge zukommen zu lassen. Das Problem bestand jedoch darin, daß es am Ort weder eine hinreichende Anzahl von Betrieben noch solche gab, die für die „großstädtischen" Ansprüche der Bauherren eingerichtet waren. Eine Ausnahme stellte die Existenz einer Druckerei dar, bei der die Spielbankhalter denn auch ihren gesamten Bedarf an Papierwaren einschließlich des Drucks von „Rouge-et Noir-Karten" deckten.[1142] Daß die Beschäftigung einheimischer Handwerker einem Verlangen Landgraf Philipps entsprach, dem die Bauherren nicht gerade mit Begeisterung Folge leisteten, zeigt die Bitte der Gebrüder Blanc unmittelbar vor der Einweihung des Kursaalgebäudes, für anstehende besonders eilige Arbeiten auswärtige Kräfte engagieren zu dürfen.

„Die Arbeiten des Kurhauses erfordern, bei der bereits sehr fortgeschrittenen Jahreszeit, einer schleunigen Beendigung, und insbesondere geschicktere und zuverlässigere Arbeiter, als man sie hier finden kann. Es ist daher dringend nöthig, daß, insbesondere für Schlosser- und Schreiner-Arbeiten, noch auswärtige Arbeiter beigezogen werden, was Ew. Hochwohlgeboren gnädigst gestatten wollen. Zugleich bemerken wir beiläufig, daß wir, durch manche unangenehme und kostspielige Erfahrung genöthigt, veranlaßt haben, daß sich auswärtige Schlosser-und Schreinermeister um das hiesige Bürgerrecht bewerben werden..."[1143]

Auch diffizile Arbeiten wurden von vornherein nach auswärts vergeben. So verlegte ein Mainzer Meister das Parkett.[1144] Ein renommierter, ebenfalls in Mainz ansässiger Betrieb lieferte Möbel im Wert von 30 000 fl.[1145] Der Maler und Lackierer Franz Anton Weber in Frankfurt übernahm „die Anfertigung der Lackierarbeiten an dem Täfelwerk in den verschiedenen Sälen des Kurhauses dahier".[1146] Zahlreiche Kisten mit Marmorplatten wurden „mit 5 zweyspännigen Fuhren ... von Frankfurt in das Kurgebäude gefahren".[1147]

Exklusive Ausstattungsgegenstände wurden gelegentlich sogar von ausländischen Firmen angefertigt oder geliefert. So etwa die beiden Roulettetische von Rolle & Schwilgue, „Etablissement de Constructions méchaniques de Strasbourg"[1148] oder „eine Thür mit zwei Flügeln" (das Hauptportal?), ein „von Brüssel bezogene(s) Modell".[1149] Ein Pariser Baumeister und Dekorateur war „von dem H. Blanc beauftragt, sich mit Herrn Baumeister Peipers über die innere Decoration ... zu besprechen".[1150]

Im Oktober 1842 schickte der „Plaffonneur" Brunauker, ebenfalls in Brüssel beheimatet, mehrere Arbeiter nach Homburg, deren Aufgabe wohl das Einziehen der Decken war.[1151] Den italienischen Stukkateuren „fratelli Viotti" wurde „die Anfertigung des Gipsmarmor, des Stucco lustro, der Ornamente, Gliederungen u. s. w. im großen Saale und Vestibül" übertragen.[1152] Der Umfang und wohl auch die Qualität der von ihnen ausgeführten Arbeiten läßt sich an dem Rechnungsbetrag von 14.130 fl. ablesen.[1153] Aus München kam der wohl von Métivier empfohlene [1154] italienische Maler und Vergolder Antoni(o) Conti. Sein Kostenvoranschlag „für das Ausmalen und Vergolden in den fünf Zimmern des linken Flügels..., für Malerei und Vergoldung im Saal, für Decke u. Gesimse im Vestibül und den beiden Corridors..., für die Anfahrt und das Treppenhaus auf dem linken Flügel" belief sich auf insgesamt 8.900 fl.[1155] Sowohl die Stukkaturen als die malerische Ausstattung des Kurgebäudes fanden so großen Anklang, daß die Gebrüder Viotti wie auch A. Conti in Frankfurt, bei M. A. v. Rothschild und dem Kurfürsten von Hessen, „Anschlußaufträge" erhielten.[1156]

Eine anerkannte Kapazität auf seinem Gebiet war der Düsseldorfer Gartendirektor Maximilian Friedrich Weyhe (1775–1846), der 1842 mit der Planung der Anlagen hinter dem Kursaalgebäude beauftragt wurde.[1157] Der später sogenannte Kurhausgarten wurde unter seiner Leitung „im Winter 1842/43 und besonders im Frühjahr 1843" ausgeführt.[1158] Über den Stand der Arbeiten am Kursaalgebäude berichtete Westerfeld am 7. März 1843 relativ ausführlich. Demzufolge waren die wohl durch Peipers' mangelhafte Ausführung notwendig gewordenen Reparaturarbeiten am Dach beendet, und der Innenausbau ging seiner Vollendung entgegen.

„... Die Arbeiten an dem fraglichen Kurgebäude sind in den verflossenen Monaten sehr lebhaft betrieben worden, wenn dieselben in der Art fortgesetzt werden, so ist es keinem Zweifel unterworfen, daß die Spielsääle und die Restaurations-Zimmer bis nächste Ostern ganz fertig werden – der große Saal wird jedoch später, wie ich schon in meinem früheren Bericht angegeben habe, erst bis July d. J. ganz fertig.

Die Malerarbeit in dem linken Flügel ist vollendet, gegenwärtig wird im Flügel rechts und [am] Blafond im Restaurationssaal gearbeitet.

Die Gipsmarmorarbeiter sind sehr fleißig an den Wänden im großen Saal, ebenso die Lacirer (?) in dem linken Flügel beschäftigt und die Zimmer daselbst sind bereits mit Papier überzogen.

Die Maurer legen die Plattenböden, die neue Treppe ist aufgeschlagen; die defecte stehende Dachkantel am Mittelbau weggenommen und die Kandeleisen zur vorliegende gewöhnliche Kandeln bereits eingedeckt, auch mit dem Einlegen von stärkeren Dachkandelblei an den Seitenflügeln hat man begonnen; überhaupt sind in dem Bau alle Gattungen (?) Handwerker beschäftiget und alles was die Witterung zu machen erlaubt, wird vorgenommen, man kann daher mit vollstem (?) Vertrauen der baldigen Vollendung des Gebäudes entgegen sehen“.[1159]

Auf die bevorstehende Fertigstellung des Gebäudes deutet auch das Ansuchen der Gebrüder Blanc am 9. April 1843 auf Rückzahlung der „bei dem Landgräflichen Gouvernement deponirten Kaution“, um die durch den „rasche(n) Betrieb der Arbeiten im Curhaus, den Garten-Anlagen, insbesondere den Pflanzungen im Kurgarten, den Brunneneinfassungen und manche andere hohe dringenden Ausgaben“ eingehenden Rechnungen begleichen zu können. Gleichzeitig versicherten sie, auch fernerhin bestrebt zu sein, „dem Hause die größtmögliche Solidität zu geben und dabei keine Geldopfer anzusuchen (?) und zu scheuen“.[1160]

Obwohl wiederum mit großer Eile und unter Aufwendung aller Kräfte gearbeitet wurde, verzögerte sich die Einweihung des Kursaalgebäudes bis zum Ende der Sommersaison.

In das noch unvollendete Gebäude wurden „am Montag 22. Mai 1843 ... die Spielbänke“ verlegt

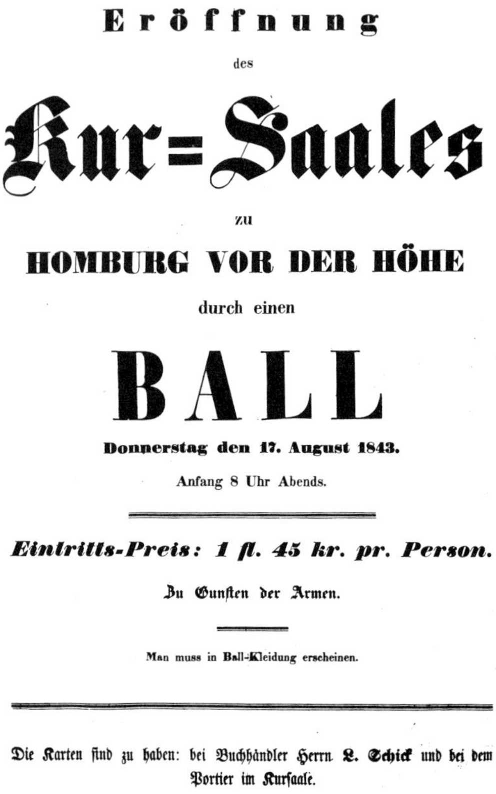

65 Plakat zur Einweihung des Kursaalgebäudes am 17. August 1843

und „solche darin in diesem Tage zum Erstenmal eröffnet“. Am darauffolgenden Sonntag, 28. Mai, gab der künftige Kurhausrestaurateur G. Deininger ein Festessen zur Eröffnung der Restauration. „Nun wurden die Anhalt'schen Häuser abgebrochen“, und die Stadtfront des Kursaalgebäudes stand frei.[1161] Am 13. August hieß es, der große Saal („Kursaal“) sei „gestern fertig“ geworden.[1162]

Am 16. August 1843 fand die festliche Inauguration des „Salle des princes“ (Fürstensaal) im Obergeschoß des Kursaalgebäudes statt. Daß diese Räumlichkeit für die erste Veranstaltung gewählt wurde, war als eine Reverenz vor dem Landgrafenhaus zu verstehen, dessen gegenwärtiges Oberhaupt, Landgraf Philipp, der ihm nachgesagten Ablehnung des Etablissements zum Trotz, der Einladung entsprach und nebst Gemahlin den glanzvollen Höhepunkt der Gästeschar

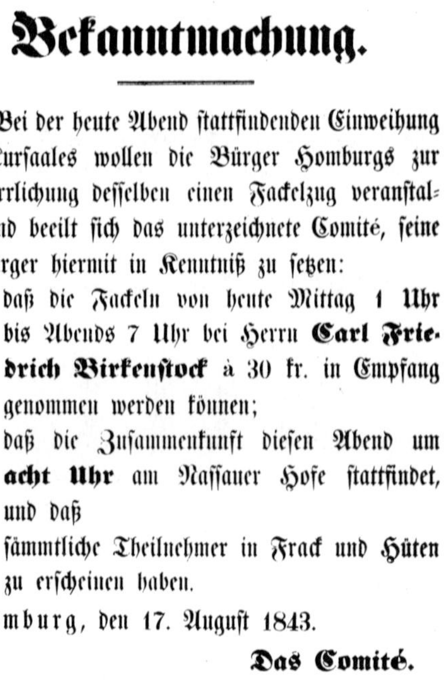

Bekanntmachung.

Bei der heute Abend stattfindenden Einweihung des Kursaales wollen die Bürger Homburgs zur Verherrlichung desselben einen Fackelzug veranstalten, und beeilt sich das unterzeichnete Comité, seine Mitbürger hiermit in Kenntniß zu setzen:

1) daß die Fackeln von heute Mittag **1 Uhr** bis Abends 7 Uhr bei Herrn **Carl Friedrich Birkenstock** à 30 kr. in Empfang genommen werden können;

2) daß die Zusammenkunft diesen Abend um **acht Uhr** am Nassauer Hofe stattfindet, und daß

3) sämmtliche Theilnehmer in Frack und Hüten zu erscheinen haben.

Homburg, den 17. August 1843.

Das Comité.

66 Bekanntmachung zur Einweihung des Kursaalgebäudes am 17. August 1843

repräsentierte.[1163] Für das Eröffnungskonzert waren Hermann Léon und Mme. Duflot-Maillart vom Théatre Royal in Brüssel verpflichtet worden.[1164]

Am darauffolgenden Tag, dem 17. August 1843, folgte die offizielle Eröffnung des Kursaalgebäudes. Laut einer öffentlichen „Bekanntmachung" hatte die Bürgerschaft den Gebrüdern Blanc eine Ehrung in Form eines Fackelzuges zugedacht. „Es wurden am Vormittag schon gedruckte Zettel deßhalb ausgegeben",[1165] denen zu entnehmen war:

„Bei der heute Abend stattfindenden Einweihung des Kursaales wollen die Bürger Homburgs zur Verherrlichung desselben einen Fackelzug veranstalten, und beeilt sich das unterzeichnete Comité, seine Mitbürger hiermit in Kenntniß zu setzen:

1) daß die Fackeln von heute Mittag 1 Uhr bis Abends 7 Uhr bei Herrn Carl Friedrich Birkenstock à 30 kr. in Empfang genommen werden können;

2) daß die Zusammenkunft diesen Abend um acht Uhr am Nassauer Hofe stattfindet, und daß

3) sämmtliche Theilnehmer in Frack und Hüten zu erscheinen haben.
Homburg, den 17. August 1843.
Das Comité."[1166]

Am Nachmittag aber wurde der Fackelzug plötzlich „bis auf weitere Ordre" verschoben. Die Gebrüder Blanc hatten sich die wohlmeinende Ehrung bei den Behörden mit der Begründung verbeten, sie seien „für ihre Gartenanlagen besorgt, wie auch wegen Störung des Balles". In Wahrheit erkannten sie wohl den in dieser Veranstaltung enthaltenen Zündstoff, der dem zarten Pflänzchen ihres einvernehmlichen Verhältnisses zum Landgrafenhaus empfindlich schaden konnte. Obwohl Regierungsrat Stumpff betonte, der Fackelzug solle „zur Verherrlichung des heutigen Tages dienen", wurde er „zurückgesetzt". Man hatte eingesehen, daß „da man dem Landgraf vor 4 Jahr einen Fackelzug gebracht, man Blanc keinen bringen dürfe".[1167] Einer anderen, noch hochrangigeren Ehrung, die bislang noch keinem Homburger widerfahren war, verschlossen sich die Blancs nicht: der Verleihung des Ehrenbürgerrechts. „Dieß Diplom hätte schon längst ausgefertigt werden (sollen), da solches schon bei Gelegenheit der Grundsteinlegung in Anregung gebracht worden" war.[1168] Es ist nicht bekannt, ob den Gebrüdern Blanc die Ehrenbürgerrechte tatsächlich verliehen wurden.

Den Höhepunkt der Eröffnungsfeier bildete „der glänzende Einweihungsball des Hauptkursaals"[1169] am Abend des 17. August, auf den große, „an den Straßen Ecken hiesiger Stadt angeheftet(e)" Plakate aufmerksam gemacht hatten.

„Eröffnung des Kur-Saales zu Homburg vor der Höhe durch einen Ball. Donnerstag den 17. August Person. Zu Gunsten der Armen. Man muss in Ball-Kleidung erscheinen. Die Karten sind zu haben: bei Buchhändler Herrn L. Schick und bei dem Portier im Kursaale".[1170]

Der Ball „war zahlreich besucht, von Fremden und Hiesigen. Eine große Menge Neugieriger umlagerte den Kursaal; am Haupteingang stand Militärwache. Der Ball dauerte bis nach Mitternacht. Ein Tanzmeister aus Mainz leitete den Tanz…"[1171]

Nichts, auch nicht die Tatsache, daß das Kursaalgebäude erst mit einjähriger Verspätung eröffnet wurde, konnte die in der Stadt herrschende Hochstimmung über die Vollendung des Bauwerks trüben. Selbst das Gouvernement trug angesichts der erbrachten Leistungen keine Bedenken, den nicht zuletzt durch den Kurhausbau in eine finanziellen Engpaß geratenen Gebrüdern Blanc einen darlehensweisen Vorschuß von 100 000 fl. in 4prozentigen Partialobligationen – zur Begleichung einer Schuld bei K. L. Rothschild (24 000 fl.) „sowie zur Bezahlung des noch nicht berichtigten Restes der Kosten der Erbauung und Einrichtung des hiesigen Kurhauses" und zur Fassung der Mineralbrunnen (61 000 fl.) – auszuzahlen. „Zur Sicherung des Landgräflichen Gouvernements" verpfändeten sie ihr „gesammtes derzeitiges und künftiges Mo- und Immobiliar-Vermögen" sowie „auch noch specielle das uns gehörige ... gesammte Mobiliar des Kurhauses" sowie die Brunnengerätschaften.[1172]

In seinem Schlußbericht stellte Westerfeld am 25. September 1843 lapidar fest, „daß nunmehr das rubricierte Kurhaus gänzlich vollendet und die Arbeiten in allen Theilen solid gemacht sind [und] weiter nichts darüber zu bemerken ist",[1173] womit er, was in der gesamten Bauzeit nicht der Fall gewesen war, die vollste Zufriedenheit der Regierungsbeamten erzielte. Am 3. Oktober 1843 teilte die Regierung dem bisherigen revidierenden Bauinspektor mit, daß „der Ihnen unterm 9. März gewordene Auftrag nunmehr als erledigt zu betrachten sey".[1174] Damit fand die Errichtung des Kursaalgebäudes offiziell ihren Abschluß.

3. Der Architekt, Jean Baptiste Métivier

„In der Kunstgeschichte Bayerns hat man der Persönlichkeit Métiviers[1175] einen allzu bescheidenen Platz eingeräumt. Der Ruhm der beiden Baudirektoren, Klenzes und Gärtners, hat den seinigen verdunkelt".[1176] Mit diesen Sätzen leitete Hans Rose 1934 die erste umfassende kunsthistorische Würdigung des Schaffens von Jean Baptiste Métivier ein. Sie ist noch heute, nach mehr als einem halben Jahrhundert und nach einer Welle der Bearbeitung von Kunst und Architektur des 19. Jahrhunderts, als Grundlage jeder weiteren Beschäftigung mit Vita und Œuvre Métiviers unentbehrlich, wenn auch in jüngeren Studien einige Bauten Métiviers wissenschaftlich bearbeitet und in den Kontext der klassizistischen Architektur im süddeutschen Raum gestellt wurden.[1177] Mit seinen Entwürfen für das Kursaalgebäude in Homburg wirkte Métivier nur ein einziges Mal über Bayern hinaus.

Für diese Arbeit wurden Nachforschungen zur Person Métiviers angestellt, deren Resultat eine besonders seine berufliche Position differenzierende Darstellung erlaubt, die zugleich ein Schlaglicht auf das Umfeld der Bauaufgabe wirft, der sich Métivier für Homburg zu widmen hatte. Métiviers Lebensumstände lieferten die Voraussetzungen für seine Beauftragung mit den Entwürfen zu dem Kursaalgebäude in Homburg und damit auch ein Indiz für die spezifische Ikonografie dieses Gebäudes.

Mit den Worten „Je suis né le 1er avril 1781 dimanche des rameaux à Rennes, je me nomme Jean Baptiste Francois Louis" leitete Métivier die Selbstbeschreibung in seinen 1855/56 abgefaßten, in München erhaltenen autobiographischen Notizen ein.[1178] Trotz deren Existenz bleiben Herkunft, Ausbildung und frühe Tätigkeit weitgehend im dunkeln. Die private Niederschrift differiert in einigen Aussagen auffällig von den Mitteilungen der zeitgenössischen Kunstschriftsteller, deren einziger Informant wiederum Métivier selbst gewesen zu sein scheint.

Charakteristisch für die geschönte Art der Selbstdarstellung nach außen sind die 1836 und 1842 in München publizierten Mitteilungen, wonach Métivier einer „Künstlerfamilie"[1179] entstammte, „von welcher mehrere geschickte Bildhauer und Architekten waren".[1180] Der einzige als Baumeister nachweisbare Träger des Namens Métivier war Antoine, „architecte des bâtiments royaux sous Louis XIII" (gest. 1617), der einem „clan huguenot" bekannter Architekten (Androuet, du Cerceau, de Brosse, du Ry) zugerechnet wurde, die sich des Schutzes Heinrichs IV. erfreuten und als „puissantes dynasties" gesellschaftlich

„un rôle grandissant" spielten.[1181] Mit dem namhaften Pariser Hofarchitekten Antoine Métivier verband den aus Rennes gebürtigen Jean Baptiste indessen allenfalls eine ferne Verwandtschaft; er war kein Hugenotte, sondern Katholik.[1182] Der wiederum einzige Bildhauer, bei dem es sich um einen Verwandten Jean Baptistes gehandelt haben könnte, war Joseph Métivier, „sculpteur ornemaniste" und seit 1767 Mitglied der Académie de Saint-Lucien, der sich 1786 in Paris aufhielt und 1878 „avec son confrère La Chenais" die „plastische Ausschmückung" dreier Kapellen in Saint-Sulpice besorgte.[1183]

Die typischen Berufe der im 19. Jahrhundert in Paris nachweisbaren Métiviers waren weder im Bau- noch im Dekorationsfach angesiedelt.[1184] Die Profession des Vaters verschwieg Jean Baptiste Métivier in seinen eigenen Aufzeichnungen;[1185] gänzlich unerwähnt blieb der Vater auch in den zeitgenössischen Veröffentlichungen. Nichts deutet darauf hin, daß er Dekorateur gewesen sei. Der Vermutung, Jean Baptiste habe seine erste Ausbildung beim Vater oder bei einem dem Dekorateursberuf nachgehenden Verwandten erhalten,[1186] muß daher mit Skepsis begegnet werden.

Métivier selbst jedenfalls versuchte in einer auffällig vagen Schilderung seines beruflichen Werdegangs die Betonung auf seine „études en Architecture" zu legen, die ihn erst zum Dekorationsfach geführt hätten.[1187] Dieser Selbstdarstellung lag sicher der Wunsch zugrunde, sich im besten Licht zu zeigen. In die gleiche Richtung zielte eine Information Métiviers, die v. Schaden 1836 in München publizierte; es ist darin die Rede von dessen Studium „bei mehreren ausgezeichneten Architekten" in Paris.[1188] Tatsächlich hielt sich die Familie Métiviers nach dessen eigenen Aussagen seit dem 4. Mai 1789 in der französischen Hauptstadt auf und ist noch 1803, dem Jahr der Heirat Jean Baptistes mit Jeanne Marie Ménagé dort nachweisbar. Die französische Metropole bot gerade im ausgehenden 18. Jahrhundert einem jungen Mann wie Métivier eine Fülle von Anregungen und Möglichkeiten zum Studium sowohl der aktuellsten Architektur- wie Dekorationspraxis. Es genügt, die Namen der durch ihre „decorations intérieurs" berühmt gewordenen Architekten Charles Percier (1764–1834) und Pierre F. L. Fontaine (1762–1853) zu nennen, deren gleichsam „architektonisch" komponierte Raumausstattungen die Generation Métiviers tief beeindruckte.[1189] In die Umgebung dieser beiden führenden Männer weisen der, allerdings weitverbreitete, jedoch beispielsweise in Deutschland kaum rezipierte, lineare Duktus wie auch die Motivik der „Architektonischen Verzierungen" Métiviers.

Es ist nicht nachweisbar, daß Métivier bereits in Paris den drei Jahre jüngeren Klenze kennengelernt hat, den seine erste Studienreise nach Paris und dort vor allem zu Percier und Fontaine führten.[1190]

Eher unwahrscheinlich ist die von Rose allein auf den stilistischen Vergleich der Dekorationsmotive in dem um 1810 ausgeführten Hortensiensaal im Wilhelmshöher Schloß mit jenen des Foyers im Münchner Nationaltheater gestützte Annahme eines gemeinsamen und gleichzeitigen Aufenthalts beider am Hof Jérômes in Kassel.[1191] Im Jahr 1810 ist Métivier noch in Paris nachweisbar.[1192] Am 7. Januar 1811 traf er nach eigenem Bekunden in München ein.[1193]

Hier war Métivier zunächst mit der Innenausstattung („l'embellissement") des Stadtpalastes des Ministers Grafen Montgelas beschäftigt. Am 1. Januar 1814 bat er seinen bisherigen Auftraggeber um „protection pour obtenir un emploi dans les bâtiments royaux".[1194] Daraus geht hervor, daß Métiviers Berufung nicht „im Hinblick auf den Theaterbau erfolgt" war.[1195] Seinen eigenen, mit den Akten übereinstimmenden Notizen zufolge war er erst am Wiederaufbau des Theaters beteiligt, und zwar „pour ma parte décorative".[1196]

An kompetenten Vertretern des Dekorationsfaches schien es Métivier in München zu mangeln, weshalb er sich hier wohl eine besondere Chance für eine künftige Anstellung am Hof ausrechnete. Seinen deutschen Kollegen glaubte sich Métivier offensichtlich weit überlegen, was seiner Beliebtheit bei diesen wenig zuträglich gewesen zu sein scheint. Er selbst schätzte die Situation so ein:

„L'ajustement général est une partie de l'Architecture très peu connue dans ce pays, chaque ouvrier éxécute ses idées, en faute d'un ensemble général dans la composition il arrive souvent que l'éxécution ne repont pas à l'idée qu'on avait formée d'avance.

Je mes suis consacré à ce genre d'étude dans laquelle tant qu'il m'a été possible le talent d'éxécution pour le décor que mes études en Architecture m'avaient facilité.

Employé au service du Roi je croit que mes efforts ne seraient pas infructueux pour contenter

LL. MM. je ne serait tort a personne puisque personne jusqu'à ce jour ne s'est essentiellement occupé de cette partie..."[1197]

Als er sich 1814 bei Hofe bewarb, wurde dem König das Gesuch „die Anstellung eines Dekorateurs Namens Metivié" von dem Oberhofmeisterstab mit der höflichen Bemerkung unterbreitet, „daß man die Talente dieses Mannes in seinem Fache nicht verkannt und ihn zu einer Anstellung bey der Königl. Hofbau-Intendanz oder bei dem Hoftheater nicht ungeeignet erachtet" habe; es sei jedoch hinreichend, ihn „im Bedarfsfalle, wenn neue Apartements sollen decorirt werden, als Hof-Decorateur mit einer kleinen Besoldung anzustellen".[1198]

Für die Hofbau-Intendanz gab F. Gärtner zu dem „Anstellungsgesuch des angeblichen (sic) Dekorateurs und Architekts Métivier" eine höchst mißgünstige Stellungnahme ab, aus der das für die Zeit vor Klenzes Berufung typische (und Métiviers Einschätzung der Situation bestätigende) mangelnde Verständnis für die Eigenständigkeit des Dekorationsfachs spricht. Schwerer als Gärtners Einschätzung, daß die Anstellung eines Dekorateurs nicht „nothwendig oder nützlich" sei, wogen bei seiner Beurteilung aber die Bedenken hinsichtlich der Fähigkeiten Métiviers, worüber er „pflichtschuldigst zu bemerken" befand,

„daß dieser Mann von Sachverständigen noch keineswegs als ein so talentvolles Subject anerkannt ist, für das er sich auszugeben keine Bedenken trägt, indem er nur als Mahler bekannt ist, und selbst in dieser Kunst bei weitem nicht in ihrem ganzen Umfang entspricht, da er weder Figuren noch Landschaften gehörig ausführen kann, ohne welche Fähigkeit bei Sachverständigen doch Niemand sich für einen guten talentvollen Dekorateur auszugeben wagen darf, auf die Eigenschaften eines vollkommenen Architekts aber kann selber wohl keinen Anspruch machen..."[1199]

Daraufhin unterblieb die Anstellung Métiviers, der unverzüglich den Nachweis seiner Befähigung anzutreten begann und mehrere Hefte mit „Fünfzig Architektonischen Verzierungen" publizierte.[1200]

Erst zwei Jahre später, 1816, fand sich Max I. Joseph, wohl nicht zuletzt auf Fürsprache des mitunterzeichnenden Grafen Montgelas hin, „bewogen, den Künstler Metivie [man beachte die Umschreibung der Berufsbezeichnung!] zum Bau Inspektor bey der Bau Kommission Unserer Haupt und Residenz Stadt zu erkennen" und ihm „eine Besoldung von achthundert Gulden zu bewilligen".[1201]

Es fügte sich, daß im selben Jahr Klenze berufen wurde, der Métiviers Fähigkeiten höher einschätzte als Gärtner. Bereits an seinem ersten Bau in München, der Glyptothek, setzte Klenze ihn ein, selbstredend als Dekorateur.[1202] Künftig sind „fast alle größeren Bauten, die Klenze ausgeführt hat ..., zur dekorativen Fertigstellung der Werkstatt Métiviers überlassen worden".[1203]

Auf die Fürsprache Klenzes – jetzt als Hofbauintendant und Oberbaurat in der Bausektion des Innenministeriums an entscheidender Stelle – mochte Métivier denn auch hoffen, als er die organisatorische Neuordnung des Bauwesens im Jahr 1818 zum Anlaß nahm, um eine Beförderung anzusuchen.[1204] Der „bisherige Bau-Inspektor" wurde zum „Dekorateur" ernannt, zuständig „für Aufsicht und Nachhülfe in Hinsicht auf Dekorationen und Ornamente", unter Beibehaltung seines bisherigen Gehalts, aber mit einer „besonderen Funktionszulage von 300 fl."[1205]

Métivier, der sich nun stolz „Hof-Bau-Dekorateur" nannte,[1206] erfreute sich der Wertschätzung Klenzes, dem er als Mitarbeiter in der Funktion des Dekorateurs zugeordnet war. Daß er in seinem Dienst stets Klenze untergeordnet war und in dessen Schatten stand,[1207] zeigen zwei Beispiele. Einer eigenen Notiz zufolge war Métivier 1820/21 die Leitung der Arbeiten im Leuchtenbergpalais übertragen worden, „unter Klenze".[1208]

Auf einigen Skizzen zu Verzierungen an Bauten der Ludwigstraße findet sich die Bezeichnung „von Métivier nach Entwürfen von Leo v. Klenze".[1209] Es kam aber auch vor, daß Klenze von Métivier gefertigte Zeichnungen in verunklärender Weise signierte. Zu Spannungen scheint es zwischen Klenze und Métivier nicht gekommen zu sein. Man wird es sicher weniger dem als schwierig bekannten Architekten als der Friedfertigkeit „seines" Dekorateurs zuschreiben dürfen, daß „in den Beziehungen zwischen Klenze und Métivier, die sich in München über eine Spanne von 41 Jahren erstreckt haben, ... nie eine Trübung zu verzeichnen gewesen ist".[1210] Das Verhältnis scheint sich vielmehr mit der Zeit noch gefestigt und in den Privatbereich ausgedehnt zu haben.[1211]

In München galt Métivier offenbar als „Anbeter" Klenzes. Dies bezeugt eine Karikatur Anton Solomés von 1818, auf der Métivier zwischen den

67 Jean-Baptiste Métivier, karikiert von Anton Solomé, 1818
Bezeichnet: „Herr von Klenze wird Intendant der königlichen Bauten". „1. Herr von Klenze, 2. Herr von Métivier, Baurat. 3. Herr von Wiebeking, Geheimrat. 4. Herr Gärtner, Baurat empfehlen sich seiner Gnade."

devoten, servilen Gestalten Gärtners und Wiebekings posiert. Im Verein mit seinen geschniegelten Begleitern fallen die äußeren Charakteristika Métiviers besonders ins Auge: er ist etwas unordentlich gekleidet und unfrisiert, sein riesiger, stiernakkiger Kopf trägt mit einer viel zu kleinen Nase, einer hervortretenden Stirnpartie und einem mächtigen Doppelkinn äußerst unschöne Gesichtszüge. Alle drei Personen „huldigen" dem gerade zum Hofbau-Intendanten beförderten Klenze. Nur Métivier steht erhobenen Hauptes, aber mit gefalteten Händen vor dem „Meister", dessen engstem Umkreis er nach Ausweis dieser Zeichnung jedenfalls zugerechnet wurde.[1212]

Im Jahr 1824 wandte sich Métivier erneut mit dem Wunsch um Beförderung an den König. Dieses Mal strebte er nach höheren Würden, er wünschte zum Oberbaurat befördert zu werden. Dem Hinweis auf seine bisherigen Leistungen fügte er folgende Begründung hinzu:

„,... Wenn ich mich, im Anfange meiner Diensteszeit mehr mit der Decorirung als dem Bauwesen selbst beschäftigte, so lag der Grund einzig und allein darin, daß sich mir anfänglich in dieser letzeren Branche, deren Studium ich mich stets mit nicht geringerem Eifer gewidmet hatte, weniger Gelegenheit zur Auszeichnung darboth, und ich glaube durch die seit 3 Jahren unter meiner Leitung, und nach meinen Plänen, hergestellten Bauten[1213] hinlänglich bewiesen zu haben, daß ich auch in diesem Fache die erforderlichen Kenntnisse, nicht minder als in jenem, besitze. Das Bewußtseyn in meinem erweiterten Wirkungskreise, durch Anwendung der mir erworbenen Kenntnisse und Erfahrungen, mehr Nutzen schaffen zu können, verbunden mit dem immer dringender werdenden Bedürfniß einer Verbeserung meiner Lage, da die mit meiner jetzigen Stelle verbundene nicht bedeutende Besoldung zu dem Unterhalte meiner sehr zahlreichen Familie[1214] nicht hinreicht, giebt mir den Muth mich Eurer Königlichen Majestät, im Vertrauen auf Allerhöchstdero allbekannte Gnade, allunterthänigst gehorsamst mit der demüthigen Bitte zu nahen: „Mich in Rücksicht auf meine bereits neunjährige Diensteszeit, und die während derselben geleisteten Dienste, zum Ober-Baurath allerhuldvollst zu befördern..."[1215]

Der Wunsch Métiviers, zum Oberbaurat befördert zu werden, mußte gerade in jener Zeit, in der Kronprinz Ludwig bereits erheblichen Einfluß auf das Bauwesen gewonnen hatte, mit den Interessen des zukünftigen Königs kollidieren. Ludwig brauchte eine „neue Architektengeneration zur Verwirklichung seiner Pläne",[1216] denen der noch immer dem Klassizismus französischer Prägung verpflichteten Métivier nicht entsprechen konnte.

Hinzu kam Ludwigs Franzosenfeindlichkeit, die bereits den Sturz des verdienten Ministers – und ersten Auftraggebers Métiviers – Grafen Montgelas herbeigeführt hatte und selbst vor der eigenen Familie zu Zwistigkeiten führte.[1217]

Métiviers Aussichten auf eine Beförderung zum Oberbaurat waren demzufolge sehr gering.

Unter Berufung auf die „Bestimmungen des Cabinetsbefehles vom 15. April 1817", wonach das Oberbaukommissariat als „besetzt" zu betrachten war, wurde Métiviers Ansuchen abgelehnt und darauf verwiesen, daß „durchaus jede Gelegenheit fehle, den Bittsteller diesseits zu berücksichtigen".[1218] Daraufhin modifizierte Métivier sein Gesuch und bat, „unter Belassung meiner bisherigen Stelle als Decorateur bey der königlichen Hof-Bau-Intendanz und der damit verbundenen Gehalts-Bezüge zum Ober-Baurath" befördert zu werden.[1219] Damit war klar, daß sein Anliegen vorrangig in der offiziellen Anerkennung seiner Fähigkeiten als Architekt bestand. Dies dürfte ihm insbesondere im Hinblick auf Privataufträge wichtig erschienen sein. Die Hofbau-Intendanz, der eine „Entschließung" zur neuerlichen Ablehnung übersandt worden war, muß die persönlichen Motive akzeptiert und die vorgeschlagene Lösung als einen Formalakt verstanden haben, gegen dessen Vollziehung nichts einzuwenden war, da es sich ja um eine für den Staat mit keinerlei Verpflichtungen verbundene[1220] Ehrung handelte. Die vermutlich auf Klenze selbst zurückgehende Befürwortung führte schließlich zu Métiviers Ernennung, zwar nicht zum Oberbaurat, aber zum Baurat, im September 1824.[1221]

Im Besitz wenn auch „bloß des Titel(s) eines Baurathes"[1222] fiel es Métivier seit 1824 offenbar immer leichter, an Privataufträge zu gelangen. Dem in München ansässigen Adel muß ein „Allroundgenie" wie Métivier ausgesprochen willkommen gewesen sein, war er doch imstande, ein Palais nach Art der Münchner Größen, vor allem Fischer und Klenze, zu errichten, und zwar „Bau, Dekoration und Mobiliar", also „schlüsselfertig". Aufgrund seiner stimmigen Dekoration, aber auch seiner technischen Perfektion wurde insbesondere Métiviers 1824–25 auf eigene Kosten zum Wiederverkauf erbautes Palais Bayersdorf schon 1829 in dem Architekturwerk von Unger/Voit ausführlich als „Musterbeispiel exquisiter Architektur" publiziert.[1223] Zu den hervorhebenswerten Vorzügen der von ihm errichteten „schönen Wohnhäuser" rechnete denn auch Söltl 1842, daß es Métivier verstehe, „die innere Einrichtung in geschmackvoller Weise zu ordnen, daß man sich in den Räumen ganz heimisch findet".[1224] Métivier-Möbel, „durchweg Stücke von hervorragender Qualität", standen in den vornehmsten Häusern Münchens, so daß vermutet wurde, der Baurat und Dekorateur müsse „eine bedeutende Möbelmanufaktur betrieben haben, die sich der Protektion der bayrischen Könige erfreut hat".[1225]

Zu Métiviers Beliebtheit als Architekt des Münchner Adels trug noch ein weiteres Charakteristikum vieler seiner Bauten bei: sie wiesen deutliche Anleihen an Bauten auf, die der König gerade für sich und den Hof hatte errichten lassen. So übertrug Métivier schon 1828 beim Bau des Palais Bayersdorf mit der Pilasterordnung im 1. und 2. Obergeschoß „ein Motiv des Königsbaus der Residenz auf den privaten Wohnbau".[1226] Und noch 1846 erhoffte er sich einen Auftrag des Fürsten Thurn und Taxis in Regensburg, als er ihm zwei Entwürfe für ein standesgemäßes Palais erarbeitete, deren einer deutliche Anleihen bei dem Münchner Festsaalbau aufwies. Vor allem der Mittelrisalit – obwohl polygonal gestaltet – weist mit Portikus, korinthischer Kolossalordnung, Balustradenabschluß und Figurenbekrönung auf den Loggia-Vorbau des Festsaalbaus hin.[1227]

Métivier selbst zog am Ende seines Lebens diese Bilanz: „25 Maisons Neuves baties, 26 Facades nouvelles, 42 Maisons restaurées".[1228] Dies alles für eine ausgesprochen anspruchsvolle, hochstehende Klientel. So entstand etwa die „neue Innendekoration und (die) vollständige Wiederherstellung des Pavillon Royal" (1827–30) nach Plänen Métiviers, der „in diesen Jahren eine Art Geschmacksinstanz für alle Ausstattungsfragen war, die sich natürlich auch der junge Prinz Carl verpflichtete".[1229] Métivier war „der bevorzugte Architekt der Privatleute, der Liebling des bayrischen Hof- und Landadels" geworden.[1230]

Daß Métivier in jenen Jahren zu einigem Wohlstand gelangt sein muß,[1231] zeigt die Errichtung eines palaisartigen Hauses an der vornehmen Briennerstraße (Nr. 38), um 1828/29 – „Besitzer war schon während des Palastbaues Métivier selbst".[1232] Nach dem Palais Bayersdorf war dies das zweite repräsentative Wohngebäude, das Métivier nach eigenen Plänen auf eigene Kosten errichtete und zum baldigen Wiederverkauf bestimmte. „Die aufwendige Dekoration des auf die italienische Renaissance-Architektur zurückgehenden Hauses zeigt in ihrer Feingliedrigkeit durchaus die Handschrift des französisch geprägten Hofbaudekorateurs. Überraschend ist die innere Organisation des Gebäudes, von dessen ehrgeizigem Anspruch die Raumfolge von gewaltigem Erdgeschoß-Vestibule, aufwendigem Treppenhaus, oberem Vestibule und großem Saal zeugt".[1233]

Auch unter Berücksichtigung der von Ludwig I. gewährten Baudouceurs und der Tatsache, daß das Gebäude unmittelbar nach seiner Fertigstellung vermietet wurde, erforderte der Bau zunächst einmal Investitionen in einer Höhe, die Métivier als Bezieher seines Dekorateursgehalts unmöglich hätte tätigen können. Offensichtlich war Métivier daneben ein recht erfolgreicher Unternehmer, der auch seinen Einblick in das zeitgenössische Münchner Bauwesen für sich selbst zu nutzen wußte.

Die für Métiviers Schaffen äußerst fruchtbaren 1830/40er Jahre brachten eine Ausweitung seiner Tätigkeit am Hof, wo er vor allem, unter Klenze und deshalb nicht präzise von jenem abgrenzbar, an der Ausstattung von Königsbau und Festsaalbau der Residenz beteiligt war.[1234]

In besonderem Maß in Anspruch genommen wurde Métivier von der Familie des Herzogs von Leuchtenberg, dessen Palais am Odeonsplatz Métivier bereits 1820/21 ausgestattet hatte. Eine besondere Vorliebe scheint der Hausherr für das Mobiliar aus der Métivier-Werkstatt gehabt zu haben; Rose schätzte den Bestand 1934 auf „noch mehr als 300 Möbel".[1235] Diese Wertschätzung war offenbar auf deren dem französischen Empirestil verpflichtetes Formenrepertoire zurückzuführen, das für den in Paris geschulten Dekorateur wie für seinen Auftraggeber – er war der Stiefsohn Napoleons – verbindlich war und wohl auch nationale Gemeinsamkeiten beschwor.[1236] Auch Auguste von Leuchtenberg, geb. Prinzessin von Bayern, gab Métivier den Vorrang vor Klenze, dessen Innenausstattungen sie „superbe", aber unwohnlich und ohne die „geringste Bequemlichkeit" fand.[1237] Nach dem Tod ihres Gatten nahm sie die Dienste Métiviers noch mehrfach in Anspruch[1238] und empfahl ihn auch ihrem Sohn als Architekten. Seit 1836 fungierte Métivier, zwar nur für relativ kurze Zeit und mit beschränktem Wirkungsbereich, bei dem jungen Herzog von Leuchtenberg als „Hofarchitekt".[1239]

Berücksichtigt man noch die nicht geringe Anzahl von Publikationen Métiviers – neben den „Architektonische(n) Verzierungen", eine „Sammlung architektonischer Entwürfe", die Pläne der von ihm erbauten Synagoge in München sowie des Thurn und Taxisschen Marstalls in Regensburg – sowie eine größere Zahl „schöne(r) Zeichnungen, Ansichten von alten Gebäuden, Stadtthoren usw. in Aquarell",[1240] die er zwei Jahre vor seinem am 15. Oktober 1857 erfolgten Tod global in der Angabe „3350 Lithographies ou dessins pour lithographie"[1241] zusammenfaßte, so fügt sich das Lebenswerk zu einem vielgestaltigen Bild.

Die Palette bestimmten eine große Anzahl von Privatbauten, einschließlich privater Aufträge für Denk- oder Grabmäler etc., und von Innenausstattungen. „Öffentliche Gebäude sind ihm selten übertragen worden".[1242] Seine Tätigkeit bei Hof blieb auch nach seiner Ernennung zum Baurat auf die Rolle des von Klenze abhängigen Dekorateurs beschränkt. Hatte Métivier auch bei Hof keine Chance zur Tätigkeit als Architekt, so boten ihm doch zahlreiche, mit der hohen Anerkennung seiner Auftraggeber bedachte private Unternehmungen ein Äquivalent.

Métivier schöpfte die sich daraus ergebenden Möglichkeiten voll aus. Ihm allein gelang es, eben jene Bauten, Säle, Räume der Residenz, für die er unter Klenze die Dekorationen und das Mobiliar schuf, in seiner privaten Tätigkeit als Architekt umzusetzen und zu vervielfältigen – für die Verwandten des Königs, für dessen Minister und den übrigen Adel. Seine in der Residenz wie in den Adelspalais' aufgestellten Möbel und die Handschrift seiner Dekorationen, ja die Dienstbarkeit seiner Person als solche einerseits im Dienst für den König und andererseits für die führenden Familien der Residenzstadt waren geeignet, die Einmaligkeit des Residenzschlosses aufzuheben und damit das Prinzip der Einmaligkeit alles Königlichen aufzuheben. Dieser Aspekt des Métivierschen Schaffens muß im Hinblick auf seinen Entwurf für das Homburger Kursaalgebäude besonders berücksichtigt werden.

Es ist nicht bekannt, aus welchem Grund und auf welchem Weg es zu dem Engagement Métiviers für den Homburger Kursaalbau kam.

Der Umstand, daß Métivier gebürtiger Franzose war, mag für die Homburger Spielbankpächter eine Rolle gespielt haben, ausschlaggebend war dies nicht. Denn Métivier war im Gegensatz etwa zu dem Theatermaler Pierre-Luc-Charles Cicéri, der 1838–1841 (!) mit der Neueinrichtung des östlichen Flügels des Baden-Badener Konversationshauses beschäftigt war und dem 1853 und 1855 dessen Schüler Charles Séchan mit dem Umbau des nördlichen Flügels folgte[1243] – seit Jahrzehnten in München ansässig und vertrat dort zwar den französischen, aber – auch als Dekorateur – nicht den in Frankreich aktuellsten Kunstgeschmack.

Nicht nach Paris, sondern nach München waren die Blicke der Homburger Spielbankpächter bei ihrer Wahl des Architekten gerichtet. Und hier fiel den Gebrüdern Blanc J. B. Métivier vor allem deshalb auf, weil er mit dem ersten Architekten Münchens zusammenarbeitete. Wenn ihnen je der Gedanke gekommen sein sollte, Klenze selbst für Homburg zu engagieren, so dürften sie doch sehr schnell davon Abstand genommen haben, denn es war ein offenes Geheimnis, daß dieser schwer zu handhaben war. Métivier dagegen war ein umgänglicher Mann, der überdies praktische Erfahrungen auch außerhalb seines Dienstverhältnisses gesammelt hatte. Auch kam es den Homburger

Spielbankpächtern weniger darauf an, einen der „ersten“ Architekten zu verpflichten. Die im folgenden zu besprechenden Entwürfe zeigen deutlich, daß sie sich vor allem für die Bauten interessierten, an denen Klenze und Métivier gemeinsam gearbeitet hatten: die Münchner Residenzbauten, deren erfolgreiche Vollendung der Welt gerade noch als Neuigkeit vor Augen stand. Und nun kam der letzte und wichtigste Pluspunkt Métiviers zum Tragen: er war es gewohnt, rangniedere Kunden mit der Planung technisch perfekter, gefälliger und vor allem „quasi-königlicher“ Architektur, Dekoration und Mobiliar zu bedienen.

4. „Villa pour Fêtes et Jeux “

Schicksal der Pläne J. B. Métiviers

Die am 20. Februar 1841 ausgestellte Quittung Métiviers führte als Leistung auf: „composition du plan d'un établissement public dit Kursale et ... Copie du dit“.[1244] Über die Anzahl der gelieferten Blätter gibt das Schriftstück keinen Aufschluß. Erst die Genehmigung des am 25. Februar 1841 „eingereichten Bauplans, bestehend in elf Blättern“ enthält den gewünschten Hinweis.[1245]

Die Landesregierung reichte die Blätter am 23. Juli 1841 dem aufsichtführenden Landgräflichen Bauinspektor Westerfeld mit der ausdrücklichen Bemerkung zu: „Sie erhalten... in Ermangelung der Abschriften von den Baurissen, sämtliche Bau-pläne und Risse in Original, welche indessen nicht aus Ihren Händen zu geben, bei der Berichts Erstattung aber wieder anher einzusenden sind“.[1246]

Aus diesen Bemerkungen ist zu schließen, daß ein Satz der aus elf Blättern bestehenden „composition“ Métiviers an die Landesregierung weitergeleitet wurde, die sie dem Bauinspektor Westerfeld nur für einen befristeten Zeitraum übergab, da Kopien davon nicht existierten.

Die Entwürfe Métiviers für das Homburger Kursaalgebäude gelten in der Lokalliteratur als „verschollen“.[1247] In dieser undifferenzierten Form trifft die Aussage nicht zu.

Im Stadtarchiv Bad Homburg fand sich ein Blatt, das den Erdgeschoßgrundriß des Kursaalgebäudes zeigt.[1248] Unverkennbare Gebrauchsspuren weisen auf eine Benutzung auf der Baustelle und zeichnerische Korrekturen, die anhand der Akten nachvollziehbar sind, auf eine Verwendung im Baubüro hin. Zweifellos handelt es sich um eines der elf Blätter aus dem Bestand der Landesregierung.[1249]

Damit ist das Schicksal der übrigen Blätter leichter rekonstruierbar geworden. Neben den Grundrissen dürften sich vor allem die Schnitte und die Seitenansichten, an denen ebenfalls Veränderungen vorgenommen wurden,[1250] für die Bauausführung als nützliche Unterlagen erwiesen haben. Sicher sind auch einige Blätter mit Darstellungen des Inneren, vor allem des Saals,[1251] von den Bauausführenden im Original benutzt worden.

Es erscheint zweifelhaft, daß die elf Blätter „Baupläne und Risse *in Original*“ den angewiesenen Weg zurück zu der Landesregierung tatsächlich genommen haben. Jedenfalls erscheinen sie in Schreiben Westerfelds an die Landesregierung nicht als „Anlage“, und sie wurden von dieser auch niemals angemahnt. Dies könnte der Grund sein, warum sich die Pläne weder bei den Akten der Landesregierung noch in der Plansammlung des Hessischen Hauptstaatsarchivs in Wiesbaden befinden.

Möglicherweise gelangten die Blätter nach der Fertigstellung des Baus in das Archiv der Spielbank, wurden beim Umbau des Kursaalgebäudes noch einmal benutzt[1252] und, vielleicht durch L. Jacobi, zu einem uns unbekannten Zeitpunkt dem Stadtarchiv zugeführt. Doch sprach bereits H. Jacobi 1935 vom Verlust der Pläne.

Métivier hatte nicht nur diese eine Folge von elf Blättern geliefert – und in Rechnung gestellt –, sondern außerdem eine „Copie du dit“. Die zweite Serie war vermutlich für die Auftraggeber bestimmt. Diese haben entweder darauf verzichtet oder aber Métivier hat eine dritte Serie, also einen

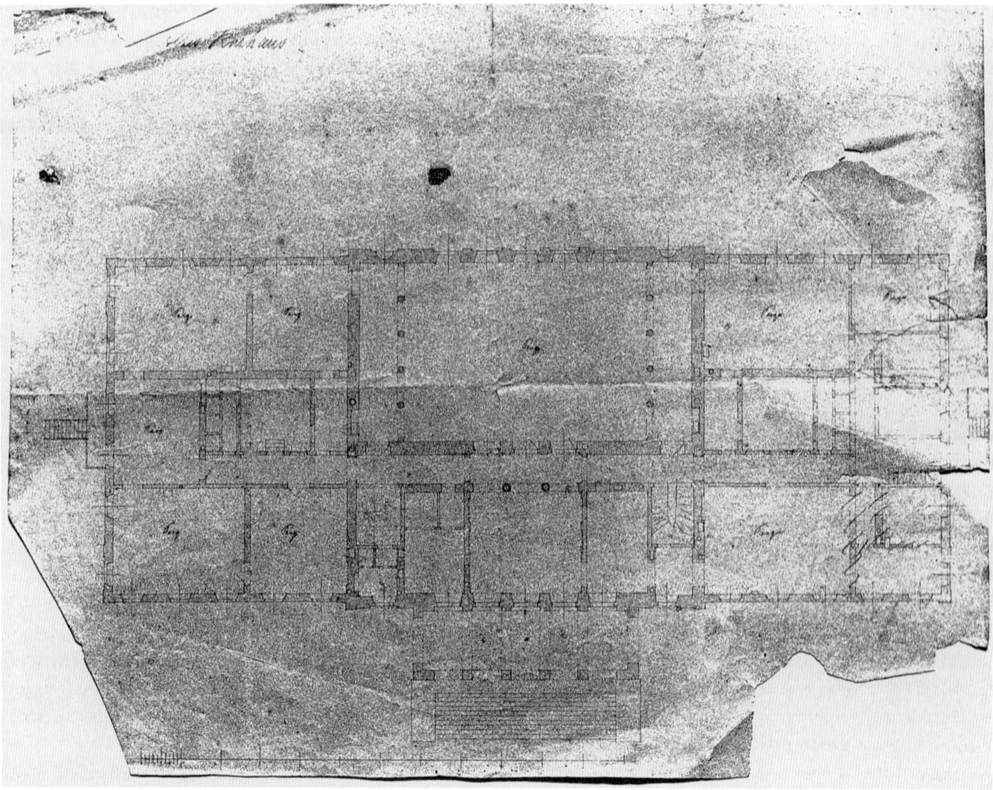

68 J.B. Métivier, Kursaalgebäude, Grundriß des Erdgeschosses, wohl 1841

zweiten Kopiensatz, für sich selbst angefertigt. Jedenfalls befand er sich zeitlebens im Besitz einer Folge von sechs Zeichnungen zum Homburger Kursaalgebäude.

Zu einem unbekannten Zeitpunkt nach seinem Tod gingen die Blätter an die Architektursammlung der Technischen Universität München über. Rose zitierte aus den Aufzeichnungen Métiviers einen „Entwurf zu einem Etablissement in Homburg bei Frankfurt. Café, Restaurant, Tanzsaal, Lesesaal usw., 1841" und fügte den auf eigenen Recherchen beruhenden Hinweis an: „Aquarellierte Risse für das Kurhaus in Homburg v. d. H., datiert 1841/42 T. H. Nr. 29. Von sechs Blättern ist nur noch eines vorhanden".[1253]

Nachforschungen ergaben, daß sich in der Architektursammlung der TU München außer dem mit der Nr. 29 gekennzeichneten Blatt mit einer Seitenansicht und dem Querschnitt eine weitere, mit der Nr. 28 versehene, Zeichnung erhalten hatte, auf der die Straßenfassade des Kursaalgebäudes zu sehen ist.[1254]

Dieses Blatt trägt auch die offenbar nachträgliche Bezeichnung Métiviers „Villa pour Fêtes et Jeux (Kursaal) bâtie à Homburg es monts près Francfort a/M. en 1841, 42 et fini en 1843. Métivier".[1255] Laut einer eigenhändigen Notiz Métiviers auf Blatt 29 umfaßte diese Kopienfolge nur „6 feuilles". Die Reduktion von elf auf sechs Blätter erklärt sich aus der sicher nicht nur auf diesem Blatt vorgenommenen Vereinigung zweier im Original einzeln ausgefertigter Zeichnungen. Schon aus diesem Grund muß es sich bei den Münchner Blättern um eine Kopienfolge handeln.

Die Bedeutung dieser Blätter für eine adäquate Beschreibung des Kursaalgebäudes liegt angesichts seiner durchgreifenden Veränderung (1861–63) und des Fehlens brauchbarer Fotografien – bislang ist nur ein vor 1861 aufgenommenes Foto mit der Teilansicht der Stadtfassade bekannt geworden[1256] – auf der Hand. Zeitgenössische Stiche und Lithographien erweisen sich im Vergleich mit Métiviers Blättern als unzuverlässig. Der Realität am nächsten kommt ein Stahlstich, dessen Stecher („Goebel sculp.") an einer Vorlage des Architekten („Métivier del.") orientierte (Titelbild).[1257] Gleichwohl müssen diese zeitgenössischen Wiedergaben mit aller gebotenen Vorsicht zur Beschreibung des ausgeführten Baus herangezogen werden, denn im Vergleich weisen sie, trotz z. T. beträchtlicher Realitätsferne, eine Gemeinsamkeit auf: die Wiedergabe des in einigen Details von den Entwürfen – nachweisbar an der Stadtfassade – abweichenden ausgeführten Kursaalgebäudes.

Vor noch größeren Problemen steht eine zur Rekonstruktion gezwungene Beschreibung im Hinblick auf das Gebäudeinnere. Métiviers Querschnitt liefert wichtige Hinweise auf seine Vorstellungen; ob sie realisiert wurden, läßt sich anhand der vorliegenden, ausschließlich den Saal dokumentierenden Bildquellen nicht belegen. Den schütteren archivalischen Quellen sind nur wenige Hinweise zu entnehmen. Auf die den zeitgenössischen Beschreibungen innewohnende Problematik wird in einem eigenen Kapitel weiter unten eingegangen.

Beschreibung der erhaltenen Blätter

Nach den in beige-grauen Tönen lavierten Federzeichnungen in München stellte sich Métivier das Homburger Kursaalgebäude als einen flach gelagerten Komplex vor, dessen eingeschossige „Basis" von einem doppelgeschossigen Mittelbau dominiert wurde.

An der *Stadtfassade* bestimmt eine dem Mittelbau vorgelegte, über eine breite Freitreppe bzw. über seitliche Auffahrtsrampen erreichbare doppelte Loggia das Bild. Ihren fünf Pfeilerarkaden im Erdgeschoß entspricht im Obergeschoß eine zwischen Eckpfeiler gespannte Säulenreihe, während eine vasenbekrönte Balustrade über der Attika das nur von den Seiten sichtbare schwach geneigte, die Spitze flach abschneidende Dach verbirgt. Die Seitenansicht zeigt die beträchtliche Tiefe des Vorbaus und dessen seitliche, in der formalen Gestaltung der Vorderansicht angeglichene Öffnungen in beiden Geschossen.

An Einzelformen hat das Gebäude nur jene an die Architektur der römischen Renaissance anknüpfenden übergiebelten Rechteckfenster auf Konsolen aufzuweisen, die an der Stadtfassade das rundbogige Gliederungsschema nur im Obergeschoß des Mittelbaus durchbrechen, an den Seitenfassaden jedoch wiederkehren und hier wie dort das Grundprinzip der Gliederung des Kernbaus im Piano nobile darstellen.

Mit dem hierin vergleichbaren Leuchtenbergpalais Klenzes, das als erster Neurenaissancebau gilt (1816–1821), hat das Kursaalgebäude, vor allem seine Stadtfassade, auch gemeinsam, daß „der allgemeine Eindruck der Schwere des römischen Vorbildes … in der Eleganz und Zartheit der Linien aufgehoben" und damit „in die Sprache des klassizistischen Architekten übersetzt" wird.[1258] Charakteristische Merkmale sind das straffe Zusammenhalten der Kleinformen, mittels plastisch hervortretender Kämpfergesimse in beiden Geschossen, wie der Großform des Stufenbaus, mittels glatter, die Gebäudeecken in Erd- und Obergeschoß umgreifender Pilaster, bei konsequenter Scheidung der Baumassen, wie sie sich in der Pilasterstellung des Erdgeschosses zwischen Mittelbau und Flügelbauten ausspricht, und schließlich die relative Glätte der Oberfläche, die von einem Netz musterhafter Gliederungselemente überzogen wird.

Darum läßt sich auch der Rundbogen als gliederndes Element ganz „unrömisch" von der Portalarkatur in sukzessiver Abstufung über die am Mittelbau als der Gelenkstelle eingesetzten Erdgeschoßfenster – sie sind in lichter Weite, Höhe, Profil und Größe des bis zum geschoßtrennenden Fries reichenden, konsolartig ausgebildeten Keilsteins identisch, jedoch fungieren sie nur scheinbar als (Fenster-)Türen – auf die weit auseinander gezogenen, durch einen Kämpferfries untereinander verbundenen Fensteröffnungen der Seitenflügel übertragen, deren Anklänge an den zeitgenössischen Rundbogenstil die Anbringung von Konsolsteinen, die jene des Mittelbaus en miniature wiederholen, mildern soll. In derselben Absicht und im Bestreben, die Flügelbauten gegenüber dem Mittelbau optisch nicht abfallen zu lassen, sind den Zwickelfeldern zwischen den Fenstern Tondi aus einem schimmernden Material (Metall?, Keramik?) einbeschrieben, deren Bedeutung als gliedernde Elemente durch eine die bekrönende Balustrade in gleichem Rhythmus gliedernde entsprechende Anzahl von akroterienbestückten Podesten unterstrichen wird.

69 J.B. Métivier, Kursaalgebäude für Homburg, Fassade zur Louisenstraße. Bez.: „Villa pour fetes et jeux (Kursaal) batie a Hombourg es monts près Francfort a/M. en 1841, 42 et fini en 1843. Metivier."

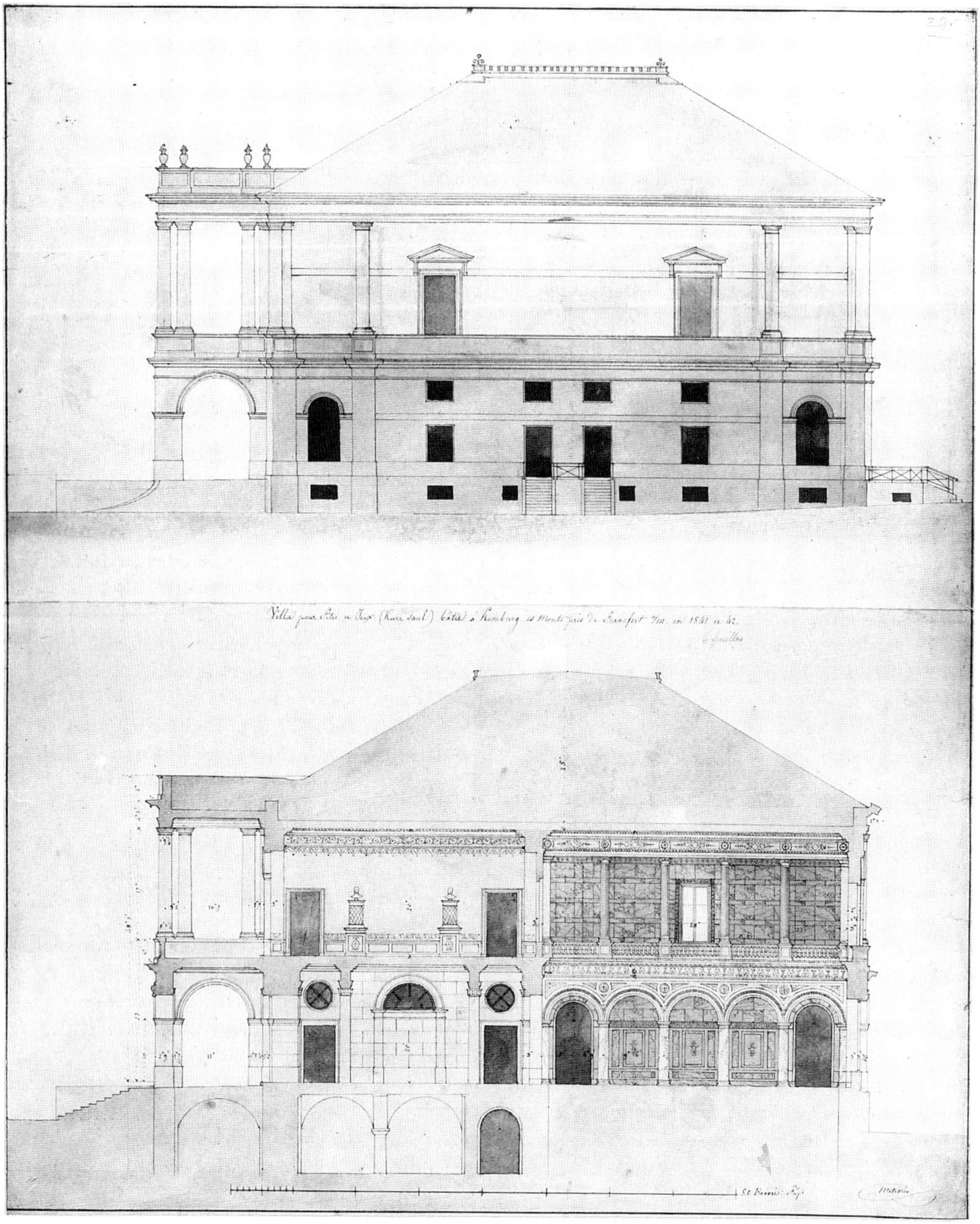

70 J.B. Métivier, Kursaalgebäude für Homburg, Seitenansicht von der Ludwigstraße, Querschnitt durch das Gebäude. Bez.: „Villa pour fetes et jeux (Kursaal) batie a Hombourg es monts près Francfort a/M. en 1841, 42. 6 feuilles. Métivier.“

Die solchermaßen aufgewerteten Flügelbauten bilden zusammen mit dem Erdgeschoß des Mittelbaus, in dessen Loggia sich die Rundbogengliederung zur Arkadenfolge versammelt, eine vom Gleichklang der gliedernden Elemente geprägte Basis für das Piano nobile des Mittelbaus, in dessen von Renaissancefenstern flankierter und durch eine Vasenbekrönung überhöhter Säulenstellung die Stadtfassade des Kursaalgebäudes kulminiert.

Selbst in Unkenntnis des Aufrisses der rückwärtigen Parkfassade wird man die zur Stadt gerichtete Front als die eigentliche Hauptfassade des Kursaalgebäudes ansprechen dürfen. Ihre heiter-monumentale Festlichkeit steht im stärksten Kontrast zu allen Stadtfassadenentwürfen, die Moller für ein an derselben Stelle geplantes Kursaalgebäude geliefert hatte. An die Stelle strikter Abwendung ist eine mit einem einladenden Gestus vorgetragene Hinwendung zur Stadt getreten.

Nicht die geringste Ähnlichkeit mit Mollers Planungen lassen auch *Grundriß* und *Gebäudequerschnitt* erkennen. Der durch zwei Geschosse gehende Kursaal ist keineswegs Zentrum und Höhepunkt wie vor allem in Mollers Projekt II. Auch durchdringt er die Tiefe des Gebäudes mit seinen Längsseiten nicht in der Weise, wie man dies seit Zais' Kursaal im Wiesbadener Konversationshaus erwarten mochte.

Der auf der unteren Hälfte des Münchener Blattes Nr. 29 wiedergegebene Gebäudequerschnitt läßt vielmehr erkennen, daß das Gebäude, einschließlich der Loggia, annähernd hälftig in einen stadt- und einen parkseitigen Trakt unterteilt wird. Nach Ausweis des Grundrisses soll der von der Stadt eintretende Besucher zunächst die Loggia, dann eine von zwei Räumen flankierte, annähernd quadratische dreischiffige Eingangshalle passieren, bevor er sich in einem schmalen Flur wiederfindet, der ihn durch einen von drei dem säulengeschmückten Durchlaß von der Eingangshalle korrespondierenden Zugänge in den Saal entläßt.

Dieser nimmt mit seiner Schmalseite die rückwärtige Hälfte des Mittelbaus ein, dessen gesamte Breite zugleich die Längsseite des Saals ausmacht. Sowohl der vom Gebäudeinnern als der vom Garten durch eine der fünf Fenstertüren eintretende Besucher findet sich in einem quergelagerten Raum, der weniger zum Durchschreiten, als zur Bewegung nach rechts und links auffordert. An den Schmalseiten ist der Raum peristyl, mit einer Folge von fünf Arkaden auf toskanischen Säulen und einer Galerie, die sich mit auf balustradenhohen Podesten aufsitzenden kannelierten dorischen Säulen und reich ornamentiertem Architrav zum Raum öffnet. Der Fond ist hier mit gemalten Marmorfeldern überzogen, die im Obergeschoß von einem wohl versehentlich eingezeichneten Fenster (richtig: Scheinfenster) unterbrochen werden; der im Erdgeschoß zwischen zwei Türen verbleibende Wandraum ist in drei Felder aufgeteilt, deren jeweils mittleres in „pompejanischer" Manier bemalt werden soll. Die Superposition von Arkaden- und Architravgliederung repetiert das Motiv der dem Mittelbau vorgelegten Doppelloggia.

Dem Schnitt ist weiterhin zu entnehmen, daß der Eingangshalle im Obergeschoß ein spärlich, nämlich nur mit zwei Büstenpostamenten zwischen den seitlichen Zugängen ausgestatteter und sparsam ornamentierter Raum entspricht, dessen Besonderheit in der Öffnung zum Saal besteht.

Über die Aufteilung der Seitenflügel gibt lediglich der Grundriß Auskunft, der hier jeweils drei bzw. vier größere Salons zur Stadt und zum Park angibt, zwischen denen kleinere (Wirtschafts?-) Räume angeordnet sind. In beide Seitenflügel gewähren seitliche Zugänge zusätzlichen Einlaß. Die Seitenansicht auf dem Münchener Blatt 29 gibt eine Vorstellung von dem schlichten Aussehen der Seitenflügel gegen den Schwedenpfad und die Ludwigstraße, wo die Fassadengliederung mit Rundbogen noch mit einer Achse weitergeführt wird, dann abbricht und die übrige Mauerfläche einer Reihe von rechteckigen Fenstern in Keller-, Erdgeschoß- und Mezzaninhöhe sowie zwei mittleren Zugängen überläßt.

Beschreibung des ausgeführten Baus

Das in den Jahren 1841–43 errichtete Kursaalgebäude wurde im wesentlichen nach den Plänen Métiviers ausgeführt. Nach allen früheren Darstellungen erhob sich der Bau auf einer kleinen Anhöhe, so daß sich das Gebäude dem Herannahenden zunächst aus einer die monumentale Erscheinung steigernden leichten Untersicht darbot. Die zeitgenössischen Zeichner unterstrichen diese Wirkung noch durch die nahezu ausschließliche Wahl der Schrägansicht, die, vor allem an der Stadtseite, die Staffelung des Baukörpers in den Höhen und der Tiefe und selbst leichte Rücksprünge und feine Modellierungen der Oberfläche voll zur Geltung kommen ließ.

Vor der *Stadtfassade* erstreckte sich eine gärtnerisch gestaltete Platzanlage bis zur Louisenstraße, gegen die eine Reihe von mit Ketten verbunde-

71 Kursaalgebäude in Homburg, 1847

nen Pfosten eine Abgrenzung bildete.[1259] Das zur Louisenstraße leicht abfallende Gelände wurde so modelliert, daß sich zwei in halben Kreisen von der Straße zur Portalloggia ansteigende Auffahrtsrampen gegen einen von ihnen eingefaßten, tiefgelegten Boulingrin absenkten. Auf die den Scheitel der halbkreisförmigen Rampen markierende Freitreppe führte ein von Orangenbäumen gesäumter Weg längs durch den Boulingrin. Nicht zuletzt mit der Aufstellung dieser Gewächse, deren Gattung traditionsgemäß fürstlichen Gärten oder Orangerien vorbehalten war und die tatsächlich einer solchen entstammen[1260] war ein im Wortsinn anspruchsvolles Entree geschaffen.

Das ausgeführte Kursaalgebäude nahm sich aus der Sicht des Betrachters um einiges anders aus als in der von Métivier vorgelegten Frontalansicht der Stadtfassade, bei der die Dächer vollkommen hinter den die Horizontalität des Gebäudeabschlusses betonenden Balustraden verschwanden. In der gebauten Realität traten sie bei nur geringfügiger Abweichung vom frontalen Standpunkt vor allem im Bereich des unterschiedliche Dachhöhen aufweisenden Mittelbaus als die Gesamterscheinung prägende, Bewegung statt Ruhe assoziierende Elemente in Erscheinung. Beträchtlichen Anteil an der „neuen" Gestalt der Stadtfront hatte der ausführende Architekt, der nicht nur „das Dach am Hauptbau in zwei Theile gemacht" hatte,[1261] sondern auch die Balustraden der Seitenflügel in weniger hohe Attiken uminterpretierte und die mit Bedacht vorgesehenen Vasen- bzw. Akroterienbekrönungen am Mittelbau wie an den Seitenflügeln eliminierte.

Unverständnis für die Métivierschen „architektonischen Verzierungen" drückt sich auch in dem Verzicht auf die Konsolsteine an den zudem offenbar weniger differenziert profilierten Rundbögen von Arkaden und Fenstern und der in die Zwickelfelder zwischen den Fenstern der Flügelbauten gesetzten Tondi aus. Das Resultat war gerade im Hinblick auf die letztgenannten „dekorativen" Elemente nicht nur eine reduzierende Veränderung der Oberflächenstruktur, sondern eine für

72 Kursaalgebäude in Homburg, vor 1860, Fotografie von Fritz Jacobi

den gesamten Bau verbindliche Abwandlung der Proportionen und des Verhältnisses zwischen den nun, trotz des breiten (Triglyphen-?)Frieses, wesentlich stärker subordinierten Seitenflügeln und dem Mittelbau, der sich nicht mehr als ein durch den Reichtum der auf ihn verwendeten Formen krönendes Zentrum präsentierte, sondern allein durch sein Hervortreten vor den Baukörper und die machtvolle Präsenz seiner architektonischen Gestaltung dominierte.

Die in Métiviers Frontalansicht kaum, in den zeitgenössischen Stichen und vor allem in der einen erhaltenen Fotografie jedoch sehr deutlich zum Ausdruck gebrachte Rolle der Doppelloggia als eines Vorbaus mit Unterfahrt und Balkon ist architektonisch durch die Öffnung beider Loggien an drei Seiten bedingt. Dabei steht einer nur funktionalen Begründung vor allem der seitlichen Durchlässe im Erdgeschoß die Vorbildhaftigkeit italienischer Villen, insbesondere Palladios Palazzo Chiericati in Vicenza, entgegen, der, wie die Homburger Doppelloggia, in beiden Geschossen der Loggia seitliche Öffnungen aufweist. Am Homburger Kursaalgebäude wurde in der Ausgestaltung der Loggienflanken, wie an der Säulenstellung der Obergeschoßseite ersichtlich, die Frontalgliederung aufgegriffen, im Erdgeschoß jedoch, mit Rücksicht auf die Funktion als Durchfahrt, dahingehend modifiziert, daß die Bogenstellung in der lichten Weite und der Höhe die der Frontarkatur übertraf. Demzufolge ergibt sich nur an den Loggienseiten eine Gleichwertigkeit von Erdgeschoß- und Obergeschoßgliederung.

An der Front blieb die Loggienarkatur den Dimensionen der (vorgeblichen) Fenstertüren des Mittelbaus verpflichtet, die zu den Rundbogenfenstern der Flügelbauten überleiteten. Erdgeschoß-Loggia und Seitenflügel bildeten eine in sich differenzierte Einheit, die, in manchen zeitgenössischen Wiedergaben überdeutlich so wiedergegeben, den Charakter eines Unterbaus annahm. Wie sehr die vergleichsweise gedrückten Proportionen der Portalloggia die Zeichner zu der Annahme veranlaßten, die Hauptsache des gesellschaftlichen

73 Kursaalgebäude in Homburg, Gartenseite, vor 1850, Holzstich von Blanchard

Lebens entfalte sich auf der architektonisch wirkungsvoller vorgetragenen Balkonebene, verdeutlicht ein 1851 in Paris publizierter Holzstich von Blanchard; zwischen den Säulen der oberen Loggia erscheint – nicht der aus der dahinter gelegenen „salle des princes" heraustretende Landgraf mit seinem Gefolge noch der Hausherr, sondern – eine Anzahl von „Kurgästen", die auf ein unbeteiligtes Publikum hinabschauen.[1262]

Die herausragende Stellung der wie ein Erscheinungsbalkon konzipierten und nicht zufälligerweise zur Stadt gewandten oberen Loggia zeigt nicht zuletzt der Vergleich der Stadt- mit der *Parkfassade*. Dort präsentiert sich der Mittelbau strukturell identisch mit dem Gegenstück auf der Stadtseite: doppelgeschossig mit Rundbogengliederung und zu einer Fünferarkade zusammengezogener Mitte im Erdgeschoß und zwei die mittleren fünf Rundbogenfenster flankierenden Renaissancefenstern im Obergeschoß. Das Motiv der Doppelloggia ist nicht verloren, es wurde vielmehr auf die Fläche reproduziert. Wie die als Portalgruppe in die Mauerfläche zurückgenommene Erdgeschoß-Arkade wurden die vollrunden Säulen in eine zwischen die Fenster und die sie verbindenden Kämpfergesimse gesetzte Pilasterstellung verwandelt, wobei das scheinbar unmotivierte äußere Pilasterpaar wortgetreu die Konzeption der Balkonloggia mit ihren kantigen Eckpfeilern zitierte.

Die Weiterführung des für die Stadt- wie für die Parkfassade verbindlichen Kämpfergesimses an den oberen Mittelbauseiten zeigte an, daß weder die dort installierten Renaissancefenster noch die um eine Annäherung an den Rhythmus der Hauptfassade bemühte Pilastergliederung Zufälligkeitscharakter trugen. War es dem planenden Architekten bereits ein Anliegen gewesen, das Gebäude rundum nach den Gesetzmäßigkeiten eines gleichartigen Gliederungssystems zu gestalten, so entschieden die offenbar von dem Entwurf im großen und ganzen begeisterten Bauausführenden, daß der (auch) ihnen aus unerfindlichen Gründen zur Abseite geratenen Seitenansicht des Erdgeschosses zur Ludwigstraße eine Abänderung dahingehend angedeihen müsse, daß statt „der viereckigen Fenster und Thüren ... halbrunde, an der unteren Giebelseite nach der Ludwigstrasse" in Anwendung gebracht werden sollten, womit „diese Partie ... nemlich so wie die obere nach dem Adlergäßchen (Schwedenpfad, A.B.) hin ausgeführt, mithin viel schöner als projectirt" werde.[1263]

Das Kursaalgebäude bot sich demzufolge bei seiner Vollendung 1843 mit einer dominanten Stadtfassade dar, deren Obergeschoßgliederung an der Gegenseite zitiert und an den Mittelbauseiten in einer auf Versatzstücke reduzierten Form vorgetragen wurde; die Erdgeschoßgliederung dagegen erschien maßgeblich von den Rundbogenfenstern der Seitenflügel bestimmt, die sich an Park- und Stadtseite zu Portalgruppen und Arkadenfolgen verdichteten. Gerade durch die zuletzt erwähnte Abänderung des geplanten Seitenflügelaufrisses an der Ludwigstraße war gewährleistet, daß der Bau an allen seinen vier Außenseiten nach denselben Grundrißprinzipien durchgestaltet wurde. Die Harmonie des Ganzen beruhte auf der Durchdachtheit des einzelnen und der Sensibilität seiner Komposition.

Das *Innere* des Kursaalgebäudes wich in der Ausführung nicht unerheblich von der Planung Métiviers ab. Noch bevor der Bau unter Dach war, beantragten die Bauherren die Genehmigung von Änderungen, „da folgende Locale ihnen zu klein scheinen": der Speisesaal, der Billardsaal und der „Saal in der Premiere Etage".[1264] Entsprechende Streichungen von Wänden sind im Erdgeschoß-Grundriß eingetragen.

Aus einem später angefertigten Grundriß[1265] geht des weiteren hervor, daß der Kursaal zwar seine lichten Maße behalten hatte, in der Binnengliederung jedoch abwich, indem die Galerien an den Schmalseiten weiter in den Raum gezogen wurden. Diese Maßnahme gereichte nicht nur dem vorher schluchtartig engen Galerieraum zum Vorteil, sondern veränderte auch die Proportionen des verbliebenen Saalraums vorteilhaft, indem dessen ausladende Breitenerstreckung zu einer intimeren Raumform über nahezu quadratischem Binnengrundriß gestrafft wurde. Für die, zu vermutende, Abwandlung weiterer Räumlichkeiten ließen sich keine Nachweise erbringen.

Verantwortlich für diese Modifikationen wie auch für die Aufsicht über die Vornahme der Innenausstattung war nicht der, wohl unabkömmliche Métivier, sondern der Bauherr und vielleicht auch ein von jenem beauftragter Pariser Architekt und Dekorateur, der darüber zu wachen hatten, daß „später alles gehörig zusammenpaßt, allerdings ein Gegenstand von Wichtigkeit".[1266]

Die zeitgenössischen Beschreibungen vermitteln nur eine vage Vorstellung vom Innern des Kursaalgebäudes. Eine ergänzend heranzuziehende Inventarliste der Gebrüder Blanc vom 30. September 1843 ging naturgemäß ins Detail, ohne einen anschaulichen Begriff des Ganzen zu geben.[1267] Zu den nicht zu beantwortenden Fragen gehört deshalb die nach der immobilen Ausstattung, insbesondere nach Umfang, Art und Aussehen der Arbeiten des Malers Conti, von dem lediglich kolportiert wurde, er habe die „meisterhaften Freskogemälde der Decken" ausgeführt,[1268] und des Stukkateurs Axerio (Viotti).

Das *Vestibül* („entrance hall") fand bei den Besuchern keinerlei Beachtung. Nach der Aufstellung der Gebrüder Blanc war es mit „1 vergoldete(n) Lanterne mit 6 Lampen, 6 eiserne(n) Stühle(n), 2 eiserne(n) Bänke(n)" ausgestattet. Die *Restauration* im straßenseitigen Teil des rechten Seitenflügels war versehen mit „7 Lambrequins für die 7 Fenster, mit Bleien,[1269] 16 Tische(n), 84 Stühle(n), 1 große(n) Buffet, 2 große(n) porte-chapeaux, 2 große(n) Spiegel(n), 3 große(n) Lustres mit 21 Lampen".[1270] Im parkseitigen Teil des rechten Seitenflügels lag zwischen Kursaal und „Tabagie" das *Café*, das mit 36 Sitzplätzen an sechs eisernen Tischen mit Marmorplatten und zwei „cortels" an runden Tischen ausgestattet war[1271] und in der Gebäudeecke zwischen Kurhausgarten und Ludwigstraße die den Rauchern mit 24 Stühlen an acht ebenfalls eisernen, marmorbelegten Tischen und drei „divans" zur Verfügung stehende „*Tabagie*".[1272]

Auf den linken Seitenflügel verteilten sich die „reading and play rooms". Zu beiden Seiten eines vom Schwedenpfad betretbaren Mittelraums („Conversations-Zimmer" ?)[1273] waren je zwei Raumgruppen von sich symmetrisch entsprechendem Zuschnitt angeordnet. Die beiden größeren, die park- und straßenseitigen Flügelbaufronten mit je drei, die zum Schwedenpfad gerichteten Seiten mit je zwei Achsen („5 Vorhänge"!) umfassenden Räumlichkeiten waren als „*Salon de 31*"[1274] und als „*Salon de la roulette*" ausgewiesen. In jedem der identisch ausgestatteten Zimmer standen um den (einzigen!) Spieltisch, über dem zwei Lampen hingen, 36 Stühle „in soie laine" und „in Saffian" sowie „5 hohe Stühle" (für die Croupiers). Außerdem gab es einen der nahezu in jedem Raum befindlichen Konsolspiegel, den obligatorischen „Lustre mit 9 Lampen" und zwei „Canapés".[1275] Mit den beiden Spielsalons durch Türen verbunden waren die beiden auch vom Korridor erreichbaren kleineren Räume an der Park-bzw. der Straßenseite, in denen ein weiterer Spielsalon („Salon de passe dix", identisch mit „billard room" ?) und das Lesezimmer untergebracht waren. Der *Salon de passe-dix* war mit Standuhr, Konsolspiegel und Vorhängen in grauer Seide wohnlich-elegant eingerichtet; zu dem großen und den vier kleinen Spieltischen gehörten 12 Stühle und zwei Kanapees. Das *Lesezimmer* wurde in den zeitgenössischen Führern stets erwähnt, denn es war „liberally supplied with English, French, German, Dutch, Belgian Newspapers and periodicals for the *gratuitious* use of strangers, both ladies and gentlemen, this is an accomodation to be met with at no other spa in Germany".[1276] Seine Ausstattung bestand aus 30 Stühlen, zwei Kanapees, einem langen und zwei achteckigen Tischen sowie dem üblichen Spiegel, dem Lüster und den Vorhängen. Durch die Existenz einer Hutablage („porte-chapeaux") gab sich dieser Raum, gleich der Restauration und dem Salon de passe-dix, als auch den Passanten und den Stadtbürgern offen stehend zu erkennen.

Garderoben, Bedientenzimmer, Geschäftszimmer („bureau") und Kassenraum nahmen die übrigen Räumlichkeiten des Erdgeschosses ein.

Die wegen ihrer schönen Lage mit Aussicht auf Kurhausgarten, Kurpark und Hardtwald von den Zeitgenossen gepriesene, der Parkfassade vorgelagerte *Terrasse* war mit 100 hölzernen Stühlen, 26 eisernen Bänken und 36 runden und länglichen Tischen bestückt.

Eine zwischen Büro oder Kassenraum und Restauration gelegene Treppe führte in das *Obergeschoß* des Kursaalgebäudes, das, da im rückwärtigen Teil von dem zweigeschossigen Kursaal beherrscht, nur zur Straßenseite zwei Räumlichkeiten aufwies. Der „wahrhaft fürstlich geschmückte Fürstensalon"[1277] oder „Fuerstensaal" (*„Salle des Princes"*) wurde als „einer der prachtvollsten und reichdekoriertesten des Gebäudes gepriesen.[1278] Er war ausgestattet mit „4 Spieltische(n) in Palisanderholz (!), 4 Canapées in Palisander mit Brocatelle, 10 Fauteuils do., ... 1 große(n) runde(n) Tisch eingelegt", Spiegeln, Lüstern und Wandleuchtern, öffnete sich mit fünf Rundbogenfenstern („5 Vorhänge mit Brocatelle mit Bleien"!) zur stadtseitigen Balkonloggia. Dem Fürstensaal wurde bestätigt, er sei „mit eben so viel Eleganz als im modernsten Geschmack ausgestattet und ganz geeignet für gesellige Reunionen der feinen und vornehmen Welt".[1279] Hauptsächlich sollte er der „der Muse des Gesanges und der Kunst geweiht" sein,[36] als Konzertsaal dienen.

Ihm war ein der „Treppe rechten Flügels" symmetrisch entsprechendes, mit einem Palisanderschrank und -kanapee, Wandleuchte und „Vorhang mit Brocatelle mit Bleien" ausgestattetes *„Fuerstencabinet"* sowie, über dem unteren Korridor, die sich zum Saal öffnende *„Fuerstliche Loge"* („8 Stühle mit rothem Damast, vergoldet, 2 Fauteuils do, 2 Arme mit do Carcels, 3 Thürvorhänge in rothem Damast") zugeordnet.

Die Situierung der einzigen Treppe hatte zur Folge, daß die in deren Verlängerung gelegene *Galerie* unmittelbar und vermutlich für das allgemeine Publikum zugänglich war, während die jenseitige Galerie nur durch die fürstliche Loge erreicht werden konnte; hier konnten nur Hofangehörige oder die Musikkapelle plaziert werden.

Erdgeschoß und Obergeschoß des Kursaalgebäudes erschienen, diesen spärlichen zeitgenössischen Quellen zufolge, im Hinblick auf die Besuchergruppen deutlich differenziert. Das Erdgeschoß war, ganz allgemein, dem „Kurpublikum" vorbehalten. Es wurde jedoch unterschieden zwischen öffentlichen und damit auch der Stadtbevölkerung zugänglichen Räumlichkeiten und solchen, die nur einem begrenzten Publikum offenstanden. Es war das Spielerpublikum, das hier seit der Schließung der Spielzimmer für das „allgemeine Publikum" im Winter 1843/44 sozusagen Hausrechte genoß.[1280] Benennung und Ausstattung des Obergeschosses stellten dagegen eine Reverenz vor dem Landesherrn dar. Die Anlage der „fürstlichen" Räumlichkeiten zwischen Balkonloggia und Saal, einschließlich der höfisches von bürgerlichem Publikum scheidenden Galerien schien dazu angelegt, dem Fürsten eine repräsentative Öffentlichkeit bereitzustellen. Die Problematik dieser Situation indessen verdeutlicht die von Anfang an vorgesehene Existenz der Spieltische in der „Salle des Princes". Die Annahme ihrer Nutzung durch den Hof kam dem Wunsch nach dessen Einbezug in und Identifikation mit den Zielsetzungen und Interessen des Etablissements gleich. Wurde er nicht oder nur temporär erfüllt, standen die dann in die Verfügungsgewalt des Hausherrn gegebenen Räumlichkeiten für die landesherrliche Sanktion der Handlungen in denselben. Das Obergeschoß repräsentierte demzufolge in allen seinen Teilen einen Schwebezustand.

Die Charakteristika beider Geschosse vereinigte in sich der peristyle *Kursaal*, auf den sich die Aufmerksamkeit der Besucher konzentrierte. Ihren Beschreibungen zufolge kam der „magnificent

74 Kursaalgebäude in Homburg, Kursaal, Fotografie, um 1900

ball-room" – „30 mètres de long sur 15 de large et 12 de hauteur"[1281] – den Vorgaben Métiviers weitgehend nach.[1282]

Der mit drei Seiten in das Gebäude eingebundene Saal erfuhr seine Beleuchtung allein durch „un double rang de fenêtres et par des portes battantes qui s'ouvrent sur la terrasse et offrent aux yeux ravis la perspective des bois et des montagnes". Die „Bögen um Thüren und Fenster" waren mit vergoldeten Karniesen und Rundstäben geschmückt, die stuckierte „Verzierung in den Fensterbögen" ebenfalls vergoldet.[1283] Mit dieser, aus den erhaltenen Blättern Métiviers nicht unmittelbar ersichtlichen Gliederung wurde dem Charakter des doppelgeschossigen Saals entsprochen. Zugleich wurden den sich mit drei Fenstertüren umschließenden, durch Karnies und Rundstab profilierten Pfeilerarkaden der zum Gebäudeinnern gewandten Gegenseite ein Pendant gegeben, dessen Aufriß indessen nicht allein durch die an der Parkseite größere Anzahl von fünf Fenstertüren, sondern vor allem durch die der Außenansicht verpflichtete Rundbogengliederung des „Obergadens" vom Saalschema abwich; letzteres wurde in der Galeriezone und entsprechend an der nur dreiachsigen Loge („private gallery") durch glatte dorisierende Säulen auf einer sich mit den Säulenpodesten verkröpfenden, am Fuß mit einem Schmuckband („Laub mit Oliven") zwischen Rundstäben verzierten Brüstung und zugleich den Raum zur Decke abschließendem Attikagesims bestimmt.

Trotz dieser Einbindung in die Galeriezone erschienen die eigentlichen Längsseiten des Saals zurückgenommen gegenüber den Schmalseiten mit ihren „marble pillars corresponding with the walls formed of a beautiful imitation of the same material".[1284] Die Farbigkeit wurde als „röthlich-gelb" bezeichnet.[1285] Auf dem „schönen Parquetboden" erhoben sich die Säulen, deren untere Reihe aus „marbre de Nassau" und die obere aus „stuc marbré" gefertigt waren,[1286] während die Kapitelle aus vergoldetem Stuck bestanden. Gleichermaßen vergoldet waren der „kleine Plavong" auf und unter der Galerie.

Den Saal überspannte eine Kassettendecke mit reich profilierten äußeren und um die große Mittelrosette gelegten Kassetten[1287] „von nachgemachtem Holzwerk",[1288] deren mit 40 vergoldeten Rosettenappliken besetzte Felder Contis Malereien „tastefully embellished" hatten.

Von der mobilen Ausstattung – sie bestand aus „1 Lustre mit 60 Lampen, 4 kleine(n) Lustres mit 72 Lampen, 8 Lampen-Arme(n) mit 12 Lampen, 48 rothe(n) sammetene(n) Stühle(n), 6 Canapées do., 6 große(n) Spiegel(n), 1 rothe(n) Draperie mit goldenen Borden und Fransen"[1289] – fanden bei den Besuchern allein die „five elegant chandeliers"

Beachtung, denn „la grande salle … il faut la voir éclairée par des flots de lumière“.[1290]

Die erhaltenen Fotografien des am 8. März 1945 zerstörten, nach Spielbankschluß als Konzertsaal genutzten und bezeichneten Kursaals zeigen, daß zwischenzeitlich nicht nur die mobile Einrichtung – mit Ausnahme von Lüstern und Spiegeln – entfernt worden war; auch die fingierte Marmorinkrustation hatte man übertüncht. Verantwortlich für die Rückversetzung dieses Raums in eine so zuvor nicht bestandene und von Métivier bereits als überwunden betrachtete „klassizistische Reinheit“ war 1889/90 durchgeführte Renovierung.

Bereits 1884 war von der Kur- und Badeverwaltung „eine vollständige Renovirung des Concertsaales im Kurhause“ beantragt und dieser Antrag 1886 wiederholt worden. Kurdirektor Schultz-Leitershofen hatte für eine „ganz gründliche Wiederherstellung“ plädiert. Sein besonderes Augenmerk galt dabei dem „breite(n) *Engels-Fries* auf rothem Grunde“, bei dem „der Versuch gemacht werden könnte, ihn durch Abwaschen der Vergoldung und Herausfassen des Grundes mit rother Farbe zu erhalten“.[1291]

Diesem Fries galt offenbar auch das vorrangige Interesse des zur Begutachtung eines 1889 „von Herrn Kunstmaler Krätz in Frankfurt und Dekorationsmaler Ph. Lepper dahier ausgearbeitete(n) Projekt(s) zur Restaurierung des Konzertsaales“ aufgeforderten Architekten Friedrich von Thiersch in München.[1292]

Im Stadtarchiv Bad Homburg erhaltene Skizzen bezeugen, daß ein talentierter Zeichner, in dem man wohl Fr. v. Thiersch zu vermuten hat, den noch aus der Erbauungszeit des Kursaalgebäudes stammenden Fries durch einen Greifenfries ersetzt sehen wollte. Seiner wenn auch nur skizzenhaft formulierten Vorstellung korrespondierte ein Alternativ-Entwurf von gleicher Hand, der das Thema des Engelfrieses renaissancistisch variierte.[1293]

Trotz der von berufener Seite eingebrachten, dem veränderten Zeitgeschmack Rechnung tragenden Vorschläge entschied man sich für die „Beibehaltung des vorhandenen Engelfrieses in dem Concertsaal“. In Frage stand lediglich, „ob auch die Vergoldung des Engelfrieses erhalten werden kann“,[1294] was auf eine auf pekuniären Motiven basierende Beschlußfassung hindeutet.

Die Fotografien geben demzufolge das ursprüngliche Aussehen des den Kursaal oberhalb der Arkatur und unterhalb der Galeriebrüstungen bzw. der parkseitigen Obergadenzone rund umziehenden und optisch verklammernden Frieses wieder. Unschwer läßt sich erkennen, daß seine Bezeichnung „Engelfries“ von den stilisierten geflügelten Wesen mit blütenförmig nach unten ausschwingenden, sich in Ranken seitlich verbindenden Girlanden übergehenden „Armen“ herrührte; zwischen die Flügelwesen war jeweils ein deren Höhe erreichender, von den Girlanden überschnittener Dreisproß gesetzt. Gerahmt wurde der Fries von je einem ober- und unterhalb verlaufenden „Herzlaub“-Band; den oberen Abschluß bildete ein „Eierstab mit Perlen“. Fries, Bänder und Eierstab waren vergoldet,[1295] die golden gefaßten Friesmotive standen in flachem Relief vor vermutlich rotem Grund.[1296]

75 Entwürfe für einen Fries im Kursaal, 1889
a) „Halbe Gallerie-Seite“
b) Motiv Greif mit Fruchtkorb
c) Motiv Flügelgöttin mit Lorbeerkranz

5. Typus und Ikonografie

Das Kursaalgebäude

Im ersten das Kursaalgebäude erwähnenden Führer zu den „Eaux minérales de Hombourg“ – gedruckt in Paris 1841 – wurden dem Leser die Charakteristika des ihn künftig hier erwartenden Bauwerks vorgestellt. Der Bau, dessen Planung einem der „plus célèbres archtitectes de Munich“ übertragen worden sei, werde „d'après les dessins du château-royal de cette capitale“ ausgeführt, las man.[1297] Die Residenz in München mit ihren Neubauten von Klenze also soll vorbildlich gewesen sein.

In der Fassade des zum Max-Joseph-Platz gerichteten *Königsbaus* fand sich eine Großform, deren prägnante Silhouette bereits auf Mollers Parkfassaden-Konzeption gewirkt hatte und die sich nun auch am ausgeführten Bau niederschlug. Allerdings war sie, wie ihre Vorbilder, die Florentiner Stadtpaläste Pitti und Rucellai,[1298] zur Stadt und auf einen öffentlichen Platz ausgerichtet, verfügte über eine gewaltige, vorwiegend horizontal geschichtete Baumasse, eine gleichförmige Repetition von Rundbogenfenstern und Pilastern sowie über eine Rustizierung[1299] und damit über Charakteristika, die in der zierlicheren zentrierten Putzfassade in Homburg keinen Widerhall fanden. Andererseits verwies ein angesichts der Sparsamkeit der Horizontalgliederung umso auffälligeres Element der Homburger Fassade auf den Münchner Königsbau: hier wie da wurde das Erdgeschoß von einem dorischen Triglyphen-Gebälk abgeschlossen, das in Homburg auch an der Stadtfassade aufschien und vermutlich den gesamten Bau umzog. Daß auch diese signalhaft zitierte Kleinform in Métiviers Stadtfassaden-Aufriß nicht enthalten war, sondern erst am ausgeführten Bau erschien, erhärtet die bereits im Hinblick auf den Engelfries erwogene Vermutung, der Auftraggeber könne als Veranlasser dieses objektbezogenen Zitats angesehen werden.

76 München, Residenz, Königsbau, Stahlstich, um 1850

Deutlicher noch auf die Münchner Residenz bezogen war die wirkungsvoll in Szene gesetzte Stadtfassade des Kursaalgebäudes. Sie reflektierte den dem Hofgarten zugewandten, als *Festsaalbau* bezeichneten Residenztrakt. „Der Styl dieses Prachtgebäudes“ müsse, bemerkte das Schornsche Kunstblatt anläßlich der Grundsteinlegung 1832, „nothwendig von demjenigen abweichen, in welchem der neue Königsbau auf der entgegengesetzten Seite durchgeführt worden ist“.[1300] Klenze hatte hier, palladianisches Gedankengut mit „einer ausgesprochen monarchischen Bauidee“ verknüpfend, ein Fassadenschema „mit drei rangmäßig abgestuften Pavillons und weitausgreifenden Verbindungsflügeln dazwischen“ aufgegriffen, das dem „Anlagetypus der Gartenfassaden des barokken Schloßbaus“ verpflichtet war. „Dem dominierenden Mittelpavillon setzte er, in Anknüpfung an Andrea Palladio, einen doppelstöckigen Arkadenbau mit verkröpften Monumentalsäulen vor, durch den eine tief verschattende und bewegte Wirkung entsteht“.[1301]

In diesem Mittelpavillon findet die Behauptung, das Homburger Kursaalgebäude sei „d'après les dessins“ des Königlichen Schlosses in München errichtet worden, ihre endgültige Bestätigung. Zwar konnte die Stadtfassade insgesamt als eine Reproduktion en miniature der um jeweils das obere Geschoß der Flügelbauten und des Mittelbaus reduzierten sowie in der Längserstreckung um mehrere Fensterachsen verringerten und um die Eckpavillons beschnittenen Festsaalbaufront

77 München, Residenz, Festsaalbau Lithographie, um 1850

angesehen werden. Unübersehbar aber waren erst die Ähnlichkeiten zwischen dem zweigeschossigen Kernbau in Homburg und dem Mittelpavillon in München, die beide, vor die zurückgesetzten niedrigeren Flügelbauten springend, in einen doppelgeschossigen „Arkadenbau" in Gestalt einer Doppelloggia ausbuchteten. Zwar hatte Klenze den Mittelpavillon „nicht, wie es im Sinne des Barock gelegen hätte, auf eine große, senkrecht auf die Mitte führende Symmetrieachse bezogen, sondern in die Fläche gestreckt, entlang einer Straße, die an ihm, Schloß und Hofgarten trennend, vorbeiführt(e)".[1302]

Gerade die parallele Wegführung aber entsprach der durch den Verlauf der Louisenstraße vorgegebenen Situation in Homburg. Eine weitere Affinität mit dem Münchner Vorbild bestand im übrigen darin, daß Klenzes Festsaalbau durch die Hofgartenkaserne in einem „unvermeidlich gegebenen Zusammenhang mit dem hohen Querriegel am östlichen Ende des Areals" stand,[1303] während das Homburger Kursaalgebäude einerseits mit dem Präsidialgebäude, einem dreigeschossigen Gebäude mit hohem Satteldach, fluchtete, andererseits das vermutlich niedrigere Wohnhaus von Brandenstein mehr Distanz wahrte.[1304] Jedenfalls war der Blick auf das Gebäude zumindest auf der westlichen Seite so stark eingeengt, daß den Zeichnern der Vorlagen für Stiche und Lithografien keine andere Wahl als die der Beschönigung der Situation blieb, von der bezeichnenderweise keine Fotografie existiert.

Charakteristisch für die Wiedergabe beider Bauten war demzufolge die Bevorzugung der seitlichen Perspektive entlang der auch architektonisch zurückgenommenen Flächen der Flügelbaufronten auf die versetzten, im Obergeschoß mit nahezu identischen „römischen" Fenstern ausgestatteten Mittelbauten und mündend in die dominanten, dreiseitig offenen Doppelloggien. Bei reduzierten Dimensionen – 57 Achsen in München entsprachen in Homburg 17, 15 Mittelpavillon-Achsen sieben und neun Loggien-Arkaden fünf – ließen sich das Verhältnis der in München allerdings von einem Geschoß überragten Loggien zum Kernbau und auch die gegenüber dem als Beletage ausgeprägten Obergeschoß geduckten Proportionen des Erdgeschosses, dessen Sockelcharakter an der Festsaalbaufassade eine geschoßhohe Bandrustika intensivierte, vergleichen.

Deutlicher als am ausgeführten Bau war an Métiviers Aufriß der Stadtfassade die Intention zu er-

78 Kursaal im Kursaalgebäude zu Homburg, Fotografie, um 1900

kennen, vor allem die Doppelloggia als Zitat erscheinen zu lassen. Bis ins Detail sollten die Bogenprofile und die ihr Zentrum akzentuierenden Volutenkonsolen (letztere in Homburg nicht ausgeführt) den Pfeilerarkaden im Erdgeschoß nachgebildet werden, während im Obergeschoß die rundbogigen Fenstertüren der Rücklagen den Aspekt einer der Kolonnade hinterlegten Arkade annehmen und diese die aus einer hinter die Flucht der Erdgeschoß-Arkade zurückspringenden Arkade mit vorgeblendeten ionischen Säulen bestehenden Münchner Balkonloggia, an deren Rücklagen das Motiv der „römischen" Fenster fortgeführt wird, illusionieren sollten. In der Realität wirkte die Arkadenkulisse in den Hintergrund entrückt; die Kolonnade, um die durch Vierkantpfeiler statt zweier neben die Arkadenkanten gesetzte Pilaster markierten Ecken auf die Loggienseiten übertragen, initiierte eine weitere Öffnung des transparent erscheinenden Kastenraums der Obergeschoßloggia. Insgesamt schwächte die Homburger Loggia jene das Münchner Vorbild charakterisierenden, besonders in der Verkröpfung der Säulen mit dem Gebälk zutage tretenden explizit palladianischen Anklänge[1305] ab. Sie setzte der sich in den auf die Gebälkvorkragungen postierten Steinskulpturen – zwei Löwen und acht die damaligen Kreise Bayerns personifizierenden Allegorien – manifestierenden Herrschaftsikonografie das unverbindlichere dekorative Element einer Balustrade mit Vasenbekrönung – in Métiviers Entwurf unbepflanzt, in seiner Stichvorlage mit einem in südlichen Gefilden beheimateten Pflanzenschmuck – entgegen, deren Elimination in der Ausführung den Verzicht auf eine ostentative, wenn auch bedeutungsfreie Verweisgeste signalisierte.

Der Kursaal

Keine Verbindungen zur Münchner Residenz wies – auf den ersten Blick– die räumliche Konzeption des Kursaals auf. Die Entwicklung des Raumtypus Kursaal war in den späteren 1830er Jahren weitergetrieben worden mit den Sälen in Kissingen und Ems. Während F. v. Gärtner bei dem Kursaal in Kissingen (eingeweiht am 8. Juli 1838) „den Typ der frühchristlichen Basilika auf(griff)“,[1306] adaptierte J. G. Gutensohn für seinen Kursaal in Ems (eingeweiht am 14. Juni 1839) „den Palasthof der Renaissance in seiner idealen Ausprägung, der gleichsam überdacht in die Saalarchitektur transponiert wurde“.[1307] Die von Gutensohn bereits für den Kursaal in Brückenau entwickelte, in Ems fortgeführte Interpretation des Kursaals als eines imaginären Hofs muß in Bayern, wo Gutensohn als Civilbau-Inspektor angestellt war, Furore gemacht haben. Den königlichen Baurat Métivier in München jedenfalls beeindruckte die Emser Schöpfung sichtlich. In die Konzeption des Homburger Kursaals floß namentlich das Charakteristikum des Emser Saals, die bis dahin im Kursaalbau nicht gewagte Kombination des „unklassische(n) Motiv(s) der Säulenarkade“ in der unteren Zone mit der „antik-kanonische(n) Säulenkolonnade“[1308] auf der Galerie ein. In Métiviers Entwurf gleichen dem Vorbild in Ems aber auch die Supraposition von toskanischen und ionischen Säulen aus Lahnmarmor bzw. Stuckmarmor, die in die Arkadenzwickel gesetzten Medaillons, die flache kassettierte Decke und die lebhafte Farbigkeit unter, vor allem in Homburg, reichlicher Verwendung von Gold.

Gegen diese den Gesamteindruck beherrschenden Gemeinsamkeiten wiegen die Abweichungen im Einzelnen nicht gering. Dem über quadratischem Grundriß konzipierten Emser Kursaal stand in Homburg ein quergelagerter Raum von im

79 Kursaal im Kursaalgebäude in Bad Ems, Stahlstich von L. Rohbock / G.M. Kurz, verlegt bei G.G. Lange, Darmstadt, um 1840

Lichten doppelter Länge zur Breite entgegen, dessen Überlänge die vor die Schmalseiten gestellten Galerien entgegenzuwirken suchten. In Ems wirkten die alle vier Raumseiten umziehenden Galerien wie ein in den Saal gestelltes leichtes Gerüst, die Saalloggien im Erdgeschoß waren als Verweilräume und die Galerie rundum als begehbarer Flanierraum konzipiert. Gerade umgekehrt gestaltete sich das Verhältnis im Homburger Saal, dessen Galerien nur separat zugänglich waren und, ähnlich der „royal bow" oder „private gallery", Verweilräumen näher kamen als Flanierräumen, während die Arkaden unter der Galerie sich mit Durchlässen zu den stark frequentierten Seitenflügeln öffneten, so daß ihnen der Charakter von Gängen eignete. Insgesamt kam die raumgreifende Wirkung der Galerie in Ems ungleich stärker zum Tragen als in Homburg, wo trotz gestalterischer Angleichung der Längsseiten die beiden Galerien an den Schmalseiten unvereint sich gegenüberstanden als vor die Folie der Raumschale gezogene und in sie eingespannte raumhohe „Gitter".

Die Flächenhaftigkeit der Homburger Galerien läßt indessen nicht auf eine Fehlinterpretation des Emser Saals und auch nicht auf sich aus dem (von Métivier selbst gewählten) Raumformat ergebende Zwänge schließen. Vielmehr hatte Métivier statt des für Gutensohn vorbildlichen Palasthofs der römischen Hochrenaissance Vorbilder aus der Frührenaissance herangezogen, deren Architekten die Supraposition von Säulenarkade und Säulenkolonnade nicht, wie jene, als „unklassisch" vermieden, sondern sie ausgiebig gebrauchten. Besonders in der Toskana lassen sich im Umkreis Brunelleschis zahlreiche Kreuzgänge nachweisen, die jenen „unkanonischen" doppelgeschossigen Umgang aus Säulenarkade und Säulenkolonnade zeigen.[1309] Am Umgang des chiostro von S. Maria delle Grazie in Mailand finden sich in den Zwikkelfeldern der Bogenreihen auch jene Medaillons, die in Métiviers Entwurf auftauchen. Der Typus, dem die Homburger Lösung am meisten verpflichtet war, wird repräsentiert von der rückwärtigen, sich zur Landschaft öffnenden Doppelloggia der Badia di Fiesole (um 1460). Bei gleichem Aufriß wie die Kreuzgänge besteht die Loggia nur aus einer Flucht von fünf Arkaden, deren äußere Bögen statt auf Halbsäulen auf Pilastern aufsitzen. Rahmende Pilaster machten auch in den beiden Geschossen der Homburger Loggia deren Eingespanntsein zwischen den flankierenden Wänden deutlich. Sozusagen in Verdoppelung der Loggia vom Fiesolaner Typ stellten die Homburger Galerien die Schau- und Ausschauseiten des Kursaals dar.

80 Kreuzgang in S.Croce, Florenz

Die Ambivalenz der Raumformation wurde unterstrichen durch das von dem Emser Vorbild abweichende Verhältnis der Längs- zu den Galerieseiten. Der Homburger Kursaal präsentierte sich nicht als einheitliches innerräumliches Kontinuum, sondern als eine von Richtungswechseln bestimmte Raumform. Die Hauptbewegungsrichtung ging dabei von der durchfensterten Parkfront aus, die, ähnlich der sich mit zwei Fenster- bzw. Türreihen zum Park öffnenden Seite des Wiesbadener Kursaals, als lichtdurchflutetes Entree fungierte. Anders als in Wiesbaden tat sich vor dem von der Terrasse eintretenden Besucher der Saal nicht in seiner Längserstreckung auf, vielmehr sah sich jener der gegenüberliegenden Saallängsseite unmittelbar konfrontiert. In ihrer Beschränkung auf drei Pfeilerarkaden und die sich zur Hofloge formierenden Kolonnade in der Galeriezone reflektierte diese Schaufront aber die Gliederung der Doppelloggia von der Eingangsfassade, deren Funktionen die Durchgänge zum Gebäudeinnern ebenso in sich begriffen wie dem äußeren Erscheinungsbalkon korrespondierende Hofloge. Diese Konstellation wiederum verlieh dem Saal den Aspekt einer auf das freilich substanzarme Innere des Kursaalgebäudes verweisenden Halle. Die Gestaltung der Galerieseiten wie die der Parkfront unterstri-

81 Engelfries im Kursaal zu Homburg, Fotografie, um 1900

chen das Außenarchitektürliche der Innenarchitektur.

In der Vielfalt der Assoziationen, die der Homburger Kursaal weckte, spiegelt sich die Situation des in Entwicklung begriffenen Raumtypus im allgemeinen wie auch der mit ihm verbundene Anspruch an Ort und Stelle. Als eine Reaktion auf die durch die Kursäle in Brückenau und Ems eingeleitete Stilwahl ist die Ausrichtung auf Vorbilder der Renaissance anzusehen. Der Emser Saal spielte dabei die größere Rolle, weniger als Vermittler denn als zu vergegenwärtigender Vertreter des Raumtypus, dessen Ikonografie jedoch nicht als verbindlich angesehen wurde. Nicht nur der Charakter des überdachten Hofs erfuhr eine Abwandlung, vielmehr wurde auch die Wertigkeit von Unten und Oben in das Gegenteil verkehrt.

82 Viktorienfries im Thronsaal des Königsbaus in der Residenz, München

83 Thronsaal im Königsbau der Residenz, München Fotografie, vor 1945

Fanden wir in Ems den verwandten Saaltypus, so haben wir uns nun zu fragen, ob vielleicht auch im Innern Formübernahmen der Münchner Residen wie am Außenbau festgestellt werden können. In Ermangelung von Darstellungen der übrigen Räume muß sich unsere Betrachtung wiederum auf den Kursaal beschränken.

Unter den Sälen in der Münchner Residenz kommt als mögliches Vorbild für den Homburger Saal der Ballsaal im Festsaalbau in Frage; er war der einzige Peristylsaal der Residenz mit Galerien an den Schmalseiten. Im Aufriß allerdings wich der Homburger Saal von der konservativen Gestaltung der Münchner Kolonnade aus ionischen Säulen, denen auf der Galerie eine Karyatidenreihe entsprach, erheblich ab. Dem Ballsaal im Münchner Festsaalbau dürfte nur ein mehr allgemeiner Vorbildcharakter zuzusprechen sein, indem er „einen heiteren Rahmen für vergnügliche Hoffestlichkeiten" darbot.[1310]

Von größerer ikonografischer Bedeutung war ein anderer Saal der Residenz: der Thronsaal (des Königs) im Königsbau. Architektonisch blieb er (als nichtperistyler Saal) für Homburg ohne Belang. Dagegen sind Ausstattung und Funktion des Saals von Bedeutung. „Der Thronsaal im Königsbau ... ist fast ein nach innen gerichteter Triumphbogen, mit inhaltsvollen Reliefs geschmückt wie die berühmten Beispiele des römischen Altertums in Italien".[1311] In 28 Wandfeldern und einem 16teiligen Fries wurde imperiale Siegesikonografie kombiniert mit der Versinnbildlichung königlichen Mäzenatentums. „Zwei Viktorien schweben mit ihren Siegeskränzen über dem Thron und beziehen sich gleichzeitig auf den König und auf die Figur des Dichters, der damit in Bezug gesetzt wird zu Ludwig, dem Dichter-König".[1312]

Diese Ikonografie schien für die Übertragung auf einen Kursaal unangebracht. Überhaupt sperrte sich der junge Raumtypus Kursaal noch gegen jeden Einbezug eines Bildprogramms. Schon deshalb mußte – wollte man den Münchner Thronsaal zitieren – eine Orientierung an weniger bemerkenswerten und ikonografisch unverbindlicheren Elementen erfolgen. Gänzlich unbeachtet geblieben ist, auch in der neueren Literatur zur Münchner Residenz, ein Fries, der sich im Gesims um den Thronsaal zog und sein flächiges Bildprogramm am oberen Rand der Wände beschloß.[1313] Aus dem ikonografischen Kontext ist er als Viktorienfries zu deuten. Die im Wechsel mit frieshohen Dreisprossen angeordneten Viktorien waren als Flügelwesen gestaltet, deren blütenförmig ausschwingende „Gewänder" und in Girlanden mündende „Arme" mit den grotesken Elementen in eine innige Verbindung traten.[1314]

In exakt derselben Form kehren die „Viktorien" in dem als Engelfries bezeichneten dominanten Schmuckmotiv des Homburger Kursaals wieder, dessen Vorbild eindeutig der Viktorienfries im Thronsaal des Münchner Königsbaus war. Das Ausmaß der Detailtreue erhellt nicht allein aus dem Vergleich der Hauptmotive der Friese, sondern auch aus der Wiederkehr der den Homburger Fries rahmenden, in München in doppelter Ausführung oberhalb des Frieses erscheinenden Schmuckbänder mit dem Motiv des „Herzlaubs".

Der ohne Zweifel aus dem Thronsaal des „château royal" in München übernommene Homburger „Engelfries" wirft die Frage auf, ob es sich um eine Replik oder um ein Zitat handelt. Angesichts der Möglichkeit einer maßgeblichen Beteiligung Métiviers an der Innenausstattung der Residenzbauten[1315] ist der Gedanke an eine rein technische Reproduktion des Schmuckmotivs in Homburg grundsätzlich nicht von der Hand zu weisen. Dagegen spricht die Tatsache, daß sich in Métiviers Entwurf für den Homburger Kursaal kein Viktorienfries findet; sein Saalschnitt zeigt an entsprechender Stelle eine Folge stilisierter Pflanzen und Blüten. Der Wunsch zur Anbringung des Viktorien-/Engel-Frieses muß also nachträglich aufgekommen oder an den Architekten bzw. den Stukkateur herangetragen worden sein. Deshalb erweist sich die Wiederholung des Frieses – unabhängig davon, ob Métivier, Viotti[1316] oder Blanc die Idee transportierten – als objektgebundenes Zitat. Mit dem Viktorienfries wurde der Thronsaal als die ranghöchste Räumlichkeit des Münchener Königsbaus im Homburger Kursaal ideell vergegenwärtigt. Dieses um so wirkungsvoller, als er aus dem Kontext eines umfassenderen bildlichen Ausstattungsprogramms – innerhalb dessen er hinter der Illustration der „Siegesgesänge Pindars" bedeutungsmäßig zurückstand – herausgelöst und in Homburg einer im Wortsinn „splendid isolation" zugeführt wurde. So offenbart sich trotz oder gerade wegen der Chiffrenhaftigkeit des Zitats das „château royal de Munich" als Anspruchsniveau und Aspirationsziel des Homburger Kursaals.

Das königliche Schloß als Zitat

Mit der Münchner Loggienfassade adaptierte das Homburger Kursaalgebäude einen Fassadentyp, der seit der 2. Hälfte des 18. Jahrhunderts in Frankreich und Italien diskutiert wurde. An den „théâtres basiliques" installiert, galt die Loggienfassade als die Bauidee eines durch die Revolution emanzipierten Stadtpublikums, das bewußt auf den Typus von Palladios Basilika in Vicenza, dem Symbol für bürgerliche Rechtspflege und Handelsfreiheit, zurückgriff. Bevor das Motiv „in der zweiten Hälfte des 19. Jahrhunderts zur dominierenden und charakteristischen Fassadenformel des europäischen Theaterbaus" und „die Loggia für den höfischen Gebrauch" entwertet wurde, gelang es in München noch einmal, vor dem Thronsaal des Festsaalbaus die Doppelloggia als „distanzierenden Hoheitsraum" zu definieren.[1317] Der königliche Herrschaftsanspruch „manifestierte sich nach außen wirkungsvoll und unübersehbar ... in der riesigen Fassade des Festsaalbaues durch den großen Loggia-Vorbau als Verweis auf den Thronsaal als dem Zentrum der neuen Schloßanlage und der politischen Macht in Bayern".[1318]

Welcher Gedanke lag dem Zitat dieses prominenten Vorbildes zugrunde? Tendenziell markierte die Adaption des Fassadenmotivs in Homburg an einem rangniederen Bauwerk das Brüchigwerden des königlichen Anspruchs auf die Einmaligkeit der Realisation der Bauidee, für deren im Fall des Homburger Kursaalgebäudes von den Bauherren zu verantwortende Demontage indessen die Möglichkeit unterschiedlich gearteter Motivationen und Zielrichtungen in Erwägung gezogen werden muß.

Die Annahme eines auf Klenze bezogenen Architektenzitats liegt nahe, zumal zu beobachten ist, daß Métiviers Architektur seit etwa 1825 dazu neigte, „deutlich unter dem Einfluß" von Klenzebauten zu stehen.[1319] Nicht zuletzt im Hinblick auf die Rolle des Auftraggebers kann diese Interpretation indessen der Beweiskraft eines Objektbezugs nur sekundieren, denn der Realitätsgehalt der Aussage, das Kursaalgebäude sei „d'après les dessins du château-royal" in München errichtet worden, hat sich nicht allein an der Fassade des Festsaalbaus sondern auch an Kleinformen, deren Installation auf die Auftraggeber zurückging, be-stätigt. Es kann also davon ausgegangen werden, daß ein durch den Münchner Klenzebau gefiltertes Architektur- oder Architektenzitat nicht vorliegt.

Die dem Kursaalgebäude von Métivier zugelegte Bezeichnung „Villa pour Fêtes" läßt an die Reflexion eines Bautyps der italienischen Renaissance, das Casino, denken, zumal der Begriff im französischen Sprachgebrauch auf das Gesellschaftshaus im Kurort übertragen worden war.[1320] Obwohl der Adaption eines auf einen privaten Nutzer zugeschnittenen Bautyps durch ein Kursaalgebäude keine Bedenken entgegengestanden hätten, bleibt es in Homburg bei einem sehr allgemeinen Bezug. Es scheint, als hebe die Bezeichnung „Villa pour Fêtes" weniger auf „Villa" als auf den zweiten Teil des Begriffs ab. Er deckt sich mit der von Ludwig I. gewählten Titulierung des Residenztraktes als „Festsaalbau"[1321] verbal und weitgehend auch inhaltlich.[1322] Somit liegt dem historischen Typ wie seinen zeitgenössischen Konkretisierungen in München und in Homburg der gemeinsame Modus der Festarchitektur zugrunde.

Im typologischen Zitat erschöpfte sich das Kursaalgebäude jedoch nicht. Alle aufgezeigten Querverbindungen wiesen über einen zugrundeliegenden Typus hinaus nicht auf historische, sondern auf der Erbauungszeit des Kursaalgebäudes unmittelbar vorausgegangene Vorbilder: der Kursaal im Innern auf den gerade vollendeten Kursaal in Ems, der Engelfries auf die kaum länger zurückliegende Innenausstattung des Königsbaus und die Stadtfassade auf den noch im Bau befindlichen Festsaalbau der Münchner Residenz. Das dem Kursaalgebäude als Bautypus inhärente Bedürfnis, modisch „up to date" zu sein,[1323] spielt dabei sicher eine nicht zu unterschätzende Rolle. Doch läßt sich die Bedeutung, die dem zeitgenössischen Zitat in Homburg zugemessen wird, damit allein nicht erklären. Jeder der zitierten Bauten steht für einen Vorbildtypus, dessen Vereinnahmung das eigentliche Anliegen der Adaption darstellt. Die Zugehörigkeit zum Bautypus des Kursaalgebäudes über seine prominenteste Raumform, den Kursaal, wird durch das Zitat der neuesten Ausprägung des Typus wirkungsvoll unterstrichen.

Das bereits an den Konversationshäusern in Wiesbaden und Baden-Baden beobachtete aspirative Moment des zeitgenössischen Zitats tritt gegenüber der solidarisierenden Vergegenwärtigung des Emser Saals deutlich zutage im Zitat des Münchner Königs- und vor allem des Festsaalbaus. Gerade weil es sich dabei um die aktuellsten Realisationen des Bautypus handelt, ist die signalhaft vorwiegend am Außenbau vorgetragene Ausrichtung an ihnen als Vereinnahmung des Residenzschlosses als Bautypus zu verstehen, denn nur ein sich in belebten Bauten aussprechendes „intaktes" Königtum kann dem Zitat die intendierte Wirkung verleihen.

Über die Intentionen der Bauherren des Homburger Kursaalgebäudes gibt das Bauwerk selbst unmißverständlichen Aufschluß. Bereits die Entnahme des Engelfrieses verweist auf einen Raumtypus, den des Thronsaals, dessen exklusive Einmaligkeit durch die Duplizierung in Frage gestellt wird. Auch und besonders an der Doppelloggia der Stadtfassade wird der einen Typus vereinnahmende Charakter des Zitats deutlich, denn das konkrete Vorbild des Münchner „Arkadenbaus" steht für eine Formel herrschaftlicher Architektur, deren letzte Ausprägung in Homburg zitiert wird.

Dabei bleibt, mit Bedacht, die Rolle insbesondere der Balkonloggia in der Schwebe. Der Interpretation als eines ostentativ okkupierenden Architekturzitats vermag sich der auch als Erscheinungsbalkon für einen regierenden Souverän deutbare Vorbau notfalls zu entziehen. Das Zitat kann um so mehr als eine keiner Legitimation bedürfenden Nachahmung – sozusagen unter Souveränen –vorgestellt werden, da das gesamte Umfeld des Balkons nominell auf eine dem Vorbild entsprechende Destination verweist. Die gesamte Mittelachse des stadtseitigen Traktes bleibt danach mit Balkon, „Salle des Princes" und Hofloge dem Fürsten reserviert.

Nirgendwo sonst findet sich an einem Kursaalgebäude der 1. Hälfte des 19. Jahrhunderts eine so explizit auf den Landesherrn abhebende Geste. Diese pointierte Reverenz muß vor allem deshalb auffallen, weil gerade in Homburg der Anteil des Fürsten am und sein Anspruch auf das Kursaalgebäude auf ein Minimum zusammengeschrumpft ist und die Bauherren unumschränkt als die Veranlasser der Entwürfe anzusehen sind. Als den Intentionen der Gebrüder Blanc entsprechend kann daher nicht nur die Formulierung der Stadtfassade und der sich hinter dem Balkon erstreckenden Räumlichkeiten verstanden werden, sondern auch eine Nutzung dieser Lokalitäten wie sie für den 11. März 1844 nachweisbar ist. An diesem Tag, dem 66. Geburtstag Landgraf Philipps, „fand ein Ball im Kursaal (: der Erste für Smus. Geburtstagsfeyer in diesem Lokale) statt". Zu diesem Fest waren „ausser der Honoration auch mehrere der angesehensten Bürger und ihre Frauen eingeladen" worden. „Es speisten so viele Personen da, daß wegen Mangel an Platz noch viele abgewiesen wurden". Die meisten Gäste indessen waren solche, die von den sich als Hausherren gerierenden Gebrüdern Blanc „die Eintrittskarten erhalten" hatten, nämlich „die honorabelsten Fremden, Franzosen, Engländer, Deutsche etc.", was, da „nur so wenige Bürger zu diesem Festballe und Freiballe eingeladen" waren, „unter hies. Bürgerschaft einen sehr üblen Eindruck" hinterließ.[1324]

Die Zusammensetzung der Gäste verrät das Interesse der Spielbankpächter, den „honorabelsten Fremden", d. h. ihren „Kunden", die Teilhabe an einer von ihnen als Veranstaltung angesehenen Feier zu sichern, der die zu ehrende Persönlichkeit eine Aura quasi-höfischer Öffentlichkeit verlieh. Der Fürst wurde als Galionsfigur benutzt, war aber selbst nicht der Hausherr, sondern, gleich den anderen, Gast des Hauses. Daß Landgraf Philipp ebensowenig wie seine Nachfolger jemals wieder auf das „Raumangebot" im Kursaalgebäude zurückgegriffen zu haben scheint, deutet auf eine Distanzierung, die weniger in einer negativen Einstellung des Fürstenhauses zur Spielbank an sich[1325] als in der ihm darin zugewiesenen Rolle ihre Begründung finden dürfte.

Unter den obwaltenden Umständen nahmen sich die den Residenzbau in München alludierenden Elemente um so mehr als Zitate des Bautypus aus als ihr Sinn auf eine Zurschaustellung des Landesfürsten ausgerichtet war. Gerade weil das Gebäude ein kommerziell betriebenes Unternehmen umschloß, bedurfte es eines Patrons, der mit dem Gewicht seines Amtes auch in der Architekturformel gegenwärtig war. Die stillschweigende Vereinnahmung des lokalen Souveräns verleiht dem architektonischen Zitat in zweifacher, aber richtungsgleicher Hinsicht okkupatorische Züge.

Nicht umsonst verzichteten die Homburger Bauherren auf die Adaption eines französischen Schloßbaus, etwa des Palais-Royal in Paris, obwohl doch diese „klassische" Stätte des Hazardspiels ein königliches Schloß in Paris gewesen war, das Palais-Royal. Das Zitat des zeitgenössischen deutschen Residenzschlosses erweist sich als mit Bedacht gewählt. Das Homburger Kursaalgebäude Métiviers sollte gerade nicht Vergangenheit assoziieren, sondern königliche Gegenwart.

Und dennoch wurde ein an das Palais-Royal geknüpfter Aspekt wirksam. In ihm hatte der Gedanke der Kollektivierung eines vormals allein auf seinen fürstlichen Bauherrn und Besitzer zugeschnittenen Bauform seinen Ursprung. Hier lag der Ursprung des Gedankens, im Homburger Kursaalgebäude ein königliches Palais präsent werden zu lassen. Doch verschwimmt die vormalige Pariser „Hazardspiel-Residenz“ als vage ideelle Folie hinter dem visuell wirksamen Zitat des zeitgenössischen „château-royal“.

Schloßähnlichkeit

Ebensowenig wie die Bauherren über tatsächlich fürstlichen Status verfügten, war das Kursaalgebäude Schloß. Allerdings hatten ihm die Bauherren durch die Adaption schloßhafter Architektur eine Gestalt verleihen lassen, die es in den Rang eines „schloßähnlichen Baus“ erhob.[1326] Man mag dem Kursaalgebäude, wie allen Bürgerschlössern, „Angemessenheit und Glaubwürdigkeit“ absprechen, aber nicht seine „innere Notwendigkeit“; sie bestand eben darin, „Ansprüche vor(zu)stellen und in der Nachahmung des Adelsschlosses ab(zu)bilden“.[1327]

Es ist bezeichnend, daß in den offiziellen Verlautbarungen das Vorbild des Kursaalgebäudes – ein „echtes“ Schloß – nur ein einziges Mal, 1842, erwähnt, dieses Wissen dann aber der Öffentlichkeit vorenthalten wurde.

Mit der Feststellung, „das Schloß- und Burggewand (sei) für vielfache Bauaufgaben usurpiert worden, die mit Schloß und Burg funktionell nichts mehr zu schaffen haben“, ist die „Emanzipation des Schloßbau-Motives“ als ein Phänomen des 19. Jahrhunderts charakterisiert worden.[1328] „Alle möglichen Funktionsbereiche bedienen sich der Schloßgestalt: die Großvillen und die Wohnpaläste eines fortschrittsgläubigen, zur Exklusivität drängenden Industrie- und Geldbürgertums, die Palace- und Schloßhotels für Luxusansprüche des alten und neuen Adels, aber auch komfortable Miethäuser für höhere Gesellschaftsschichten, repräsentative öffentliche Bauten und so fort. In einzelnen Elementen und Gruppierungen nimmt auch rangniedrigere Architektur an diesem Ausverkauf des Schloßgedankens und am Hochspielen der bloßen Architekturhülle teil“.[1329]

Bei allen diesen in der 2. Hälfte des 19. Jahrhunderts zur vollen Ausprägung gelangenden Beispielen handelte es sich um eine Gestalt-Übertragung, deren Transporteure glaubten, „rangniedriger eingestufte Funktionsträger sozial und kulturell legitimieren zu müssen durch ein repräsentativeres und ranghöher geltendes Architekturgewand (und hofften,) subalterne Bautypen am Segen der Schloßarchitektur teilhaben zu lassen“.[1330]

Auf die Formel „der Bürger kopiert sich seine Residenzen“[1331] läßt sich auch und gerade das Homburger Kursaalgebäude bringen. Bei wenigen anderen Bauten und Bautypen drängt sich bereits um 1840 die rangerhöhende Schloßähnlichkeit als Konzept so auf wie gerade bei diesem. Nur Bank und Börse sind als Basis der kapitalistischen Gesellschaftsform dem Lebensnerv insbesondere des Homburger Kursaalgebäudes, der Spielbank, zur Seite zu stellen. An diesen werden indessen nicht jene Ansprüche „an Prachtentfaltung und an höherrangige Wohnlichkeit“[1332] herangetragen, die an die Erscheinung „Schloß“ gebunden sind. Der Spielbank hingegen, zumal im Kursaalgebäude etabliert, waren diese Merkmale auch als Reminiszenz des Pariser Palais-Royal Verpflichtung.

Wenn gleichwohl in Homburg nicht der für schloßähnliche Bauten charakteristische Weg der Adaption historischer Formen des Schloßbaus beschritten wurde, so deutet dies darauf hin, daß eben nicht eine Reaktivierung des Historischen intendiert war. Gerade weil die Münchner Residenzbauten, einer zeittypischen Tendenz folgend, auf einen ursprünglich gegenüber dem Residenzschloß rangtieferen Bautyps (den italienischen Stadtpalast) zurückgreifen, verkörperte sie das Schloß in seinem zeitgenössischen Zustand. So war es einerseits möglich, mit der Adaption des zeitgenössischen Vorbildes den Symbolgehalt des Bautypus zu transportieren. Andererseits bot das Hinabgleiten des „echten“ Schlosses die Fläche für einen Angriff, der dem Bautypus wie auch der dahinter stehenden Institution als solchen galt. Denn es ging weniger darum, das Homburger Kursaalgebäude in die Tradition herrschaftlicher Häuser zu stellen, also „Schloßgesinnung“ zu tradieren, wie dies etwa für die den Weimarer Festsaal zitierenden Konversationshäuser in Wiesbaden und Baden-Baden postuliert wurde. Das Vorbild wurde in Homburg weder als signalhafte Chiffre beschworen noch wurde dem „Nachbild“ allein dessen architektonische Hülle übergehängt, sondern es wurde zitiert. Weil der Bau aber nicht für ein bestimmtes Publikum und auch nicht für den Landesfürsten beschworen wurde, trat das Zitat nicht nur konstruktiv, sondern auch destruktiv in Erscheinung.[1333] Es hob die Einmaligkeit des gesamten Erscheinungsbildes eines „echten" Schlosses auf und betrieb damit die Demontage des Bautypus Schloß.

6. Das Kursaalgebäude in Funktion

Karl August Varnhagen von Ense registrierte im Homburger Kursaalgebäude auf den ersten Blick die Kluft zwischen Erscheinungsweise und Nutzung. Nachdem er jahrelang an allen gesellschaftlichen Facetten des Badelebens in Kissingen partizipiert hatte,[1334] trieb ihn die Neugierde in das gerade ruchbar gewordene „neue" Bad Homburg.

Am 8. Juli 1844, „vormittags um zehn Uhr", traf der scharfsichtigste Beobachter, den Homburg in den 1840er Jahren hatte, erstmals hier ein. Sein erster Eindruck war positiv. „Ich besah mir die Örtlichkeit; das Kurhaus, nah und schön gelegen, ist in gutem Stil, mit Pracht und Geschmack eingerichtet, hat schöne Säle, nach dem Garten eine herrliche Terrasse..."[1335] Wiederholt bewunderte Varnhagen den „Geschmack in Bauten und Gartenanlagen".[1336] „Sie wenden hier zum Bauen einen schönen rothen Sandstein an, der geglättet sich wie Marmor ausnimmt".[1337] Und er gab ehrlich zu, daß „über Mangel an Einrichtungen" weder im Kursaalgebäude noch in den Gasthöfen zu klagen war.

„... Achtmal kommt und geht die Post nach Frankfurt, die Berliner Zeitung vom Montage ist Mittwoch Abends hier, alle Lebensmittel und Waaren sind in Fülle zu haben, die Leute wissen von allen Dingen, in den Gasthöfen sprechen die Aufwärter verschiedene Sprachen; zu dem kommt der Geschmack in Bauten und Gartenanlagen, besonders auch die Freigebigkeit der Spielpächter Gebrüder Blanc, welche alles, was man in anderen Bädern bezahlen muß, umsonst geben, als Musik, Lesekabinett, Bälle..."[1338]

Zu Varnhagens anfänglich positiver Einschätzung der Dinge in Homburg mag die keineswegs jedem noch so hochgestellten Besucher eröffnete Möglichkeit beigetragen haben, im landgräflichen Schloß zu verkehren. Hier war er unter Gleichgesinnten, deren Umgang seine Eindrücke zumindest stimmungsmäßig positiv beeinflußten. Ohne die bevorzugte Behandlung durch den Landgrafen, der Varnhagen zum Abfassen einer Geschichte des Hauses Hessen-Homburg bewegen wollte, wäre dieser wohl kaum zu der Auffassung gelangt, in Homburg zeige „alles", „daß man in der Mitte altgegründeter und stets neubelebter Kultur ist".[1339]

Die Besuche des Landgrafen und dessen „Einladung, das Schloß zu besuchen" sensibilisierten Varnhagen aber auch für die Wahrnehmung des Kontrastes zwischen den schlichten Gemächern des Barockschlosses, in denen sich Landgraf Philipp bewegte und dem „fürstlich eingerichteten" Kursaalgebäude. Hier stießen nicht nur zwei miteinander unvereinbare Welten aufeinander, hier schien die herkömmliche Ordnung der Welt aus den Fugen geraten, in ihre Gegenteil verkehrt zu sein. Varnhagen hat mit feinem Gespür erkannt, wie sehr der Landgraf unter diesen Veränderungen litt – eine Feststellung, die sonst nirgendwo schriftlichen Niederschlag gefunden hat.

„In der Dämmerung sah ich den Landgrafen ganz allein trübselig umherschleichen, er kam auf die Terrasse, that einen Blick in den Spielsaal und ging weiter; ich bedauerte ihn sehr. Er erkannte mich und knüpfte ein Gespräch mit mir an".[1340]

„Der Landgraf sollte nach Wien gehen, dort ist seine Welt; hier verkommt er..."[1341]

Der einer alten Weltordnung anhängende Landgraf war nach Ansicht Varnhagens in Homburg nicht nur überflüssig geworden, sondern fehl am Platz, da hier eine neue Gesellschaft den Ton anzugeben begonnen hatte.

Dabei war der Auftakt im Sommer 1844 – der ersten Saison nach Fertigstellung des Kursaalgebäudes – vielversprechend. Die preußische Prinzessin reiste an, um „hier still und einsam bloß der Kur (zu) leben". Ihr Aufenthalt zog eine Reihe hochgestellter Persönlichkeiten nach Homburg, so daß Varnhagen Szenen beschreiben konnte, die sich ebensowohl am Berliner Hof oder aber in einem der „altehrwürdigen“ Badeorte hätten abspielen können.

„Im Kurgarten unterhalb der Terrasse hatten wir ein kleines Schauspiel anzusehen. Der Prinz und die Prinzessin von Preußen kamen mit dem Herzog von Nassau und Prinzen Friedrich von Württemberg langsam heran, setzten sich dann auf ein paar Bänke und mehrere Herren standen umher oder gingen ab und zu. Der Präsidialgesandte der Bundesversammlung Graf von Münch-Bellinghausen war von Frankfurt gekommen, sprach lange mit Königsmarck, ging dann die Terrasse hinab, reckte sich, spreizte sich, setzte sich auf einen Stuhl, aber es gelang ihm nicht, sich bemerkbar zu machen, der Pfau verbiß seinen Ärger und hielt sich zu Herrn und Frau Bethmann, die auch aus Frankfurt gekommen waren; endlich erbarmte sich jemand und machte den Prinzen aufmerksam, der ließ denn den Grafen kommen, aber die Bethmanns auch, und der Graf hielt sich nicht für genugsam ausgezeichnet. Da mußte man staunen, wie der Mann sich bücken und gleich wieder stolz machen konnte, ja sich hinten weit überbog. Als der Prinz und die Prinzessin nach einiger Zeit weggingen und der Graf entlassen war, zog er eben so hintenübergebogen mit grimmig-gewichtigen Mienen ab. Das Ganze war höchst ergötzlich...“

“Abends auf der Terrasse. Im Spielsaal mit Kommerzienrath Josua Hasenclever auf und ab. Er machte mich aufmerksam, daß der Prinz von Preußen eingetreten sei und noch an der Thüre stehe, den Saal zu überschauen. Als der Prinz mich erblickt, kam er auf mich zu, that die gewöhnlichen Fragen, Königsmarck stellte Hasenclever vor, den der Prinz aber schon gut kannte; wir sprachen wohl eine Viertelstunde zusammen, da trat die Gräfin Kisseleff hervor, die schon lange peinlich harrte, der Prinz sprach einiges mit ihr, wandte sich dann aber wieder zu uns...“[1342]

Der Aufenthalt der Prinzessin blieb singulär, auch hinsichtlich seines Zweckes. Wer in jenen Jahren nach Homburg kam, war in der Regel so gesund, wie es als einziger Dostojewski von sich gesagt hat. Während seines Aufenthaltes 1867 fühlte er sich nur vom Spiel erschöpft, ansonsten aber befand er: „Meine Gesundheit ist nichtsdestoweniger gut“.[1343] Am Tag darauf schrieb er sogar: „Ich bin hier vollständig gesund“[1344] und am 22. Mai 1867 schließlich: „Meine Gesundheit ist so, daß sie besser gar nicht sein könnte“.[1345]

Eine wie untergeordnete Rolle demzufolge sowohl die kleinen privaten Badehäuser in den Hinterhöfen der beiden ortsansässigen Apotheker und selbst die Brunnen im fernen „Salzgrund“ im Bewußtsein der „Kurgäste“ spielten, läßt sich deutlich daran ablesen, daß sie, wenn überhaupt, erst im Verlauf eines längeren Aufenthalts erwähnt wurden. Varnhagen erwähnte die Badehäuser gar nicht. Dagegen galten die ersten Blicke dem Kursaalgebäude und dem Kurpark. Dostojewskis Schilderung vom 19. Mai 1867 liest sich noch immer ganz ähnlich wie diejenige Varnhagens aus dem Jahr 1844.

„Ich ging etwas im Park spazieren und muß zugeben, die Lage hier ist bezaubernd! Der Park ist großartig, das Kurhaus ebenfalls, die Musik wunderschön, besser als in Dresden. Hier ließe sich leben, wenn nur das verfluchte Roulettespiel nicht wäre!“[1346]

In seinem Roman „Der Spieler“ hat Dostojewski die selbst durchlebte und durchlittene Spielsucht künstlerisch verarbeitet. Ihr erlagen auch Adlige. Der bekanntesten adligen Spielerin hat Dostojewski in der „Großmutter“ ein Denkmal gesetzt: Gräfin Sophie Kisseleff. Die dem russischen Hochadel entstammende Gräfin stand an der Spitze jener russischen Adligen, deren rastloses Leben sich in den europäischen Metropolen und Modebädern vollzog und deren Lebenszweck das Hazardspiel darzustellen schien.[1347] Die ihrer Spielleidenschaft wegen von ihrem Gatten geschiedene Gräfin hatte mit dem Bau dreier „Landhäuser“ in Homburg bereits im Jahr der Fertigstellung des Kursaalgebäudes, 1843, die Absicht längeren und häufigeren Verweilens signalisiert.[11] Der Gräfin Kisseleff korrespondierte, sozusagen als männliches Pendant, Kurfürst Wilhelm II. von Hessen, auch er, da nicht gesonnen, „mit der Verfassung zu regieren“, ein dem Glücksspiel verfallener Fürst.[1348]

Der Chronist Hamel begleitete seine Besuche in Homburg mit Bemerkungen in der Lokalchronik. Noch vor der Einweihung des Kursaalgebäudes, „am 11. Juni [1843] traf der alte Kurfürst von Hessen in Homburg ein, und besuchte sogleich das Roullet im Kursaal, spielte mit Gold... Man schätzte seinen Spielgewinn auf 10 000 Franken, die er H. Lafitte zur Aufbewahrung gegeben, bis daß er wiederkomme“, welches bereits am 2. Juli geschah; der Kurfürst spielte dieses Mal „stark in Gold- und Silbergeldt“. Eintönig wie die Existenz des Kurfürsten sind die mit immer gleichen Worten abgefaßten Notizen Hamels, die in der Häufung indessen einen eindrucksvollen Beleg für die Spielsucht eines deutschen Fürsten abgeben.

1843:

„Der alte Kurfürst Wilhelm II. von Hessen in Homburg. Derselbe kam von Frankfurt den 8. Sep. in Homburg an, stieg im Hessischen Hofe ab, und besuchte das Spiel im Kursaal, um stark zu spielen. Alsdann kehrte er wieder den Abend nach Frankfurt zurück.

(Er wurde am 28. Aug. 1843 zu Wilhelmsbad bei Hanau morganatisch vermählt mit dem Fräulein Karoline von Berlepsch; er legte derselben die Bezeichnung Baronin von Bergen bei.)

Am 18. Sep. war der Kurfürst wieder hier, zum Spiel. Stieg im Hess. Hof ab.

Am 23. Sep. deßgl. Heute soll er 21 000 fl. verloren haben. – Am 17. Oct. deßgl.

Am 9. Nov. traf der alte Kurfürst von Hessen dahier im Hess. Hof ein, um das Spiel im Kurhaus zu besuchen. Er verweilte in Homburg bis zum 1.. Nov., wo er wieder nach Frankfurt a/M. zurückkehrte. Inzwischen spazierte er auch durch die Stadt.

Am 24. Nov. traf der Kurfürst wieder im Hess. Hofe ein, übernachtete daselbst u. reiste am 25. Nov. ab. Er besuchte das Hazardspiel im Conversationshause.

Am 27. Dez. Nachmittags traf der Kurfürst von Hessen hier ein, und stieg im Hess. Hof ab. Am 28. Dez. reiste er ab, nach seinem Wohnort Frankfurt."

1844:

„Am 18. Januar 1844 reißte der Kurfürst von Homburg wieder nach Frankfurt, nachdem er 3 Tage lang im Hessischen Hofe u. am Roullet-Spiel im Kursaal zugebracht hatte. Er miethete im Gasthaus zum Hessischen Hof ein Zimmer auf ein ganzes Jahr.

Am 25. Februar 1844 Vormittags kam der Kurfürst von Hessen wieder nach Homburg, in den Hessischen Hof und blieb bis zum 28. Feb. da, wo er abreiste.

Am 28. März Nachmittags kam der Kurfürst von Hessen wieder nach Homburg, in den Hessischen Hof, und reiste am 31. März 1844 ab.

Am 10. April Vormittags kam der Kurfürst; am 12. reiste er ab. Logirte im Hess. Hof.

Am 3. Mai Nachmittags kam der Kurfürst; am 4. reiste er ab. Logirte im Hess. Hof.

Am 30. Juli Morgens kam der Kurfürst wieder in seinem 2 spän. Wagen hierher, in Hess. Hof. Er reiste den 2. Aug. ab.

Am 28. Sep. Morgens kam der Kurfürst abermals in seinem 2 spän. Wagen, nach Homburg, in Hess. Hof, und reiste am folgenden Tag, 29. Sep., Morgens wieder ab.

Am 23. Oct. Vormittags kam der Kurfürst wieder hierher; am 24. Oct. reiste er aus dem Hess. Hof ab.

Am 21. Nov. 1844 kam der Kurfürst wieder hierher; am 23. Nov. reiste er aus dem Hess. Hofe ab."[1349]

Bei einem dieser siebzehn Aufenthalte – er verlief wohl kaum anders als die anderen – wurde Kurfürst Wilhelm II. aufmerksam beobachtet. Varnhagen schrieb, sein Entsetzen hinter Sarkasmus verbergend:

„Im Spielsaale den Kurfürsten von Hessen bei der Arbeit gesehen; er spielt den ganzen Tag, sitzt krum vorgebogen auf die Karte sehend und stechend, die er in der Hand hält, und schiebt das Gold hin und her; ein widerwärtiger Anblick, der deutsche Fürst unter dem Spielervolk und mit dem Golde nochmals das Blut seiner verkauften Unterthanen schnöd vergeudend!"[1350]

Nicht nur für Varnhagen saß am Spieltisch ein Fürst, der durch das Spiel ein Fremder unter Seinesgleichen geworden war. Selbst der sonst zurückhaltende Chronist bekundete Befremden darüber, daß „der Kurfürst … nicht im Schlosse" war – denn Wilhelm II. hatte „die größte Aehnlichkeit mit unserem Landgraf Friedrich Josef, und es tat den zahlreich herbei gekommenen Homburgern wohl, in ihm die Gesichtszüge und Gestalt des gutmüthigen, schon längst heimgegangenen Fürsten zu erkennen".[1351]

Der Platz des spielenden Fürsten war nicht im Fürstenschloß, sondern am Ort des kollektiven Vergnügens, der Spielbank als einem Schloß des Scheins und nicht des Seins. In der Gesellschaft der Spieler ging der Fürst seiner Rolle als Respektsperson endgültig verlustig, wie eine weitere von Varnhagen kolportierte Episode von der Spielbank in Ems – der Kurfürst verbrachte die Zeit zwischen seinen Homburg–Aufenthalten in den Spielbanken der rheinischen Bäder[1352] –"schlagend" beweist.

„Der Kurfürst von Hessen hat in Ems an der Spielbank eine Ohrfeige gekriegt, und jedermann freut sich der Geschichte! Er hatte seinen Platz an der Spieltafel aufgegeben, und nach einer längeren Zeit ein anderer Spieler ihn besetzt, da kommt der Kurfürst wieder, sieht seinen Platz besetzt, nimmt den nebenan, der gerade frei ist, stößt aber jenen Spieler mit dem Ellenbogen heftig an, und anstatt Entschuldigungen zu machen, blickt er dem Gestoßenen frech ins Gesicht, dieser mißt ihn mit den Augen und entschließt sich rasch, schlägt mit der verwendeten Hand unwillig zurück und trifft den Kurfürsten auf die Backe. Großes Aufsehen, aber keine Einmischung! Der Kurfürst erhebt sich brummend, und geht ab, der Fremde – es soll ein Franzose gewesen sein –, zieht sich auch bald zurück, und das ist das Ende der Geschichte, die überall offen erzählt wird, aber schwerlich in die Zeitungen kommt!"[1353]

Die Gesellschaft amüsierte sich gerade, weil der erniedrigte ein immerhin noch regierender Fürst war, der sich im Grunde selbst erniedrigt hat. Dazu paßte Varnhagens Notiz: „Auch hierin ist es nicht mehr wie in alter Zeit, man staunt nicht mehr alles an, was die Großen und Reichen tun."[1354]

Über die Gesellschaft im Homburger Kursaalgebäude ließ sich Varnhagen in einer Fülle von Äußerungen aus, die schon für die Zeit unmittelbar nach dessen Eröffnung die Diskrepanz von äußerem, architektonischen Rahmen und Niveau der Architekturbenutzer dokumentieren. Der weiter oben zitierte Ausspruch Varnhagens vom 8. Juli 1844 schloß bereits kontrapostisch mit der Bemerkung: „... aber die Gesellschaft, die sich hier versammelt, fröhnt nur dem Spiel, dem verfluchten Spiel, das alle Gauner und Tagediebe der Umgebung anzieht; ich sah keinen vornehmen Mann am grünen Tische, lauter Galgengesichter".[1355]

Die Klagen wiederholten sich bei Varnhagens Besuch im Jahr 1845 und häuften sich während seines Aufenthaltes im Jahr 1846. Er empfand die Zusammensetzung der Homburger Kurgäste als zunehmend negativ, und man wird darin den Hauptgrund seines künftigen Fernbleibens zu sehen haben.

„Homburg scheint mir nicht sehr gefüllt, besonders nicht von guten Gästen, die schlechte Sorte scheint völlig die Oberhand zu haben".[1356]

„Alles klagt über furchtbare Langeweile, die Gesellschaft wird sich durchaus nicht Gegenstand; ich war noch nie in einem Bade, das so gar keinen Stoff der Unterhaltung aus sich selber schöpfte".[1357]

„Niemand von Auszeichnung wird genannt, keine schöne und große Weltdame, kein Mann von Ansehn und Bedeutung. Die vorigen beiden Jahre waren doch ganz anders. Das Spiel jedoch gedeiht, das ist immer in vollem Gange und dicht umdrängt".[1358]

„Neue Kurliste bringt auch nicht Einen Namen, der anzöge oder neugierig machte!"[1359]

Varnhagens Beobachtungen lassen keinen Zweifel daran, daß die Begleiterscheinungen der Spielbank in Homburg dieselben waren wie im Pariser Palais-Royal: Kriminalität, Selbstmorde[1360] und Prostitution. Als Ursache stand für Varnhagen fest: „Die Spielbank macht Homburg zu einem Nest von Gesindel, Abentheurern, Beutelschneidern, liederlichen Weibern".[1361]

Auf solche „liederlichen Weiber" dürfte sich Varnhagen an anderer Stelle bezogen haben, als er einen Vorfall schilderte, der zugleich demonstrierte, daß auch Menschen „von Stand und Namen" sich in die Dienste der Spielbank nehmen ließen. Als die Presse meldete, „daß die Pächter ein paar vornehme Damen für Rechnung der Bank spielen ließen, um anderen Damen den Zutritt zu erleichtern, war die Gräfin X... außer sich über die Schmähung, die sich auf sie bezieht".[1362]

Daß die Prostitution in Homburg seit den 1840er Jahren einen „Mißstand" darstellte, geht aus einer damals angelegten Regierungsakte hervor.[1363] Balneologische Zeitschriften und Familienblätter berichteten ihrem entsetzten Publikum von jenem zweifelhaften „Sortiment Damen" in den „Reunionssälen" des Homburger Kursaalgebäudes.[1364] Deren Funktion beschränkte sich nicht auf das übliche Geschäft, sondern sie waren zugleich „Lockvögel" für und wohl auch oft in Diensten der Spielbank. In einer französischen Publikation von 1868 hießen sie „Joueuses"; eine dieser „Spielerinnen" tat kund, woher die zweifelhaften Damen Homburgs kamen: aus dem Pariser Palais-Royal.[1365]

Die Spielbank hatte Homburg grundlegend verändert. Das prächtige Kursaalgebäude konnte nicht über die äußerst heterogene Gesellschaft hinwegtäuschen. Varnhagen konstatierte, daß dieser Wandel auch bei den Ortsansässigen seine Spuren hinterlassen hatte. Daß auch für sie die Spielbank alle überkommenen Wertvorstellungen ungültig gemacht hatte, erkannte er nicht zuletzt daran, „wie wenig in diesen Gegenden vornehme Leute dem Volk imponieren": „selbst der regierende Landgraf wird von seinen Unterthanen gar nicht beachtet, die Gebrüder Blanc haben mehr Gewicht bei ihnen".[1366]

Die Anziehungskraft Homburgs, seines neuen Kursaalgebäudes und seiner Spielbank auf die Bewohner „dieser Gegenden“ war demzufolge groß. Glaubt man Varnhagen, so waren die Deutschen in Homburg in der Überzahl.

„In der „Allgemeinen Zeitung“ steht, Russen und Engländer machten hier die Ueberzahl; ganz falsch! Ich habe noch kein Wort Russisch hier gehört und sehr wenig Englisch, wohl aber viel Holländisch, und von allen Ecken her schlagen frankfurtische, kölnische und westphälische Stimmen grobfällig an's Ohr“.[1367]

In jedem Fall gehörte für die Frankfurter ein Sonntagsausflug nach Homburg mit Besuch des Kursaalgebäudes seit den 1840er Jahren zum guten Ton. Ebenso besuchten die Homburger selbst die öffentlichen Räume des Kursaalgebäudes und den Kurgarten, wenn ihnen auch die Spielbank verwehrt war.

„Nachmittags die Terrasse und der Kurgarten überfüllt mit Frankfurtern, auch mit Homburgern, die geputzt den Sonntag feiern“.[1368]

Daran ändere sich nichts. Als Dostojewski in den 1860er Jahren nach Homburg kam, konstatierte er ähnliches.

„Gestern war Sonntag, und all diese Homburger Deutschen mit ihren Frauen erschienen nach dem Mittagessen im Kurhaus. An Wochentagen spielen dort gewöhnlich die Ausländer und es herrscht kein Gedränge, gestern, Sonntag, war aber ein Durcheinander, eine Schwüle, ein Gestoße und ein Geschimpfe! Ach, wie gemein sind doch diese Deutschen!“[1369]

Die für Homburg werbenden Blätter, etwa die um 1850 in Paris erschienene bebilderte Broschüre „Bains de Hombourg près de Francfort-sur-le-mein“, ignorierten naturgemäß die Schattenseiten und charakterisierten die Stadt als ein „rendez-vous de voyageurs, la retraite élégante et mondaine des gens de goût, de loisir et d'esprit“, betonten auffällig die Frische und Friedlichkeit dieser Oase („fraîche et paisible oasis“) der „pèlerins du plaisir“, die andere als Glücksritter bezeichneten. Das Kursaalgebäude wurde in französisch- und englischsprachigen Broschüren als „Palais“ apostrophiert“. Der Engländer fühlte sich an die „splendid Palaces I had seen in Genoa, Venice, and other cities of Italy“ erinnert und war „struck with the animated, joyous, and alluring aspect all around, the gay world is seen through the windows, and on mounting the steps into the portico, the doors of the principal entrance seems to open of their own accord into a fine large hall, where he is received and saluted by servants in handsome livery.“[1370] Während der Franzose die Erkenntnis eines kausalen Zusammenhangs zwischen der nur im Nebensatz erwähnten Existenz des Roulette und seiner Aussage, „on peut bien dire que l'ennui n'a jamais osé passer le seuil de ce palais“ dem kundigen Leser überläßt, zeigte sich der Engländer bemüht, selbst im „Roulette salon“ – „thronged with visitors sitting and standing, and deeply engrossed in the interesting and fascination game of Trente et Quarante or Rouge et Noir“ – eine harmlos-harmonische Atmosphäre von gepflegter Eleganz obwalten zu lassen.

Die in Schriften privaten Charakters frequente Verwendung der Vokabel „fürstlich“ oder „königlich“ wurde vermieden, „fürstlichen“ Empfang indessen suggerierte die Erwähnung livrierter Diener. Den Kritikern waren freilich auch sie verdächtig, und einer von ihnen stellte die an den Grundfesten des Etablissements rüttelnde Frage: „Livrée wovon? Livrée von wem?“[1371]

Der Kursaal, resümierte der heimische „Sänger“, „ist geöffnet Euch zu jeder Zeit, Ein schöner Ort für die Geselligkeit“.[1372] Sein Poem beschrieb „in heiteren und ernsten Versen“ und mit einer moralisierenden Erörterung der Gefahren des Spiels das „Werk der Kunst, das vor uns steht.“

„„... Im Saale zeigt sich Euch viel Pracht und Zierde,
Viel reich Geräthe, stark verbrämt mit Gold,
Man hat von Ferne selbst es hergeholt;
Und schauts mit wahrer Lust und mit Begierde.

Man schreitet über glatt gebahnten Boden,
Als wenn in eines Fürsten Schloß man weilt
Ist alles hier so glanzvoll, wie gefeilt;
Doch still ist's hier, als wie im Reich der Todten.

Denn hier ist jene viel besproch'ne Tafel,
Auf welcher Gold und Silber reichlich blinkt,
Das Euch zum Glückes-Spiel einladend winkt,
Es ist das Spiel von dem verbotnen Apfel ...“

Anders als der „Sänger“, der den „Als-ob-Status“ des „Kur-Schlosses“ zumindest ansatzweise reflektierte, begnügten sich die bürgerlichen Blätter, ob pro oder kontra Spielbank eingestellt, nicht mit einer Umschreibung, sondern nannten den Bau schlichtweg einen „Palast“ oder ein „kolossales Kurhaus". Wenn vom Konzertsaal gesagt wurde, er „strahlt einfach, aber in wahrhaft Königlicher Pracht",[1373] so verwundert es nicht, daß schließlich auch die Bauherren – nicht der eigentliche Besitzer – „die beiden Könige"[1374] genannt wurden.

In Fortführung dieses Gedankens hieß es 1867, als der Übergang Hessen-Homburgs an Preußen die Gegner eine Aufhebung der Spielbank erhoffen ließ: „Der eigentliche Beherrscher Homburg's war bisher Herr Blanc, der Spielpächter, über dessen eigenthümliches, intimes Verhältniß zum Landgrafen wir nächstens ausführlich erzählen werden. Herr Blanc hatte den Landgrafen in der Tasche, und der Dey von Algier konnte nicht unumschränkter über seinen Raubstaat regieren als Herr Blanc über die ihm unterthanen Homburger".[1375]

Abstrahiert man von der offensichtlichen Übertreibung, so läßt sich aus diesen Bemerkungen zumindest ein in unserem Zusammenhang wichtiges Indiz erkennen. Nicht die fürstlichen Gäste und auch nicht der fürstliche Besitzer, dem die Öffentlichkeit die verachtete Rolle des „Spielhöllen-Schirmherrn" zuwies,[1376] begründete in der Öffentlichkeit den Ruf des Kursaalgebäudes als eines Schlosses. Es waren einerseits die Pracht des Kursaalgebäudes und seiner Ausstattung und andererseits die Gebrüder Blanc, die als die Begründer einer neuen Herrschaft angesehen wurden[1377] und denen man, wie dem in Baden-Baden zum „roi de Bade" erhobenen Benazet,[1378] folgerichtig die zugehörige Titulierung zuteil werden ließ.

So floskelhaft sich die verbale Rangerhöhung auf den ersten Blick ausnimmt und so spöttisch sie auch gelegentlich gemeint gewesen sein mag, spiegelte sich im Wortgebrauch dennoch ein Zustand, der registriert wurde. Emotionsfrei betrachtet, bestand er in der Erfüllung eines Anspruchs, dessen Modell in der englischen Bäderkultur des frühen 18. Jahrhunderts zu suchen ist. Der „King of Bath", Richard „Beau" Nash (1674–1761), nimmt sich geradezu als die Präfiguration der Bénazet und Blanc aus. Wie ihnen war es diesem, „einem einzigen Manne", vorbehalten, „das Bad zu seiner jetzigen Pracht und Größe zu erheben". Noch 1813 berichtete Johanna Schopenhauer ausführlich von diesem „merkwürdigen Mann", der das in den englischen Bädern verbreitete Amt des Zeremonienmeisters – seine Aufgaben entsprachen in etwa denen des späteren Kurdirektors –, das „bis jetzt sehr unbedeutend gewesen war", mit neuen Inhalten, Glanz und Würde erfüllte.

„Durch mancherlei ritterlich und „kühne That", sowie durch erwiesenes Organisationstalent für prädestiniert erachtet, wurde Nash „einstimmig von allen Badegästen zum König von Bath ausgerufen; und ihm die volle Macht gegeben, zu schalten und zu walten, einzurichten, zu verbiethen und zu befehlen, in Allem was auf Etikette, Vergnügungen, Ordnung und so weiter Bezug hätte. In Kurzem wirkte er Wunder, unter seiner Leitung wuchs Bath täglich an Schönheit, Ruhm, Umfang und Glanz. Ein neuer Saal ward gebaut, Promenaden angelegt, gute Musik besorgt, und so ward es, was es jetzt ist, der Sammelplatz aller Eleganz".[1379]

Das „Allroundgenie", das diesen Männern das Format moderner Manager verlieh, war gemeint, wenn in der Sprache der Zeit von einem „Roi", „King" oder „König" die Rede war. Dabei tat es dieser anerkannten Stellung keinen Abbruch, daß „the only crown worn by Nash was a white beaver hat, and his subjects were at the same time his patrons".[1380] Gleich mächtigen Königen fanden weder Beau Nash noch Bénazet noch Blanc würdige, ebenbürtige Nachfolger. Nach dem Tode Nashs stritten zwei Kandidaten um die Nachfolge – „bis in's Jahr 1777, da erwählte man zwei Könige, deren jeder in einem andern Saale seine Residenzen aufgeschlagen hatte..."[1381]

Wenn sich weder die Homburger „Könige" noch das Kursaalgebäude uneingeschränkter Bewunderung erfreuen konnten, sondern stets auch mit Verachtung gestraft wurden, so hatte dies mehrere Gründe. Ein wesentliches Motiv der Ablehnung bestand sicher darin, daß diese neue Herrschaft – anders als bei dem „Kavalier" Nash – als „Finanz-Königtum" begriffen wurde, dem das Odium des „Unschicklichen" anhaftete.

IX. Erweiterungsbauten von J.-P. Cluysenaar, 1850

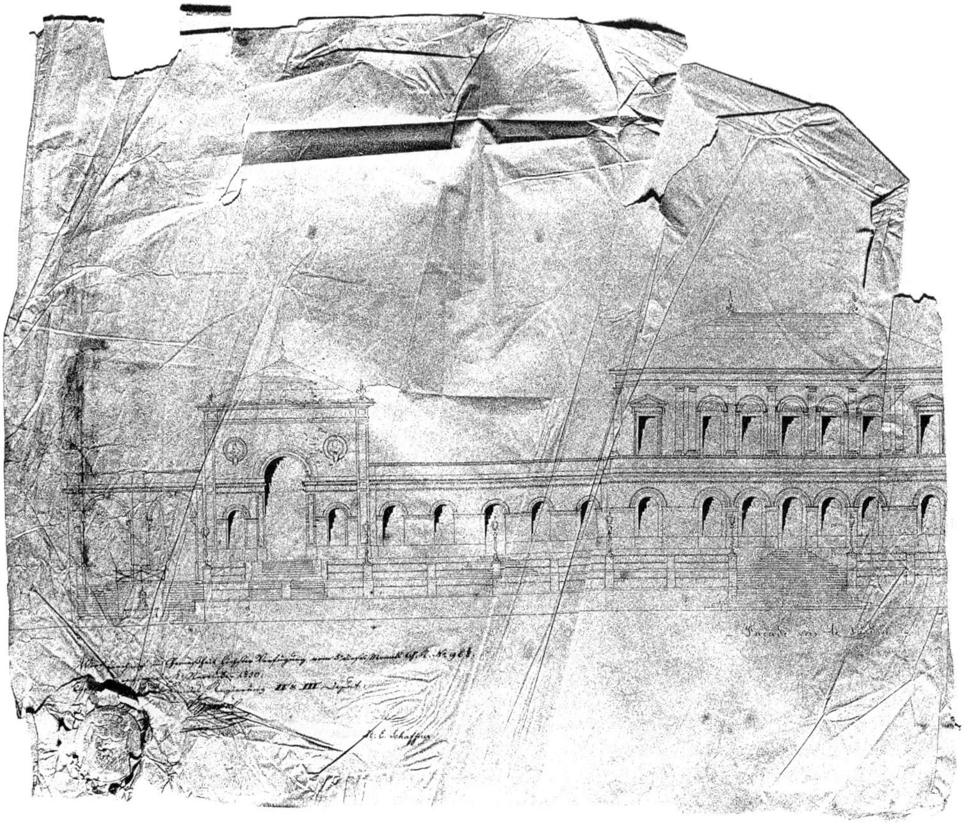

84 J. P. Cluysenaar, Entwurf zur Erweiterung des Kursaalgebäude in Homburg, Fassade zum Kurhausgarten, bez. Homburg v.d.Höhe 31. August 1850

Schon während der Fertigstellung des Kursaalgebäudes von Métivier entwickelten die Spielbankpächter Gedanken über die bauliche Ergänzung und Erweiterung des Komplexes. In den Jahren 1843 bis 1850 kamen immer wieder neue Projekte zur Sprache; sie reichten vom Hotel über ein Theater zum Badehaus.[1382]

Seit 1842 versuchten die Spielbankpächter auch die Pläne zur Stadterweiterung zu beeinflussen. Im November 1842 legte der Landgräfliche Bauinspektor Westerfeld einen „Plan über die Erweiterung hiesiger Stadt nach den Mineralbrunnen hin“ vor. Obwohl ihm nachgesagt wurde, daß er sich „durch seine Geschmacklosigkeit auszeichnet und in der Ausführung die größten Verunsaltungen herbeiführen würde“, wurde er vom Landgrafen einem „Bauplan für die Stadt Homburg“ von F.X. Geyer vorgezogen. Diesen hatten die Gebrüder Blanc in Auftrag gegeben und im Januar 1843 eingereicht. Der Chronist kommentierte, daß nach diesem, dem Geyerschen Plan, „Homburg eine der schönsten Städte von Deutschland geben würde, wenn man ihn befolgte“.[1383]

1846 beantragten die Brüder Blanc die Vergrößerung eines der Spielsäle durch Herausnahme einer Scheidewand. Der Antrag wurde abgelehnt, weil das angrenzende Zimmer die einzige öffentliche Räumlichkeit im Kursaalgebäude war. In der Begründung hieß es, es gehe „eines der schönsten und geräumigsten Zimmer im ganzen Kurhaus u. zugleich eine große Annehmlichkeit für das Kurpublikum verloren, indem dieses Zimmer das Einzige ist, wo sich die Kurgäste, die weder spielen noch sonst irgend etwas geniesen oder verzehren wollen, ganz ungehindert aufhalten können."[1384]

Im Jahr 1847 verwandelte Blanc sein Unternehmen in eine Aktiengesellschaft mit dem Titel „Société anonyme des fermes réunies du Kurhaus et des sources minérales à Hombourg-ès-Monts" (Anonyme Gesellschaft der vereinigten Pachtungen des Kurhauses und der Mineralquellen zu Homburg vor der Höhe). Das Aktienkapital betrug zunächst 1,5 Millionen fl., das Betriebskaptial 300 000 fl.[1385] Die Gebrüder Blanc beherrschten als Mehrheitsaktionäre die Gesellschaft, die sich umgehend mit Plänen zur Erweiterung des Kursaalgebäudes beschäftigte.

Erstmals war 1847 von einer baulichen Flankierung des Kursaalgebäudes durch einen Theatersowie einen Hotelbau die Rede.[1386] Der Gedanke der „correspondirenden" Flankenbauten war geboren, nahm jedoch erst 1850 Gestalt an.[1387]

Schon Jacobi vermutete als Grund für die Verzögerung die „politischen Wirrnisse der 48er Jahre", in deren Folge die Homburger Spielbank 1849 durch die Nationalversammlung aufgehoben wurde.[1388]

Der neuerliche Aufschwung der Spielbank nach den Ereignissen von 1848-49[1389] ließ die Spielbankpächter von dem Gedanken an die Hotel- und Theaterbauten Abstand nehmen. Allerdings hatte sich die Kurhauspachtgesellschaft vertraglich zum Bau des Theaters verpflichtet und erhielt, nach anfänglicher Weigerung des Landgrafen, erst am 10.9.1850 die Genehmigung, zugunsten der Kurhaus-Erweiterung das Theater „erst später" zu bauen.[1390]

Die Kurhauspächter waren nunmehr vor allem daran interessiert, dem bestehenden Kursaalgebäude zwei Trakte hinzuzufügen, die dieses funktional und architektonisch ergänzte: ein Speise- und ein weiterer Spielsaal. Beide erschienen um so wünschenswerter als seit 1849 über eine Eisenbahnverbindung von Paris nach Frankfurt gesprochen wurde, die schon im Jahr 1852 die Fahrzeit zwischen den beiden Großstädten auf 18 Stunden reduzieren sollte. Damit war ein neuerlicher Besucherstrom in Homburg zu erwarten.[1391]

1. Erweiterungspläne

Am 31.8.1850 unterzeichnete der Architekt Jean Pierre Cluysenaar zwei Ansichtszeichnungen zu einem Erweiterungsbau des Kursaalgebäudes. Er bestand aus zwei Seitenflügeln, die sich quer den einstöckigen Flügelbauten des Métivierbaus anfügten.[1392] Der Situationsplan klärt die Lage der Anbauten: Von der Louisenstraße gesehen rechts liegt der Speisesaal, links der Spielsaal. Jeder Saal ist ca. 100 Fuß lang, 33 Fuß breit und 28 Fuß hoch.

An die Flügelbauten schließen sich in den Ansichten jeweils zwei Arkadenbögen an. Aus den Akten ist zu erfahren, daß es sich hierbei um einen „bedeckten Säulengang vom Kurhause bis zur Louisenstraße" handelte. Der gutachtende J. Westerfeld befand dazu: „Ueber die weiter projectirten beiden Gallerien habe ich zu bemerken, daß durch dieselben der Vorgarten etwas eingeengt und dadurch der vorderen Facade des Kurhauses das Großartige genommen wird."[1393] Wohl darauf hin wurde die Errichtung „vorläufig" untersagt.[1394] Es kam nie zum Bau dieses Säulenganges.

Am 9.9.1850 verkündete die L. Landesregierung in der Generalversammlung der Kurhauspachtgesellschaft am 9.9.1850, es bestehe (im Gegensatz zur Theaterbau-Frage) „im übrigen hinsichtlich des Bauprojects der Vergrößerung des Kurhauses und hinsichtlich der Verwendung der hierfür zu bestimmenden Geldmittel eine Meinungsverschiedeneheit mit L. Gouvernement nicht".[1395] Als die Pläne Cluysenaars am 5.11.1850 mit Einschränkung genehmigt worden waren, konnte das „Bauproject der Vergrößerung des Kurhauses" in Angriff genommen werden.[1396]

85 J.P. Cluysenaar, Entwurf zur Erweiterung des Kursaalgebäudes in Homburg, Fassade zur Louisenstraße, bez. Homburg v.d.Höhe 31. August 1850

2. Bauausführung

Die Bauausführung der Flügelbauten gestaltete sich komplizierter als bei dem früheren Kursaalbau, denn das Bauwerk sollte in Regierungseigentum bleiben[1397]. Die Baukosten wurden aus dem landgräflichen Bau- und Verschönerungsfond bestritten. Dennoch scheint die Landesregierung weder in die Planung noch in die Ausführung des Bauwerks eingegriffen zu haben. Alles - einschließlich der immensen Baukosten-Überschreitung - blieb geprägt vom Geist der Gebrüder Blanc.
Mit der Ausführung der Bauarbeiten wurde sofort begonnen. Ende 1851 muß bereits mit dem Innenausbau begonnen worden sein, denn im Januar 1852 wurden die beiden Säle bereits eingeweiht. Doch waren die Arbeiten damals noch nicht abgeschlossen, wie die Anwesenheit von Malern und Stuckateuren auch in den Jahren 1852 bis 1854 beweist.[1398]

Jean Pierre Cluysenaar vermerkte in seiner Autobiographie: „1851 Salle à manger, salle de jeu, terrasses, etc. au Casino de Hombourg près Francfort". [1399] Da sich Cluysenaar nicht in jenem und auch nicht im Jahr 1852 in Homburg aufhielt, muß ein anderer Bausachverständiger (Westerfeld?) die Bauleitung innegehabt haben. Cluysenaar kam erst im August 1853, für wenige Tage, nach Homburg.[1400]

Wie schon beim ersten Kurhausbau wurde die „beantragte Erlaubnis zur Verwendung auswärtiger Arbeiter zwar nicht allgemein und unbedingt" erteilt, aber für all jene Fälle genehmigt, „wo hiesige Handwerker die betreffenden Arbeiten nicht in gleicher Güte oder zu gleich billigem Priese zu liefern im Stande sein sollten."[1401] So wurden für die Ausmalung der beiden Flügel die Maler Govaerts[1402] und van Brée[1403] aus Brüssel engagiert, die Stuckarbeiten von dem schon im Métivier-Bau beschäftigten Italiener Axerio ausgeführt.[1404]

Die Baukosten beliefen sich auf 152 000 fl. zuzüglich der Kosten für Mobiliar, Lüster etc., die bei 40 000 fl. lagen. Damit waren die Baukosten mehr als doppelt so hoch wie der ursprüngliche Baufond (ca.90 000 fl.), obwohl „wesentliche Veränderungen nach dem ursprünglichen Bau-Plan nicht statt

86 Erweitertes Kursaalgebäude in Homburg, Ansicht von der Louisenstraße, Lithographie, 1852-1860

gefunden“ hatten. Die Mehrkosten gingen darauf zurück, daß „beinahe eine jede Räumlichkeit zu ebener Erde im Kurhause eine Aenderung in ihrer früheren Einrichtung erfahren hat“.

In ihrem Bericht an den Geheimen Rat kommentierte die Landesregierung: „Wenn auch nicht verkannt werden darf, daß durch die Bauveränderungen im Kurhause und Erweiterung desselben das Kurhaus sowohl in seiner inneren als äußeren Aufmachung in die Reihe eines jeden solchen Hauses in deutschen Bade-Orten gestellt werden kann und an Pracht und Glanz nicht leicht übertroffen zu werden vermag; so haben auf der anderen Seite die darauf verwendeten Kosten den ursprünglich aufgestellten und vorgelegten Kostenvoranschlag bei weitem überschritten, so daß Jahre verstreichen werden, bis diese Mehrkosten aus dem Verschönerungsfond beglichen sind.“ [1405]

Die Kurhaus-Administration scheint großen Wert auf baldige Eröffnung der neuen Säle gelegt zu haben. Mitte Januar 1852 gab das Darmstädter Hoftheater im Rahmen eines Ballabends im „kaum vollendeten neuen Speisesaal“ auf einer improvisierten Bühne ein Vaudeville.[1406] Ende April las man in der Zeitung: „An der Vollendung des Kurgebäudes wird eifrigst gearbeitet und wird dasselbe im Innern eine überaus prachtvolle Ausschmükkung erhalten. Die Decken sind mit Malereien überladen.“ [1407]

Die Eröffnung der Neubauten fand an zwei aufeinander folgenden Sonntagen im Juni 1852 statt. Von der Eröffnung des Spielsaals Mitte Juni berichtete die Presse: „Der mit wahrhaft feenhafter Pracht ausgestattete, von dem belg. Baumeister Cluysenar erbaute neue Marmorsalon in unserem Curhause ist am letzten Sonntag eröffnet worden. Die großen prachtvollen Deckengemälde von Gowards und die Fensternischen von dem belg. Maler van Bree sind wahre Meisterstücke der Malerei. Der Glanz dieses Zauberpalastes, welcher in keinem Badeort seines Gleichen haben dürfte, erfüllte Alles mit Bewunderung und strahlte besonders des Abends im Schimmer von Hunderten von Lichtflammen, welche sich in den kostbaren Spiegeln und der reichen Vergoldung zu einem wahren Lichtmeer vervielfachten, in wahrhaft bezaubernder Pracht. Das Meublement ist fürstlich und das

Ganze erinnert an die Säle von Trianon und Versaille oder vielmehr durch die Überschwänglichkeit des aufgebotenen Luxus an die Wunderpaläste der Feen und Zauberer in der Märchenwelt. Wie man hört, wird nächsten Sonntag auch der große Porzellain-Speisesaal eröffnet werden, dessen Fenster vier Bachanalien von Bree schmücken, herrliche Gemälde, welche die Eintretenden begeistern werden, dem sorgenbrechenden Gotte reiche Libationen darzubringen, besonders wenn Fortuna ihnen hold gewesen ist."[1408]

Die Verhältnisse im Kursaalgebäude nach Vollendung der beiden „neuen Prachträume" beschrieb der Homburger Arzt E.Ch. Trapp: „Der eine Saal dient zum Speisesaal und fasst bequem 200 Gäste, wodurch einem allgemein gefühlten Bedürfniss abgeholfen ist",[1409] da es jetzt möglich war, „während der Sommersaison täglich Mittags um 1 Uhr und Nachmittags um 5 Uhr Table-d'hote" abzuhalten. Die Restauration, „ganz nach französischer Küche eingerichtet", stand unter der Leitung des Restaurateurs Chevet aus Paris.[1410]

„In den anderen schönen Raum sind die grünen Tische verlegt worden, wodurch der Tanzsaal und die anstossenden Räume der Conversation und der Musik vorbehalten sind, was bei den trüben Tagen im August der Gesellschaft sehr zu statten kam. An Pracht und Comfort lässt das Ganze nichts zu wünschen übrig, und hat besonders das Lesezimmer, wie an Räumlichkeit, so auch an Reichhaltigkeit gewonnen."[1411]

3. Beschreibung

Die beiden Flügelbauten legten sich T-förmig an das Métiviersche Kursaalgebäude an. Daß sie imponierende Ausmaße hatten, bemerkte der Betrachter kaum, denn sie entwickelten sich aus der Perspektive des davor Stehenden in die Tiefe, und ihre an engen Straßen sich erstreckenden Längsseiten hatten keine Fassadenwirkung. Mit dieser Anordnung wurde vermieden, daß der nun zierlich wirkende Métivierbau nicht optisch „erdrückt" wurde. Die Flügelbauten scheinen aber architektonisch durchgearbeitet worden zu sein. Eine zeitgenössische Zeichnung mit seitlichem Blick auf den Speisesaal zeigt, daß an seiner Flanke die Gliederung - Fenster, Gesims, Lisenen - der eingeschossigen Seitenflügel aufgegriffen wurde.

An der Straßenfassade drückte sich das Bemühen des Architekten um eine harmonische Anbindung an den Bestand darin aus, daß er das Gesims weiterführte und den Kämpfer einer hohen Fenstertür mit kräftig profiliertem Rundbogenfenster bilden ließ. Sockel und Lisenen rundeten die straffe Anordnung ab. Der pavillonartig wirkende Bau zeigte an seiner Straßenfassade Anklänge an Fassadenlösungen Palladios und erzielte so eine geglückte Anknüpfung an die „palladianische" Doppelloggia des Métivierbaus.

Die zum Kurhausgarten gerichteten Fassaden der Flügelbauten wirkten monumentaler als die Straßenfassaden. Die Flügelbauten waren hier in die Terrasse eingebunden und über eine breite, Distanz schaffende Treppe zu erreichen. Auch wurden die Fassaden selbst reicher gestaltet als jene zur Straße. Das hohe Rundbogenportal wurde von zwei kleineren, rundbogigen (Schein-) Fenstern und darüber angeordneten, großen Tondi flankiert. Das Motiv des Tondo, der auch in Homburg mit einer - unausgeführt gebliebenen - Büste ausgestattet werden sollte, begegnet im Werk des Architekten J. P. Cluysenaar des öfteren (z.B. Hotel Goethals, Lüttich, Treppenhaus u. Bibliothek).Das der Architektur der Renaissance entlehnte Motiv korrespondiert mit dem sonstigen Habitus der Fassade, deren Vorbilder in der Renaissance-Architektur etwa von Leon Battista Alberti zu suchen sind. Dieser konzipierte 1470 die Fassade der Kirche S. Andrea in Mantua, der wiederum zwei Baugedanken der Antike zugrundelagen: jener der Tempelfront und jener des Triumphbogens. „Diesmal wählte Alberti den Typ des Titusbogens in Rom oder des Trajansbogens in Ancona mit nur einem breiten Tor und zwei schmalen Seitenfeldern. Bei manchen dieser Bögen ist das Profil, auf dem die Archivolte des Bogens aufsitzt, über die schmalen Seitenfelder hinweggeführt und wird von der großen Ordnung überschnitten. Alberti nahm dieses Motiv in seine Fas-

87 Erweitertes Kursaalgebäude in Homburg, Ansicht vom Kurhausgarten, Stahlstich von W. Lang nach Wegelin, 1852-1860

sade auf".[1412] Der Architekt der Homburger Flügelbauten tat dies auch, mit den Ecklisenen des Baukubus.

Triumphbogenmotive waren in der Architektur, nicht nur des 19. Jahrhunderts, keine Seltenheit. In der Bäderarchitektur – bei Kursaalgebäuden und Badehäusern – begann das Motiv erst in der zweiten Hälfte eine Rolle zu spielen.[1413]

Die Anwendung des Triumphbogenmotivs in Homburg war aber eine konsequente Weiterentwicklung – in stilistisch eindeutiger Ausrichtung - eines in der Bäderarchitektur sehr geläufigen Gebäudeschemas. Die Anordnung nach dem Prinzip Mittelbau mit Seitenflügel und zwei niedrigere Eckpavillons bzw. Flügelbauten ist schon früh bei den Kursaalgebäuden in Wiesbaden und Baden-Baden und bei den Wandelhallen in Driburg, Marienbad und Wildbad ausgeprägt[1414], später bei den Kursaalgebäuden in Bad Wildungen, Bad Soden im Taunus,[1415] Bad Harzburg und Bad Elster. Außer bei den Bauten in Wiesbaden, Baden-Baden und Driburg, die alle deutlich palladianisch geprägt waren, kann bei keinem der erwähnten Eckpavillons von imposanter Architektur die Rede sein, sie führen eher ein Dasein im Schatten des Mittelbaus.

Erst J.P. Cluysenaar hat mit seinen Flügelbauten für das Homburger Kursaalgebäude eine überzeugende Lösung gefunden, die sich der kreativen Auseinandersetzung mit dem bestehenden Bau verdankte. In gewisser Weise profitierte der Mittelbau von den Neubauten, die seiner Architektur-

88 Sant' Andrea in Mantua, Fassade

89 Bad Nauheim, Kursaalgebäude, Ansichtspostkarte, 1910

sprache aufgriffen, ihr aber auch eine eindeutige Wendung in die inzwischen aktuelle Richtung der Neurenaissance gaben. Die Flügelbauten erscheinen als adäquate Partner des älteren Mittelbaus, dem sie aber schon aufgrund ihres Bauvolumens keineswegs untergeordnet sind.

In seiner seit 1852 bestehenden äußeren Form hat das Homburger Kursaalgebäude beeinflussend gewirkt auf das Kurhaus in Nauheim, das nach langwierigen Vorplanungen endlich im Jahr 1864-66 zur Ausführung gelangte.[1416] Es handelt sich um ein von eingeschossigen Seitenflügeln und anderhalbgeschossigen Flügelbauten flankierten zweigeschossigen Mittelbau. Besonders deutlichen Bezug auf den Homburger Bau nehmen die beiden Seitenflügel, die die gesamte Tiefe des Baus einnehmen, jedoch weniger weit aus der Fläche hervortreten. Rezipiert wurde nur die Gartenfassade des Homburger Vorbildes, nicht die gerade neu gestaltete Straßenfassade.

Anlaß zu diesem Homburg-Zitat in Nauheim könnte die Gründung einer Spielbank in Nauheim gewesen sein. Die berühmte Spielbank des Nachbarbades in der Neugründung präsent werden zu lassen, dürfte insbesondere ein Anliegen des Spielbankpächters Viali gewesen sein, der den Bau finanzierte.

Die Ausstattung im Inneren

Deutlicher als am Außenbau gab sich der Architekt der Flügelbauten im Innern als Historist zu erkennen. Die Besucher erwartete nach Betrachtung des „Renaissance"-Äußeren eine deutlich am Barockstil orientierte Innenausstattung.

Vor allem kamen die Malereien dem wachsenden Prunkbedürfnis der Zeit (und der Bauherren) entgegen. Eine zeitgenössische Bauzeitschrift reagierte denn auch anerkennend: „Man muß überhaupt von beiden Sälen anerkennen, daß in beiden schöne und richtige Verhältnisse in Bezug auf Form und Farbe angewendet sind, um einen günstigen Totaleindruck hervorzubringen."[1417]

Der *Speisesaal* (Japanischer Saal[1418], später Weißer Saal) wurde in der Zeitschrift für praktische Baukunst (1856) detailliert beschrieben: „Es ist dieser Saal, im Gegensatz zu dem Spielsaal, der marmorartig decorirt ist, ganz mit Verzierungen

90 Speisesaal im Erweiterungsbau des Kursaalgebäudes zu Homburg, Wandabwicklung, 1850

aus verschiedenen Holzarten geschmückt, welche ebenso wie dort der Marmor auf das Täuschendste durch Malerei wiedergegeben sind. Hohe aufsteigende Pilaster theilen und schmücken die Wandflächen. Dieselben sind wie mit eingelegter Holzarbeit verziert; die Kapitäle sind grotesk gebildet und dreitheilig geformt, zur Unterstützung der Bogen, welche die Wandfläche entlang laufen so wie der Bogen, welche consolartig die Decke tragen in der Art einer Holzconstruction. Die Wandfläche hat ferner ein hohes Pannel, welches ebenfalls sehr reich wie mit eingelegter Holzarbeit geschmückt ist, und woran besonders mit vielem Glück die verschiedensten Holzarten dargestellt sind, ebenso die Einfassungen der unteren Fenster, ihre Verdachung dazu und die Umrahmung der oberen kleinen Fenster.

Ein tapetenartiger Grund zieht sich zwischen diesen Holzverzierungen hindurch und auch darin ist ein Farben- und Luftspiel erreicht, welches sich auf den Tafeln nicht vollständig wiedergeben läßt. An den Pilastern sind rund im Saal umher, reich verzierte Armleuchter angebracht, und darüber sind auf Consolen große Vasen aufgestellt. Diese Vasen sind nur in Holz abgedreht, aber mit großem Verständniß gemalt, so daß sie täuschend die verschiedenartigsten Gesteine, Achat, Malachit und dergleichen darstellen, und besonders dazu beitragen, den Reichthum der Decoration zu erhöhn. Die Decke des Saales ist auf Tafel 3 dargestellt, sie ist in schöner Farbenharmonie gemalt.

Auf Blatt 4 und 5 sind die Längendurchschnitte der beiden Säle, des Speisesaals sowie des Spielsaals angegeben. In der Mitte des Speisesaals ist eine Loge für das Orchester angebracht, darunter

91 Deckenmotiv im Speisesaal, Zeichnung, um 1850

das Büffet. Die oberen blinden Fenster sind wie im Spielsaal mit reichen Blumenstücken bemalt."[1419]

Eine detaillierte Beschreibung des *Spielsaales* veröffentlichte die Berliner Zeitschrift für praktische Baukunst 1855:

„Er wird bei Tage erleuchtet durch eine Reihe Fenster auf der langen Seite, über denen sich noch eine zweite Reihe kleinerer Fenster in der Voute der Decke befinden; die vor dem Mittelgebäude vortretenden schmalen Seiten des Saals sind hellerleuchtet durch große Bogenfenster, und außerdem durch Seitenfenster, welche auf die Terrasse und auf die Vorfahrt einen Blick gewähren, und dadurch zur Annehmlichkeit des ganzen Raumes beitragen. Bei Abend ist der Saal durch eine doppelte Reihe von Kronen sehr brillant erleuchte; die Kronen sind hier zusammengestellt aus vielen Moderateur-Lampen. Die Decoration der Wandfläche ist in Marmor gedacht, und ist die Wirkung sehr täuschend und schön erreicht durch Malerei, theils auf Holz, theils auf Stuck; es sind die verschiedensten Arten und Farben von Marmor gemalt, und mit sehr großem Geschmack in Harmonie gebracht. Es ist nicht möglich auf den beiden Blättern den Effekt dieser Marmormalerei wiederzugeben, ebenso fehlt die Vergoldung, die zur Vervollständigung des prachtvollen Eindrucks den das Ganze macht, unumgänglich nothwendig ist. Doch werden die Blätter schon ausreichen, um dem Leser einen Begriff von der Wirkung des Ganzen zu geben.

Das Panel, die Postamente, die Säulen und die Gesimse sind sämmtlich von Holz ausgeführt, aber alle wie Marmor gemalt. Die einliegenden Füllungen stellen die kostbarsten Gesteine dar, Gliederungen und Einfassungen sind überall reich vergoldet. Die Thüren, Spielgrahmen und Kamine sind in schwarzem Marmor gemalt und mit reicher Vergoldung verziert. Vor den Fenstern her laufen Sophas mit dunkelrothem Sammet überzogen und von demselben Stoff sind die Fenstervorhänge; die großen Spiegel sind alle aus einem Stück. Ueber den Wandflächen erhebt sich bis zum Spiegel der Decke eine große Voute, die über dem Gesimse auf-

92 Speisesaal, Fotografie, um 1900

Jean Pierre Cluysenaar, Speisesaal zum Kursaalgebäude in Homburg, Wandausschnitt

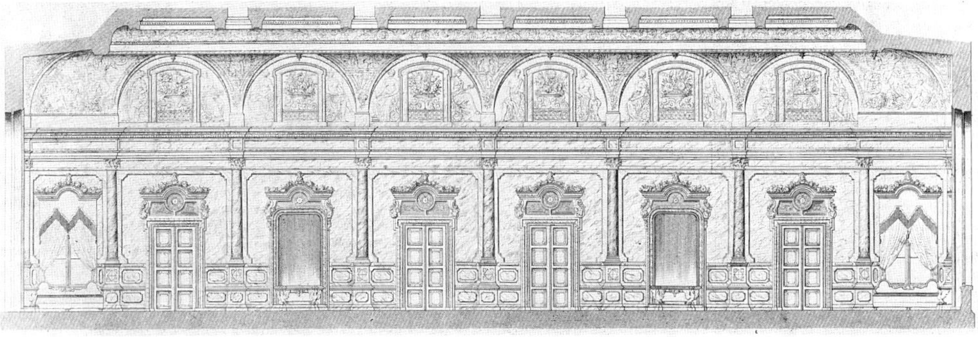

93 Spielsaal im Erweiterungsbau des Kursaalgebäudes zu Homburg, Wandabwicklung, 1850

93a Spielsaal, Wandabschnitt

94 Deckenmotiv im Spielsaal, Zeichnung, um 1850

95 Spielsaal, Ansichtspostkarte, 1904
(Bild rechte Seite)

Bad Homburg v. d. H.
Spielsaal im Kurhaus.

96 Spielsaal, Raumecke, Fotografie, um 1900

97 J.P. Cluysenaar, Hotel Goethals in Lüttich, Bibliothek

steigt und reich mit bunter Malerei und Vergoldung verziert ist, , wie auf Blatt 37 und 38 zu ersehen. Unter den Stichkappen der Voute sind in der Wandfläche die kleinen Fenster, daneben mit sitzenden Figuren decorirt. Auf der gegenüberliegenden Wand sind entsprechende Felder mit reichen Blumenstücken auf blauem Grunde angebracht. Die große Hohlkehle, die den Spiegel der Decke umgiebt, und die im Profil auf Blatt 38 angegeben, ist mit bunter Malerei auf Goldgrund geschmßückt; die Decke ist in sechs quadratische Felder getheilt, die in pompejanischer Art ausgemalt sind. Die fünf schmalen Zwischenfelder sind mit durchbrochenen Verzierungen versehen, welche zugleich Luftabzüge herstellen. Der Saal wird durch Luftheizung erwärmt, und sind die Ausströmungsöffnungen in den Postamenten der Säulen angebracht."[1420]

Der Architekt dieser Säle, J.P. Cluysenaar entwickelte gerade in den Jahren um 1850 einen neuen Stil. Seinen bisherigen finden wir am Außenbau verwirklicht, es ist der Stil der Neurenaissance. Im Inneren experimentierte er mit einer dezenten Form des Barock. Vergleichbares im Werk von Cluysenaar findet sich in jenen Jahren in dem Hotel Goethals in Lüttich.

Wie sehr die neuen Homburger Säle dem Zeitgeist und -stil entsprachen, zeigt der Vergleich mit dem ebenfalls in den 1850er Jahren neu eingerichteten Spielsaal im Konversationshaus von Baden-Baden. Hier wie da finden wir die Vorliebe für barockes Formengut, ohne daß konkrete Vorbilder zitiert würden.[1421]

98 Baden-Baden, Spielsaal, Fotografie, um 1900

4. Der Architekt Jean-Pierre Cluysenaar (1811-1880)

Der Architekt der Erweiterungsbauten – und des weiter unten zu behandelnden Neubaus – war Jean-Pierre Cluysenaar aus Brüssel.[1422]

Auf welchem Wege Cluysenaar den Spielbankpächtern in Homburg bekannt wurde, ist unbekannt. Sicher ist, daß man sich bereits vor 1845 kannte, denn in diesem Jahr führte Cluysenaar nach eigenem Bekunden ein nicht näher bezeichnetes Gebäude aus für „M. Blanc, à Hombourg".[1423] Daß die Verbindungslinie über Paris gelaufen sein könnte, ist eine Vermutung, die durch die Tatsache gestützt wird, daß Cluysenaar, ebenfalls 1845, für einen Dr. Trousseau aus Paris ein Haus baute - in Homburg. [1424] Bei der Wahl des Architekten spielte wohl, als Grundvoraussetzung, die Vorliebe der Blancs für Architekten aus dem französischen Kulturkreis eine Rolle.[1425] Mit Cluysenaar wählte man zudem einen Architekten von Renommé, der sich mit den Galeries Saint-Hubert in Brüssel, dem „ersten monumentalen Beispiel einer Passage" (Geist), einen Namen gemacht hatte und seither als „novateur" galt[1426]. Den Brüdern Blanc, die diese Passage zweifellos kannten, mag angenehm aufgefallen sein, daß dieses Bauwerk einen ihnen besonders nahestehenden Prototyp hatte: „Dimensionen und Programm (waren) abgeleitet aus dem Palais-Royal mit der Galerie d'Orléans in Paris". [1427]

Der Bau dieser Passage hatte nicht nur den Architekten gefordert, sondern auch seinen Geschäftssinn auf die Probe gestellt: an der Gründung der Passagenbau-Gesellschaft im Jahr 1845 war außer dem Bankier J.-A. de Mot nur noch J.-P. Cluysenaar beteiligt.[1428] Die Erfahrungen des Architekten als „fondateur de la Société anonyme des Galeries Saint-Hubert" kamen dem Mann, der hinter der „Société anonyme des fermes réunis ... de Hombourg" stand, Francois Blanc, sicher nicht ungelegen. Und schließlich sprachen für Cluysenaar auch noch praktische Vorzüge, die familiär überliefert sind: er war berühmt für die Schnelligkeit seiner Arbeit und für die Einhaltung einmal veranschlagter Kosten.

Die Kurhauspächter waren augenscheinlich mit Cluysenaar zufrieden. Nur zehn Jahre nach Vollendung der Erweiterungsbauten zu dem Homburger Kursaalgebäude übertrugen sie ihm dessen Neuplanung. Und schließlich dürfte es kaum dem Zufall zuzuschreiben sein, daß Cluysenaar im Jahr 1867 eine Kirche in Monaco, dem neuen Standort eines Blanc'schen Spieletablissements, plante und baute.[1429]

Jean Pierre Cluysenaar entstammte einer Tiroler Familie (Clausener), die schon im 16. und 17. Jahrhundert Architekten hervorgebracht haben soll. Der belgische Zweig der Familie geht auf einen von drei 1732 nach Burtscheid (bei Aachen) eingewanderten Brüdern („architectes et entrepre-

99 Alfred Cluysenaar, Porträt des Architekten J.P. Cluysenaar

100 Porträtmedaillon J.P. Cluysenaar, um 1850

101 Galeries Saint-Hubert in Brüssel, um 1850

neurs)" zurück.[1430] Jean Pierre Cluysenaar wurde 1811 in Kampen in Holland geboren und studierte (wohl seit 1826) an der Académie Royale des Beaux-Arts in Brüssel. Im Büro des bekannten Architekten T.J. Suys (1783-1861) arbeitete er u.a. an der Vollendung des Palais Royal (1827-29). Von Suys ging die Anregung zur Beschäftigung mit der italienischen Renaissance aus; in Italien war Cluysenaar in jungen Jahren nicht. Seit 1836 arbeitete Cluysenaar selbständig. Um die Jahrhundertmitte war er in Brüssel bereits eine anerkannte Architektenpersönlichkeit. „Il participa aux premières grandes transformations urbanistiques de Bruxelles dans le but d'élever celle-ci au rang des plus belles capitales d'Europe".[1431] Zu seinen berühmten Bauten gehörten die Galeries Saint-Hubert in Brüssel, „das erste monumentale Beispiel einer Passage", die 1837 projektiert und 1846 ausgeführt wurden[1432], die Grande Harmonie (1841) und das Conservatoire royal de Musique (projektiert 1838-39, realisiert 1872-76).

In der Architekturgeschichte Belgiens gilt Cluysenaar als einer der Wegbereiter des Historismus („éclectisme"). Bis zum Beginn der 1840er Jahre waren seine Bauten in einem klassizistischen Renaissance-Stil gehalten. Danach begann Cluysenaar zu experimentieren. Seit den 1850er Jahren bediente er sich mehrerer Stile. Bei Kirchenbauten wählte er den romanischen Stil. Das 1858 vollendete Hospice des Aveugles war im Tudorstil gehalten. Bei Bahnhöfen wandte er einen „style rustique" an. Sein Conservatoire royal de Musique, äußerlich im Stil der französischen Renaissance gehalten, erhielt eine Eingangshalle im Stil des Historisten Poelart und einen Konzertsaal im Stil Napoleons III.

„Il semblait s'accommoder très facilement de la diversité de ses sources d'inspiration et réunissait parfois des éléments de styles différents dans un même ensemble sans les mêler toutefois. L'attitude qu'il manifesta à l'égard des différentes formes d'architecture en les abordant comme un répertoire ornemental préfigure celle des architectes éclectiques qui, un peu plus tard, mèleront en toute liberté des sources d'inspiration très diverses aus sein d'un même édifice."[1433]

Gleichzeitig gehörte Cluysenaar in Belgien zu den ersten Architekten, die sich des modernen Baustoffes Eisen bedienten. Berühmt wurde seine „église en fer" in Argenteuil (1855-60).

X. Neubau von J.P. Cluysenaar, 1860-63

Am 29. Oktober 1860[1434] brach im Speisesaal ein Feuer aus, das „mit solcher Schnelligkeit um sich griff, daß dem ganzen Gebäude Gefahr drohte“[1435]. Der Brandschaden wurde auf 52 000 fl. geschätzt. Da der Brand „auf schuldbare Weise“ durch die Einrichtung einer „mit Gasröhren durchleiteten“ provisorischen Bühne im Speisesaal verursacht worden war, lehnte die Kurhessische Brandversicherungs-Commission eine Entschädigung in voller Schadenshöhe ab. [1436] Nach zähen Verhandlungen wurden 30 000 fl. erstattet.[1437]

Als Notbehelf wurde „ein neues Dach auf die stehen gebliebenen Umfangsmauern des abgebrannten Saalbaues“ gesetzt.[1438]

1. Planung

Der Entwurf aus der Schublade

Nach nur zehn Tagen, am 8. November 1860, reichte die Anonyme Gesellschaft fünf Pläne ein, „welche von unserem Architecten aus Brüssel, J. Cluysenaar, über die Neubauten gefertigt worden“. Aus dem Anschreiben geht hervor, daß man bereits in „früheren Verhandlungen mit hoher Landes-Regierung“ über „Neubauten...in der Umgebung unseres Kurhauses“ gesprochen hatte.[1439] Offensichtlich hatte bereits vor dem Brand eine Erweiterung des Kursaalgebäudes zur Diskussion gestanden, und es waren zwischen der Anonymen Gesellschaft und dem von ihr favorisierten Architekten Cluysenaar bereits bis ins Detail gehende Verhandlungen über das Bauprogramm geführt worden. Jedenfalls hatte J.P. Cluysenaar die Entwürfe ausgearbeitet „in der Schublade“ liegen und brachte sie Anfang November selbst nach Homburg[1440].

Wie ausgereift die bereits alle wesentlichen Elemente der späteren Ausführungspläne enthaltenden „fünf Planzeichnungen“ waren, geht aus deren Beschreibung durch den Regierungsaccessisten Stumpff hervor.[1441]

„Wie aus dem Grundrisse in Vergleichung mit den übrigen Zeichnungen über die vorgeschlagenen Neubauten geneigtest näher ersehen werden wolle, liegt es nämlich in der Absicht der Direction, an die der Louisenstraße zugekehrte Facade des jetzt bestehenden Kurhauses, dessen Einrichtung im Wesentlichen - mit wenigen Ausnahmen - unverändert belassen werden soll, eine Galerie mit einer Breite von ca. 30 Werkfuß (etwa 8 1/2 metres) in der Mitte und von etwa 14 Fuß bei den Flügelgebäuden anzufügen, sodann in unmittelbarem Anschluße an die letzteren neue Bauten von ausgedehntem Umfange herzustellen und die obere Terrasse im Kurgarten mit einem von dünnen Säulen getragenen Glasdache zu versehen. Auf der rechten Seite des Kurhauses sollen insbesondere ein weiterer (kleinerer) Spielsaal, eine mit Glas bedeckte Halle, ein Saal für Whistspieler, ferner ein ausschließlich für gewählte Gesellschaft bestimmter Spielsaal mit einer Terrasse, zwei Sääle für den gerirenden Director, auf der linken Seite aber ein großes Kaffeehaus nebst Wohnung für den Restaurator und endlich ein Theater errichtet werden. Von der erwähnten (Haupt-) Galerie aus, über welcher (im zweiten Geschoße) drei besondere Räume eingerichtet werden sollen, würde man durch Nebengalerien zu den neuen Flügelgebäuden, resp. zu der Wohnung des gerirenden Directors und dem Theater gelangen können; auch ist im Innern des Mittelbaues namentlich eine besondere Treppe nach dem Prinzensaale vorgesehen. Diese neuen Constructionen erstrecken sich einerseits bis zum Schwedenpfade und andererseits bis zur Ludwigstraße und an das Badehaus, so daß zwar die schon früher für beide bezeichnete Straßen in Aussicht genommene und festgesetzte Breite eingehalten und der rechte Seitenbau in gleiche Flucht mit den Häusern der unteren Louisenstraße gebracht wird. Das ganze Etablissement würde dadurch nach der Hauptstraße hin eine Länge von 520 Werkfuß erhalten, und wenn auch der freie Platz vor dem jetzigen Gebäude einigermaßen eingeengt würde, so läßt sich doch aus dem vorgelegten Aufriß erkennen, daß das neue vergrößerte Gebäude in seiner Erscheinung von der Louisenstraße aus prachtvoll werden wird.“

In Vertretung des abwesenden Direktors Blanc nahmen die Herren Hartlieb und Pfeiffer Stellung zu den Plänen:

„Die Ideen für den Bau sind in großartigem Maßstabe aufgefaßt und werden für den stets anwachsenden Fremdenzuzug die auszeichnendsten Lokalitäten schaffen und unserem Badeorte zur neuen Zierde gereichen, freilich aber auch auf der andern Seite die dazu flüssig gemachten Geldmittel vollauf in Anspruch nehmen."[1442]

Auch der L. Regierungsaccessist G. Stumpff nahm positiv Stellung: „Es muß wohl anerkannt werden, daß das vorliegende Project, welches von dem Architecten Cluysenar aus Brüssel ausgeht, sich wirklich als großartig darstellt und im Falle der Ausführung das Kurhausetablissement in hohem Grade zu verschönern geeignet ist". Skeptisch beurteilte er indessen die Möglichkeit der Finanzierung: „Von dem Architecten, der den Bauplan ausgearbeitet, wurde zwar bemerkt, es werde für die Ausführung seines Projectes im Ganzen eine Summe von mehr als 600 000 Francs aufzuwenden sein; diese Schätzung ist jedoch zu allgemein gehalten, um mit einiger Bestimmtheit beurtheilen zu können, ob der zur Zeit angesammelte Bau- und Verschönerungsfonds, dessen Höhe (rd. 380 000 fl.) beiläufig dem Betrage von 600 000 Francs gleichsteht, nicht wirklich ausreichen, oder ob und um wieviel etwa die Bedarfssumme den gegenwärtig vorhandenen Vorrath übersteigen würde".[1443]

Modifizierter Entwurf

Seit Anfang April 1861 widmete sich der wieder in Homburg anwesende Architekt den übrigen projektierten Neubauten.[1444] „In der Absicht einer Minderung des Kostenaufwandes" legte er nun Pläne vor, die „im Vergleich zu den früheren nicht unwesentlich modifizirt resp. vereinfacht" waren.[1445]

Dazu erarbeitete Cluysenaar einen detaillierten Kostenvoranschlag, aus dem hervorgeht, daß die „Vereinfachungen" weder eine Reduktion der veranschlagten Baukosten noch eine solche des architektonischen Aufwandes zur Folge hatten. Der Voranschlag für den neuen Spielsaal wurde sogar aufgestockt „par Monsieur Blanc sur ma demande de 5 000 frcs. pour pouvoir faire l'architecture plus riche à l'intérieure." Die veranschlagten Baukosten beliefen sich auf 614.629 Francs.[1446]

Die Landesregierung äußerte sich mißbilligend darüber, daß die im früheren Projekt vorhanden gewesene Geschlossenheit der Seitenansichten an Schwedenpfad und Ludwigstraße aufgegeben werden sollte. „ Aus einer Vergleichung der letzteren Planzeichnungen mit den ersteren ergiebt sich zuvörderst, daß in dem jetzt vorliegenden Plane die früher projectirt gewesenen besonderen Spiel- und Reunions-Localitäten (zwischen der Wohnung des gerirenden Directors und dem neu zu erbauenden großen Spielsaal) gänzlich fehlen und daß der Saal des Kaffeehauses beiläufig um die Hälfte kleiner projectirt und der dadurch gewonnene Raum zu einem Hofe zwischen dem Theater und dem Kaffeehaus bestimmt ist."[1447]

Diskussion der Pläne

Schon bei der Vorlage des ersten Projektes von Cluysenaar erklärte sich die Regierungsbehörde außerstande, die Entwürfe zu begutachten und empfahl, den Darmstädter Hofbaurat Dr. Weyland zu Rate zu ziehen.[1448] Auf Dr. Ludwig Weyland (1818-1889)[1449] fiel die Wahl wohl deshalb, weil man in ihm den Nachfolger im Amt von Georg Moller sah. Er war 1860 zum Großherzoglichen Hof- und Militärbaumeister ernannt worden. Bis dahin hatte er wenig gebaut, verfügte augenscheinlich über weniger praktische Erfahrungen als der Architekt, dessen Pläne er begutachten sollte. Da Weyland aber über profunde theoretische Kenntnisse verfügte, kam es nicht zum Konflikt mit Cluysenaar.

Im April 1861 prüfte Weyland die Kurhauspläne Cluysenaars und legte am 30.4.1861 einen umfangreichen Bericht vor.[1450] Er bescheinigte dem Entwurf, daß er „zur Verschönerung des vorhandenen Gebäudes wesentlich beitragen" werde. Kritikpunkte betrafen die Fassadengestaltung der Flügelbauten, die Galerie und den Theaterbau. Den Äußerungen Weylands und den Gegenäußerungen Cluysenaars sind einige Aspekte des planmäßig nicht überlieferten Projektes zu entnehmen.

Als hauptsächliche Schwachstelle erkannte Weyland die unruhige Gestaltung der Seitenfronten an Schwedenpfad und Ludwigstraße. Weyland schlug vor, das Kaffeehaus nach der Ludwigstraße auszurichten. Seine Fassade hätte, zwischen die Seitenfronten von Theaterflügel und Badehaus eingepaßt, den Straßenzug aufgewertet. Obwohl auch der Landgraf „wiederholt" die Realisierung des Vorschlags von Weyland als „wünschenswerth" empfahl,[1451] flüchtete sich Cluysenaar in

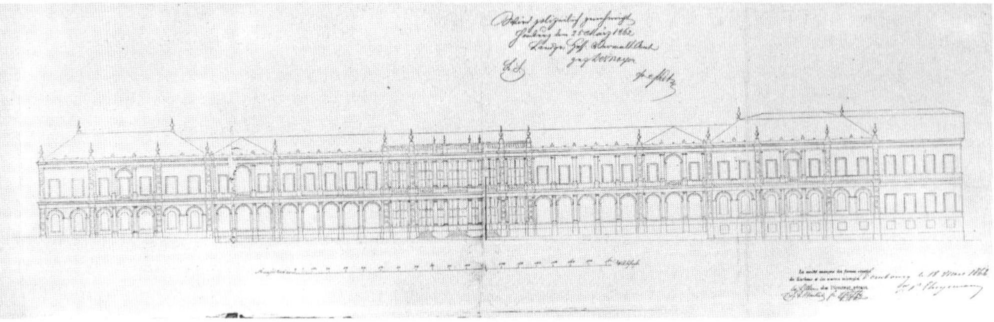

102 J.P. Cluysenaar, Entwurf zu einem neuen Kursaalgebäude in Homburg, Aufriß der Straßenfassade, genehmigt 25.3.1862

die wenig stichhaltige Erklärung, die Trennung von Kaffee-, Badehaus und Theater sei notwendig, da ein Theater Brandgefahr mit sich bringe.[1452] Für die Schwedenpfadfront riet Weyland, die Fassade nicht so „dürftig“ wie beabsichtigt zu gestalten, sondern sie „mit den Gebäude-Fassaden längs der Louisenstraße in Einklang zu bringen“, und sei es mit Hilfe von Blendarkaden oder Blindfenstern.

Als besonders gravierend erschien Weyland die „ungleichartige Architektur des Theaters“, das zur Louisenstraße in wiederum anderer Weise,“etwas dürftigerer“ als zum Kurhaus-Vorplatz, ausgebaut werden sollte. Dasselbe galt wohl auch für den linken Seitenflügel, das „Wohnhaus des Herrn Blanc“. Kurzerhand erklärte Cluysenaar die Situation zum Bauprogramm: „Die Architektur der beiden Flügel nach der Louisenstraße hin muß weniger hervorstechend seyn als wie die Seiten derselben Flügel, welche dem Kurhause zu gewendet sind. Der Kursaal ist der Hauptgegenstand, der Mittelpunkt dieser großen Ausdehnung von Facaden. Seine Bauart zeigt sich zwar in denselben Linien, ist aber reicher wie die Flügel, und läßt leicht erkennen, daß hier der Haupteingang ist. Diese logische und rationale Eintheilung verleiht dem Ganzen der Gebäulichkeiten einen sich steigernden Effect, welcher die Mitte dominiren läßt...Dieser Eindruck würde aber gänzlich vernichtet werden, wenn die Bedeutung der Facade des Theaters nach der Louisenstraße hin verstärkt würde - die Flügel des Gebäudes würden alsdann nicht mehr symmetrisch seyn. Die Einheit des Gebäudes würde zerrissen und der Totaleindruck verschieden.“ Cluysenaar war lediglich bereit, die „Dürftigkeit“ der Seitenfassaden durch Blindfenster zu mildern.

Indessen beharrten Weyland und die Landesregierung darauf, daß die ungleichartige Architektur unschön sei und beseitigt werden müsse. Insbesondere müsse die Fassade des Wohnhauses für den Direktor „ebenso wie die Facade längs der Louisenstraße gehalten werden“, wenn die Schönheit der Hauptfassade nicht beeinträchtigt werden solle.[1453] Als weitere „Uebelstände“ erkannte Weyland die durch die Errichtung der Galerie hervorgerufene schlechte Beleuchtung der zurückliegenden Räume (Vorschlag: Oberlichter, wo immer möglich) und die problematische Verbindung der neuen mit den alten Dächern. Auch bezüglich der zu verwendenden Materialien – Sandstein, Holz, Kupfer, Zink, Stein, Gips – vertrat Weyland andere Auffassungen als Cluysenaar. Bei den bautechnischen Fragen versuchte die Regierung abzuwägen und die ihrer Ansicht nach vorteilhafteste Lösung vorzuschlagen.

Hinsichtlich der Ausstattung des Theaters brachte Weyland einige wesentliche Einwände und Verbesserungsvorschläge vor. Im Theater wünschte Weyland erhöhte Sicherheitsvorkehrungen, wie das Aufstellen von Wasserbehältern auf Maschinenboden und Bühne sowie die Anbringung eines Vorhangs „aus Eisenblech oder feinem Drahtgewirk“, wie sie bei einigen neueren Bühnen vorhanden seien. Cluysenaar behauptete hingegen, daß durch diese Vorrichtung weder je „etwas gerettet noch irgend ein Resultat erzielt worden wäre“. Schließlich wurde entschieden, daß von der Anbringung eines solchen Vorhanges „vorerst Abstand genommen werden“ könne. Es wurde immer offensichtlicher, daß Cluysenaar für kostspielige, aber wenig effektvolle Einrichtungen nicht leicht zu gewinnen war. Daß er damit auf der Linie der

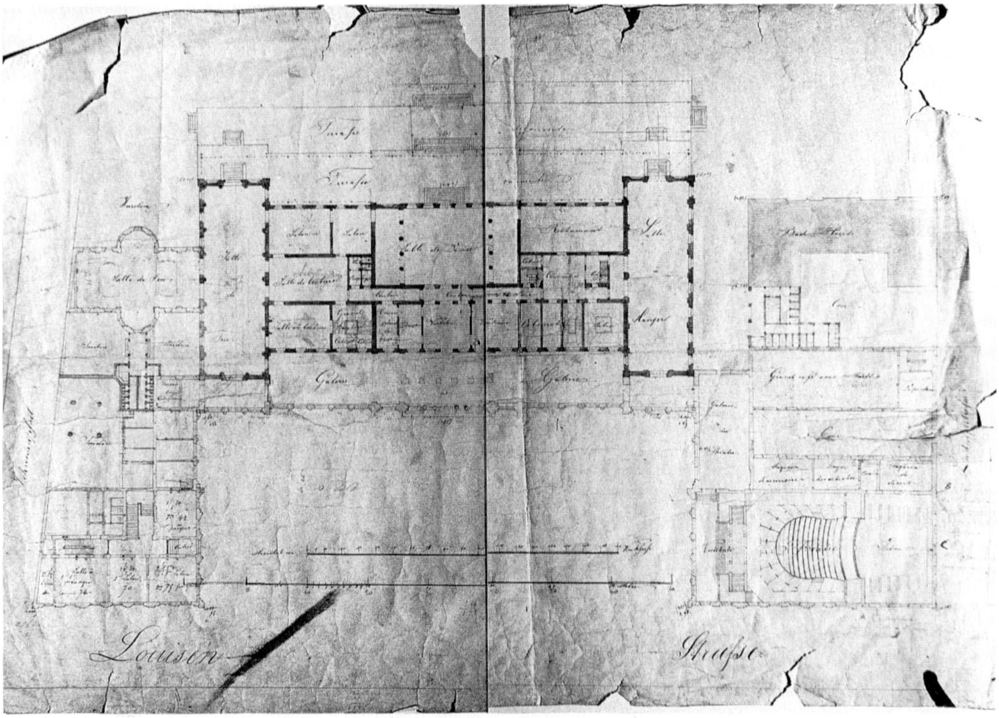

103 J.P. Cluysenaar, Entwurf zu einem neuen Kursaalgebäude in Homburg, Erdgeschoß-Grundriß

anonymen Gesellschaft lag, bemerkten auch die Regierungsbeamten, die sich bemüßigt sahen zu betonen, daß die Kurhaus-Administration nur ein „augenblickliches und vorübergehendes", die Staatsregierung aber ein „bleibendes Interesse" an den Neubauten habe, weshalb sie Wert darauf lege, daß sie „auch durchgehend dauerhaft" seien. Mehr als eine mißbilligende Äußerung, etwa darüber, daß rund die Hälfte der disponiblen Bausumme (200 000 fl.) für die innere Ausstattung bereit gestellt sei und ein aussichtsloser Appell, daß „von der Kurhaus-Administration etwa eine Einschränkung des Projects in anderer Richtung beliebt werden wolle", konnten die Regierungsbeamten jedoch nicht einbringen. Selbst der Landgraf knüpfte an die Genehmigung der Planungen nur die „Anempfehlung", daß Blindfenster möglichst zu vermeiden seien und das Café parallel zur Ludwigstraße errichtet werden solle. Als „Gebot" zu verstehen war die Auflage, für die Seitenfassaden zwar nicht die Architektur der Hauptfassade, „immerhin aber eine für Gebäude an frequenten öffentlichen Straßen angemessene Decorirung" vorzusehen.[1454]

Die der Ausführung zugrundegelegten Pläne wurden erst ein halbes Jahr nach dem faktischen Baubeginn, am 18. März 1862, von Cluysenaar fertiggestellt, unterzeichnet und datiert.[1455] „Die bereits in Angriff genommenen Anbauten zur Erweiterung des Kurhauses" wurden umgehend genehmigt, aber nochmals zur Begutachtung an Weyland übersandt. Wiederum fand dieser einiges auszusetzen, und wiederum verfaßte Cluysenaar eine detaillierte Entgegnung, die ihrerseits von „Erläuterungen" Weyland beantwortet wurde.[1456]

Die Eigentumsfrage

Bei der „Frage über das Eigenthums- und Pachtverhältniß bezüglich der neuen Gebäude" entstand ein Problem dadurch, daß ein Teil der Ge-

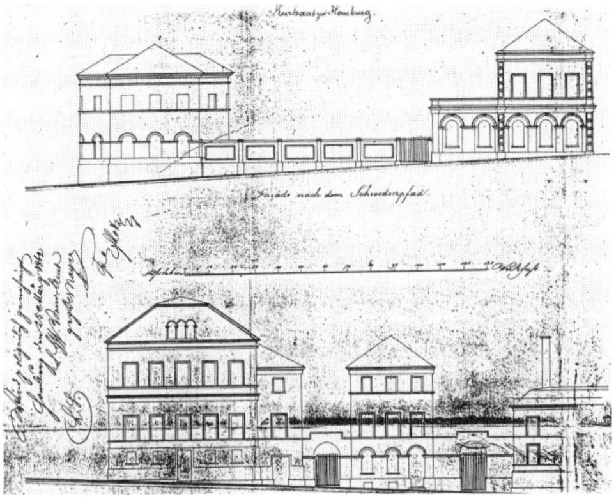

104 Neues Kursaalgebäude in Homburg, 1862
oben: Ansicht vom Schwedenpfad, unten: Ansicht von der Ludwigstraße

bäude auf der Anonymen Gesellschaft, ein anderer Teil auf dem Fiskus gehörigem Grund errichtet werden sollte. Die Pachtgesellschaft erklärte sich bereit, „den neu zu erbauenden Spielsaal, sowie die große Verbindungs-Gallerie von dem jetzigen Kurgebäude als Eigenthum dem Landgräflichen Gouvernement“ zu überlassen. Die übrigen Anbauten wollte man dem Fiskus aber nicht überlassen. Schließlich erklärte sich der Landgraf bereit, sich „auf den Fall dereinstiger Veräußerung“ des der Anonymen Gesellschaft gehörigen Besitzes lediglich das Vorkaufsrecht vorzubehalten. Dem am 9.12.1861 von beiden Seiten unterzeichneten Vertrag war ein Situationsplan beigefügt, aus dem sich die künftigen Eigentumsverhältnisse ablesen ließen.[1457]

„Art. 1
Zur Ausführung der im Eingange dieses Vertrags erwähnten Bauten räumt das Landgräfliche Aerar soviel von dem ihm angehörigen Grund und Boden ein, als hiezu nach den höchstenorts genehmigten Planzeichnungen außer dem der anonymen Gesellschaft angehörigen Grund und Boden erforderlich ist und gestattet, daß diese Neubauten in der planmäßigen Art und Weise mit dem bereits vorhandenen Kurhause in Verbindung gebracht werden.

Art. 2
Der neu zu erbauende Spielsaal nebst den anstoßenden durch einen Gang mit demselben in Verbindung tretenden Localitäten (fig. D des beigebogenen Planes) sowie die Verbindungsgallerië vor dem Kurhause incl. des Bureaus des Kurhaus-Commissairs (fig.E.) samt Grund und Boden, soweit er der anonymen Gesellschaft gehört, fallen in gleicher Weise und unter gleichen Bedingungen dem Landgräflichen Aerar in Eigenthum zu, wie dies rücksichtlich des in seiner bisherigen Ausdehnung bestehenden, im Pachtbesitz der anonymen Gesellschaft befindlichen Kurhauses (fig.A.) der Fall ist.

Art. 3
Dagegen gehört das Wohnhaus des gerirenden Directors nebst Nebengebäulichkeiten, Hofraum und Garten (fig.C), desgleichen der Kaffeesaal nebst Hof (fig.F) sowie die zwischen dem Theater und dem südöstlichen Ecke des Kurhauses befindliche Gallerie (galerie du théatre) (fig.H) sammt dem fiscalischer Seits hiezu abgegebenen Grund und Boden in Eigenthum der anonymen Gesellschaft.

Art. 4
Die anonyme Gesellschaft der vereinigten Pachtungen des Kurhauses und der Mineralquellen räumt dem Landgräflichen Fiskus auf den Fall dereinstiger Veräußerung der im vorhergehenden Art. 3 benannten Bauten das Vorkaufsrecht ein.

Art. 5
Ferner bestellt die anonyme Gesellschaft der vereinigten Pachtungen des Kurhauses und der Mineralquellen zu Gunsten des hinter dem Kurhause liegenden fiskalischen Grundstücks (Kurgarten) sowie des Kurhauses an der südöstlichen Ecke des Kurhauses in der dort befindlichen Gallerie (galerie du théatre) ein Durchgangsrecht und sollen diese Durchgänge in derselben Weise statt finden können, wie sie in dem höchsten Orts genehmigten Plane angegeben sind.

Art. 6
Das zwischen dem Badehaus, dem Kaffeesaal, dem Theater und der Ludwigstraße (fig.M) sowie das zwischen der Wohnung des gerirenden Directors und der Louisenstraße liegende beziehungswiese frei werdende (fig.N) zur Erweiterung dieser Straßen bestimmte Terrain tritt die anonyme Gesellschaft an die hiesige Stadtgemeinde ab; ingleichen der Landgräfliche Fiskus das zwischen dem freien Platze vor dem Kurhause und der Louisenstraße gelegene Stück (fig.O) sowie den in die Ludwigstraße fallenden... des früheren Brunnenplatzes (fig.P).

Art. 7
Die spezielle Vermessung des nach obigen Bestimmungen, und zwar ohne weiteres Entgeld, abzutre-

tenden Grund und Bodens bleibt bis zur völligen Vollendung der Bauten vorbehalten. Hierüber wurde gegenwärtiger Vertrag in duplo aufgenommen und von den Eingangs genannten Contrahenten vollzogen.

So geschehen zu Homburg v.d.Höhe den 2. Dezember 1861
gez. E. Schaffner
Francois Pfeiffer
C.F.A. Hartlieb.

Äußere Bedingungen

Die Bauarbeiten fielen in einen Zeitraum, während dessen es in der Homburger Spielbank gärte: einige Aktionäre probten den Aufstand. Hauptgegenstand ihrer Klage war die verschleierte Alleinherrschaft Blancs; den Direktoren wurde „gänzliche Unfähigkeit und Gewissenlosigkeit" attestiert; Regierung und Landgraf seien machtlos. In einer Klageschrift vom 5.März 1862 wurden die Mißstände im Detail geschildert und Vorschläge zur Beseitigung vorgetragen. Auch der Architekt Cluysenaar wurde harten Vorwürfen ausgesetzt.[1458] Die wohlinformierten Kritiker rügten die Stellung des Kurhauses, das „voller Winkel und Ecken ausgeführt" werde, befanden die notwendig gewordenen Oberlichter als „äußerst unzweckmäßig" und fürchteten, daß Mängel an Dachstuhl und Mauerwerk „sogar den Einsturz des ganzen Gebäudes zur Folge haben könnten". In der Hauptsache jedoch richtete sich die Anklage gegen die Person Cluysenaars, dem „Veruntreuungen und Betrügereien jeder Art in der schandlosesten Weise" vorgeworfen wurden. Die Behauptungen waren, soweit die Aktenlage diese Einschätzung zuläßt, größtenteils unwahr. Dennoch war die Lage prekär, denn die aufrührerischen Aktionäre forderten nicht nur, die beiden Direktoren von ihrem Posten zu entfernen (was geschah), sondern auch, daß „deren Architekten Cluysenaar die fernere Leitung der Bauten am hiesigen Curhaus entzogen und ein anderer gewissenhafterer Techniker an dessen Stelle gesetzt werde".[1459] Der Antrag einer gerichtlichen Untersuchung des „Falles" konnte jedoch durch das Eingreifen Blancs abgewendet werden.

Neue Probleme schuf die 1860 erfolgte Eröffnung der Eisenbahnlinie Homburg-Frankfurt[1460], denn sie brachte eine Besucherflut mit sich, über deren Bewältigung und Beherrschung unterschiedliche Meinungen bestanden. Die Regierung vertrat die Ansicht, daß es notwendig sei, „die Polizei im Kurhaus besser als bisher zu organisieren", also richtige Polizeibeamte statt des bisherigen „Kurhaus-Commissairs" anzustellen. Blanc, dem an zusätzlicher staatlicher Gewalt in „seinem" Haus nicht gelegen sein konnte, beharrte dagegen auf der Einrichtung eines Privatzirkels („cercle privé") in separater Räumlichkeit. Daß die Scheidung der feinen von der weniger feinen Gesellschaft und beider Kontrolle auf Kosten der Öffentlichkeit des Kursaalgebäudes gehen sollte, erweckte das Vertrauen der Regierung, deren Vertreter gerade dazu bemerkte: „... Vor Allem war die unbeschränkte Oeffentlichkeit der Hasardspiele eine Quelle großer Uebel, eine Ursache gerechter Beschwerden. Die Untergrabung mancher Existenz, die Zerstörung manches Familienglücks, manche Verleitung zu Verbrechen, mancher Selbstmord entsprang daraus, daß Jeder, der nicht schon durch sein Aeußeres anstößig erschien, ungehinderten Zutritt zu dem Spiele fand...". Dem gerierenden Direktor Blanc ging es wohl mehr darum, der Spielbank durch exklusiven Charakter zu neuem, besserem Ruf zu verhelfen. Hierfür war Blanc bereit, „der Landgräflichen Regierung jedes Jahr besonders eine Summe von 30 000 Gulden ... zur Disposition" zu stellen.[1461]

Der Vertragsentwurf sah in § 12 vor, „im Kurhaus selbst einen Privatcircel zu gründen, welcher verschiedene Localitäten in sich begreifen wird, als z.B. Billardszimmer, Lesecabinet, Salon für Gesellschaftsspiele, Restaurationslocal, sowie auch einen Saal, in welchen zwei Spieltische verlegt werden, einer für Trente et Quarante und einer für Roulette, ohne daß indessen deßhalb die Zahl oder Gattung der im Ganzen concessionirten 5 Tische dadurch vermehrt werden darf." Teile des Obergeschosses im Kursaalgebäude wurden dazu ausersehen, diesen Privatzirkel, dem man den unverfänglichen Titel „Cercle des Etrangers" gab, aufzunehmen.

Der Gedanke war nicht neu. Wie kaum anders zu erwarten, stammte er aus Paris. Dort war schon im 18. Jahrhundert auf Fouchés Befehl abseits des Palais Royal in einem Palais ein exklusiver Spielclub eingerichtet worden, der den nachmals in Homburg wieder auftauchenden Namen „Cercle des Etrangers" trug; „hier gewann und verlor

Außenminister Talleyrand am Spieltisch riesige Summen". [1462] 1853/54 hatte man auch im Konversationshaus in Baden-Baden einige Prunkräume eingerichtet, um die „höhere und bessere Gesellschaft von dem großen, sehr gemischten Publikum im Konversationssaal zu sondern". [1463] Auch hier hatte der Besucherzufluß durch die Eröffnung der Eisenbahn als offizielle Begründung gedient. [1464]

2. Baugeschichte

Der Wiederaufbau in den Jahren 1861-63 nahm den Charakter eines großzügigen Um- und Ausbaus an. [1465]

Im Spätsommer 1861 begannen die Bauarbeiten, die offiziell mit der Eröffnung des Theaters 1863 beendet wurden. Doch zogen sich die Feinarbeiten noch über fast drei weitere Jahre hin. Cluysenaar: „En 1862 jusqu'en 1866, j'ai transformé le Kurzaal de Hombourg, près de Francfort: grandes salles, théatre, terrasses etc." [1466]

Tatsächlich gebaut wurde an dem Kurhaus bis zum Jahr 1870.

Bau-Vorbereitung

Schon Anfang Dezember 1860 hatte J.P. Cluysenaar einen strategischen Plan zur Bau-Vorgehensweise entwickelt. Es galt, eine Störung des Kurhausbetriebs zu vermeiden und darüber hinaus des „vergrößerten Zuflusses von Fremden durch die Eisenbahn" Herr zu werden. Cluysenaar schlug vor, zunächst „die erste Terrasse hinter dem Kurhause (zu) überdachen" [1467], um dem Publikum schon zu Ende der Saison 1861 weitere Lokalitäten bieten zu können. Danach sollten die Bauarbeiten an der Stadtseite beginnen. Im übrigen hielt es „der Architect für das Beste, während des künftigen Sommers die nöthigen Contracte mit den Lieferanten und Handwerkern abzuschließen und Alles vorzubereiten und das Material herbeischaffen zu lassen, um gegen das Spätjahr hin, nachdem die größere Fremdenmasse sich schon entfernt haben wird, die Arbeiten zu beginnen und mit größter Beschleunigung durchzuführen." [1468]

Diese auf die spezifischen Bedürfnisse des Kur-Unternehmens zugeschnittene Bau-Planung stieß auf Seiten der Regierung nicht auf Gegenliebe. Man glaubte nicht, daß die überdachte Terrasse als geeigneter Aufenthaltsort für Kurfremde anzusehen sei. Auch war man der Ansicht, daß, da die erforderlichen Mittel „flüssig gemacht" seien, eine Verzögerung „nicht für motivirt und zulässig" gehalten werden könne. [1469] Daraufhin schwiegen Kurhaus-Administration und Architekt so lange, bis der Regierungsvertreter im Februar 1861 feststellen mußte: „Wie mir aus Allem hervorzugehen scheint, hat die Administration nicht die Absicht, die Bauten in diesem Frühjahr zu beginnen." [1470] Es war deutlich geworden, wer über den Baufortgang zu entscheiden hatte.

Im Frühjahr 1861 präsentierte Cluysenaar einen Entwurf für die Überdachung der Terrasse, d.h. deren Umgestaltung zu einer Veranda in Glas-Eisen-Konstruktion. [1471] Von Seiten der Regierung kam nun nur noch der Einwand, daß „das Kurhaus an Schönheit durch diese Ueberdachung" augenscheinlich nicht gewinne. Die anonyme Gesellschaft behandelte ihn wie den Einwand eines Verwaltungsbeamten, dem es an Vorstellungskraft mangele und drängte auf alsbaldigen Beginn der Arbeiten, die bis Ende Mai 1861 abgeschlossen sein sollten. [1472] Durch eine Verzögerungstaktik der Regierungsbeamten konnte jedoch erst im Sommer 1861 mit der Schließung der Terrasse begonnen werden. [1473]

Zu diesem Zeitpunkt beschäftigte die Vergabe der Arbeiten den „mittlerweile hier eingetroffenen Architecten Cluysenaar". [1474] Dieser verwendete seine Energie zunächst einmal darauf, die Landesregierung von ihrem Verlangen abzubringen, die Arbeiten öffentlich auszuschreiben. In seinem umfangreichen Memorial führte er u.a. aus:

„Die verschiedenen Arbeiten zu den Neubauten am Kurhause auf den festgestellten Plänen bieten in ihrer Ausführung große Schwierigkeiten dar, denn zuvörderst was die Form und die Art des Bauens anbelangt, weichen sie ganz von der Art ab, welche in hiesiger Gegend üblich ist; und ferner macht es die Kürze der Zeit, in welcher die Arbeiten beendigt seyn müßen, nothwendig, solche Unternehmer zu wählen, welche sich durch besondere Fähigkeit und anerkannte Rechtlichkeit auszeichnen und mit großer Energie und unermüdlicher Thätigkeit begabt sind...

Bei öffentlichen Soumissionen ist man der Gefahr ausgesetzt und es trifft sich fast immer, daß der Wenigstnehmende einer jener flauen, schwachen und unfähigen Unternehmer ist, welche überall die Mehrzahl bilden...

Die Arbeiten am Kurhaus hingegen müßen so rasch beendigt werden, als es eben menschenmöglich ist. Es leuchtet ein, daß die Kurfremden durchaus nicht erfreut darüber sind, durch den Lärm und den Staub und all'die lästigen Sachen, welche mit so ausgedehnten Arbeiten verbunden sind, gestört zu werden. Es dürfte leicht der Fall seyn, daß viele Fremde durch die Ungemächlichkeiten sich abhalten lassen hierher zu kommen, und daß Andere aus demselben Grunde ihren Aufenthalt hier abkürzen werden..."[1475]

Die Alternative lautete: Auswahl derjenigen hiesigen Meister, „welche uns annehmbare Preise offerirten, und welche dabei am meisten diejenigen Eigenschaften zu besitzen schienen, welche wir Eingangs näher bezeichnet haben". Der Landgraf ließ sich überzeugen, die Auflage zur öffentlichen Ausschreibung wurde storniert und das Vorgehen des Architekten gebilligt.[1476]

Ausführung der Bauarbeiten

Die Ausführung der Bauarbeiten ist in einem „Briefbuch über die Neubauten von 1861-65" bis ins Detail dokumentiert.[1477] Dieses von den Bauleitern („Bauführer") geführte Buch enthält die Abschriften aller Briefe, die zwischen diesen und dem Architekten, dem Gutachter Weyland und den beauftragten Handwerkern gewechselt wurden. Aus dieser zuverlässigen Quelle sind die Komplikationen der Bauführung unter schwierigen Umständen zu ersehen (häufige Abwesenheit der maßgeblichen Persönlichkeiten Blanc und Cluysenaar; Einbezug des Altbaus; Fortdauer des Kur- und Spielbetriebs).

Dem Briefbuch ist auch zu entnehmen, daß zunächst ein mit ASt (= A. Steinhäuser?) zeichnender Mann die Bauführung hatte. Er blieb nur kurze Zeit. Ihm folgte als Bauführer A. Karsch, der jedoch überfordert war und mit Cluysenaar in zu einem Prozeß führende Zwistigkeiten geriet. Am 6.12.1861 wurde er entlassen.[1478]

An Karschs Stelle trat Ende Dezember 1861 der junge, aus Homburg gebürtige Architekt Louis Jacobi (1836-1910)[1479],der 1850-54 in Amerika zum Schreiner ausgebildet worden war und die amerikanische Staatsbürgerschaft erlangt hatte. Als man ihm bei einem Heimataufenthalt 1856 eine Stelle im Staatsdienst in Aussicht stellte, wenn er sich dem Studium des Baufaches widme, besuchte Jacobi 1857-60 die Polytechnische Schule in Karlsruhe. Heinrich Lang und Jacob Hochstetter waren seine Lehrer. 1860 schloß er in allen Fächern mit der Note „sehr gut" ab und erhielt eine erste Anstellung in Mühlhausen im Elsaß, wo er 1 1/2 Jahre blieb. Jacobi: „Mühlhausen war damals noch französisch, ich fand, abgesehen von einer technischen Weiterbildung, die sich bei der Errichtung von Fabriken, Arbeitshäusern, Villen etc. erlangen ließ, auch eine treffliche Gelegenheit mich in der französischen Sprache zu vervollkommnen, was mir in meiner späteren Stellung bei der ganz französisch geführten Kurhaus-Pachtgesellschaft sehr zustatten kam".[1480]

Als man ihm 1861 die Stelle eines Bauführers bei den begonnenen Baumaßnahmen an dem neuen Kursaalgebäude anbot, griff er zu und wurde Mitarbeiter der „Anonymen Gesellschaft", die ihm schließlich die selbständige Leitung der projektierten Kurbauten übertrug und ihn bis 1878 beschäftigte.

Mit der Ausführung der Kurhausbauten verdiente sich Jacobi die ersten Sporen in seiner Heimatstadt. Als Bauführer hatte er die Ausführung der Pläne zu überwachen, die Kostenvoranschläge aufzustellen und die Verträge mit den Handwerkern abzuschließen. Darüber hinaus wurde er offenbar auch bei der Herstellung der Entwürfe selbst herangezogen, denn nach eigener Aussage ging er während des Winters 1861/62 „auf Wunsch des Architekten Cluysenaar zur Fertigstellung und Ausarbeitung der Kurhauspläne nach Brüssel".[1481] Als weitgehend auf sich allein gestellter Mittelsmann zwischen dem planenden Architekten und dem Bauherrn stand er öfter in schwierigen Situationen, die er mit einer für sein Alter erstaunlichen Gemütsruhe und Souveränität meisterte.[1482]

Im Juni 1861 waren die Vorbereitungen so weit vorangeschritten, daß an die Beschaffung der Steine gedacht werden konnte. Beauftragt wurde die Firma Sebastian Arnold in Reistenhausen am Main, einem für den Export des geschätzten Mainsandsteins bekannten Ort. Die erste Lieferung entsprach nicht den Vorstellungen des Architekten Cluysenaar, der insbesondere beanstandete, daß die Steine „nicht nach Vorschrift gezeichnet" waren und „sonach eine richtige Vertheilung derselben auf der Baustelle unmöglich ist. Der Lieferant wurde aufgefordert, „sofort am Platze selbst die Vertheilung der Steine vorzunehmen und dann die schlechten, schadhaften und beschädigten Steine durch andere zu ersetzen". Nicht vorschriftsmäßig gelieferte Ware sei im übrigen künftig zu ersetzen oder zu vergüten.[1483]

Bereits in diesem ersten Beleg dokumentiert sich Cluysenaars rigorose Sorgfalt. Um eine werkgerechte Bearbeitung der Steine zu gewährleisten, wurden in teilweise von ihm selbst gezeichneten Werkplänen („Steinlisten") alle wichtigen Gewände und Sockelsteine ausgearbeitet,[1484] für „Fensterverzierungen" fertigte er sogar Modelle.[1485]

Von Anfang an wurde unter Hochdruck gearbeitet. Die Handwerker wurden immer wieder angewiesen, „schleunigst" zu Werke zu gehen und sogar an Sonn- und Feiertagen zu arbeiten, wozu diese jedoch „bei allen Geboten nicht zu bewegen" waren.[1486]

An eine Unterbrechung oder gar Einstellung der Arbeiten infolge der immer ungünstiger werdenden Witterungsverhältnisse war nicht zu denken. Karsch schrieb am 18.11.1861 an Cluysenaar. „Hinsichtlich des Wetters theile Ihnen schließlich mit, daß es Samstag den ganzen Tag geregnet, die Nacht etwas geschneit, und von heut gefroren, so daß wir heute 1 1/2-2° Kälte haben. Wir werden jedoch bei der Arbeit tüchtig fortfahren."[1487] Als der verantwortliche Maurermeister Anfang Dezember 1861 bei 5° Kälte die Arbeiten einstellen ließ, erhielt er einen scharfen Verweis von Cluysenaar.[1488]

Zu diesem Zeitpunkt erfolgte auch die Entlassung des den Arbeitsbedingungen nicht gewachsenen Bauführers Karsch und Cluysenaar selbst leitete, unterstützt von dem Homburger A. Steinhäuser, die Bauarbeiten bis zum Dienstantritt von Louis Jacobi am 30. Dezember 1861. In der Folgezeit schritt das Bauwesen zügig voran.

Die Inbetriebnahme der fertiggestellten Baulichkeiten erfolgte Zug um Zug. Mit einem Festakt eröffnet wurde nur das Theater am 21. November 1863.

Damit war das Kurhaus indessen nicht vollendet, sondern nur benutzbar. Die Arbeiten an der Innenausstattung zogen sich noch über Jahre hin. Im April 1866 waren die Neubauten „soweit vollendet" und fast alle Handwerker-Rechnungen bezahlt; nur den Malern waren „höchstens noch 20 000 fl. heraus zu zahlen".[1489] Deren letzte Rechnungen wurden 1871 ausgeschrieben.

Wie schon im Jahr 1851-52 wurde die Ausmalung des Neubaus der Werkstatt des Brüsseler Dekorationsmalers J.A. Govaerts übertragen, die nach dessen Tod (vor 1863) von der Witwe Govaerts betrieben wurde. Am 1.8.1863 fragte „Vve. J.A. Govaerts" bei dem Bauleiter Louis Jacobi an, ob mit dem Homburger Auftrag zu rechnen sei.[1490] Am 20.11.1864 stand die Restaurierung des Spielsaals zur Debatte; der Auftrag sollte von einem offenbar in der Govaerts-Werkstatt beschäftigten Dekorateur de Lagarde ausgeführt werden. Am 20.11.1865 wurde der Preis für die malerische Dekoration des Kurhauses („peintures Kursaal") auf überschlägig 25 000 Franc geschätzt. Aus einem Schreiben vom 26.10.1867 geht hervor, daß die Figuren von dem Maler Hallant angefertigt worden waren. Im November 1867 schickte die Witwe Govaerts wiederum den Maler de Lagarde nach Homburg. Am 22.12.1868 schickte sie ein Paket Gold zum Vergolden an Jacobi. 1871 erhielt Jacobi aus der Govaerts-Werkstatt in Brüssel Zeichnungen für Türen. Am 15.12.1871 erfolgte die Endabrechnung mit Govaerts. Danach betrug die Gesamtsumme für die von der Werkstatt erbrachten Leistungen 57.869 Francs.

Von den zahlreichen für das Kurhaus in Auftrag gegebenen Gemälden kennen wir nur wenige per Titel. Es waren dies siebzehn Bilder des Malers Alfred Cluysenaar (1837-1902)[1491], der diesen, seinen ersten größeren Auftrag seinem Vater, dem Architekten J.P. Cluysenaar zu verdanken hatte. wurden wohl in Paris ausgeführt.[1492] Es handelte sich um:

„Huit tableaux avec femmes couchées représentant divers pays;
Quatre grands panneaux représantant les Saisons; Deux demi-circulaires dans les bas-côtés, représantant la Chasse, la Source; Trois demi-circulai-

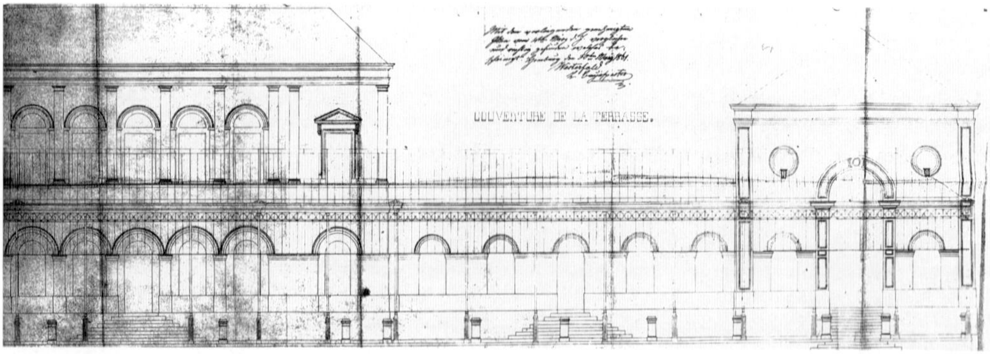

105 J.P. Cluysenaar, Entwurf zur Überdachung der Terrasse („Couverture de la terrasse"), 1861

res à l'entour des ventilations avec Enfants couchés."[1493]

Zur Anbringung der Bilder reiste Alfred Cluysenaar nach Homburg. In der Galerie des neuen Kurhauses entstand eine Fotografie, die den Architekten und den Maler Cluysenaar zeigt.[1494] Über den Ort der Anbringung dieser Werke von Alfred Cluysenaar liegen keine Informationen vor.

Im folgenden soll die Baugeschichte an den wichtigsten Rämlichkeiten nachvollzogen werden.

Veranda

Im Juli 1861 wurde mit der „Überdeckung" der Terrasse, d.h. mit der Herstellung einer Veranda begonnen.[1495] Ende Juli war die Veranda verglast.[1496] Das Resultat entsprach jedoch nicht den Vorstellungen Cluysenaars, der an eine mobile Verglasung gedacht zu haben scheint. Jedenfalls schickte die Frankfurter Eisengießerei Fries Anfang Oktober 1861 ein Modell zum „Verschluß" der Veranda - „mit Gitter, das im Sommer wieder herausgenommen wird".[1497] Anfang November arbeitete man an der Heizung.[1498] Mitte November wurde Fries mit den Eisenarbeiten fertig; Verglasung und Anstrich sollten unmittelbar folgen.[1499] Nachdem Cluysenaar neuerliche Veränderungswünsche der Direktoren abgelehnt hatte, konnte die Veranda am 1.12.1861 als fertiggestellt gelten.[1500]

106 Überdachte Terrasse („Veranda") vor der Gartenseite des Kursaalgebäudes, Fotografie, um 1900

Speisesaal

Zu den vordringlichen Arbeiten gehörte die Beseitigung der Spuren des Brandes und die Wiederherstellung des Speisesaals. Im Juni 1861 erhielt der Homburger Schreinermeister Reinemer den Auftrag, den von dem Möbelfabrikanten Bembé in Mainz entworfenen und gelieferten Parkett-Fußboden zu verlegen, „die große Eingangsthüre einzusetzen, die Sockel der Pilaster in den Ecken und die Plinthen im ganzen Saal fertig zu machen".[1501] Wegen des darunter liegenden „feuchten Schutts" ergaben sich Schwierigkeiten beim Verlegen des Parketts, indem „die Bretter trotz der Heizung nicht trocken werden" wollten und das ganze Parkett wieder „aufgebrochen" werden mußte.[1502]

Mitte Juli sollten die neuen Fenster eingesetzt werden.[1503] Anfang September wurde die „Decke des Orchesters", allerdings „durch den Transport sehr beschädigt", angeliefert.[1504] Mitte November wurden die bei Wenzel in Frankfurt bestellten Spiegel eingesetzt[1505] und Fries in Frankfurt mit der Besorgung der Lüster beauftragt.[1506]

Am 1.12.1861 berichtete Bauführer Karsch, der Speisesaal sei „bis auf die Spiegel" und die „wahrscheinlich im Laufe dieser Woche fertig werdende Heizung" vollendet.[1507]

Der Saal wurde zunächst, d.h. im Winter 1861/62, als Musiksalon genutzt.[1508] In der Saison 1862 war der Speisesaal als provisorischer Spielsaal eingerichtet, da an den Spielsälen Bauarbeiten vorgenommen wurden.[1509]

Mitte Mai 1862 war der Maler Govaerts mit zwei Mitarbeitern für einige Tage angereist, um im Speisesaal Ausmalungen vorzunehmen.[1510] Im Februar 1863 konnte Bauführer Jacobi melden: „La salle à manger est presque fini".[1511]

Restauration[1512]

Die zwischen dem Speise- und dem Konzertsaal (abgeschlossen) gelegene Restauration war von dem Brand in Mitleidenschaft gezogen, was sich jedoch erst im Nachhinein herausstellte. Bei den Wiederherstellungsarbeiten ereignete sich am 28.9.1861 der erste Unfall auf der Baustelle: Mittags um 2 Uhr fiel die Decke, „welche durch das Wasser beim früheren Brande beschädigt, plötzlich herab", traf aber nur eine Person am Kopf.[1513] Dennoch gaben Regierungsvertreter zu verstehen, daß „ein gewisser Grad von Leichtfertigkeit...dem leitenden Architekten wohl zum Vorwurfe gemacht werden" müsse, der schon einmal ähnliches in Brüssel habe verantworten müssen. Man beließ es bei der Mahnung zu „größerer Vorsicht".[1514] Anfang Oktober 1861 berichtete Karsch, „die Decke in der Restauration (werde) vorsichtig und gut gemacht."[1515] Cluysenaar, dem die Arbeiten zu langsam vorangingen, ließ dem Maurermeister Weckeling mitteilen, dieser habe „die Decke im Restaurations-Lokal nach der Ihnen übergebenen Zeichnung (Cluysenaars) aufs schleunigste fertigzustellen, und zwar damit daß Sie auch Abends bei Licht daran arbeiten."[1516] Mitte Novem-ber war die Restauration „vollständig fertig und geputzt".[1517] Am 1.12.1861 konnte Karsch nach Brüssel melden, die Restauration sei „schon seit 12 Tagen eröffnet".[1518]

Spielsaal („Alter Spielsaal")

Der Spielsaal scheint durch den Brand wenig oder gar nicht in Mitleidenschaft gezogen worden zu sein. Erst für Ende April 1864 ist bezeugt, daß die Maler von Govaerts im Spielsaal arbeiteten.[1519] Schon im Juni schrieb Jacobi: „L'ancienne salle de jeu sera fini pour lundi prochain de notre part, l'échafaudage est dehors samedi, on commence maintenant à placer les lustres."[1520] Am 1.7.1862 konnte der „alte Spielsaal" wiedereröffnet werden. In seinem Bericht erwähnte Jacobi die wesentliche Neuerung: der Saal verfügte nun über ein Oberlicht, das gut aussah („se fait très bien") und alle sehr zufriedenstellte („très content").[1521]

Goldsaal („Neuer Spielsaal")

Im Juli 1861 „war die ganze Arbeitskraft des H. Becker (Maurermeister) auf den Spielsaal concentrirt", der auf der Seite zum Schwedenpfad rückwärtig an den älteren Spielsaal angebaut werden sollte. Bauführer Karsch beschäftigte sich mit „Fenstereinteilung" und Fragen des Dachverbandes.[1522] Anfang Oktober war man im Begriff das Dach aufzuschlagen.[1523] Da die Temperaturen schon sehr niedrig waren, mußten die Fenster „provisorisch geschlossen" und mit dem Setzen der Heizungen begonnen werden.[1524] Vor der Jahreswende 1861/62 wurden nur noch Vorbereitungen zur Vergabe weiterer Arbeiten getroffen,[1525] dann trat die Winterpause ein.

Am 24.3.1862 erhielt Bembé in Mainz die Verträge für die Lieferung des Parkettbodens zugesandt.[1526] Ende April arbeiteten die „ouvriers de Colley" aus Brüssel in dem Saal.[1527] Auf Cluysenaars Frage nach der Beschaffenheit der Pilaster, antwortete Direktor Blanc, er habe freie Hand, er wünsche nur „beaucoup que vous laissez faire ces pilastres en Allemagne, Frankfort, Berlin où vous voulez".[1528]

Im Mai 1862 schrieb Jacobi, der neue Spielsaal werde „magnifique".[1529] Als Cluysenaar wenig später nach Homburg kam, stellte er fest, daß die Arbeiten zu langsam voran gingen. Sicherheitshalber hatte Cluysenaar einen Brüsseler Unternehmer gebeten, ihm vier seiner „ouvriers" zur Verfügung zu stellen. Sie arbeiteten allein für den Spielsaal 3 300 Stunden.[1530] Dennoch kam man in Verzug, und Jacobi mußte am 11.6.1862 an Bembé in Mainz schreiben: „Die Arbeiten am neuen Spiel-Saal sind bis jetzt noch nicht soweit um mit dem

Legen des Parquetbodens zu beginnen". Bis zum 15.7. sei man aber soweit.[1531] Obwohl alle mit „vivacité" arbeiteten, erschien es Jacobi noch am 2.7. unmöglich, daß der Saal bis zum 15.7. fertig sein würde. Die Kurhaus-Administration sei auch „très content", wenn der Saal am 1.8. fertig werde.[1532] Die neuerliche Anwesenheit Cluysenaars seit der ersten Juliwoche 1862 beschleunigte den Fortgang der Arbeiten. Doch konnte erst Ende mit dem Verlegen des Parketts begonnen werden.[1533] Anfang August arbeitete man an der Vergoldung der Friese, und es wurden das Mobiliar, die textile Ausstattung und die Lüster geliefert, alle von Pariser Fabrikanten.[1534] Aus der Korrespondenz mit dem Raumausstatter Ternissien & Fraysse geht hervor, daß für die vor den Fenstern (in beiden Geschossen) und vor den Türöffnungen hängenden Vorhänge (Rideaux), Portièren und kurzen Behänge (Lambrequins) große Mengen von Seide und Velour benötigt wurden. Jacobi: „Il vaut mieux que vous faites les portières tout a fait fini à Paris au lieu d'envoyer les 50 Meters de velours." Als Eröffnungstermin war jetzt der 1.9.1862 vorgesehen.[1535] Nach Brüssel schrieb Jacobi, der Spielsaal erscheine größer, seitedem das Gerüst entfernt worden sei, und die Spiegel erzeugten einen „grand effet". Jeder, der den Saal betrete, wo die Türen zum nächsten Saal seien. Er selbst fand den Saal „très riche et joli".[1536] Auch M. Blanc war „très content". Nicht einverstanden war jener mit der Wirkung der portalhohen Spiegel; solche in Fensterhöhe ließen den Raum geschlossener wirken. Um Abhilfe zu schaffen, bestellte Blanc zwei halbrunde Divans, die zwischen Kamin und Fenster eingepaßt wurden, eine optische „Sockelzone" bildeten und zugleich von praktischem Wert waren.[1537]

Am 15.9.1862 konnte der neue Spielsaal eingeweiht werden.[1538] In einer kurzen Notiz für die „Deutsche Badezeitung" feierte der zweifellos der Kurhaus-Administration nahestehende Schreiber die neue Homburger Errungenschaft: „Heute wurde der neue Saal eröffnet und Jedermann erstaunt über die Pracht, Eleganz und den guten Geschmack, welche sich hier zeigen. Die kostbaren Bildnereien, die Goldverzierungen, das Möblement, die großen Spiegel und die prachtvollen Lüstres sind eines Königsschlosses würdig und es dürfte nicht wohl ein Saal aufzufinden sein, der sich diesem Werk des besten Geschmackes und der ausgesuchtesten Pracht vergleichen läßt."[1539]

Galerie

Als „Galerie" bezeichnete Cluysenaar den langgestreckten Raum („vestibule"), der der Straßenfront des Métivierbaus einschließlich der Flügelbauten Cluysenaars vorgelagert wurde. Er wiederholte sich identisch im Ersten Geschoß. Die Galerie verband zugleich den Hauptbau mit der „maison directoriale" und mit der Galerie du Theatre", die in das Vestibül des Theaters mündete. Der Außenzugang zur Galerie über eine Treppe von sieben Tritten stellte zugleich den Haupteingang des Gebäudes dar.[1540]

Mitte Oktober 1861, nach der Fertigstellung der Veranda auf der Kurhaus-Rückseite, sollte mit den Arbeiten an der Galerie begonnen werden.[1541] „Durch das viele Regenwetter" gingen die Erdarbeiten nur langsam voran; dennoch mußten die Fundamente noch im Dezember ausgemauert werden.[1542] Im Juni 1862 hoffte man die Galerie „unter Dach" zu bekommen, was jedoch, trotz wiederholter Mahnung des Zimmermeisters, noch Ende August nicht der Fall war.[1543] Termingemäß fertiggestellt war hingegen der provisorische Eingang, über den „le monde de Hombourg" sehr zufrieden war.[1544] Ende August sandte Jacobi „die Zeichnung mit den genauen Höhenmaßen für die gußeisernen Säulen der Galerie" und eine „gewundene hölzerne Säule" als Modell an Fries in Frankfurt.[1545] Mitte September 1862 setzte sich Cluysenaar von Homburg aus mit der Mettlacher Fabrik Villeroy und Boch in Verbindung, um mit dieser über die Ausführung des 260 m langen Paviments zu verhandeln. Beabsichtigt war die Beibehaltung des aus Solnhofener Platten (gelb mit grauen Streifen) bestehenden Belags vom Vorgängerbau, deren Weiterführung sowie Ergänzung durch Fliesen, „en ayant bien soin d'employer le même ton jaune pour le milieu melé avec du brun et du bleu gris." Von dieser Kombination erwartete sich Cluysenaar „un grand effet surtout pour vos carreaux de couleur".[1546]

Anfang Oktober 1862 konnte das Dachwerk aufgeschlagen und das Gerüst von der Fassade entfernt werden; „et maintenant la facade se présente dans toute sa grandeur".[1547] Anfang November 1862 sollten die Außenarbeiten nahezu abgeschlossen sein. Danach wurde die Galerie provisorisch mit alten Fenstern geschlossen, eine Heizung installiert und ein Gerüst für die Arbeiten im Innern aufgestellt.[1548] Seit dem 12.1.1863 arbeiteten die Maurermeister Weckerling und Hammelmann

107 Jean Pierre und Alfred Cluysenaar (hinten Mitte) in der Galerie des neuen Kursaalgebäudes, Fotografie, um 1863

mit einem Dutzend, später mit 30 Arbeitern an den Decken.[1549] In die Wände sollten Gasleitungen für die Beheizung der Galerie gelegt werden.[1550]

Nachdem im März 1863 noch einige „Kleinigkeiten" am Außenbau nachgearbeitet und auch die Bekrönungen aus Zink aufgebracht worden waren, rechnete man damit, die Fassade im April tünchen („peindre") zu können.[1551] Doch gab es erneute Verzögerung über den Saisonbeginn hinaus. Anfang Juni war das an die Galerie anschließende Treppenhaus der Haupttreppe getüncht, so daß die Treppe aufgeschlagen werden konnte. Da gleichzeitig der Fußboden in der Galerie verlegt wurde, mußte das Publikum, wohl während des ganzen Monats Juli, durch den Garten und die, allerdings noch nicht vollendete salle de lecture in das Innere des Kurhauses geleitet werden.[1552] Mitte Juni 1863 war die Galerie so weit ihrer Vollendung entgegengegangen, daß Jacobi den Marmorlieferanten Mai in Villmar bitten konnte, „so bald als möglich die noch fehlenden Marmorsimse herzuschicken, sowie diejenigen, die hier sind, zu befestigen", was jedoch vor der Eröffnung der Galerie nicht geschah.[1553]

Am 16.7.1863 schrieb Jacobi: „la gallerie est principalement fini".[1554] Zu den letzten Feinarbeiten gehörte die Anbringung der bekrönenden Vasen auf der Balustrade über dem Mittelrisalit der Galerie, am 1.8.1863, nachdem „les ornements pour ces vases sont arrivés de Belgique et Schenderlein les a mis tout de suite".[1555] An diesem oder einem der folgenden Tage dürfte die Galerie eröffnet worden sein.[1556]

Im November 1863 sandte Jacobi den Direktoren den von ihnen gewünschten Entwurf für ein gläsernes Vordach („marquise") über dem Haupteingang „pour la descente à couvert des voitures". Als das Vordach im Frühjahr 1864 ausgeführt war, stellte Jacobi erleichtert fest: „On ne voit presque pas cette marquise vitrée".[1557]

Im Zusammenhang mit der Galerie bedurfte der sog. Kurhausvorplatz einer Neugestaltung. Im Februar 1863 teilte Jacobi mit, der Platz vor dem Kursaal sei „fini c'est à dire les chemins". Zwischen dem Platz und der Louisenstraße sollte ein Trottoir aus Andernacher Stein gelegt werden. Im Juni 1864 wurde der Platz bepflanzt.[1558] Ob der von M. Blanc gewünschte Brunnen ausgeführt wurde, ist nicht bekannt.[1559]

Um die sonstigen Außenanlagen scheint sich Jacobi nicht gekümmert zu haben. Nur einmal ist von der Fertigstellung eines Hofes „entre la maison de bain et du café“ die Rede.[1560]

Café-Billard

Das zwischen Theater und Badehaus vorgesehene Café – es zählte zum Immobilienbesitz der Anonymen Gesellschaft – wurde zu Ende der Saison 1862 zu bauen begonnen.[1561]

Ende Oktober 1862 waren die Fundamente gelegt. Noch vor Einbruch des Winters sollten die Sockel und das Mauerwerk zur Ludwigstraße fertiggestellt sein.[1562] Anfang November war jedoch die Kälte bereits so groß, daß Jacobi vorschlug, diese Arbeiten bis zum kommenden Frühjahr aufzuschieben: „au printemps c'est un affaire de 3-4 semaines et tout est fini“.[1563] Im März 1863 nahm man die Maurerarbeiten auf, Anfang Juni waren sie „presque fini“, und Ende Juli wurde das Dach aufgeschlagen.[1564]

Ein offenbar dem Café angeschlossener Raum sollte als Rauchsalon („tabagie“) gestaltet werden.[1565] Seit September 1863 wurde beides als „Café-Billard“ (Café, „c'est à dire le billard“) bezeichnet.[1566]

Im Dezember 1863 begann man „tüchtig“ am Café-Billard zu arbeiten, um im Februar 1864 mit den Tüncherarbeiten beginnen zu können.[1567] Anfang März ging Cluysenaar eine von Bembé ausgeführte Zeichnung „pour le parquet de la salle de café“ zu.[1568] Die Decke war Ende März eingezogen, verputzt und bereits so trocken, daß der Maler Govaerts mit der Ausmalung hätte beginnen können. Doch ließ dieser ebenso auf sich warten wie der Meister, der die Schreinerarbeiten erledigen sollte.[1569] Aus einer Mitteilung Jacobis an Cluysenaar geht hervor, daß für die Wandverkleidung 140 m² amerikanisches Leder benötigt wurde.[1570] Der dringende Wunsch M. Blancs, daß das Café am 1. September 1864 fertig sei, veranlaßte Govaerts Ende Juli endlich zum Kommen.[1571] Er arbeitete bis Ende September an der Ausmalung und der Vergoldung des Raumes.[1572] Bis dahin waren auch die „divans“, die Lüster und die Wandleuchten eingetroffen, die Billardtische warteten in Frankfurt auf Abholung. Das Buffet und die bei Govaerts in Brüssel bestellten Fenstervorhänge waren noch nicht eingetroffen.[1573]

Am 20. Oktober 1864 konnte Jacobi nach Brüssel melden, das Café-Billard sei „ouvert pur jouer billard depuis quelques jours“. Alle waren zufrieden, obwohl Tische und Stühle noch fehlten, so daß der Raum als Billardsaal genutzt wurde, „mais pas encore pour prendre du café“.[1574]

Das Café-Billard wurde ungeduldig erwartet, denn es mangelte für die neu eingeführte Winterkur an Zerstreuungen.[1575] Im Januar 1865 erschien in einem internationalen Journal „des salons et des bains“ eine Werbung für die Homburger Wintersaison, in der die neue Attraktion gepriesen wurde: „Nouveau et splendide Café dans le style mauresque, ouvert cette année, décoré sur le modèle des premiers établissements de Paris. Trois Billards, Déjenuers à la forchette.“[1576]

„Salle de lecture“ (Lesezimmer)

Der zwischen dem „alten Spielsaal“ und dem Konzertsaal (Kursaal) gelegene Raum gehörte bereits zum Métivierbau. Seine wesentlichste Veränderung erhielt dieser nunmehr durch zwei Terrassen vom Tageslicht abgeschirmte Raum durch den Einbau einer verglasten Decke („toit vitré“).[1577]

Da das Lesezimmer auf Wunsch der Administration bereits im Juli 1863 wieder geöffnet werden mußte, unterblieb die vorgesehene Ausmalung durch Govaerts.[1578] Erst im Juni 1864, als nahezu alle Räumlichkeiten im Erdgeschoß vollendet waren, nahm man sich des Lesezimmers wieder an. Am 13.6.1864 hatte die Maler die Deckenmalerei vollendet. Am 18.7.1864 war das Lesezimmer vollendet.[1579] Die zunächst provisorisch angebrachte blaue Tapete aus Mainz verblieb auf Wunsch englischer Kurgäste in dem Raum.[1580] Vermutlich war das Lesezimmer gemeint, wenn von dem „Blauen Sälchen“ die Rede war.

Obergeschoß

Das Obergeschoß sollte einem exklusiven Publikum reserviert bleiben („cercle des étrangers“).

Die großenteils bereits seit 1843 bestehenden Räumlichkeiten im Obergeschoß wurden seit Sommer 1863 von Cluysenaar umgestaltet.

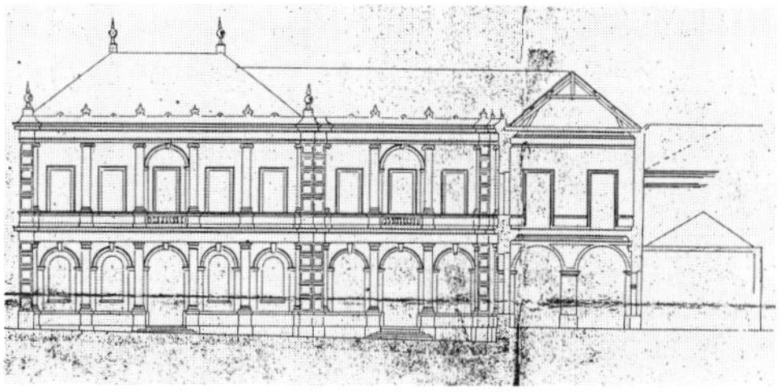

108 J.P. Cluysenaar, Entwurf zum linken Flügel („Direktorialgebäude") des neuen Kursaalgebäudes, 1862

Der Fürstensaal („Salle des princes"), dem durch die vorgelegte Galerie beträchtliches Tageslicht entzogen wurde, erhielt eine verglaste Dekke.[1581] Im Juli 1864 wurden die Wände tapeziert.[1582]

Über der Galerie, „in einer Flucht nach der Louisenstraße hin", waren mehrere Salons angeordnet. Entsprechend ihrer Zweckbestimmung - „zu Privatbällen für das feinere Kurpublikum etc." - , wurden die Salons „mit bedeutendem Aufwande alle im französischen Geschmack des 17. und 18. Jahrhunderts" eingerichtet.[1583] M. Blanc äußerte explizite Gestaltungswünsche und fertigte eine Skizze.[1584] Im März 1864 teilte Jacobi mit, die Arbeiten an den Salons gingen nicht so schnell wie gewünscht voran, „car il manque d'argent". Dennoch waren Ende März „les deux petits salons" vollendet, und Mitte April waren in den „salon du milieu" nur noch Putzarbeiten zu verrichten.[1585] Im Juni 1864 wünschte M. Blanc, „qu'on finisse toute de suite les travaux".[1586] Die Vergoldung und Ausmalung wurde erst im Oktober/November 1864 durch Brackmann ausgeführt.[1587]

Erst Ende 1865 konnten die Arbeiten in großzügigem Stil fortgesetzt werden,nachdem die Generalversammlung von 85 000 fl. bewilligt hatte, „pour l'achèvement et la décoration ds salons princiers du première étage". Eine „armée d'ouvriers", „même d'artistes" widmete sich seit Mitte Oktober 1865 diesen Räumlichkeiten.[1588] Im Februar 1866 näherte sich die Vollendung der Salons „avec une prodigieuse rapidité"; der „Chroniqueur" berichtete enthusiastisch von den „huit ou dix salles immenses toutes ruisselantes de dorures".[1589]

109 Blick vom Theaterflügel auf das Direktorialgebäude im linken Flügel des neuen Kursaalgebäudes, Fotografie, um 1900

110 J.P. Cluysenaar, Entwurf zum rechten Flügel (Theater) des neuen Kursaalgebäudes, 1862

Vermutlich waren die Salons des Cercle des étrangers erst vor Saisonbeginn 1867 fertiggestellt.

Direktorialgebäude („Maison directoriale")

Der zunächst als „das Haus des Herrn Blanc" bezeichnete linke Kurhausflügel wurde noch im Jahr 1861 umbenannt in „maison directoriale". Er gehörte zum Immobilienbesitz der Anonymen Gesellschaft.

Noch im November 1861 wurden – mit 36 Maurern und 23 „Handarbeitern" – Maurerarbeiten durchgeführt, und Anfang Dezember das Dachwerk aufgerichtet.[1590] Im Sommer 1862 gingen die Arbeiten an der „maison directoriale" nur sehr schleppend voran, da den Spielsälen, dem Theater und der Galerie Vorrang eingeräumt wurde.[1591] Ende August war das Gebäude eingedeckt und die „couronnements de zinc" angebracht.[1592] Im Oktober 1862 galt das Direktorialgebäude als „bientòt fini"; es sollte während des bevorstehenden Winters das Baubüro beherbergen.[1593] Im Frühjahr 1863 wurde die Haupttreppe errichtet und der Fußboden verlegt.[1594] Auch während des Sommers 1864 wurden andere Bauarbeiten vorrangig behandelt. Mitte August 1864 begann Bembé im Obergeschoß mit dem Verlegen des Parketts, und seit Ende September arbeitete die Truppe von Govaerts an der Ausmalung von Treppenhaus und Fluren.[1595] Die Deckengemälde wünschte M. Blanc von Brackmann ausgeführt zu haben, während Govaerts die Wandgemälde des Salons im Erdgeschoß übertragen werden sollten. Erst im November 1865 hatte Brackmann die Deckengemälde, „excepté le grand du coin", vollendet. M. Blanc war „très content".[1596]

111 Blick vom Direktorialgebäude zum Theaterflügel, Fotografie, Anf. 20. Jh

Theater
Der im Winkel zwischen Louisenstraße und Ludwigstraße geplante Flügelbau des neuen Kurhauses sollte ein Theater aufnehmen, das zum Immobilienbesitz der Anonymen Gesellschaft gehörte.

An diesem in Planung und Ausführung anspruchsvollsten der Neubauten wurde von 1861 bis 1863 nahezu ununterbrochen gearbeitet. Der Homburger Zimmermeister J. Sauer war beauftragt, „die Grundarbeiten zum Theater-Bau" bis zum 27.7.1861 „vollständig beendet" zu haben.[1597] Anfang September 1861 waren „die Umfassungswände der Bühne bis beinahe auf Straßennähe ausgemauert und fahren wir mit der Anlage der Fundamente fort". Einen „schweren Grundstein" hatte der Bauführer bereits „in die Ecke der Louisen- und Ludwigstraße" setzen lassen.[1598] Anfang Dezember 1861 mußten die gerade begonnenen Maurerarbeiten wegen zu großer Kälte eingestellt werden.[1599]

Während Cluysenaars Homburg-Aufenthalt im März 1862 galt das vorrangige Interesse dem Theaterbau. Dem Theatermaschinisten Mühldörfer in

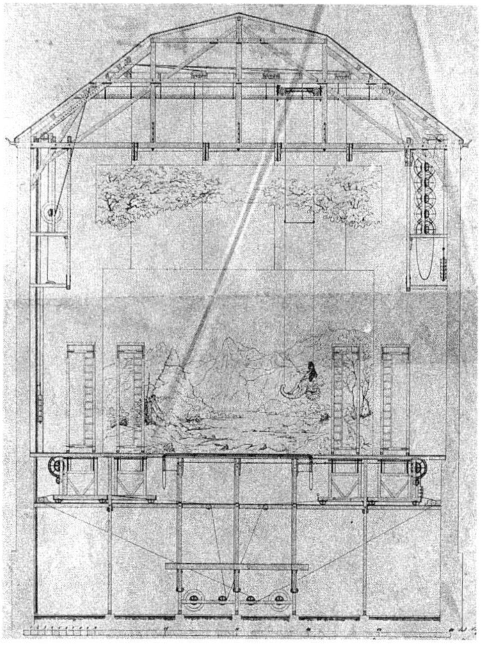

112 Entwurf zur Theater-Maschinerie, Bez.: Mannheim 25t. Mai 1862. Mühldörfer u. Sohn

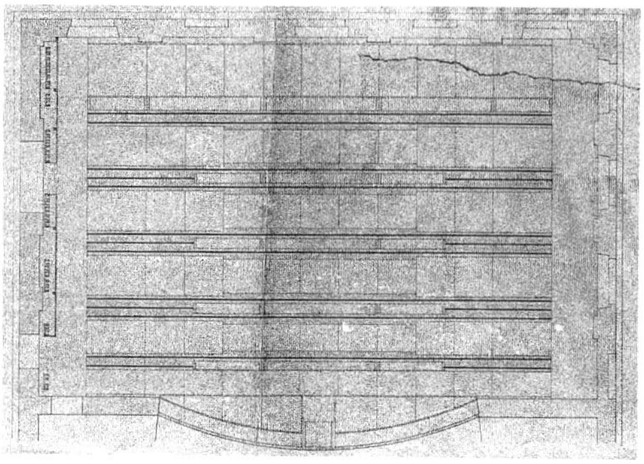

113 Grundriß der Theaterbühne, Bez.: Mannheim 22ten Mai 1862. Mühldörfer u. Sohn

Mannheim sandte man die Theater-Pläne und bat ihn zu einer Besprechung mit Cluysenaar und Blanc nach Homburg.[1600] Im September 1862 kamen Mühldörfers Pläne für die Theatermaschinerie in Homburg an[1601]. Am 30.4.1862 forderte Jacobi die Eisengießereien Fries und Jülich auf, ihre Preise für „ungefähr 64 Stück gußeiserne Säulen für das Theater" (Höhe 2,75 m) zu unterbreiten.[1602] Der Auftrag ging an Fries.[1603] Am 17.5.1862 besorgte Cluysenaar von Homburg aus die „17te und 18te Bestellung" Mainsandsteine bei Arnold in Reistenhausen: „Architrave nebst Friese für den Mittelbau der Gallerie" und den 1.Stock der „Theaterfacade nach der Ludwigstraße".[1604] Die „22te Steinbestellung, das Hauptgesims für die Theaterfacade nach dem Kur-haus darstellend" erfolgte am 28.6.1862.[1605] Am 24.6.1862 erhielt Schreinermeister Sauer Jacobis „Zeichnung der Gebälklage für das Theater".[1606] Im Oktober 1862 gingen „die Maurerarbeiten am Theater...ihrer Vollendung entgegen".[1607] Im Januar 1863 waren die Theaterdächer fertiggestellt, und es wurde mit den Innenarbeiten begonnen.[1608]

Ende Januar 1863 besprachen sich Blanc, Cluysenaar und Jacobi in Paris über die Ausführung der Maschinerie, zu der außer Mühldörfer der renommierte Darmstädter Theatermaschinenmeister Carl Brandt[1609] Pläne geliefert hatte. M.Blanc entschied sich für die Maschinerie Brandts, „und zwar diejenige für 21 000 fl."[1610]. Brandt versprach, die Maschinerie bis zum 15.9.1863 zu liefern.[1611]

Im März 1863 war das Außengerüst abgebaut, und das Gebäude erschien jetzt „enorm". Man arbeitete „avec grande vivacité“ im Innern, denn die Administration wünschte, daß das Theater bis zum Beginn der Theatersaison am 1.11.1863 vollendet sein solle.[1612] Ende April forderte Cluysenaar die Pläne der Maschinerie an, „um die Dekorationen anfertigen zu können.“[1613] Im Juni 1863 wurden die Treppen zu den Logen errichtet und Bembé in Mainz gebeten, „un modèle de fauteuil pour le thé-atre“ anzufertigen.[1614] Unterdessen rühmte die lokale Presse bereits die Entwürfe für die Innenausstattung, deren „Pracht eine noch nicht übertroffene sein wird“.[1615] Ende Juni regte Cluysenaar die Anbringung von Blitzableitern und den Abschluß einer Feuerversicherung an: „Le danger d'incendie est très grand pendant la construction d'un théatre...surtout de nos jours lorsque tous les ouvriers fument et sont munis d'allumettes phosphoriques.“[1616]

Mitte Juli schritten die Arbeiten zügig voran. Die Decken, auch im Foyer, waren eingezogen, die Konsolen und die „ornements de carton pierre“ waren angebracht, die Ranglogen plaziert. Brandt arbeitete an der Theatermaschinerie, Delatour schickte aus Paris einen Entwurf für einen Lüster zu 7 500 fl., und bei Fries in Frankfurt wurden 24 Wandleuchten – „wie die in der großen Gallerie“ – für die Theatergalerie und den Vorplatz bestellt.[1617] Im September 1863 waren Brackmann und seine Mitarbeiter im Theater beschäftigt, und die Fliesenleger arbeiteten am Fußboden des Vestibüls. Jacobi erwartete „avec impatience“ weitere Malereien aus Brüssel, um das Innengerüst abbrechen zu können, „car chaque jour vaut maintenant de l'or“. Die Vergoldungen und Verkleidungen (auch im 3. Rang mit Leder) wurden nach den Wünschen Cluysenaars ausgeführt, während die „petites choses“ (Tische, Schränke etc.) von einem der Direktoren bestellt wurden.[1618] Im Oktober trafen endlich die Maler aus Brüssel ein, „et ils ont commencé à placer leur toile samedi pour les 2 triangles et le plafond d'avantscène, aujourd'hui on a commencé à placer la toile des ranges de loge, le 3ème et le 2ème est fini à dorer“. Die Figuren seien „admirablement joli“ und alle Ornamente würden bewundert, berichtete Jacobi.[1619] Man begann, die Logen „en papier rouge“ zu tapezieren, baute die Türen ein und führte weitere Malerarbeiten aus. Die Vorhänge von Bembé sollten sein aus „étoffe soie et coton à grand romagne et crepin d'or“, der üppig drapiert werden sollte. Die Kanalarbeiten waren – „heureusement“ – überall beendet, die Gasleitungen für die Beleuchtung fast alle verlegt und auch für eine Ventilation war gesorgt. Mit der Fertigstellung der Heizung ließ man sich noch bis Dezember Zeit.[1620] Man arbeitete „avec la plus grande force“ und tat alles, „pour avoir fini pour le 1er Novembre“. M. Blanc war bereits „très content“ mit dem Theater.[1621]

Am 10.10.1863 verfaßte Jacobi einen an Cluysenaar gerichteten, sehr detaillierten Bericht über den Stand des Theaterbaus. Man arbeitete fieberhaft. Die Proszeniumslogen waren fertig und „admirablement joli“. Für die Ränge fehlten noch Stoffe und Malereien. Die Wasseranschlüsse im Theater sollten in wenigen Tagen fertiggestellt sein. Im Foyer arbeiteten die Maler auch abends, weshalb man schon die Gasheizung in Betrieb genommen hatte. Die Theatergalerie war nahezu vollendet.[1622] Das Fehlen des Lüsters, einiger Dekorationen von Brackmann und der Vorhänge von Bembé verursachten dann nochmalige Verzögerungen.[1623]

Am 21. November 1863 konnte das Theater feierlich eingeweiht werden. Cluysenaar wohnte ihr bei. Die lokale Presse berichtete enthusiastisch: „Die Bühne ist prachtvoll ausgestattet, und Herr Brandt von Darmstadt hat sich durch seine neuen Maschinen wieder ein neues Denkmal seines erfindungsreichen Talentes gesetzt. Die Dekorationen sind so reizend, als sie nur irgend ein Hoftheater bieten kann und die Ehre hiervon gebührt Herrn Brackmann. ... können wir dreist behaupten, daß Herr Baumeister Cluysenaar ein Meisterwerk in diesem Theater geliefert hat. ...für Homburg und dessen Besucher ein kleines Schatzkästlein – eine Bonbonière.“[1624] Jacobi selbst merkte bescheiden an, die Akustik des Theaters sei sehr gut.[1625] Vernichtend war dagegen die Kritik des Premièrenstücks „Die Fee von Homburg“, auch von Seiten der auswärtigen Presse.[1626] Dennoch war das Theater fast immer ausverkauft. Am 26.4.1864 war das Theater sogar Schauplatz einer Abendveranstaltung anläßlich des Geburtstages von Landgraf Ferdinand, der damit diesen, wiewohl der Anonymen Gesellschaft gehörigen Kurhausflügel ausdrücklich willkommen hieß.[1627]

Beschreibung und Interpretation

Das Métivier-Kursaalgebäude und die beiden Flügelbauten Cluysenaars wurden vollständig in den Neubau integriert.

Dadurch ergaben sich an der Parkfassade, abgesehen von der vorgebauten Veranda, keine architektonischen Veränderungen.

Anders gestaltete sich die Situation an der Louisenstraße. Hier wurde den „Altbauten" in einem Abstand von ungefähr acht Metern eine völlig neue, etwa achtzig Meter lange Fassadenfront vorgesetzt. Diese neue Fassade ließ an keiner Stelle erkennen, daß sie existente Baulichkeiten ummantelte. Sie gab dem neuen Kursaalgebäude sein Gepräge.

Alle von Cluysenaar nach 1861 errichteten Bauteile und Räumlichkeiten waren im Stil des Neubarock gehalten, der zur Bauzeit in Deutschland noch wenig verbreitet war. Cluysenaar und seine Kollegen in Brüssel hatten gerade begonnen, den von ihnen lange vertretenen Stil der Neurenaissance hinter sich zu lassen. Diese Stilwende dürfte bei dem Direktor der Anonymen Gesellschaft, Fr. Blanc, auf Sympathie gestoßen sein, eröffnete die Installation eines neuen Stils doch die Möglichkeit, erneut „à la mode" zu bauen. Hinzu kam, daß der Konkurrent in Baden-Baden die Räume der Spielbank seit den 1850er Jahren ebenfalls in einem dem Barock angenäherten Stil ausstatten ließ.

Charakteristisch für diese Phase ist, daß Elemente des avisierten historischen Stils kompiliert und frei umgestaltet wurden. Zitate waren eher selten. Wenn sie vorkamen, beschränkten sie sich auf Details oder besondere Motive. Das Zitat „in toto" wurde vorerst vermieden.

Straßenfassade

Im Werk des Architekten J.P.Cluysenaar hat die Fassade zur Louisenstraße ihre nächsten Parallelen in einem der Spätwerke, dem Conservatoire de Musique in Brüssel.[1628] Auch dieses war ein dreiseitig um einen kleinen Platz gruppierter Bau von neubarocken Formen.

Die Straßenseite des neuen Kursaalgebäudes war durch einen Mittelbau ausgezeichnet, der in beiden Geschossen paarig angeordnete Säulenstellungen aufwies und damit deutliche Anklänge an die Architektur des Barock in Paris zeigte. Das

114 Neues Kursaalgebäude, rückwärtige Fassade, Fotografie, 1920er Jahre

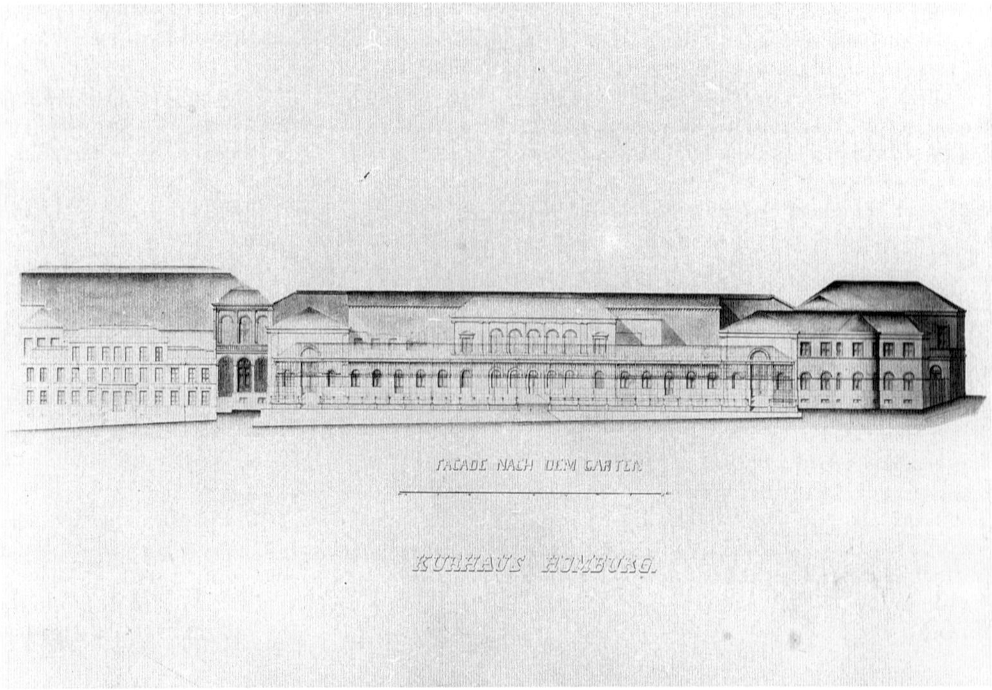

115 Rückfront des neuen Kursaalgebäudes, Fotografie nach Zeichnung

auffällige Motiv läßt sich an vielen Pariser Bauten, vor allem Adelspalais (z. B. das Palais de Soubise) nachweisen. Es ging letztlich auf die Louvrekolonnade von Bernini zurück. Die Tatsache, daß auch das Palais-Royal die Fassade mit gekuppelten Säulen aufwies, könnte daran denken lassen, daß man in Homburg bewußt die Architektur dieses Spielerzentrums von Paris zitierte.

Von den zahlreichen Räumlichkeiten in dem neuen Kursaaalgebäude sind uns nur wenige bildlich überliefert. Beschreibung und Interpretation müssen sich deshalb auf die herausragenden neuen Räume konzentrieren.

Galerie

Die Galerie nahm die gesamte Breite des Mittelbaues ein und setzte sich, abknickend, in den kleineren Galerien des Theater- und Administrationsflügels fort. Im Gegensatz zu der am Außenbau angedeuteten Gleichartigkeit von Erd- und Obergeschoß befand sich die Galerie nur im Erdgeschoß, während im Obergeschoß des Mittelbaus eine Enfilade kleinerer Salons angeordnet sind, im Theaterflügel zwei Foyers über der Galerie lagen.

Die Galerien, vor allem die Hauptgalerie, entsprachen den von Büttner formulierten Galerie-Kennzeichen im wesentlichen.[1629] Es handelte sich um einen „Innenraum, der sehr viel länger als breit ist, und der sein Licht durch eine große Zahl von Fenstern erhält, die sich an einer oder beiden Langseiten befinden.“ In Homburg wurde durch die Anordnung von 15 Blendarkaden die Gestaltung der die Eingangspartie flankierenden rundbogig geschlossenen Fenster wiederholt und so, wie bei nicht wenigen Galerien, eine strukturelle Ähnlichkeit der beiden Langseiten erzielt. Auch funktionell entsprach die Homburger Galerie den Kriterien der historischen Galerien: sie war „kein Wohnraum, kein Raum, in dem man sich sitzend oder ruhend aufhält, sondern ein Bewegungsraum, in dem man auf und ab geht.“ Die ersten französischen Besucher der Homburger Galerie haben dies als eine ihnen nicht fremde Funktion verstanden

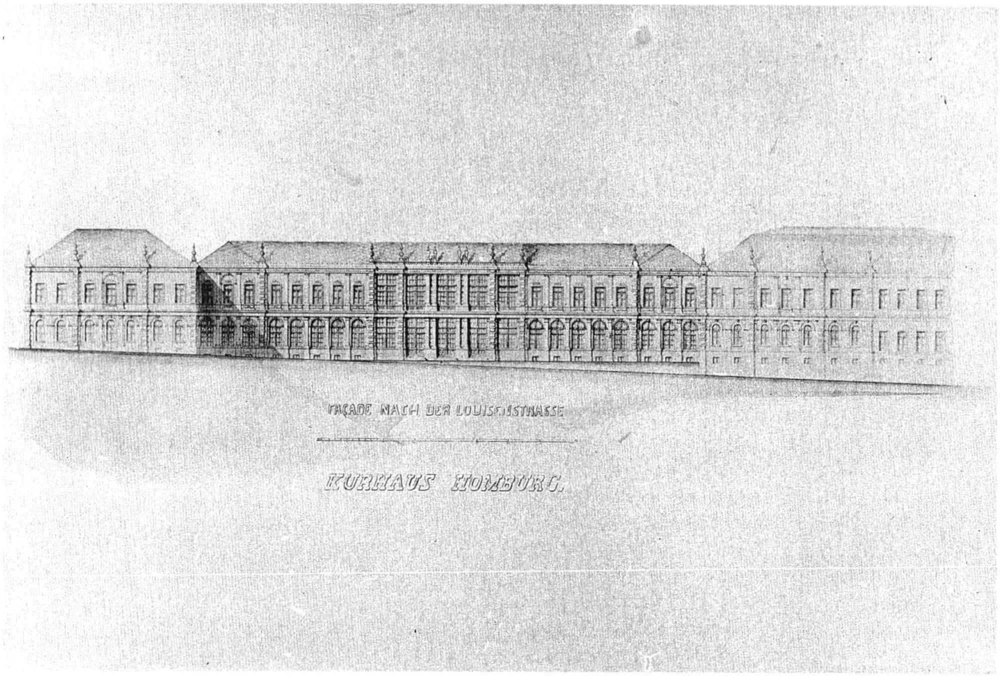

116 Straßenfront des neuen Kursaalgebäudes, Fotografie nach Zeichnung

117 Neues Kursaalgebäude in Homburg, Straßenseite, „Nach Photogr. arrangirt v. L. Rohbock", Stahlstich von G.M. Kurz

118 J.P. Cluysenaar, Conservatoire royal de Musique in Brüssel, 1876-77

119 Neues Kursaalgebäude in Homburg, Mittelbau zur Louisenstraße, Fotografie, 1920er Jahre

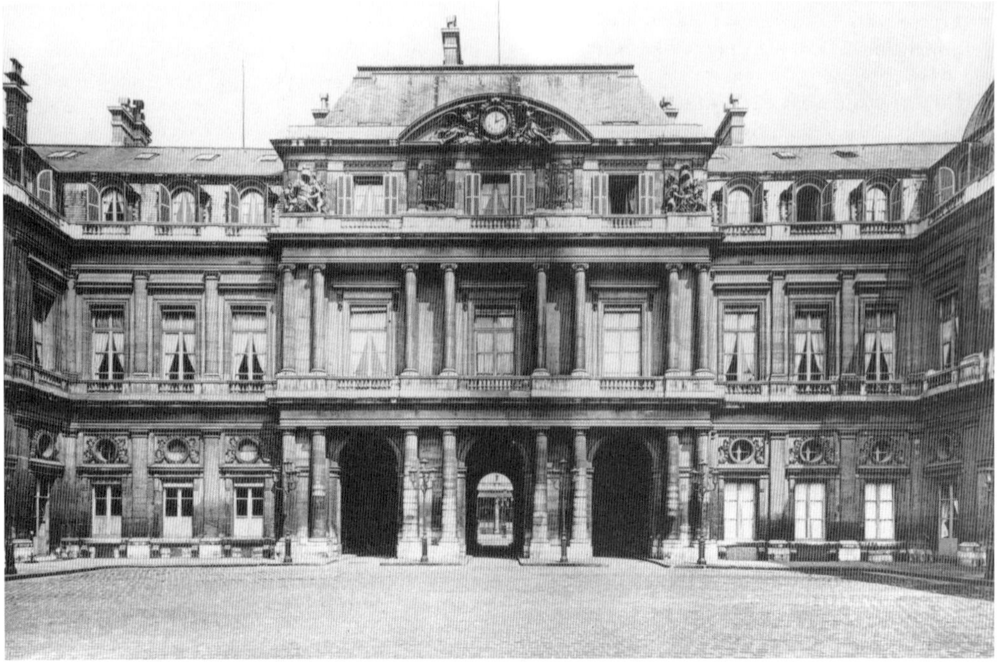

120 Paris, Palais-Royal, Mittelpavillon

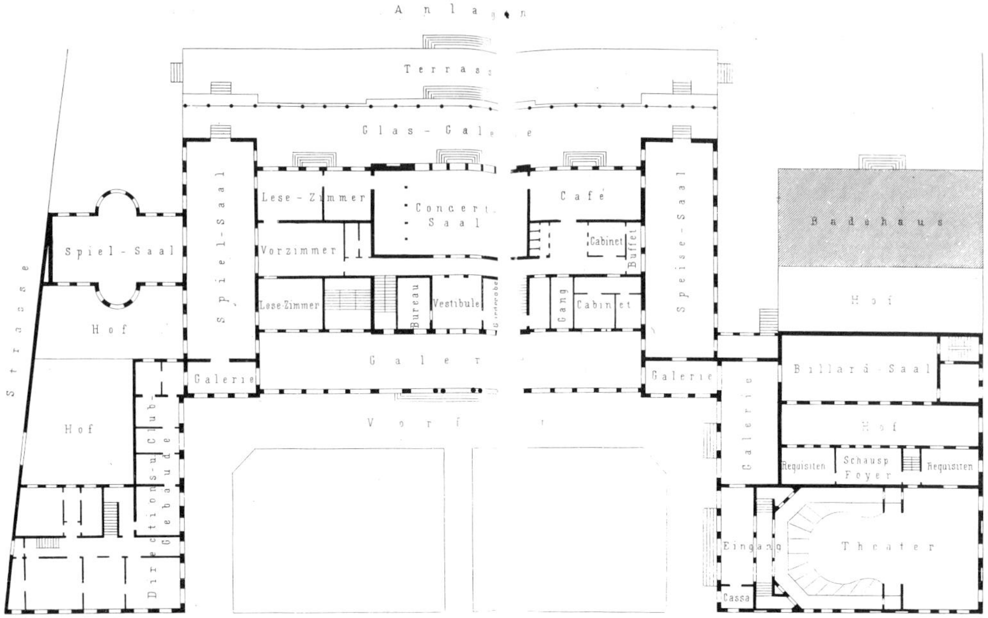

121 Neues Kursaalgebäude in Homburg, Erdgeschoß-Grundriß

und gelegentlich von einem „vaste promenoir" (aus-gedehnten Wandelraum, Wandelhalle) gesprochen.[1630]

Die Galerie wirkte anfänglich kühl und nüchtern durch die dem Raumtypus entsprechende Verwendung von Elementen der Außenarchitektur (Blendarkaden), die Verlegung eines Steinfußbodens und die Anbringung einer kassettierten Flachdecke. Die ursprüngliche Möblierung bestand, wie eine Fotografie aus der zeit um 1865 beweist, lediglich aus einigen an einer Langseite aufgestellten Bänken. Die für Galerien kennzeichnende Einbeziehung von „Natur" war sozusagen in Reliktform, nämlich reihenweise aufgestellten Pflanzenkübeln, vorhanden. Französische Besucher haben denn auch die Galerie mit einem Gewächshaus („une serre") verglichen und enthusiastisch erklärt, dies sei das letzte Wort hinsichtlich des Komfort s in den Winter-Kurhäusern („le dernier mot du comfort pour les Casino d'hiver").[1631]

Diesen Charakter der Galerie als eines zwischen Außen und Innen vermittelnden, dem Gebäude vorgelegten „Spaziersaals" haben später die deutsche Verwaltung und die Besucher deutlich verkannt, indem der Raum mit Sitzmöbeln und Tischchen versehen, mit Teppichen ausgelegt und mit stoffbezogenen Lampen ausgestattet und somit „wohnlich" gestaltet wurde. Die jetzt als Wandelhalle bezeichnete Galerie ähnelte nun einer geschlossenen Veranda, wie eine solche bereits an der Gartenseite des Kurhauses bestand. Damit hatte sie den ursprünglichen Sinn einer Galerie verloren, sowohl als Raumtyp wie in ihrer Funktion.

Schon Cluysenaar hatte die Galerie nicht mehr in Reinform als in sich geschlossenen Raum gestaltet. Die Galerie war zwar dem eigentlichen Kurhaus vorgelagert, aber zahlreiche Fenster und Türen ermöglichten eine rege Kommunikation etwa mit dem Vestibül oder dem Lesezeimmer. Der dadurch entstehende Charakter eines Korridors, den eine Galerie nie hatte, konnte nur durch eine den Türen angeglichene Gestaltung von Fenstern verschleiert werden, was zusammen mit den die Galerie gliedernden Blendarkaden zu dem bereits erwähnten Aspekt einer Außenarchitektur führte.

Es war sicher kein Zufall, daß die Galerie gerade zu dem Zeitpunkt installiert wurde, als man Teile des neuen Kursaalgebäudes für exklusive Zir-

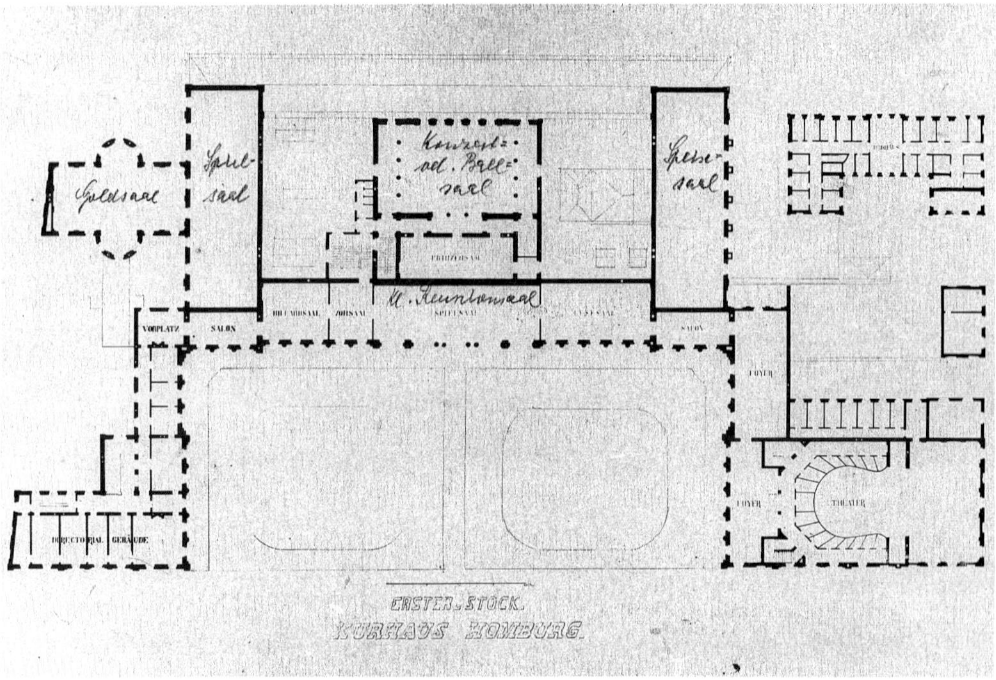

122 Neues Kursaalgebäude in Homburg, Obergeschoß-Grundriß

kel zu reservieren beabsichtigte. Denn die Galerie signalisierte, wie schon in ihrer historischen Ausprägung und dann auch die öffentliche Kunstsammlung des 19. Jahrhunderts, Öffentlichkeit.

123 Neues Kursaalgebäude in Homburg, Galerie („Wandelhalle") Fotografie, um 1900

Die zeitgenössischen Beschreibungen erwecken den Eindruck, als seien sowohl die Spieler als deren Gegner durch die Galerie hindurchgeeilt, um rasch zu den Spielsälen, in Chevets Restaurant oder auf die rückwärtige Terrasse zu gelangen. Einen Anlaß, sich hier in Muße aufzuhalten gab es kaum. Die Lage der Galerie zwischen den beiden Flügelbauten und vor den eigentlichen Kurhaus-Räumlichkeiten sowie ihre zusätzliche Funktion als Haupteingang ließen die Galerie als Durchgangs- und Verteilerraum erscheinen. Hinzu kam, daß die gartenseitig gelegene Veranda und die Terrasse weit ansprechendere Möglichkeiten des Promenierens darboten als die straßenseitig gelegene Galerie.

Der Aspekt, unter dem die Anlage einer Galerie in einem Kurort von Interesse sein konnte - die Pflicht des „kurgemäßen" Wandelns, die beispielsweise in Ems oder in Wilhelmsbad seit dem 18. Jahrhundert zu Kurhäusern geführt hatte, die im Erdgeschoß Wandelhallen enthielten wurde in Homburg offenbar nicht reflektiert.

124 *Neues Kursaalgebäude in Homburg, Goldsaal, Fotografie, um 1900*

Goldsaal

Der dem alten Spielsaal angegliederte Goldsaal war im neuen Kursaalgebäude der Raum, an dem sich die neue stilistische Ausrichtung am deutlichsten aussprach. Die barock geprägte Wandstruktur mit Pilastervorlagen, Frieszone, Oberlichtzone und Voutendecke wurde von üppig vergoldeten Ornamenten und Malereien überzogen. Soweit wir sehen, wurde hier kein konkretes Vorbild zitiert, sondern frei kompiliert nach Vorbildern etwa von der Art des Ballsaals der Neuen Redoute in Aachen. Die Neue Redoute, das Hauptwerk des Architekten Jakob Couven (1735-1812), war ein Gesellschaftshaus, „das vornehmlich für die Kurgäste gedacht war, (es) fanden Bälle und Konzerte statt. Selbst eine Spielbank befand sich hier."[1632]

125 Ballsaal der Neuen Redoute in Aachen, Vorentwurf für die Dekoration der Decke und eine der Langseiten von J.J. Couven

Cercle des Etrangers

Die Ausstattung der Salons im Cercle des Etrangers war durchwegs am Stil des Rokoko orientiert,

126 Neues Kursaalgebäude in Homburg, Cercle des Etrangers (später „Tanzsaal"), Fotografie, um 1900

127 Zuschauerraum des Theaters im neuen Kursaalgebäude in Homburg, Fotografie, um 1900

der als der Stil einer Luxusepoche gelten und zur Nachschöpfung anregen konnte. Darüber hinaus hatte die in diesem Stil gehaltene Neuausstattung des Konversationshauses in Baden-Baden schon vor Jahren den aktuellen Trend angezeigt.

Theater
J.P. Cluysenaar hatte bereits Erfahrung im Bau vor allem kleinerer Theater. In Brüssel hatte er zwei Vaudeville-Theater gebaut, darunter dasjenige in den Galeries Saint-Hubert.[1633] Das Homburger Theater dagegen sollte für Vaudevilles, aber auch für französisches Sprechtheater und italienische Opern geeignet sein. So orientierte sich Cluysenaar für diesen Bau mehr an Schloßtheatern des 18. Jahrhunderts. Er wählte für den Zuschauersaal einen altertümlichen, der Kreisform entlehnten Grundriß, installierte Proszeniumslogen und ließ die drei Ränge einschließlich der zentrierten Decke im Stil des Barock/Rokoko ausmalen. Damit entsprach man dem Zeitgeist und bewies wieder einmal, daß man dem Konkurrenzbad Baden-Baden Schritt halten konnte; dort war am 9.8.1862 ein Theater eingeweiht worden, für das ebenfalls „die Schloßtheater des Louis XV.“ vorbildlich waren.[1634]

Hinsichtlich der Konzeption des Theaters könnte das Vorbild des Theaters im Palais-Royal in Paris eine Rolle gespielt haben. Die Parallele: Kardinal Richelieu hatte, wie Francois Blanc, bestimmt, „daß ein ganzer Flügel des Neubaues für ein Theater verwendet werden sollte“. [1635] Möglicherweise erklärt die Intention zu zitieren überhaupt die Tatsache, daß in Homburg das Theater in das Kursaalgebäude integriert wurde.

3. Schicksal des Gebäudes

Die Aufhebung der Spielbank wurde seit dem Todestag des letzten Landgrafen von Hessen-Homburg (24.3.1866) betrieben. Nach der Annexion der Landgrafschaft durch Preußen im selben Jahr war klar, daß die Spielbank früher oder später schließen mußte. 1868 war es soweit: Die Spielbank sollte am 31. Dezember 1872 schließen, bis dahin ein Kurfonds angesammelt werden, der dem künftigen Betreiber des Kurwesens, der Stadt Homburg, den Übergang erleichtern sollte. Der Erwerb der Mo- und Immobilien gestaltete sich nach Lage der weiter oben geschilderten komplizierten Eigentumsverhältnisse schwierig. In der Neujahrsnacht 1872/1873 übergab die „Anonyme Gesellschaft“ den Kernbau des Kurhauses und den Goldsaal der Königlich Preußischen Regierung. Die Verhandlungen über das Schicksal des Eigentums der „Anonymen Gesellschaft“ zogen sich aber noch über Jahre hin. Am schwierigsten gestaltete sich die Übernahme des der Familie Blanc gehörenden Direktorialgebäudes. Abgeschlossen wurden die Verhandlungen erst 1877, im Todesjahr von Francois Blanc.[1636] Das „Kurhaus“ gehörte jetzt der Stadt Homburg.

Musealisierung
Die nunmehr für das Kursaalgebäude verantwortliche Stadtverwaltung sah sich angesichts des Ausbleibens potentieller Spieler und Nutzer des Gebäudes zunehmend vor das Problem gestellt, die ausgedehnten Räumlichkeiten einer neuen Nutzung zuzuführen. Es wurde deutlich, daß der Motor des Ganzen die Spielbank gewesen war.

Daß dieses offensichtliche Problem nicht befriedigend gelöst werden konnte, bezeugt Friedrich Schudt, dem 1888 die eher undankbare Aufgabe zuteil geworden war, seine Heimatstadt in einem „Führer“ zu schildern. [1637] Im Kapitel „Kurhaus“ versuchte er sich zunächst in einer Verschleierungstaktik, indem er davon berichtete, daß dieses „zu einer Zeit, in welcher selbst größere Opfer bei der Homburger Kur-Administration nur sehr wenig in Betracht kamen“ erbaut und folglich „von den bedeutendsten Meistern aufs glänzendste ausgestattet“ worden sei. Daß sich die Verhältnisse seither – nicht zum besten – gewandelt hatten, mochte der Leser aus der nebulösen Mitteilung entnehmen, daß dieses Gebäude „noch jetzt mit vollem Rechte als das großartigste und eleganteste Gebäude seiner Art in ganz Europa gilt“. Es war die Schönheit einer Leiche, die Schudt mit der

128 Neues Kursaalgebäude in Homburg, Goldsaal, Ansichtspostkarte, Anf. 20. Jh.

130 Bad Homburg, Kursaalgebäude nach dem Bombenangriff vom 8. März 1945, Fotografie

Ausführlichkeit des Lokalpatrioten beschrieb. So hieß es zum Direktorialgebäude, dieses sei „zur Zeit seiner Erbauung als Wohnung für den Direktor und zur Aufnahme der gesamten Verwaltung des Kurwesens bestimmt (gewesen). Jetzt enthält es nur noch das Kurkassen-Bureau, während die übrigen Räume zum Theil während des Sommers an Künstler zur Ausstellung von Gemälden, Bildhauerarbeiten etc. abgegeben werden, zum Theil auch ständig vermiethet sind." Auch für den Mittelbau, vor allem dessen Obergeschoß, suchte man nach neuen Nutzungsmöglichkeiten: „Die hübschen Säle werden wenig in Gebrauch genommen und wurden bisher nur zu Privatbällen an das feinere Kurpublikum abgegeben. In Zukunft sollten jedoch einige derselben zu besonderen Lese- und Spielzimmern eingerichtet werden." Einen Saal des Theaterflügels hatte man tatsächlich museal umgewidmet, er enthielt das städtische Saalburg-Museum. „Dasselbe ist als eine der interessanten Alterthums-Sammlungen Deutschlands bekannt und wird wegen seiner Vollständigkeit vielfach von Gelehrten zu Studienzwecken aufgesucht." Das kleinere Nebenzimmer ähnelte einem veritablen Kuriositäten-Kabinett; es beinhaltete außer dem „Homburger Lokal-Museum" eine ethnographische Sammlung, „welche Prinz-Admiral Adalbert von Preussen von seinen Weltreisen mitgebracht hat." Langeweile machte sich breit. Das Kurtheater hatte „die glänzendsten Zeiten des Homburger Kurlebens mit durchgemacht" und wurde deshalb von Schudt vorwiegend in der Vergangenheitsform beschrieben. Nirgendwo aber wurde die Monotonie der Gegenwart so offenbar wie im Spielsaal. Dort standen „jetzt harmlose Unterhaltungsspiele, auf den bequemen Sesseln wiegt sich ein zufriedenes Badepublikum und bespricht die Tagesereignisse in zwanglosem Geplauder."

Für Fremde nahm das „Kurhaus" allmählich den Charakter eines Museums an, in dem „historische" Führungen stattfanden. So jedenfalls lesen sich die 1896 erschienenen Homburger Reiseeindrücke eines Wieners: „...Um die glorreiche Erinnerung an die Spielbankzeit festzuhalten, tragen die Diener noch die Livree des verflossenen Glanzes; sie erraten schon unsere Neugierde und weisen einem sofort den Weg zu den nach links gelegenen, spiegelblank parkettierten Sälen. Der nicht allzugroße Spieltisch, um welchen herum die Spieler zumeist gestanden...steht heute noch genauso, wie ihn der Croupier zum letztenmal verlassen hat. Das historische Bild dieser glorreichen Stätte ist also zweifellos authentisch..."[1638]

1913 waren die oberen Säle des Kursaalgebäudes „gewöhnlich geschlossen". „Zu ihrer Besichtigung wende man sich an den Portier".[1639]

Besonders hart trafen die Zeitumstände das Kurhaustheater, das nach dem Ersten Weltkrieg verwaiste und zusehends verkam. „Das einst so stolze Schmuckkästchen des Theaters, auf dem so viele Koryphäen einmal agierten, ist kalt und leer und macht ein wehmütiges Gesicht und maßt nicht mehr in die Umgebung. Die glänzenden Dekorationen sind nicht mehr erhalten oder ganz verschwunden, und zu ihrer Verwendung fehlen die Kräfte. Ein langer Weg von der Höhe zur Tiefe, von der Patti zum Radio – sic transit gloria mundi!".[1640]

Zerstörung

Bei einem Bombenbangriff am 8. März des Jahres 1945 wurde auch das „Kurhaus" getroffen.[1641] Es brannte aus, doch das aufgehende Mauerwerk blieb nahezu erhalten. Die Umfassungsmauern standen teilweise noch zwei Geschosse hoch aufrecht. Zu seinem Wiederaufbau konnte man sich jedoch nicht entschließen. Bei aller Liebe zu dem „alten" Bau empfand man ihn – uneingestandenermaßen – als „museal" und bevorzugte Abriß und Neubau. Die Reste des Kursaalgebäudes von J.P. Cluysenaar wurden zur Aufschüttung eines neuen Sportplatzes verwendet.

XI. Das Kurhaus der Moderne[1642]

Tagungs- und Kongreßgebäude, Kultur- und Bürgerhaus

131 Bad Homburg, Kurhaus, erbaut 1950-52, Ansichtspostkarte, 1950er Jahre

„Das neue Kurhaus möge sein:
Der Spielbank eine Quelle des Erfolges,
Der Stadt Bad Homburg eine Stätte zur Förderung des gesellschaftlichen und kulturellen Lebens,
Den Fremden, vor allem den Kurgästen, ein Ort der Wiedergesundung, Entspannung und Erholung.“

Mit dem Nachkriegs-Kurhaus nahm man Abschied vom Typus des Kursaalgebäudes. Deshalb werden in dieser Arbeit die beiden vorläufig letzten Bauten, der lokalen Gepflogenheit folgend, als „Kurhaus“ bezeichnet. Die inhaltlich zutreffenderen Bezeichnungen werden in den Untertiteln benannt.

Am Anfang aller Überlegungen stand das Problem der Finanzierung. Nach bewährtem Muster suchte man nach einem Spielbankpächter, der den Bau errichten sollte. Man fand ihn in Hermann Heidtmann. Am 7.4.1949 rollte die Roulette-Kugel wieder – im Brunnensälchen, das wiederum interimistisches Kursaalgebäude wurde. Nach Vollendung des Kurhaus-Neubaus sollte die wiederbegründete Spielbank im Kurhaus Einzug halten, also an die Tradition des 19. Jahrhunderts anknüpfen. Die Grundsteinlegungs-Urkunde besagte: „Bauherr ist die Spielbank Bad Homburg – Hermann Heidtmann K.G. –, welcher durch die Stadt Bad Homburg und die Kur-Aktiengesellschaft ein Erbbaurecht zur Errichtung des Kurhauses eingeräumt wurde... Soweit die Baukosten den Betrag von 1 000 000 DM überschreiten, wird die Stadt einen Betrag bis zur Höhe von 400 000 DM aus der Spielbankabgabe zuschießen.“[1643]

Von der Konzeption des Kurhauses als Spielcasino nahm man aber bald wieder Abstand, nicht zuletzt, weil sich der Spielbetrieb im Brunnensälchen bewährte.
Nach längeren Diskussionen in der Öffentlichkeit wurde der Beschluß gefaßt, den Neubau auf dem angestammten Platz zu errichten..

Im Frühjahr 1949 wurde mit den Ausschachtungsarbeiten begonnen und dabei die Grundsteinlegungsurkunde von 1841 entdeckt. Am 2.9.1950 erfolgte die Grundsteinlegung „für das neue Kurhaus“. Am 12.9.1951 fand das Richtfest statt. Am 23. April 1952 wurde das Kurhaus eröffnet – mit Aufführungen von Zuckmayers „Katharina Knie“

und Bizets „Carmen" im Kurtheater. Als letztes wurde das Hotel „Prinz von Homburg" 1952-53 errichtet.

Entwurf und Bauleitung waren den Architekten H.C. Bartels und J. Schweitzer übertragen.

Der Neubau sollte, dem geistigen Neubeginn entsprechend, die klare Linie der Nachkriegs-Moderne verkörpern.

Die markanteste Veränderung bestand in der Seitenverkehrung des Theaters, das längs des Schwedenpfades angeordnet wurde. Der Theatersaal bot Raum für rund 850 Personen.

Der rechte Kurhausflügel wurde jetzt von der Kreissparkasse gestaltet. Im Erdgeschoß Geschäftsräume, darüber das Hotel „Prinz von Homburg", das 1952-53 gebaut wurde.

Der Mittelbau enthielt einen Konferenzsaal für 350 Personen, der die neue Hauptfunktion des Hauses kennzeichnete, Lese- und Konversationsräume für die Kurgäste sowie Restaurations- und Kaffeeraum.

Der Brüder-Blanc-Saal, benannt nach den Gründern der Spielbank, erhielt an der Westwand ein Sgrafitto von Professor Leistikow und Schülern der Kunstschule Kassel. Es zeigte in mehreren Feldern Ereignisse und Gestalten aus Homburgs Kurgeschichte. Der Saal war zum Kurhausgarten hin vom Fußboden bis zur Decke durchfenstert.

Das Bad Homburger Kurhaus war einer der ersten, wenn nicht der erste Kurhausbau der Nachkriegszeit. Es gehörte nicht zu den herausragenden architektonischen Leistungen der Fünfziger Jahre. Aber es verkörperte Zeitstil und Zeitgeist in einigen wesentlichen Elementen: der Lichthunger der Nachkriegszeit fand Ausdruck in den wandfüllenden Fensterfronten, die Absage an die historische Architektur in nüchternen, kahlen Schachtelräumen, die von der Ideologie des Verzichts auf „überflüssigen" Dekor kündete, ohne zugleich die Dynamik der der 50er Jahre erkennen zu lassen. Lediglich die überschlanken, kapitellosen Rundstützen der Vorhalle verrieten den zeittypischen Trend zur Leichtigkeit.

Die Gestaltungsprinzipien des Bad Homburger Nachkriegs-Kurhauses können heute an dem nächst vergleichbaren Kurhaus in Freudenstadt studiert werden; es wurde 1951-53 nach Plänen von Ludwig Schweizer und Heinz Möritz gebaut und gehört heute zu den geschätzten Baudenkmalen der Fünfziger Jahre.[1644]

Seit Beginn der 1970er Jahre wuchs in Bad Homburg der Unmut über das Nachkriegs-Kurhaus. „Es stellte sich sehr bald heraus, daß funktionell erhebliche Mängel bestanden. Es wurde permanent umgebaut und erweitert. Homburger Architekten mußten immer wieder experimentieren, ohne eine optimale Lösung zu finden".[1645] Außerdem kristallisierte sich „immer deutlicher heraus, daß man mit einem zeitgemäßen Angebot dem Kur- und Kongreßwesen der Stadt neuen Aufschwung geben" konnte und wollte. 1973 wurde beschlossen, „ein leistungsfähiges Kongreßzentrum mit unterschiedlichen Raumkapazitäten zu entwikkeln."[1646]

Wo Konkurrenzdruck, technische Ansprüche und ästhetische Umbrüche zusammenfallen, liegt die Bereitschaft nahe, sich der Relikte einer überlebten Zeit zu entledigen, noch bevor sie als „historische Dokumente" geschätzt werden können. „Zu nahe sind sie (die Bauten der fünfziger Jahre) noch, zu eng unserem Alltag verflochten. Und doch schon zu fern, um den heute modischen Repräsentationsbedürfnissen zu genügen: Die aktuellen Architekturkonzepte der sogenannten „Postmoderne" und die städtebaulichen Leitbilder unserer Tage sind den Vorstellungen der Nachkriegszeit geradezu entgegengesetzt."[1647]

1981 wurde das Bad Homburger Kurhaus der Moderne abgebrochen.

XII. Das Kurhaus der Postmoderne[1648]

„Kur- und Kongreßzentrum“

Mit diesem Kurhaus wurde erstmals die „Homburger Tradition“ verlassen, das Kur-Gesellschaftshaus auf Kosten des Spielbankpächters zu errichten. Zwar hatte der Spielbankpächter Werner Wicker einen eigenen Entwurf und Kostenvoranschlag vorgelegt, war damit jedoch nicht zum Zuge gekommen.[1649] Als Bauträger fungierte schließlich die Kur- und Kongreß GmbH, für das Hotel die Mengler KG.

Der Auftrag zu Planung und Bau des neuen Hauses, das als „Kur- und Kongreßzentrum“ bezeichnet wurde, ging 1979 an die Architektengemeinschaft Fischer-Glaser-Kretschmer.

Das Planungsziel lautete: „Mit dem neuen Entwurf sollen ähnliche Gliederungen und Proportionen in der Kurhausarchitektur mit Gestaltungselementen der Gegenwart entstehen.“ Orientieren wollte man sich jedoch nicht an dem unmittelbaren Vorgängerbau, sondern an der „starken Wirkung des alten Kurhauses von Cluysenaar“. Man war sich darüber im klaren, daß „die Formensprache der Gründerzeit mit ihren klassizistischen Details in keinem Fall überzeugend aufleben“ könne. Das Resultat: „Im Gegensatz dazu erfordern Nutzung und Technik heute eine Skelettbauweise. Die Gestaltungselemente, die die Anpassung an historische Architekturmerkmale erlauben, liegen in der maßstäblichen Gestaltung der Gebäudehülle. Baustoffe, die diesen Anforderungen entsprechen, sind edler Naturstein, broncefarbene Metalle, Glas und Holz.“[1650]

Am 13. März 1982 – dem Tag der Ersterwähnung Bad Homburgs – wurde der Grundstein zu dem neuen Kurhaus gelegt. Die Einweihung fand im April des Jahres 1984, in dem Bad Homburg sein 150jähriges Badjubiläum feierte, statt.

Das „Kurhaus“ ist zu einem im Vergleich zum Cluysenaar-Bau mehr als doppelt so großen Komplex (umbauter Raum 69 000 bzw. 143 000 cbm) angewachsen. „Das Kernstück der Anlage ist der neue Kur- und Kongreßbereich“ im zurückgesetzten Mittelbau. Doch hat das sich weit in die Ludwigstraße hineinziehende Hotel an Bedeutung und Masse gewonnen, es überragt das „Kurhaus“ um zwei Geschosse. Während das renovierte Theater seinen Standort im linken Flügel beibehalten hat, durfte sich im rechten Flügel eine Sparkasse ausdehnen. Zu den Neuerungen gehören, als Gradmesser des Niveaus, eine Ladengalerie mit eleganten Geschäften im Souterrain und eine zweigeschossige Tiefgarage.

Der Außenbau greift Elemente insbesondere des Kursaalgebäudes von Cluysenaar auf. Hier wie da fällt auf, wie sehr sich die Architekten um eine in dieser städtebaulichen Situation sehr schwierig zu bewerkstelligende Symmetrie und Harmonie bemühen. Wie der Cluysenaar-Bau öffnet sich die neue Anlage zur Louisenstraße in drei Flügeln, deren Baumasse jedoch durch die trapezförmigen Grundrisse der Seitenflügel optisch abgeschwächt wird. „Kreissparkasse und Theater sind so integriert, daß ein einheitliches Gesamtbild am Kurhausvorplatz entsteht. Der Bühnenturm des Theaters wird durch eine gliedernde Baumasse am Kurgarten optisch verkleinert.„Mit Ausnahme des Hotels zeigt der Neubau nahezu an keiner Stelle Außenwände, sondern durch Aluminiumrippen strukturierte bräunliche Glasflächen. Diese werden in gleichmäßiger Folge umstellt von gleichartigen Sandsteinpfeilern, die freistehend den Eindruck tragender Stützen, in die Fensterflächen eingebunden den einer Kolossalordnung erwecken. Das Prinzip der gleichmäßigen Reihung geht noch weiter als bei Cluysenaar, der den Mittelbau noch durch eine Portalzone mit gekuppelten Säulen hervorgehoben hatte; der Neubau des 20. Jahrhunderts verzichtet auf jegliche architektonische Auszeichnung des Eingangsbereichs. Doch geht der Besucher nicht fehl in der Annahme, daß sich der Haupteingang .unterhalb der in großen Metallbuchstaben angebrachten Inschrift „Kurhaus“ befindet.

In den Detailformen zeigt sich der Außenbau dem Stil des späten 20. Jahrhunderts verpflichtet. Bei genauerem Hinsehen erkennt man, daß in dem dominierenden Motiv der Rundbögen das Kursaalgebäude Métiviers, in der Materialwahl das Kursaalgebäude von Cluysenaar und in der Geradlinigkeit der gliedernden Elemente das Nachkriegs-Kurhaus ihre Renaissance erleben. Mit dem Lünettenfenster im Bühnenturm des Theaters wurde bewußt an klassizistische Theaterbauten, z.B. in der Kurstadt Wiesbaden, angeknüpft.

Auch das Gebäudeinnere wird von Anleihen bei verschiedenen Stilrichtungen der Vergangenheit beherrscht. Mit edlen Materialien – Marmor, Wur-

132 Bad Homburg, Kurhaus, erbaut 1982-84,

zelhölzern, Murano-Lüstern etc. – wird Homburgs große Zeit beschworen.

Alle Säle liegen im Obergeschoß. Auch der nach Landgraf Friedrich II. benannte große Saal, den architektonisch nichts auszeichnet. Es handelt sich mehr um einen Kongreßsaal als um einen Ball- oder Kursaal. „Dieser Saal kann für kleinere Feiern und Tagungen auch zwei- oder dreigeteilt werden. Die Bühne mit ihrer 7,50 Meter breiten Leinwand für Filmvorführungen oder Diaprojektoren kann durch Podien noch erweitert werden. Die „Schwalbennester" an der Foyer-Seite des Saales sind die Dolmetscher-Kabinen, die über alle Anschlüsse für Simultanübersetzungen bei internationalen Tagungen verfügen..."[1651]

Das KurSAALgebäude hat, begrifflich und faktisch, endgültig ausgedient.

Anmerkungen

1 Bothe, R.(Hrsg.), S. 14
2 Grimm, Jacob und Wilhelm. Deutsches Wörterbuch, Bd. 11. Repr. d. Ausgabe Leipzig 1935, München 1985, Sp. 2818
3 Der „Pyrmonter Fürstensommer" von 1681 war ein großes gesellschaftliches Ereignis mit politischem Hintergrund. 40 königliche und fürstliche Personen, darunter 24 regierende Häupter gaben sich ein Stelldichein und „lenkten die Blicke Europas auf Pyrmont". „Der Höhepunkt der Veranstaltungen war das Mahl, das am Sonntag, dem 3. Juli, der Herzog von Hannover in Oesdorf gab. An einer langen, breiten Tafel unter einer Laubhütte (sic) waren 31 Personen versammelt". – Mehrdorf, Wilhelm / Stemler, Luise. Chronik von Bad Pyrmont. Bad Pyrmont ;1967,S. 54 –546. – Engel, Hermann. Der Pyrmonter Fürstensommer von 1681. In : Geschichtsblätter für Waldeck, Bd.71. Arolsen 1986, S. 115 –179
4 Mosch, C.F., 1819, o.p., – Biehn, Heinz / Herzogenberg, Johanna Baronin. Große Welt reist ins Bad. München 1960, S. 34.
5 Ludwig, K., Fürstliche Gäste und Feste in Alt-Karlsbad. In: Mitteilungen des Vereins für Geschichte der Deutschen in Böhmen, Jg. XLV. Prag 1907, S. 69 –87, hier: S. 71
6 Ludwig, K., Fürstliche Gäste., S. 75. Ebda.: „Ein echt französisches Fest gab der Kurfürst von Sachsen, mit dem auch die schöne Gräfin Aurora von Königsmark gekommen war. Er ließ auf demselben Platze Laubhütten erbauen und zur Ausschmükkung derselben Spiegel und Kristall-Leuchter von Dresden bringen...".
7 Schauplatz der beiden improvisierten Festlichkeiten von 1698 mit Laubhütten war die damalige Wiese des Bürgermeisters Andreas Becher gewesen. Hier entstand 1701 der „Sächsische Saal"..– Ludwig, K. Fürstliche Gäste, S. 75
8 Festschrift zur 74. Versammlung deutscher Naturforscher und Aerzte. Karlsbad 1902,;S. 149 (Beide Saalbauten gingen im 18. Jahrhundert im berühmten Hotel, Pupp, heute Moskva, auf.)
9 Zitiert nach: Festschrift zur 74.Versammlung deutscher Naturforscher und Aerzte. Karlsbad 1902, S. 149
10 „Allabendlich versammelte sich die vornehme Gesellschaft im Sächsischen Saale zur Reunion, wo sie sich mit Tanz und Spiel unterhielt. Jeder Teilnehmer zahlte im Subskriptionswege für Musik und Beleuchtung 6 fl. Außerdem gaben fürstliche und andere vornehme Badegäste häufig Freibälle. Für alle Badegäste fanden Sonntags und Donnerstags in einem der Säle öffentliche Bälle statt; kein Einheimischer durfte wagen, daran teilzunehmen". – Zitiert nach: Festschrift zur 74. Versammlung..., S. 151
11 Mehrdorf, Wilhelm/Stemler, Luise. Chronik von Bad Pyrmont. Bad Pyrmont 1967, S. 74,283
12 Mosch, C.J.,1819, o.p.
13 Wegner, E., Gutensohn, S. 282
14 Bach, Adolf. Die Emser Spielbank. Nach den Akten des Staatsarchivs zu Wiesbaden. Bad Ems 1924, S. 17
15 HHStA 210, 3774; 27.2.1810
16 The Dictionary of English Architecture, Vol.1. London o.J.(1853), p. 108
17 Handbuch der Architektur, 4. Theil, 4. Halbband, 2. Heft. Stuttgart 19043, S.13 –15
18 Unter Redoute war in diesem Zuammenhang zu verstehen eine „geschlossene Veranstaltung für geladene Gäste". – Der große Brockhaus,Bd.9. Wiesbaden 1956, S.599
19 Cancrin, Franz Ludwig. Grundlehren der bürgerlichen Baukunst nach Theorie und Erfahrung vorgetragen. Gotha 1792, S. 101/102
20 Haentjes, Walter. Redoute. Collection de brochures sur Godesberg, No.1. Bad Godesberg o.J.
21 Steinhauser, M., Baden-Baden, S. 99
22 Faerber, Paul. Nikolaus Friedrich von Thouret. Ein Baumeister des Klassizismus. Stuttgart 1949., S. 340
23 Kaufmann, Emil. Die Kunst der Stadt Baden. Wien 1925, S. 78
24 Zu Aachen: Hofmann,Wilhelm. Die städtebauliche Entwicklung der Stadtbezirke in Aachen und Burtscheid 1650 –1950. In:Aachener Beiträge für Baugeschichte und Heimatkunde, Bd.3. Aachen 1953, S. 191.
Zu Budapest: Führer durch Budapest. Budapest 1933, S. 78, 150
25 Die Kunstdenkmäler.derRheinprovinz, Bd.10. Die Kunstdenkmäler der Stadt Aachen, Bd.III. Düsseldorf 1924,S.187 –192..
26 Steinhauser, M., Baden-Baden, S. 99
27 Vogt, A.M., Boullées Newton Denkmal. Basel/

Stuttgart 1969, S. 344
28 Burchard, Hellmut. Wohnbauten von Georg Ludwig Laves. In: Hannoversche Geschichtsblätter, Sonderheft 1936, S. 14/15
29 Huyskens, Albert. Aachener Leben im Zeitalter des Barock und Rokoko. In: Rheinische Neujahrsblätter. Bonn 1929, S. 113,135
30 Börsch-Supan, Eva. Berliner Baukunst nach Schinkel. 1840 –1870. Studien zur Kunst des 19. Jahrhunderts, Bd.25. München 1977, S. 40/41
31 Unter Hinweis auf einen Übersetzungsfehler bei Dostojewski, der natürlich nicht in einem Stationsgebäude eines Bahnhofs, sondern in einem Vauxhall mit Spielbank spielte: Wittkop, Justus Franz. Homburg und die Literatur. In: Mitteilungen, H.XXXV, S. 354 –380, hier S.373
32 Försters Allgemeine Bauzeitung, Jg.7. Wien 1842, S.105,112 –114
33 Zu den Zivilcasinos im Rheinland: Dauber, Reinhard. Ferdinand Jakob Nebel (1782 –1860), Königlich Preußischer Landbauinspektor in Koblenz. Diss. Aachen 1975, S.59 –61,182 –184, hier: S.183. – Brües, Eva. Kasinobauten. In: Trier, Eduard/Weyres. Kunst des 19. Jahrhunderts im Rheinland, Bd.II. Düsseldorf 1980, S. 191–201. – Zu dem Zivilkasino Schinkels in Köln s. Brües, Eva. Karl Friedrich Schinkel. Das Le-benswerk. Die Rheinlande. Berlin 1968, S. 96 –98
34 Festschrift 150 Jahre Wiesbadener Casino-Gesellschaft 1816 –1966. O.O.o.J. (Wiesbaden 1966),S. 6/ 7, 13
35 Kania, Hans. Karl Friedrich Schinkel. Lebenswerk, Bd. 11. Berlin 1939, S. 70 –81
36 Die Bezeichnungen fanden sich auf etlichen Ansichtspostkarten von Spa aus der Zeit um die Jahrhundertwende.
37 The Dictionary of Architecture., Vol.II. London o.J. (ca.1855), p. 41/42
38 La Grande Encyclopédie. Inventaire raisonné des Sciences, des Lettres et des Arts, Bd.9. Paris o.J. (1903), S. 669/670
39 Handbuch der Architektur, 4.Theil, 4.Halbbd., 2. Heft. Stuttgart 19043
40 Franzensbad. Franzensbad 1902, Abb. 17, 22, 23
41 Berenberg, Carl. Das Nordseebad Norderney. Norderney 1895, S. 32 ff.
42 Haebler, S. 43; Steinhauser, M., Baden-Baden, problematisiert das Faktum der relativen Seltenheit des auch von ihr gebrauchten Begriffes nicht.
43 Die Gartenlaube 1862, S. 235 u. 2654
44 Zitiert nach: Philipp Hoffmann 1806 –1889. Ein nassauischer Baumeister.Wiesbaden 1982, S. 125 Anm. 6
Wiesbaden 1983, S.125 –141, hier: S. 125
45 Gottfried Semper 1803 –1879. Baumeister zwischen Revolution und Historismus. München 1980, S. 257 –262
46 Philipp Hoffmann.1982, S. 125 ff.
47 Wegner, Ewald / Wehner, Helmut. Bad Brückenau im Wandel der Jahrhunderte. Bad Brückenau 1976, bes. S. 135 ff.– Der Begriff „Kursaal“ wird auch von den beiden Autoren benutzt. Erst in seiner Dissertation entschloß sich E. Wegner dazu, den Begriff „Kursaalgebäude“ zu benutzen.
48 Zur Feier des 100jährigen Jubiläums von Kaiser Franzensbad. Franzensbad 1893, S. 16
49 Schlieter, Erhard. Viareggio. Die geographischen Auswirkungen des Fremdenverkehrs auf die Seebäder der nordtoskanischen Küste. Marburger geographische Schriften, H.33. Marburg 1968, S. 48
50 Kursaal-Entwurf von Johnson für Cheltenham, 1896 in:Handbuch der Architektur, 4. Theil, 4. Halbbd., 2. Theil. Stuttgart 19043, S.15
51 Der Stadtpark von Wien sammt Kursalon und Reservegarten. In: Allgemeine Bauzeitung, Bd.37. Wien 1872, S. 325 –327, Abb. Bl.53 –55
52 Festschrift zur 74.Versammlung deutscher Naturforscher und Aerzte , Bd.2. Karlsbad 1902, ,S.285
53 Chyzer, Kornel. Die namhafteren Kurorte und Heilquellen Ungarns und seiner Nebenländer. Stuttgart 1887, Abb. nach S. 154
54 Ebe,Gustav. Die Anlage der Bäderstädte. In: Der Städtebau, Jg.6, H.4. Berlin 1909, S. 43 –46
55 Kisch, Heinrich. Marienbad und seine Umgebung. Marienbad o.J., S. 34. – Marienbad. Ein Heimat- und Ortsbuch. München 1977, S. 147/148
56 Der Wettbewerb um Entwürfe für den Kurhaus-Neubau in Karlsbad. In: Deutsche Bauzeitung, 45. Jg. Berlin 1911, S. 281–311. Friedrich von Thiersch. Ein Münchner Architekt des Späthistorismus 1852 –1921. Ausstellungskataloge der Architektursammlung der TU und des Münchner Stadtmuseums, Bd.1. München 1987, S. 154 –156
57 Mosch, C., 1819, o.p.
58 Spielmann, C. 1904, S. 72
59 Kisch, Heinrich (Hrsg.). Marienbad, Franzensbad, Teplitz-Schönau usw., Prag o.J., S. 21
60 HHStA 310 XVc 7,Bd.3, fol.5 –19; September 1835
61 Nerdinger, W.(Hrsg.), Klassizismus, S. 381–387
62 Baehr, P., S. 125
63 Wegner, E., Gutensohn, S.282
64 Wegner, E., Gutensohn, S. 282
65 Zitiert nach Wegner, E., Gutensohn, S. 243/244
66 Zitiert nach Wegner, E., Gutensohn, S.245
67 Der wissenschaftliche Bearbeiter dieser Pläne trug der historischen Bezeichnung jedoch nicht Rechnung, sondern übernahm den umgangssprachlichen Terminus „Kursaal“. – Nerdinger, W. (Hrsg.), S. 415 –420
68 Gnirs, Anton. Topographie der historischen und kunstgeschichtlichen Denkmale in den Bezirken

Tepl und Marienbad. Augsburg 1932,S.185

69 Kloft, Jost. Die politische Geschichte des Bades Ems im Lichte seiner Baugeschichte.In: Jahrbuch für Geschichte und Kunst des Mittelrheins und seiner Nachbargebiete, 15/16. Neuwied 1963/64, S. 39–72, bes. S. 61 ff.– Nold, Angelika. Das Kursaalgebäude in Bad Ems. In: Nassauische Annalen, Bd. 91. Wiesbaden 1980, S. 208–225

70 Wegner, Ewald. Friedrich von Gärtner und das Bad Kissingen. In: Mainfränkisc he Studien, Bd. 25. Würzburg 1981, S. 10

71 Wegner, E., Gärtner, S. 16ff. und Wegner, E.in Bothe, R.(Hrsg.), S. 366 –370

72 Wegner, E., in Bothe, R.(Hrsg.)., S. 377 –381

73 Wegner, E., in Bothe, R.(Hrsg,) , S. 371

74 Bothe, R. (Hrsg.), S. 57

75 Festschrift zur 74. Versammlung deutscher Naturforscher und Ärzte. Karlsbad 1902, S. 234 –240

76 Handbuch der Architektur, 4.Theil, 4.Halbbd., 2. Heft. Stuttgart 19043,S.2/3

77 Schaefer, Albert. Wiesbaden. Von der Römersiedlung zur Landeshauptstadt. Frankfurt am Main 19732, S. 88 –91. – Zu dem Gebäude: – Hase, Ulrike von. Wiesbaden - Kur- und Residenzstadt. In: Grote, Ludwig (Hrsg.). Die deutsche Stadt im 19. Jahrhundert. (=Studien zur Kunst des 19. Jahrhunderts, Bd.24). München 1974, S. 148, Anm. 7. – Kiesow, Gottfried. Vom Klassizismus zur Romantik. Die baugeschichtliche Entwicklung in Nassau. In: Herzogtum Nassau 1806 –1866. Wiesbaden 1981, S. 305 –329, hier: S. 311. – Sebald, Eduard. Das Kurhaus, ein Bautyp des 19. Jahrhunderts am Beispiel des Wiesbadener Kurhauses von Christian Zais. In: Nassauische Annalen, Bd. 97. Wiesbaden 1986, S. 113 –133, hier: S. 124 –125.

78 Steinhauser, M., Baden-Baden, S. 103.

79 Bothe, R. (Hrsg.), S. 26.

80 Gollwitzer, Heinz. Die Standesherren. Die politische und gesellschaftliche Stellung der Mediatisierten 1815 –1918. Stuttgart 1957, hier: S. 317 –319.

81 Struck, Wolf-Heino. Wiesbaden in der Goethezeit. Geschichte der Stadt Wiesbaden, Bd. IV, T. 1. Wiesbaden 1979, S. 62/63. – Struck, Wolf-Heino. Wiesbaden im Biedermeier. Geschichte der Stadt Wiesbaden, Bd. V. Wiesbaden 1981, S. 83–86, hier: S. 85.
Die zeitgenössischen Aussagen sind subjektiv und widersprüchlich; der eine Gast erblickt nur Fürsten, Staatsmänner und hochgestellte Militärs, der andere notiert, die Bourgeoisie gebe den Ton an. Eine statistisch exakte Beurteilung der soziologischen Zusammensetzung der Kurgäste ist daher nicht möglich, wohl aber ergibt sich aus der Lektüre von zahlreichen zeitgenössischen Texten der Eindruck einer stetig zunehmenden „Aristokratisierung" des Bades.
Siehe hierzu: Steinhauser, Monika. Das europäische Modebad des 19. Jahrhunderts. Baden-Baden – Eine Residenz des Glücks. In: Die deutsche Stadt des 19. Jahrhunderts. Studien zur Kunst des 19. Jahrhunderts, Band 24. München 1974, S. 100.

82 Zitiert nach Biehn/Herzogenberg, S. 107/108.

83 Frommel/Schreiber, Baden und seine Umgebungen in malerischen Ansichten. Carlsruhe/Baden 1843, Reprint Dortmund 1979, S. 14/15.
Im Juli 1830 – also etwa zu dem Zeitpunkt, als Moller seinen Homburger Saalentwurf konzipierte – berichtete Cotta's Morgenblatt über die von 8 – 10 000 „Kurfremden" frequentierte Baden-Badener Saison: „... viele weilen hier, um sich zu zerstreuen oder neue Zerstreuungen zu suchen und mit dem zwanglosen Aufenthalt alle Annehmlichkeiten der Gesellschaft und alle Genüsse der verlassenen Stadt zu verbinden. Dadurch hat die Stadt, in der man früher nur unbedeutende Wohnungen mit bescheidener bürgerlicher Einrichtung fand, sich seit ungefähr zwanzig Jahren gänzlich verändert. Elegante Häuser, mit aller Pracht und Bequemlichkeit ausgestattet, reizende Anlagen, glänzende Soiréen, Konzerte, Bälle, Restaurants, die es denen von Paris gleichtun, und ähnliche Schöpfungen sind nach und nach entstanden...
Das jährliche Verhältnis der Fremden, die aus allen Teilen Europas hier zusammenströmen, kann man so annehmen, daß zwei Fünftel Deutsche, ebenso viele Engländer und Franzosen, und ein Fünftel Niederländer, Italiener, Russen, Polen, Amerikaner usw. sind. Die vorherrschende Sprache während des Sommers ist die französische. Dagegen bilden die verschiedenen, meist leicht erkennbaren Nationalphysiognomien, die mannigfachen Sitten, die bisweilen seltsam auffallenden Trachten ein überraschendes und anziehendes Gemälde..." – Zitiert nach Fischer, K.,1975, S. 28. –
Das Modebad erfüllte also seine Funktion als retraite und Zentrum von Müßiggang, gepaart mit Auserlesenheit und Eleganz und nicht zuletzt einem Hauch exotischer Atmosphäre.

84 „In neuerer Zeit hat sich an allen bedeutenderen Kurorten Europas ein Glanz und ein Luxus entfaltet, von dem man noch vor wenigen Jahrzehnten kaum eine Ahnung hatte. Was sonst nur die ersten Hauptstädte an Pracht und Herrlichkeit aufzuweisen hatten, das findet sich jetzt in demselben Maasse während der Saison an den meisten Badeorten ersten Rangs. Wer aber das Badeleben in seinem vollsten Schimmer beobachten will, der muss es in den Kursälen oder Gesellschaftshäusern beschauen, die überall mit der glänzenderen Gestaltung des Badelebens gleich Schritt zu halten suchen. Wie aber Baden unter allen europäischen Bädern dasteht, so darf auch sein Conversations-

haus, besonders was innere Ausstattung betrifft, mit keinem andern die Vergleichung scheuen..." – Frommel/Schreiber, a.a.O., S. 13.

85 Bemerkung des englischen Arztes Dr. Granville zu der Kurgesellschaft in Kissingen: „... Society is upon an easy footing. Balls, and occasionally, concerts serve as so many excuses for the miscellaneous assemblages of people, which take place there, and in which asperities are rubbed down, and a temporary democracy is established..." – Granville, Germany, Bd. 2. Paris 1837, p. 210/211.

86 Gemeint ist nicht die lokale, sondern die deutsche Bevölkerung, da – wie etwa auch in Karlsbad – „mittels Polizeiverordnungen für eine weitgehende Scheidung von Einheimischen und Kurgästen gesorgt wurde." – Podehl, Wolfgang. Brunnen und Bäder. In: Herzogtum Nassau 1806 –1866. Wiesbaden 1981, S. 242.

87 Zitiert nach: Das Herzogthum Nassau in malerischen Original Ansichten. Darmstadt 1862, S. 64.

88 Wegner, E., S. 236/237.

89 Wegner, E., Gutensohn, S. 276 –277 u. S. 327/328.

90 Grenzboten, Zeitschrift für Politik und Literatur, 6. Jg., III. Bd. Leipzig 1847, S. 232.

91 Bemerkenswerterweise verhielt sich das Hazardspiel, besonders in der „Ludwigszeit", in Brückenau antizyklisch, d. h. mit zunehmend negativer Ertragstendenz, so daß es am 9.6.1840 (!) zur Schließung kam. Ursache war unzweifelhaft die Abneigung Ludwigs I. gegen das Hazardspiel, dessen Entwicklung er erfolgreich zu verhindern verstand. Wenn daher die Spiele, die seit 1833 im Kursaal stattfanden, von den zeitgenössischen Autoren nicht erwähnt werden, hat das seine Ursache darin, daß sie in Brückenau nicht zum „guten Ton" gehörten und damit auch nicht den Vorstellungen Ludwigs von der Funktion eines Kursaalgebäudes entsprachen.
– Gartenhof, K.,1973, S. 178 –183.

92 Weber, C.J., 1834, S. 978. Dort auch der Vergleich Brückenaus mit Pyrmont: „... aber ungezwungener geht es hier zu als in Groß-Pyrmont!"

93 Grenzboten, S. 232.

94 Habermas, S. 60 –69.
Da der Gelehrte das Bildungsideal des Bürgertums verkörpert, wird hier also die gesamte „neue Schicht der Kopfarbeiter" angesprochen, die ihre Stellung „ihrem erhabenen Wissen und ihrer natürlichen Intelligenz" verdankt und dazu neigt, „die intellektuellen Werte des Bürgertums „in ausgesprochenem Gegensatz zu denen (= den Werten) des durchschnittlichen Hofmannes" stand, konnte der Bürgerliche „doch der Ansteckung durch die adlige Lebensweise ... nicht widerstehen, er spürte den Reiz der neuen Luxusgegenstände und folgte dem Adel, in gewissem Abstand freilich, in bezug auf Kleidung, Benehmen, Essen und Trinken und in allen möglichen Äußerlichkeiten". – Bruford, Walter H., Die gesellschaftlichen Grundlagen der Goethezeit. Frankfurt/Berlin/Wien 1975, S. 222 –254, hier: S. 253/354.
Zu den nachgeahmten „Äußerlichkeiten" gehörte namentlich die einst fürstlichen und adligen Persönlichkeiten vorbehaltene Badereise. Zu einer direkten Konfrontation von Adligen und Bürgerlichen kam es im Bad jedoch nur selten, da sich die Kurorte mit ihren selbstverständlich öffentlichen Kursaalgebäuden in „adlige" und „bürgerliche" Bäder schieden.

95 Habermas, S. 37/38 u. S. 92/93.

96 „The foreign building which most resembles the English assembly room is perhaps the cursaal of the German Spas: a very good example at Brueckenau..." – The Dictionary of Architecture, Vol. I. London o.J. (1853), p. 108.

97 Granville, The Spas of Germany, vol. II. Paris 1837, p. 224 –236, hier: p. 234. –
Gleichlautend: Granville, Bains d'Europe. Manuel du voyageur aux eaux d'Allemagne, de France, de la Belgique, de la savoie, de la suisse etc. Paris 1841, p. 173 –174. – Als Architekt wird „Gudensohn, nativ de Lindau; en Suisse" genannt, über dessen Ausbildung und momentane Tätigkeit Granville ebenfalls informiert ist.

98 Bothe, R. (Hrsg.), S. 37/38. – Detaillierte Beschreibung bei Wegner, E., Gutensohn, S. 262 –264.

99 Bothe, R. (Hrsg.), S. 38. – Wegner, E., Gutensohn, S. 268/269.

100 Wegner, E., Gutensohn, S. 269

101 Bammer, A., S. 15.

102 Nerdinger, Winfried. Gottfried von Neureuther. München 1978, S. 154/155.

103 Nerdinger, W., Neureuther, S. 154/155.
Anders Wegner, E., Gutensohn, S. 365, dem „zeitgleiche weltanschauliche Begründungen" fehlen, deren es jedoch nicht bedarf, da die Architektur die Sprache des Architekten spricht.

104 Beschreibung bei Wegner, E., Gutensohn, S. 265 – 267.

105 Vgl. Lange, H., S. 178, Anm. 16: „Der Familiensinn ..., die Selbstdarstellung als „pater familias" ... – das alles entsprach nicht nur dem subjektiven Bewußtsein des Monarchen. Vielmehr bilden diese Begriffe die Stützen der restaurativen Staatslehre, wie sie von Carl Ludwig Haller (1820) klar formuliert wurde..."

106 Granville, Europe, p. 235.

107 Lange, Hans. Vom Tribunal zum Tempel. Zur Architektur und Geschichte deutscher Hoftheater zwischen Vormärz und Restauration. Studien zur Kunst- und Kulturgeschichte, Bd. 2. Marburg 1985, S. 42.

108 Lange, H., S. 39 –41. – Wegner, E., Gutensohn, S. 160 –162.

109 Der Hinweis von Wegner, E., Gutensohn, S. 141, Gutensohn habe noch 1837 „darauf vertraut, der Herzog würde sich seiner gebührend erinnern" dürfte wohl auf den Coburger Theaterbau zu beziehen sein; eine offizielle Ablehnung seiner 1830 gefertigten Entwürfe wäre demnach noch nicht erfolgt gewesen.

110 Lange, H., S. 43

111 Lange, S. 33 ff.

112 Lange, S. 50 u. S. 38/39. – Vgl. auch Wegner, E., Gutensohn, S. 152/153 u. S. 156 u. S. 158.
Beide Autoren erwähnen die Reise des Bauausführenden Fischer-Birnbaum nach Brückenau. Wesentlich zurückhaltender als Lange interpretiert jedoch Wegner den Einfluß der Brückenauer Dekkendekoration auf das Coburger Foyer. Für ihn gehört „das ins Zentrum der Deckenbemalung gesetzte Velum" zu den Details „innerhalb einer Vielzahl von Motiven (, die) möglicherweise von Gutensohn angeregt" seien. „Weil aber in der Raumdekoration augenscheinlich auch andere Vorbilder eingeflossen sind und zudem das Gesamtkonzept mit Gutensohns Vorstellungen nicht in Übereinstimmung zu bringen ist, müssen solche Entsprechungen für Gutensohns Werk als unerheblich außer Betracht gezogen werden".

113 Lange, H., S. 50.

114 Lange, H., S. 52/53.

115 Lange, H., S. 41/42, 50 –53. – Wegner, E., Gutensohn, S. 157 –162

116 Lange, H. S.43

I. Zur Geschichte von Hessen-Homburg

1. Die Landgrafschaft 1622–1820

117 Grünewald, Karl. Friedrich der Ältere und seine Zeit. In: Mitteilungen XXVI, 1958, S. 7–88. – Lotz II, S. 27 ff.

118 Schleussner, August. Über eine Blockade Homburgs durch Darmstädter Truppen im Jahre 1699. In: Mitteilungen VII, 1903, S. 12–18. – Jäger, Karl. Die darmstädtische Invasion in Stadt und Amt Homburg 1747. Bad Homburg v. d. Höhe 1933.

119 Jungfer, Johann. Der Prinz von Homburg. Berlin 1890. – Jacobi, Heinrich. Die Glashütten des Landgrafen Friedrich II. von Hessen-Homburg. In: Mitteilungen XXXII, 1960, S. 12–43.

120 Schwartz, Karl. Landgraf Friedrich V. Ludwig von Hessen-Homburg und seine Familie. Homburg v. d. Höhe 1878, 21888. – Blümlein, Carl. Lavater und das Haus Hessen-Homburg. In: Mitteilungen XIII, 1913, S. 6–76 und XVI, 1925, S. 129–133. – Jacobi, Heinrich. Landgraf Friedrich V. von Hessen-Homburg und Klopstock. In: Mitteilungen XVI, 1925, S. 155–188. – Jacobi, Heinrich. Goethe und Homburg. In: Mitteilungen XVII, 1932, S. 9–112. – Jacobi, Heinrich. Goethes Lila, ihre Freunde Leuchsenring und der Homburger Landgrafenhof. In: Mitteilungen XXV, 1957, S. 6–211. – Beiträge in: Jamme, Christoph / Pöggeler, Otto (Hrsg.), Homburg vor der Höhe in der deutschen Geistesgeschichte. Stuttgart 1981.

121 Jacobi, Heinrich. Wilhelm Thiery als Homburger Hofzeichenmeister und Revolutionär. Festschrift B. Rein-Rudolstadt. Jena 1936. – Waas, Christian. Franz Wilhelm Jung und die Homburger Revolutionsschwärmer 1792–94. In: Mitteilungen XIX, 1936, S. 31–80. – Einige der in diesen Schriften angesprochenen „Hofdemokraten" oder „Revolutionsschwärmer" mußten den Homburger Hof verlassen. Im übrigen war Friedrich V. Ludwigs Toleranz gegenüber diesen „Revolutionären im Staatsdienst" beträchtlich und von langer Dauer. So verlor beispielsweise Sinclair, der zeitweilig mit den Revolutionären sympathisierte, das Vertrauen des Landgrafen keineswegs. – Kirchner, Werner. Jourdans Zug durch Homburg v. d. Höhe (1796) nach einem Bericht von Hölderlins Freund Sinclair. In: Mitteilungen XIX, 1936, S. 81–110.

122 Jacobi, Heinrich. Sechsmal Prinz von Homburg. Napoleon: „Mais je trouve partout un Hombourg!" In: Der Weiße Turm 4/1937.

123 Blümlein, Carl. W. v. Humboldt und Homburg. In: Mitteilungen XVI, 1925, S.134–137. – Hier und im weiteren: Schönemann, J. Wilhelm von Humboldt als Förderer der Hauspolitik Landgraf Friedrichs V. Ludwig von Hessen-Homburg. In: Mitteilungen XVII, 1932, S. 113–140. – Wuppermann, Leonie. Prinzessin Marianne von Preußen. Diss. Bonn 1942. – Handke, Edelgard. Marianne zu Ehren. Bad Homburg 1985.

124 Über Sinclairs Mission auf dem Wiener Kongreß: Hengsberger, Käthe. Isaac von Sinclair, der Freund Hölderlins. Berlin 1920. – Rüdiger, Wilhelm. Drei Vertreter des Namens Sinclair. In: Mitteilungen XVII, 1932, S. 141–153. – Dambron, Albert. auf der Suche nach Sinclairs Grab. In: Alt Homburg 3/1979, S. 42–47. – Clemens, Adrian. Das Rätsel der Verwechslung Sir John Sinclair (1754–1835) mit Isaak von Sinclair (1775–1815). In: Alt Homburg 4/1979, S. 66–69. – Zu Sinclairs Wandlung vom Revolutionär zum Reaktionär: Schupp, Volker. Sinclair in Wien. Homburg vor der Höhe in der deutschen Geistesgeschichte. Stuttgart 1981, S. 231–244.

125 Thomsen, Knut. Die Bemühungen Hessen-Homburgs um Sitz und Stimme im Bundestag. Beitrag zur Geschichte eines deutschen Kleinstaates. In: Mitteilungen XXX, 1966, S. 5–125.

126 Schönemann, a. a. O., S. 127–132. – Anthes, Günther F. Hessen-Homburg und Meisenheim. In: Mitteilungen XXXV, 1982, S. 295–299. – Bundschuh, Theo. „Distrikt in China." Meisenheim zur Zeit der hessen-homburger Regierung. In: Meisenheim. Studien zu Natur, Geschichte und Kunst. Heimatkundliche Schriftenreihe des Landkreises Bad Kreuznach, Bd. 18/I. Bad Kreuznach 1984, S. 71–85.
127 Thomsen, K., S. 41/42.
128 Weber, Carl Julius. Deutschland oder Briefe eines in Deutschland reisenden Deutschen, 5. Bd., 2. Theil. Stuttgart 1834, S. 478.
129 Gollwitzer, Heinz. Die Standesherren. Die politische und gesellschaftliche Stellung der Mediatisierten 1815–1918. Stuttgart 1957, S. 20.
130 Diese Empfindlichkeit des Landgrafen hinsichtlich Rang und Stellung dürfte nicht unwesentlich beeinflußt worden sein durch seine eheliche Verbindung mit einer königlichen Prinzessin von England. Der Homburger Erbprinz galt in England – da „der englische Adel auf plutokratischer und der deutsche auf aristokratischer Grundlage aufgebaut" war – als nicht ebenbürtig, und es hatte sich „in der englischen Gesellschaft eine lebhafte Opposition geltend (gemacht) gegen das Projekt, eine Königliche Prinzessin von England an einem deutschen „Duodezfürsten" zu verheiraten." – Maltzahn, Axel Albrecht Frhr. von. Elisabeth, Landgräfin von Hessen-Homburg, Königl. Prinzessin von Großbritannien und Irland. Homburg v. d. Höhe 1908, S. 14–17. – Zu den karikierenden Kommentaren dieser Ehe von G. Cruikshank: George Cruikshank 1792–1878. Karikaturen zur englischen und europäischen Politik und Gesellschaft im ersten Viertel des 19. Jahrhunderts. Stuttgart 1983, S. 113–115 und S. 21'12.
131 Thomsen, K., S. 71.
132 Skalweit, Stephan. Der Homburger Landgrafenhof. In:Homburg vor der Höhe in der deutschen Geistesgeschichte. Stuttgart 1981, S.25–47; hier: S. 27.
133 Gaspari, Ad. Chr. u.a., Vollständiges Handbuch der neuesten Erdbeschreibung, 1. Abth., 5. Bd. Weimar 1819, S. 767–768. – Ersch/Gruber, S.198–199

2. Die Landgrafschaft 1622–1815

134 Dölemeyer, Barbara. Die beiden Moser und Friedrich Carl Casimir von Creuz als Berater der Homburger Landgrafen. In: Alt Homburg 1/1984, S. 3–7.
135 Dies traf nicht nur auf die sechs Söhne Friedrichs V. Ludwig zu, sondern beispielsweise auch auf die Prinzen Ludwig Gruno und Karl, die sich in russische Dienste begaben. Als regierende Landgrafen zeitweise bzw. dauernd in fremden Diensten blieben vor allem die Landgrafen Friedrich II. und Ludwig Wilhelm.
136 Lotz II, S. 210.
137 I. Deputation = Justizverwaltung (Civiljustiz etc.), II. Deputation = Landesadministration (Polizei etc.), III. Deputation = Finanz- und Cameralverwaltung (Staatseinnahmen und -ausgaben). Nach: Archiv der landgräflich hessischen Verordnungen 1816–1866. 2.3.1818 und 11.3.1818. – Lotz II, S. 193.
138 Lotz II, S. 212.
139 Baeumerth, Angelika. 1200 Jahre Bad Homburg vor der Höhe. Bad Homburg 1982. – Die Schrift konzentriert sich auf die städtische Entwicklung; hier: S. 36/37.
140 Gercken, Philipp Wilhelm. Reisen durch Schwaben, Baiern, die angränzenden Lande Schweiz, Franken, die Rheinische Provinzen, und an Der Mosel etc. Worms 1788, S. 238–240.

3. Saline oder Heilquelle

141 Die Quellen waren bereits den Römern bekannt; für das Mittelalter ist ihre Nutzung seit 773 bezeugt.
Die Geschichte der Saline und die Vorgeschichte der Heilquellen sind oft geschildert worden. Auf Quellenkenntnis beruhen die Arbeiten von: (Jacobi, Louis) Zur Geschichte des Bades Homburg; Homburgs Heilquellen. In: Bad Homburg in Wort und Bild (= Blätter vom Taunus, H. 1–5). Homburg 1893. – Jacobi, Heinrich. Zur Geschichte der Homburger Heilquellen. In: Mitteilungen XVIII, 1935, S. 1–152 (= Jacobi 1935).
142 Als Schöpfer gilt der landgräfliche Hofbaumeister Paul Andrich. Er erhöhte die Zahl der Gradierbauten auf zwölf und rationalisierte den Gradiervorgang durch Schaffung eines 160 m langen „Kunstkanals".– Zu Andrich: Jacobi, Heinrich. Paul Andrich. In: Nassauische Lebensbilder. Wiesbaden 1943, S. 124–139.
143 Jacobi 1935, S.120–138, hier S. 134.
Dieses Gutachten enthielt u. a. den Vorschlag, die „saure Quelle im unteren Brunnen separat zu fassen, „welche nach geschehener Untersuchung von einem geschickten und unpartheiischen Medico vielleicht ein großes Acquisitum zum allgemeinen Besten wäre."
144 Jacobi 1935, Abb. 25.
145 z.B.: Alexisbad (Anhalt-Bernburg), Bertrich (Kurtrier), Bocklet (Hochstift Würzburg), Brückenau (Fürstabt v. Fulda), Doberan (Mecklenburg-Schwerin), Driburg (Bistum Paderborn), Eilsen (Schaumburg-Lippe), Lauchstädt (Sachsen-Merseburg), Meinberg (Lippe-Detmold), Pyrmont (Wal-

deck) usw.
146 Jacobi, L., Heilquellen, S. 28.
Abwegig erscheint die von Jacobi vertretene These, die im Siebenjährigen Krieg in Homburg einquartierten Soldaten französischer Truppen hätten „die Homburger Quellen zu Heilzwecken ausgiebig genutzt“ und dadurch den Landgrafen angeregt. Die noch dazu der verhaßten französischen Nation angehörenden Soldaten waren bis zu dem Zeitpunkt, als der Plan ins Auge gefaßt wurde – mehr als ein Vierteljahrhundert später – längst vergessen.
147 Dörffeldt, Siegfried. Schlangenbad. Geschichte und Gegenwart. Schlangenbad 1968, S. 28.
148 So betrug etwa das Badgeld für ein täglich eine Stunde lang zu benutzendes Einzelbad wöchentlich die Summe von 10 Talern; der Schlangenbader Badearzt erhielt dagegen ein Jahresgehalt von 50 Talern. – Dörffeldt, S. 34.
149 Kuhnert, Reinhold. Urbanität auf dem Lande. Badereisen nach Pyrmont im 18. Jahrhundert. Göttingen 1984, S. 100–101.
150 Krünitz, Johann Georg. Oekonomisch-technologische Encyclopädie, oder allgemeines System der Stats- Stadt- Haus- und Land-Wirthschaft und der Kunst-Geschichte, in alphabetischer Ordnung, 17. Theil. Berlin 1787, S. 744–795; hier S. 775.
Die Liste der von Krünitz aufgezählten notwendigen „Einrichtungen“, welche erst die großen „Vortheile“ nach sich ziehen würden, war allerdings sehr umfangreich und hätte den Landgrafen abschrekken müssen.
151 An einen seiner Aufenthalte erinnert noch heute der „Landgrafenstein“, den Friedrich V. Ludwig zum Gedenken an den 7. August 1810 errichten ließ. An diesem Tag verabschiedete er in Schlangenbad seine sechs Söhne, die zum Kampf gegen Napoleon auszogen. – Dörffeldt, S. 40–41.
152 Riehl, Wilhelm Heinrich. Das Schlangenbad. Eine historisch-topographische Skizze. Wiesbaden 1851, S. 43/44.
153 Berger, Ludwig. Der Musensitz. In: Heimatjahrbuch des Untertaunuskreises 1963, S. 81–89. – Aurora, Ernst und Scherz in den Taunusbädern, Nro. 1, Samstag den 6. Juni 1829 („Auch Se. Durchlaucht der regierende Herr Landgraf zu Hessen-Homburg werden diesen Sommer die dasige Saison verherrlichen.“). – Hamelsche Chronik 1832, fol. 84; 1833, fol. 50, 54, 70.
154 Steinmetz, Ernst Georg. Die Entdeckung des Homburger Ludwigsbrunnens. In: Der weiße Turm, Nr.14, 1938.
Nicht Schweine, Hirsche oder Kräuterweiblein, wie an anderen Orten und früheren Zeiten, waren die Finder, sondern zwei Buben hatten die Quelle beim Baden im Kirdorfer Bach, wenige Schritte vom Oberen Salzbrunnen entfernt entdeckt. Was einst für ein Wunder gehalten worden wäre, war nun allenfalls ein glücklicher Zufall, der den beiden „Glückspilzen“ immerhin zeitlebens Respekt in ihrer Heimatstadt einbrachte, was darauf schließen läßt, daß man diesem Fund eine größere Bedeutung zumaß als die tatsächlich folgenden Aktivitäten vermuten lassen könnten.
Noch im Nachruf eines der Knaben, des späteren Hofmaurermeisters Heinrich Weckerling (1796–1878), heißt es: „... mit ihm ist ein Mann ins Grab gesunken, dessen Leben mannichfach in das öffentliche Leben unserer Stadt eingriff. Vergessen sei auch nicht, daß er mit einigen anderen Knaben im Jahre 1809 die Quelle des Ludwigsbrunnens entdeckte, aus welcher Entdeckung eigentlich das Badewesen unserer Stadt seinen Anfang herleitet.“ – Taunusbote 135, 12.6.1878.
155 „Im 1810. Jahr benutzten wir die durch einen Zufall gefundene Mineralische Quelle bey den Salzbrunnen, ließen diesselbe einfassen und zum wohlthätigen Gebrauch der leidenden Menschheit einrichten“ (Friedrich V. Ludwig). – Jacobi, L., Heilquellen, S. 28.
156 Steinmetz, E., Ludwigsbrunnen.
157 HHStA 310 XVc 2; 3.5.1828: „... gnädigste Herrschaft früher ein Haus daselbst besessen hat...“
HHStA 310 XVc 2, 10.6.1828, 18.6.1828, 23.6.1828, betreffend „Taxation des am hiesigen Mineralbrunnen gestandenen einstöckigen Wohnhauses ad 700 fl.“
Auf den in Akten häufig verwendeten Begriff „Brunnenhaus“ wird hier verzichtet, weil er in der Regel nur ein Gebäude bezeichnete, das direkt über der Quelle errichtet war und dazu diente, den Brunnentrinkenden Schutz zu gewähren.
In Pyrmont, schrieb ein Arzt 1784, habe man beim Brunnentrinken „alle Bequemlichkeit und Annehmlichkeit, die man sich nur wünschen kann“, denn „ueber der Quelle ist ein achteckiges Brunnenhaus, welches sowol den Brunnen deckt und zu dessen Reinlichkeit beiträgt, als auch den Curgästen dient, damit sie, gegen schlechtes Wetter und gegen Sonnenstrahlen geschützt, das Wasser trinken mögen.“ – Marcard, Henrich Matthias. Beschreibung von Pyrmont, Bd. I. Leipzig 1784, S. 33/34.
Gleichlautend definiert auch Hirschfeld das Brunnenhaus als „das Gebäude, womit die Quelle eingefaßt zu werden pflegt...“ – Hirschfeld, Christian Cay Lorenz. Theorie der Gartenkunst, Bd. II. Reprint der Ausgabe Leipzig 1782, 1785. Hildesheim/ New York 1973, S. 90.
Vgl. auch: Nohl, Günther. Berichte vom Meinberger Brunnen im Lande Lippe. Bad Meinberg 1967, S.24/25 u. S. 60/61 sowie Gräter, Carlheinz. 150 Jahre Heilbad Mergentheim. Mainfränkische Hefte, Nr.62. Würzburg 1976, S. 16.

158 In Weilbach hatte bis zur Errichtung des Kurhauses, 1837/38, am Brunnen ebenfalls „nur ein einstöckiges Häuschen als Wohnung für den Brunnenwärter und als Krugmagazin" gestanden. – Stern, Album der domänenfiskalischen Bäder und Mineralbrunnen im Königreich Preußen. Aachen o.J. (um 1910), S. 83.

159 „... das vormalige und von dem Liepmann abgebrochene Brunnen-Hauß..." – HHStA 310 Xvc 2; 8.5.1828.

160 Der von E. Steinmetz zitierte zeitgenössische Bericht besagt, daß eine „Remise" zur Aufbewahrung der Krüge errichtet worden sei. Jacobi 1935, S.156 spricht, ohne Quellenangabe, von einer „Hütte mit 2 Räumen von 21 und 86 Fuß für 190 fl."
Ob der Brunnenversand tatsächlich im ursprünglich vorgesehenen Maßstab durchgeführt wurde, ist nicht sicher. – Baeumerth, Karl. Homburger Mineralwasserkrüge und Brunnenzeichen. In: Hessische Heimat, H. 2/3. Marburg 1984, S. 85–92.

4. Die Jahre 1820 bis 1834

161 Die ausführlichste, jedoch streckenweise subjektive Darstellung dieses Zeitraums bei Lotz, Friedrich. Geschichte der Stadt Bad Homburg vor der Höhe, Bd. II. Frankfurt 1972, S.207–287.(= Lotz II).

162 Zur Beseitigung von „mancherlei Mißständen" sah sich der Landgraf schon 1820 veranlaßt, eine neue Polizeiordnung einzuführen, die unter anderem „sehr scharfe Bestimmungen über die Amtspflichten der Beamten" enthielt. Es folgten ein Erlaß über die Erhebung der indirekten Steuern und die Neuordnung der Konskription und der Rekrutierung. Eine Volkszählung wurde angeordnet, seit 1821 die Landesvermessung als Grundlage eines gerechten Steuerwesens betrieben und im Zusammenhang damit ein einheitliches Maß- und Gewichtssystem angestrebt.

163 Lotz II, S. 215/216. – Erst 1832 kam es unter dem Druck der Bürgerschaft zur Etablierung eines Stadtrats.– Lotz II, S. 257/258 u. 393/394. – 1836 trat an die Stelle des Stadtschultheißen ein – von der Regierung eingesetzter! – Bürgermeister, der 1849 durch Wahl bestätigt wurde. – Lotz II, S. 387/388. – Baeumerth, Angelika. 1200 Jahre Bad Homburg vor der Höhe. Bad Homburg 1982, S. 49.

164 Statistische Übersicht des Amtes Homburg vor der Höhe...", ausgefertigt in Homburg am 19. Januar 1821. – HHStA 310 III b, Nr. 3.
Ausgewertet in: Baeumerth, Angelika. Das „Dorf Gonzenheim" im Jahr 1821. In: Gonzenheim. Vom Dorf zum Stadtteil. Homburg 1988, S. 54–61.

165 Weber, Carl Julius. Deutschland oder Briefe eines in Deutschland reisenden Deutschen, Bd. 5, 2. Theil. Stuttgart 1834, S. 479.

166 Noch immer grundlegend die ausschweifende Studie von Jacobi, Heinrich. Homburg zur Zeit der englischen Landgräfin und sein Aufstieg zur Stadt. Sonderdruck des Taunusboten Nr. 180–196. Bad Homburg 1937. – S. auch: Lotz II, S. 239–252 und Handke, Edelgard. Landgräfin Elizabeth und das Gotische Haus. Bad Homburg 1985.
Die Mitgift der Prinzessin war, aus der Sicht der „kleinen" Homburger Landgrafen, horrend. Nach einem ersten Heiratsvertrag erhielt sie eine jährliche Revenue von 13.00 Pfund Sterling zugesprochen, wovon dem Erbprinzen 8 000 Pfund für den gemeinsamen Haushalt zufielen, der Rest der Prinzessin zur freien Verfügung bleiben sollte. Im zweiten Vertrag war festgelegt, daß die Prinzessin, gegen einen Verzicht auf alle Erbansprüche in Deutschland und England, 4000 Taler und als Witwe eine Revenue von 20 000 Gulden erhalten sollte. – Jacobi, H., Landgräfin, S. 8.

167 Die gesamte Hofhaltung kostete z. B. von Juli 1826 bis September 1827 die für Homburger Verhältnisse enorme Summe von 49.275 fl.; der Etat der Militärkapelle betrug jährlich 10.700 fl. „Das Geld wurde mit vollen Händen für Repräsentationen hinausgeworfen"(Lotz II, S. 210), aber auch „ganze Züge von Armen" aus der Hofküche gespeist. Unbestreitbar ist die soziale Fürsorge der „Landesmutter", die sich in der Gründung einer Armenkommission und einer Witwen- und Waisenkasse dokumentierte.

168 Diese Funktion überlieferte H. Jacobi: „Zu dem neugeschaffenen Bauamt gehörten außer ihm (Franz Lotz, A.B.) der Regierungs- und Hofgerichtsrat C. von Boltog, der herrschaftliche Bauinspektor Wittmann und der Frankfurter Baurat Heß „ (Jacobi Heinrich. Forstmeister Franz Lotz und das Homburger Bauwesen. In: Der Weiße Turm, Nr. 10/1938). Diese Tätigkeit könnte als Erklärung für die eher erstaunliche Tatsache dienen, daß Hess 1820 zum „Landgräflich Hessischen Baurath" ernannt wurde (HHStA 310 XXIa 2,4; Personalakte Hess).
Zu Hess' Umbauten am Schloß (1820er Jahre) und dem Neubau des Amtsgebäudes, Dorotheenstraße 22 (seit 1822), siehe: Hils, Evelyn. Johann Georg Christian Heß. Frankfurt 1989

169 Amtsblatt No. 39, 7.10.1821; No. 40, II. Theil, Das Bauwesen der öffentlichen und Privatgebäude betreffend.
G. Chr. Hess, „war der Urheber" des Frankfurter Statuts, dessen Bestimmungen über Gebäudehöhe, Bauflucht etc. in Homburg sinngemäß übernommen wurden. – Vogt, Günther. Frankfurter Bürgerhäuser des 19. Jahrhunderts. Ein Stadtbild des Klassizismus. Frankfurt am Main o.J. S. 22–29

170 Jacobi, H., Landgräfin, S. 10–19.– Frölich/Sperlich, S. 259–275. – Huber, Eva. Georg Moller 1784–1852. In: Darmstadt in der Zeit des Klassizismus und der Romantik. Darmstadt 1979, S. 159–163.

171 Einige Stichworte zur „Baupolitik" der Landgräfin: 1824 u. 1829–40 Umbau des Schlosses. 1824 Erneuerung des Weißen Turms. 1829 Neueinrichtung des Marstalls. 1832 Umbau der Meierei. 1834/35 Erweiterung der Orangerie. 1829–43 Bau und Ausstattung des „englischen" Flügels des Landgrafenschlosses, mit Bibliothek und Bildersaal; diese Baumaßnahme vor allem bezeugt die musischen Interessen und die „englishness" der Landgräfin. 1834 Planung des Umbaus des Königsflügels; Im Innern Vestibül mit daran anschließendem Treppenhaus („Glanzpunkte") sowie Speisesaal. 1823–26 „Gotisches Haus" (Jagdhaus). 1825 u. 1840/41 Schloß in Meisenheim.
Dem Schloßgarten und den Gärten entlang der Tannenwaldallee, den Anlagen im Kleinen und im Großen Tannenwald, schenkte die Landgräfin besonderes Interesse und ließ sie im „englischen Geschmack" neu anlegen.

172 Im Wohnhausbau blieb die beschriebene schlichte Bauweise vorherrschend, auch wenn sich der Landgraf bemühte, per Verordnung dafür zu sorgen, daß alle Neubauten „künftig mit Schiefersteinen oder Ziegeln gedeckt werden" und „zur Ersparung des ohnehin mit großen Kosten aus dem Auslande zu beziehenden Holzes ... so viel wie thunlich mit Steinen gebaut werde." Auf einiges Unverständnis stieß die landgräfliche Forderung nach Vereinheitlichung und repräsentativerer Gestaltung der Straßengestaltung, also nach einer „Stadtbildpflege" im Sinn des 19. Jahrhunderts. Die Mitglieder eines neu geschaffenen Bauamts sollten darauf achten, „daß weder Scheuern noch Stallungen an die Straßenlinie zu stehen kommen", „daß die Straßen nicht durch zu weit auslaufende Treppen, Ausweissteine oder sonstige Vorbäue ... versperrt werden", „Hofthore und Hausthüren ... inwendig angehängt werden..." – Archiv der landgräflich hessischen Verordnungen, No. 39, 7.10.1821, No. 40.

173 Baeumerth, A., 1200 Jahre, S. 35.

174 Jacobi, H., Landgräfin, S. 10.

175 Baeumerth, Angelika. Das „Heilige Grab" aus Gelnhausen. In: Hessische Heimat, H. 2/3. Marburg 1982, S. 42–47. – Baeumerth, Angelika. Das Heilige Grab aus Gelnhausen auf dem Bad Homburger reformierten Friedhof. In: Heimat Hochtaunus. Bad Homburg 1988, S. 403–406

176 Die im Erscheinungsjahr schon etwas veralteten Angaben nach: Ersch, J. S. / Gruber, J. G., Allgemeine Encyclopädie der Wissenschaften und Künste, 2. Sect., 7. Theil. Leipzig 1830, S. 198–199.

177 Baeumerth, Angelika. 300 Jahre Friedrichsdorf. Friedrichsdorf 1987, S.23–42.

178 Baeumerth, A., 1200 Jahre, S. 51. – Das traurige Ende voraussehend, hatte man 1828, allerdings zu spät, den schon in nassauischen Diensten bewährten Karl von Ibell mit der Leitung der Landesverwaltung betraut und von ihm erwartet, daß er die zerrütteten Finanzen des Staates wie des Landgrafen ordne. – Lotz II, S. 254.
Der 1829 aufgenommenen Hypothek von 1.175 000 fl. standen gleichzeitig Staatseinkünfte von 139 000 Reichstaler (= ca. 210 000 fl.) gegenüber. Dies und weitere statistische Angaben bei: Ersch, J. S. / Gruber, J. G., Allgemeine Encyclopädie der Wissenschaften und Künste, 2. Sect., 7. Theil. Leipzig 1830, S. 198/199.

179 Lotz II, S. 253–263.

180 Eine der ihn charakterisierenden Reformen, um die sich der Landgraf persönlich bemühte, betraf das öffentliche Schulwesen. In die 1831 begründete Allgemeine Bürgerschule sollten Kinder aller Konfessionen, auch Mädchen und jüdische Kinder, aufgenommen werden. Die sich formierende christlich-bürgerliche Opposition wandte sich nicht nur gegen die Aufnahme der Judenkinder, sondern ganz allgemein gegen den vom Landgrafen mit der Schulreform beauftragten, „von glühendem Reformwillen erfüllten" Oberlehrer Zipperlein. – Lotz II, S. 255 u. S. 380–385.

5. Zur Bedeutung der Entdeckung des Elisabethenbrunnens

181 Jacobi 1935, S. 152–166, überschrieb das Kapitel über den Ludwigsbrunnen zwar mit dem Titel „Homburg wird Heilbad", widmete das Buch selbst jedoch dem 100-jährigen Bestehen des Elisabethenbrunnens. 1934 und 1984 wurden jeweils das 100. bzw. 150. Jubiläum der Entdeckung des Elisabethenbrunnen als „Bad-Jubiläum" begangen.

182 Amts- und Intelligenz-Blatt, Nr.18 vom 30.4.1837.

183 Grundlage dieser Gedankengänge: Warnke, Martin. Bau und Überbau. Soziologie der mittelalterlichen Architektur nach den Schriftquellen. Frankfurt am Main 1976, bes. S. 13–61. –
Verf. geht davon aus, daß die Quellen bzw. deren Reputation den Stellenwert und Rang eines Kurorts bestimmen. Sie selbst können, müssen jedoch nicht der Ort sein, an dem sich ein überregionale Anspruchsniveau architektonisch manifestiert. Mittels der ihnen innewohnenden oder zugesprochenen Qualitäten verfügen die Quellen über den Charakter eines Bedürfnisses (deshalb sind die chemischen Analysen auch in unserem Zusammenhang von Belang), das über „ein Anspruchsniveau an die maßgeblichen Stellen herangetragen wird" und ihre Fas-

sung, aber auch den architektonischen Ausbau des Kurorts veranlassen kann. Sie entwickeln sowohl einen praktischen als auch einen repräsentativen Bauzwang, indem an ihnen „das Anspruchsniveau auf dem Weg über einen Vergleich wirksam" wird, wobei die Vergleichsebene im Status benachbarter oder berühmter Quellen und der durch sie definierten Kurorte besteht.

184 Jacobi 1935, S. 156.

185 Zu Schwalheim: Martin, Alfred. Schwalheim und seine Sauerbrunnen. In: Heimat im Bild, 23, 10.6.1937, S. 89–92 und Dielmann, Karl. Amtmann Otto Friedrich Zaunschliffer, der Schwalheimer Sauerbrunnen und der Krugbau bei Steinau. In: Hanauer Geschichtsblätter, Bd. 24. Hanau 1973, S. 157–176, T. 11–14. – Zu Selters: Kuhnigk, Armin / Zimmermann, Fritz. Niederselters und das Selterswasser in historischen Darstellungen. In: Schriftfolge „Goldener Grund", H. 14. Camberg 1972 und Eisenbach, Ulrich. Wirtschafts- und Sozialgeschichte des Niederselterser Brunnenbetriebs bis zum Ende des Herzogtums Nassau. In: Veröffentlichung der Historischen Kommission für Nassau, XXXIII. Wiesbaden 1982.

186 Das Projekt gelangte zur Ausführung, und schon am 6. Juni 1835 konnten die ersten Bäder gebraucht werden. – Kissel, Franz. Hundert Jahre Bad-Nauheim. Geschichte des Hessischen Staatsbades Bad-Nauheim 1835–1935. Bad-Nauheim 1935, S. 5–7.

187 Eine ausführliche Biografie E. Chr. Trapps hat sein Enkel verfaßt: Trapp, August. Dr. Eduard Christian Trapp. Der Gründer des Bades Homburg. In: Mitteilungen XVIII, 1935, S. 265 ff. – Darauf fußend: Jacobi, Heinrich. Eduard Christian Trapp, 1804–1854. In: Nassauische Lebensbilder, Bd. 1. Wiesbaden 1939, S. 130–136. – Ein umfangreiches Kapitel auch bei Jacobi 1935, S. 167–175.

188 Hamelsche Chronik, 1834, S. 33.

189 Trapp war ein Schwiegersohn des Darmstädter Ministers von Hofmann, auf dessen Empfehlung er die Homburger Stelle antreten konnte. 1838/39 erbaute Moller Trapps Wohnhaus in Homburg, wohl 1840 die sehr ähnliche Villa v. Hofmanns in Darmstadt. – Jacobi 1935, S. 175, Abb. 38. – Frölich/Sperlich, S. 199–204. –
Im Jahr 1850 wurde Trapp zum ersten Ehrenbürger Homburgs ernannt, was den Stellenwert der von ihm getätigten Entdeckung im Bewußtsein der städtischen Zuständigen deutlich unterstreicht.

190 Zitiert nach einem bei Jacobi 1935, S. 170/171 abgedruckten Protokoll aus dem Jahr 1845.

191 Die Erstellung wissenschaftlicher Analysen für neu aufgefundene Quellen war seit dem 18. Jahrhundert üblich. Beispiel: In Alexisbad erhielt 1766 der Leibarzt des Herzogs von Anhalt den Befehl, eine neu entdeckte Heilquelle chemisch zu untersuchen. Als daraufhin Gebrauch und Ruf des Brunnens anstiegen, ließ ihn der Herzog „also nochmals von dem nachherigen Professor Gräfe in Berlin chemisch untersuchen, und diese Analyse ergab denn das Resultat, daß die Selkethaler Eisenquelle alle übrige deutsche Heilquellen an Eisengehalt übertreffe, und folglich mit vielem Nutzen für eine Badeanstalt benutzt werden könne..." – Mosch, Carl Friedrich. Die Bäder und Heilbrunnen Deutschlands und der Schweiz. Leipzig 1819, o.p.

192 Die Korrespondenz erstmals veröffentlicht bei Lotz II, S. 263–275.

193 Auch in dem später renommierten böhmischen Marienbad hatte ein Arzt, Dr. Nehr, die Quellen für die Medizin entdeckt und 1790 eine Fasung des Kreuzbrunnens veranlaßt. „Zielstrebig und mit energischer Hand wurde die junge Siedlung im Verein mit Dr. Nehr derart gefördert, daß Marienbad – nach Prüfung der chemischen und physikalischen und medizinischen Eigenschaften seiner Heilmittel durch die Regierung – im Jahre 1818 zu einem öffentlichen Kurort erhoben wurde." – Marienbad. Der Weltkurort mit den Gemeinden des Kreises, o.O., o.J. (1977), S. 116/117. – Von den 1847 praktizierenden neun Ärzten Marienbads hat nahezu jeder eine medizinische Werbeschrift verfaßt (Heidler, Danzer, Herzig, Opitz, Schneider, Habel, Lucka, Frankl, Kratzmann).

194 In den „Jahrbüchern für Deutschlands Heilquellen und Seebäder" erschien 1836 Trapps „Vorläufiger Bericht über die Heilquellen zu Homburg v. d. Höhe". Schon mehr auf das erwartete Badepublikum abgestimmt ist die Publikation „Homburg und seine Heilquellen". Darmstadt 1837.

195 Liebig, Dr. Justus. das Mineralwasser des neugefaßten sogenannten Unteren Brunnens bei Homburg v. d. Höhe. Nach der chemischen Untersuchung des Herrn Dr. J. Liebig. In: Annalen der Pharmacie, XVIII, 3, S. 276.

196 Baeumerth, K., S. 85.

197 Die beiden von Jacobi aufgestellten Behauptungen entbehren jeder Beweiskraft: 1. die Landgräfin sei bemüht gewesen, „Homburg in ihrer Heimat England bekannt zu machen und viele Engländer nach Homburg zu ziehen" und 2. ihr sei die Übersetzung der Trappschen Schrift ins Englische „Remarks on the value of the mineral waters of Homburg in diseases of the digestive and other organs" zuzuschreiben. Abgesehen davon, daß die Landgräfin beim Erscheinen der Übersetzung (1847) bereits sieben Jahre tot war, hätte man wohl kaum versäumt, eine so erlauchte Übersetzerin zu erwähnen. – Jacobi, H., Landgräfin, S. 29/30.

198 Lotz II, S. 268.

199 Granville, Dr., The Spas of Germany, vol. II. Paris 1837, p. 248/249. – Über Granville: Baeumerth,

Angelika. Dr. Granville in Langen-Schwalbach. Bericht eines Mediziners aus der Zeit um 1835. In: Hessische Heimat, H. 2/3. Marburg 1984, S. 70–74.
200 Granville, Germany, S. 250/251.
201 Granville, Germany, S. 198–203.
202 Wegner, Ewald. Friedrich von Gärtner und das Bad Kissingen. In: Mainfränkische Studien, Bd.25. Würzburg 1981, S. 8–15.
203 „On parlera de sa gloire". Allgemeine Badzeitung. Baden-Baden 1840 (zitiert nach: Taunusbote 52, 3.3.1938).
204 Prytherch, F. H., The Mineral Waters of Homburg and Kissingen, compared with a medical topography of their environs. London 1844 (und als Reaktion darauf:) Wetzler, Johannes. Kissingen, seine Heilquellen und Anstalten mit besonderer Rücksicht auf die Kurgäste. Würzburg 1845. Beide Schriften befassen sich intensiv mit dem jeweils „gegnerischen" Kurort.
Siehe dazu auch die bittere Klage König Ludwigs I.: „Das Homburger Bad wird häufig in den Zeitungen gelobt, das mehr es verdienende Kissingen soll es auch werden..." – Reidelbach, Hans. König Ludwig I. und seine Kunstschöpfungen. München 1888, S. 177.
205 Siehe Kapitel „Projekte v. Meex, Kersting und Wittmar".
206 Als eines von zahlreichen Vergleichsbeispielen sei erwähnt: Der Versuch des Arztes Ph. O. Cuntz, den Landgrafen von Hessen-Kassel (1768?) von der Nothwendigkeit geeigneter Maßnahmen zu überzeugen, nachdem „bey dem Dorfe *Geismar*, zwey kleine Stunden von Wabern, ein Gesund-Brunnen sich hervorthut, der nach den angestellten chemischen Versuchen sowohl, als nach seinen innern Würckungen, dem *Pyrmonter* Brunnen gutentheils gleich kommt..." – Hessisches Staatsarchiv Marburg, Bestand 5, Abt. 1251, fol. 1–42; hier: fol. 3; Ph. O. Cuntz an Landgraf, o. Dat. (wohl 1768).
207 Der Homburger Elisabethen- und der Kissinger Rakoczy-Brunnen sind sich in der großen Bezeichnung als Natrium-Chlorid-Säuerlinge gleich, und auch die Analyse bringt ein ähnliches Ergebnis. Ein wesentlicher Unterschied besteht im Sulfatbereich, der sich geschmacklich so stark ausprägt, daß mit der bloßen Zunge keine Verwandtschaft der beiden Quellen festzustellen gewesen sein kann. – Der Quellensachverständige der Stadt Bad Homburg, dem Verf. diese freundlichen Auskünfte verdankt, reagierte in bemerkenswerter Weise auf den Vorschlag der Verf., doch wieder mit dem Vergleich des Kissinger Rakoczy für den Elisabethenbrunnen zu werben: „Das ist nicht nötig, der Elisabethenbrunnen ist der bessere."

6. Die Jahre 1835–1840

208 Die Nachweise für die hier zusammenfassend referierten Fakten finden sich in den nachfolgenden Einzelkapiteln zu den jeweiligen Vorgängen.
209 Beilage zum Landgräflich hessischen Amtsblatt No.12, Homburg 1839, S.7

II. Projekt „Badeanstalt"

1. Eine „Bade- und Salinen-Gewerkschaft"

210 Lotz II, S. 207.
211 Bis etwa 1840 taucht in den Akten, wenn von der Etablierung des Badewesens in Homburg die Rede ist, regelmäßig der Begriff „Badeanstalt" auf. Entgegen dem heutigen Sprachgebrauch bezeichnete man im 19. Jahrhundert als „Badeanstalt" nicht das Gebäude, das Bäder enthielt. Vielmehr meinte man meist die Gesamtheit der Einrichtungen, das ganze „Etablissement" und gelegentlich auch den Badeort selbst. Wie deutlich zwischen „Badeanstalt" und „Badehaus" unterschieden wurde, zeigt eine Homburg betreffende Notiz aus dem Jahr 1825, derzufolge, „solange die Badeanstalt (sic)besteht., den Unternehmern in ihrem Badehauße (sic) die Errichtung einer Spielbank" gestattet werden sollte.Die frühesten Belege für die globale Beschreibung des Bades als „Badeanstalt" datieren aus der Zeit unmittelbar vor 1800. Es waren die kleinen, oft aus Baderesidenzen hervorgegangenen Bäder, die man im 18. Jahrhundert als „das Bad" (das Hubbad = Bad Hub; das Leukerbad = Bad Leuk) oder als „den Gesundbrunnen" (der Gesundbrunnen Freienwalde = Bad Freienwalde; der Sichersreuthische Gesundbrunnen = Alexandersbad; der Egerbrunn = Franzensbad) bezeichnet hatte und auf die nun der Begriff „Badeanstalt" angewendet wurde. 1819 nannte Mosch den Badeort Bocklet „das Bockleter-Bad", den Gesundbrunnen bei Hanau „das Wilhelmsbad „, aber eine der vollkommensten „Badeanstalten (sic) Deutschlands".
Daß sich die Begriffsbildung um 1800 vollzog, legt auch die Anwendung des Terminus auf Seebäder wie Doberan und Norderney nahe, deren Gründung in die 90er Jahre des 18. Jahrhunderts fällt. Zugleich war dies eine Epoche der Erweiterungen bestehender Bäder. Eine nach Funktionszugehörigkeiten differenzierte Ansammlung von Gebäuden der Kur wurde dann als „Badeanstalt" verstanden, wenn es sich um eine Anlage handelte, die „aus einem Guß „ entstanden zu sein schien. Auf diesen Status blieb der Begriff festgeschrieben.
Die weiter unten zu besprechenden Entwürfe Josef Amreins variierten das Thema der Badeanstalt.

Der Komplex aus Logier- , Bade-, Gesellschaftshaus und Kolonnaden war das Resultat einer großzügigen Planung, mit der sozusagen aus dem Nichts heraus eine allen Erfordernissen genügende Anlage geschaffen werden sollte.
Um 1830 wurden als Badeanstalten vorzugsweise sehr kleine oder aber gerade eben gegründete (und deshalb ebenfalls kleine) Bäder bezeichnet. So hieß das Bad Salzuflen anfangs „die Badeanstalt bey hiesiger Saline" und das durch den Arzt Dr. Küster außerhalb von Kronberg im Taunus ins Leben gerufene Bad Kronthal wurde als „Bade- und Kuranstalt" tituliert.
Wenn in Homburg seit 1841 nur noch von „Kuranlage", „Cur-Etablissement" etc. die Rede war, so deutete dies darauf hin, daß man im Begriff war, die Ebene der „Badeanstalt „ zu verlassen.

212 Statistische Übersicht des Amtes Homburg vor der Höhe…", ausgefertigt in Homburg am 19. Januar 1821 (cf. „Das Dorf Gonzenheim"). – HHStA 310 II b1, Nr.3.

213 Die von Jacobi 1935, S. 135 teilweise veröffentlichte Konzessionsurkunde befindet sich nicht bei den Akten, die erst mit dem Datum vom 7.8.1824 einsetzen. Sie muß Jacobi jedoch vorgelegen haben; in seinem Nachlaß fand sie sich jedoch nicht. Es ist nicht sicher, daß der bei Jacobi dem Sinn nach wiedergegebene Text völlig richtig ist, vor allem könnte er spätere Hinzufügungen als dem Text vom 24.4.1824 entsprechend angesehen haben; sicher ist dies der Fall bezüglich des erst am 7.8.1824 zur Debatte stehenden „Gasthauses".

214 „Die Kux (der Idealtanteil am Unternehmen) gilt als eine bewegliche Sache und gewährt ähnlich der Aktie einen verhältnismäßigen Anteil am Reingewinn und Anspruch auf Mitverwaltung. Der Unterschied zwischen Kux und Aktie besteht hauptsächlich darin, daß der Aktionär nur zur Einzahlung des Betrages genöthigt werden kann, auf den die Aktie lautet, während dem Inhaber des Kuxes die Verpflichtung zu Zuschüssen je nach Bedürfnis obliegt." – Brockhaus' Konversations-Lexikon, Bd. 7. Leipzig/Berlin/Wien 1905, S. 922/923.

215 HHStA XVc 2; 7.8.1830. – Für die Angabe Jacobis 1935, S.157, Liepmanns Neffe August Alexander sei ebenfalls Teilhaber gewesen, fand sich in den Akten kein Beleg.

216 „Es gelangt daher die unterthänige Bitte an Hochpreisliche Landes-Regierung, uns hochgeneigtest die Zusicherung ertheilen zu wollen, daß kein Gasthaus außerhalb dem Frankfurter Thor und überhaupt kein auf den Anlagen stoßendes errichtet werden dürfe." – HHStA 310 XVc 2; Liepmann, 7.8.1824. – Dem Gesuch wurde am 31.1.1825 stattgegeben, jedoch mit der Einschränkung, daß dies nur die außerhalb des Frankfurter Thors zu erbauenden Gasthäuser betreffe.

217 HHStA 310 XVc; Liepmann, 10.10.1826.

218 Liepmann hatte zur Vorbereitung der Neubauten Steinbrüche und Sandgruben anlegen sowie mehrere „unterirdische Canäle beim Brunnen" bauen lassen. Er habe „viel Geld unter die Erde verwendet, welches aber jeder Sachkenner für nützlich anerkennen" werde. – HHStA 310 XVc 7; 10.10.1826.

219 Einem Schreiben des Homburger Regierungs-Advokaten v. Titzenhofer vom 24.9.1826 ist zu entnehmen, daß Bouchet nach Paris zurückgereist war und Liepmann mit den Schulden in Homburg zurückgelassen hatte. Es ist von einer „gegnerischen Erklärung" und vom „Entwirren dieses Knäuels von Verhältnissen" die Rede, woraus zu schließen ist, daß es zu einer gerichtlichen Auseinandersetzung gekommen sein dürfte.

220 Liepmann verfaßte einen an den Landgrafen selbst gerichteten Rechenschaftsbericht, in dem er „mit echter Wahrheit über Alles" Auskunft geben wollte, um die Vorwürfe, er habe zu viel Geld unnütz verwendet, zu viele Ansprüche an die Associes gemacht und sich nicht auf das Brennen von Klinkersteinen verstanden, zu entkräften. – HHStA 310 XVc 2; 10.10.1826.

221 HHStA 310 XVc 2; 1827.

222 HHStA 310 XVc 2; Bericht, 3.5.1828.

223 HHStA 310 XVc 2; Akten von 1829 bis 1831. – Jacobi 1935, S.159.

2. Projekt „Kurgebäude" mit „Spiel-Bänken"

224 HHStA 310 XVc 2; 7.8.1824.
Der einzige Hinweis auf den vorgesehenen Standort befindet sich in einem Gutachten des Regierungsrats Zurbuch vom 9.2.1836 über ein damals neuerlich geplantes Gesellschaftshaus. Dort heißt es ausdrücklich, daß das „Kurhaus ganz in die Nähe der Mineralquellen" verlegt werden solle, „ohngefähr an der Stelle, wo ehemals Louis Liepmann sein Badehaus placiren wollte." – HHStA 310 XVc 7, Bd. 3, fol. 27; 9.2.1836.

225 Jacobi 1935, S.158 schrieb, ihm liege ein „großzügiger Plan des Maurermeisters Weckerling" vor. Dieser ist zwischenzeitlich verschwunden. Da Jacobi keine Datierung des Planes angibt und ihn auch nicht beschreibt, kann nicht mit völliger Sicherheit davon ausgegangen werden, daß dieser für das hier angesprochene Projekt gedacht war, zumal in den Akten von mehreren Plänen die Rede war.
Der von Jacobi erwähnte Johann Heinrich Weckerling (1796–1878) war landgräflich Hess. Hofmaurermeister. Als Knabe gehörte er zu den „Entdekkern" des Ludwigsbrunnens (s. dort). Ein Hinweis auf die von Jacobi angeführte Zuschreibung der

Pläne an Weckerling fand sich weder in den Akten, noch erwähnten spätere Zeitungsberichte eine solche Tätigkeit.

226 HHStA 310 XVc 2; Liepmann und Bouchet, 7.8.1824

227 Wie verbreitet die Anschauung war, daß eine Spielbank den Badebetrieb fördere und finanziell zu seiner Existenz bzw. Existenzgründung beitrage, zeigt das Beispiel des kleinen, seit 1819 von dem Medizinalrat Dr. Küster als Brunnenarzt betreuten Kronthal bei Kronberg. In seinem Gesuch zur Gründung einer „Aktiengesellschaft zur Begründung einer Kuranstalt“ vom 23.11.1821 regte Küster unter anderem an, „der Anstalt die Concession zum Hazardspiel zu geben. Ein Vorschlag, den der Arzt für keineswegs unmoralisch hielt, da hierdurch „nicht die Spiele in den anderen Bädern leiden, sondern die Winkelspiele in Bornheim, Bockenheim und Rödelheim“ abgestellt würden. Die dortige Regierung zeigte sich zwar dem Vorschlag zur Gründung einer Aktiengesellschaft nicht abgeneigt, lehnte aber die Spielbank ab. – Jung, Wilhelm. Alles über Kronthal. Kronthal 19772, S. 31.

228 HHStA 310 XVc 2; 29.9.1824.

229 HHStA 310 XVc 2; 14.1.1825.

230 HHStA 310 XVc 2: 31.1.1825.

231 HHStA 310 XVc 2; 23.1.1825.

232 HHStA 310 XVc 2; 31.1.1825 u. 5.2.1825.

233 Jacobi 1935, S. 159 und mit ihm fast die gesamte Lokalforschung nahm an, daß die von ihm vermutete erste Homburger Spielbank im „Brunnenhaus“ eingerichtet worden sei. Vermutlich war damit aber das in den Akten des öfteren als „Brunnenhaus“ bezeichnete „Brunnensälchen“ gemeint. Jacobis gleichwohl vorsichtige Aussage: „Gespielt muß damals im Brunnenhaus worden sein, näheres ist darüber nicht bekannt“, ist von den späteren Lokalforschern, zuletzt von A. Clemens, a.a.O. in eine zweifelsfreie Aussage umgewandelt worden. Erste Zweifel hat Lotz II, S.294 daran geäußert, ob überhaupt „der Plan Gestalt angenommen hat.“ In dem Rechenschaftsbericht Liepmanns vom 10.10.1826 war weder von einem Kurhaus noch von einer Spielbank die Rede; vielmehr wird als einziges von Liepmann errichtetes Bauwerk ein „Brunnenhaus mit 14 Badezellen“ genannt. Dieses ist mit Sicherheit nicht als „Spielbank“ genutzt worden. – HHStA 310 XVc 2; Liepmann, 10.10.1826.

234 HHStA 310 XVc 2; 10.10.1826.

3. Das „Kurhäuschen“

235 HHStA 310 XVc 2; 9.1.1826.
Jacobi 1935, S.158 und 175. Die häufig wechselnden Bezeichnungen für das Gebäude haben Jacobi 1935, S.157–159 veranlaßt, an mehrere Gebäude zu denken. Es handelt sich jedoch, wie eine eingehende Lektüre der Akten ergibt, immer um das hier als „Haus am Mineralbrunnen“ bezeichnete. Zur Bezeichnung selbst vgl. „Erstes Haus am Mineralbrunnen“.

236 HHStA 310 XVc 2; Liepmann, 10.10.1826: „Mein Badehaus von 14 Badestuben stände schon im verflossenen Monath Mai fertig...“ – Das Fertigstellungsjahr 1826 bestätigt die folgende Angabe bei Hamel, StA Bad Homburg E I 4, 1834, S. 31: „... denn nur ein eingerichtetes Badelocal war in dem Wohnhause am Mineralbrunnen seit dem Jahre 1826“.
Zunächst diente das „Haus am Mineralbrunnen“, wie sein Vorgänger, das erste Brunnenhaus, dem Brunnen-Aufseher zur Wohnung (Hamel, StA Bad Homburg E I 4, 1835, S. 7), weshalb es auch als „Wohnhaus“ bezeichnet wurde. Darüberhinaus war dieses Gebäude das erste Homburger „Badehaus“, da Liepmann (wohl im Erdgeschoß) nach eigenen Angaben 14 Badezellen einrichtete, weshalb es von ihm konsequent als „mein Badehaus“ bezeichnet wurde (HHStA 310 XVc 2; Liepmann am 10.10.1826: „Mein Badehaus von 14 Badestuben...“). 1828 wurde das Haus zwar auf 1500 fl. taxiert, aber abwertend als das „sogenannte Badehaus am Mineralbrunnen“ bezeichnet (HHStA 310 XVc 2; 3.5.1828) und unter Anrechnung des früher Liepmann überlassenen ersten Brunnenhauses in herrschaftlichen Besitz überführt (HHStA 310 XVc 2; 15.6.1828; 4.1.1831).
Das Badehaus war sehr bescheiden ausgestattet; erwähnt wurde nur eine einzige „eingemauerte marmorne Badewanne“(HHStA 310 XVc 2; 29.1.1829). Welchem Verwendungszweck das Gebäude 1828 zugeführt wurde, ist im einzelnen nicht bekannt; vermutlich diente es weiterhin als Wohnung des Brunnen-Aufsehers.

237 HHStA 310 XVc 2; 15.6.1828

238 HHStA 310 XVc 9, fol. 9–12.

239 HHStA 310 XVc 9, fol. 9–12. – Wie dringlich die Landesregierung die Angelegenheit behandelte, zeigt sich an dem am 30.7.1834 wiederholten Vorschlag, in dem nun zur Bekräftigung noch davon die Rede ist, daß die Verpachtung des Brunnenhauses „zur Verschönerung der Anlagen am Mineralbrunnen“ gedacht sei. – HHStA 310 XVc 9, fol. 5+6.

240 Jacobi 1935, S. 169 f. u. 277–279.

241 HHStA 310 XVc 9, fol. 16; 21.3.1835. Plan und Kostenvoranschlag waren im Original nicht auffindbar.

242 HHStA 310 XVc 9, fol. 16; 21.3.1835.

243 Hamelsche Chronik 1835, S. 7+11. – Der Pächter war der „vormalige Kammerdiener des Prinzen Alexander v. Solms-Lich, Herr Mauch“. – Vgl.

auch Jacobi 1935, S. 175.

244 So bezeichnet in einem Entwurf zu einer Schuldverschreibung vom 25.9.1835, bei der die Verpfändung des „Mineralbrunnen – jetzt zu einer Restaurazion hergerichtete(n) Haus(es) vorgesehen war." – HHStA 310 XVc 7, Bd. 3, fol. 1–3.

245 Hamel nennt folgende an der Umgestaltung des Außenbaus wie auch des Innern beteiligte Handwerkssparten: Zimmermann, Maurer, Schreiner, Dachdecker, Schlosser, Glaser und Weisbinder. – Hamelsche Chronik 1835, S. 7. – Den Kostenvoranschlag über 1906 fl. überschritt Westerfeld um 537 fl. 17 kr., was ihm durch die Fürsprache der die Vorschriftsmäßigkeit der Arbeiten bescheinigenden Landesregierung nur die Rüge eintrug, „sich inskünftige der sorgfältigsten Prüfung aller Voranschläge (zu) unterziehen und das ihm untergebene Personal zur gleichmässigen Beobachtung der gegebenen Vorschriften" anzuhalten. – HHStA 310 XVc 9, fol. 16, 25 und 27.

246 Eine bildliche Darstellung vom Zustand des Hauses vor 1835 existiert ebensowenig wie eine Beschreibung.

247 HHStA 310 XVc 33; 4.4.1843.
Stumpff/Lotz, Geometrischer Grundriß der Gemarkung Gonzenheim, 1821–1826. Katasteramt Bad Homburg.

248 Die Kosten für die zunächst auf 240 fl. veranschlagten Zelte beliefen sich auf 202 fl. 58 kr. – HHStA 310 XVc 9, fol. 16; 21.3.1835 + fol. 25; 7.8.1835.

249 Biedermeierlich wirkende Zelte scheinen im 19. Jh. das Bild vieler junger Badeorte bestimmt zu haben. Am meisten entspricht den Homburger Verhältnissen das „aus Holz erbaute Tanz- und Restaurationszelt mit den erforderlichen Wirtschaftsräumen", von 1845 bis 1849 „Zubehör" der „provisorischen Badeanstalten" des gerade erst gegründeten Bades Oeynhausen. – Baehr, Paul. Chronik von Bad Oeynhausen. Bad Oeynhausen 1967, S.89, Abb. S. 90.

250 HHStA 310 XVc 9, fol. 16.

251 HHStA 310 XVc 9, fol. 16.

252 Taunus-Album. Malerische Ansichten von Höchst, Hofheim, Eppstein, Königstein, Falkenstein, Kronberg, Kronthal, Oberursel, Homburg u.a. Frankfurt/Main 1839. Reprint Kelkheim 1978.

253 Im Juli 1834 wurde die einzige marmorne Badewanne des Hauses, zu 46 ' fl. verkauft (HHStA 310 XVc 2; 16.7.1834). – Käufer der Wanne war der Homburger Apotheker Matthias, der angab, daß sie ihm „in seiner neu errichteten Badeanstalt wohl von einigem Werth sein könnte". Wie Matthias hatten auch andere Homburger nach der Entdeckung des Elisabethenbrunnens private Badehäuser eingerichtet. – Hamelsche Chronik 1834, S. 31–33.

254 HHStA 310 XVc 33; 22.8.1843.

255 HHStA 310 XVc 18; 20.2.1838 betr. neues Brunnenhaus.

256 Es kann sich bei diesem neuen „Gesellschaftslocal" nur um das weiter unten ausführlich behandelte Brunnensälchen handeln, nicht etwa um einen Anbau an das „alte Brunnenhaus" (Haus am Mineralbrunnen, „Kurhäuschen"), wie Lotz II, S. 262 annimmt.

257 Mit dieser Übernahme dürfte „die Anschaffung von 2 Lustres und 6 Wandleuchten ... ad 173 fl. 30 kr." in Verbindung zu bringen sein. – HHStA 310 XVc 18; 11.9.1840.
Aufgrund §7 des Vertrags zwischen den Gebrüdern Blanc und Landgraf Philipp, vom 21.8.1840: „Das dem Gouvernement eigenthümlich zugehörige Mobiliar, welches sich in dem Saale und verschiedenen Gemächern des alten und neuen Brunnenhauses befindet, wird den Herrn Gebrüder Blanc überlassen, welche dafür die Summe von zwei tausend fünf hundert Gulden bezahlen..." – Jacobi 1935, S. 189.
1843 sprach die Landesregierung von der „äußerst fehlerhaften Beschaffenheit" der „geringen Räumlichkeit", die das Haus „zum Wirthschaftsgebrauche immer nicht ganz tauglich" habe erscheinen lassen (HHStA 310 XVc 33, 28.2.1843). Auf Veranlassung der Landesregierung besichtigte der Bauinspektor Westerfeld, der 1835 den Umbau vorgenommen hatte, am 24.2.1843 das Haus am Mineralbrunnen und erstattete am 24.2.1843 darüber Bericht (Geschäfts-Protokoll vom 1. Mai 1842 bis 1ten Mai 1843, geführt von dem L. Bau Inspector Westerfeld, enthalten in der Personalakte HHStA 310 XXIa 2, 13). Die Landesregierung übermittelte diesen dem Geheimen Rat und kommentierte: „Die Gebrüder Blanc haben nach einer hier unterthänigst angeschlossenen Eingabe darauf angetragen, das alte Brunnenhaus, als nicht mehr reparaturfähig, demoliren zu dürfen... Die Gebrüder Blanc hatten die Absicht dieses Gebäude zu repariren und für die Brunnenwirthschaft wieder brauchbar zu machen. Bei dem Beginn der Reparatur ergab sich aber die Reparatur-Unfähigkeit und sie standen von ihrem Vorhaben ab" (HHStA 310 XVc 33, 28.2.1843). Westerfeld scheint die „Reparatur-Unfähigkeit" des Gebäudes im wesentlichen bestätigt, jedoch Vorbehalte geäußert zu haben, denn die Landesregierung fühlte sich veranlaßt, das Vorhaben der Blancs zu verteidigen: „ Wir glauben indessen, daß der Abbruch des fraglichen Brunnenhauses keinem Anstand zu unterwerfen sein möchte, da ... selbst sein Prospekt nicht von der Art ist, daß das Stehenbleiben desselben wünschenswerth erscheint. Wir müssen vielmehr die Meinung aussprechen, daß die Ansicht der Brunnen-Anlagen ... durch den Abbruch resp. durch die gänzliche Wegräumung des fraglichen Hauses und Ebnen des

Platzes nur gewinnen, aber nicht verlieren kann und diese Maasregel eher eine Verschönerung der Kur-Anlagen als eine Verschlechterung derselben bedeutet; in dieser Rücksicht und in Betracht, daß dem Kurpublikum dadurch nicht die geringste Entbehrnis an diesem Ort als Vergnügungsort auferlegt wird, sowie in Betracht der Reparatur-Unfähigkeit dieses Hauses glauben wir die Genehmigung des gemachten Antrages ehrerbietigst befürworten zu dürfen, mit dem Bemerken jedoch, daß das fragliche Haus auf den Abbruch meistbietend versteigert und der Erlös dafür der Landgr. Schulden-Tilgungs-Kasse in Einnahme zu überweysen sein möchte". – HHStA 310 XVc 33, 28.2.1843.

258 Geschäfts-Protokoll Westerfeld, 20.3.1843: „... Nachmittags der Versteigerung des Brunnenhauses beigewohnt bis 4 Uhr damit beschäftigt gewesen..." – Die Versteigerung des von Westerfeld mit 584 fl. nach eigenen Angaben „ziemlich hoch taxirten" Gebäudes erbrachte 120 fl.

III. Kombiniertes Bade-, Logier-, Gesellschaftshaus und Kolonnade

1. Zu den Grundriß-Zeichnungen Joseph Amreins

259 StA HG, Plansammlung, II C 8a/b.
Erwähnt bei Jacobi 1935, S. 164: "Zu dem ersten Unternehmen eines Badehauses liegt ein großartiges Projekt des Homburger Bauinspektors Amrein vom Juli 1830 vor...". Danach Lotz II, S. 296.

260 Die Blätter müssen zeitlich parallel, aber unabhängig von Projekt I Mollers entstanden sein. Dieser war, wie weiter unten gezeigt wird, am 10.7.1830 „eifrig am Ausarbeiten der Plane". – HHStA 310 XVc 7, Bd. 2, fol. 10 / Hoehn Bd. 28, fol. 27.

261 Johann *Joseph* Amrein (16.5.1793?) Homburg – 26.10.1865 Homburg) entstammte väterlicherseits einer Musiker-, mütterlicherseits einer Architektenfamilie.
Der Großvater Michael Amrein war als Musiker im Würzburger Hochstift tätig. 1775 gingen seine beiden Söhne als Klarinettisten an den Homburger Hof. Johann Georg Anton Amrein heiratete die Tochter des Homburger Hofbaumeisters J. Ad. Wittmann.
Joseph Amrein, beider Sohn, war ausgebildeter Musiker und bei der landgräflichen Hofkapelle beschäftigt, deren Finanzierung 1813 durch die Militärkasse übernommen werden sollte. Amrein schrieb jedoch 1818 an den Landgrafen, er habe „vier Jahre umsonst gedient, die übrige Zeit hingegen eine geringe Besoldung erhalten, welche von der Art ist, daß sie kaum hinreicht..."
– Jacobi, Heinrich. Von der Hofmusik der Homburger Landgrafen. Sonderdruck aus dem Taunusboten. Bad Homburg 1936, S. 14 u. 17. – Alle persönlichen Daten: HHStA 310 XXI a 2, 1, Personalakte Amrein.
Um 1814 muß sich Amrein entschlossen haben, das Studium der Forstwissenschaft aufzunehmen, um sich „in der Zukunft ein besseres Auskommen zu verschaffen und zu sichern, zugleich aber auch dem Staate nützlich zu werden." Er gibt an, „drei Jahre lang die hiesige Forstlehranstalt frequentirt und 3/4 Jahre lang bei dem Kammeral-Ingenieur Stumpf allhier im Planzeichnen Privatunterricht genossen" zu haben. „Nach geendigtem Cursus wurde ich hierauf auch von dem landgräflichen Forstmeister Lotz dahier examiniert, welcher die mir schriftlich vorgelegten Fragen noch in Händen hat, und der daher auch über meine gesammelte Kenntnisse im Forstwesen, so wie über meine ganze Verhältnisse die beste Auskunft geben kann." – HHStA 10 XXI a 2,1; Amrein am 10.9.1818.
Trotz einer Empfehlung von Lotz ist „weder hier noch im Meißenheimischen eine für den Supplikanten passende Stelle vacant" (20.10.1818). Seit 1819 verwendet sich Lotz für Amrein um eine Anstellung als „Chaussee-Inspektor", die ihm am 12.2.1820 zugesagt wird. Damit ist ihm der Weg ins Bauwesen geebnet. Amreins unmittelbarer Vorgesetzter, der genannte Forstmeister Franz Lotz (1775–1837), war zugleich Landgeometer und Chausseebaudirektor, gehörte seit 1820 zum Bauamt und spielte eine Rolle im Homburger Bauwesen. Eine Laufbahn, die auch Amrein möglich gewesen wäre. – HHStA 310 XXI a 2, 1; Bericht Lotz', 15.9.1819; Ansuchen Amreins vom 23.9.1819; Zusage des Geh. Raths vom 12.2.1820; Beschreibung der Dienstobliegenheiten, Friedrich VI. Joseph am 26.3.1820. – StA HG E I, 2 (Nachlaß Hamel), Verzeichnis aller Staatsdiener des Amtes Homburg, welche von 1818 bis zum Jahre 1833 im Dienste standen, von Georg Hamel in Homburg 9. Februar 1832, fol. 74. – Jacobi, H. Bauwesen. 1938.
1828 befindet sich der seit 1824 mit Johanna Christine Storch verheiratete Amrein erstmals in Schulden. 1830 bittet er um eine Besoldungszulage (auf 50 fl.), die er am 6.8.1832 unter Hinweis darauf, daß er „wohl nicht im Stande sei, seine nun zu 7 Personen angewachsene Familie zu ernähren" und am 13.2.1833 noch einmal wiederholt. Bereits 1832 ist von der „allgemein bekannten Armuth des Rubricanten" die Rede. Merkwürdigerweise wird Amrein am 12.3.1830 als „pensionirter Chaussee-Inspector" bezeichnet. 1846 ist er arbeitslos und bittet um Wiederbeschäftigung, worauf man jedoch – obwohl im Homburger Bauwesen Hochkonjunktur herrscht – verzichtet und vorzieht, ihm eine jährliche Pension von 260 fl. zuzuweisen. Am 9.6.1846

bittet die Ehefrau Amreins „um Entfernung ihres dem Trunke im höchsten Grade ergebenen Ehemannes von ihr und ihren Kindern." Am 9.11.1865 bitten die fünf Töchter „des am 26. Oktober verstorbenen Amrein um Auszahlung der Quartalspension", da sie sich in Schulden befänden. Am 10.11.1865 zeigt die Landesregierung den Tod Amreins an. – HHStA 310 XXI a 2, 1.

262 Dieser Standort ergibt sich aus der Bezeichnung „Stifts-Strasse" auf einem der beiden Pläne. Es kann damit nur die heutige Elisabethenstraße gemeint sein, in der sich seit 1822 das Haus der „Rindschen Stiftung" (heute Elisabethenstr. 10) befand. Das „Stift" mag der Straße vor ihrer offiziellen Eröffnung im Jahr 1841 den umgangssprachlichen Namen „Stifts-Strasse" eingetragen haben. – Vgl. Lotz II, S. 448.
Eine zweifelsfreie Lokalisierung der „Badeanstalt" ist dennoch nicht möglich, da, mangels der Angabe von Maßen, nicht klar ist, ob die zweite baumbestandene Straße einen zwischen der Louisenstraße und der Elisabethenstraße vorgesehenen Weg oder die Louisenstraße selbst markieren soll. Im letzteren Fall würde sich der Komplex städtischerseits wohl bis zur Dorotheenstraße, andererseits bis zu Promenade erstreckt haben. Da diese Frage nicht bestimmt zu klären ist, wird im folgenden von einer Stadtseite bzw. einer Parkseite gesprochen.

263 Szambien, Werner. Jean-Nicolas-Louis Durand (1760–1834). De l'imitation à la norme. Paris 1984, p. 111 ff.

264 Es ist bekannt, daß Coudray während eines Zwischenaufenthaltes einer ihn nach Paris führenden Reise in Frankfurt Station machte, wo ihn Daniel Rumpf, der Vater Friedrich Rumpfs, beauftragte, ihm die „Précis des lecons" zu besorgen. – Szambien, W., Durand, p. 122

265 Durand, Jean-Nicolas-Louis. Précis des lecons d'architecture. Paris 1819, Reprint München 1975

266 Zwei „demicercles concaves" hatte Durand nur einmal, bei einem frühen Entwurf für ein Museum (1779) angewandt; dieser aber konnte Amrein nicht bekannt sein. Im übrigen ist dieser Entwurf in allen vier Achsen symmetrisch gestaltet, während dies bei dem Amreinschen Grundriß nur in der Längsachse der Fall ist.

267 Durand, J.-N.-L., Précis des lecons, IIIe part, IIe section, p. 66/67

268 Hirschfeld: „...Die Gebäude, die in den Lustgebüschen und Haynen bei einem Brunnenort nicht blos zur Bequemlichkeit gereichen, sondern auch zur Verschönerung so viel beytragen, sind...".
Cancrin: „...muß ein solches Bad die nöthigen bedeckten Spatziergänge, besonders nahe an dem Brunnen, enthalten, damit sich die Kurgäste darinn Bewegung machen können".
Pückler-Muskau: „Ein bequemer Fahrweg führt vom Curhause rings um einen weitläufigen pleasureground, zu den Mineralbädern, dem Moorbade und den Logirhäusern...Der pleasureground ist hier ebenfalls ganz anders behandelt als in der Nähe des Schlosses. Ein Bad, ein öffentlicher Ort, macht ohnedies andere Ansprüche als solche, die nur für den Privatgebrauch bestimmt sind. Schattige Gänge und eine Menge anmuthiger und geräumiger Ruhepuncte werden hier hauptsächlich erfordert...,".
Hirschfeld, Ch.C.L., Bd.II, S. 85–91. – Cancrin, Franz Ludwig von. Grundlehren der Bürgerlichen Baukunst nach Theorie und Erfahrung vorgetragen. Gotha 1892, S. 111–114. – Pückler-Muskau, Hermann von. Andeutungen über Landschaftsgärtnerei. Stuttgart 1834, S. 256–261

269 Procès-Verbaux de l'Académie Royale d'Architecture 1671–1793, tome VIII. Paris 1924, p. 193/194. – Rosenau, Helen. The Engravings of the Grand Prix of the French Academy of Architecture. In: Architectural History. Micklegate 1960, pl. 42/43. – Rabreau, Daniel. Les thermes. Exercice du style. In: Monuments historiques. Paris 1978, p. 12–16. – Bothe, R. (Hrsg.), S. 52/53

270 Rabreau, D., thermes, p. 14

271 Bothe, R. (Hrsg.), S. 86, Anm. 12,Abb. S. 50

272 Palladio 1980, Abb. 143/144

273 Weinbrenner, Friedrich. Entwürfe und Ergänzungen, S. 15–18

274 Friedrich Weinbrenner 1766–1826, S. 41

275 Friedrich Weinbrenner 1766–1826, S. 40–47

276 Weinbrenner, F., Entwürfe und Ergänzungen, S. 28

277 Bothe, R. (Hrsg.), S. 243/244

278 In W. L. Kölreuters „Die Mineralquellen im Großherzogtum Baden" schrieb Weinbrenner „Über die Bäder der alten Römer, in nächster Beziehung auf die im Jahre 1784 aufgefundene römische Badruine zu Badenweiler": „Nicht ohne Interesse würde es darum für den Gelehrten und Alterthumsforscher seyn, wenn man die altrömische Badruine wieder so gut als möglich in ihrer vormaligen Form herzustellen suchte, wie solches bei vielen Gebäuden in der ausgegrabenen Stadt Pompeyi, bei Neapel, geschieht. Aeußerst merkwürdig ist es alsdann, wenn man sich jetzt, nach einer so großen Reihe von Jahren, noch in den gleichen Badbehältern des ehemaligen Pracht und Kunst liebenden Römers baden, und die gleichen Fußstapfen in diesem so bewunderungswürdigen Gebäude wieder betreten kann.". – Zitiert nach Valdenaire, Artur (Hrsg.). Friedrich Weinbrenner, Briefe und Aufsätze Karlsruhe 1926, S. 62

279 Weinbrenner, F., Entwürfe und Ergänzungen, S. 13/145

280 HHStA 3011/2460,1.– Bothe, R. (Hrsg.), S. 35/36.– Bitz, Matthias. Badewesen in Südwestdeutschland 1550 bis 1840. Idstein 1989, S. 354–356

281 Bitz, S. 356

282 Schulz, Elke von. Die Wilhelma in Stuttgart, ein Beispiel orientalisierender Architektur im 19. Jahrhundert und ihr Architekt Karl Ludwig Zanth. Diss. Tübingen 1976, S. 3/4, 86/87, 111/112

IV. Projekte von Georg Moller 1830–1833

1. Initiative und Auftrag

283 Leben und Werk von Georg Moller (1784–1852) sind von Marie Frölich und Hans-Günther Sperlich (Georg Moller. Baumeister der Romantik. Darmstadt 1959) umfassend dargestellt worden.
Wir beschränken uns darauf, die nach 1959 erschienene Literatur zu Moller aufzuführen.
Christern, Elisabeth. Ein Brief Mollers zur Auffindung des alten Domrisses. In: Kölner Domblatt, 18(19. Köln 1960, S. 170.
Bardong, Heinrich. 150 Jahre Ludwigskirche Darmstadt. Darmstadt 1977.
Huber, Eva. Georg Moller 1784–1852 (Kurzvita und Katalog). In: Darmstadt in der Zeit des Klassizismus und der Romantik. Darmstadt 1979, S. 71–75, 110–215.
Sperlich, Hans-Günther. Die Drehung der Achse: Moller als Architekt einer bürgerlichen Hauptstadt. In: Darmstadt in der Zeit des Klassizismus und der Romantik. Darmstadt 1979, S. 76–84.
Hoferichter, Carl Horst. Georg Moller im Dienst – seine Personalakte in der Schleiermacherschen Kabinettsregistratur. In: Darmstadt in der Zeit des Klassizismus und der Romantik. Darmstadt 1979, S. 220–266.
Heidenreich, Magda. Wesentliches und Unwesentliches aus einer weltoffenen südhessischen Familie. Darmstadt 1980, S. 31–36.
Faber, Rolf. Georg Moller – Architekt, Ingenieur, Stadtplaner, Denkmalspfleger: zum 200 Geburtstag des Erbauers des Wiesbadener Schlosses. In: Wiesbadener Leben, 33. Wiesbaden 1984, S. 27–28.
Gunzert, Walter. Darmstadt – Mollers ehemals freundliche Stadt. In: Darmstädter Echo, 40. Jg., Nr. 18. Darmstadt 21.1.1984, S. 37.
Gunzert, Walter. Ein Meisterarchitekt des Klassizismus: Georg Moller, Baumeister und Bewahrer deutscher Baudenkmäler. In: Hessische Heimat, Nr. 5, Gießen 1984, S.17–18.
Jesberg, Paulgerd. Das Wiesbadener Schloß: der Architekt Georg Moller 1784–1852. In: Wiesbaden international, H. 1. Wiesbaden 1984, S. 16–25.
Wolf, Jürgen Rainer. „... In den Flammen der Belagerung von 1793 als ein Brandopfer für Deutschlands Rettung zum grösstentheil untergegangen...“ Briefe und Gutachten Georg Mollers zum Wiederaufbau des Mainzer Doms in den Jahren 1822–1830. In: Mainzer Zeitschrift, Jg. 79/80. Mainz 1984/85, S. 191–207.
Renkhoff, Otto. Nassauische Biografie. Veröffentlichungen der Historischen Kommission für Nassau, XXXIX. Wiesbaden 1985, S. 265.
Wolf, Jürgen Rainer. Gotik für die Landgräfin. Georg Moller und die Planungen für Elisabeth v. Hessen-Homburg. In: Hessische Heimat, H. 2/3. Marburg 1988, S. 67–72
Baeumerth, Angelika. Georg Moller und Rudolf Burnitz als Konkurrenten. In: Hessische Heimat, H. 2/3. Marburg 1988, S. 72–89
Baeumerth, Angelika. Evangelische Kirche Friedrichsdorf. Friedrichsdorf 1990

284 Moller war bereits durch seine Beteiligung am landgräflichen Hofbauwesen in Homburg eingeführt und stand mit dem landgräflichen Haus auf bestem Fuß, wie folgende Stelle aus dem Schreiben belegt: „... Die in Homburg verbrachten Tage sind mir jedesmal unvergesslich und ich kehre nie von dort zurück ohne das erhabene Gefühl inniger Verehrung und Anhänglichkeit für ein Fürstenhaus, dessen Glieder durch die idealste Wohltätigkeit und wahren Seelenadel hoch ausgezeichnet sind...“ – HHStA 310 XVc 7, fol. 1 / Hoehn Bd. 28, fol. 2; Moller, 26.2.1830.

285 Die Subskription selbst hat sich nicht erhalten, das Datum ihrer Eröffnung wird jedoch in mehreren Schreiben genannt, u.a. in dem zitierten Brief Mollers vom 26.2.1830.

286 HHStA 310 XVc 7, Bd. 1, fol. 21–24 / Hoehn Bd. 28, fol. 3 und (Reinschrift) HHStA 310 XVc 7, Bd. 2, fol. 7 / Hoehn Bd. 28, fol. 24; 1.3.1830.

287 Auch Lotz II, S. 295 fand in den Akten „keinen Beleg dafür, daß sich „einzelne Bürger“, wie Conte Corti meinte, oder „die gesamte Bürgerschaft“, wie Jacobi annahm, für die Spielbadidee eingesetzt haben.

288 Lange, H., S.34 beschreibt einen – zeitgleichen ! – Parallelfall: die angeblich bürgerschaftliche Motivation des seit 1830 in Coburg projektierten Hoftheaters. Auch in jenem Fall ist dergleichen „in den Quellen nirgends greifbar“. Lange sieht darin die „Situation des fürstlichen Bauherrn“ im Vormärz schlaglichtartig beleuchtet: „Er (der Fürst) sieht sich veranlaßt, seine wahren Interessen, die sein Handeln bestimmen, mit denen anderer gesellschaftlicher Gruppen zu verschleiern, um eigene Intentionen nicht preisgeben zu müssen. Darin äußert sich das Eingeständnis, eigene Positionen nicht mehr ohne weiteres kraft Autorität seines Amtes gegenüber widerstrebenden Gruppen durchsetzen

zu können. Dazu bedarf es der gesellschaftlichen Vermittlung dieser Interessen über die Öffentlichkeit"

289 Baeumerth, Georg Moller und Rudolf Burnitz, bes. S. 73 u. Anm. 10

2. Finanzierung

290 Aus Darmstadt verlautete auf den diesbezüglichen Bericht Mollers hin, daß „unser verehrtester Prinz Christian sich sehr über das neue Etablissement gefreut und beauftragt (hat), Euer Hochwohlgeboren zu bitten, Seinen Namen mit einer Actie auf die Subskriptionslise eintragen zu wollen". Von weiteren Zeichnungswilligen ist nichts bekannt. – HHStA 310 XVc 7, Bd. 1, fol. 1 / Hoehn Bd. 28, fol. 2; Moller, 26.2.1830.

291 HHStA 310 XVc 7, Bd. 1, fol. 8 / Hoehn Bd. 28, fol. 24; 1.3.1830.

292 HHStA 310 XVc 7, Bd. 1, fol. 5 / Hoehn Bd. 28, fol. 25; Tilgungsplan, ca. 1.3.1830.

293 Insgesamt beliefen sich die Baukosten für das Brükkenauer Gebäude schließlich auf 150 000 fl. – Wegner, E., S. 254–257.
Die bei Kaspar Gartenhof, Brückenau 1747–1862. Mainfränkische Hefte, Nr. 58. Würzburg 1973, S. 136 angegebene Summe von 220 000 fl. ist wohl nicht zutreffend.

294 Zu den zahlreichen Beispielen von als Staatsbauten errichteten Konversationshäusern bzw. Kursaalgebäuden gehört etwa auch dasjenige von Baden-Baden.

295 Lange, H., S. 34.

296 In den 1780er Jahren hatte Landgraf Wilhelm IX. von Hessen-Kassel versucht, die Kurbauten von Nenndorf durch Gründung einer Aktiengesellschaft zu finanzieren. „Dieses Vorhaben scheiterte jedoch an den vertraglichen Modalitäten". – Weinland, Martina. Bad Nenndorf. In: Bothe, R. (Hrsg.), S. 387/388.
Die 1798 gegründete, 1856 abgelöste Aktiengesellschaft in Wildungen scheint das Bad lediglich „verwaltet" zu haben; an die Errichtung von Kurbauten war sie offenbar nicht geknüpft. –
Ganssauge, Gottfried / Kramm, Walter / Medding, Wolfgang (Bearb.). Die Bau- und Kunstdenkmäler des Landes Hessen Regierungsbezirk Kassel, Kreis der Eder. Korbach 1960, S.101–103.

297 Spielmann, Carl. Das Kurhaus zu Wiesbaden 1808–1904. Wiesbaden 1904, S. 11.

298 Spielmann, C., S. 11

299 Struck, Wolf-Heino. Wiesbaden in der Goethezeit. Wiesbaden 1979, S. 108.

300 Aktienstatut, zitiert nach Spielmann, C., S. 12–16.

301 Aktienstatut, zitiert nach dem Exemplar bei den Akten HHStA 310 XVc 7, Bd. 3, fol. 4; 19.7.1830. – S. auch Jacobi 1935, S. 161–163.

302 HHStA 310 XVc 7, Bd. ?, fol. 6 / Hoehn Bd. 28., fol.3; 5.3.1830.

303 Stern, Bäderalbum , S. 83.
An weiteren beabsichtigten Gründungen von Aktiengesellschaften in der näheren Umgebung ist Verf. nur diejenige bekannt, die der Kronthaler Brunnenarzt Dr. Küster 1821 begründen wollte (Gesuch um Genehmigung und Unterstützung einer zu bildenden Aktiengesellschaft). Küster schlug vor, 60 Aktien zu je 30 Caroli auszugeben. Erst als sich die Aktiengesellschaft nicht verwirklichen ließ, übernahm Küster die Einrichtung der Anstalt in eigener Regie. Eine Aktiengesellschaft wurde in Kronthal erst 1831 von dem Frankfurter Kaufmann A. H. Osterrieth und dem gleichzeitig in Homburg als Architekt auftretenden Rudolf Burnitz gegründet. – Jung, W., Kronthal 19772, S. 30–32 u. 92–94

3. Bauherrschaft

304 HHStA 310 XVc 7, Bd. 2, fol. 10/11 / Hoehn Bd.28, fol. 27; 10.3.1830.
Als Moller (erst!) 1836 alle Hoffnungen auf die Ausführung seines Projektes aufgegeben hat, bittet er um Auszahlung des ihm zustehenden Honorars. Aus dem Text ist ersichtlich, daß für diesen Fall von Anfang an eine Sicherheit in Form eines Mindesthonorars vorgesehen gewesen war. Der zuständige Geheimrath von Ibell hatte seinerzeit zugesichert, „daß mir für diese Arbeiten ein Honorar von hundert Karolins und Ersatz aller Auslagen zugesichert würde, wobei für den Fall, daß die Vollendung der Arbeiten den Wünschen Sr. Durchlaucht des Landgrafen entsprächen, Höchstdieselben sich vorbehalten mir Ihre Zufriedenheit besonders zu bezeigen." – HHStA 310 XXIa 2/8; Moller, 13.5.1836. Dem Ansuchen wird auf Anweisung Landgraf Ludwigs stattgegeben.

305 HHStA 310 XXIa 2/8; Moller, 13.5.1836 (?)

306 Fischer, Klaus. „Faites votre jeu". Geschichte der Spielbank Baden-Baden. Baden-Baden 1975, S. 26.

307 HHStA 310 XVc 7, Bd. 2, fol. 9 / Hoehn Bd. 28, fol. 26; 12.3.1830.

308 HHStA 310 XVc 7, Bd.2, fol.10/11 / Hoehn Bd.28, fol.27; wohl 10.3.1830

309 HHStA 310 XVc 7, Bd. 3, fol 4 / Hoehn, Bd. 28, fol. 30; 19.7.1830.

4. Die Standortfrage

310 Es handelte sich dabei um mehrere barocke Wohnhäuser, die ursprünglich dem Fürsten Friedrich

Ludwig Adolf zu Anhalt-Bernburg-Schaumburg gehört hatten. – Jacobi 1935, S. 163, Abb. 34. – Zum fraglichen Zeitpunkt waren die Gebäude ungenutzt und offenbar in desolatem Zustand. Moller schreibt, er habe die Häuser nur „sehr unvollkommen" besichtigen können, „indem die meisten Zimmer noch versiegelt waren." Ob dies auf eine Versteigerung schließen läßt, ist nicht zu belegen, wie überhaupt das Schicksal dieser Häuser nahezu unbekannt ist. – HHStA 310 XVc 7, Bd., fol. 1 / Hoehn Bd.28., fol. 2; Moller, 26.2.1830.

311 Über die Gründung von Boll im Jahr 1596 schrieb der Baumeister Heinrich Schickhardt folgendes: „... ihre Fürstlichen Gnaden in freiem Feld nahe bei gedachtem Bronnen einen Platz erwählt haben, darauf ein stattlich Bad soll erbaut werden. Haben mir auch in Gnaden befohlen, einen Abriß zu einem großen, schönen Bau zu machen..." – Heyde, Gerhard. Das Württembergisch Wunderbad zu Boll. Stuttgart 1949, S. 24.

312 Das Bad Hofgeismar entwickelte sich in ca. 3 km Entfernung vom Kern der gleichnamigen Stadt. Die 1639 entdeckten Quellen waren erst nach 1700 gefaßt worden, und „der kunstsinnige Landgraf entwarf einen Plan zum Ausbau einer Kur- und Badeanlage." 1728 wurde das Karlsbad und 1745 das Wilhelmsbad – „zunächst zur Aufnahme des Kursaales" – erbaut. – Bott, Gerhard. Der Gesundbrunnen zu Hofgeismar. Berlin 1975, S. 2/3.

313 Wie in Hofgeismar benannte man die seit 1747 bei Brückenau aufgefundenen Quellen und die einem einheitlichen Plan folgende herrschaftliche Badekolonie nach der Gemeinde, in deren Gemarkung die Quellen lagen. Bad Brückenau liegt etwa gleich weit entfernt von Brückenau wie Bad Hofgeismar von der Stadt Hofgeismar.
Obwohl es bei dem notwendigen Erwerb von Grundstücken Schwierigkeiten gab, war es für den Bauherrn, Fürstabt Amand v. Buseck, eine Selbstverständlichkeit, die Anlage bei den Quellen zu planen. – Gartenhof, Kaspar. Bad Brückenau. 1747–1862. Ein Jahrhundert aus der Geschichte des Bades an der Sinn. Mainfränkische Hefte, 58. Würzburg 1973, S. 9/10.

314 Der 1734 entdeckte Heilbrunnen bei Wunsiedel – Alexandersbad – wurde seit 1751, beginnend mit dem herrschaftlichen Brunnenhaus, „theils zum Nutzen der nah anliegenden Stadt Wunsiedel, vorzüglich aber zur Bequemlichkeit derjenigen, die ihre zerrüttete Gesundheit hier wieder verbessern wollen... (erbaut). Von der Quelle führt Sie eine treffliche Allee auf dieses Fürstengebäude..., das viel ähnliches mit dem fürstlichen Schloß zu Erlang hat". – Schlemmer, Christoph Friederich. Bayreuth unter der Regierung Alexanders. Hof 1785, S. 20/21.

315 Im Gründungsjahr des Bades Nenndorf, 1787, wurde „als erstes ... der neue Badebezirk von den Dörfern Großen und Kleinen Nendorff abgetrennt und damit selbständiger Gutsbezirk". 1790 stand bereits das erste Gebäude. – 175 Jahre Bad Nenndorf. Nenndorf 1963, S. 10.

316 Noch 1791, als der seit 1406 bekannte Dölitzer, später Schladaer Säuerling genannte Brunnen(versand)ort bei Eger zum Kurort ausgebaut werden sollte, dachte niemand daran, die Kuranlagen von den Quellen zu entfernen. Franzensbad, wie der Ort heißen sollte, verdankte seine überaus rasche Entstehung vielmehr der „freiwillige(n) Erklärung der Stadt Eger, eine Kolonie beim Brunnen anzulegen, und (dem) tatkräftige(n) Eintreten der Landesregierung und des Kaisers Leopold..." Noch im gleichen Jahre entstanden der Lageplan, „der ein Kurhaus, ein neues Brunnenversendungsgebäude, einen Tempel für die Franzensquelle, eine gedeckte Wandelkolonnade und 19 Baustellen umfaßte". – John, Alois. Franzensbad. Erstes Moorbad der Welt. Franzensbad 1925, S. 79.

317 Hier ist allgemein von Bäderzentren die Rede, da es, zumindest in Wiesbaden, bis ins 19. Jh. kein eigentliche Gesellschaftshaus gegeben hatte. Das gesellschaftliche Leben hatte sich in den Gasthäusern, die meist zugleich als Badehäuser fungierten, abgespielt.

318 Stürzenacker, August. Aus Baden-Badens Bau-, Kur- und Kulturgeschichte. Badische Heimat, 24. Jg., Freiburg 1937, S. 197–218; hier besonders S. 206+208.

319 Hase, Ulrike von. Wiesbaden – Kur- und Residenzstadt, S. 134. Steinhauser, M. Baden-Baden, S. 103.

320 Gutachten die Einrichtung einer Bade-Anstalt in spec. die Erbauung eines Kur- und Gesellschafts-Hauses in Homburg. – HHStA 310 XVc 7, Bd. 3, fol. 20–36; 9.2.1836. – Gegen die Wahl dieses Standorts sprach sich nur der Homburger Forstmeister Lotz aus, der es für „räthlich (hielt), solches (Gebäude) den Mineral-Salzquellen nahe zu stellen". – HHStA 310 XVc 7, Bd. 3, fol. 31; 10.2.1836.

321 HHStA 310 XVc 16, fol ... / Hoehn Bd. 28, fol. 81; 21.10.1838.

5. Planungsverlauf

322 HHStA 310 XVc 7, Bd. 2, fol. 1; 26.2.1830.

323 Die Komission hatte bei der Durchsicht der Liepmannschen Akten festgestellt, daß sich „keine Pläne und Zeichnungen mehr dabei fanden" und daraufhin Moller dringend gebeten, nach Homburg zu kommen. Da Liepmann nie Pläne für ein bei der Stadt gelegenes Gesellschaftshaus, sondern nur solche für ein kombiniertes Kur- und Badehaus bei

den Quellen vorgelegt hatte, muß anfangs die Absicht bestanden haben, gleichzeitig mit dem Gesellschaftshaus an der Stelle der Anhaltischen Häuser eine Anlage vom Charakter einer Trink- und Badeanlage bei den Quellen zu erbauen.
Laut Bericht vom 12.3.1830 waren mit der „Abzeichnung des zur fraglichen Anstalt zu verwendenden Terrains“ der Kammer Ingenieur Rumpff, „zum Messen und Aufnehmen des herrschaftl. sog. Anhaltschen Hauses“ der Kandidat des Baufachs Hammelmann, „zum Ausmessen und Aufnehmen des Schieshauses, der darbey gelegenen Mühle und des am Mineral-Brunnen befindlichen Hauses“ der Chaussee Inspektor Amrein beschäftigt. – HHStA 310 XVc 7, Bd. 1, fol. 6; 12.3.1830.

324 Mollers Aufstellung vom Januar 1831 zufolge existierten zwei Blätter, Fassaden- und Grundrißpläne, wovon sich nur die Aufrisse erhalten haben. – HHStA 310 XVc 7, Bd. 2, fol. 105; Moller im Januar 1831. – Frölich/Sperlich, S. 407.

325 HHStA 310 XVc 7, Bd. 1, fol. 22+23; 10.7.1830.

326 HHStA 310 XVc 7, Bd. 1, fol. 22+23; 10.7.1830.

327 HHStA 310 XVc 7, Bd. 2, fol. 24; 26.7.1830. – ebda., fol. 25+26; 26.7.1830. – ebda., fol. 20–21; Protokoll betr. die eingegangenen Pläne.

328 HHStA 310 XVc 7, Bd. 2, fol. 85; 11.9.1830.

329 HHStA 310 XVc 7, Bd. 3, fol. 32–48; Moller „im Juli 1830“.

330 HHStA 310 XVc 7, Bd. 1, fol. 22.

331 HHStA 310 XVc 7, Bd. 1, fol. 12+13 / Hoehn Bd. 28, fol. 28; 22.7.1830.

332 HHStA 310 XVc 7, Bd. 1, fol. 20 / Hoehn Bd.28, fol. 32. – In der „Entwurfs-Bekanntmachung“ teilte die Bade- und Brunnen-Commission zugleich mit, daß sie den Versteigerungs-Termin in sieben namentlich benannten Organen veröffentlicht habe.

333 HHStA 310XVc 7, Bd. 2, fol. 25–26; 26.7.1830.

334 So der großherzoglich Minister du Thil in seinen Memoiren: „Herr Moller war ein ausgezeichneter Architekt, aber nur wenn es auf das Entwerfen von Plänen ankam. Weniger war er ausführender Baumeister, d. h. seine Kostenvoranschläge waren unzuverlässig. So lange ich Finanzminister gewesen bin, war es stehender Grundsatz, niemals einem Vorschlag des Herrn Moller Genehmigung zu ertheilen, bevor er von einem anderen Mitgliede der Baudirection namens Heß revidirt und rectificirt war... Fand Herr Moller Vergnügen an einem schönen Baue, so war sein Voranschlag gewiß zu niedrig, um die Sache annehmbar zu machen. Er täuschte sich selbst, nicht absichtlich andere...“ – Hoferichter, C.H.1978, S. 250/251.

335 HHStA 310 XVc 7, Bd. 2, fol. 20 / Hoehn Bd. 28, fol. 5; Kopie Regierungsprotokoll 27.7.1830.

336 HHStA 310 XVc 7, Bd. 2, fol. 25+26; 26.7.1830.

337 HHStA 310 XVc 7, Bd. 2, fol 20 / Hoehn Bd. 28, fol. 5; Kopie Regierungsprotokoll 27.7.1830.
Fast keiner der erschienenen Handwerker wollte ein Einzelgebot abgeben. Als es schließlich zur „Veraccordirung im Ganzen“ kam wurde klar, warum die Handwerker sich so zurückhaltend verhalten hatten. Die Bade- und Brunnen-Kommission berichtete dem in Pyrmont weilenden Geh. Rat und Präsidenten von Ibell umgehend: „Die hiesigen Handwerker, die besten und tüchtigsten Meister, haben sich vereinigt, unter den vorliegenden Bedingungen und Bestimmungen, die Aufführung des Gesellschaftsgebäudes im Ganzen ohne Ausnahme zu übernehmen, und eine Forderung von 125 000 dafür schriftlich eingelegt. Diese Forderung übersteigt nicht nur die zur Ausführung jenes Gesellschaftshauses in Aussicht genommene Summe, sondern auch selbst den Betrag, der für die ganze Bade-Anstalt verwendet werden soll. Ihre Forderung ist schriftlich niedergelegt und die Handwerker sind mit weiterem Bescheid vertröstet worden. Die Veraccordirung wurde nun als geschlossen betrachtet und wir entliessen die anwesenden, zur Unternehmung Lust tragenden mit dem Bemerken, daß ein weiterer Termin zur Abgabe der Erklärungen über die Ausführung des fraglichen Gesellschaftshauses bestimmt werden soll...“ – HHStA 310 XVc 7, Fasc. II, fol. 16–19 / Hoehn Bd. 28, fol. 4 + fol 34; 31.7.1830. Protokoll der Versteigerung s. Hoehn Bd. 28, fol. 33

338 HHStA 310 VXc 7, Bd. 2, fol. 80–81; 21.8.1830.

339 HHStA 310 XVc 7, Bd. 2, fol. 78–79; 14.8.1830.

340 Zur „sechswöchigen wissenschaftlichen Reise nach England“: Wolf, J.R., 1984/85, S. 193, Anm. 13. Wahrscheinlich traten beide die Reise gemeinsam an. Am 18.8.1830 kam Laves in London an (Hoeltje, G., S. 121), am 19.8.1830 bekam Moller bei Rothschild 50 Pfund „à Conto“ ausgezahlt (Firmenarchiv Merck, Brief 266). Am 14.9.1830 waren beide beim König in Brighton zur Tafel geladen (Hoeltje, G., S. 121). Für den 17.9.1830 ist eine weitere à conto-Zahlung an Moller bezeugt (Firmenarchiv Merck). Der genaue Zeitpunkt der Rückkehr (Ende September / Anfang Oktober) ist nicht bekannt.
Vermutlich war es der Tod König Georgs IV. – er wurde am 15. Juli 1830 beigesetzt -, der Mollers Reisegefährten und „Vetter“, den Architekten Georg Laves, zu einem schleunigen Antrittsbesuch bei dessen Nachfolger veranlaßte, wobei er auf Mollers Begleitung großen Wert gelegt zu haben scheint (Hoeltje, Laves); erst am 18./19. August 1830 ist Mollers und Laves' Anwesenheit in London bezeugt. Am 18. Juli 1830 empfahl die Firma Rothschild ihrer Londoner Filiale „den Großherzoglich-Hessischen Oberbaurahth Moller ... zur freundlichen Aufnahme bestens“ an. – Firmenarchiv Merck, Brief 266; 18.7.1830.

Moller kann also nicht, wie noch Frölich/Sperlich, S. 48 und Huber 1979, S. 74 annahmen, von „Juli bis September" in England gewesen sein. Dies bezeugt auch sein weiter oben zitierter, von Darmstadt aus geführter Briefwechsel mit der Bade- und Brunnen-Commission, der bis Ende Juli reicht (HHStA 310 XVc, Bd. 2, fol. 25+26; 26.7.1830).

341 Siehe dazu die Ausführungen zu den Parthenon-Rezeptionsbauten des 19. Jhs.
Die Einladung Cockerells, mit Laves zum Dinner zu kommen, ist an Moller gerichtet, woraus vielleicht zu schließen ist, daß sich beide bereits vor Mollers Englandreise kennengelernt hatten. – Firmenarchiv Merck, Brief 135; Cockerell an Moller 6.9.1830.
Beziehungen Mollers zu englischen Architekten waren „schon vor dieser Reise festzustellen und werden sich nach dem Erscheinen der ersten englischen Ausgabe der „Denkmäler der deutschen Baukunst" 1824 langsam angebahnt haben". Es ist anzunehmen, daß Moller die Gelegenheit nutzte, noch weitere Freunde aufzusuchen. – Frölich/Sperlich, S. 99.
Vor allem aber scheint ihm daran gelegen gewesen zu sein, die Baudenkmäler Großbritanniens kennenzulernen. – Firmenarchiv Merck, Brief 135b; Entwurf zu einem Schreiben an einen unbekannten Adressaten.

342 HHStA 310 XVc 7, Bd. 2, fol. 85; Westerfeld, 11.9.1830.

343 HHStA 310 XVc 7, Bd.2, fol. 106; Moller „im Januar 1831".

344 HHStA 310 XVC, Bd. 2, fol. 78–79; 21.8.1830.

345 Nach seiner Rückkehr begann sich Moller selbst wieder auf die Suche nach Unternehmern zu begeben. – HHStA 310 XVc 7, Bd. 2, fol. 91; Moller, 24.10.1830.

346 Über Rudolf Burnitz (geb. 6.12.1788 in Ludwigsburg, gest. 28.1.1849 in Frankfurt/Main): Frankfurt am Main und seine Bauten. Frankfurt/M. 1886, S. 92, S. 279/280 und S. 292. – Kunst und Künstler in Frankfurt am Main im 19. Jahrhundert. Frankfurt/M. 1907, S. 22. – Vogt, G., Bürgerhäuser, S. 76–79. – H. N., Bekannter Architekt. Erinnerung an Rudolf Burnitz. Frankfurter Rundschau, 6.12.1963.

347 „... Woher die Bekanntschaft (mit Hübsch) rührt, ist nicht genau zu sagen. Zwar hatte auch Burnitz Weinbrenners Atelier besucht, jedoch bereits zwischen 1808 und 1814. Möglich ist eine Bekanntschaft von Italien her. Burnitz soll sich um 1830/21 dort aufgehalten haben, wobei sich die Aufenthaltsdaten leider nur knapp überschneiden... Gemeinsam errichteten sie 1824 das Waisenhaus in Frankfurt..." – Göricke, Joachim. Die Kirchenbauten des Architekten Heinrich Hübsch. Diss. Karlsruhe 1974, S. 25. – Heinrich Hübsch 1795–1863. der große badische Baumeister der Romantik. Karlsruhe 1984, S. 16.

348 Auch für die Burg Hohenzollern lieferte Burnitz vor 1822 einen Wiederherstellungs-Entwurf, eine „romantische Umformung der mittelalterlichen Burg". Der Plan wurde nicht ausgeführt. – Bothe, Rolf. Burg Hohenzollern. Von der mittelalterlichen Burg zum nationaldynastischen Denkmal im 19. Jahrhundert. Berlin 1979, S. 58–60, Abb. 37.

349 Am 16.10.1822 suchte Burnitz um die Erteilung der Bürgerrechte an. Am 26.10.1822 hieß es in den von Advokat Dr. Goll eingeholten Erkundigungen über Burnitz vor, dieser „besitze dermalen ein Vermögen von 5.200 fl. des 24. fl. Fußes". Daraufhin wurde ihm am 12.11.1822 das Bürgerrecht erteilt. Von einer Bürgschaft seines angeblich in Frankfurt als „Handelsmann" lebenden Bruders Carl Friedrich, von der Vogt, a.a.O., berichtet, ist in den Supplikationen keine Rede. Zutreffend ist jedoch die mit dem in den Supplikationsakten enthaltenen Auszug aus dem Haupt-Kirchen-Register vom 22.5.1823 übereinstimmende Information: „... um den Ruch des Zugereisten zugunsten wenigstens des Eingeplackten loszuwerden, griff er zu dem dafür bewährten Mittel: er heiratete eine wohlhabende Bürgerstochter in Gestalt von Marie Sophie Salzwedel aus dem Hause des Apothekers Peter Salzwedel am Römerberg. Ein Ruf der Stadt war also nicht an ihn ergangen..."

350 Frankfurt am Main und seine Bauten, S.92.

351 Frankfurt am Main und seine Bauten, S. 92.

352 Jung, W.,Kronthal, S. 98.

353 Jung, W., Kronthal, S. 91.

354 Die Einweihung des gelegentlich auch als „Frankfurter Gesellschaftshaus" (erst später als „Kurhaus") bezeichneten Gebäudes gestaltete sich zu einer „Festlichkeit, die durch den Geburtstag des Landesherrn zu einer Doppelfeier wurde". Folgerichtig schloß sich dem Toast auf das Wohl des Herzogs „noch einige andere auf das Gedeihen der Anstalt" an. – Didaskalia Nr. 172, 1835, zitiert nach Jung, W., Kronthal, S. 215/216.

355 Hoehn Bd. 28, fol. 26; 19.10.1930.

356 HHStA 310 XVc 7, Bd. 1, fol. 87–89; 19.10.1830. – Die Gesamtsumme des von Burnitz errechneten Mehrbetrags belief sich auf 44.398 fl.

357 HHStA 310 XVc 7, Bd. 1, fol. 87–89; 19.10.1830. – Moller, dem das Schriftstück zugeleitet worden sein muß, vermerkte am Rand: „Was hier über die Unhaltbarkeit meiner Konstruktion gesagt ist, beruht auf einer unrichtigen Ansicht... Da ich übrigens, wie H. B. (Herrn Burnitz) nicht unbekannt ist, schon so viele nur große Bauwerke ausgeführt habe, so finde ich mich nicht veranlaßt auf eine Diskussion des einzelnen mit H. B. einzugehen und

bemerke nur, daß ich für dasjenige, was ich angebe mit meiner Distinction hafte, und gottlob weiß, wie ich es auszuführen habe. GMoller".

358 HHStA 310 XVc 7 / Hoehn, Bd. 28, fol. 7; 18.12.1830.

359 HHStA 310 XVc 7, Bd. 2, fol. 92; 7.11.1830.

360 HHStA 310 XVc 7, Bd. 2, fol. 32–48 + fol. 82 / Hoehn Bd. 28, fol. 35.

361 HHStA 310 XVc 7 / Hoehn Bd. 28, fol. 40; 12.3.1831.

362 HHStA 310 XVc 7, fol. 29+30 / Hoehn Bd. 28, fol. 3 + fol. 38; 10.2.1831.

363 HHStA 310 XVc 7 / Hoehn Bd. 28, fol. 7 + fol 37; 18.12.1830.

364 HHStA 310 XVc 7, fol. 29+30 / Hoehn Bd. 28, fol. 8 + fol. 39; 10.2.1831.

365 Mängelliste der Bade- und Brunnen-Commission: HHStA 310 XVc 7, Bd. 2, fol. 20/21 / Hoehn Bd. 28, fol. 5; 27.7.1830.
Als gravierende Fehler, die wohl auf Nachlässigkeit zurückzuführen waren, entdeckte Burnitz: „Ferner sind in diesem Plan 4 Treppen angelegt, welche nach der Gallerie, und zum Theil auf die oberen Zimmer und Säle führen sollen; man kann aber durch sie unmöglich dahin gelangen, wie der Querdurchschnitt genügend aufweist... Die Abtritte fehlen ganz – sie sind aber meines Erachtens bei einem solchen Etablissement wohl unerläßlich..." – HHStA 310 XVc 7 / Hoehn Bd. 28, fol. 40; 12.3.1831.
Auch Frölich/Sperlich, S. 315 stellten bereits das Fehlen der Treppen fest, empfanden es jedoch als eine Gegebenheit: „Das Treppenhaus findet keinen Platz mehr im Grundrißgefüge".

366 HHStA 310 XVc 7 / Hoehn Bd. 28, fol. 7 + fol. 37; 18.12.1830.

367 Die Bade- und Brunnen-Kommission drängte Moller, unter Hinweis auf die „Verantwortlichkeit gegen die Aktionärs... sie in der kürzesten Zeit entweder durch das erbetene Gutachten oder durch einen anderen, den Kräften des Fonds entsprechenden Bauplan in den Stand zu setzen, bestimmte Anträge höchsten Orts stellen zu können". – HHStA 310 XVc 7, Bd. 2, fol. 97; 7.1.1831.

368 HHStA 310 XVc 7, Bd. 2, fol. 29+30 / Hoehn Bd. 28, fol. 8 + fol. 38; 10.2.1831.

369 HHStA 310 XVc 7, Bd. 2, fol. 103+104; Moller an Geh. Rat am 6.2.1831. – Moller schreibt: „Heute vor acht Tagen", was im Südhessischen üblicherweise „vor einer Woche", also vor eigentlich sieben Tagen, heißt.
Am 25.1.1831 hatte die Bade- und Brunnen-Commission Moller angemahnt, „die neuen oder veränderten Bauplane in ihrer ganzen Vollständigkeit so wie die Baurath Burnitzschen Plane uns zu übersenden, indem von allen Seiten Nachfragen wegen der Ausführung an uns geschen". – HHStA 310 VXc 7, Bd. 2, fol. 101

370 HHStA 310 XVc 7, Bd. 2, fol 103+104; 6.2.1831.

371 „Da wir uns bis jetzt, ohnerachtet unserer dringenden Bitte vom 25. v. M. ohne alle Benachrichtigung über den ... Bauplan zu einem Gesellschaftshaus befinden, so sehen wir uns veranlaßt, Ew. p. Expressen zu ersuchen uns die neuen Plane nebst den Burnitzschen mit denselben zu übersenden..." – HHStA 310 XVc 7, Bd. 2, fol. 102; 3.2.1831.

372 HHStA 310 XVc 7, Bd. 2, fol. 29+30 / Hoehn Bd. 28, fol. 8 + fol. 38; 10.2.1831.

373 HHStA 310 XVc 7 / Hoehn Bd. 29, fol 40; 12.3.1831.

374 Die Bade- und Brunnen-Kommission wies nochmals darauf hin, daß der Mollersche Plan, von Burnitz ausgeführt, mit 106 000 fl. die veranschlagten Kosten übersteige und plädierte nachdrücklich für den Burnitzschen Entwurf. – HHStA 310 XVc 7, fol. 34–35 / Hoehn Bd. 28, fol. 10 + fol. 41; 13.3.1831.

375 HHStA 310 XVc 7, fol. 36–37 / Hoehn Bd. 28, fol. 10 + fol. 42; 19.3.1831. – Im Unterschied zur Bade- und Brunnen-Kommission war der Geh. Rat der Auffassung, daß es unumgänglich sei, noch 40 Reserveaktien auszugeben.

376 HHStA 310 XVc 7 / Hoehn Bd. 28, fol. 43; 28.3.1831.

377 HHStA 310 XVc 7 / Hoehn Bd. 28, fol. 43; Protokoll 28.3.1831.

378 HHStA 310 XVc 7; 31.3.1831.

379 Die Brüder Heinrich Claudius (Lebensdaten unbekannt) und Franz Xaver Geier (27.10.1804 Mainz – 13.6.1864 Mainz) „spielten im Mainzer Bauwesen des 19. Jahrhunderts eine große Rolle" (Weiler). Der bekanntere von ihnen, Franz Xaver, war Weinbrenner-Schüler und mit Moller spätestens seit 1827, als er unter dessen Leitung mit dem Umbau von Schloß Johannisberg begann, bekannt. Auch die Bauleitung für das von Moller entworfene Kurhaus in Salzhausen wird ihm zugeschrieben. Auf mit Moller gemeinsame Interessen läßt die Publikation von F. Geier / R. Görz, Denkmale romanischer Baukunst am Rhein. Frankfurt/Main 1846 (Eberbach, Maria Laach, Limburg, Speyer) schließen.
Die Gebrüder Geier bewarben sich – offensichtlich auf Mollers Aufforderung hin – in Homburg ausschließlich um die Bauausführung des Gesellschaftshauses. Als es 1841 tatsächlich zur Errichtung des Gebäudes, jedoch nach Plänen Métiviers kam, wurde ihnen wiederum ein Frankfurter Architekt, Peipers, vorgezogen; nach dessen Entlassung gelangte dann die Durchführung doch an Geier. Als planender Architekt ist Franz Xaver Geier so gut wie unbekannt. „Das Stadtarchiv Mainz besitzt von Geier nur einige Pläne, die sich auf Mainzer Bauvorhaben beziehen. Pläne für Baumaßnahmen in anderen Städ-

ten sind hier nicht vorhanden" (Frdl. Mitteilung von Oberarchivrat Schütz, Stadtarchiv Mainz).
Angeblich soll Geier vor 1835 einen Entwurf für das Emser Kursaalgebäude angefertigt haben, der „allerdings nicht als brauchbare Alternative zum Entwurf von Götz behandelt und dem Herzog nicht zur Entscheidung vorgelegt" wurde (Wegner). Es handelte sich um jenen mit einem Gewächshaus verglichenen Bauentwurf, der starke Affinitäten zum Oeuvre Schinkels aufweist, von Mollers Kursaalgebäude-Entwürfen jedoch völlig unbeeinflußt ist. Wie es zu der Zuschreibung dieses Entwurfs an Geier kommt, ist Verf. nicht bekannt.
Schneider, Friedrich. Darstellungen der Stadt Mainz und ihrer Denkmäler. Mainz 1879, S.103–104. – Weiler, Clemens. Romantische Baukunst in Nassau. In: Nassauische Annalen, Bd. 63. Wiesbaden 1952, S. 251–252. – Frölich/Sperlich, S. 292. – Wegner, E., Gutensohn, S. 283, Anm. 19. – Bothe, R. (Hrsg.), S. 40–42., Abb. 47.
Mitteilungen von Herrn Oberbaurat P. G. Custodis, Landesamt für Denkmalpflege Rheinland-Pfalz.

380 HHStA 310 XVc 7, fol. 130–131 / Hoehn Bd. 28, fol. 44; Moller, 30.3.1831. – Moller muß also entweder eine Kopie des Plans nach Mainz geschickt haben, oder aber die Gebrüder Geier sahen die Pläne, bevor sie am 7.2.1831 nach Homburg geschickt wurden.

381 Noch am 10.2.1831 war die Kommission der Meinung gewesen, man habe „bei Ausführung des Burnitz'schen Plans zugleich einen Unternehmer, auf den Fall, daß bei einer Veraccordirung, keine wohlfeileren Preise erzielt werden sollten, was bei dem Moller'schen Plan nicht der Fall ist, daher bei diesem neue Kämpfe und Schwierigkeiten, wie solches die Erfahrung bisher gelehrt hat, zu überwinden seyn werden und die Zeit verloren geht..." – HHStA 310 XVc 7, Bd. 2, fol. 111/112 / Hoehn Bd. 28, fol. 8 + fol. 38; 12.1831.
Rückblickend schreibt die Kommission am 28.11.1831, daß „alle Burnitzschen Plane durch die Mollersche Erklärung: einen neuen Bauplan zu entwerfen, bei Seite gelegt worden" seien. – HHStA 310 XVc 7, Bd.2 / Hoehn Bd. 28, fol 13 + fol. 51; 28.11.1831.

382 Hoehn Bd. 28, fol. 43; Nachtrag zum Protokoll, 29.3.1831.

383 Hoehn Bd. 28, fol. 43; Nachtrag zum Protokoll, 29.3.1831.

384 Frölich/Sperlich, S. 407. Die Aufstellung der Projekte, deren Herkunft Frölich/Sperlich leider nicht mitteilen, dürfte auf einer Mitteilung H. Jacobis beruhen. Wahrscheinlich ist ihm bei einer nicht genügend systematischen Durchsicht der Akten, die er sicher vorgenommen hat, dieser Irrtum unterlaufen.

385 HHStA 310 XVc 7, Bd. 2, fol. 134; 28.4.1831.

386 HHStA 310 XVc 7, Bd. 2, fol. 135+136; 30.4.1831. Am 2.5.1831 versichert Moller noch einmal, daß er „in wenigen Tagen ... die neuen Plane und Kostenanschläge vollendet haben werde". – HHStA 310 XVc 7, Bd. 2, fol. 137.

387 HHStA 310 XVc, Bd. 2, fol. 151–153 / Hoehn Bd.28, fol. 11 + fol. 46; 20.5.1831.

388 HHStA 310 XVc 7, Bd. 2, fol. 38–32 / Hoehn Bd. 28, fol. 11 + fol. 46; 20.5.1831.
Akte HHStA
1. das Erdgeschoß
2. das erste Stockwerk
3. das zweite Stockwerk
4. den Dachstock
5. die Facade nach der Straße
6. die Hauptfacade
7. eine Zeichnung der Glas (?)
Fröhlich/Sperlich
1. Kellergeschoßgrundriß
2. Erdgeschoßgrundriß
3. Obergeschoßgrundriß
4. Dachzerfallung
5. Straßenfront und Querschnitt
6. Gartenfront und Längsschnitt
7. fehlt heute

389 HHStA 310 XVc 7, fol. 38–42 / Hoehn Bd. 28, fol. 11 + fol. 46; 20.5.1831.

390 HHStA 310 XVc 7, Bd. 2, fol. 141–151; undatierter „Kostenanschlag über ein neuzuerbauendes Gesellschafts-Haus in Homburg vor der Höhe nach anliegenden Plane", verfaßt wohl von Brust.

391 HHStA 310 XVc 7, Bd. 2, fol. 135–136; 30.4.1831.

392 HHStA 310 XVc 7, Bd. 2, fol. 137–140; 2.5.1831. – Brust widmete sich der Homburger Angelegenheit offenbar sehr eingehend, denn er war laut Amts- und Intelligenz-Blatt 19/20, 8./15.5.1831 mindestens eine Woche lang Gast im „Hessischen Hof". Danach logierte „Herr Baumeister Brust aus Darmstadt" dort noch zweimal, am 12.6.1831 (A+I.-Bl. 24, 12.6.1831) und am 29.7.1832 (A+I.-Bl. 31, 29.7.1832).
Zu Brust lediglich das im Stadtarchiv Darmstadt aufbewahrte handschriftliche Manuskript „Baugeschichte der Stadt Darmstadt, begonnen von August Buxbaum, Stadtbaurat", im Jahre 1910", fol. 103/104:
„G. F. Brust, Groß. Hess. Baumeister (Bürgermeister), erbaut folgende Häuser in Mollers Stil: Wilhelminenplatz 13, 9 u. 7, Wilhelminenstr. 32, 16, 18, 20, 40, 38, 30, Neckarstraße 7, jetzt Staatsmin. u. a. mehr ...
G. F. Brust, geb. 1790, gest. 1854, war Hofweißbinder, dann Bauunternehmer, dann 1835 Groß. Bau-

meister, dann 1837–1848 Bürgermeister, starb 1854, machte 1848 Konkurs, baute viel in der Wilhelmstraße und der Mollerstadt, hatte immer Spektakel, bes. mit E. E. Hoffmann, mußte einen üblen Abgang nehmen."
In der Hessischen Landesbibliothek Darmstadt vorhanden Brusts vermutlich einzige Publikation, eine Veröffentlichung eigener Entwürfe: „Brust, G. F., Zwölf Pläne zu städtischen Wohngebäuden mittlerer Größe nebst deren Kostenberechnung. Darmstadt 1842.

393 HHStA 310 XVc 7, Bd. 2, fol. 38–42 / Hoehn Bd. 2, fol. 11 + fol. 46; Nachtrag 4.6.1831.

394 Am 20.5.1831 hatte die Bade- und Brunnen-Commission noch bemerkt, daß „so lange die Sache einen guten Fortgang gewinnt und wegen der Kosten keine Anstände sich erheben, der Herr Baurath Burnitz zu Frankfurt nicht zu Rath gezogen werden möchte." Bis zu jenem Zeitpunkt hatte Burnitz für seine Bemühungen noch keinerlei Entschädigung erhalten. – HHStA 310 XVc 7, Bd. 2, fol. 38–42 / Hoehn Bd. 28, fol. 11 + fol. 46.

395 Es ging bei diesem Zusammentreffen vor allem um die Wiederaufnahme der Verhandlungen zur Gründung einer Aktiengesellschaft, außerdem um Gutachten und Kostenvoranschläge seitens des Forstmeisters Lotz, des Baumeisters Brust und Oberbaurath Moller. – HHStA 310 XVc 7, fol. 43–44 / Hoehn Bd. 28, fol. 12 + fol. 46.

396 Hoehn Bd. 28, fol. 449; Schreiben v. Ibells vom 15.6.1831. – Das Originalschreiben Landgraf Ludwigs befindet sich nicht bei den Akten. Am 18.6.1831 bat die Bade- und Brunnen-Commission Moller, die Zeichnung für die Kolonnaden anzufertigen und „Vorschläge zur neuen Einrichtung der Anhaltischen Gebäude, der Bäder u. des Brunnenhauses ebenfalls sehr bald machen zu wollen". Als Moller sich zu diesem Zweck die Zusendung von Zeichnungen der Bäder, der Anhaltischen Häuser, des Brunnenhauses und des Situationsplans erbat, stellte sich heraus, daß diese nicht auffindbar waren. – HHStA 310 XVc 7, Bd. 2, fol. 158–162; Schreiben 18.6.1831, 22.6.1831, 23.6.1831.

397 Gemeint ist wohl ein „Bad- und Gesellschaftshaus". Originalschreiben im Stadtarchiv Köln, zitiert nach Frölich/Sperlich S. 308.

398 HHStA 310 XVc 7, fol. 31–46; 2.7.1831.

399 Möglicherweise wurde während des Sommers „vor Ort" verhandelt. Ein Aufenthalt Mollers in Homburg (Hessischer Hof) ist für Ende Juli bezeugt. – Amts- und Intelligenz-Blatt No. 31, 31.7.1831.

400 Zwischenzeitlich hatte Geh. Rat v. Ibell die Bade- und Brunnen-Kommission zweimal gemahnt, „den Faden des historischen Vortrags" wiederaufzunehmen. – HHStA 310 XVc 7, Bd. 2, fol. 163+164.

401 HHStA 310 XVc 7, fol. 31–46; 2.7.1831.
Moller erbaute das Mainzer Theater 1828–1831. Gegen ein finanzielles Fiasko spricht außer der ungeteilten Bewunderung der Fachwelt für den architektonisch brillant gelösten Bau nicht zuletzt, daß der Magistrat der Stadt Mainz Moller „rücksichtlich seiner Verdienste für den gelungenen Bau" 1833 zum Ehrenbürger ernannte. – Frölich/Sperlich, S. 302 und 305. – Derartige Kritik kennzeichnet die kleingeistige Haltung, auf die man bei den Herren der Bade- und Brunnen-Kommission immer wieder stößt.

402 HHStA 310 XVc 7 / Hoehn Bd. 28, fol. 13 + fol. 51; 28.11.1831.

403 Burnitz selbst drängte sich dieses Mal augenscheinlich nicht selbst in die Sache, denn er erklärte unter anderem „ehe und bevor er die Gewißheit habe, daß ihm die Ausführung übertragen werde, jede weitere Arbeit in dieser Sache ihm lästig seye, und daß man ihn so lange damit verschonen möge". – HHStA 310 XVc 7 / Hoehn Bd. 28, fol. 13 + fol. 51; 28.11.1831.

404 HHStA 310 XVc 7 / Hoehn Bd. 28, fol. 13 + fol. 51; 28.11.1831.

405 HHStA 310 XVc 7 / Hoehn Bd. 28, fol. 13 + fol. 51; 7.12.1831.

406 HHStA 310 XVc 7 / Hoehn Bd. 28, fol. 13 + fol. 51; 7.12.1831.

407 „Bei dieser Konferenz besprach man sich hauptsächlich über die Preiße verschiedener Bauarbeiten und Baumaterialien... Nachdem Herr Baurath Burnitz von dem Inhalt des Höchsten Rescripts, soweit es erforderlich war, in Kenntniß gesetzt worden und Gewißheit über die Ausführung des Gebäudes seinerseits erhalten hatte, versprach derselbe den Kostenvoranschlag durch die heutigen Erläuterungen vollkommen zu ergänzen und so vollständig aufzustellen, daß er hierauf sein Erbieten: die Ausführung unter allen Verantwortlichkeiten zu übernehmen, darauf gründen könne." – HHStA 310 XVc 7, fol. 62–63 / Hoehn Bd. 28, fol. 15 + fol. 53 + fol. 54 (Reinschrift: fol. 50) 2327 fl. 30 kr. – HHStA 310 XVc 7, fol. 21–27.

408 Gesellschaftshaus: 70 000 fl.; Colonnade: 15 513 fl. 32 kr.

409 HHStA 310 XVc 7, fol. 141–150. – Mit Ausstattung und Renovierung der Anhaltischen Häuser hätten sich die Kosten jedoch auf 105 103 fl. 21 kr. belaufen. Laut der von Forstmeister Lotz angestellten „Vergleichung der beiden Voranschläge des Herrn Baurath Burnitz und des Herrn Brust" hatte sich bei der Ausführung durch letzteren nur 93 196 fl. 81 kr. errechnet, womit Brust um 11.906 fl. 40 kr. unter dem Burnitzschen Ansatz lag. – HHStA 310 XVc 7, fol. 17–21; 6.2.1832.
Da Brust jedoch „für alle obige Gegenstände 100 000 fl. gefordert hatte, betrug die Differenz nur noch 5.103 fl., weshalb die Bade- und Brunnen-

Commission im folgenden von einer Differenz von rund 5 000 fl. ausging. Nach ihren Angaben war der Unterschied „jedoch in der veränderten Dachconstruction lediglich zu finden". Am 15.2.1832 beantragte die Kommission, „mit Herrn Burnitz fest abzuschließen", wogegen Geh. Rat von Ibell „vorerst nichts zu erinnern fand". – HHStA 310 XVc 7, fol. 62–63 / Hoehn Bd. 28, fol. 50; 15.2.1831 u. 22.2.1832.

410 Hamelsche Chronik, 1832, S. 21.

411 Da die veranschlagte Summe den Fonds noch immer überstieg, blieb „nichts anderes übrig als den Fonds um 20 Actien zu vermehren oder abermals Modificationen und Reductionen an dem Plan vorzunehmen." In Anbetracht des „allgemeinen Beifalls", den der bereits allseits vorgezeigte Plan gefunden habe, stimmte jetzt auch die Bade- und Brunnen-Commission für das Letztere und revidierte damit ihre ein Jahr früher geäußerte Meinung, daß dies unmöglich sei. – HHStA 310 XVc 7, Bd.2, fol. 65–68 / Hoehn Bd. 28, fol. 16 + fol. 55; 3.3.1832.

412 Friedrich Rumpf (geb. 1.3.1795 Frankfurt a. M., gest. 16.3.1867 das.) entstammte einer Frankfurter Künstlerfamilie, wurde 1811 Schüler von C. W. Coudray in Fulda, studierte 1815–1817 an der Ecole des Beaux-Arts in Paris und ließ sich 1817 als selbständiger Architekt in Frankfurt nieder. „Der in den zwanziger Jahren kräftig einsetzenden Welle öffentlicher Bauten schloß Rumpf sich zunächst als Mitarbeiter älterer Architekten an. Mit Friedrich Heß arbeitete er am Plan für das Naturmuseum Senckenberg am Eschenheimer Tor ... ; Rudolf Burnitz unterstützte er beim Versorgungshaus in der Hammelsgasse (vollendet 1824) und projektierte mit diesem zusammen im gleichen Jahr ein Opernhaus, das aber nicht ausgeführt wurde" (Vogt). Seine bekanntesten Frühwerke sind die Portalbauten für die christlichen und jüdischen Friedhöfe (1826) und der Neubau des Heilig-Geist-Hospitals (1833–1839) in Frankfurt, letzterer übrigens in Konkurrenz zu Burnitz. Seine in der Literatur bisher unbekannte Planung für das Homburger Gesellschaftshaus, 1832, zeigt eine auffallend ähnliche Situation. Der von ihm vertretene Klassizismus – „Rumpf konnte bei aller kräftig geratenen Form mehr Heiterkeit ausstrahlen und hat der bürgerlichen Architektur als letzter die klassizistische Festlichkeit unverfälscht mitgeben können" – gefiel besonders dem aufstrebenden Bürgertum besser als der Burnitzsche gotische Mischstil. Rumpf errichtete nicht nur mehr als vierzig Frankfurter Patriziern elegante Wohnhäuser, sondern wurde auch so etwas wie der „Hausarchitekt" der Rothschilds. Die Familie betraute ihn seit Anfang der 1830er Jahre „mit allen ihren Aufträgen, Rumpf baute das Gartenhaus an der Bockenheimer Landstraße zum Palais um, setzte Nutzbauten in den Park, als letzten die Orangerie an der Staufenstraße, stellte die umfangreichen Anlagen des Gutes Günthersburg hin, erweiterte das 1848 von den Rothschilds gekaufte Haus am Untermainkai, das später die Bibliothek aufnehmen sollte, und schaltete sich in der Wallzone mit eigenen Häusern an der Hoch- und Bleichstraße ein". (Vogt) – Frankfurt und seine Bauten. Frankfurt am Main 1886, S. 92, 130, 150, 282. – Hans Vollmer, Allg. Lexikon der bildenden Künstler. Bd. 29. Leipzig 1935, S. 204.
W. F., Architekt Friedrich Rumpf. Ein Sproß der großen Künstlerfamilie. Frankfurter Zeitung v. 15.3.1942 (StA Frankfurt a. M.). – Vogt,Günther. Frankfurter Bürgerhäuser des Neunzehnten Jahrhunderts. Ein Stadtbild des Klassizismus. Frankfurt/Main o.J., S. 707.

413 Firmenarchiv Merck, Nachlaß Moller, Brief Nr. 207 vom 16.3.1832. – Erwähnt bei Frölich/Sperlich, S. 308.

414 HHStA 310 XVc 7, Bd.2, fol. 70; 9.4.1832.

415 HHStA 310 XVc 7, Bd. 2, fol. 72–73; 13.4.1832. – Bemerkenswert ist, daß aus Frankfurt verlautete, es handle sich nur um geringfügige Abweichungen, während die Brunnen-Kommission doch von dem „Rumpfschen Plan" sprach.

416 „... Daß es sich hinsichtlich des hiesigen Kurgebäudes nicht mehr um einen neuen Plan handeln kann, sondern lediglich um die Ausführung des durch Herrn Hofbau-Direktor Moller gefertigen Plans... Sollte es daher in dem Interesse und in der Absicht des H. Rumpf liegen, die Ausführung dieses Plans zu unternehmen, so wird es gut seyn, wenn derselbe dem von Seiten der Bade- und Brunnen Commission an ihn gestellten Verlangen eine Forderung zu thun, sobald wie möglich entspreche, da die desfallsigen Verhandlungen derselben mit H. Burnitz schon geraume Zeit bis zum Abschluß gediehen sind, u. dieselbe, ohne Dazwischenkunft des H. Rumpf bereits abgeschlossen haben würde".
HHStA 310 XVc 7, Bd. 2, fol. 72–73; 13.4.1832.

417 HHStA 310 XVc 7, Bd. 2, fol. 216–220; 21.9.1832.

418 HHStA 310 XVc 7, Bd. 2, fol. 91; 15.7.1832.

419 Burnitz erklärte bestimmt, daß eine Minderung der Kosten nicht möglich sei. – HHStA 310 XVc 7, Bd. 2, fol. 216–220; 21.9.1832.

420 „... die mündliche Resolution erfolgte, vor allem den Herrn Burnitz zu einem schriftlichen Accord zu vermögen..." – HHStA 310 XVc 7, Bd. 2, fol. 216–220; 21.9.1832. – Am 1.10.1832 schickte Burnitz den Vertragsentwurf mit der Bemerkung, daß, da er bemerkt habe, „daß von Seiten der Badecommission eine starke Vorsicht dabei angewendet wurde, so habe ich den beifolgenden durch einen Rechtsfreund anfertigen lassen, so unangenehm mir ein solches Verfahren war." – HHStA 310 XVc 7, Bd. 2,

fol. 221; 1.10.1832.
In 1 (von 12) wurde zwar ausgesagt, daß die Erbauung des Gesellschaftshauses „nach den anliegenden von ihm (Burnitz) bearbeiteten Zeichungen" erfolgen solle. Es dürften damit aber wohl die von Burnitz überarbeiteten Mollerschen Entwürfe gemeint gewesen sein, da die Bade- und Brunnen-Commission in ihren „Bemerkungen zu dem von Baurath Burnitz entworf. Contract" von den „höchstenorts genehmigten", also den Mollerschen Entwürfen, spricht. – HHStA 310 XVc 7, Bd. 2, fol. 236–237; Oktober 1832.

421 „... Hier in Frankfurt wenigstens, wo man nicht gewohnt ist in den Tag hinein zu parliren, genieße ich aller Orten ein unbedingtes Vertrauen. Ich habe mit dem aus sehr gemischten Mitgliedern bestehenden Vorstand der israelitischen Gemeinde vor einigen Jahren einen ähnlichen Vertrag gemacht über den neuen Spitalbau, der fl. 100 000 kostete. Man hat mir noch nicht einmal die Proposition einer Cautionsleistung gemacht... Ein gleicher Fall war bei dem von mir neu erbauten Waisenhause, welches fl. 136 000 gekostet hat"... – HHStA 310 XVc 7, Bd. 2, fol. 251–252; Burnitz am 1.3.1833. – Die Verhandlungen zogen sich seit dem 7.2.1833 hin; da sie von Anfang an nicht im gewünschten Sinne auszugehen schienen, nahm die Bade- und Brunnen-Kommission umgehend wieder Kontakt mit Brust auf. – HHStA 310 XVc 7, Bad. 2, fol. 244–245 und Bd. 1, fol. 2–3; 7.2. und 28.2.1833. – Am 9.2.1833 sandte Burnitz die Mollerschen Pläne an die Bade- und Brunnen-Kommission zurück; „diejenigen aber, die ich bearbeitet habe, und auf deren Basis die Verträge „gemacht werden sollen, werden Sie in Homburg haben". – HHStA 310 XVc 7, Bd. 2, fol. 248; Burnitz, 9.2.1833.

422 HHStA 310 XVc 7, Bd. 2, fol. 255 / Hoehn Bd. 28, fol. 18 + fol. 59; 4.3.1833. – Auf das Gesuch der Bade- und Brunnen-Commission antwortete der Geheime Rath von Ibell umgehend, daß, da ein Vertragsabschluß mit Burnitz voraussichtlich nicht zu Stande gebracht werde, „unverzüglich mit dem Baumeister Brust von Darmstadt ... ein Vertrags-Abschluß salve ratif. auf den bereits genehmigten Grundlagen und unter Erzielung des möglichen Ersparnisses zu versuchen sey". – HHStA 310 XVc 7, Bd. 1, fol. 1 / Hoehn Bd. 28, fol. 60; 13.3.1833. – Am 18.3.1833 lud die Bade- und Brunnen-Commission Brust ein, auf einige Tage nach Homburg zu kommen. – HHStA 310 XVc 7, Bd. 1, fol. 4 / Hoehn Bd. 28, fol. 62; 18.3.1833.

423 HHStA 310 XVc 7, Bd. 1, fol. 7–8 / Hoehn Bd. 28, fol. 63; – 9.3.1833.

424 „... Hinsichtlich dieser Contracts-Bestimmung machte derselbe zwei Vorschläge, wovon wir den ersteren mit der General-Hpothek auf sein privates Vermögen nicht, dagegen den zweiten zur gnädigsten Genehmigung empfehlen zu dürfen glauben". – HHStA 310 XVc 7, Bd. 2, fol. 85–86 / Hoehn Bd. 28, fol. 19 + fol. 68; 8.4.1833. – Ursprünglich hatte Brust erklärt, daß es ihm ein leichtes sei, einen Teil der Aktien unterzubringen. Nun erklärte er, daß „diese dadurch gänzlich verschwunden (sei), da derselbe glaubte die einzelnen Actien würden gegen einen herabgesetzten Cours wie andere Staatspapiere abgegeben werden können. Jedoch hat derselbe sich bereit erklärt 10–12 Actien in Zahlung zu übernehmen."

425 HHStA 310 XVc 7, Bd. 1, fol. 30 / Hoehn Bd. 28, fol. 20 + fol. 65; auf höchsten Befehl, 19.4.1833.

426 HHStA 310 XVc 7, Bd. 1, fol. 47–57; 26.6.1833.

427 HHStA 310 XVc 7, Bd. 1, fol. 56–57; 16.7.1833. – Brusts Bemerkungen deckten sich im wesentlichen mit den Punkten, mit denen Burnitz die Übernahme abgelehnt hatte: Zu 12. Wenn der Uebernehmer 10 000 fl. Caution stellt, so dürften auch die Beträge der Abschlagszahlungen bis zu den wirkich gefertigten Arbeiten zu leisten sein, wobei noch das auf der Baustätte vorhandene Material in Anschlag gebracht werden kann, indem der Uebernehmer samt immer 20 bis 30 Tausend Gulden ausser Händen und im Bauwesen hat, dieses ist bei allen vorkommenden Bauten nicht der Fall, und dürfte hier auch wegen bedeutendem Zinsenverlust zu berücksichtigen sein..."

428 HHStA 310 XVc 7, Bd. 1, fol. 60–63 / Hoehn Bd. 28, fol. 67; 31.7.1833.

429 „Dies möchte für den Anfang hinreichen um Alles zu befriedigen, die Zukunft wird dann lehren, ob die Aufführung des Gesellschafts-Hauses nach dem vorliegenden Plan in dem Gebiete der Nothwendigkeit liegt, in welchem Fall dann weit leichter und gewisser das Projekt zur Ausführung kommen dürfte. Will man die Entreprise auf herrsch. Rechnung nicht übernehmen, dann bestimmte man sich zur Abgabe des genannten Objekts gegen eine billige Anschlags-Summe von etwa 12 000 fl. und der Billigkeit entsprechenden Bedingungen, an einen Unternehmer, der geneigt ist, eine Badeanstalt mit Gastwirthschaft dahier auf eigene Rechnung zu etabliren". – HHStA 310 XVc 7, Bd. 1, fol. 60–63 / Hoehn Bd. 28, fol. 67; 31.7.1833.

430 Bitte um Auszahlung des ihm zustehenden Honorars. – HHStA 310 XXI a 2/8; Moller, 13.5.1836. G. F. Brust reichte erst am 18.5. 1842 eine Rechnung über 318 fl. 48 kr. für seine Bemühungen ein, deren Begleichung am 2.9.1842 abgelehnt wurde. Daraufhin wandte sich Brust am 8.5.1843 direkt an den Landgrafen und legte dem Schreiben eine Bescheinigung Mollers bei, wonach dieser „denselben (Brust) im höchsten Auftrage des Hochseligen Herrn Landgrafen Ludwig veranlaßt habe sich nach

Homburg zu begeben, um über die Entreprise des Kurhauses in Unterhandlung zu treten, daß also die Fertigung des Voranschlags so wie die verschiedenen Reisen nur als eine Folge jener Aufforderung anzusehen seyn dürften".

Der Geheime Rat bezweifelte sowohl die Richtigkeit dieser Aussage als auch die von Brust angegebene Dauer der Arbeiten und den Ansatz der Reisekosten. Überdies sei er nicht von der damaligen Bade- und Brunnen-Kommission, sondern von Moller aufgefordert worden, mithin als „Konkurrent" anzusehen, und habe dann durch eigene „Abänderungen und Zusätze zu dem Entreprise-Kontrakt" selbst Verzögerungen und Reisen verursacht.

Brust ließ die daraufhin erfolgende Ablehnung auch mit dieser Begründung nicht gelten, wurde aber auf seine nochmalige Vorstellung hin am 14.1.1845 endgültig damit beschieden, „daß seinem Gesuch keine Folge gegeben werde, ohn dagegen lediglich überlassen bleibe seine vermeintliche Forderung gegen den Landgräflichen Fiskus geltend zu machen", worauf Brust allerdings verzichtete. – HHStA 310 XVc 7, Bd. 3, fol. 100/101, 8.5.1843; ebda. fol. 104–106, 28.7.1843; ebda. fol. 109/110, 14.1.1854.

6. Die Entwürfe

431 Jacobi, 1935, S. 164–165 erwähnt die Entwürfe Mollers, ohne sie jedoch im einzelnen zu würdigen: „Auch der Architekt für das Gebäude war in Art. 8 schon vorgesehen, und zwar der damals berühmte hessische Oberbaudirektor Moller, ein Freund der Landgräfin Elisabeth, der auch das Homburger Schloß und das Waisenhaus hier umbaute, wie er auch die Pläne für das Brunnensälchen und das Trappsche Haus machte; der Landgraf übernahm das Honorar für den Bau des Kurhauses. Gleichzeitig hatte man aber auch mit dem damals sehr bekannten Architekten Burnitz verhandelt, und es geht in der Folgezeit ein lang erregter Streit zwischen beiden Konkurrenten hin und her... Die Zeichnungen der Mollerschen Pläne sind vorhanden und befinden sich jetzt im Architektur-Museum der Technischen Hochschule Berlin."
Was Jacobi selbst verschwieg, schreiben Frölich/Sperlich, S. 406, Anm. 585: „Die Pläne Mollers hat Jacobi in Homburg noch in der Hand gehabt. Er schenkte sie am 16.1.1911 dem Architekturmuseum der Berliner Technischen Universität."
Diese Einrichtung kannte Jacobi wohl seit seiner Studienzeit an der Technischen Hochschule in Charlottenburg (1886–1891). – Renkhoff, Otto. Nassauische Biographie. Veröffentlichungen der Historischen Kommission für Nassau XXXIX. Wiesbaden 1985, S. 187 (Nr. 1085).

432 Inv.-Nr. 10 304–10 324.

433 Frölich,Marie/ Sperlich, Hans-Günther. Georg Moller. Baumeister der Romantik. Darmstadt 1959.

434 Huber, Eva. Georg Moller. In: Darmstadt in der Zeit des Klassizismus und der Romantik. Ausstellungskatalog Darmstadt 1979, S. 71–266; Entwürfe für ein Kurhaus in Bad Homburg v. d. H., S. 164–170.

435 Wegner, E.,Gutensohn, S. 327. – Bothe, Rolf (Hrsg.). Kurstädte in Deutschland. Zur Geschichte einer Baugattung. Berlin 1984, S. 38–41.

436 HHStA 310 XVc 7, Bd. 2, fol. 105–110; Moller im Januar 1830.

437 HHStA 310 XXI a2/8; 13.5.1835

438 Stadtarchiv Bad Homburg; zum Zeitpunkt der Drucklegung nicht auffindbar; die hier veröffentlichten Fotos wurden ca. 1981 angefertigt.

439 Quelle: HHStA 310 XVc 7
Pläne: Sammlung der TU, Berlin
Abbildungen: Frölich/Sperlich, S. 309; Huber 1979, S. 1655, Abb. 4
Literatur: Frölich/Sperlich, S. 308/309; Huber 1979, S.165

440 Frölich/Sperlich, S. 308/309. – TU Berlin, Inv. Nr. 10304 – Huber 1979, S. 165, Kat. Nr. 95.

441 Quelle: HHStA 310 XVc 7, Bd. 2, fol. 24–85
Pläne: 9 Blätter in der Plansammlung der Universitätsbibliothek der Freien Universität Berlin, 2 Blätter in der Plansammlung des Stadtarchivs Bad Homburg
Abbildungen: Frölich/Sperlich, S. 307, 310, 312, 313, 314; Huber 1979, S. 166, 167, 168; Bothe, R. (Hrsg.), Abb. 41, 42, 43
Literatur: Frölich/Sperlich, S. 309–314; Huber 1979, S. 164–168; Wegner, E. Diss., S. 327; Bothe, R. (Hrsg.), S. 38–41

442 Erhalten ist nur eine Fotografie im StA Darmstadt, Nachlaß Frölich, Kasten I, Heft XVII, S. 42. Das Original sowie ein vermutlich dazugehöriger Längsschnitt ehemals im Nachlaß Mollers. – Frölich/Sperlich, S. 406, Anm. 586.
Für die Eigenhändigkeit spricht, daß Moller die Ansicht (nachträglich?) auf eine Pappe aufklebte, mit dem „wahrscheinlichen Grundriß" versah und dazu vermerkte: „Homburger Badehaus von Dr. G. Moller. Project".

443 „Ein offener, dem Zugwind ausgesetzter Säulengang kann diesen Zweck nicht erfüllen". – HHStA 310 XVc 7, fol. 106–110; Moller, Januar 1831.

444 Das Blatt mit der Baumkulisse ist unsigniert und wohl als von Westerfeld durchgezeichnet anzunehmen. Das Blatt mit den Maßangaben trägt die Bezeichnung „G Moller 1830". – Frölich/Sperlich, S. 407. – Huber 1979, S. 167, Kat. Nr. 98.

445 HHStA 310 XVc 7, fol. 38–42 / Hoehn Bd. 28, fol. 11

+ fol. 46; Moller, 20.5.1831.

446 Frölich/Sperlich, S. 311/312. – Huber1979, S. 165. – Bothe, R. (Hrsg.), S. 39 u. 41, Abb. 43.

447 Die Bezeichnung „Seitenfassade" bei Frölich/Sperlich, S. 311 muß mit „Straßenfassade" und „Gartenfassade" präzisiert werden, da beide identisch behandelt sind.

448 Offenbar stuckiert, wie aus Burnitz' Kritik hervorgeht: „Die von Stuck durchzogenen Gesimse an der Außenseite des Gebäudes sollten bei einem soliden Gebäude nie in Anwendung gebracht werden, da sie der Einwirkung des Klimas nicht widerstehen..." – HHStA 310 XVc 7, Bd. 2, fol. 87–89; 19.10.1830.

449 Daß diese Fassade mit der Straßenfassade identisch sein muß, geht aus dem Grundriß hervor, der an denselben Stellen eine gleiche Anzahl von Fenster- bzw. Türöffnungen zeigt.

450 Der mit der Signatur „G Moller 1830" versehene Situationsplan gehörte sicher zu den am 26.7.1830 abgesandten Blättern. – Inv. Nr. TU Berlin 10 305 Frölich/Sperlich, S. 407 u. S. 309–311. – Huber 1979, S. 166, Kat. Nr. 96.

451 Der Bau hätte das Eckfenster der Gartenfassade verstellt, was nur als Notbehelf angesehen werden kann. Aus den Akten geht hervor, daß Moller mit der Aufnahme eines Bädertraktes in die Konzeption des Kursaalgebäudes nicht einverstanden war und daß diese nur auf Druck der Regierung zustande kam. Die Bäder sind weder im Kostenvoranschlag berücksichtigt, noch wurden sie in die Grund- und Aufrisse bzw. den Gebäudeschnitt eingezeichnet.
Sofort nach Eintreffen der Blätter notierte die Landesregierung, zu den in Beschreibung und Kostenüberschlägen „gänzlich fehlend(en)" Gegenständen gehörten das „Badehaus" und die „Einrichtung der Bäder". –
HHStA 310 XVc 7, Bd. 2, fol. 20–21 / Hoehn Bd. 28, fol. 5; Protokoll, 27.7.1830.
Der Kommission war Mollers Vernachlässigung der Bäder unbegreiflich, war dies doch ihrer Meinung nach ein Bauteil, „der hauptsächlich zu beachten seyn dürfte, indem er dem Ganzen den Namen giebt". Ihr Wunsch war, „daß das Badehaus möglichst einfach aber geschmackvoll ausgeführt werde. Man schlägt deshalb vor, vier Badezimmer mit porzellanenen, 4 mit blechernen und 4 mit hölzernen Badewannen zu versehen". –
HHStA 310 XVc 7, Bd. 2, fol. 78–79; Kommission, 14.8.1830. Erst am 11.9.1830 versprach Westerfeld (nicht Moller), den Plan über die „10 anzulegenden Bäder nebst Küche in den ersten Tagen zu liefern". Der Situationsplan ist demzufolge erst nach diesem Datum ergänzt worden. – HHStA 310 XVc 7, Bd. 2, fol. 85; Westerfeld, 11.9.1830. S. auch Huber 1979, S. 165.

452 Frölich/Sperlich, S. 310.

453 HHStA 310 XVc 7, Bd. 2, fol. 106–110; Moller, Januar 1831.

454 Vgl. Mollers Darmstädter „Drehung der Achse", mit der er „das städtebauliche Schema einer Residenzstadt des Absolutismus ... zum Plan der bürgerlichen Hauptstadt eines Landes mit konstitutioneller Monarchie" umfunktionierte. – Sperlich, H.-G., 1979, S. 76–84.

455 Frölich/Sperlich, S. 311.

456 Frölich/Sperlich, S. 139–142, S. 310/311 u. S. 329–331. – Huber, S. 123–127, S. 164 u. s. 175. – Friedrich Weinbrenner 1766–1826. Karlsruhe 1977, S. 104.

457 Die Spitze des Dreiecks ist daher nicht „Ausgangspunkt der Anordnung", sondern ihr Endpunkt. – Frölich/Sperlich, S. 311.

458 Als die Anlegung von Badezellen verlangt wurde, zögerte Moller nicht, diese an die Ecke anzubauen und damit eine optische Schranke zwischen den beiden „kurzen Fassaden" aufzurichten.

459 StA HG. Vermutlich hat Jacobi, als er 1911 die Mollerschen Entwürfe nach Berlin gab, diese beiden Blätter übersehen. Sie gelangten wohl mit einem großen Teil seines Nachlasses in das Bad Homburger Stadtarchiv, wo sie bisher nicht als Pläne Mollers bzw. als zu dem Berliner Bestand zugehörig identifiziert wurden. Sie waren 1990 nicht auffindbar. Dazugehörig Dachzerfallung TU Berlin, Inv.-Nr. 10306 – Frölich/Sperlich, S. 310+407. – Huber 1979, S. 166, Kat. Nr. 97.
Die beiden Blätter gehören zweifelsfrei zu der Serie von Entwürfen für Projekt II, denn sie tragen außer der von Mollers Hand stammenden Beschriftung „IItes Project 11 Blätter" jeweils in der rechten oberen Ecke den detaillierten Hinweis „II" und „III". Eben diese beiden Nummern fehlten nach der Aufstellung von Frölich/Sperlich, S. 407 bislang in der ansonsten kompletten Serie zu Projekt II in Berlin. Im übrigen entsprach es den Gepflogenheiten nicht nur Mollers, auf den Situationsplan den Grundriß des Erdgeschosses und dann jenen des Obergeschosses folgen zu lassen. Daher schon bei Frölich/Sperlich, S. 407, Anm. 542 die Vermutung, es habe sich bei den von ihnen verloren geglaubten Blättern „mit großer Wahrscheinlichkeit um die Grundrisse des Erd- und des Obergeschosses" ge handelt.
Ausgeführt wurden die Zeichnungen nicht von Moller selbst. Der Erdgeschoß-Grundriß ist bezeichnet mit „Copirt Westerfeld"; diesen Vermerk trägt auch Blatt VI der Serie (Frölich/Sperlich, S. 407). Der Obergeschoß-Grundriß ist unsigniert, was ebenfalls auf mehrere Blätter der Serie zutrifft.
Wenn, was Westerfelds Wortwahl nahelegt, die vorliegenden Blätter „Kopien" Mollerscher Entwürfe darstellen, wurden jene, da nach Ansicht der Kommission unvollständig, vermutlich vernichtet. We-

sterfeld selbst teilte am 11.9.1830 mit, er habe, gemäß einem Auftrag der Bade- und Brunnen-Kommission vom 14.8.1830, „sämtliche Plane vom Kurgebäude copirt" und es habe sich um so umfangreiche Arbeiten gehandelt, daß er sich „durch die mehrfachen Veränderungen der ersten nicht ganz vollständigen Plane ... in die Notwendigkeit versetzt (sah), alle Arbeiten aufs Neue durchzurechnen, um somit auf den Grund der jetzigen Plane einen neuen speciellen Kostenanschlag zu bilden, welchen ich wegen der Weitläufigkeit des Gegenstandes und der besonderen aufmerksamen Sorgfalt, die derselbe erfordert, erst bis heute zu erledigen in Stand gesetzt war". – HHStA 310 XVc 7, Bd. 2, fol. 85; Westerfeld, 11.9.1830.

Daraus geht hervor, daß die vorliegenden „Kopien" Westerfelds zwischen dem 14.8. und dem 11.9.1830 entstanden, und zwar in Abwesenheit des zu dieser Zeit in England weilenden Moller.

Westerfeld hat jedoch nicht „sämtliche Plane" Mollers kopiert, sondern die Ansichten und den Situationsplan unberührt gelassen. Der „kopierte" Erdgeschoß-Grundriß Westerfelds weist insbesondere hinsichtlich des Saals (s. dort), aber auch hinsichtlich der Form und Größe anderer Räumlichkeiten und ihrer Disposition im Grunriß so wesentliche Unterschiede zu dem Situationsplan auf, daß eher von einer werkgerechten Überarbeitung des ursprünglich (s. Situationsplan) absolut symmetrisch beidseits der Winkelhalbierenden entwickelten Grundrisses Mollerschen „Idealplans" die Rede sein muß.

Da die Blätter genaue Maßangaben enthalten, liefern sie Informationen, die die aus den Akten zu entnehmenden Angaben bereichern und stützen und insbesondere im Hinblick auf den hier im Vordergrund stehenden Saal zu neuen Interpretationsmöglichkeiten führen.

460 Die von Frölich/Sperlich, S. 309–311 abweichende „Lesart" des Grundrisses von der Park- zur Straßen- bzw. Gartenseite ergibt sich aus der Interpretation des Situationsplans. Der einem „Rösselsprung" (Frölich/Sperlich, S. 309) gleichende Bewegungsablauf bleibt damit auf die Straßen- bzw. die Gartenseite beschränkt und muß nicht als Disharmonie gedeutet werden, da die sich verschwenkenden Räumlichkeiten ausschließlich untergeordneten bzw. den Charakter von Nebenräumen haben.

461 Frölich/Sperlich, S. 310/311. – Allerdings hätte es sich nach den vorliegenden Plänen nur um die Attrappe eines Belvederes gehandelt, denn „die Verbindung oder ein eigentlicher Zugang nach dem dritten Stock über der Colonnade fehlt ganz". – HHStA 310 XVc 7, Bd. 2, fol. 87–89; 19.10.1830.

462 Unter dem Druck des von Burnitz vorgelegten Gegenprojekts zieht Moller im Januar 1831 für diese Räume die zumindest zeitweilige Einrichtung von Boutiquen in Erwägung: „In den Seitenabtheilungen der Gallerie können sich Kaufleute etabliren, erst später wird sich beurtheilen lassen, ob solche Boutiken nöthig sind". – HHStA 310 XVc 7, Bd. 2, fol. 105–110; Moller, Januar 1831.

463 „Ich erlaube mir darauf aufmerksam zu machen, daß diese neue Anordnung zur Schönheit und Eleganz des ganzen Etablissements sehr beitragen wird." – HHStA 310 XVc 7, Bd. 2, fol. 105–110; Moller, Januar 1831.

464 Speisesaal und Spielsaal gehören unverzichtbar zum Raumprogramm von Kursaalgebäuden der 1. Hälfte des 19. Jahrhunderts (vgl. Brückenau, Kissingen etc.). In der Skizze für Projekt II hat Moller den „Spielsaal" und das „Restaurant", entsprechend der konventionellen Grundrißordnung, parallel zum Saal projektiert.

Die hier vorgenommene Lokalisierung von Speise- und Spielsaal ergibt sich aus der Vermutung, daß der Speisesaal gleichzeitig als Restaurant genutzt werden und demzufolge an der Straße liegen sollte. Auch bietet der vermutete Speisesaal, im Gegensatz zu dem vermuteten Spielsaal, Zugang zu einem Bedienungsraum, der über eine von hier erreichbare Treppe von der im Souterrain zu vermutenden Küche betreten werden konnte.

Der Speisesaal ist zugunsten des angrenzenden (und deshalb stärkeren Entreecharakter aufweisenden) Eingangsraums von 61 Fuß auf eine Länge von 46,6 Fuß reduziert. Dadurch ergibt sich eine, vom Situationsplan abweichende, Asymmetrie.

465 Im Situationsplan halbrund.

466 Von diesen Eingangsräumen sind des weiteren kleinere (Wirtschafts?-)Räume zu betreten, die in den Eckzwickeln untergebracht werden mußten. Ihrer untergeordneten Bedeutung entsprechend sind die Zugänge schmaler als jene zu den Aufenthaltsräumen.

467 Die Konzeption Mollers hätte zur Folge gehabt, daß die beiden der Gebäudeecke jeweils zunächst liegenden Fenster auf halber Höhe von dem Treppenlauf überschnitten worden wären. Auch wäre im Randbereich eine große Mauerstärke mit entsprechend tiefen Fenstereinschnitten unvermeidbar gewesen.

468 Das Vestibül ist bei Westerfeld weiter in den Gebäudekern hineingeschoben, wie sich aus dem von ihm selbst eingezeichneten Schnittpunkt der Winkelhalbierenden mit den Katheten eines inneren, zwischen Spiel- und Speisesaal konstruierten Dreiecks ersehen läßt. Der Schnittpunkt im Vestibül liegt nahe bei dem Treppenansatz, bei Moller lag er auf der Verbindungswand von Saal und Vestibül.

469 Die über den Entrees gelegenen halbrunden Räume haben hier den Charakter von Boudoirs; der stadtseitige Balkon entspricht nicht der Bedeutung des

dahinterliegenden Raumes (in diesem Fall würde er dem über dem Speisesaal gelegenen Raum zugeordnet worden sein), sondern den Erfordernissen der Fassade.

470 TU Berlin, Inv. Nr. 10 308.– Frölich/Sperlich, S.407

471 Frölich/Sperlich, S. 310. – Kritik Burnitz: „die hier angelegten kleinen Höfchen werden in Ansehung der sehr bedeutenden Wassermasse, die sich von der Bedachung in dieselben ergießt, dem Gebäude in kurzer Zeit namhaften Schaden durch Feuchtigkeit verursachen". – HHStA 310 XVc 7, Bd. 2, fol. 87–89; Burnitz, 19.10.1830.

472 Am 18.12.1830: „Vor einigen Tagen erhielten wir nun die erforderlichen Zeichnungen, Risse, Plaene, Kosten-Berechnungen und Beschreibungen von dem Herrn Baurath Burnitz".
Die eingesandten Entwürfe bestanden aus:
1. einem Grundriß des ersten Stocks, Grundrissen der Bade- und Budenhallen
2. einem Grundriß des zweiten Stocks
3. einem Aufriß der „Facade nach dem Mineralbrunnen" und Querschnitt eines Saals
4. einem Aufriß der Länge der Budenhalle und einem Längsschnitt durch den Saal
5. einer „persepectivischen Zeichnung mit Bleifeder".
Als sechstes sollte ein Situationsplan und als siebtes eine weitere perspektivische Zeichnung folgen. Die Kostenberechnungen und Beschreibungen, die Submissionen für die Handwerker und auch die Erklärung des Planes waren als Anlage A-D beigelegt. – HHStA 310 XVc 7, Bd. 2, fol. 93–96 / Hoehn Bd. 28, fol. 7 + fol. 37; 18.12.1830.

473 Alle Nachforschungen in den Archiven in Bad Homburg, Wiesbaden und Frankfurt am Main sowie im Historischen Museum, Frankfurt am Main, verliefen negativ. Die Tatsache, daß sie Jacobi 1935 mit keinem Wort erwähnt, läßt darauf schließen, daß sie auch ihm nicht bekannt und vermutlich schon zu seiner Zeit verschollen waren.

474 Der bereits oben zitierte Zusatz des begutachtenden Moller, diese Stellung habe „zwar den Nachtheil, daß die Hauptfacade schief gegen die nach dem Brunnen führenden Anlagen zu stehen kommt", bezieht sich zunächst auf das Projekt Burnitz', dessen positive Aufnahme durch die auf Sparsamkeit bedachte Bade- und Brunnen-Kommission schließlich zu der resignierenden Einsicht brachte, diese Anordnung des Gebäudes werden „nicht zu umgehen seyn". – HHStA 310 XVc 7, Bd. 2, fol. 105–110; Moller, Januar 1831.

475 HHStA 310 XVc 7, Bd.2, fol.105–110; Moller, Januar 1831.

476 HHStA 310 XVc 7, Bd.2, fol. 105–110; Moller, Januar 1831.

477 HHStA 310 XVc 7, Bd.2, fol.105–110; Moller, Januar 1831.

478 Dazu Moller: „Die Badkabinete so anzulegen, daß alle Ein und Ausgehenden von der Straße und dem offenen Hofe aus gesehen werden, scheint mir ganz unpassend". „Vor der Hand ganz unnöthig" erschien ihm „die Anlegung von Boutiquen"; um diesen Nachweis anzutreten, bietet er in seinem eigenen Projekt die Galerie als versuchsweisen Boutiquenraum an. Erst in Projekt IV oder V resigniert er vor den Wünschen der Bauherren.

479 „Offene Kolonnaden, welche nicht etwa im Innern angebracht sind, mithin nicht aus einem sehr beschränkten Standpunkt, sondern aus der Ferne gesehen werden können, dürfen nicht zu niedrig seyn, Hier sind die Säulen der Gallerie mit Sockel und Kapitäl nur 12 Fuß hoch..." – Wie Anm. 11. – Zur Kritik Mollers s. auch Mollers Projekt II, Grundrisse.

480 Moller betont, „von der Schönheit und dem Kunstwerth der alten byzantinischen und gothischen Kirchen (könne) Niemand mehr eingenommen seyn" als er selbst, allerdings könne er sich „nicht überzeugen, daß die jezt Mode werdende Anwendung und Vermischung beider Bauarten zu loben ist".
An Burnitz' „Verzierungen des Mittelalters" kritisiert Moller zudem eine mangelnde historische Treue: sie seien „hier überdem zum Theil ganz unrichtig angewendet, z. B. an gothischen, byzanthinischen, maurischen Bogenoeffnungen findet sich häufig ein Kranz kleiner Bogenverzierhungen, welche die Oeffnungen bekränzen, einschliessen und gleichsam zusammenhalten, wie fig. I. II. III (Randskizzen, d. Verf.). In dem vorliegenden Plan ist diese Verzierung ganz verkehrt, nemlich auswärts gebogen fig. IV angewendet, wo sie dem Begriff der Festigkeit und des Einschiessens ganz entgegen ist und gleichsam auseinanderspreizend erscheint. Das Heterogene dieser Stellung mit der Hauptform der großen Bogen ist in die Augen fallend". – HHStA 310 XVc 7, Bd.2, fol. 105–110; Moller, Januar 1831.

481 Moller: „Das Innere des Saales kontrastiert auf eine unangenehme Art mit dem Äussern. An letztere sind eine Menge unnützer Verzierungen verschwendet, während die Wände des Saales nakt und kalt, mehr einem Hospital oder Magazin, als einem eleganten Prachtsaal gleichen". – HHStA 310 XVc 7, Bd. 2, fol. 103–104; 6.2.1831.

482 HHStA 310 XVc 7, Bd.2, fol.105–110; ;Moller, Januar 1831.

483 HHStA 310 XVc 7, Bd. 2, fol. 111/112 / Hoehn Bd. 28, fol. 8 + fol. 38; 10.2.1831.

484 „Für Keller /:Flaschen, Faß und Eiskeller:/ ist ebenfalls gesorgt". – HHStA 310 XVc 7, Bd. 2, fol. 93–96 / Hoehn Bd. 28, fol. 7 + fol. 37; 18.12.1830.

485 Quelle: HHStA XVc 7, Bd. 2
Pläne: 5 Blätter in der Plansammlung der Universitätsbibliothek der Freien Universität Berlin
Abbildungen: Frölich/Sperlich, S. 315, 316; Huber 1979, S. 169, 170
Literatur: Frölich/Sperlich, S. 314/315
486 Komplett erhalten, TU Berlin, Inv. Nr. 10 314–10 318. – Frölich/Sperlich, S. 407. – Huber 1979, S. 169, Kat. Nr. 105, 106, 108, 112 (nicht 107!). – Wegner, E., S. 327.
487 HHStA 310 XVc Bd. 2, fol. 103–104; Moller, 6.2.1831.
488 HHStA 310 XVc 7, Bd. 2, fol. 106–110; Moller, Januar 1831.
489 Frölich/Sperlich, S. 315.
490 „Der Saal hat seine Gallerien von dorischen Säulen behalten". – HHStA 310 XVc 7, Bd. 2, fol. 105–110; Moller, Januar 1831.
Wahrscheinlich sollten auch – obwohl im Schnitt nicht angegeben – Mobiliar und Wandbemalung beibehalten werden, denn Moller schrieb, „der Unterschied in den Kosten (zu dem Projekt Burnitz') wird nur in der Dekoration des Saales bestehen..." – HHStA 310 XVc 7, Bd. 2, fol. 103–104; Moller, 6.2.1831.
491 *Quellen:* HHStA 310 XVc, Bd. 2, fol...*Pläne:* 6 Blätter in der Plansammlung der Universitätsbibliothek der Freien Universität Berlin *Abbildungen:* Frölich/Sperlich, S. 317, 318; Huber 1979, S.170 *Literatur:* Frölich/Sperlich, S. 315–317
492 TU Berlin, Inv.-Nr. 10 319–10 324. – Frölich/Sperlich, S. 407. – Huber 1979, S. 169/170, Kat.-Nr. 107 (nicht 112!), 109, 110, 111. – Wegner, S. 327 u. Anm. 15.
Nach der Aufstellung der Bade- und Brunnen-Kommission fehlt „eine Zeichnung der Glasthüren". – HHStA 310 XVc 7, Bd. 2, fol. 151–154 / Hoehn Bd. 28, fol. 11 u. fol. 46; B+B-C., 20.5.1831.
Weiterhin existierten ein „erste(r) Entwurf" Mollers sowie eine (speziell für Projekt IV oder V ausgearbeitete?) „Aufnahme des Situationsrisses", die jedoch, da sie offenbar in Homburg verloren gingen, nicht in das numerierte Konvolut gelangten. – HHStA 310 XVc 7, Bd. 2, fol. 160–161 + fol. 162; Moller an Regierungsrat (Henrich), 22.6.1831 und Henrich an Moller, 23.6.1831.
Verschollen ist auch ein Modell von Projekt IV oder V, das Burnitz „um deßwillen angefertigt (hatte), um die erhobenen Anstände ganz vor Augen zu haben..." – HHStA 310 XVc 7, Bd. 2, fol. 165–173 / Hoehn Bd. 28, fol. 13/13 + fol. 51/52; 9.12.1831.
493 Frölich/Sperlich, S. 315–317.
494 Am 18.6. bat die Brunnenkommission und am 23.6. Regierungsrat Henrich Moller um „Übersendung der Zeichnung zu den beiden, nach dem Gesellschafts-Haus führenden Colonnaden, worin die Einrichtung einerseits der Buden, anderseits der Bäder enthalten ist..." Diese offenbar versprochenen „perspektivischen oder Giebel-Ansichten" wurden allem Anschein nach nicht geliefert.
– HHStA 310 XVc 7, Bd. 2, fol. 158–159 + fol. 162; B+B-C. an Moller, 18.6.1831 und Henrich an Moller, 23.6.1831.
Für die „Säulengänge", deren Höhe mit 15 Fuß (ca. 4,5 m) angegeben wird, waren 20 000 fl. Baukosten veranschlagt. – HHStA 310 XVc 7, Bd. 2, fol. 151–154 / Hoehn Bd. 28, fol. 11 + fol. 46; 20.5.1831 + 4.6.1931.
495 HHStA 310 XVc 7, Bd.2, fol. 29–30 / Hoehn Bd. 28, fol. 8 + fol. 38; 10.2.1832.
496 Burnitz kritisierte auch an der Dachzerfallung von Projekt IV oder V, „diese Konstruktion der Dächer seye in Neapel üblich, wo man das Wasser gerne in den Häusern haben wolle, hier müßte man es aber durchaus vermeiden..." Obwohl die von Burnitz gefürchteten großen Wasser- und Schneemassen sicher durch die von Moller vorgesehenen Dachrinnen hätten abgeführt werden können, ließ sich die Bade- und Brunnen-Kommission von Burnitz gern überzeugen. – HHStA 310 XVc 7, Bd. 2, fol. 165–173 / Hoehn Bd. 28, fol. 13 + fol. 51; Bericht, 20.11.1831.
497 Frölich/Sperlich, S. 317.
498 Frölich/Sperlich, S. 317; Huber 1979, S. 164; Wegner, E., S. 327.

7. Typologie der Projektfolge

499 Bothe, R. (Hrsg.), S. 28.
500 Bentmann, Reinhard / Müller, Michael. Die Villa als Herrschaftsarchitektur. Frankfurt 1970, S. 32.
501 Hirschfeld, Christian Cajus Lucius. Anmerkungen über die Landhäuser und die Gartenkunst. Leipzig 1773, S. 15/16.
502 Hirschfeld, C. C. L., S. 15.
503 Kurprospekt Tivoli, ca. 1988.
504 HHStA 310 XVc 7, Bd. 1, fol. 12+13 / Hoehn Bd. 28, fol. 28; 22.7.1830.
Der Berichtszeitpunkt liegt vor der Einreichung von Projekt II (26.7.1830). Da die Planung bereits als „aufgetragen" bezeichnet wird, könnte der Auftrag bereits im Rahmen von Projekt I ergangen sein. Sebastian *Rinz* (11.1.1782–8.4.1861) galt im weiteren Umkreis von Frankfurt als renommiertester Gartenplaner. Sohn des Hofgärtners von Schleißheim Franz Josef Hayler. Nach kurzfristiger Anstellung im Würzburger Hofgarten seit 1801 „bei dem Hofgärtner Bock im „Schönen Busch" in Condition". Daneben Tätigkeit in Frankfurt. 1811 Ansuchen um das Frankfurter Bürgerrecht. Sein bekanntestes Werk war die Wallanlage in Frankfurt/

Main, 1806–1812, wo Rinz auch einige Parks (Louisa-, Brentano-, Günthersburgpark; „Nizza"), Friedhöfe und private Anlagen schuf und betreute, so daß sich sein Hauptwerk auf Frankfurt konzentriert. Weitere Tätigkeiten in der näheren Umgebung: Offenbach, Höchst, Sindlingen, Königstein, Soden, Unterliederbach, Bonames, Rheingau, Schloß Johannisberg, Wiesbaden, Großkarben, Fechenbach. Die 1837/38 von Rinz vorgenommenen „vortheilhaftesten Umbildungen" im Wiesbadener Kurpark konzentrieren sich offenbar auf den Weiher hinter dem Konversationshaus; „er legt darin eine Insel an, die zur Erhaltung einer Baumgruppe dient, vor allem aber die Fläche des Teiches angenehm unterbricht und sie dadurch mannigfaltiger macht..."
Zu seinen Schülern gehören Siesmeyer und Weber. 1884 Ganzfigurenbild (Wandgemälde) von W. Steinhausen im Frankfurter Römer. 1892 Denkmal von H. Petry an der Friedberger Anlage in Frankfurt. – Frankfurter Zeitung, 3.10.1892; Frankfurt Chronik. Frankfurt am Main 1964, S. 277; Schomann, Heinz. 111 Baudenkmäler schildern. Frankfurt am Main 1977, S. 94/95; Struck, Wolf-Heino. Wiesbaden im Biedermeier. Wiesbaden 1981, S. 250/251; Das Herzogthum Nassau in malerischen Original Ansichten. Reprint der Ausgabe Darmstadt 1862. o.O. o. J., S. 64/65; Petermann, Werner. Viel Phantasie – wenig Geld; sein Werk: die Wallanlagen. Frankfurter Rundschau, 38, 11.1.1982, S. 16; Gorr, Wolfram. Als Jakob Guillett sich nach Schönbusch wandte. Neue Presse, 11.2.1982, S. 14; Der Maler Jakob Becker. Ein Frankfurter Lehrer und Wegbereiter im 19. Jahrhundert. Frankfurt am Main 1985 (Zeichnung und Gemälde „Stadtgärtner Rinz").

505 Hirschfeld, C. G. L., S. 35/36.

506 Karl Friedrich Schinkel 1781–1841. Katalog. Berlin/DDR 1981, S.210. – Karl Friedrich Schinkel. Architektur, Malerei, Kunstgewerbe. Berlin/BRD 1981, S. 169

507 Frommel, Christoph Luitpold. Der Römische Palastbau der Hochrenaissance. Tübingen 1973, Bd. I, S. 149–174, T. 60–70. – Für Sombart charakterisierte „der Luxus in diesem Heim einer Kurtisane" die „Geburt der modernen Wohnungseinrichtung".– Sombart, W., Luxus, S.120

508 Nold, Angelika. Das Kursaalgebäude in Bad Ems. In: Nassauische Annalen, Bd. 91. Wiesbaden 1980, S. 208–225, hier: S. 210/211. – Bothe, R. (Hrsg.), S. 40, Abb. 45/46.

509 Hoeltje, Georg. Georg Ludwig Friedrich Laves. Hannover 1964, S. 61.

510 Bothe, R. (Hrsg.), S. 12/13.

511 Vermutlich waren nach Mollers Plänen anfangs die Anhaltischen Häuser „zum Logiren der Badegäste" bestimmt. – HHStA 310 XVc 7, Bd. 2, fol. 158–159; 18.6.1831.

512 Frölich/Sperlich, S. 141/142 u. S. 310/311. – Friedrich Weinbrenner, S. 104.

513 Bothe, R. (Hrsg.), S. 39.

514 Hirschfeld, C. C. L., S. 44/45.

515 Hirschfeld, C. C. L., S. 48.

516 Hirschfeld, Christian Cajus Lucius. Theorie der Gartenkunst1779–1785, V. Buch, S. 33.

517 Raval, Marcel. Claude-Nicolas Ledoux 1756–1806. Paris 1945, Abb. 23, s. 84.

518 Frölich/Sperlich, S. 140.

519 Zitiert nach Frölich/Sperlich, S. 139.

520 Raval, M., Abb. 26.

521 Frölich/Sperlich, S. 140; vgl. auch den biabsidialen Raum in Weinbrenners Markgräflichem Palais. – Weinbrenner, Abb. 50 u. S. 76.

522 Der Wiesbadener Kursaal diente außer an Balltagen „nur zum Durchgang zu den Spiel- und Speisesälen". – HHStA 211, 7994, fol. 58; Spielmann, .C., S. 31.

523 Semper, Manfred. Theater. Handbuch der Architektur, 4. Theil, 6. Halbbd., 5. Heft. Stuttgart 1904, S. 151–154.

524 Beispiele in: Semper, M., S. 24, 27, 28, 33, 111, 112, 139/140 und Mullin, Donald C. The Development of the Playhouse. Berkeley/Los Angeles/London 1970, p.48,57,81,88,89,107,110.

525 Mielke, Friedrich. Die Geschichte der deutschen Treppen. Berlin/München 1966, S.107/108

526 Lange, H., S.83

527 Mielke, F., S.104, 286

528 Frölich/Sperlich, S.224/225. – Siehe auch:Mielke, F., S.102

529 Mielke, F., S.249/250

530 Lange, H., S. 88.

531 Frölich/Sperlich, S. 315.

532 Wegner, E., S. 484, Anm. 14.

533 Frölich/Sperlich, S. 317.

V. Der Kursaal in Mollers Projekten II und III

1. Beschreibung der Saalentwürfe

534 Der Homburger Saalgrundriß nennt die lichten Maße 92' x 56'. Anhand des beigefügten Maßstabs lassen sich auch für den im Gebäudeschnitt angegebenen Saal diese Maße nachweisen.

535 Die Blätter sind nicht signiert und mit großer Wahrscheinlichkeit Westerfeld zuzuschreiben, der sie während der sechswöchigen Englandreise Mollers angefertigt haben wird. – TU Berlin, Plansammlung

der Universitätsbibliothek, Inv.-Nr. 10310–10313 – Frölich/Sperlich, S. 407. – Huber 1979, S. 167/168, Kat. Nr. 101–104 (nicht 100! = Gebäudeschnitt).

536 Frölich/Sperlich, a.a.O., S. 313. – Huber, E., a.a.O., S. 165, 167/168. – Wegner, E., Gutensohn., S. 327. – Bothe, R. (Hrsg.), S. 39.

537 „... sollen aber die *Cannelirungen* hohl herausgemauert werden, was in jeder Hinsicht schwierig zu bewerkstelligen und bedeutenden Kostenaufwand verursacht...“ – HHStA 310 XVc 7, Bd. 2, fol. 87–89; Bemerkungen Burnitz, 19.10.1830.

538 Die exaktere Kenntnis römischer, vor allem pompejanischer Wanddekorationen verführt dazu, in solchen „Nachschöpfungen“ das Vorbild „in der Art eines römischen Trikliniums“ zu sehen und von dem „Eindruck eines antiken Landhauses, der villa suburbana“ zu sprechen (Huber, E. 1979, S. 165; Bothe, R. (Hrsg.), a.a.O., S. 39). Es bleibt jedoch zu berücksichtigen, daß Moller noch weniger „original“ griechische Wandmalereien kannte als wir und daher auf die dem Griechischen am nächsten kommende Wanddekoration zurückgreifen mußte. Die Wahl des Mäanderfrieses und die strenge, lediglich durch den weichfallenden Stoff des gemalten Wandbehanges aufgelockerte Wandgliederung lassen jedoch den Schluß zu, daß hier nicht die Innenausstattung eines römischen Privathauses, sondern eines griechischen öffentlichen Gebäudes gemeint ist.

2. Analyse der Saalentwürfe

539 HHStA 310 XVc 7, Bd. 2, fol. 105–110 / Hoehn: fehlt; Moller (vermutlich an Landesregierung) „im Januar 1831“.

540 HHStA 310 XVc 7,Bd.2, fol.105–110; Moller, Januar 1831.

541 HHStA 310 XVc 7, Bd.2, fol. 105–110; Moller, Januar 1831.

542 Spielmann, C., S. 42.
Für das Bad Meinberg galt im ausgehenden 18. Jahrhundert, daß die Gallerien für die zuschauenden „unteren Klassen“ bestimmt waren. „Beym Tanzen im Ballsaal muß der Polizeymeister genau und ernstlich dahin sehen, daß zur Vermeidung der Beengung des Raums und der Verderbnis der Luft sich keine Zuschauer aus der unteren Klasse in den Ballsaal eindrängen, sondern sich blos oben auf den Gallerien aufhalten dürfen...“ (Polizei-Reglement). – Morgenblatt für gebildete Stände, No. 201, 23.8.1830

543 Definitionsvorschlag von Habel, H., S. 144.

544 Habel, H., S. 5.

545 Schorns Kunstblatt hatte 1826 ausführlich über die Grundsteinlegung berichtet, und wahrscheinlich hatte ihn auch Boisserrée, der Moller 1827 unter Hinweis auf die ihn sicher interessierende Münchner Bautätigkeit nach München einlud, über den Bau des Odeons orientiert

546 Frölich/Sperlich, S. 49/50 und jetzt aufgrund der Personalakte (2. Juni 1834 Urlaubsgesuch für eine dreiwöchige wissenschaftliche Reise nach München“): Wolf, J. R.,1984/85, S. 193.

547 Habel, H., S. 58.

548 Börsch-Supan, Eva. Ein unbekannter Entwurf Schinkels. In: Festschrift Margarete Kühn. München/Berlin 1975, S. 237–246.

549 Habel, H., S. 126.

550 Habel, H., S. 81 u. S. 98/99 deutete diesen Umstand als Ausdruck der fortschrittlichen Gesinnung Ludwigs I. und folgert, daß das Odeon „als eine Stätte zwangloser Nähe und Begegnungsmöglichkeit zwischen König und Volk gedacht war.“
Zu Brückenau s. Wegner, E., Gutensohn, S. 265–267. – Granville, The Spas of Germany; II, s. 234 bemerkt dazu: „Over the great entrance, interiorly, is the king's tribune splendidly fitted up, with withdrawing rooms adjoining. From this place the royal family witness the gay throng below, which assemble here every night, as in the Conversationshaus at Baden... Vis-à-vis the king's tribune is the orchestra...“
Zu Wiesbaden s. Spielmann, C, S. 22: „Herzog Friedrich August ... wurde durch die Reservierung der Hofloge über dem Eingange des Hauptsaales geehrt...“ und HHStA 211, 7994: „Von dieser Verpachtung bleiben ausgeschlossen: ... die herzogliche Loge in dem großen Saal mit den zu derselben gehörigen Piecen...“

551 Habel, H., S. 119.

551a Möglicherweise ist die Alternative korinthisch-dorisch als anfängliche Unsicherheit über den Stil des Vorbildes zu interpretieren. Ch.R.Cockerell war der Ansicht, die Parthenoncella habe korinthische Säulen aufgewiesen (s.S. 122).

552 Frölich/Sperlich, S. 243.

553 Sandrart in Anlehnung an Serlio, zitiert nach Forssmann, Erik. Dorisch, ionisch, korinthisch. Studien über den Gebrauch der Säulenordnungen in der Architektur des 16.–18. Jahrhunderts. Uppsala 1961, S. 56/57.
Damit ist freilich nichts darüber ausgesagt, ob die dorische Säule mit oder ohne Basis ausgebildet werden sollte. Bekanntlich ist die erste basislose Dorica erst 1758 von Stuart in Hagley Park verwendet worden, so daß erst danach von einer „antiken“ Dorica gesprochen werden kann.

554 Frölich/Sperlich, S. 251/252 u. 256/257.

555 Auch einige der Kircheninnenräume Heinrich Hübschs glichen Tanzsälen; sie verfügten über Em-

poren mit rundbogigen Arkaden, die gleiche Höhe aufwiesen, wie die des Erdgeschosses, vgl. besonders die Stadtkirche St. Stefan in Pforzheim und die evangelische Kirche in Epfenbach. – Göricke, J., 1974, S. 36.

555a (zu 3. Rep. ...)
HHStA 310 XV c 7, Bd. 2, fol. 105–110

3. „Restauration des Minerventempels"

556 Angaben auf dem Grundriß, Abb. 16

557 Die Charakterisierung des Saals durch Frölich/Sperlich, S. 314 erfaßt, obwohl in Unkenntnis der Aussage Mollers, das wesentliche.

558 Eine ausführliche zeitgenössische Schilderung der Zerstörung des Parthenon durch Königsmarck bei Bröndstedt, P(eter) O(luf). Reisen und Untersuchungen in Griechenland nebst Darstellung und Erklärung vieler neuentdeckter Denkmäler, Band 2. Paris 1830, S. 171–189.
Die Zeichnungen von Le Roy, 1758, und von Stuart und Revett, 1788, demonstrieren anschaulich, daß nur noch die Säulen des Peripteros weitgehend aufrecht standen, während in das ausgebombte Innere eine Moschee gebaut war. – Abb. bei Pevsner, Nikolaus. Doric Revival. Die Wiederentdeckung der dorischen Ordnung im frühen Klassizismus (in Zusammenarbeit mit S. Lang). Studien zur Kunst des 19. Jahrhunderts, Sonderband. München 1977, Abb. 17 u. 19.
Siehe auch: Hiller, Hilde / Cobet, Justus. Die Akropolis von Athen. Verwandlungen eines klassischen Monuments. Köln 1985.

4. Zu den Anfängen der Parthenon-Forschung

559 Zur frühen archäologischen Erforschung Griechenlands: Bracken, Catherina Philippa. Antikenjagd in Griechenland 1800–1830. München 1977. – Zur Wiederentdeckung Griechenlands im allgemeinen: Tsigakou, Fani-Maria. The rediscovery of Greece. Travellers and painters of the romantic era. London 1981.

560 Zu Stuart und Revett: Vollmer, Hans (Hrsg.). Allgemeines Lexikon der bildenden Künstler ..., Bd. 28. Leipzig 1934, S. 207 und Bd. 32. Leipzig 1938, S. 225/226. Zu den Publikationen und zur Architektur von Stuart und Revett: Lawrence, Leslie. Stuart and Revett: their literary and architectural careers. In: Journal of the Warburg Institute, Vol. II. London 1938–1939, p. 128–146.

561 Lawrence, L., a.a.O., p. 130.

562 Zur Geschichte der Parthenonforschung: Michaelis, Adolf. Der Parthenon. Leipzig 1870, S. 69–92.

563 Bothe, Rolf. Antikenrezeption in Bauten und Entwürfen Berliner Architekten zwischen 1790 und 1870. In: Berlin und die Antike, Katalog. Berlin 1979, S. 294–333.

564 Zur „Wiederentdeckung der dorischen Ordnung" die für das gesamte Phänomen des Greek Revival noch immer grundlegende Arbeit: Pevsner, Nikolaus. Apollo or Baboon. In: Architectural Review, Bd. 104. London 1948, p. 271–279; deutsch: ders., „Doric Revival". Die Wiederentdeckung der dorischen Ordnung im frühen Klassizismus (in Zusammenarbeit mit S. Lang). In: Architektur und Design. Von der Romantik zur Sachlichkeit. Studien zur Kunst des 19. Jahrhunderts, Sonderband. München 1977, S. 154–173.

565 Bothe, R., 1979, S. 298. – Über die unmittelbare Auswirkung des Erscheinens der „Antiquities of Athens", 2. Band (1788) auf die Konzeption des Brandenburger Tors (1789–1798) s. Bauch, Kurt. Das Brandenburger Tor. Berlin 1968, S. 21.
Noch William Strickland, der wie die meisten amerikanischen „Greek Revival Architects, never visited Greece", soll zu seinen Schülern gesagt haben, „that the student of Architecture need go no further than the Antiquities of Athens as a basis for design". Er selbst „practiced what he preached and his finest designs were inspired by the plates of James Stuart and Nicolas Revett". – Gilchrist, Agnes Addison. William Strickland. Architect and Engineer 1788–1854. Philadelphia 1950, p. 31.

566 Bröndsted, Peter Oluf. Voyages dans la Grèce accompagnés de recherches archéologiques, première livraison. Paris 1826, p. IX-XII (Vorrede). - Deutsch: Bröndsted, Peter Oluf. Reisen und Untersuchungen in Griechenland, 2. Buch. Paris 1830. – (Rezension in: Kunst-Blatt, No. 22, 17.3.1831, S. 85–91.
Zu der Anschuldigung, diese Arbeit Bröndsteds stelle ein Plagiat der archäologischen Studien von Ansse de Villoisin dar vgl.: Weber, Shirley Howard. Voyages and Travels in the Near East made during the XIX Century. Princeton 1952, p. 138–140.
Zu dieser Expedition: Bracken, C. P., a.a.O., besonders S. 193 ff. und Bankel, Hansgeorg (Hrsg.). Carl Haller von Hallerstein in Griechenland 1810–1817. Berlin 1986.

567 Aufschlußreich auch für den Charakter der Expedition: Bergau, R. Reise-Briefe von Carl Haller von Hallerstein. In: Die Grenzboten 34, 1875, S. 202 ff. und S. 254 ff.,; 35, 1876, S. 269 ff. und S. 281 ff.

568 „Leider scheinen sich Verhältnisse und dazwischengetretene Umstände der Herausgabe eines versprochenen Gesammtwerks höchst ungünstig in den Weg gestellt zu haben. Im Ganzen haben wir doch, wenn wir die dahingeschwundene Zeit um das, was wir zu erhalten hoffen durften, in Anschlag zu bringen,

nur einen sehr geringen Theil des überaus reichen Gesammtertags erhalten... Auch Herr Bröndsted hat lange auf die Resultate seiner Untersuchungen warten lassen..." – Kunst-Blatt, No. 22, 17.3.1831, S. 85–88, 90/91. Außer Bröndsteds zitiertem, ursprünglich auf acht Bände angelegten Werk, von dem nur zwei Bände erschienen, veröffentlichten Stackelberg den „Apollo-Tempel zu Bassae in Arkadien" (Bern 1826) und Cockerell die „Temples of Jupiter Panhellenici at Aegina and of Apollo Epicurini at Bassae" (London 1860).

569 Michaelis, A.,S. 87.

570 Cockerell entdeckte „während meines Hierseins am Parthenon und zu Egina durch genaue Messung" die Entasis der griechischen Säulen. – C. Haller von Hallerstein, zitiert nach Fräßle, K., S. 304.
Watkin, D., p.17. Vermerk, 23.12.1814: „he sent details of his most brilliant discoveries of his whole tour: the entasis of greek columns." Erwähnt von Hughes als eine von „many observations made by Mr. Cockerell". – Hughes, Thomas Smart. Travels in Sicily, Greece and Albania, vol. I. London 1820, p. 287.
Cockerell führte seine Entdeckung darauf zurück, daß er der erste gewesen sei, der genau vermessen habe. In der archäologischen Literatur scheint Cockerells seit 1870 (Michaelis) Name nicht auf, da er seine Entdeckung nicht selbst veröffentlichte, sondern diese Penrose zur Publikation überließ (1851); vgl. Mau-von Mercklin-Matz, Katalog der Bibliothek des deutschen archäologischen Insituts in Rom, Bd. II, 1932, S. 138–141.
Dagegen neuerdings enthalten in Werken zur Architektur des 19. Jahrhunderts:
Colvin, Howard. A biographical Dictionary of British Architects 1600–1830.
London 1978, p.222.
Bankel, H.(Hrsg.), . S. 104.

571 Watkin, D., p. 9.

572 Zu Charles Robert Cockerell (1788–1863): Cockerell, Robert Pepys. The Life and Works of Charles Robert Cockerell, R. A. In: Architectural Review, Bd. 12. Westminster 1902, p. 43–47, 129–146. – Thieme-Becker, Bd. 7. Leipzig 1912, S. 147/148. – Weber, Shirley Howard. Voyages and Travels in the Near East made during the XIX Century. Princeton 1952, p. 193. – Dodd, E. M. Charles Robert Cockerell. In: Ferriday, Peter (ed.). Victorian Architecture. London 1963, p. 103–132. – Summerson, John. Architecture in Britain 1530 to 1830. Harmdonsworth 1969, p. 307, 316, 320; Watkin, David. The Life and Work of Ch. R. Cockerell. London 1974; Braken, Catherina Philippa. Antikenjagd in Griechenland 1800–1830. München 1977, S. 913 ff., 380; Colvin, Howard. A biographical Dictionary of British Architects 1600–1840. London 1978, p. 221–226. – Royal Institute of British Architects London. Englische Architekturzeichnungen des Klassizissmus 1760–1830. München 1979, S. 77–80. – Verf. dankt Herrn A. Fowler, Marburg, für freundliche Hinweise.

573 Frölich/Sperlich, S. 78/79.

574 Moller, Georg. Bemerkungen über die aufgefundene Originalzeichnung des Domes zu Koeln. Darmstadt 1818, S. 10. – Frölich/Sperlich, S. 75. – In einem Brief an Goethe vom 8.11.1818: „Da ich mich überzeugt habe, daß Stuart's Alterthümer Griechenlands so wenig bekannt u. noch weniger benutzt sind, so veranlasse ich gegenwärtig eine deutsche Ausgabe, wobei alle Kupfer in der Größe der Originale in Reindruck geliefert werden..." – Zitiert nach Frölich/Sperlich, S. 78/79 u. Anm. 190.

575 Hinzugekommen waren: Auszug aus C. O. Müllers Abhandlung über die Bildwerke vom Parthenon, Erläuterungen von Hofrat Feder und Dr. Wagner sowie Nachträge von Creuzer.

576 Die Alterthümer von Athen, beschrieben von J. Stuart und N. Revett. Aus dem Englischen übersetzt nach der Londoner Ausgabe vom Jahre 1762 und 1787 und bereichert mit einigen eigenen und allen Zusätzen der neuen Ausgabe vom Jahre 1825, I. Band. Darmstadt 1829 (Rezensiert von S(tieglitz?) in: Kunst-Blatt, No. 103, 28.12.1830).
Die Alterthümer von Athen, beschrieben von J. Stuart und N. Revett. Aus dem Englischen übersetzt nach der Londoner Originalausgabe und bereichert mit einigen eigenen und allen Zusätzen der neuen Ausgabe vom Jahre 1825, II. Band. Darmstadt 1831.
Die Alterthümer von Athen, beschrieben von J. Stuart und N. Revett. Aus dem Englischen übersetzt nach der Londoner Ausgabe vom Jahr 1830, und mit einigen eigenen Anmerkungen begleitet, III. oder Ergänzungsband. Darmstadt 1833.
Alterthümer von Athen und andern Orten Griechenland, Siciliens und Kleinasiens, gemessen und erläutert von C.R. Cockerell, W. Kinnard, T. L. Donaldson, W. Jenkins, W. Railton. Aus dem Englischen übersetzt nach der Londoner Ausgabe vom Jahre 1830, und mit einigen Anmerkungen begleitet von Dr. Karl Wagner, Lehrer am Grossherzoglichen Gymnasium zu Darmstadt. Darmstadt 1833.
Sicher besaß Moller mindestens eine der Ausgaben von Stuart & Revetts Antiquities of Athens. Über den Verbleib seiner Bibliothek ist jedoch nichts bekannt.
Auffälligerweise befanden sich auch in der Großherzoglich Hessischen Hof-Bibliothek außer den Werken von Stuart & Revett etliche Werke über griechische Architektur. Einige Beispiele, zitiert aus dem „Katalog nach dem bibliographischen System der gesamten Wissenschaftskunde von Andre-

as A. E. Schleiermacher, Hessische Landesbibliothek Darmstadt, Bd. 189:
Le Roy. Les Ruines des plus beaux Monuments de la Grèce... Paris / Amsterdam 1758.
Stuart & Revett, The Antiquities of Athens.
Stuart & Revett, Die Alterthümer von Athen (dtsch. Übs.) 1829/1831/1833. Darmstadt /Leipzig.
Alterthümer von Athen und anderen Orten Griechenlands... The unedited Antiquities of Attica... London 1817
Alterthümer von Attika. Die architektonischen Überreste von Eleusis, Rhamnus, Sunion, Thorikos enthaltend. Hrsg. von der Gesellschaft der Dilettanti zu London. Leipzig/Darmstadt, Verlag von C. W. Leske.
Alterthümer von Attika... Aus dem Englischen übersetzt und mit einigen Anmerkungen versehen von Dr. Carl Wagner, Darmstadt, C. W. Leske. 1829.
Dass. mit handschriftl. Bemerkungen des Übersetzers aus dem Nachlasse desselben. Darin: Alterthümer von Ionien, übersetzt von Karl Wagner.
R. Chandler / Nicholas Revett / W. Pars., Alterthümer von Ionien. Hrsg. von der Gesellschaft der Dilettanti. Leipzig/Darmstadt C. W. Leske.
Cockerell, C. R. / Kinnard, W. / Donaldson, T.-L. / Jenkins, W. / Raiblon, W., Alterthümer von Athen und anderen Orten Griechenlands, Siciliens und Kleinasiens. Leipzig u. Darmstadt, Druck und Verlag C. W. Leske o.J.
Prospectus. Galerie antique ou Collection des Chef d'Œuvres d'Architecture, Sculpture et Peinture antiques. Par Dilettre et Blutrois. Paris 1806.
J. G. Legrand, Monuments de la Grèce our Collections des Chefs-d'Œuvre d'Architecture, de Sculpture & de Peinture antiques... Paris 1808.
Rabe, Friedrich. Die Ruinen Griechenlands. Berlin 1809.
Hübsch, Heinrich. Ueber Griechische Architektur. Heidelberg 1822.
Bilder des griechischen Alterthums oder Darstellung der berühmtesten gegenden und der wichtigsten Kunstwerke des Alten Griechenlandes von J. Horner. Zürich 1823.
Leake, W. Martin. Topographie Athens. (Übersetzung der 2. Ausgabe von J. G. Baiter und H. Sauppe). Zürich 1844.

577 „Die Griechische Baukunst", sagt Moller, „wird nie aufhören, anwendbar zu sein, weil sie die Frucht des klaren Verstandes und eines richtigen Schönheitssinnes ist." Dieser Ausspruch des vielseitig gebildeten, geistvollen Baukünstlers und namentlich grossen Kenners und Verehrers der Deutschen Baukunst, sowie die häufige Anwendung Griechischer Bauformen an neueren Gebäude würde mich wegen der Verpflanzung eines ausländischen Werkes über Griechische Architectur auf Deutschen Boden jeder Rechtfertigung überheben, wenn es deren noch bei einem Werke bedürfte, das als Ergänzung und Berichtigung der allgemein hochgeschätzten Ueberlieferungen Stuart's und Revett's zu betrachten ist. Auf die nicht geringe Wichtigkeit der hier mitgetheilten und erklärten Kunstwerke für die Bildung des Geschmacks im Allgemeinen, und insbesondere für die Geschichte der Baukunst, und somit der menschlichen Cultur, sowie auf den Gewinn mancher neuen und nachahmenswerten Formen und Compositionen für ausübende Künstler, und mancher belehrenden oder anregenden Bemerkung für den Alterthumsforscher ist von den Herausgebern unsres Originals, nicht ohne hohes Selbstgefühl hingedeutet worden." – Alterthümer, Bd. III. Darmstadt 1833, Vorwort.

578 Eine Zusammenfassung des zeitgenössischen Kenntnisstandes auf dem Kontinent im Kapitel „Parthenon" bei Ersch, J. S. / Gruber, J. G. Allgemeine Encyclopaedie der Wissenschaften und Künste, 3. Sect., 11. Theil. Leipzig 1838, S. 366–375 mit der für die selbstkritische Einschätzung des erlangten Wissensstandes bezeichnenden Bemerkung: „Diese Kenntniß reicht freilich auch mit Hilfe dessen, was die Alten über ihn geschrieben haben, nicht aus, um die vollständige Einrichtung des Tempels, seine Ausschmückung u.s.w. ohne bedeutende Lücken zu bestimmen, aber sie gibt uns doch in der Hauptsache in richtiges Bild von demselben und läßt uns da, wo Gewißheit fehlt, wenigstens Wahrscheinlichkeit finden." Allein der Augenschein tat not!

579 Frölich/Sperlich, S. 103. – Einladung Cockerells an Moller und Laves „to dine with him", London 6.9.1830, erhalten im Merkschen Familienarchiv, Briefe II, Nr. 135. Die erhaltene Korrespondenz ist nich komplett. Weitere Hinweise auf Mollers fortdauernde Beziehungen zu Cockerell in einem Brief von Laves an Moller, 30.8.1834 („Cockerell, der sich Ihrer mit viel Theilnahme erinnerte..."), und einem Brief von Cockerell an Moller, 1843; beide Mercksches Familienarchiv, Nachlaß Moller, Briefe, Nr. 1586. – Offenbar kannte auch Schinkel Cockerell. Während seiner Englandreise 1826 notierte er: „... Besuch beim Architekten Cockerell, der nicht zu Hause war..." – Zitiert nach: Riemann, Gottfried (Hrsg.). Karl Friedrich Schinkel, Reise nach England, Schottland und Paris im Jahre 1826. München 1986, S. 129.

5. Der Kursaal – eine „Restauration" der Parthenoncella?

580 Alterthümer, Bd. I, 1829, S. 268 u. s. 280 u. s. 340/341, Anm. 72. – Möglicherweise fand das gegenüber dem „Hypäthralraum" erhöhte Peristyl des

Homburger Saals sein Vorbild in der Cella des Parthenon. Die Vertiefung des Fußbodens spielte innerhalb der weiter unter ausgeführten Hypäthros-Diskussion eine gewisse Rolle, da sie von einigen Forschern als Argument für die hypäthrale Beschaffenheit des Parthenon angeführt wurde.
Doch kann die Stufung des Umgangs auch als zu dem Typus des Festsaals gehörig und damit unter typologischen Aspekten vorgegeben angesehen werden.

581 Alterthümer, Bd. I, S. 280 u. Anm. 71.

582 Wilkins, W., a.a.O., p. 105.

583 Bankel, H.(Hrsg.),S. 102–106.

584 Bröndsted, P. O., Bd. 2, 1830, S. 180/181, Anm. 7 u. S. 293.

585 Bankel, H. (Hrsg.), S. 105.

586 Bröndsted, P. O., 1830, S. 293, Taf. XXXVIII, S. 132.

586a Cockerell selbst scheint bald von dieser Annahme Abstand genommen zu haben. In seinem „Edinburgh Parthenon" (s. dort) wies die „Cella" acht Säulen an den Längsseiten auf. Abb. in: Gow, Jan. C. R. Cockerells Designs for The Northern Athenian Parthenon. In: The Architectural Heritage Society of Scotland, No. 16, 1989, fig. 7.

587 Die moderne Forschung geht von einer dreiseitigen Säulenstellung zu 10 x 5 Säulen und Pfeilern an der Antenwand aus. – Gruben, Gottfried. Die Tempel der Griechen. München 1966, Abb. 132.
Erstaunlich nahe kam der modernen Rekonstruktion ein Vorschlag des Architekten Alexis Paccard für die „Restauration du Parthènon", die auf Beobachtungen an der Ruine, nicht auf archäologischen Kenntnissen, beruhte. Er sah an drei Seiten 11 x 5 Säulen vor, wobei allerdings den Pfeilern an der Außenwand auch solche auf der gegenüberliegenden Seite korrespondierten. Der 1845–46 eingereichte Entwurf wurde bei der Weltausstellung 1855 mit einer Medaille ausgezeichnet. – Paris – Rome – Athènes. Le voyage en Grèce des Architectes Francais aux XIXe et XXe siècles.Paris 1982, p. 162–167 und 351–368, hier: p. 358.

588 „Die Zahl der Säulen in jedem Gemach hat in neuern Zeiten Herr Cockerell genauer bestimmt..." – Rienäcker, A. (Hrsg.). Leake's Topographie von Athen nebst einigen Bemerkungen über die Alterthümer desselben. Halle 1829, S. 262.

589 Leake, W. Martin. Topographie Athens. Zürich 18442, S. 240, Taf. III.

590 Kunst-Blatt zum Morgenblatt für gebildete Stände, No. 3, 10.1.1822.

591 Kunst-Blatt zum Morgenblatt für gebildete Stände, No. 22, 17.3.1831, S. 91 (Rezension von Brönsteds Reisen und Untersuchungen, Band 2).

592 „In dem hier beschriebenen Plan Stuart's übersteigen die Säulen in der bezeichneten Zelle die von Wheler in der untern Reihe berechnete Zahl um 4, so wie ihre nach den Dimensionen angegebene Stellen weder zur Länge der Zelle passen, noch der angegebene Durchmesser der Säulen irgend einem bekannten Verhältnis der inneren Säulen zu den äußeren in griechischen Bauwerken entspricht.
Es würde erfolglos sein, sich über die Wiederherstellung des Innern des Tempels zu verbreiten, ohne uns auf den Grundriss des Bodens und die Merkmale des Standorts der Säulen auf ihm beziehen zu können; diesem Mangel wird man aber auf einer Platte unser 4. Theils abgeholfen finden, woselbst auch einzelne Ausführung und ein Bericht über die Bauart des ganzen Gebäudes von einem Manne gegeben ist, der sich damals mit Kunstgegenständen beschäftigte und diesen Tempel besonders zum Gegenstand eines tieferen Studiums machte." – Alterthümer, Bd. I, 1829, S. 340.

593 Ersch/Gruber, 3. Sect., 3. Theil (Hrsg. M. H. E. Meier / L. F. Kaemtz). Leipzig 1832, S. ...

594 Ersch/Gruber, 3. Sect., 11. Theil, 1838, S. 369.

595 Zeitschrift für Bauwesen, II. Jg., Berlin 1852, Bl. 81.

596 Ersch/Gruber, 3. Sect., 11. Theil, 1838, S. 367.

597 Hirt, Alois. Die Geschichte der Baukunst bei den Alten, Bd. 2. Berlin 1822, S. 12–14, hier: S. 13.
Obwohl Hirt für „das Ausführlichere" auf Stuart verweist, weicht er in seiner Angabe der Säulenzahl an den Schmalseiten von den „Antiquities" ab.
Daß sich Moller eingehend mit Hirts Geschichte der Baukunst beschäftigt hat, geht aus einem Schreiben eines Rezensenten (?) der Werke Hirts und Wiebekings im „Hermes" an Moller hervor, demzufolge dieser am 20. November 1823 eine „Beschwerde dem Rezensenten ... persönlich mitgetheilt" wissen wollte (die von Moller kritisierten Punkte betrafen im wesentlichen die Qualität der abgebildeten Zeichnungen). – Merckscher Familienarchiv, Nachlaß Moller, Nr. 153; Halberstadt, 30.12.1823.

598 Alterthümer, Bd. III, 1833, S. 25/26: „Nach der sehr scharfsinnigen und gründlich motivirten Restauration des Parthenon, welche ein hiesiger Architect, Hr. Baurath Heger, zu publiciren im Begriff ist, standen auch in der Zelle jenes Tempels auf der Westseite fünf Säulen, und zwar so, dass die mittleren Zwischenweiten weiter waren, als die äusseren. W." – Zu der Veröffentlichung kam es nicht, da Heger bereits 1836 starb. Zu Heger: Frölich/Sperlich, S. 376, Anm. 95.
Zwei Beispiele: der Münchner Odeonsaal und der Wiesbadener Kursaal. Auf dem „erhöhten Boden" des letztgenannten lud „eine umherlaufende Reihe von wohlgepolsterten Sesseln und Stühlen die müssigen Zuschauer zum Sitzen" ein. – Kirchner, Anton. Ansichten von Frankfurt am Main und seiner Umgegend, 2. Theil. Frankfurt am Main 1818, S.

210. – Die umlaufenden Sitzbänke zeigen an, daß auch der Homburger Saal in dieser Weise genutzt werden sollte.
Gegen die „sechs Zoll hohe Stufe vom Tanzboden" zum Peristyl hatte sich übrigens von Wolzogen mit der Begründung ausgesprochen, „daß die Stufe nur Veranlassung zum Stolpern und Fallen gebe. Überhaupt werde der Saal an Ansehen und Schönheit gewinnen, wenn sein Fußboden dem Auge nur eine ununterbrochene ebene Fläche darbiete. Der Nutzen der Erhöhung von Gallerie und Kolonnade für die Zuschauer und Tänzer sei aber um deswillen nicht in Anschlag zu bringen, weil die Säulengänge durch die Säulen schon hinlänglich vom Parterre abgesondert seien..." – Zitiert nach Struck, W.-H., Goethezeit, S. 109/110.
Daß man sich nicht an den Rat von Wolzogens hielt, zeigt, daß weniger an einen modernen Ansprüchen genügenden Tanzsaal als an einen Redoutensaal tradtioneller Prägung gedacht war, dessen seitenschiffartig aufgefaßtes Peristyl Absonderung von der allgemeinen Geselligkeit zuließ.

599 Stieglitz, Christian Ludwig. Geschichte der Baukunst der Alten. Leipzig 1792, S. 225: „... hatte innerhalb der Zelle ringsum eine Säulenstellung von zwey Reihen Säulen übereinander..." – Ersch, J. S. / Gruber, J. G. Allgemeine Encyclopaedie der Wissenschaften uhnd Künste, 3. Sect., 3. Theil. (Hrsg. M. H. E. Meier / L. F. Kaemtz). Leipzig 1832, S. 229/230 u.a.
Nur Wilkins hielt es für ausgemacht, daß die „double order of columns within the cella of the temple" einer späteren Zeit angehöre, da er die Ansicht vertrat, „that the interior peristyle was a modern work". – Wilkins, William. Atheniensia, or remarks on the topography and buildings of Athens. London 1816, p. 100–102.

600 Alterthümer, Bd. I., 1829, s. 266, An,. 14. – Bröndsted, P. O., Bd. 2, S. 181.

601 Bröndsted, P. O., Bd. 2, S. 293/294. – So auch Hoffer, Joseph. Ueber die neuesten Messungen am Parthenon. In: Allgemeine Bauzeitung, 3. Jg., Wien 1838, Nr. 43, S. 390: „Uebrigens zeigen sich noch im Innern des Tempels die Spuren genau, wo die Säulen der unteren Ordnung auf dem Fußboden aufgestanden haben, und man kann daselbst die Durchmesser derselben leicht abnehmen". (Klenzes Forschungen am Parthenon, 1834, können in unserem Zusammenhang unberücksichtigt bleiben, da sie sich auf die Beschaffenheit der Säulen, nicht auf den architektonischen Kontext bezogen. – Hederer, O., Klenze, S. 106–111).
Cockerell selbst hat sich über die Beschaffenheit der Parthenoncella nicht ausgesprochen.

602 Rienacker, A. (Hrsg.). Leake's Topographie von Athen nebst einigen Bemerkungen über die Alterthümer desselben. Halle 1829, S. 262/263 und Leake, W. M.18442, S. 240.

603 Vgl. Michaelis, A., S. 112, der angab, „die Verhältnisse der Säulen ... denen des Pronaos und des äusseren Umganges möglichst analog angenommen" zu haben – eine offenbar gängige Praxis.
Fergusson, J., a.a.O., S. 108/109 gelangte über die Säulen des Peripteros zu einer Säulenhöhe (untere Galerie) von 19 Fuß und zu einer Säulenhöhe von 11,6 Fuß (obere Galerie), gab aber zu bedenken, daß keineswegs ausgeschlossen werden könne, daß „the Greeks may not have used a more slender proportion for the columnas in the interior." Seine Aufriß-Rekonstruktion mit einer über der oberen Galerie angeordneten Obergadenzone wurde kaum in Erwägung gezogen. Daß ein solcher Aufriß 1883 überhaupt noch zur Diskussion gestellt werden konnte, zeigt, daß noch immer keine verbindliche Problemlösung existierte. Akzeptiert und bis heute von der Forschung vertreten wurde jedoch Fergussons Annahme einer Holzdecke über der Cella, anstelle der älteren Hypäthros-Theorie.

604 Hoffer, Joseph. Ueber die neuesten Messungen am Parthenon. In: Allgemeine Bauzeitung, 3. Jg., Wien 1838, Nr. 27, S. 249/250; Nr. 41, S. 373–375; Nr. 42, S. 379–383; Nr. 43, S. 387–391, hier: S. 390. – vermutlich bereits Cockerell bekannt, publiziert jedoch erst von Hoffer. Dieser arbeitete als Königlicher Regierungsarchitekt in Athen und entdeckte, zusammen mit Schaubert und Pennethorne, die Horizontalkurvatur (S. Dinsmoor, William Bell. The Architecture of Ancient Greece. London 19503, p. 166). Der erste Verf. bekannte Cella-Aufriß stammt von Alexis Paccard (vgl. Anm. 8, p. 166).

605 Bericht des Hrn. Hittorf über die Zeichnungen nach den Monumenten der Akropolis zu Athen, welche der Architekt Hr. Itar der freien Gesellschaft der schönen Künste zu Paris vorgelegt hat. In: Kunst-Blatt, No.101, S. 339–408, hier: S. 407.

606 Michaelis, A., S. 111–113 u. T. II.

607 Frölich/Sperlich, S. 313 haben die Fensterlosigkeit bereits „*so*, also positiv beurteilt" und werkimmanent interpretiert: „Jede zusätzliche Öffnung in den Wänden brächte Beunruhigung, jedes Licht von der Seite würde mit Überstrahlungen das Gleichgewicht zum Schwanken bringen".

608 Wegner, E., Gutensohn, S. 327. – Bothe, R. (Hrsg.), S. 38/39.

609 Zweigeschossige Peristyle gab es in Pompeji nicht. Darüber hinaus waren „im pompejanischen Haus ... die Peristyle aber keine Höfe, sondern Gärten; das Peristyl hat folglich einen anderen Charakter als das Atrium". -
Etienne, Robert. Pompeji. Das Leben in einer antiken Stadt. Stuttgart 19742, S. 284–286.
In der hellenisierenden Architektur des 19. Jahr-

hunderts wurden Peristyle – etwa Schinkels Entwurf zum Peristyl eines antiken Landhauses bei Charlottenhof (1833) – dementsprechend konzipiert: als (eingeschossiger) Säulenumgang um einen bepflanzten und mit Springbrunnen bestückten „Innen-Garten". Der jeden Schmucks und jeder gärtnerischen Anlage entbehrende „Innen-Hof" wurde dagegen historisch exakt als Atrium bezeichnet, so in Schinkels Entwurf eines Palastes in Orianda (1835) und in Gärtners Pompejanum in Aschaffenburg (1842–49).

Das Peristyl in Theophil Hansens Wiener Parlament (ohne gärtnerische Anlage, da nicht auf das antike Peristylhaus zurückgehend) demonstriert anschaulich, daß sich eine gläserne Bedachung über dem gesamten, von den Kolonnaden begrenzten Binnenraum erstrecken muß, um „Hofcharakter" zu meinen und zu suggerieren.

610 Aus diesem Grund verbieten sich auch Vergleiche mit verglasten Innenhöfen, wie sie insbesondere der Börsenbau des 19. Jahrhunderts aufwies.

611 Diese Bezeichnung, bezogen auf den Parthenon, verwendeten u.a. von Michaelis, A., S. 111.

612 S. dazu: Vaulchier, Claudine de. Der Musentempel. In: Jakob Ignaz Hittorf. Ein Architekt aus Köln im Paris des 19. Jahrhunderts. Köln 1987, S. 277–282, hier: 278 .

613 1883 diskutierte Fergusson das Problem am Beispiel des Parthenon und kam zu dem Schluß, dieser könne kein Hypäthros gewesen sein.

Es gelang jedoch erst Dörpfeld, 1891, der überzeugende Nachweis, daß die Cella mit einer hölzernen Kassettendecke gedeckt war.

Fergusson, James. The Parthenon; an essay on the mode by which light was introduced into Greek and Roman temples. London 1883. – Dörpfeld, Wilhelm. Mitteilungen des deutschen archäologischen Instituts, athenische Abteilung, Bd. XVI, 1891, S. 334 ff.

614 Louvet schrieb zu seiner Rekonstruktion der Akropolis von Sunion: „Ich glaube, daß die Cella in griechischen Tempeln ganz selten völlig offen war in der Art eines Innenhofes, wie man es seit einiger Zeit anzunehmen scheint". – Vaulchier, C., Musentempel, S. 278.

615 Paris – Rome – Athènes, p. 359–361.

616 Boetticher, K., S. 590–592. – Es handelte sich um dieselbe Stelle bei Vitruv, anhand deren Dörpfeld 1891 das Gegenteil bewies.

617 Stieglitz, Ch. L., 1792, S. 225. – Hirt, Alois. Die Geschichte der Baukunst bei den Alten, Bd. 2. Berlin 1822, S. 12–14: „... Die Tempelgattung ist Peripteros octastylos, Pycnostylus, hypaethros... Das Innere war durch zwei Reihen Säulen in drei Schiffe getheilt, wovon das mittelste unbedeckt war... Auch Vitruv (3,1) zählt diesen Tempel zu den Hypäthren..." – Diese Vitruvstelle war sehr umstritten und wurde sehr unterschiedlich ausgelegt. – Siehe hierzu auch: Alterthümer, Bd. I, 1829, S. 316–319. – Ersch / Gruber, 3. Sect. 11. Theil, 1838, S. 368/369.

Offenbar als einziger bestritt Wilkins, der auch die Zweigeschossigkeit bezweifelte, „the probability that the temple was hypaethral". – Wilkins, W., p. 99–101.

618 Bröndsted, P(eter) O(luf). Reisen und Untersuchungen in Griechenland, Bd. 2. Paris 1830, S. 180/181, Anm. 7.

619 Alterthümer, Bd. I, 1829, S. 272–277 u. Anm. 41 ff. u. Anm. 55 mit Übersetzung des Textes von Quatremère de Quincy, „der diesem Gegenstand ein genaues Studium gewidmet zu haben scheint".

In Anm. 56 und 58 werden die Thesen von Meursius und Quatrèmere diskutiert und kommentiert. (Meursius:) „Dass er (der Peplos) nicht dazu diente, die Bildsäule der Göttin zu bekleiden oder zu umhüllen, sondern über dieselbe ausgespannt zu werden, erhellt aus der Bemerkung des Pollux: Peplus, ein Gewand und dergl., dessen Gebrauch zwiefach ist um etwas zu bekleiden oder darüber ausgebreitet zu werden..." – (Quatrèmere:) „Car cette étoffe brodée au métier par de jeunes filles choisies pour ce travail, et qui dans la procession panathénique, flottait comme une voile au-dessus de ce vaisseau que des machines faisaient roule, étoit plutôt une grande tapisserie qu'un vêtement ... et, la cérémonie terminée, elle (der Peplos) restait suspendue en forme de parapetasme dans l'intérieur du temple". Kommentar des mit N. A. zeichnenden Bearbeiters der „Antiquities": „Aus andern Untersuchungen desselben Schriftstellers scheint hervorzugehen, dass der Peplus und das Parapetasma beinahe dieselben Gegenstände unter verschiedenen Namen waren, und zwar bloss ein Vorhang, der vor die Statue gehängt wurde, um ihr das Ansehen grösserer Heiligkeit zu geben, und sie gegen Staub und Luft zu schirmen. Es ist nicht wahrscheinlich, dass der Peplus über den offenen Theil horizontal aufgespannt wurde, um der Bildsäule zum Schirmdache zu dienen; denn eine solche Vorrichtung würde eine aus vielen Theilen zusammengesetzte chryselephantinische Bildsäule nicht gegen die zerstörende Wirkung der heftigen periodischen Regengüsse eines südlichen Himmelsstriches geschützt haben. Es scheint, dass in den Haupttempeln Griechenlands solches Geräthe befindlich war..."

Auch Paccard lehnte „l'idée d'une vela" ab. – Paris – Rome – Athènes, p. 360.

620 Ersch / Gruber, 3. Sect. 11. Theil, 1838, S. 369: „Die Öffnung im Dache der Hypäthren war gewiß auch nicht größer als nothwendig, um dem Rauch der Opferaltäre gehörigen Abzug zu schaffen, also

daß dabei die kostbare Tempelstatue für sich vollständig unter Dach sein konnte".

621 Bröndsted, P. O., Bd. 2, S. 294.
Erst 1853 sah Boetticher das Opaion am östlichen Ende der Cella vor. Michaelis, A., a.a.O., S. 112 u. Taf. IV vermutete die Lichtöffnung über den fünf der Kultfigur vorgelagerten Interkolumnien, „erstens weil man sonst Theile derselben in den dunkleren sehen und das Goldelfenbeinbild hierdurch alle Wirkung verlieren würde, und zweitens weil allein bei der angenommenen Lage und Längenausdehnung des Opäon alle Theile des Bildes gleichmässiges directes, wenn auch vermuthlich durch Teppiche gedämpfes, Licht (sic!) unter möglichst günstigem Einfallswinkel erhalten".

622 Noch Gilly hätte den Jupitertempel, von dem er annahm, er sei ein Hypäthros gewesen, lieber als bedeckten Raum nachgestaltet, als ihn mit Glas zu bedecken: „Alles Glas zur Bedeckung ist unschicklich". – Zitiert nach Schroth, Ingeborg. „Die Nachahmung des Griechischen" durch die Berliner Baumeister der Goethe-Zeit. Diss. Freiburg 1944, S. 152.

623 Zitiert nach Fräßle, K., S. 138 u. S. 149. Ludwig wollte sicherlich „die Möglichkeit nicht ausschließen, den Bau als Hypaithraltempel zu entwerfen, um eine gute Beleuchtung der Büsten zu sichern". Darüber hinaus ist jedoch zu beachten, daß er, entgegen der später ausgeführten Form des Innenraums, „von dorischer Ordnung" sein sollte, die hypäthrale Form also diesem entsprach.

624 Schinkel zeigte sich völlig unbeeindruckt von dem in den „Antiquities" ausgetragenen Gelehrtenstreit und dachte an weit geöffnete, lichtdurchflutete Hypäthren, wie aus seinen Theaterdekorationen mit Darstellungen griechischer Tempel, zu „Alceste" und „Olympia" zu ersehen ist. Die wiedergegebenen Ansichten von Tempelinnenräumen vermittelten „das heitere, lichte Bild eines Hypäthros". Sie entsprachen im Ganzen mehr „der ihm eigenen Vorliebe für wunderbare Lichtwirkungen" als den Anschauungen der zeitgenössischen Forschung, die jedoch auch nicht nachzuweisen vermochte, daß es falsch sei, wenn „Schinkel die Cella des olympischen Heiligtums vom Sonnenlicht durchflutet malte". Siehe hierzu: Fiebiger, Otto. Karl Friedrich Schinkels bildliche Darstellungen griechischer Hypäthraltempel. In: Kunstchronik, N.F., 21. Jg., 1910, S. 548–553.

625 Vaulchier, C., Musentempel, S. 277–282.

626 Carl Friedrich Schinkels Gemälde „Blick in Griechenlands Blüte" (1826) zeigte vor der Kulisse einer antiken Stadt das „Werden und Entstehen" eines Tempels: „Tempelbau als vornehmster Ausdruck griechischer Blüte…" – Rave, Paul Ortwin. Carl Friedrich Schinkel, Blick in Griechenlands Blüte. Berlin 1946, S. 11.

6. Parthenon-Rezeptionsbauten 1800–1830

627 Rosenau, Helen. The engravings of the Grand Prix of the French Academy of Architecture. In: Architectural History. New York 1960, p. 17–180, hier: p. 20.

628 Bezeichnung und Datierung nach: Leinz, Gottlieb. Baugeschichte der Glyptothek 1806–1830. In: Vierneisel, Klaus / Leinz, Gottlieb. Glyptothek 1806–1980. München 1980, S. 90–181, hier: S. 103.
Unter dem Titel „A Neo-Classical Valhalla. Harrison's project for a monument to commemorate the victories of Trafalgar and Waterloo" abgebildet in: Crook, J. Mordaunt. A Neo-Classical Visonary. The Architecture of Thomas Harrison, III. In: Country Life, 22.4.1971, p. 1088–1091, Abb. 6.

629 Friedrich Weinbrenner 1766–1826. Karlsruhe 1978, S. 20–22.– Nerdinger, Wilfried/Philipp, Klaus Jan/Schwarz, Hans-Peter. Revolutionsarchitektur. Ein Aspekt der europäischen Architektur um 1800. München 1990, S. 152–153

630 Leinz, G., S. 102–106. – Siehe auch: Nerdinger, W. (Hrsg.), S. 325–327.

631 Hederer, Oswald. Karl von Fischer. Leben und Werk. München 1960, S. 97–100 u. S. 144.

632 Crook, J. M., Country Life, Abb. 5. – Nerdinger/Philipp/Schwarz. Revolutionsarchitektur, S. 292–293

633 Zu diesem Projekt: Fräßle, Klaus. Carl Haller von Hallerstein. Diss. Freiburg 1971, S. 296–304. – Nerdinger, W. (Hrsg.), S. 229–233. – Leinz, G. S. 121–133.

634 Leinz, G., S. 128.

635 Leinz, G., S. 129.

636 Leinz, G., S. 129 (Kat. Nr. 82).

637 Fräßle, K., S. 301.

638 Leinz, G., S. 130.

639 Bankel, H. (Hrsg.). S. 104.

640 Leinz, G., S. 123. – Der Vorzug Hallers, noch vor der Ausschreibung des Glyptothek-Wettbewerbs (4.2.1814) mit sehr ermutigenden Worten beauftragt worden zu sein, erwies sich als trügerisch. Ludwig gefiel „keiner der Preisbewerbenden Plane". Es ist bezeichnend, daß von den eingegangenen Entwürfen überhaupt „nur einem für Walhalla" ein Preis zuerkannt wurde. Einige der Walhalla-Entwürfe nämlich gingen exakt in die Richtung, die Ludwig gegenüber Haller angedeutet hatte: „daß es Kopie des Parthenons gebe".

641 Ludwig an Haller, 3.1.1814: „Wenn Cockerell noch Lust hat, wird mir lieb seyn"; 27.6.1814: „Es freut mich, daß auch Cockerell für die Preisaufgaben concurriren will". Haller an Ludwig, 14.5.1814: „… besonders schmeichelhaft ist ihm (Cockerell) der Wunsch von E. H., daß auch er in die Concurrenz für die Bearbeitung Ihrer architectonischen Aufga-

ben eintreten möge; Er wird ihm gewiß nachzukommen suchen, in so fern es mit seinen schon genommenen Engagements zu verbinden möglich machen kann". – Zitiert nach Fräßle, K., S. 299, 302–203. Es ist möglich, daß sich Cockerell beteiligt hat; doch waren von den eingesandten 51 Beiträgen „schon kurz nach der Jury-Entscheidung kaum noch welche namhaft zu machen". – Nerdinger, W. (Hrsg.), S. 230.
Gegen Cockerells Beteiligung spricht die Tatsache, daß alle Architekten, die am Wettbewerb teilgenommen haben, in J. M. von Wagners Künsterlisten der Pensionäre in Rom erscheinen; Cockerell ist nicht darunter. –
Leinz, G., S. 126. Siehe auch ebda, S. 133.

642 Watkin, D., p. 29. – Crook, J. M., Greek Revival, p. 130–134. – Hussey, Christopher. English Country Houses. Late Gregorian 1800–1840. London 1958, Abb. 2.

643 Als charakteristisches Beispiel für den im Sinn eines Authentizitätsnachweises eingesetzten Anspruch der Maßtreue bei den Vertretern des Greek Revival kann Henry Hollands Porticus an Carlton House gelten. Der Architekt legte großen Wert auf die Feststellung, die dort verwendeten Säulen hätten „precisely the same measurements" wie die der Poikele Stoa (1 ft. 55,65 in.), welche Stuart & Revett 1762 veröffentlicht hatte. Tatsächlich maßen die Säulen der Poikele Stoa im Durchmesser 1 ft. 3,325 in. Als William Wilkins die Säulen von Carlton Hall an den Seitenportalen der National Gallery wiederverwendete, behauptete er, sie „exactly" für die Säulen des Hauptportals kopiert zu haben. Bei einer Nachmessung der National Gallery, 1968, stellte sich heraus, daß die „Kopien" Wilkins' 1 ft. 3,39 in.'maßen, die Hollands jedoch 1 ft. 3,55 in. Sowohl Stuart und Revett als Holland und Wilkins hatten keine maßgetreuen Kopien angefertigt, aber die Fama der archäologischen „accuracy" hielt sich bis in die jüngste Zeit. – Crook, J. M., p. 90/91.

644 Gilchrist, Agnes Addison. William Strickland. Architect and Engineer 1788–1854. Philadelphia 1950, p. 32/33, 53–57, pl. 6–8, 49b.
Zum amerikanischen Greek Revival allgemein: Hamlin, Talbot. Greek Revival Architectur in America. London/New York/Toronto 1944.

645 Nerdinger, W. (Hrsg.), S. 326 u. 328. – Leinz, G., S. 104–105.

646 Leinz, G., S. 104.

647 Nerdinger, W. (Hrsg.), S. 327.

648 Leinz, G., S. 104.

649 Hederer, O., Fischer, S. 144.
Zu den Maßbezeichnungen: „Er bediente sich der bekannten Zahlenbeziehungen 5 und 12 sowie 7 und 17. Auch das am Nationaltheater gefundene Verhältnis 4 zu 9 findet sich wieder. Diese drei Proportionen lassen sich aus einer einzigen Figur ableiten. Die Cella zeigt das Verhältnis der Breite zur Länge von 4:9; die Jochzahl zwischen den die Cella umstehenden Säulen ist 7:17. Die Achsbreite zur Achslänge der Ringhalle verhält sich dem Beispiel des Cerestempels von Paestum entsprechend wie 5:12 (5 x 25 : 12:25 = 125 : 300 Fuß von Säulenmitte zu Säulenmitte gemessen). Die Säulenabstände an der Längs- und an der Breitseite sind nicht gleich. Sie unterscheiden sich im Verhältnis 85 zu 84. Diese Zahlen ergeben sich aus den beiden Grundproportionen 5/12 x 17/7 = 85/84. die Verhältnisse der Ringhalle werden in die Cella projeziert: 17 Postamente stehen an der Längsmauer, 7 an der Quermauer. 108 Postamente sind es insgesamt gleich 12 x 9, das Produkt der beiden Schlüsselzahlen. die Raumdiagonalen des Außen- und des Innenraumes entsprechen sich, der mittlere Raum der Cella weist wie die halbe Ringhalle das Verhältnis 5 zu 6 auf."

650 Hederer, O., Fischer,S.144

651 Zuletzt sehr ausführlich: Fräßle, Klaus. Carl von Haller in Griechenland. Traditionelle und individuelle Antikenrezeption. In: Bankel, H. (Hrsg.), S. 47–71.

652 Zu Cockerells Teilnahme an der Konkurrenz siehe weiter oben.

653 Fräßle, K,in: Bankel, H.(Hrsg.), S. 47–71.

654 Fräßle, K., in: Bankel, H. (Hrsg.), S. 58.

655 Walhalla: 22,42 x 50,05 m; Parthenon: 30, 89 x 69,50 m. – Fräßle, K., in: Bankel, H. (Hrsg.), S. 59.

656 Fräßle, K., in: Bankel, H. (Hrsg.), S. 59, 63.

657 Fräßle,K., in: Bankel, H.(Hrsg.),S.59,63

658 Fräßle, K., in: Bankel, H. (Hrsg.), S. 63.

659 Fräßle, K., in: Bankel, H.(Hrsg.),S.63

660 Stolz, R., S. 91.

661 Grundlegend für die Architektur des Greek Revival: Pevsner, Nikolaus. Apollo or Baboon. In: Architectural Review, Bd. 104. London 1948, p. 271–279; deutsch: ders., „Doric Revival". Die Wiederentdeckung der dorischen Ordnung im frühen Klassizismus (in Zusammenarbeit mit S. Lang). In: Architektur und Design. Von der Romantik zur Sachlichkeit. Studien zur Kunst des 19. Jahrhunderts, Sonderband. München 1977, S. 154–173. – Wiebenson, Dora. Sources of Greek Revival Architecture. London 1969. – Crook, J. Mordaunt. The Greek Revival. Neo-Classical Attitudes in British Architecture 1760–1870. London 1972.

662 Diese Vermutung auch bei Fräßle, K. in: Bankel, H. (Hrsg.), S. 69/70.

663 Der Bau wird in der deutschen Architekturgeschichte nicht beachtet. Auch Fräßle, K., in: Bankel, G. (Hrsg.), S. 70, geht davon aus, daß Cockerell keine „Rundumkopie" ausgeführt, sondern nur „Teilzitate" verwendet habe. „Er versuchte nie eine derart in sich selbst begründete, rein griechische

Idealform eines Tempels aus unzähligen Zitaten, als die Hallers Walhalla einzig scheint".

664 Crook, J. M., p. 106.

665 Nach Watkin, D., p. 169–170 wurde Cockerell im Sommer 1821 von Lord Elgin eingeladen, „to design the Scottish National Monument". – Zu Cockerell vgl. auch Anm. 446

666 Datierung nach Watkin, D., p. 250. – Die Pläne sind nicht publiziert, ihr Verbleib ist Verf. unbekannt.

667 Crook, J. M., Greek Revival, p. 106.

668 Crook, J. M., Greek Revival, p. 106. – „Playfair became the resident architect, and Cockerell had little more to do than supply the master drawings, for which he received three hundred guineas. The contract, signed in 1826, was for L 13 300". – Youngson, A. J. The making of classical Edinburgh. Edinburgh 1966, p. 160.

669 Zu Playfair: Colvin, H.,1978, p. 645.

670 Riemann, G., Schinkel, S. 38/39.

671 Crook, J. M., Greek Revival, p. 104–105.

672 Watkin, D., p. 170.

673 Youngson, A. J., 1966, p. 159. – Bei Crook, J. M., Greek Revival, p. 106 heißt es : „Its model was the Parthenon".

674 Colvin, H., p. 222.

675 Crook, J. M., Greek Revival, p. 133.

676 Zitiert nach: Riemann, G., Schinkel, S. 212 (4.7.1826), Abb. 170.

677 Youngson, A. J., p. 159.

678 Alterthümer, Bd. I, 1829, S. 301–302.

679 Youngson, A. J., p. 159. – Alterthümer, Bd. I, 1829, S. 302.

680 Abb. in: Youngson, A. J., p. 161.

681 Zitiert nach Watkin, D., p. 183.

682 Crook, J. M., Greek Revival, p. 133.

683 Alterthümer, Bd. I, 1829, S. 301–302.

684 Charles Robert Cockerell (Nachruf). In: Builder, XXI. London 1863, p. 683–685, hier: p. 684.

685 Gow, Ian. C. R. Cockerells Designs for the Northern Athenian Parthenon. In: The Architectural Heritage Society of Scotland. Journal No. 16. Edinburgh 1989, p. 20–25
Ich danke Ian Gow für die kollegiale Bereitschaft, mir die Beschreibung und Fotografien der Pläne Cockerells zur Verfügung zu stellen.

686 Bröndsted 1830, S. 293 (Stuart und Revett hatten 6 Säulen angenommen.)

687 Nach Bröndsted 1830, S. 294 maß man an der Parthenon-Cella 98 Fuß 7 Zoll zu 62 Fuß 6 Zoll.

688 Für Gärtners Münchner Siegestor hat M. Bringmann nachgewiesen, daß die diesem bereits von den Zeitgenossen nachgesagte „ziemlich treue Kopie" nicht gegeben ist. Abwandlungen im Arrangement und Veränderungen von Maßen und Proportionen belegen, daß es sich um eine schöpferische Leistung „im Sinne" des Vorbildes, also um „Erinnerungshilfen in Form und Stil", nicht um eine „Kopie" handelt. –
Bringmann, Michael. Das Siegestor als Ruhmesmal der Ludwigstraße – Versuch einer Deutung. In: Mittig, Hans-Ernst / Plagemann, Volker. Denkmäler im 19. Jahrhundert. Studien zur Kunst des 19. Jahrhunderts, Band 20. München 1972, S. 74–76. Ganz ähnlich wäre demnach Ludwigs Wunsch zu verstehen, „den Entwurf zu den (mit Walhalla zu verbindenden, A. B.) Propyläen nicht als eine „Abbildung (copia)" der Athenischen zu konzipieren, sondern lediglich „in deren Art" ..." – Stolz, R., S. 61.
Allerdings wird, insbesondere von Ludwig I., der Begriff „Kopie" und „Nachahmung" ebenso gebraucht wie das „im Sinn des Vorbildes". Die allgemein verbreitete mangelnde sprachliche Differenzierung läßt auf einen unreflektierten Umgang mit dem Faktum schließen. In jedem Fall wird um 1820/30 der ursprünglich, d.h. seit Winckelmann, positiv gesehene Begriff „Nachahmung" gleichgesetzt mit dem negativ gesehenen Begriff der „Kopie" und daher zwangsläufig selbst zu einem Negativum. Bekanntlich hat diese bis in die jüngste Zeit vorherrschende Vorstellung den objektiven Zugang zur Architektur (und Kunst) des 19. Jahrhunderts versperrt.

689 Wichtige, zum Teil auch auf die Architektur übertragbare Erkenntnisse zur Problematik der Vervielfältigung antiker Plastik mittels des seit dem Frühklassizismus „zu einer ausgebreiteten Bedeutung kommenden" Gipsabgusses in konzentrierter Form bei Ladendorf, Heinz. Antikenstudium und Antikenkopie. Abhandlung der sächsischen Akademie der Wissenschaften zu Leipzig, philologisch-historische Klasse, Bd. 46, H. 2. Berlin 1953, hier besonders: S. 69–74. Dort (S. 121–181) auch eine ausgezeichnete Bibliografie der bis dahin erschienenen Literatur.

690 Schelling an Klenze, 5.3.1810, zitiert nach Hederer, Oswald. Klassizismus. München 1976, S. 12.

691 Schinkel in seinem englischen Reisetagebuch, 1826.

692 Schroth, I., S. 184/185. – Dronke, Wolfgang. Die neue Wache in Berlin. Diss. Berlin 1931, S. 31–335.

693 Bothe, R.,1979, S. 294–333, hier: S. 308–310.

694 Mit dem pejorativen Adjektiv „sklavisch" versehen, traten „Nachahmung" und „Kopie" (austauschbar) in zunehmendem Maß den Charakter feststehender Begriffe an. So auch im Englischen: „I have always deprecated the servile copying of the buildings of antiquity." (Robert Mills) – Hamlin, Talbot. The classical revival in american architecture. Baltimore 1939, p. 195–206, hier: p. 199.

695 Döhmer, Klaus. „In welchem Style sollen wir bauen?" Architekturtheorie zwischen Klassizismus und Jugendstil. Studien zur Kunst des 19. Jahrhun-

derts, Bd. 36. München 1976, hier besonders: S. 14–22.

696 Stolz, R., S. 91.

697 Zu den Entwürfen Klenzes aus den Jahren 1816–1821 siehe Stolz, R., S. 52–71.

698 Stolz, R., S. 54.

699 Zitiert nach Fräßle, K., S. 151/152. – In der folgenden, gerade weil eingangs sehr konziliant formulierten Textstelle, macht Klenze klar, wie geradezu lächerlich er die „Vorstellung, nach dem Parthenon zu bauen" findet: „Ihn nachzuahmen oder gewissermaßen neu zu verjüngen (wäre) die schönste, aber ungenutzt, weil schon der Marchese d'Istria (= in Porenzo ?) diese Idee verwirklicht habe und dabei in die Parthenon-Kopie sogar eine Kirche „hineingezwängt" habe.
Für einige Zeit ließ sich Ludwig davon überzeugen, daß eine „Kopie" nicht opportun sei: „... dem stimme ich bey, auch des schönsten Widerholung bleibt doch nur Nachahmung, und dieses, ich fühle es, wäre unter Walhalla's Würde..." Allerdings stellte er fest, daß Klenzes Alternativ-Entwurf eines Rundgebäudes Gefahr laufe, von der „Nachahmung des Parthenons ... in eine solches des Pantheons" zu geraten. – Stolz, R., S. 56/57.

700 Stolz, R., S. 64/65.

701 Zitiert nach Hederer, O., Klenze, S. 313.

702 Den bezeichnenderweise in keinem Architekturlexikon zu findenden Begriff der „Kopie" auf Architektur bezogen zu definieren, bereitet große Schwierigkeiten. Als eines der wesentlichen Kriterien wird man sicherlich die *Maßgleichheit* von Original und Kopie ansehen dürfen.
Diese aber wurde von den wenigsten als Kopie angesprochenen Bauten erreicht. Selbst die Walhalla, deren Maße im Grundriß nur wenig hinter denen des Parthenon zurückbleiben (33,69 x 72,30 m gegenüber 31,6 x 66,7 m), weist im Detail und im Aufriß abweichende Proportionen auf.
Allerdings läßt sich zumindest eine Tendenz zur Maßgleichheit registieren („Edinburgh Parthenon"). Vgl. die Potsdamer Friedenskirche, die Friedrich Wilhelm IV „nach *Größe* und Muster der Kirche St. Clemente in Rom" errichtet haben wollte. –
– Hallensleben, Horst. Die Friedenskirche zu Potsdam und ihre römischen Vorbilder. In: Jahrbuch der rheinischen Denkmalpflege, Bd. 30/31. Köln/Kevelaer 1985, S. 92–100, hier: S. 93.

703 Zitiert nach Hederer, O., Klenze, S. 303.

704 Fräßle, K., S. 152.

705 Hier ist besonders zu berücksichtigen, daß Klenzes Planung ursprünglich ein Tonnengewölbe vorsah, dessen Beleuchtung übrigens über „Ofnungen in der Gewölbedecke" mittels Spiegelglas, „dem auf der Innren Seite die Politur genomen werden kann" erfolgen sollte, da das einzige Beispiel von „Fenstern in den Seitenmauern", das Erechtheion nicht als Vorbild herangezogen werden könne. (Stolz, R., S. 255.)
Dieses Konzept wurde erst während der Bauzeit fallengelassen.
Weniger „erstaunlich" als die Unabhängigkeit von Innen- zu Außenkonzeption bestätigend ist „die Tatsache, daß, obgleich eine Tonnenwölbung in ästhetisch-architekturgeschichtlichem Gegensatz zur dorischen Ordnung steht, eine solche für das Innere der Walhalla zugrunde gelegt wurde – bei einem Architekten, der als Kenner der Archäologie galt...", das Parthenon-Innere jedoch für ionisch hielt. – Stolz, R., S. 346, Anm. 207.
Fergusson, J., S. 107/108, Anm. 2, ein späterer Anhänger des Greek Revival, nannte es „an entire failure", daß Klenze, „instead of attempting to reduce the designs of Ictinus ... threw it entirely aside and made a new design of his own...."
Ludwig. 26.2.1833, zitiert nach Hederer, O., Klenze, S. 338.

706 Auch Cockerells Parthenon-Rezeptionsbau war zunächst als für den Neubau des Fitzwilliam-Museums geeignet angesehen worden.

707 Alterthümer, Bd. III, Darmstadt 1833, Vorwort.

708 Moller hat weder jemals einen gotischen noch einen griechischen Bau nachgeahmt; dieses Problem scheint sich ihm, anders als etwa Klenze, nicht unmittelbar aufgedrängt zu haben.
Lediglich über die Nachahmung des gotischen Stils hat sich Moller gelegentlich geäußert und zwar in aller Regel im Sinn eines Tadels der „Einführung des altdeutschen Geschmacks bei Errichtung neuer Gebäude"; doch auch hier bemerkt er einschränkend: „... so darf doch dies die Vollendung vorzüglicher Werke der Art nicht ausschließen". –
Klevinghaus, Gertrud. Die Vollendung des Kölner Doms im Spiegel deutscher Publikationen der Zeit von 1800 bis 1842. Diss. Saarbrücken 1971, S. 37.

709 Moller, Georg. Bemerkungen über die aufgefundene Originalzeichnung des Domes zu Koeln. Darmstadt 1818, S. 415.

710 Diese Theorie entwickelte Moller in der charakteristischen Situation nach dem Fund des Kölner Domrisses, (Moller, G., a.a.O., S. 415), als sich ihm die Problematik der Vollendung so stellte: „Ist im allgemeinen das Unternehmen ein früher angefangenes Werk der Baukunst zu vollenden, dessen Stil uns fremd geworden ist, nach Gründen der Vernunft zu billigen?" Die Antwort, die er sich in dem bezeichneten Sinn selbst gibt, läuft letztlich auf eine Kontamination von Architektur und Archäologie zur Wiedererweckung von Geschichte hinaus. Daß es Moller dabei um eine „Orientierung für die Gegenwart" ging, zeigt sich an der von ihm gestellten Frage, „ob

und welche Folgen der Bau in moralischer und politischer Hinsicht haben könnte." – Moller, G., a.a.O., S. 19/20. – Klevinghaus, G., a.a.O., S. 37/38. – Brix Michael / Steinhauser, Monika. Geschichte im Dienste der Baukunst. Zur historischen Architektur-Diskussion in Deutschland. In: Geschichte allein ist zeitgemäß. Historismus in Deutschland. Gießen 1978, S. 199–327, hier: S. 233–255.

711 Vgl. die museale Re-Kreation des Pompejanums bei Aschaffenburg . – Simon, Erika. Das Pompejanum in Aschaffenburg und seines Vorbilder in Pompeji. In: Aschaffenburger Jahrbuch, 6. Aschaffenburg 1979, S. 423–438.

712 Es handelt sich hier nicht um die Authentizität des existenten Gebäudes, sondern um die des „gewesenen" Gebäudes, das entweder unvollendet blieb oder mutwillig zerstört wurde. Darin hauptsächlich liegt für Moller der Unterschied zwischen Kopie und Rekonstruktion, und darin ist auch die gemeinsame gedankliche Basis zwischen dem Konzept der Domvollendung und der „Reparation" der Parthenoncella zu sehen, obgleich es sich bei der Umsetzung der letzteren um einen „Neubau" handelt.

7. Sinnsphäre und Sinnbezug

713 Stolz, Ruprecht. Die Walhalla. Ein Beitrag zum Denkmalsgedanken im 19. Jahrhundert. Diss. Köln 1977, S. 151.

714 Sedlmayr, Hans. Verlust der Mitte. Salzburg 19514, S. 61 ff.

715 Es ist damit zu rechnen, daß die Zitate in stark verschlüsselter Form vorgetragen wurden, so daß es entweder Aussagen der Architekten selbst bedarf, was jedoch äußerst selten der Fall ist, oder eines ausgedehnten Aktenstudiums; diesem letzteren allein verdankt Verf. beispielsweise die Kenntnis des dem Hombjurger Kursaal zugrundegelegten antiken Gebäudes.

716 Bothe, Rolf. Antikenrezeption in Bauten und Entwürfen Berliner Architekten zwischen 1790 und 1870. In: Berlin und die Antike, Katalog. Berlin 1979, S. 294–430, hier: S. 308–310.

717 Kunst, Hans-Joachim. Bemerkungen zu Schinkels Entwürfen für die Friedrich Werdersche Kirche in Berlin. In: Marburger Jahrbuch, 19. Bd. Marburg 1974, S. 240–258, hier: S. 248. Auf den in diesem Aufsatz exemplifizierten Gedankengängen versucht Verf., besonders in diesem Kapitel, aufzubauen.

718 Schroth, I., S. 80.

719 Borbein, Adolf Heinrich. Klassische Archäologie in Berlin vom 18. bis zum 20. Jahrhundert. In: Berlin und die Antike, Aufsätze. Berlin 1979, S. 99–150, hier: S. 102/103.

720 Schroth, I., S. 195–197.– Berlin und die Antike, Katalog. Berlin 1974, S. 14.
Ähnlich die „Stoa", eine auf fünfstufigem Unterbau sich erhebende korinthische Halle, am Kleinen Markt von Dessau. Die 1827, vermutlich von Pozzi errichtete Stoa (niedergelegt 1867) gilt als das „letzte Wort" des Klassizismus in Dessau, wo die Auseinandersetzung mit der griechischen Architektur noch vor Berlin eingesetzt hatte. – Kempen, Wilhelm van. Die Baukunst des Klassizismus in Anhalt nach 1800. In: Marburger Jahrbuch für Kunstwissenschaft, Bd. 4

721 Hermann Beenken hat „Die deutsche Begegnung mit der griechischen Baukunst" am Beispiel der Auseinandersetzung mit dem Tempelbau aufgezeigt. Auf diese noch immer aufschlußreiche Studie kann für die Kenntnis des Umfeldes verwiesen werden. Auch bezüglich der Auswahl der Beispiele kann sich Verf. auf das von Beenken veröffentlichte Material weitgehend stützen, jedoch ist es ihr Anliegen, ausschließlich die Problematik der Parthenonrezeptionen zu entwickeln.
Beenken, Hermann. Schöpferische Bauideen der Romantik. Bremen 1952, S. 19–39.
Der Einfluß der griechischen Antike auf die Architektur des Klassizismus ist in der monografischen und in der topografischen Literatur sowie in Einzelstudien behandelt, eine zusammenfassende Darstellung steht jedoch noch aus.
Zur Berliner „hellenisierenden" Architektur: Schroth, I.– Berlin und die Antike, Katalog und Aufsatzband. Berlin 1979.

722 Gillys „an die Akropolis erinnernde (sic), emporragende und im Tempel kulminierende Vision" (von Simson) ahmte im Winckelmannschen Sinn einen hypaethralen Peripteros (jedoch von 8 zu 12 Säulen) nach, „aber ohne sich genau an ein antikes Vorbild anzuschliessen in Maassen und Formen". (Schroth). –
Schroth, I.,151–155.
Simson, Jutta von. Friderico Secundo Patria. Antikenrezeption in den Entwürfen zum Denkmal Friedrichs des Grossen in Berlin. In: Berlin und die Antike, Aufsätze. Berlin 1979, S. 379–394.
S. auch: Bothe, Rolf. Berliner Architekten zwischen 1790 und 1870. In: Berlin und die Antike, Katalog. Berlin 1979, S. 299–302.
Stolz, Ruprecht. Die Walhalla. Ein Beitrag zum Denkmalsgedanken im 19. Jahrhundert. Diss. Köln 1977, S. 143–156, hier: S. 168/169.
Der Temple de la Gloire (Madelaine) von Pierre Vignot (1806) reflektiert ganz allgemein den auf hohem Sockel stehenden Tempeltyp, nicht speziell den Parthenon (keine dorische Ordnung).

723 Hederer, O., Klenze, S. 303. – Ausführlicher Stolz, R., S. 18–23.

724 Hederer, O.,Fischer. , S. 97–100.

Zu Fischers und den übrigen Walhalla-Entwürfen zuletzt mit Literaturangaben: Nerdinger, Wilfried (Hrsg.), Klassizismus in Bayern, Schwaben und Franken. Architekturzeichnungen 1775–1825. München 1980, S. 325–334, hier: S. 327. –
Die Entwürfe Hallers können hier unberücksichtigt bleiben, da sie bezüglich des hier abgehandelten Themas keine Unterschiede zur ausgeführten Walhalla aufweisen.

725 Stolz, R., S. 233/234.

726 Watkin, D., p. 150.

727 Der Vollständigkeit halber sei darauf hingewiesen, daß vor dem gleichen geistesgeschichtlichen Hintergrund der Wunsch nach Vollendung des Kölner Doms als eines Nationaldenkmals entstand.
Auf das bezeichnenderweise unausgeführt gebliebene „bürgerliche" Gegenmodell eines Nationaldomes im „altdeutschen Stil" von Schinkel kann hier nicht weiter eingegangen werden; siehe dazu Kunst, H.-J., a.a.O., S. 254/255. Daß anstelle des National*doms* ein (bayerischer) National*tempel* zur Ausführung gelangte, spiegelt die Situation nach den Befreiungskriegen; die Walhalla ist eher Fürstendenkmal als Bürgerdenkmal. Das antike Zitat (mehr als der „idealistisch-antikische Stil") ist bei den „neoabsolutistischen Herrschaftsansprüchen der kleinen und großen deutschen Dynasten" vorherrschend. „Seine Ausformung war nirgends so rein und perfekt wie im romantischen Klassizismus Bayerns unter Ludwig I., wo mehr als in anderen deutschen Staaten die Denkmalskunst zur Herrschaftsideologie des autokratischen Monarchismus wurde." – Scharf, Helmut. Kleine Kunstgeschichte des deutschen Denkmals. Darmstadt 1984, S. 184–186.

728 Crook, J. M., p. 166 (106?).

729 Stolz, R., S. 234.

730 Pronocierte Kritik an dem Fest, „bei dem wir – von je größerer Bedeutung es sich für unsere ganze Nazion angekündigt hatte -, desto lebhafter den Mangel an Theilnahme des Volkes fühlten, den Mangel an jeder Theilnahme, die allein hätte zeigen können, daß das Streben nach Größe und Einheit des Vaterlandes nicht nur in der Sucht nach Denkmalen und in tönenden Worten sich kund gibt", bei Fuss, Die Eröffnung der Walhalla. In: Allgemeine Bauzeitung, 7. Jg., Wien 1842, S. 329–342.

731 Zuchold, Gerd-H., Bemerkungen zu Schinkels Verhältnis zur Kunst der Antike. In: Karl Friedrich Schinkel 1781–1841. Berlin DDR 1980/1981, S. 381–384, hier: S. 381.

732 Daß auch der Homburger Saal einem gegenwartsbezogenen Konzept unterliegen sollte, also im nationalen Sinn gedeutet werden könnte, ist nicht ganz von der Hand zu weisen.
Dafür spräche die ausgesprochen napoleonfeindliche Haltung des Landgrafenhauses, dem die Landgrafschaft im wesentlichen ihre Souveränität verdankte. Es war vorherzusehen, daß dem Landgrafen, der mit seinen Geschwistern ein durch Hölderlin vermitteltes Griechenverständnis teilte, das er in Griechenland selbst vertieft haben mag, Mollers „griechischer" Entwurf nicht unwillkommen war. In jedem Fall dominierte der im folgenden ausgeführte Sinnbezug.

733 Darin ähnelte der Homburger Saal den Kirchenräumen, in denen Moller eine quasi cellaartige Ausstattung etablierte, ohne daß diese in der Gestaltung des Kirchenäußeren wirksam geworden wäre. Hier wie dort konzentriert sich das architektonische Geschehen auf den Innenraum, der als das Zentrum des geistigen Geschehens aufgefaßt wurde.

734 Daher gibt es für diesen Saal keine „stilistische Alternative" .

735 „Wenn nun weiter Theseus als eigentlicher Stifter der Panathenäen genannt und diese Stiftung in Verbindung gesetzt wird mit der durch Theseus bewirkten Vereinigung der zwölf bis dahin von einander unabhängigen attischen Städte zu dem einigen attischen Staate, so wird sowohl durch diese Sage wie durch den Namen selbst das Fest als Bundesfest der Athener dargestellt..." – Ersch, J. S. / Gruber, J. G., Allgemeine Encyclopädie der Wissenschaften und Künste..., 3. Sect., 9. Theil. Leipzig 1837, S. 278.
Zu den Panathenäen siehe Mommsen, August. Feste der Stadt Athen im Altertum. Leipzig 1898, S. 41–159. –
Deubner, Ludwig. Attische Feste. Berlin 1932, S. 23–25. –
Einen zusammenfassenden Überblick gibt Ziehen, L., Paulys Real-Encyclopädie der classischen Altertumswissenschaft, 36. Halbbd., 2. Drittel. Stuttgart 1949, Sp. 457–493.

736 Ersch, J. S. / Gruber, J. G., Allgemeine Encyclopädie der Wissenschaften und Künste, 3. Sect., 9. Theil. Leipzig 1837, S. 80.

737 „Die Auffassung der Panathenäen als eines Siegesfestes der Stadtgöttin entsprach der Zeit, da Athen, auf die Perserschlachten mit Stolz zurückblickend, Reich und Reichseinnahme beständig wachsen sah und sein Machtgelüste immer weitere Kreise zog." – Mommsen, A., S. 157. – Siehe auch: Ziehen, L., Sp. 488/489.
„The Parthenon was the creation of a free democracy, initiated, controlled, and approved by the popular assembly and its judicial organs. The name of Perikles was not inscribed on it; but to all succeeding ages, the Parthenon is a Periklean building. As Thucidides the historian saw, during this brief generation Athens enjoyed the forms of democracy but was guided by a single man's leadership." – Meiggs, Russel. The political implications of the Parthenon.

In: Hooker, G. T. W. (Hrsg.), Parthenos and Parthenon. Oxford 1963, p. 36–45.

738 Bröndsted, P. O., Bd. 2, S. 165.

739 Den dritten möglichen Sinnbezug, den der Demokratie, hat man in dem hier zur Betrachtung anstehenden Zeitraum der 1. Hälfte des 19. Jahrhunderts möglicherweise mitbedacht, jedoch nicht in den Mittelpunkt der Überlegungen gestellt.
Erst bei dem 1871–1883 von Theophil Hansen erbauten Wiener Parlament steht der Tempeltypus (nicht konkret der Parthenon) realiter als „die einende Mitte zwischen Herren- und Abgeordnetenhaus“ und symbolisch für „Freiheit und Demokratie“, ist ebensosehr gültiger ethischer Grundwert der menschlichen Gemeinschaft wie „Gleichnis für die politische Aufgabe des damaligen Reiches“, die „Vereinigung von Föderalismus und Zentralismus.“ – Ganz, Jürg. Theophil Hansens „Hellenische“ Bauten in Athen und Wien. In: Österreichische Zeitschrift für Kunst und Denkmalpflege, XXVI. Jg., Wien 1972, S. 67–81.

740 Zitiert nach Stolz, R., S. 79/80. – Siehe auch Gauer, W., S. 59/60, der bei den Panathenäen einen „politisch repräsentativen Festzug“ und im Panathenäenfries „die gültige Selbstdarstellung des Volkes von Athen auf dem Gipfel seiner Macht und zugleich ein ideales Abbild seiner politischen Ordnung“ erblickt. Demzufolge wäre die Ausstattung des Parthenon als Spiegelbild politischer Realität zu deuten. Und daraus folgert, das von Klenze intendierte nationale Fest habe sich dagegen „in der vormärzlichen Kälte der Entstehungszeit nicht entfalten“ können. Verf. kann dieser Interpretation nicht beipflichten, da bereits Architektur, Ausstattung und Fest des Parthenon bzw. der Panathenäen Widersprüche aufweisen, wie sie sich selbstverständlich auch in antiken Nationalfeiern und -denkmälern manifestieren. Der Sinnbezug kann daher allein im Parthenontempel als Nationalheiligtum gesehen werden.

741 Stolz, R., S. 176–184, hier: S. 369, Anm. 472.

742 Stolz, R., S. 169/170 sieht auch Gillys Friedrichsdenkmal-Entwurf als „Ehrenmal und Nationalheiligtum“, mit dem „moralische und patriotische Zwecke“ zu erreichen sein sollten, wobei jedoch kaum an das sinnliche Nachahmen, wie es sich Klenze vorstellte, gedacht gewesen sein dürfte. Seine Kritik gilt darum um so mehr Klenze: „Aber die Spiele zu Ehren der Helden in Olympia und Delphi und die Panathenäen stärkten zwar das politische, städtische und vaterländisch-hellenische Bewußtsein und es wurden in den Tempeln von Olympia und Delphi Nationalheiligtümer gesehen, denen Weihegeschenke gestiftet wurden. Hingegen wurden diese Tempel errichtet und Spiele veranstaltet ohne moralische und patriotische Bezüge.“
Auf die „enge Verbindung von Monument und Fest“, die „eine ganz neue Ideologie“ bezeichnet, wies zuerst Ettlinger hin. – Ettlinger, Leopold. Denkmal und Romantik. Bemerkungen zu Leo von Klenzes Walhalla. In: Festschrift für Herbert von Einem. Berlin 1965, S. 60–70 (Zitiert nach dem Wiederabdruck in: Warnke, Martin (Hrsg.). Politische Archiektur in Europa vom Mittelalter bis heute – Repräsentation und Gemeinschaft. Köln 1984, S. 224–246, hier: S. 240).

743 Ersch / Gruber, 3. Sect., 11. Theil. 1838, S. 374–375.
Boetticher, Karl. Die Tektonik der Hellenen. Potsdam 1852, Berlin 18812, S. 586–589 und Boetticher, Karl. Ueber den Parthenon zu Athen und den Zeus-Tempel zu Olympia, je nach Zweck und Benutzung. In: Zeitschrift für Bauwesen, Jg. II. Berlin 1852, S. 194–210 und 498–519, Bl. 81.
Boetticher unterschied zwischen Kultus- und Agonal- oder Festtempeln. Letzteren gehörte seiner Meinung nach der Parthenon an: da ihm „alle Eigenschaften einer Kultstätte“ mangelten, „so ist klar, dass er kein Kultustempel, sein Bild kein Kultusbild gewesen sein konnte“ (Sp. 501).
Diese Auffassung hat sich in der modernen Archäologie als zutreffend durchgesetzt:
„... dem unter Perikles realisierten Bau fehlen die auf gezählten Kultmerkmale mit Sicherheit...“ „... Danach wäre das chryselephantine Agalma ein thesaurierender Teil des Staatsschatzes und der Bau des „Parthenon“ das schützende Oiekema in der Nachfolge der Oikemata das 6. Jahrhunderts. Die Frage nach der Kultfunktion wäre damit hinfällig“. – Preisshofen, Felix. Zur Funktion des Parthenon nach den schriftlichen Quellen. In: Berger, Ernst (Hrsg.). Parthenon-Kongreß Basel. Mainz 1984, S. 15–18, hier: S. 16,18.
Während Boetticher dem Parthenon zwei Funktionen zuwies: „dass der Parthenon nur ein der Athena Polias als Landes- und Schutzgottheit von ganz Attika geweihtes Donarium oder Staatschatzhaus, zugleich der Festtempel zur Celebration gewisser Akte der Panathenäischen Spiele sei“ (Sp. 209), betont die moderne Archäologie, daß der Parthenon „sicher in einer bis dahin unbekannten Weise zur Thesaurierung öffentlicher Gelder, die der Polis verfügbar blieben, diente“ (Preisshofen, F., S. 18).
Dagegen negiert sie die Funktion als Festtempel; der kultische Festzug habe „nie dem Tempel“ gegolten (Preisshofen, F., S. 16).

744 Boetticher, K., Parthenon, Sp. 209.

745 Da der Homburger Saal die Parthenoncella rezipiert, kann der hypäthrale Innenraum nicht als Peristylhof interpretiert werden. Dieser galt als der profanen Architektur zugehörig, jener als der sakralen, und demgemäß wurde auch sprachlich zwi-

schen peristylium und pteroma unterschieden, wobei dem pteroma in der Bedeutungshierarchie eine ungleich höhere Stellung zukam.
Siehe hierzu Boetticher, K., S. 590: „... Hiermit ist die ganze Einrichtung einer hypäthrischen Cella, durch Hinweisung auf die gleiche Einrichtung der Peristylia – im Wohnhause und den Gymnasien – deutlich gegeben. Denn man muss beachten, dass es Sprachgebrauch des Vitruv ist, peristylium wie porticus nur bei profanen Gebäuden, bei der Palästra, dem Theater, der Basilika und dem Wohnhause anzuwenden: bei heiligen Bauten, bei Tempeln dagegen gebraucht er statt porticus und peristylium ausschließlich nur den Hellenisch ursprünglichen hieratischen Namen pteroma..."

746 Heinrich Habel hat darauf hingewiesen, daß die Assoziation einer Tempelcella „für Klenze und seine Zeitgenossen entscheidend gewesen sein (müsse), beruhte doch auf ihr das Gefühl, in einem tempelartigen, herrlichen Prachtsaal von einer sakralen Atmosphäre umgeben zu sein.
Der von Habel angestellte Vergleich zwischen dem Münchner Odeon und der Parthenoncella kann nicht den Bereich der Sinnsphäre umfassen, sondern muß auf den (nicht ganz überzeugenden) Hinweis auf die Supraposition zweier, allerdings unterschiedlicher Ordnungen beschränkt bleiben.
Der Verfasser geht von einer nicht an den zeitgenössischen Quellen orientierten Rekonstruktion der Parthenoncella aus und schließt daher fälschlich auf eine dort erstmalig festzustellende „Herumführung der Kolonnaden auf drei Seiten um das Kultbild". Auf die Existenz von Hypäthren wird allgemein hingewiesen, jedoch nicht auf die zeitgenössische Deutung der Parthenoncella als hypäthralem Innenraum. – Habel, H., S. 122/123.

747 Boetticher, K., (1852), Sp. 209. – Nilsson, Martin P., Geschichte der griechischen Religion, Bd. I. München 19502, S. 75–77 nennt kein Tabu für den Parthenon.

748 „Die Aussenseite der Zelle war oben mit einem fortlaufenden Fries von ungefähr 3 Fuss 4 Zoll Höhe umgeben, welcher die panathenäische Procession in Basrelief vorstellte..." Alterthümer, Bd. I, 1829, S. 270.
„Sie stellen die panathenäische Procession nach dem Tempel dar, wahrscheinlich wie sie wirklich stattfand, wenn auch hie und da eine petische Behandlung sichtbar wird." – Ersch/Gruber, 3. Sect., 11. Theil, 1838, S. 371.
Zuletzt mit Angaben zur neuesten Literatur: Simon, Erika. Panathenaia and Parthenon. Festivals of Attica, An archaeological commentary. London 1983, S. 55–72. Simon wertet den Panathenäen-Fries als „document of the festival" aus und kommt zuf dem Schluß, der Fries sei als Votivrelief „of the whole Athenian demos to Athena" zu verstehen. Auch diese Interpretation – sollte sie im 19. Jahrhundert in Erwägung gezogen worden sein – erschüttert die hier vorgetragene These nicht.

749 Auf die „Volksnähe" des Panathenäen-Frieses hat Zinserling in etwas überzeichnender, aber dafür um so deutlicherer Form hingewiesen, indem er ihn als „einmalig nicht in formaler Hinsicht, sondern vor allem, was seinen Inhalt betrifft" bezeichnete. „Bis dahin war es üblich, an Tempeln und Schatzhäusern Szenen aus dem Leben der Götter und Heroen darzustellen. Im Parthenonfries hat sich die Bürgerschaft von Athen selbst ein Denkmal gesetzt: Die Prozession wird dargestellt, die die Athener zum Panathenäenfest veranstalten, um ihre Schutzherrin Athena den Peplos zu überreichen. ... Mit dem Festzug ist kein bestimmter, aufs Jahr datierbarer gemeint. Dargestellt sind nicht Mitbürger, die man mit Namen hätte nennen können, sondern das attische Volk schlechthin, die Vollbürgerschaft..." – Zinserling, Gerhard. Abriß der griechischen und römischen Kunst. Leipzig 1972, S. 151/152.

750 Für das Theater: Mollers Mainzer Stadttheater (1829–33), bei dem Sinnsphäre und Erscheinungsform rezipiert werden. Der Sinnbezug wird als Sichtbarmachung der Zweckbestimmung des Gebäudes begreifbar – im Werk Mollers wie im Theaterbau des 19. Jahrhunderts bekanntlich eine Pionierleistung, die besonders im Vergleich mit Mollers Darmstädter Hoftheater (1814) deutlich wird. Der Ersatz der „bloß äußerlichen" Nachahmung der Antike durch die Übertragung von deren Sinnsphäre – er macht die aufgezeigte Entwicklung innerhalb des Klassizismus deutlich – wurde von den Zeitgenossen erkannt: „Keine gelogene Architektur, kein griechisches Portal, keine überflüssige Fassade..." – Frölich/Sperlich, a.a.O., S. 294–296.
Für den Odeon-Konzertsaal: Klenzes Münchner Odeon, dessen Pläne der Architekt in griechisch beschriftet und damit angedeutet hat, „daß man in der Wahl dieses Namens einen bewußten, direkten Rückgriff auf die griechische Antike sehen muß." – Habel, H., S. 96. – Als Odeon bezeichneten die Griechen „ein für musikalische und rhetorische Wettkämpfe bestimmtes Gebäude". – Das Odeon des Perikles auf der Athener Akropolis spielt eine wichtige Rolle für die Entwicklung der musischen Agone – zu welchem Zweck es 445 v. Chr. errichtet wurde – bei den Panathenäen. Wie das Konzertieren aus dem musischen Agon wurde das Odeon aus dem ursprünglichen Zusammenhang ausgegrenzt. Der Parthenon, in dem die Siegerkränze für ursprünglich *alle* Wettkampfsparten vorgestellt wurden, hätte also dem Münchner Saal -zumal dieser Konzert- und Festsaal war – durchaus zum Vorbild werden können.

751 Borbein, Adolf Heinrich. Klassische Archäologie in Berlin vom 18. bis zum 20. Jahrhundert. In: Berlin und die Antike, Aufsätze. Berlin 1979, S. 103. – Bammer, Anton. Architektur als Erinnerung. Archäologie und Gründerzeitarchitektur in Wien. Archäologisch-soziologische Schriften, Bd. 2. Wien 1977, besonders S. 54–60.

752 Kunst, H.-J., passim.

753 Eine einheitliche Terminologie fehlt noch immer. Jeweils dasselbe Phänomen meint: „neugriechische", „hellenisierende", „gräzisierende" Architektur, „hellenischer" (Schmoll), „hellenisierender", „neugriechischer" (Dolgner) Klassizismus. Im Zuge der Historismusdiskussion entstanden die Begriffe „Gräkoklassizismus" bzw. „Gräkohistorismus" (Bammer), die sich dort anwenden lassen, wo eine klare Scheidung möglich ist. Vor der Jahrhundertmitte handelt es sich jedoch meist um einen Klassizismus mit historischen Zügen bzw. umgekehrt, also um einen „Klassizismus im Historismus". Hier empfiehlt sich der allgemeinere, von Sedlmayr (a.a.O., S. 67 f; wenn auch mit negativem Vorzeichen versehene) Besgriff des „Neuhellenismus" (s. auch Dolgner).
Auf die Problematik historistischer Architektur, insbesondere deren Abgrenzung gegen den Klassizismus, soll hier nicht weiter eingegangen werden. Zu der noch nicht abgeschlossenen Diskussion zuletzt und von dem hier behandelten Architekturtypus „Kursaalgebäude" ausgehend: Wegner, E.,Gutensohn, S. 329–368.

754 „Im Zuge dieser Mode lag ein Wiederaufleben des Wortes „Odeon" gewissermaßen in der Luft, und es tauchte denn auch seit dem späteren 18. Jahrhundert in Frankreich, England und Italien verschiedentlich auf. In Deutschland erträumte Herder ein neues „Odeon der Künste", Sammlungen lyrischer Gedichte erhielten diesen Titel; „Odeum" wird der Konzertsaal in Schinkels Berliner Schauspielhaus in der lateinischen Inschrift auf dem Portikus genannt, und der bekannte Wiener Musikverleger Tobias Haslinger brachte unter dem Namen „Odeon" Noteneditionen heraus, die auf der Titelseite die Darstellung eines Heiligtums der Musik, mit dem Altar und Apollons Lyra darauf im Mittelpunkt, zeigten... Zu den deutschen Beispielen wäre noch zu ergänzen die Berliner Lese- und Teegesellschaft „Odeon". Im Laufe des 19. Jahrhunderts wurde der Name allmählich entwertet und immer häufiger für Vergnügungsstätten aller Art verwendet..." – Habel, H., S. 97.

755 Einige Beispiele: Tempel der Künste: Museum. Tempel des Wissens: Bibliothek. Tempel der Wissenschaft: Naturkundemuseum. Tempel des Ergötzens, des Vergnügens, der Geselligkeit: Kursaal, Wiesbaden. Auch das Odeon in München wurde als „Tempel des Vergnügens" und als „Kunsttempel" bezeichnet (Habel, S. 13+18).
Der in Wiesbaden besonders auffällige Gebrauch des Epithetons „Tempel" hat wohl zu der kunstwissenschaftlich nicht zu vertretenden Feststellung verlockt: „man betrat das Heiligtum – zur Kur" (v. Hase, Wiesbaden, S. 134).

756 So in „une bonne fortune" von Alfred Musset, einem Gedicht, in dem das Gebäude verächtlich mit einem „temple grec" verglichen wird, der dem Dichter wie „ein namenloses Ding, ein Bastardungeheuer, ein Kind des Parthenon und einer Bauernscheuer" erscheint. – Zitiert nach Steinhauser, M., Baden-Baden, S. 103 u. Fischer, K.,1975, S. 32/33.

757 Angesprochen ist hier vor allem die Problematik der Neurenaissance als Alternative zum Neuhellenismus, die im folgenden Kapitel noch einmal aufgenommen wird. – Ettlinger, Leopold. Gottfried Semper und die Antike. Beiträge zur Kunstanschauung des deutschen Klassizismus. Diss. Halle 1937, S. 39 ff.

8. Philhellenismus und „philhellenische Architektur"

758 1814 wurden die Vereinigungen „Philiki Etairia" und der „Musenfreunde" – letztere während des Wiener Kongresses – begründet. Im gleichen Jahr erging ein Aufruf „namentlich (an) die Deutschen zur Unterstützung jenes edlen Zweckes der Gründung zweier Lyceen in Griechenland" (München, 1.11.1814). Zu dem von Major Church vor dem Wiener Kongress vorgelegten Memorandum vgl. Dakin, Douglas. British and American Philhellenes during the War of Greek Independence. Thessaloniki 1955, p. 17/18. – Hierzu die Artikel „Aus Wien an den Divan" im Morgenblatt für gebildete Stände No. 38, 13.2.1816 und No. 49, 26.2.1816. – Zum griechischen Befreiungskrieg und zu seiner Vorgeschichte zuletzt mit weiterführender Literatur: Woodhouse, C. M. Modern Greece. A Short History. London/Boston 1984, p. 125–156.

759 Zitiert nach: St. Clair, William. That Greece might still be free. The Philhellenes in the War of Independence. London 1972, p. 54.

760 St. Clair, W., passim.

761 Erler, Kurt. Der Philhellenismus in Deutschland 1821–1829. Ein Beitrag zur Geschichte der öffentlichen Meinung im 19. Jahrhundert. Diss. Leipzig 1906, S. 4. – Vgl. auch St. Clair, W., p. 60.
Zum Philhellenismus aus griechischer Sicht: Eideneier, Hans. Hellenen und Philhellenen. In: Griechen und Deutsche. Bilder vom Anderen. Stuttgart/Darmstadt 1982, S. 63–75.

762 St. Clair, W., p. 60–77.

763 „Natürlich (wollte) der Vater des ganzen reaktionä-

ren Regierungssystems, Metternich, nichts von den Griechen wissen". – Erler, C., S. 7–13. – Vgl. St. Clair, W., p. 60–65.

764 St. Clair, p. 61.

765 St. Clair, p. 62.

766 Morgenblatt für gebildete Stände No. 49, 26.2.1816. – Gollwitzer, Heinz. Vorgeschichte und Anfänge des Maximilianeums. In: 100 Jahre Maximilianeum. München 1952

767 St. Clair, W., p. 64/65.

768 Erler, C., S. 59–63.

769 St. Clair, W., p. 66–77 u. p. 356.

770 Der erste Griechenverein entstand 1821 in Stuttgart.– St. Clair, W., p. 62. – Rothpletz, Emil. Der Genfer Jean Gabriel Eynard als Philhellene. Diss. Zürich 1899, S. 8/9 u. S. 46–51. – Erler, C., S. 59–63.

771 St. Clair, p. 65 u. 69.

772 Den Darmstädter Philhellenen hat J. P. Thorbecke eine angesichts schlechter Quellenlage vergleichsweise ausführliche Studie gewidmet, auf die hier ausdrücklich verwiesen sei. – Thorbecke, Jan Peter. „Einigkeit gepaart mit deutscher Biederkeit". Der Darmstädter Philhellene Ernst Emil Hoffmann und die Expedition der „Deutschen Legion" nach Griechenland 1822/23. In: Griechen und Deutsche. Bilder vom Anderen. Stuttgart/Darmstadt 1982, S. 50–62.
Zur Biografie E. E. Hoffmanns: Haupt, Hermann. Hessische Biographien, Bd. 2. Darmstadt 1927, S. 97–106.

773 Erler, C., S. 42/43.

774 Thorbecke, J. P., S. 53.

775 Thorbecke, J. P., S. 58/59.

776 Thorbecke, J. P., S. 52. – Abdruck der Rede bei Erler, C., S. 38/39. – Vgl. auch Büngel, Werner. Der Philhellenismus in Deutschland 1821 bis 1822. Diss. Marburg 1917, S. 20.

777 Weder im Stadtarchiv Darmstadt noch im Hessischen Staatsarchiv Darmstadt fanden sich Hinweise auf eine Verbindung Mollers zur Philhellenischen Bewegung. Unergiebig war auch eine Durchsicht des Nachlasses der Erbgroßherzogin Mathilde, einer geborenen Prinzessin von Bayern, im Hausarchiv des Hessischen Staatsarchivs Darmstadt (D 4, 773 ff.).

778 Erler, C., S. 37.

779 St. Clair, p. 53.

780 z.B.: Geschichte hellenischer Stämme und Städte (1820–24) von K. O. Müller; „Des Pausanias Beschreibung von Hellas" (Übersetzung, 1827) von E. Wiedasch; The history of modern Greece (1830) von E. Tenant; Über griechische Architektur (1822) von H. Hübsch u.a.
Unter dem Stichwort „Neugriechenthum" zahlreiche Rezensionen im Morgenblatt für gebildete Stände bzw. im Kunst- oder Literatur-Blatt; z. B. No. 23, 30, 43, 51, 90, 99, 176, 225 (1821); 24 Titel 1822. Aufschlußreich ist der „Bericht über die Leipziger Büchermesse Ostern 1821" im Literatur-Blatt (zum Morgenblatt für gebildete Stände) Nr. 51–90, 26.6.–10.11.1821: „... Eine ganz ansehnliche Sammlung machen die Schriften über den Kampf der Griechen gegen die Türken aus; es sind ihrer 18 angegeben und seitdem nicht viel weniger erschienen; dazu kommen 8 Landkarten, welche den Schauplatz verdeutlichen sollen, und selbst ein gesellschaftlich politisches Spiel „die Türken und die Griechen, welche werden siegen?"; das letzetere ist nicht zu loben, denn mit solchen Angelegenheit der Menschheit darf weder oben noch unten ein Spiel getrieben werden. In 8 Schriften wird Griechenland geographisch-statistisch dargestellt... Die Anforderungen zur Theilnahme an der Sache der Griechen müssen Eingang finden; denn es gilt die Behauptung des Christenthums gegen den ihm feindlich drohenden und seine Unterdrückung in einem europäischen Lande bezweckenden Islam; es gilt die Errettung eines Volkes aus dem schimpflichsten Knechtsjoche, welches ihm auferlegt werden konnte, weil Europa in Zwietracht und eine sträfliche Staatskunst mit den rohen Asiaten bald im Einverständnis war; es gilt Erkenntlichkeit gegen die Nachkommen eines Volkes, dem ganz Europa seine geistige Bildung verdanket. Die Macht solcher, von den verschiedensten Seiten zu den verschiedenartigsten Gesinnungen andrängenden Gefühle zeiget sich in ihrem Vollgewichte und kann durch kalte Vernünfteley und arglistige Klügeley oder Deuteley nicht gebrochen oder unterdrückt werden. Zur geschichtlichen Bearbeitung eignet sich der Gegenstand jetzt nur in so weit er der Vergangenheit angehört..."

781 Kelletat, Alfred. Hölderlin in Berlin. In: Berlin und die Antike, Aufsätze. Berlin 1979, S. 246/247. – Vgl. auch St. Clair, W., p. 61.

782 Dieterich, Karl. Deutsche Philhellenen in Griechenland 1821–1822. Hamburg 1929, S. 12/13. – Ebrard, Friedrich Clemens / Liebmann, Louis. Johann Konrad Friederich. Frankfurt am Main 1918, S. 66/67.

783 Zitiert nach: Dirrigl, Michael. Ludwig I. König von Bayern 1825–1848. München 1980, S. 148.

784 Kirchner, Werner. Das „Testament" der Prinzessin Auguste von Hessen-Homburg. In: ders., Hölderlin. Aufsätze zu seiner Homburger Zeit. Göttingen 1967, S. 69–123.

785 Hölderlins Hyperion stand am Anfang einer tätigen Anteilnahme des Landgrafenhauses am Schicksal des Dichters. In seinem „Refugium" Homburg schuf Hölderlin den Empedokles, dem Landgrafen von Hessen-Homburg widmete Hölderlin das Gedicht Patmos und der Prinzessin Auguste eine Ode. Im

Besitz der Stadt Bad Homburg befinden sich noch heute 230 Blätter handschriftlicher Dokumente (viele aus der Homburger Zeit), die auf Initiative des Archivars und Bibliothekars J. G. Hamel aus den Händen des Neffen Hölderlins, F. Breunlich, nach Homburg gelangten. Die jüngere Forschung hat die Bedeutung der „Homburger Zeit“ für Hölderlins Schaffen herausgearbeitet.
– Kirchner, Werner. Hölderlin. Aufsätze zu seiner Homburger Zeit. Göttingen 1976. – Miedel, Hilde. Hölderlin und Homburg. Bad Homburg 1976. – Jamme, Ch. / Pöggeler, O. (Hrsg.). 1981, bes.: Kurz, Gerhard. „Hyperion“ auf dem Fenster. Prinzessin Auguste von Hessen-Homburg und Hölderlin, S. 48–66.

786 Kirchner, W., Testament, S. 100.

787 Kirchner, W., Testament, S. 120/121.

788 Erler, C., S. 51.

789 Es handelte sich jeweils um 20 Taler. – Erler, C., S. 53.

790 Verzeichnis der Städte nach alphabetischer Ordnung, in welchen ich mich befand, aufgeschrieben im Lauf des Jahr 1821 zu Luxemburg. Ludw. W. Pz. H. H. – HStA Darmstadt, Hausarchiv Hessen-Homburg, D 11, Konv. 153, Fasz. 4.

791 Reise Landgraf Ludwigs nach Italien, Griechenland, Türkei 1816/17 (meist eigenhändige Aufzeichnungen, Reiseandenken, Zeichnungen). – HStA Darmstadt, Hausarchiv Hessen-Homburg, D 11, Konv. 153, Fasz. 8.

792 Schwartz, Karl. Landgraf Friedrich V. von Hessen-Homburg und seine Familie, Bd. 3. Homburg vor der Höhe 1888, S. 94. – Zur Bedeutung der Schlacht: Woodhouse, C. M. The battle of Navarino. London 1965.

793 St. Clair, W., p. 140.

794 St. Clair, W., p. 133–149 u. p. 266–271. – Schon 1814 brachte Major Church das vorwiegend machtpolitische Interesse Englands an Griechenland zum Ausdruck., „If England... did not elect to become the protector of the Greeks, then it would be Russia who would play that role“. – Dakin, Douglas. British and American Philhellenes during the war of Greek Independence. Thessaloniki 1955, p. 17.

795 Erler, C., S. 55–59. – Rothpletz, E., s. 65/66.
Ludwig selbst nahm für sich in Anspruch, „daß ich der erste Fürst war, der sich für diese Sache ausgesprochen in Wort und Tat“. – Dirrigl, M., Ludwig I., S. 146–151.

796 Genschorek, Wolfgang. Christoph Wilhelm Hufeland. Leipzig 1977, S. 170–172.

797 St. Clair, W., p. 271.

798 Erler, C., S. 49/50.

799 Kunst-Blatt zum Morgenblatt für gebildete Stände No. 41, 23.5.1822.

800 St. Clair, W., p. 317.

801 St. Clair, W., p. 322–333.

802 Dies spiegelt sich auch im Stand der Forschung, die heute vornehmlich von Engländern und Amerikanern bestritten wird, während für den deutschen Philhellenismus noch immer auf Arbeiten aus der Zeit um 1900–1920 zurückgegriffen werden muß.

803 Alterthümer, Bd. I, 1829, S. 301. – S. auch: Michaelis, A., S. 87.

804 Kriss-Rettenbeck, Lenz / Entaxis, Lambros u. a. Athen-München. Bayerisches Nationalmuseum, Bildführer 8. München 1980, S. 15.
An diesem Tag offerierten die europäischen Mächte dem Prinzen Leopold von Sachsen-Coburg die Krone des künftigen Königreichs Griechenland. Dieser zog jedoch seine Kandidatur zurück. Der daraufhin vorgeschlagene Prinz Otto von Bayern wurde erst am 26.7.1832 von der griechischen Nationalversammlung als König anerkannt. Damit war der Befreiungskampf beendet. – Clogg, Richard (Hrsg.). The Struggle for Greek Independence. Essays to mark the 150th anniversary of the Greek war of Independence. London 1973, hier: p. 176.

805 „Only shortage of money prevented the Parthenon from being „restored“ and rebuilt as part of the campaign to emphasize the alleged continuity of the Hellenic race“. – St. Clair, W., p. 351.

806 Bröndsted, P. O., Bd. 2, S. IX–XV u. S. XXI/XXII. – Bereits 1826 hatte es Bröndsted „sehr am Herzen“ gelegen, in seinen „Reisen und Untersuchungen...“ (prem. livr., p. XVI–XIX) eine „genauere Kenntnis des jetzigen Zustandes“ Griechenlands und den Entschluß zu befördern, „dem bedrängten Lande den nöthigen (überhaupt nicht schwierigen) Beistand zufliessen zu lassen“. Nun hatte die Vorsehung „das Schicksal des bedrückten Volks zum Besseren gelenkt, die Hülfe ist gekommen; eine grosse That, eine glorreiche, aber auch eine höchst nothwendige geschah seitdem, und die bewährte Nachricht davon: den einfachen Bericht der Sieger bei Navarino, muss wohl jeder Unbefangene, der den Zustand der Levante mit eigenen Augen sah, als die beste und wichtigste aller Schriften anerkennen, die in unserer Zeit über Angelegenheiten Griechenlands erschienen... – wenn nur die Fäden jenes zerhauenen Zauberknotens nicht, wie die Köpfe der Hydra, wiederum neu wachsen! – Diess verhüte ein Genius der Eintracht und des festen Entschlusses! möge er die Häupter der christlichen Völker mit Weisheit erleuchten, damit sie den Baum, den sie selbst in Humanität und Güte gepflanzt, ferner zu schützen und zu pflegen wissen!“ Für die sehnlich erwünschte „Bildung eines neu-hellenischen Staates“ müsse man jedoch noch immer besorgt sein – „hausen die Türken doch immer selbst auf der Burg von Athen, wo sie wahrlich nichts mehr zu thun haben! – Dass aber wir Christen, die wir durch unsere

Bildung Schüler der alten, und durch unseren Glauben Brüder der jetzigen Griechen sind, dort, auf jener herrlichen Felsenburg der Pallas-Athene fortwährend zu thun haben – das bewiesen schon viele von meinen edelsten Vorgängern und Zeitgenossen; das wollte ich auch, für meinen Theil, durch das vorliegende Buch wo möglich bewähren…"

807 Bröndsted, P. O., S. XXII.

808 Zweifellos stellt sich Moller mit der Rekreation der Parthenoncella in die Tradition des als einer der sieben berühmtesten Baumeister der Antike und Prototyp des Architekten geltenden Iktinos (s. Vollmer, Hans. Allgemeines Lexikon der bildenden Künstler von der Antike bis zur Gegenwart, Bd. 18. Leipzig 1925, S. 560–564). Für die Interpretation des Saals dürfte jedoch der Bauherr Perikles als Leitfigur des nach ihm benannten „goldenen" Zeitalters der griechischen Antike von größerer Bedeutung sein.

809 z.B. Klenzes Glypthothek: außen griechisch, innen römisch; Schinkels Palais Redern in Berlin: Außenbau „florentinisch", Saal „pompejanisch".

810 Zum klassizistischen Pluralismus: Döhmer, K., 1976, S. 20.

811 Hammer-Schenk, Harold (Hrsg.). Kunsttheorie und Kunstgeschichte des 19. Jahrhunderts in Deutschland, Bd. 2. Stuttgart 1985, S. 80, 85, 91.– Döhmer, K., 1976, S. 93

812 Zitiert nach Döhmer, K.,1976, S. 93.

813 HHStA 310c 7, Bd. 2, fol. 115+116; Burnitz am 12.3.1831.

814 „Herr Burnitz hat für die Aufrisse aus der byzantinischen und gothischen Baukunst einen Styl zusammengesezt, der in der Zeichnung nicht ohne Eleganz ist, aber für die Ausführung in dieser Art nicht zu empfehlen seyn dürfte… Die Verzierungen sind aus der gothischen oder spitzbögen Baukunst entlehnt, während die grösseren Theile, als Säulen, Fenster etc. der älteren byzantinischen oder Rundbögen Baukunst angehören. Ich kann mich aber nicht überzeugen, daß die jezt Mode werdende Anwendung und Vermischung beider Bauarten zu loben ist.

Die Verzierungen des Mittelalters sind hier überdem zum Theil ganz unrichtig angewendet z. B. an gothischen, byzantinischen, maurischen Bogenoeffnungen findet sich häufig ein Kranz kleiner Bogenverzierungen, welche die Oeffnungen bekränzen, einschliessen und gleichsam zusammenhalten, wie fig. I. II. II. (Randzeichnungen, A. B.). In dem vorliegenden Plan ist diese Verzierhung ganz verkehrt, nemlich auswärts gebogen fig. IV. angewendet, wo sie dem Begriff der Festigkeit und des Einschliessens ganz entgegen ist und gleichsam auseinanderspreizend erscheint. Das Heterogene dieser Stellung mit der Hauptform der großen Bogen ist in die Augen fallend.

Von der Schönheit und dem Kunstwerth der alten byzantinischen und gotischen Kirchen wird Niemand mehr eingenommen seyn als ich, der ich so vielen Jahren mich mit der Aufnahme und dem Studium derselben beschäftigt habe; um so mehr ist mir aber eine ins Kleinliche fallende, nicht gehörig verstandene Nachahmung dieser Bauarten zuwi der…" –

HHStA 310 XVc 7, Bd. 2, fol. 105–110; Moller im Januar 1831.

815 Siehe dazu Habel, H., S. 130, der feststellt, daß es „für den ersten, oberflächlichen Blick … aussehen (mag), als hätte Klenze beim Münchner Odeon außen und innen verschiedene Stile angewendet". Aber wie Moller zeigt sich auch Klenze" als Erbe der gesamten antiken und auf der Antike beruhenden Kultur", mit dem Unterschied, daß sich Moller (bei dem Homburger Entwurf) teilweise archäologisch treu verhielt. S. auch Habel, H., S. 109 ff.

816 Habel, H., S. 143/144 definiert das Gesellschaftshaus als „im engeren Sinn ein einer bestimmten „Gesellschaft" gehörendes Gebäude". Dieses Gesellschaftshaus, für das es in der zeitgenössischen Literatur mehrere Bezeichnungen gibt (die geläufigste, „Casino", unterscheidet sich von dem Gesellschaftshaus „im weiteren Sinn" vor allem durch seine Nichtöffentlichkeit. Zum Gesellschaftshaus „im weiteren Sinn zählen alle Gebäude mit Räumlichkeiten zu den angeführten Zwecken „geselligen" Lebens hierher" (festliche und gesellige Veranstaltungen, Bälle, Konzerte, Konversation, Speisen, Spielen, Lesen).

817 Zu den von Habel, H., S. 144 genannten Beispielen wären etwa noch hinzuzufügen das öffentliche „Theater- und Gesellschaftshaus" (1803/04, J. v. Hérigoyen) in Regensburg mit Theater, Redoutensaal, Restaurant, Café, Clubräumen der Gesellschaft „Harmonie" sowie die noch weitergehenden Entwürfe Johann Michael Voits für ein „Gebäude zum öffentlichen Vergnügen" in Augsburg, das ein Theater, zwei Festsäle, einen Konzertsaal, Räumlichkeiten für die Harmoniegesellschaft, ein Kaffeehaus und sogar eine Börse enthalten sollte. – Nerdinger, W. (Hrsg.). Klassizismus, S. 52 und S. 345–348.

818 Habel, H., S. 144

819 Nerdinger, W. (Hrsg.). Klassizismus, S. 52. – Habel, H., S. 144.

820 Habermas, S. 44.

821 W. v. Humboldt, zitiert nach Schroth, Ingeborg. „Die Nachahmung des Griechischen" durch die Berliner Baumeister der Goethe-Zeit. Diss. Freiburg 1944, S. 192.

Dieses Zitat steht bei Schroth im Zusammenhang mit ihrer Analyse des von Schinkel für W. v. Humboldt erbauten Schlosses Tegel. „Dieses grosse

Landhaus ist in ganz einzigartiger Weise Zeugnis einer Aufnahme griechischer Formen und griechischen Geistes in neues Leben... Hier wurden die griechischen Werke in fremde Räume versammelt, andere wurden nicht einmal in ihrer eigenen Gestalt, sondern im Abguss aufgestellt, und in dieser fremden Umgebung waren sie Zeichen der Bildung: Zeugnisse auch für den Wunsch der Besitzer nach dieser Bildung..." (S. 187, 192).

822 Frölich/Sperlich, S. 296.

823 Bei dem von Schinkel „zum Zeck der Sichtbarmachung des Charakters und der Wesensbestimmung" des Schauspielhauses zitierten Thrasyllos-Monument handelte es sich nicht um ein Theater, sondern um einen Denkmalbau für einen Choragen. Es konnte sich also nur um ein Zitat handeln, das die Idee des griechischen Theaters repräsentierte. – Berlin und die Antike, Katalog. Berlin 1979, S. 308–310.

824 Berlin und die Antike, Katalog. Berlin 1979, S. 310.

825 Mit umfassender Analyse der theoretischen Voraussetzungen: Busch, Werner. Nachahmung als bürgerliches Kunstprinzip. Ikonographische Zitate bei Hogarth und in seiner Nachfolge. Studien zur Kunstgeschichte, Bd. 7. Hildesheim/New York 1977, S. 30–31

826 Busch, W., Nachahmung, S. 36/37, S. 46 u. S. 65–68.

827 Habel, H., S. 13.

828 Die Finanzierung des Gebäudes, dessen Ertrag auf jährlich 6.000 fl. berechnet war, sollte durch eine Anleihe bei Hofbanquier Hirsch zu 250.000 fl. abgesichert sein.
Ludwigs I. Anteil bestand darin, den Bau angeregt und die Gewährleistung für die Rückzahlung der Anleihe „persönlich" übernommen zu haben. Hierzu und zu der Kritik an der Finanzierungsweise: Habel, H., S. 6 u. S. 19/20.

829 Habel, H., S. 120 u. S. 98/99. – Das Odeon verfügte über „Königszimmer", jedoch nicht über eine Loge.

830 Kaltenhäuser, Josef. Taunusrandstädte im Frankfurter Raum. Frankfurt am Main 1955, S. 50, S. 123–126, S. 219/220. – 1823 waren von der Gesamtbevölkerung Homburgs: 46 % selbständig Erwerbstätige, „unter denen die Handwerker vorherrschen". „Sehr schwach ist bereits zu dieser Zeit der Bauernstand" (1 %). Arbeiter: 23 %. Der Anteil der Beamten und Angestellten beträgt 17 % der Bevölkerung, „die größtenteils als Hofbedienstete aufzufassen sind".

831 Frölich/Sperlich, S. 266–274. – Huber 1979, S. 159–163.

832 Vgl. die Beobachtung H. Langes, S. 50, daß in Coburg „in der klassizistischen Raumfolge der Ehrenburg ... ein (dem Foyer im Hoftheater) vergleichbar großer Saal" fehlt.

833 Noch immer ist es „eine große und dem Beteiligten (dem Landgrafen von Hessen-Homburg, A. B.) unerfreuliche Anomalie, daß ein deutscher souveräner Fürst Mitglied des Bundes und dennoch ohne Vertretung in dem engeren Rate des Bundestages sei". Gerade bei Landgraf Ludwig – 1829 an die Regierung gelangt – „ist es nicht verwunderlich, daß er auch die Frage nach der Stellung des Landgräflichen Hauses im Bunde neu aufgreift. Aus der bis zu seinem Tod nicht abgeschlossenen Debatte scheint das Bemühen auf, dem landgräflich hessischen Haus die Anerkennung seines den anderen deutschen Fürsten ebenbürtigen Ranges zu erstreiten.
– Thomsen, K., S. 73 ff.

VI. Projekte 1834–1841

1. Projekt Rothschild

834 HHStA 310 XVc 7, Bd. 3, fol. 89; 7.7.1834. Ein Antwortschreiben scheint Brust nicht erhalten zu haben.

835 HHStA 310 XVc 7, Bd. 3, fol. 1–3; Entwurf zu einer Schuldverschreibung, 25.9.1835; – Mit „M. A. v. R. U. S." ist offensichtlich das Bankhaus von Meyer Amschel von Rothschild und Söhne gemeint.

836 Der Entwurf sah zur Verpfändung vor.
A Zur ersten Hypothek
1. das neue Kur- oder Gesellschafts-Haus selbst
2. das dazu nöthige Terrain an Gärten u. sonstiges, namentlich
a die herrsch. vormals fürstl. Anhaltischen Häuser mit ihren dabei befindlichen Gärten
b ein an die eben erwähnten Gärten stoßendes Baumstück
c das Schieshaus mit dem dazu gehörigen Terrain
d das Mineralbrunnen-, jetzt zu einer Restaurazion hergerichtete Haus
e die Mineralquellen in ihrem dermaligen Zustand...
B zur zweiten oder Nachhyptothek
das Oberamt Meisenheim mit seinen sämtlichen Raths-Einkünften...
C Zur Zahlung der Zinsen bestimmen Wir noch folgende Netto-Einkunft
a der Netto Ertrag aus der Verpachtung der Bade-, Gast- u. Kaffee-Wirtschaften u. aus den dazu gehörigen Lokalen samt Wohnungen für die Pächter usw.
b der Netto Ertrag aus der den Spielpächtern für die Erlaubniß, während der Badezeit Hazardspiele zu geben, als Pacht zu entrichtenden Abgabe...
c der Netto Ertrag aus der Verpachtung der Verkaufsläden, welche etwa in dem Gesellschaftsge-

bäude u. innerhalb der dazu gehörigen öffentlichen Spaziergänge für Kaufleute ... angelegt werden d der Netto Ertrag aus dem Verkauf des Mineral-Trinkwasser...

837 HHStA 310 XVc 7, Bd. 3, fol. 5–19; undatierter Vertragsentwurf (wohl September 1835) für ein Darlehen von 200 000 fl. – In seinem Gutachten zu diesem Entwurf, bemerkt Regierungsrat Zurbuch am 9.2.1836: „Das Akzien-Statut vom 19. Juli 1836 ist noch nicht offiziell eröffnet, dieses bedarf also auch des Widerrufs nicht". – HHStA 310 XVc 7, Bd. 3, fol. 20–36. – Diese Klarstellung macht deutlich, daß das Verlangen der Rothschilds akzeptiert wurde, worum es diesen bei der Formulierung des entsprechenden Absatzes wohl auch im wesentlichen gegangen sein dürfte.

838 Wäre dieser Vertrag zur Durchführung gelangt, hätten die Rothschilds für mindestens fünfzig Jahre das gesamte Kurwesen der Stadt Homburg beherrscht, denn es sollte ihnen nicht nur das Kur- und Bade-Haus übertragen werden, sondern „... In gleicher Weise übertragen Seine Höchfürstliche Durchlaucht auf die Darleiher, deren Erben und Cessionarien, für den Zeitraum von fünfzig Jahren das nutzbare Eigenthum sämtlicher Mineral- und Salz-Quellen im Amte Homburg, sowohl der jetzt schon bekannten, als derjenigen, die man künftig etwa noch entdecken wird. Desgleichen ertheilen Hochdieselben den Darleihern, deren Erben und Cessionarien die innerhalb fünfzig Jahren unwiderrufliche Concession der Bade- und Gastwirtschaft im ausgedehntesten Umfange, der Caffee- und Weinwirthschafts-Gerechtigkeit, der Spiel- und Billard-Verpachtungen, und zwar soviel die Spiel-Verpachtung betrifft; als Privilegium exclusivum."

839 HHStA 310 XVc 7, Bd. 3, fol. 20–36; 9.2.1836. In seinem 25 Paragraphen umfassenden Gutachten führte Zurbuch detailliert den Nachweis, daß dieser Vertrag von Nachteil für den Landgrafen und für die Bade-Anstalt sei. Unter anderem lehnte Zurbuch kategorisch die Rothschildsche Fassung des oben zitierten § 4 ab, da „von einer völligen Abtretung des Nuzeigenthums ... keine Rede seyn" könne".

840 HHStA 310 XVc 7, Bd. 3, fol. 70+72; Rothschild, 24.2.1836 + 2.3.1836.

841 HHStA310 XVc 7, Bd. 3, fol. 38–42; 3. (oder 8.?) 3.1836.

842 HHStA 310 XVc 7, Bd. 3, fol. 43–44; 14.3.1836. – Ablehnung des Vertragsentwurfs und Vorschlag, das Bankhaus Rothschild solle den Bau „für alleinige Rechnung oder auf Actien" übernehmen, andernfalls er aufzuschieben oder „auf herrschaftliche Rechnung zu übernehmen" sei.

843 Als organisatorische Maßnahme wurde, wie schon 1830, die Gründung einer „Bade-Commission" vorgeschlagen.

844 Jacobi 1935, S. 178/179 hielt dagegen „große Verluste" des Bankhauses für die Ursache des Scheiterns.Auf das zwischenzeitlich gescheiterte Projekt von Rothschild/Rumpf bezieht sich offenbar die mit einer nachträglichen Honorarforderung für seine Arbeiten von 1830/31 verbundene Bemerkung Georg Mollers, „die ganze Sache (werde) jetzt auf eine andere Art ans Leben treten". – HHStA 310 XXI a 2/8; Moller0, 13.5.1836.

845 HHStA 310 XVc 7, Bd. 3, fol. 49–51; Rothschild, 6.10.1835.

846 HHStA 310 XVc 7, Bd. 3, fol. 52; 19.10.1835.

847 Jacobi 1935, S. 179: „Der Plan zum Kurhaus liegt vor".
Heute fehlt davon in den zuständigen Archiven und Museen in Frankfurt/Main und Bad Homburg jede Spur.

848 HHStA 310 XVc 7, Bd. 3, fol. 61–64; Beschreibung zweier Projecte zu einem neuen Kurgebäude; Januar 1836.

849 Beispiele bei Habel, H., S. 129.

850 HHStA 310 XVc 7, Bd. 3, fol. 34; undatierte „Bemerkungen zu dem von den Herren M. A. Rothschild ... übergebenen Projekt."

851 HHStA 310 XVc 7, Bd. 3, fol. 20–30; 9.2.1836.

852 HHStA 310 XVc 7, Bd. 3, fol. 31; Gutachten Lotz, 10.2.1836.

853 Siehe das Kapitel „Standortfrage" 1830.

2. Projekte von Meex, Kersting und Wittmar

854 In den Adreßbüchern der Stadt Mainz ist 1836 ein pensionierter Regierungsrat Rogert Möx, 1839 eine Freifrau Karol. von Meex registriert; weiteres konnte im StA Mainz nicht ermittelt werden.

855 HHStA 310 XVc 13, fol. 1+2; v. Meex, 22.10.1836.

856 HHStA 310 XVc 13, fol. 7; v. Titzenhofer, 1.12.1836.

857 HHStA 310 XVc 13, fol. 8–10; v. Meex, 4.12.1836 u. 8.12.1836.

858 HHStA 310 XVc, fol. 12–15; v. Titzenhofer, 12.12.1836 u. 29.8.1837.

859 Jacobi 1935, S. 178/179 zitiert aus einem Schriftstück vom 25. Juli 1837, das sich nicht auffinden ließ. Die Richtigkeit der Angabe bezeugt ein Schreiben des Kissinger Landgerichts vom 3. August 1838, das an den „Spielpächter Willmar aus Frankfurt/M., dermalen hier" gerichtet ist (Frdl. Mitteilung der Kurverwaltung Bad Kissingen). Es ist z. Zt. nicht eindeutig zu klären, ob der Homburger oder der Kissinger Namensnennung ein Verlesen zugrundeliegt, da sich in den Adressbüchern

der Stadt Frankfurt am Main von 1837/38 weder „Willmar" noch „Wittmar" nachweisen läßt.

860 Hier spielte der Verf. offensichtlich auf den Streit „Elisabethenbrunnen = neue Racoczy" an. Siehe Kapitel „Die Entdeckung des Elisabethenbrunnens".

861 HHStA 310 XVc 15, fol. 68–71; 25.7., 9.8., 31.8., 7.9. und 15.9.1837.

862 Die Schlangenbader Spielbankkonzession hatte Antoine Chabert. Jodocus Kersting, gebürtig aus Driburg und wohnhaft in Hessen-Kassel, ist für die Jahre 1836 und 1837 als Unterpächter bzw. Croupier in Schlangenbad nachweisbar. – HHStA 231, Nr. 1015 (Auskunft von Dr. Heinemann).

863 HHStA 310 XVc 7 / Hoehn Bd. 27, fol. 72; Kersting, 9.9.1837.

864 Auch ein zweites Schreiben Kerstings blieb unbeantwortet. – HHStA 310 XVc 7 / Hoehn Bd. 28, fol. 73; Kersting, 14.8.1838.

3. Pläne der Regierung

865 HHStA 310 XVc 7, fol. 92–97 / Hoehn Bd. 28, fol. 21; 20.10.1837.
Verfasser dieser Schrift waren die Regierungsräte Henrich, Schleussner, Wernigk und Zurbuch, die in ihrer Funktion als Mitglieder der Landesregierung mit dem Projekt befaßt waren.
Unzutreffend ist daher das Urteil Conte Cortis (S. 33/34): „Die Erfolge solcher Unternehmungen in den benachbarten Bädern ließen jedoch die Bürger (richtig: die Regierung!) von Homburg nicht mehr ruhen. Drei (richtig: vier!) von ihnen machten im Jahre 1837 neuerlich eine Eingabe (richtig: unterthänigsten Bericht!) an den Landgrafen..."

866 Auf die Bedeutung der Eisenbahn für die Badeorte ist in der Literatur mehrfach hingewiesen worden, doch behandeln die Autoren meist die Zeit um und nach der Jahrhundertmitte. – Koch, Egon. Die deutschen Quellkurorte und Mineralbrunnen in ihrer volkswirtschaftlichen Bedeutung. Diss. Köln 1932, S. 14. – Bothe, R. (Hrsg.), S. 51. – Steinhauser, Baden-Baden, S. 105.
1846 wurde die Konzession zum Bau einer Eisenbahn von Frankfurt nach Homburg erteilt. Die Konkurrenzangst der Nachbarstaaten ließ jedoch das Projekt „am Widerstand Nassaus, das seine eigenen Bäder vor der Konkurrenz schützen wollte" scheitern. Zu den Homburger Bahnbau-Projekten ab 1845: Söhnlein, Walter. Bad Homburg v. d. Höhe. 150 Jahre öffentlicher Verkehr und Stadtstruktur. In: Mitteilungen des Vereins für Geschichte und Landeskunde zu Bad Homburg vor der Höhe, Bd. XXXIII. Landsberg-Pürgen 1978, S. 17–20.

867 HHStA 310 XVc 7, Bd. 3, fol. 98; Geh. Rath, 2.11.1837.

4. Projekt Privat

868 „Diese Bescheinigung hat, insofern sie nicht prolongirt wird, nur Gültigkeit für die Dauer von 3 Monaten" – Hoehn Bd. 28, fol. 76; auf Höchsten Befehl, 1.8.1838 (Entwurf?).

869 „... bereits unterm 1. August v. J. gemachten Propositionen..." – HHStA 310 XVc 16, fol. 65 / Hoehn Bd. 28, fol. 94; Henrich an P. Privat, 21.9.1839.
Wohl kaum zutreffend daher die seit Jacobi verbreitete Ansicht, es handle sich um „eine Art Ausschreiben" oder eine „Art Wettbewerb". – Jacobi, Spielbank, S. 5; Conte Corti, S. 36.

870 HHStA 310 XVc 16, fol. 8 / Hoehn Bd. 28, fol. 75; P. Privat an Landesregierung (?), ohne Datum.

871 Pierre Privat hatte die beiden Häuser 1820 gekauft und zu einem „Hotelpalast" mit vierzig Zimmern ausgebaut. Pierre Privats Sohn Théodore (s. weiter unten) erwarb 1842 das Haus Nr. 95 hinzu (heute Hotel Cusset). – Mitteilungen von Herrn S. Pabst. – S. auch: Pabst, Siegfried. Paris für Neugierige. Frankfurt 1986, S. 122–123.
Die Angabe bei Hamel (Chronik, Bd. 4, 1839, fol. 62) „Herr Privat, Gasthalter des Hôtel des deux mondes in Paris" beruht auf einem Irrtum.
Fehlerhaft sind die vor allem auf Hamel zurückgehenden (mit falschen Daten versehenen) Mitteilungen bei Jacobi 1935, S. 187. Neue Fehler haben sich durch ein oberflächliches Aktienstudium bei Lotz II, S. 262 u. 298 eingeschlichen. Pauschal bzw. unzutreffend sind insbesondere die Urteile, das Projekt sei gescheitert, da der Unternehmer „spekulieren wollte" und da der Landgraf die von dem Unternehmer geforderte Innenausstattung des Kursaalgebäudes nicht habe auf sich nehmen wollen. Daß es sich um zwei Unternehmer, Vater und Sohn, handelte, die sich unter verschiedenartigen Aspekten für das Projekt interessierten, blieb bislang unbemerkt.

872 Der Besitzer des „Hôtel des Princes" dürfte identisch sein mit dem am 16.6.1780 in Friedrichsdorf geborenen Pierre Privat, „wohnhaft Frankfurt", seit 10.7.1810 verheiratet mit Marie Philippine Hoerner aus Hanau. – See, Gottlieb. Familienbuch der Stadt Friedrichsdorf. Hessische Familienbücher, Bd. 1. Troisdorf 1981, S. 180–191. (Die hier fehlenden Todesdaten bestätigen indirekt Privats Abwesenheit von Friedrichsdorf. Er starb 1838 oder 1839 in Paris.)
Der in den einschlägigen Pariser Etablissements verkehrende Weltenbummler J. K. Friederich wußte von der Herkunft Privats: „Deutsche Wirthe

und Caffeewirthe gibt es viele, und das erste weltberühmte Hotel des Princes in der Straße Richelieu gehörte einem Deutschen aus Friedrichsdorf bei Homburg vor der Höhe, Namens Privat". Friederich hatte einen Teil seiner Ausbildung in Homburg genossen. –
(Friederich, Johann Konrad) Noch fünfzehn Jahre aus dem Leben eines Todten. Tübingen 1854, S. 305.

873 HHStA 310 XVc 16 / Hoehn Bd. 28, fol. 81; Promemoria, 21.10.1838.

874 Privat ließ die Pläne in Paris „durch seinen Architekten" anfertigen. – HHStA 310 XVc 16, fol. 51 / Hoehn Bd. 28, fol. 89; Promemoria K. Müller, 6.1.1839.

875 HHStA 310 XVc 16, fol. 11 / Hoehn Bd. 28, fol. 78; 12.10.1838.
Die Entwürfe haben sich weder im HHStA Wiesbaden noch im StA Bad Homburg auffinden lassen.

876 HHStA 310 XVc 16, fol. 14 / Hoehn Bd. 28, fol. 79 (franz.) u. fol. 80 (deutsch); P. Privat, 23.10.1838. – Die Pläne wurden von Landgraf Ludwig genehmigt. – HHStA 310 XVc 16, fol. 44–47 / Hoehn Bd. 28, fol. 88; 1.12.1838.

877 HHStA 310 XVc 16 / Hoehn Bd. 28, fol. 81; Promemoria K. Müller, 21.10.1838.

878 Regierungsrat Henrich schloß sich dem positiven Urteil Müllers an und meinte sogar, man sei Privat „nach meinem Dafürhalten, für seine Unternehmung nicht nur Dank, sondern selbst Unterstützung schuldig". – HHStA 310 XVc 16 / Hoehn Bd. 28, fol. 80; Henrich, 24.10.1838.

879 HHStA 310 XVc 16, fol. 44–47 / Hoehn Bd. 28, fol. 88; Henrich, 1.12.1838.

880 HHStA 310 XVc 16, fol. 51 / Hoehn Bd. 28, fol. 89; Promemoria K. Müller, 6.1.1839.

881 HHStA 310 XVc 16, fol. 67 / Hoehn Bd. 28, fol. 91–93; Th. Privat, 21.9.1839.
Über Théodore Privat konnte nichts in Erfahrung gebracht werden; bei See, G., ist er wohl nicht vermerkt, da er außerhalb Friedrichsdorfs geboren wurde und lebte.

882 HHStA 310 XVc 16, fol. 65 / Hoehn Bd. 28, fol. 94; Henrich, 21.9.1839.

883 Hoehn Bd. 28, fol. 95; Th. Privat, 26.9.1839. – Hoehn Bd. 28, fol. 99/100; 18.10.1839.

884 Hoehn Bd. 28., fol. 107; Protokoll, 4.11.1839.

885 HHStA 310 XVc 16, fol. 42 / Hoehn Bd. 28, fol. 113; 8.11.1839.

886 Da auch von Jacobi nicht erwähnt, dürften sie sich entweder bereits 1935 nicht mehr in städtischem Besitz befunden haben, oder aber sie wurden bereits im 19. Jahrhunderts an Privat zurückgegeben.

887 HHStA 310 VXc 16, fol. 6 / Hoehn Bd. 28, fol 75; P. Privat, o. Datum (vor 12.10.1838).

888 „Es wird wenigstens in Deutschland allgemein angenommen, daß die Breite eines bequemen Tanzsaals zwei Drittheile seiner Länge betragen müsse und überall, wo diese Dimensionen nicht eingehalten werden können, findet man doch keinen Tanzsaal, dessen Breite weniger als die Hälfte seiner Länge beträgt". – HHStA 310 XVc 16, fol. 11 / Hoehn Bd. 28, fol. 78; auf höchsten Befehl, 12.10.1938. Auch der daraufhin von Privat eingesandte abgeänderte Entwurf ist nicht bekannt.

889 Biehn, Heinz. Alte Badegemächer. Wohnkunst und Hausrat / Einst und Jetzt, Bd. 41. Darmstadt o.J., S. 12/13.

890 Damm-Etienne, Paul. Das Hotelwesen. Leipzig 1910, S. 20 u. S. 29–31.

5. Das Brunnensälchen

891 Zum Brunnensälchen ausführlich: Baeumerth, Angelika. Brunnensäle in hessischen Bädern. In: Hessische Heimat 4/1990.
Quellen:
Pläne Katasterplan 1872, Katasteramt Bad Homburg. – Baupläne verschollen (= Jacobi 1935, Abb. 40; Klischee Stadtarchiv Darmstadt, Nachlaß Frölich). – Detailzeichnungen von Jakob Westerfeld in Akte E II 3, d (Nachlaß Jacobi), StA HG. – Bauaufnahme vom 8.10.1890, Archiv des Bauamts Bad Homburg. – Entwurf für eine Wetterfahne 1867 in Akte HHStA 310 XVc 60, fol. 40.
Akten HHStA 310 XVc 18. – HHStA 310 Urkunden, Nr. 983. – StA HG E II 3, d (Nachlaß Jacobi). – Hamelsche Chronik vom 8.3.1938. – HHStA 310 XVc 60, fol. 11–13.
Abbildungen Stahlstich von J. Poppel, in: Guide par les Bains du Taunus. Darmstadt/Wiesbaden 1840. – Stahlstich von C. Rorich, verlegt bei G. G. Lange, Darmstadt, in: Schäfer, J., Hombourg-ès-monts et ses environs. Darmstadt 1865, nach S. 34 und nach S. 38. – Stahlstich, anonym, verlegt bei G. G. Lange, Darmstadt, „Der Cursaal in Homburg vor der Höhe" (Innenansicht).
Literatur Jacobi 1935, S. 180/181, Abb. 40/41. – Conte Corti 1951, S. 36. – Lübbecke, Fried. Kleines Vaterland Bad Homburg. Frankfurt 1956, S. 216. – Frölich/Sperlich 1959, S. 318, Anm. 594. – Bad Homburg im 19. Jahrhundert, S. 20, Nr. 115 (Abb. nach Schäfer). Lotz II, S. 297. – Clemens, Kurhäuser, S. 48. – Baeumerth, Angelika. Kennen Sie Bad Homburg? Bad Homburg 1981, S. 36–38. – Seltene Bilder 1984, S. 23 (Abb. nach Poppel). – Baeumerth, Angelika. Brunnensäle in hessischen Bädern. In: Hessische Heimat 4/1990.

892 Erstmals aktenkundig wurde der „Aufbau eines größeren Brunnensaals" durch ein Schreiben Ge-

org Mollers vom 26.1.1838, dem der „Bau-Plan" beigelegen haben dürfte. Bereits am 4.2.1838 genehmigte der Landgraf den Plan, der sich nicht erhalten hat. – HHStA 310 XVc 18, fol. 2/3; Moller an Henrich, 26.1.1838 und ebda., fol. 1; Landgraf Ludwig, 4.2.1838.
Das von Conte Corti, S. 36 angeführte Scheitern eines von ihm angenommenen „Wettbewerbs zur Gründung einer Kurhausgesellschaft" als Voraussetzung für den Bau des Brunnensälchens – „damit überhaupt etwas geschah" – läßt sich quellenmäßig nicht belegen und kann schon aus Gründen der von ihm aufgestellten Chronologie nicht zutreffen.

893 Beispiele in: Baeumerth, Brunnensäle

894 Vertrag zwischen Landgraf Philipp von Hessen-Homburg und Louis und Francois Blanc, 29.7.1840, § 11, zitiert nach Jacobi 1935, S. 190.

6. Projekte mit Konsortien

895 HHStA 310 XVc 16, fol. 54–57 / Hoehn Bd. 28, fol. 89; Konzessionsentwurf, 1.6.1839.
Bei Jacobi, Spielbanken, S. 5: „Obrist Duport".

896 HHStA 310 XVc 16 / Hoehn Bd. 28, fol. 103; Promemoria K. Müller, 25.10.1839.
Jacobi 1935, S. 187. – Jacobi, Heinrich. Von der Homburger Spielbank.Sonderdruck aus der Frankfurter Wochenschau 39 u. 40. Frankfurt 1941, S. 5. – Lotz II, S. 298.
Gustav Johann Freiherr von Mengden (19.12.1784 Riga – 13.5.1856 Ingelheim) war Gutsbesitzer und Diplomat. 1836 ließ er sich in Nieder-Ingelheim nieder. Nach dem Scheitern seiner Bemühungen um die Homburger Spielbankkonzession erwarb von Mengden 1840 den Klopphügel in Bingen in der, nicht realisierten, Absicht, die Burg „im byzantinischen Stil" wiederaufzubauen. An der 1849 von ihm erworbenen Kaiserpfalz in Ingelheim ließ er 1850 durch August von Cohausen Forschungen anstellen, die 1852 publiziert wurden. Ein Jahr vor seinem Tode sah sich der „Betreuer einheimischer Baudenkmäler", vermutlich auch „wegen seines als flott überlieferten Lebens" zum Verkauf seiner Ingelheimer und Binger Besitzungen veranlaßt. – Mitteilungen zur Vita von Robert Blum, Ingelheim. – Emmerling, Ernst. Baltischer Edelmann betreute heimische Baudenkmäler. In: Heimat am Mittelrhein, 2. Jg., Nr. 7, Juli 1957.

897 HHStA 310 XVc 16, fol. 16+17 / Hoehn Bd. 28, fol. 105; Vertragsentwürfe, 25.10.1839.

898 HHStA 310 XVc 16 / Hoehn Bd. 28, fol. 107; Protokoll, 4.11.1839.
Wesentlich war von den notierten Bemerkungen, daß die Baukosten von 150.000 fl. nur das Gebäude, ohne die Inneneinrichtung, betreffen könnten, daß der Kaufpreis für das Terrain in barem Geld oder in Staatspapieren zu erlegen sei, daß bei Verzögerungen die gesamte Kaution an die Staatskasse fallen solle, daß die Verpflichtung zur Unterhaltung der Anlagen „näher zu bezeichnen und bestimmter zu begrenzen" und daß schließlich das Gouvernement, vor allem bei Säumigkeit in der Entrichtung des Pachtgeldes, berechtigt sein, die Konzession zu entziehen. Über die Bemerkungen und Beanstandungen wurde am 7.11.1839 dem Brunnenverwalter Müller „vertrauliche Mittheilung" gemacht, der sich mit allem einverstanden erklärte und dies auch von seinen Partnern erwarten zu dürfen glaubte.
Am 8.11.1839 unterzeichneten Regierungsrat Henrich und Direktor Fenner die schriftlich ausgearbeitete Fassung der Erläuterungen. Vom gleichen Tag datiert der Entwurf für den Haupt- und Separat-Vertrag, in dem die Erläuterungen enthalten sind. –
HHStA 310 XVc 16 / Hoehn Bd. 28, fol. 108; Protokoll, 7.11.1839 und HHStA 310 XVc 16, fol. 42 / Hoehn Bd. 28, fol. 113/114; Henrich u. Fenner, 8.11.1839 und HHStA 310 XVc 16 / Hoehn Bd. 28, fol. 11; v. Ibell, 11.11.1839.

899 HHStA 310 XVc 16/ Hoehn Bd. 28, fol. 110; v. Ibell, 11.11.1839.

900 HHStA 310 XVc 16, fol. 57 / Hoehn Bd. 28, fol. 112; auf Höchsten Befehl, 21.11.1839.
Die Miteilung an die Unternehmer erging am gleichen Tag. – HHStA 310 XVc 16 / Hoehn Bd. 28, fol. 111; 21.11.1839.

901 „... sondern es Ihnen überlassen, dieses Schreiben entweder direct an Landgräfl. Durchlaucht oder an mich den Unterzeichneten zur Einhändigung zu übersenden. Da Sie den mit Herrn Baron von Mengden und Herrn Müller Sr. Landgräfl. Durchlaucht vorgelegten und von Höchstdemselben genehmigsten Propositionen zu einem Curetablissement in den festgesetzten Terminen in keiner Weise entsprochen haben, so können sich Se. L. Durchlaucht nicht veranlaßt finden, Ihnen ferner einen besonderen Vorzug in dieser Hinsicht zuzugestehen..." – HHStA 310 XVc 16/ Hoehn Bd. 28, fol. 116; 26.1.1840.

902 HHStA 310 XVc 16 / Hoehn Bd. 28, fol. 119; Promeroria K. Müller, 19.2.1840.
Baron von Mengden scheint allerdings weiterhin an dem Projekt interessiert gewesen zu sein, denn am 6.3.1840 logierte er – laut Amts- und Intelligenz-Blatt 11, 15.3.1840 – zusammen mit Baron von der Boyen, dem Bewerber, dem künftig das Interesse galt, im Englischen Hof zu Homburg.
Grégoire Grégoire scheint unter den ersten Spielbankbesuchern gewesen und um seinen Gewinn

betrogen worden zu sein, was ihn viele Jahre später zu einer öffentlichen Anklage der Taktiken der Homburger Spielbank veranlaßte: „Plus que personne j'ai à me plaindre de la Direction de la banque de Hombourg; mes griefs remontent à l'origine de l'établissement. Cependant depuis d'années que durent les abus que je signale enfin publiquement, je m'en étais tenu à des réclamations directes et par écrit dans l'intérêt général du public..." – Grégoire, G., Appel aux Gouvernements dans l'intérêt de leurs nationaux sur la Direction de la Banque de jeu de Hombourg. Paris 1856 (enthalten in: Hoehn Bd. 32, fol. 513–522).

903 HHStA 310 XVc 16/ Hoehn Bd. 28, fol. 119; Promemoria K. Müller, 19.2.1840.
Jacobi, Spielbank, S. 5. – Lotz II, s. 299.

904 Tatsächlich übernahm die Stadt Aachen 1841 die Spielbank in eigene Regie. Von 1832 bis 1841 hatte die Konzession „eine Aktiengesellschaft Aachener Bürgern".
Befremdlicherweise taucht der Name von der Boyens weder im Zusammenhang mit dieser Aktiengesellschaft noch „in den Akten der Oberbürgermeisterregistratur über die Spielbank in den entsprechenden Jahren" auf. – Auskunft des Stadtarchivs Aachen. – Oppenhoff, Joseph. Die Spielbank in Aachen und Umgebung. In: Zeitschrift des Aachener Geschichtsvereins, Bd. 55, S120–142, hier: S. 131.

905 Müller, dem offensichtlich vor allem an der Realisierung des Unternehmens lag, sagte von der Boyen seine eigene Beteiligung mit 40.000 francs zu, „um dadurch theils ein erhöhtes Vertrauen bei den Unternehmern zu wecken, theils aber auch von denselben soweit bessere Bedingungen zu erlangen". Müller gedachte jedoch, für diesen Betrag Aktien zu übernehmen und das Geld „nach und nach" einzuzahlen, wobei er, da seine Verhältnisse es nicht gestatteten, „selbst dafür einzustehen", davon ausging, daß das Gouvernement die auf seinen Namen gezeichneten Aktien „übernähme". Die Tricks der Unternehmer, mit denen er bisher an vorderster Front zu verhandeln gehabt hatte, waren bei Müller allem Anschein nach auf fruchtbaren Boden gefallen.

906 Das Gouvernement ging auf den Vorschlag Müllers ein, die auf seinen Namen gezeichneten Aktien zu übernehmen und auch die „statutenmäßig zu leistenden Einzahlungen zu bestreiten", um „damit alle Wechselfälle der Entreprise zu tragen". Dagegen sollte der Brunnenverwalter gegenüber von der Boyen auf einer „Zugrundelegung des früheren Entwurfs", auf der „Baarzahlung des Terrains" und auf der Stellung einer Kaution bestehen. –
HHStA 310 XVc 16, fol. ... / Hoehn Bd. 28, fol. 118; Geh. Rat an Müller, 20.2.1840 .

907 Ein Vertrag befindet sich allerdings nicht bei den Akten.

908 „... l'affaire de Hombourg n'est venue à la connaissance du dit Mr. Blanc que par une personne que nous avions chargées de s'en occuper pour notre compte..." – HHStA 310 XVc 16, fol. 83–84 / Hoehn Bd. 28, fol. 126; von der Boyen, 28.7.1840. Vielleicht weist die Zähigkeit, mit der von der Boyen bis 1857 (!) seine Entschädigungsansprüche geltend machte, auf die Berechtigung seiner Forderungen hin.
1847 wandte er sich an den Landgrafen mit der Bitte um Unterstützung und schilderte bei dieser Gelegenheit nochmals ausführlicher die Situation von 1840:
„... die Concession wurde mir gewährt, so wie die Briefe des Herrn Müller beweisen. Hierauf begab ich mich nach Aachen und Brüssel, wo durch meine Freundschaftsverbindungen ich eine Gesellschaft von den achtbarsten Personen bildete, unter welchen sich Herr Graf Hompesch d'Archlos (?), Herr Obrist Richardson, der Justizrath Busch, der Banquier Wergifosse zu Brüssel, der Graf von Cloes Renesse (?), Kamerherr Seiner Majestät des Königs der Niederlande, der Herr Baron van der Linden Hooghvorst (?), Kammerherr des Königs und Mitglied des Senats, befanden, welche wünschten, an dieser Sache sich zu betheiligen.
Nach vielen Kosten und Ausgaben, durch diese Reisen verursacht, welche alle durch mich allein bestritten wurden, begab ich mich anfangs März 1840 ... (nach Homburg), um die Angelegenheit der Concession zu berathschlagen und zu beschließen. Inzwischen kam mir zur Kenntniß, daß 2 Herren namens Blanc sich bei Hoher Landesregierung vorgestellt und vortheilhaftere Anerbietungen als jene meiner Gesellschaft gemacht hätten.
Der Hauptpunkt, welcher hier besonders zu bemerken ist, daß die Herrn Blanc Kenntniß von unseren Verhandlungen hatten, namentlich durch Personen, welche bei der Sache betheiligt waren, wie auch durch unsere Agenten selbst.
Als ich dieses vernommen, begab ich mich sogleich nach Homburg in Begleitung eines Zeugen, stieg daselbst im englischen Hof ab, wo ich den einen der Gebrüder Blanc antraf und demselben ernste Vorstellungen über die Unschicklichkeit machte, Vorschläge um ein Unternehmen zu machen, dessen Concession noch in unseren Händen war.
Nach einer sehr lebhaften Discussion kam er mit mir dahin überein, daß er sich nach Aachen begeben wolle und daß ich meinerseits die Actionäre mit dem Notare, welcher den geschlossenen Act verfaßt hatte, versammeln sollte und wir dort trachten würden, uns zu verständigen. Ich begab mich auch wirklich nach Aachen, gab den Betheiligten Kennt-

nis meiner Sendung und erwartete auf den bestimmten Tag die Ankunft des Herrn Blanc. Als nach 2tägigem Warten Herr Blanc nicht ankam, verließ ich Aachen, um nach Mainz und Frankfurt zu reisen, woselbst ich zu meinem großen Erstaunen vernahm, daß die Concession den Herrn Blanc durch einen Vertrag, geschlossen zwischen denselben und der hohen Regierung von Homburg, verliehen worden sei.

Demzufolge war die Sache für meine Gesellschaft verloren, und als nach einigen Monaten mir auf einem Dampfboote auf dem Rheine einer dieser Herrn Blanc begegnete, machte ich demselben ernste Vorwürfe, seinem Versprechen nach Aachen zu kommen und seine Verbindlichkeiten zu erfüllen, nicht nachgekommen zu sein, entschuldigte derselbe sich, vorgebend, dieses sei nicht er, aber wahrscheinlich sein Bruder gewesen, eine Entschuldigung, unter welchen diese Herrn, bei deren großer Aehnlichkeit, sich schon öfters aus Verlegenheiten gezogen..." – HHStA... / Hoehn Bd. 28, fol. 128–131; Von der Boyen an Landgraf; Geh. Rat an von der boyen, 2.7. u. 6 7. 1847; 26.9. u. 20.10.1857. – Conte Corti, S. 38.

Die zumindest erwägenswerte Möglichkeit, daß von der Boyen der „Kanal" war, durch den die Blancs von dem Homburger Vorhaben erfuhren, erschüttert die bisher verbreitete Meinung, der am 19.1.1839 verstorbene Landgraf Ludwig habe die Brüder bereits in Luxemburg kennengelernt und „mit ihnen über die Erfolge von Wiesbaden und Ems, nicht ohne Anspielung auf gewisse Absichten in seinem kleinen Heimatlande" gesprochen und sein Nachfolger, Landgraf Philipp habe „die Pläne seines Bruders" nur ausgeführt. – Conte Corti, S. 37/38. – Lotz II, S. 301.

909 Jacobi 1935, S. 187 nennt für 1839 einen Grafen Suzor aus Paris, über dessen Ansuchen sich jedoch bei den Akten keine Unterlagen fanden.
Dies gilt auch für einen Herrn Lafitte aus Paris, der sich nach Jacobi 1935, S. 178 im Jahr 1836/37 für das Homburger Projekt interessiert haben soll.

910 Weder von Jacobi 1935 noch von Conte Corti erwähnt.
Benedict (geb. 3.12.1795) und Joseph (geb. 6.8.1799) Homberg, (1829) getaufte Juden aus Lemberg, geben bei ihrem Ansuchen um das Frankfurter Bürgerrecht, 1829, an, „in dem Handelshause Herz. u. Comp. zu Wien die Handlung erlernt" und seit 1816 bzw. 1818 „bei M. A. Rothschild (in Frankfurt, A. B.) auf dessen Comptoir gearbeitet" zu haben. Sie besäßen „ein eigenes, nicht unbedeutendes Vermögen", womit sie sich „zu etabliren gedenken". Im Allgemeinen Adress-Buch der Freien Stadt Frankfurt am Main, 1837/38, Ab. I, S. 100 und Abt. II, S. 25 u. 67 wird das „kaufmännische Etablissement" der Gebrüder Homberg als „Wechselgeschäft" bezeichnet". – StA Frankfurt, Senats-Suppl., Tom. 179, Num. 36.

911 HHStA 310 XVc 16 / Hoehn Bd. 28, fol. 120; Gebr. Homberg, 9.7.1840.

912 HHStA 310 XVc 16 / Hoehn Bd. 28, fol. 123; Zurbuch, 15.5.1840.

913 Diese Vermutung wird unterstützt durch eine Frankfurter Notiz vom 3.3.1853, wonach Joseph Homberg „seit einer langen Reihe von Jahren von hier abwesend und seit geraumer Zeit in Paris ansässig und etablirt" war.– StA Frankfurt, Senats-Supl., Tom. 585, Num. 50.
Nicht nachgewiesen werden kann einstweilen der zu vermutende Zusammenhang zwischen diesem Projekt und dem Aufenthalt des „Herr(n) Dr. Zanth, Architekt aus Stuttgart, logirt bei Herrn Hofapotheker Tuquet" in Homburg (Kurliste 3.–9-. Juli 1840, Nr. 289). (Thuquet war Besitzer eines privaten „Badehauses" in Homburg, Louisenstr. 57.) Der Architekt Karl Ludwig Zanth war seit 1838 (Informationsreise nach Frankreich!) bzw. 1839 im Auftrag des württembergischen Königs damit beschäftigt, in Stuttgart-(Bad) Cannstatt eine großartige Lust- und Badeanlage (Wilhelma) zu planen. Dem Unternehmer der Gebrüder Homberg mag Zanth aufgrund dieser Tätigkeit kompetent und erfahren genug erschienen sein, um ihn ggf. mit dem Homburger Bau zu beauftragen. – Zu Zanth: Schulz, Elke von. Die Wilhelma in Stuttgart; ein Beispiel orientalisierender Architektur im 19. Jahrhundert und ihr Architekt Karl Ludwig Zanth. Diss. Tübingen 1976, S. 9 u. S. 96.

914 HHStA 310 XVc / Hoehn Bd. 28, fol. 121/122; Vertragsentwurf, o. Datum (in der Akte nach Gebrüder Homberg, 9.7.1840).

915 Die „unternehmerfreundliche" Argumentation Zurbuchs lautete u. a.:
– die Konzessionszeit von 50 Jahren sei notwendig, da die Investitionen der Unternehmer erheblich seien und sich amortisieren müßten
– die Höhe der Spielpacht für die letzten Jahre stehe immerhin zu der, die „Herr Chabert für die Exploitation der Hazardspiele in den Curorten von Wiesbaden, Ems und Schwalbach entrichtet und zusammen (!) 34.000 fl. ausmacht, in keinem unrichtigen Verhältnis".
– die Bauzeit solle möglichst auf 3 Jahre reduziert werden
– der Verbleib des Kursaalgebäudes im Besitz des Unternehmers sei durch einen Vertragszusatz dahingehend zu interpertieren, „daß dem Landgräfl. Gouvernement nach Ablauf der Concessionszeit die Wahl verbleibe, das Cur- resp. Conversationshaus sammt Zubehörungen nach einer Abschätzungs-Taxe zu acquiriren". – HHStA 310 XVc 16, fol. ... /

Hoehn Bd. 28, fol. 123; Zurbuch, 15.7.1840.

916 Der Regierungsrat nannte es ein „besonderes Glück, dermalen ein Projekt der höchsten Einsicht und Prüfung unterthänigst vorlegen zu können, welches sich einmal durch die Gediegenheit der Sache selbst, und dann durch den guten Rufe der die Sache vermittelnden Personen vor allen anderen bisherigen Projecten ganz besonders auszeichnet... Ich trage daher auch keine Bedenken, dem Wunsche der Herrn Antragsteller in der vorgeschlagenen Weise zu genügen und das um so mehr als durch sie wohl nicht das Geringste zu fürchten ist, indem sie an Solidität weit höher stehen, als diejenigen, mit denen bisher unterhandelt worden ist, die sich nicht entblödet haben, die Sache auf eine kompromittirliche Weise öffentlich zu Markte und zur Schau zu tragen. Mit diesen Projektemachern gänzlich und für immer abzubrechen, kann nur der Rath sein, den ich in wohlverstandenem Interesse unserer Curanstalt zu ertheilen mich verpflichtet halte..." – HHStA 310 XVc 16, fol. ... / Hoehn Bd. 28, fol. 123; Zurbuch, 15.7.1840.

917 HHStA 310 XVc 16 / Hoehn Bd. 28, fol. 124; von Ibell, 17.7.1840.

918 HHStA 310 XVc 16, fol. 67 / Hoehn Bd. 28, fol. 125; 28.7. und 4.8.1840.

7. Projekt Blanc

919 Zu Blancs Kenntnis des Homburger Projekts s. die entsprechenden Passagen im Kapitel „Projekte mit Konsortien" incl.Anm.

920 Nicht (mehr?) bei den Akten ist das Schreiben, das Jacobi 1935, S. 187 und danach Conte Corti, S. 38 zu der Aussage veranlaßte: „Da bittet am 14. Juli 1840 ein hier im Englischen Hof wohnender Louis Blanc aus Paris den Landgrafen um eine Audienz betr. „communiquer un proect pour établissement d'un Curhaus, où les étrangers pourraient trouver toutes les distractions possibles", und hat Erfolg". Die Anwesenheit Blancs in Homburg bezeugt sein „mit Hombourg le 17 juillet 1840" unterschriebener Brief. –
HHStA 310 XVc 23/ Hoehn Bd. 29, fol. 1; L. Blanc, 17.7.1840. – Lotz II, S. 301/302.

921 HHStA 310 XVc 23/Hoehn,Bd.29,fol.1; L.Blanc, 17.7.1840

922 Landgraf Philipp war jedoch „nicht geneigt, auf die hierin gemachten Propositionen einzugehen". –
HHStA 310 XVc 23/Hoehn Bd. 29, fol. 9; Blanc frères an Landgraf und Henrich an Gebr. Blanc, 6.11.1840.

923 HHStA 310 XVc23/ Hoehn Bd. 28, fol. 124; v. Ibell, 17.7.1840.

924 Podehl, Brunnen und Bäder, S. 236.

925 Hoehn Bd. 29, fol. 2; Landgraf, 18.7.1840.

926 Für die ausschmückende Schilderung der Vorgänge vor Vertragsabschluß bei Conte Corti, S. 39/40 und danach bei Lotz II, S. 302 fanden sich in den der Verf. zugänglichen Unterlagen keine Nachweise .

927 HHStA 310 XVc 23, fol. 22–30 / Hoehn Bd. 29, fol. 4–6, fol. 85 u. fol. 119; Entwürfe, Original und Abschriften des Vertrags, 29.7.1840 u. 21.8.1940.
Vollständig abgedruckt bei Jacobi 1935, S. 188–191, auszugsweise bei Lotz II, S. 302/303.

928 Bis zur Fertigstellung des Kursaalgebäudes konnten die Spiele in dem den Gebrüdern Blanc pachtweise überlassenen Brunnensälchen oder „in einem Saale eines Gasthauses in der Stadt" abgehalten werden. Für die Spiele selbst galten die üblichen Bestimmungen hinsichtlich der Spieldauer („während der ganzen Kurzeit und zwar vom 1. April an, so lange Fremde da sind", täglich 10–12 und 15–24 Uhr), der Polizeiaufsicht und dem Verbot für „Angestellte oder Unterthanen des Landgrafthums".

Resumé

929 Hoehn Bd. 29, fol. 83; Geh. Rath, 27.8.1840.

VIII. Zur Problematik der Spielbanken

1. Entwicklung bis zum Spielbankschluß in Frankreich

930 Eine vergleichende Studie zum Spielbankwesen in deutschen Bädern existiert nicht. In der 56bändigen Sammlung des Wiesbadener Polizeirats August Hoehn (gest. 1902) in der Hessischen Landesbibliothek Wiesbaden liegt umfangreiches Quellenmaterial zu den Spielbanken im In- und Ausland vor, das bislang nur in einer Ausstellung mit begleitendem Katalog vorgestellt wurde (Podehl, Wolfgang. Spielbanken – Spielhöllen. Wiesbaden 1975). Im übrigen harrt dieses Material der Auswertung. Für die vorliegende Arbeit konnten lediglich die sieben Homburg betreffenden Bände gesichtet werden.
Die einzige auf Archivmaterial beruhende Arbeit zur Rolle der Spielbank in einer Kurstadt stammt von Bach,Adolf. Die Emser Spielbank. Nach den Akten des Staatsarchivs zu Wiesbaden. Bad Ems 1924

931 Kuhnert, R. S. 188.

932 (Merveilleux, David Francois de) Amusements des Eaux de Schwalbach... Lüttich 1739, S. 7.

933 Bach, Adolf. Der Kampf gegen die deutschen Spielbanken des 19. Jahrhunderts. In: Schmollers Jahrbuch, J. 56, H. 3/4, 1922, S. 163–189.

934 Lepenies, Wolf. Melancholie und Gesellschaft. Frankfurt am Main 1972, S. 43 ff.
935 Benjamin, Walter. Illuminationen. Frankfurt am Main 1977, S. 209–214, hier: S. 211.
936 Larousse, Pierre. Grand Dictionnaire universel du XIXe siècle, tome neuvième. Paris 1873, p. 980.
937 Sombart, Werner. Luxus und Kapitalismus. München/Leipzig 1913, S. 94, 103–105.
938 Sombart, W.,Luxus, S. 94
939 Grosses vollständiges Universal-Lexikon Aller Wissenschaften und Künste..., 38. Band. Leipzig/Halle 1743, Sp. 1624–1629.
940 Grosses vollständiges Universal Lexikon Aller Wissenschaften und Künste..., 12. Band. Halle/Leipzig 1735, „Hazard"
941 Ersch, J. S. / Gruber, J. G., Allgemeine Encyclopädie der Wissenschaften und Künste..., 2. Sect. 3. Theil. Leipzig 1828, S. 276/277.
942 Sombart, W., Luxus, S. 127.
943 Sombart, Werner. Der moderne Kapitalismus, 2. Bd., Leipzig 1902, S. 176–178.
944 Kuhnert, R., S. 133.
945 Kuhnert, R., S. 146.
946 Ersch/Gruber 1828, S. 276.
947 Larousse, P., Dictionnaire, p. 978–984 (Stichwort: „Jeu"), hier: p. 980.
948 Biehn,Heinz/Herzogenberg,Johanna Baronin. Große Welt reist ins Bad. München 1960, S. 32.
949 Amtsblatt No. 8, 23.3.1818, in: Archiv der Landgräflich hessischen Verordnungen 1816–1866.
950 „Ungeachtet das überhand nehmende Spielen, und insonderheit die Hazard-Spiele, wieder die Regeln einer guten Polizey laufen; so pflegt man doch bey Gesund-Brunnen und Bädern hierunter eine Ausnahme zu gestatten, und erlaubt gemeiniglich solche Spiele öffentlich...". – Krünitz, Johann Georg. Oekonomisch-technologische Encylopädie, oder allgemeines System der Staats-Stadt-Haus- und Land-Wirtschaft und der Kunst-Geschichte, 17. Theil. Berlin 1787, S. 744–795 (Stichwort „Gesund-Brunnen"), hier: S. 779.
Für Nassau: Podehl, Brunnen und Bäder
Für Fulda: „Wollen Wir Unsern Kurort Brückenau ... gleichwie es auch in anderen Ländern verordnet ist, ausnehmen..." (1798). – Zitiert nach Gartenhof, K., S. 54 u. S. 178/179.
951 Sombart, Luxus, S. 133.
952 Kuhnert, R., S. 133.
953 Kuhnert, R., S. 186/187.
954 Ersch/Gruber 1828, S. 276/277.
955 HHStA 310 XV c 7b, fol. 54–57 / Hoehn Bd. 28, fol. 89; 1.6.1839.
956 Landgräflich Hessisches Amts- und Intelligenz-Blatt, No. 18. Homburg vor der Höhe, 2.5.1841. – Mit Vortrag der Landesregierung enthalten in: HHStA 310 XIVa2, 21; Geheime Raths Acten.
957 HHStA 310, XIV a2, 21; Geheime Raths-Acten, 1841
958 Landgräflich Hessisches Regierungs-Blatt, No. 6. Homburg vor der Höhe, 24.4.1842. – Enthalten in: HHStA 310 XIVa2, 21; Geheime Raths Acten.
959 Ersch/Gruber 1828, S. 277.
960 Bach, A., S. 163–189.
961 Kuhnert, R., S. 188.
962 Bereits Krünitz, J. G., a.a.O., S. 779 notierte: „Die Spieler von Profession aber, welche Banque machen (= die Spielpächter, A. B.), müssen sich gemeiniglich mit der Landes-Obrigkeit abfinden, und derselben für die Erlaubniß eine Summe Geldes entrichten". Außerdem meint er, „da auch bey den Brunnen und Bädern gemeiniglich stark (Karten, A. B.) gespielt wird: so könnte man auch den Absatz der Spiel-Karten, der nicht geringe ist, als eine Quelle der landesherrlichen Brunnen-Einkünfte ansehen, wofern nähmlich die Einrichtung Statt findet, daß der Landes-Herr allein und für seine eigene Rechnung den Karten-Handel in seinem Lande treibt..."
963 Wobei zu berücksichtigen ist, daß vor der Ausbildung eines geregelten Börsenwesens im 19. Jahrhundert der Begriff des „Börsenspiels" angebrachter war, als es heute erscheint. „Die Börse war dazu bestimmt die Spielsucht und Spielwut zu entfachen". – Kulischer, Josef. Allgemeine Wirtschaftsgeschichte des Mittelalters und der Neuzeit, Bd. II. Darmstadt 1976, S. 326. – Steinhauser, M., Baden-Baden, S. 125, Anm. 54.
964 In den Spielbädern des 18. Jahrhunderts besonders beliebt war das Pharo-Spiel, ein Glücksspiel mit Karten. Marcard erwähnte 1784 in Pyrmont zwei große privilegierte „Farobanken", behauptete jedoch, man werde „in Pyrmont niemals von solchen Gräueln des Spiels hören, wie jezt bekanntlich an einem andern großen Bade." – Marcard, Henrich Matthias. Beschreibung von Pyrmont. Leipzig 1784, S. 49 u. 64.
965 Das Roulette besteht aus einem mit Zahlen versehenen Rad, das um eine horizonale Achse in Bewegung gesetzt wird. Die Spieler wetten, in welche der 37, abwechselnd rot und schwarz gefärbten Vertiefungen die Elfenbeinkugel fällt, wenn das Glücksrad zum Stillstand kommt. Die Null-Vertiefung bietet dem Casino die Gewinnchance. Es gibt verschiedene Wettmöglichkeiten. Das Roulette ist seit dem frühen 19. Jahrhundert das populärste, aber auch das am meisten angefeindete Glücksspiel, beides „nicht zuletzt wegen seiner faszinierenden Atmosphäre, der französischen Fachausdrücke, des mechanischen Apparates, der komplizierten Wett-Möglichkeiten und des Luxus, der das Spiel umgibt (, außerdem weil) das Spiel praktisch überhaupt keine Geschicklichkeit erfordert und daß

Betrug offenbar nicht möglich ist, da der Mensch nicht mehr eingreifen kann, wenn das Rad sich dreht, die Kugel rollt..." – Wykes, Alan. „Faites vos Jeux". In: Glücksspiele. München 1967, S. 206–227.

966 Zitiert nach Mehrdorf/Stemler, Pyrmont, S. 116. Dementsprechend empfahl Wilhelm von Chézy dem „hochstehenden Manne" das Spielen an einer öffentlichen Spielbank „sozusagen nur im Vorübergehen", denn: „Durch langandauerndes öffentliches Spiel setzt sich ein Mann von hoher Stellung in der allgemeinen Meinung herunter und vergibt vieles der Würdigkeit seines Standes. Am besten mag es sein, die Zerstreuungen des Spiels nur in angemessener Gesellschaft zu genießen unter Leuten, denen Gewinn oder Verlust so wenig Nutzen oder Schaden bringt als dem Spieler selbst..." – Zitiert nach Gleichen-Russwurm, a.a.O., S. 331/332.

967 Selbst in Pyrmont, wo auf Scheidung der Stände geachtet wurde, waren „die Spielenden ... meist Offiziere der Armee und deutsche Edelleute; doch leider sah ich unter ihnen auch einige Bauern ..., wie hier wohl auch der einzige Ort ist, wo sich der Adel mit anderen Gesellschaftsklassen mischt, denn was tut man nicht, wenn Geld in Frage ist..." – Zitiert nach Mehrdorf/Stemler, Pyrmont, S. 116.

968 Gleichen-Russwurm, A. v. Geselligkeit, Sitten und Gebräuche der europäischen Welt 1789–1900. Stuttgart 1910, S. 223.

969 Benjamin, W., a.a.O., S. 211.

970 Mosch, C.F., 1819, o.p.

971 Weber, C.J., 1834, S. 783.

972 z.B. Baden-Baden: „Im gleichem Dezennium, in dem in Paris die Menschenrechte verkündet und die Guillotine aufgestellt wurde, begann der Aufstieg des Gesellschaftsbads Baden bei Rastatt. Die ersten Besucher von Distinktion waren wohlhabende Elsässer, die sich vor den Jakobinern in Sicherheit brachten. Französische Réfugiés vergaßen im Promenadenhaus auf dem anderen Oosufer ihre Alpträume von rasenden Sansculotten und entmenschten Hallenweibern bei einer Partie Whist oder Creps... Das erste sichere Datum in der Baden-Badener Spielbankgeschichte ist das Jahr 1801..." – Fischer,K., Baden-Baden, S. 11 u. 22. – Haebler, Baden-Baden, S. 28/29.
In Pyrmont 1796/97. – Mehrdorf /Stemler, Pyrmont, S. 117.

973 Conte Corti, , S. 26. – Vgl. auch Benjamin, W.,S. 211.

974 Der Grund war die offensichtliche Überlegenheit der Franzosen in Bankgeschäften sowie die mangelnde Risikobereitschaft der Deutschen; selbst deutsche Juden verhielten sich auffallend zurückhaltend (vgl. Projekt Rothschild).
Charakteristisch hierfür ist die Situation in Baden-Baden. Obwohl der Landesherr 1806 ausdrücklich verfügt hatte, das Hazardspiel solle, „um die Gelder möglichst im Lande zu behalten", nur an Inländer verpachtet werden, siegten 1807 „zwei französische Obersten (Martineau und Payer) ..., später kamen eine Monsieur Ballathier und schließlich Francois Chévilly ..." – Haebler, Baden-Baden, s. 31/32.

975 Bach, A., S. 166.

976 Thielcke, Hans. Die Bauten des Bades Doberan-Heiligendamm um 1800 und ihr Baumeister Severin. Halle 1917, S. 7.
Obwohl als das „alte Kurhaus" bezeichnet, handelte es sich in Kissingen um einen Kombinationsbau, der „Wohnungen für Gäste und den Speisesaal des Kurpächters" enthielt. „Auch steht hier der Fluch der deutschen Bäder, die grüne Tafel". – Hänle, S. / Spruner. Ausflug in die fränkischen Bäder Kissingen, Bocklet und Brückenau und deren Umgegend. Würzburg 1844, S. 15.

977 Gerloff, F., Bad Nenndorf., S. 28.

978 Steinhauser, M., Baden-Baden, S. 123, Anm. 31. – Fischer, K., Baden-Baden, S. 22

979 Mehrdorf/Stemler, Pyrmont, S. 117. – Gleichermaßen war in Ems „la maison d'Assemblée, vulgairement nommée Spielsaale... établie pour tout ce qui tient aux amusements". – HHStA Wiesbaden, Abt. 210, Nr. 3774; 27.2.1810.
Der Begriff „assembly-room" war in englischen Bädern gebräuchlich, so etwa in Bath, von dessen „neuen oder oberen Assemblesälen" Johanna Schopenhauser berichtet: „Sie bestehen aus einem großen schönen Tanzsaale und zwei Spielzimmern" (keine Hazarsspiele). – Schopenhauer, Johanna. Errinerungen von einer Reise in den Jahren 1803, 1804 u. 1805, Bd. 1. Rudolstadt 1813, S. 269 u. 273.

980 Hofmann, Wilhelm. Die städtebauliche Entwicklung der Badebezirke in Aachen und Burtscheid 1656–1950. In: Aachener Beiträge für Baugeschichte und Heimatkunst, Bd. 3. Aachen 1953, S. 191/192.
Zur Bedeutung der „Vauxhalls" s. Steinhauser, M., Baden-Baden, S. 122, Anm. 22–24.

981 Die Kunstdenkmäler der Rheinprovinz, Bd. 10. Die Kunstdenkmäler der Stadt Aachen, III. Düsseldorf 1824, S. 188.

982 HHStA, 211, 7994; Konzessionsurkunde, 28.9.1832.

983 Spielmann, C., S. 28–36.

984 General-Landesarchiv Karlsruhe 195/1238: „Bestandbrief für Herrn Antoine Chabert von Strasburg über das ihm in Pacht übergebene Hazardspiel in Baden, samt der Restauration, und dem neuen Conversationshaus allda, 24.3.1834.
Eine angeblich von 1748 datierende Urkunde

scheint verschollen zu sein. – Fischer, K., Baden-Baden, S. 22.
Zu Antoine Chabert, der ursprünglich Kaffeesieder und Armeelieferant, dann Spielbankpächter im Pariser Palais Royal gewesen war s. Fischer, K., Baden-Baden, S. 26.

985 „Dem Gesellschaftshause mit seinem ganzen Bezirk ist das Recht des Burgfriedens ertheilt. Der Pächter hat sich daher eines besonderen polizeilichen Schutzes zu erfreuen" und muß daher einen „Curhaus-Commissär" mit „Militär- und Polizey-Wache" in Anspruch nehmen und finanzieren. 1810 war dem Wiesbadener Pächter lediglich Freiheit von Einquartierung zugesichert worden (22, Spielmann, Wiesbaden, S. 35); von Kommissär und Wache ist keine Rede.
Der Baden-Badener Vertrag von 1824 geht dagegen bereits ausführlich auf diese Fragen ein. „Der Herr Entrepreneur des Hazardspiels und die von ihm angestellte Individuen" (9) sowie das Spiel selbst (10) stehen unter polizeilicher Aufsicht, es gibt einen „Spile Commissair" (8), über dessen Finanzierung allerdings nichts ausgesagt wird, und „der Herr Entrepreneur ist schuldig, einen Inspecteur oder Chef de partie aufzustellen, der für die Ordnung bei den Spielen sorgt, er selbst darf sich in nichts mischen" (11). – General-Landesarchiv Karlsruhe 195/1238; Bestandsbrief, 24.3.1834.

986 Der Pächter muß sich verpflichten, „die Hazardspiele ... nur in den dazu bestimmten Sälen des Gesellschaftsgebäudes, nie aber in verschlossenen Nebenzimmern noch weniger aber an einem dritten Ort außerhalb des Curgebäudes stattfinden" zu lassen (40).
In der Baden-Badener Konzession findet sich hierzu keine Bestimmmung.

987 Wiesbaden 1832, (40 + 41 + 46): 1.5.–30.9., sonst nur mit Erlaubnis; große Bank täglich nachmittags, kleine Bank auch vormittags (§ 43–47).
Wiesbaden 1810 (§ 18, Spielmann, Wiesbaden, S. 34): „Da allen Einheimischen Hazardspiel ohnehin verboten, und solche nur allein in der Kurzeit zu geben verstattet sind, so dörfen Pächter weder vor dem 1. May noch nach dem 1ten November jeden Jahres Bank auflegen, es wäre denn, dass ausser dieser Zeit, bey besonderen Veranlassungen z. B. Masqueraden pp. sich Versammlungen von Fremden einfänden..." (nur mit Erlaubnis).
Baden-Baden 1824 (§ 5 u. § 19): 20.5.–1.10. (gilt auch für die Restauration). Tageszeit (§ 6): „Während dieser Zeit beginnt das Spiel in der Früh 10 Uhr, und es wird um 12 u. 3/4 Uhr geschlossen. Nach Tisch wird dasselbe um 3 Uhr wieder eröffnet, und bis Abend 8 u. 3/4 Uhr fortgesetzt; an Theatertagen kann das Spiel aber auch länger, und zwar so lange dauern, bis das Theater geschlossen ist; nach dem Nachtessen wird von 10 bis 12 Uhr gespielt".

988 Im Gegensatz zum Spielverbot für Einheimische (Residenzverbot), das in Wiesbaden bereits 1810 existierte (erst 1986 aufgehoben), betraf die Senkung des Mindesteinsatzes – in Wiesbaden von 1/2 (1810) auf 1/4 (1932) Krone – vor allem die „minderen Leute", deren auch aus anderen Gründen gewünschte Fernhaltung mit moralisierenden Argumenten betrieben wird. So rügt der Berichterstatter des Morgenblattes 1822, daß es in Baden-Baden „einen Spieltisch für rouge et noir (gebe), wo es erlaubt ist, einen kleinen Thaler zu setzen, so daß es selbst dem wenig bemittelten Manne zu geringem aber drückendem Verlust Gelegenheit wird", und aus demselben Kurort wird 1830 gemeldet, daß „der Satz bis herab zu 24 kr. angenommen wird, wodurch so häufig Menschen aus der arbeitenden Klasse angelockt werden, ihren kärglichen Erwerb den Wechselfällen der Spielbank preiszugeben. Wie oft sind zerrüttetes Familienglück, Diebstahl und Selbstmord die schrecklichen Folgen hiervon!" – Morgenblatt für gebildete Stände, No. 200, 21.8.1822, S. 804 u. ebda. No. 185, 4.8.1830, S. 740.

989 Die Kunstdenkmäler der Rheinprovinz, Bd.10, 1824, §§ 42, 44. 45.

990 HHStA 211, 7994; Konzessionsurkunde, 28.9.1832, § 26.

991 HHStA 211, 7994; Konzessionsurkunde, 28.9.1832, § 29.

992 General-Landesarchiv Karlsruhe 195/1238, § 15.

993 General-Landesarchiv Karlsruhe 195/1238, § 14.

994 Die Kunstdenkmäler der Rheinprovinz, Bd.10, 1824, § 3.
Bereits 1810 waren in Wiesbaden bestimmte „Piecen", wahrscheinlich dieselben wie 1832, von der Verpachtung ausgenommen worden.
In Baden-Baden (1824) wurden ebenfalls die Boutiquen ausgenommen, jedoch nicht die – vorhandene – Loge; des weiteren das Theater, das Lese-Kabinet (wohl von der Regierung an einen Buchhändler vermietet) und eine Hausmeisterwohnung (§ 13).

995 Die Kunstdenkmäler der Rheinprovinz, Bd.10, 1824, §§ 14, 15.

996 Die Kunstdenkmäler der Rheinprovinz, Bd.10, 1824, §§ 5, 8, 9, 12, 13, 21, 22, 24.
Das Mobiliar im Saal gehörte der Aktiengesellschaft, die es dem Pächter mietweise überließ.
Sehr ähnlich 1810 (§ 6), vgl. Spielmann, S. 30.
Auch in Baden-Baden hat der Pächter die ihm überlassenen „Localitäten reich und geschmackvoll zu meubliren, mit Lüster und seidenen Tapeten zu versehen" und zunächst das vorhandene Mobiliar, „das er zu übernehmen verbunden ist" zu benutzen (§ 16).

997 Die Kunstdenkmäler der Rheinprovinz, Bd.10, 1824, § 9.

998 „Die Dauer der Pachtzeit wird auf 12 nach einander folgende Jahre bestimmt, vom 1ten Jänner 1810 anfangend und den 31. December 1821 sich endigend, und sind Pächter schuldig, alsdann das Gebäude mit den dazu gehörigen Appertinentien, in so weit ihnen diese mit verpachtet worden, ohne weiteres zu räumen und der Administration der Actionärs vollständige contractsmässige Ablieferung zu leisten, insofern nicht zwischen beiden Theilen ein neuer Pachtcontract verabredet werden – und zu Stande kommen sollte.
An Pachtgeld verpflichten sich die Pächter jährlich an die Administration der Actionärs und zwar vom 1ten Jänner 1810 an bis ult. Dezember 1815 Siebentausend Gulden, vom 1ten Jänner 1816 bis ult. Decbris 1821 aber Siebentausendfünfhundert Gulden im 24. fn.", § 20, S. 34/35.

999 „Die Dauer dieses Pachts ist auf fünfzehn Jahre festgesetzt, nämlich von gegenwärtigem Jahr 1824 einschließlich anfangend, bis zum Jahr 1838 abermals einschließlich.
Für die Bewilligung dieser dreifachen Entreprise, nämlich für die Miethe des neuen Conversationshauses, für das Hazardspiel und die Restauration zahlt Herr Antoine Chabert einen jährlichen Pacht von siebenundzwanzig Tausend Gulden, jedesmal den 15ten May, und so den 15ten May des gegenwärtigen Jahres 1824 zum ersten Male.
Ferner erlegt derselbe sogleich nach Ratification gegenwärtigen Contracts eine Caution von baaren siebenundzwanzig tausend Gulden, wovon er die Zinsen jedes Jahr mit 5 % bezieht."

1000 HHStA 211, 7994; 28.9.1832.

1001 Besonders zu der Vorgeschichte des Spielverbots in Frankreich und zu dessen Motiven sowie zu Benazet: Steinhauser, M., Baden-Baden, S. 103–105, bes. Anm. 54. – Fischer, K., Baden-Baden, S. 39–64.

Exkurs: Zur Bedeutung des Pariser Palais Royal

1002 1629–1636: In Louvre-Nähe Bau eines Palais für Kardinal Richelieu. 1642/43: Nach testamentarischer Vermachung Bezug des Palais durch die königliche Familie („Palais-Royal"). 1692 dem Herzog von Orléans „en apanage" überlassen. 1781–84 unter Philippe d'Orléans nach Plänen von Victor Louis Erweiterung zu einer Dreiflügelanlage mit einer Galerie („galerie marchand") von 180 Arkaden. Niclot, Colette. Le Palais Royal. Paris o.J., hier: p. 14. – Zur Geschichte des Palais-Royal auch die ältere, sehr ausführliche Darstellung bei Fontaine, Histoire du Palais Royal. Paris 1834.

1003 Niclot, C., p. 14/15.

1004 Sombart, Werner. Luxus und Kapitalismus. München/Leipzig 1913, S. 34, S. 126 ff.

1005 Elias, Norbert. Die höfische Gesellschaft. Darmstadt/Neuwied 1975, S. 120/121, 298.

1006 Larousse, Pierre. Grand dictionnaire universel du XIXe siècle, tome douzième. Paris 1874, p. 48/49 („Palais-Royal").

1007 Am 12.7.1789 organisierte C. Desmoulins im Café de Foy des Palais-Royal den zur Revolution führenden Aufstand.
Niclot, C. p.15/16.

1008 Von der nächtlichen Galerie d'Orléans begeistert zeigte sich auch Ludwig Börne, als er 1830 „hinter dem Palais Royal" wohnend diesem einen Besuch abstattete: „Die Pracht und Herrlichkeit der neuen Galerie d'Orléans im Palais Royal kann ich ihnen nicht beschreiben. Ich sah sie gestern abend zum ersten Male in sonnenheller Gasbeleuchtung und war überrascht wie selten von etwas. Sie ist breit und von einem Glashimmel bedeckt. Die Glasgassen, die wir in früheren Jahren gesehen, so sehr sie uns damals gefielen, sind düstere Keller oder schlechte Dachkammern dagegen. Es ist ein großer Zaubersaal, ganz dieses Volks von Zauberern würdig..." – Börnes Werke, Bd. II. Berlin/Weimar 1976, S. 22–25.

1009 „Hat man sein Geld verloren, kann man seinen Schmerz in der anstoßenden Restauration nach Belieben in Tokaier, Capwein oder Lacrimä Christi ertränken, sich dann in der unter derselben befindlichen Waffenbude ein Paar Pistolen kaufen, und mit einem Druck all seinen irdischen Leiden ein Ende machen konnte, wie dies öfters vorgekommen". – (Friederich, Johann Konrad) Vierzig Jahre aus dem Leben eines Todten. Hinterlassene Papiere eines französisch-preußischen Offiziers. 2. Bd. Tübingen 1848, S. 483–486, 499.

1010 Niclot, C., p. 15.

1011 Larousse, Pierre. Grand dictionnaire universel du XIXe siècle, tome neuvième. Paris 1873, p. 980 (p. 977–984 „jeu").

1012 Larousse, P., tome neuvième, p. 980.

1013 Larousse, P., tome douzième, p. 49.

1014 Larousse, P., tome neuvième, p. 980.

1015 Larousse, P., tome douzième, p. 49.
„Le fermier des jeux était soumis aux conditions suivantes: il devait verser au Trésor, par douzièmes, une somme annuelle de 5 550 000 francs. Cette somme était allouée à la ville, sauf un prélevement de 1 660 000 fr., attribués par parts égales aux subventions théâtrales, au Conservatoire de musique et de déclamation et aux Quinze-Vingts. Une somme de 500 000 francs de cautionnement était en outre déposée par le fermier à la Caisse de

consignations. Enfin, un article du cahier des charges attribuait encore à la ville, su le montant des bénéfices, une part de moitié, lorsque les produits bruts annuels ne s'élevèrent pas au-dessus de 9 millions, et les troits quarts sur la somme qui excédait 9 millions. On peut juger du rapport par le tableau suivant, qui donne les bénéfices annuesls de la ferme des jeux, à dater de 1819, époque de son installation définitive, jusque'en 1817, époche de la supression:

Années	Sommes
1819	7 682 533, 42
1820	7 801 752, 27
1821	8 724 504, 27
1822	8 651 396, 76
1823	7 408 844, 73
1824	8 222 339, 82
1825	9 008 628, 51
1826	7 346 411, 33
1827	7 213 264, 23
1828	7 387 545, 94
1829	7 080 139, 92
1830	6 403 029, 94
1831	6 055 100, 00
1832	6 055 100, 00
1833	6 138 479, 14
1834	6 546 319, 30
1835	6 630 383, 71
1836	6 115 792, 47
1837	6 841 838, 85

Total général 137 313 406, 41

1016 Larousse, P., tome neuvième, p. 980/981.

1017 Conte Corti, S. 111–116.

1018 Niclot, C., p. 18/19.

1019 Gleichen-Russwurm, A. von. Geselligkeit, Sitten und Gebräuche der europäischen Welt 1789–1900. Stuttgart 1910, S. 222/223.

1020 Sombart, Werner. Luxus und Kapitalismus. Studien zur Entwicklungsgeschichte des modernen Kapitalismus, Bd. 1. München/Leipzig, S. 59 ff.

1021 Gleichen-Russwurm, A. v., S. 223. Vgl. auch Larousse, P., tome douzième, p. 49; Niclot, C., p. 15.

1022 Les Joueuses. Paris, Bade, Ems, Hombourg et Monaco, par une joueuse. Paris 1868, p. 30.

1023 Friederich, J. K., S. 484.

1024 Conte Corti, S. 28.

1025 Morgenblatt für gebildete Stände Nr. 182, 31.7.1830.

1026 Der Kommentar im Morgenblatt für gebildete Stände, Nr. 104, 2.5.1831 und Nr. 259, 29.10.1831 spielt auf diese Motivation zum Umzug an, wenn er bemerkt, die königliche Familie werde „weit besser ... in den Tuilerien wohnen können und dabei eine Ruhe und eine freie Aussicht genießen, die im Palais royal fehlen; denn lezteres ist von allen Seiten mit Häuser umringt und liegt gerade in dem größten Gewühle der Stadt. Hier kann Niemand von der regierenden Familie aus- und einfahren, ohne sogleich bemerkt zu werden und eine Menge Neugieriger herbeizulocken.“ Da das Palais-Royal zudem „ein öffentlicher Kaufhof“ sei, entstehe dort „auch die Unbequemlichkeit, daß bei jeder Veranlassung zum Auflaufe sogleich alle Zugänge zum Palais royal, die Höfe und Gänge und Menschen angefüllt werden, und die königliche Familie im wahren Sinne des Wortes blokirt wird. Nun ist zwar in den lezten Jahren die Vorkehrung getroffen worden, daß der große Hof geschlossen werden kann, ohne daß dieses dem Publikum seine Spaziergänge versperrt, indem es von allen Seiten längs der Buden einhergehen und durch das Gegitter in den Hof selbst einsehen kann. Von dieser Vorkehrung wurde daher auch bei dem neulichen Auflaufe auf eine behende Art Gebrauch gemacht. Es wurden Truppen hineingelassen, diese trieben den Auflauf hinaus, die Gitterthüren, deren eine Menge vorhanden sind, wurden in einem Augenblicke geschlossen, und nun mußten die Unzufriedenen sich mit den Gängen um den eigentlichen Kaufhof begnügen. Allein das Rufen, Drängen und Wogen derselben mochte dennoch dem weiblichen Theile der königlichen Familie nicht wenig Angst verursachen, und vermuthlich deshalb wurde plötzlich beschlossen, die Tuilerien zu beziehen, obwohl die Ausbesserungen an denselben noch nicht vollendet sind...“

1027 Steinhauser, M., Baden-Baden, S. 123, Anm. 31.

1028 Larousse, P., tome douzième, p. 49.

1029 Larousse, P. tome neuvième, p. 981.

1030 Héron de Villefosse, René. L'Anti Versailles ou le Palais-Royal de Philippe Egalité. Paris 1974, p. 348.

1031 Larousse, P. tome douzième, p. 49.

Nach dem Spielbankschluß in Frankreich

1032 Fischer, K., Baden-Baden, S. 26 u. 39.

1033 Die Verpachtung war von 1832 auf 1834 verschoben worden, da „dem bisherigen Pächter des Hazardspieles zu Langenschwalbach und Schlangenbad auf sein Ansuchen die Pachtdauer bis zum Jahre 1834 einschließlich verlängert worden“ war. – HHStA 211, 7994; 14.2.1832.

1034 Die Regierung versprach sich von einer Verpachtung aller nassauischen Bäder an einen einzigen Unternehmer eine finanzielle Verbesserung, die dann auch eintrat. – Podehl, W.,Brunnen und Bäder, S. 236.
Die Aufhebung der Spielbank in Frankreich hatte

dann besonders in Wiesbaden einen so großen Zustrom an Kurgästen und Spielern zur Folge, daß Chabert seit 1841 „den für die Konversation bestimmten großen Saal (den eigentlichen Kursaal, A. B.), wie er nach dem Beispiel von Baden-Baden schon im November 1834 vorschlug, als Spielsaal benutzen" durfte, was seine Spielpacht abermals um jährlich 7.5000 fl. anhob. – Struck, Wolf-Heino. Wiesbaden im Biedermeier. Geschichte der Stadt Wiesbaden, Bd. V. Wiesbaden 1981, S. 245–248. – Hase, U. v., Wiesbaden, S. 142.
Nassau stellte für den Spielpächter allerdings insofern ein Risiko dar, als sich bereits seit 1832 Stimmen gegen das Spiel erhoben; dies führte 1846 zur Schließung der Spielbanken in Schlangenbad und Langenschwalbach. Chabert zahlte auch danach die Pacht in gleicher Höhe, denn de facto gingen ihm die Spieler ja nicht „verloren", da sie vermehrt nach Wiesbaden und Ems strömten.

1035 HHStA 211, 7994; 22.2.1834 (unter Zugrundelegung des Vertrags von 1832 und einiger Zusatzvereinbarungen vom 14.2.1834).

1036 Fischer, K., Baden-Baden, S. 25.

1037 Bekanntmachung. Die Begebung des Spielpachtes in Baden-Baden vom 1. Januar 1854 an betreffend. – GLA Karlsruhe 236, 3382; 8.12.1854.
Diese Bedingung ist in dem Vertrag von 1824 noch nicht enthalten.

1038 HHStA 211, 7994; Ems, 22.2.1834, , 17 „Neubau".

1039 HHStA 211, 7994; Ems, 22.2.1834, § 10.(?)
Chabert verpflichtet sich nicht nur, die Bedingungen „gewissenhaft zu erfüllen, sondern macht sich auch überdies anheischig, wenn die in den §§ 10 der Emser Bedingungen und 17 der Bedingungen für den Wiesbadener Cursaal erwähnten Bausummen zur Ausführung nicht zureichen sollten, den Mehrbedarf ebenfalls zu 5 % zu verzinsen, somit der Größe sowie auch die Art der Verwendung ganz dem Gutfinden Seiner Herzoglichen Durchlaucht anheim zu stellen". – HHStA „11, 7994; 22.2.1834.

1040 Podehl, Brunnen und Bäder, S. 236.

1041 HHStA 310 XVc 16 / Hoehn, Bd. 28, fol. 81; K. Müller, 21.10.1838.

1042 HHStA 310 XVc 16, fol. 8 / Hoehn Bd. 28, fol. 75; P. Privat, September (?) 1838.

1043 Hoehn Bd. 28, fol. 103; K. Müller, 25.10.1839.

1044 HHStA 310 XVc 16, fol. 51 / Hoehn Bd. 28, fol. 89; K. Müller, 6.1.1839.

1045 S.z.B.: Dölemeyer, Barbara: Kurbäder und Hazardspiele. Kur- und Spielbankgesellschaften in Hessen im 19. Jahrhundert. In: Mitteilungen, XXXVI. Heft, 1984, S. 63–75; Grosche, Geschichte, S. 142 ff.
1979 trat der Bad Homburger Spielbankpächter Werner Wicker mit einem Entwurf für ein neues Bad Homburger Kurhaus auf den Plan. Die pro-Wicker-Argumentation der Presse (Bernecker, Helmuth. Warum wird Wicker-Entwurf nicht in aller Offenheit diskutiert? Taunus-Kurier 221, 22.9.1979, S. 4) lautete ganz ähnlich wie jene der Landesregierung vom 25.9.1835 („Daß dieses am besten und dienlichsten der Industrie der Privaten überlassen bleibt ..., (ist) ein bewährter staatswirtschaftlicher Grundsatz"): „Schließlich kommt der Wicker-Entwurf ... nicht aus „Wolkenkuckucksheim", sondern von einem Manne, der zu rechnen gewohnt ist, selbst Großbauten im Werte von mehreren hundert Millionen Mark errichtet hat und dafür finanziell immer selbst den Kopf hinhalten mußte. Das prägt sicher wirtschaftliches Denken mehr als der ehrenamtliche Umgang mit öffentlichen Mitteln!" Da die Planung nur als ein „wertvoller Beitrag für die Diskussion und unsere Entscheidungsprozesse" gewertet und, im Gegensatz zu 1835, ad actas gelegt wurde, hat sich die nur zu vermutende Intention, die Spielbank aus dem „Brunnensälchen" (s. dort) wieder an ihren eigentlichen „historischen" Standort zu verlagern, nicht realisieren lassen. Seit 1981 engagiert sich Werner Wicker mit großem internationalen Erfolg im ureigensten, jedoch aufgrund historischer Konstellationen (Spielbankschließungen in Preußen zu einem Zeitpunkt als Badhäuser opportune Bauaufgaben sind) kaum von Spielbankpächtern angegegangenen Bereich der Kurorte, dem Badewesen („Taunus-Therme" – „eines der schönsten und aufwendigsten Thermalbäder Deutschlands"), was auf einen nach wie vor existenten Expansionsdrang der Spielbankpächter schließen läßt.

VIII. Kursaalgebäude von J. D. Métivier (1841-41)

1. Blanc frères, die Unternehmer

1046 Podehl, W. Brunnen, und Bäder, S. 236.

1047 Pall, Etienne. Enthüllungen aus Bad Homburg und Geheimnisse des dortigen Treibens. Weimar 1856. – Anonym. Homburg und seine Mysterien. Berlin o. J. – Glücklich, Christian. Die Geheimnisse des grünen Tisches alias Spíelhöllen. Wiesbaden 1905.

1048 Corti, Egon Caesar Conte. Der Zauberer von Homburg und Monte Carlo. Leipzig 1932 und Frankfurt 19512. –
Hentschel, Erich. Bad Homburg und die Spielbankpächter Gebrüder Blanc. In: Nassauische Annalen, Bd. 82. Wiesbaden 1971, S. 374–376. –

Palm, Rolf. Ich schenk' dir Monte Carlo. Gütersloh 1974 (auch als Fortsetzngsroman in „Hör Zu"). –
Anonym, Francois Blanc zum 100. Todestag. o.O. o.J. (Bad Homburg 1977). –
Nold, Angelika. Doch der Dank der Stadt blieb Francois Blanc immer versagt. In: Taunus-Kurier. Bad Homburg ‚26.7.1977, S. 4. – Nold, Angelika. 100. Todestag des „Zauberer von Homburg und Monte Carlo". In: Taunus-Kurier. Bad Homburg, 27.7.1977, S. 4. – Nold, Angelika. Was wäre wohl aus Bad Homburg ohne Francois Blanc geworden? In: Taunus-Kurier. Bad Homburg, 23.8.1977, S. 4. –
Hentschel, Erich. Bad Homburg und die Spielbankpächter Gebrüder Blanc. In: Mitteilungen des Vereins für Geschichte und Landeskunde zu Bad Homburg vor der Höhe, Bd. XXXVI. Bad Homburg 1984, S. 8–20. –
Renkhoff, Otto. Nassauische Biographie. Veröffentlichungen der Historischen Kommission für Nassau, Bd. XXXIX. Wiesbaden 1985, S. 25.
In der Spielbankliteratur wird Francois Blanc als „der berühmteste aller Casino-Besitzer" gewürdigt. – Wykes, Alan. Glücksspiele. London 1967, S. 280–297. – Westerburg, Thomas. Das Geheimnis des Roulette. Wien/Düsseldorf o.J. (1974), S. 15–27.

1049 Jacobi 1935, S. 195/196. – Conte Corti, S. 11/12. (In dem Prozeßbericht von 1836: „bancqiers de Bordeaux".)

1050 Steinhauser, M., Baden-Baden, S. 103 hat den Zusammenhang von Börsenspekulation und Spielbankbetrieb auf die ebenso kurze wie treffende Formel gebracht: „Die Spekulation wurde in einem anderen Medium fortgesetzt".

1051 Larousse, Pierre. Dictionnaire Universel du XIXe siècle, tome neuvième. Paris 1873, p. 979.

1052 Sombart, Werner. Die Juden und das Wirtschaftsleben. Leipzig 1911, S. 111. – Ob die von Sombart herausgestellte Dominanz der Juden bei der Entwicklung der Börsenspekulation auch auf die Blancs zutrifft, muß einstweilen unentschieden bleiben, da sich die gelegentlich vorgetragene Behauptung, sie seien naturalisierte Juden gewesen, bislang nicht erhärten ließ.

1053 Causes célèbres du 19ème siècle. Cour d'assises de Tours. Blanc frères, Guibot et autres. Francfort s. M. 1837. – Pall. E., a.a.O., S. 5/6. – Conte Corti, S. 12–20.

1054 So zu ersehen aus dem Vertrag vom 29.7.1840, der zwischen der Landesregierung „und den Herren Blanc Gebrüder, Rentiers, wohnend in Paris, rue de Provence No. 1" abgeschlossen wurde. – HHStA 310 XVc 23, fol. 26 / Hoehn Bd. 29, fol. 4; Vertrag, 29.7.1840.

1055 Conte Corti, S. 21.
Eine Beteiligung an einer der Spielbanken im Palais-Royal erscheint wahrscheinlich, ist aber bislang nicht nachweisbar.

1056 Conte Corti, S. 27. Vorsichtiger Jacobi 1935, s. 197: „Der Weg ging vielleicht über Luxemburg".

1057 Jacobi, Spielbank, S. 32.

1058 Wachenhusen, Hans. Die Spielbäder Sonst und Jetzt. In: Ueber Land und Meer, Bd. 33, No. 20–26, 1875. – Westerburg, T. S.19.

1059 Blanc, Francois. Les capitaux de garantie. Paris 1864. – ders., De l'influence de l'amortissement sur le crédit public. Paris 1861. – ders., Des valeurs étrangères et de leur négotiation en France. Paris 18612.

1060 Conte Corti, S. 49.

1061 Conte Corti, Abb. 4.

1062 Steinhauser, M., Baden-Baden, S. 104, Abb. 9+10.

1063 Steinhauser, M., Baden-Baden, S. 112.

1064 Das Schicksal der Marie Blanc, geb. Hensel hat, besonders in jüngerer Zeit, Literaten zur Verarbeitung gereizt. – Conte Corti, S. 120–123. – Palm, R., a.a.O., passim. – Privat, Emil Constantin. Hugenottisches Leben. Friedrichsdorf 19802, S. 92–101. – Saint Germain, Philippe. La grande dame de Monte-Carlo. Monte-Carlo 1981. – Eine umfangreiche Sammlung von Nachweisen im Stadtarchiv Friedrichsdorf. Im Stadtarchiv Bad Homburg, E II (6d), Dokumente betr. Verwaltung des Nachlasses.
Unter deren Zugrundelegung: Baeumerth, Angelika. 300 Jahre Friedrichsdorf. Friedrichsdorf 1987, S. 76–83.

1065 Walsh, Gerta. Ein Leben wie im Märchen: Der Aufstieg der armen Marie Hensel zur Madame Blanc. In: Taunus-Kurier, 31.12.1983, S. 16. – Saint-Germain, Philippe / Rousset, Francis. La grande dame de Monte-Carlo. Paris 1981, p. 198–199.

1066 Fischer, K., Baden-Baden, S. 40.

1067 Saint Germain, Ph., S. 208 u. 224.

1068 Blanc starb am 27.7.1877 in Bad Lenk/Schweiz. Ein kurzer Nachruf im Taunusboten 118, 31.7.1877 meldete „das Hinscheiden eines Mannes, in dessen Händen eine Reihe von Jahren die Geschicke unserer Stadt hervortretend gelegt waren und dessen Name – seien wir wahr und gerecht! mit der Zeit des Aufblühens und des Aufschwungs unserer Stadt für immer verbunden erscheinen wird…"

1069 Saint Germain, Ph., S. 192.

1070 StA HG, E II (6d), 1 und ebda., Mappe 12 („Kaufverträge und Quittungen über Geschenke an Verwandte").

1071 Conte Corti, S. 330/331. – Kopie des Versteige-

rungskataloges im Stadtarchiv Friedrichsdorf.
1072 In der „Maison directoriale" zählte Jacobi 1877: 90 Ölgemälde; 1881 an anderer Stelle (Haus im Englischen Garten?) weitere 22 Ölgemälde, unter anderem von Schütz, Zick, Tischbein, Seekatz und Pforr sowie zahlreiche Möbel. – StA HG E II (6d), „Familien Hensel-Blanc".
1073 Das Schloß Ermenonville kaufte Marie Blanc 1877 für ihre Tochter Louise, die es bis zu ihrem Tod, 1911, bewohnte. – Bertin, Célia. La derniere Bonaparte. Paris 1982, S. 40 u. S. 184. – Conte Corti, S. 330.
1074 Marie Blanc starb am 25.7.1882 in Schloß Moutiers. – Conte Corti, S. 330. – Saint Germain, Ph., S. 230.
1075 In dem 1866 aus dem Besitz der Prinzessin von Reuß-Greiz erworbenen Englischen Garten ließ Madame Blanc ein Haus im Chaletstil errichten, in das sie „mehr als 200 000 fl." investierte (Jacobi an Major v. Norrmann, 2.2.1882, StA HG E II (6d)).
Am 6.–8.3.1882 kamen zur Versteigerung: „Chinesische Vase, Meißner Porzellan, Pendulen, Boule- und eingelegte Möbel, Spiegel, Gobelinsessel „Louis XV", sowie Möbel mit wertvollen Stikkereien, Teppiche, reiche Vorhänge in Damast, Rips, eine Anzahl vollständiger Betten, Glas-, Spiegel und Kleiderschränke, Wasch-, Nacht- und Toilettentischen, Commoden etc. von Mahagoni, Palisander, Nußbaum- und schwarzem Holz, eine große geschnitzte Bibliothek in Schwarz, eine Speisegarnitur in alt Eichenholz, mehrere Garnituren Polstermöbel in Damast, Sessel, Divans, vergoldete Rohrstühle usw. Ferner einige große Kassenschränke, eine Parthie gewöhnlicher Möbel ... sowie eine große Partie Weißgerät, Kupfergeschirr usw. ... die zur Versteigerung kommenden Gegenstände sind wenig gebraucht und gut erhalten..." – Taunusbote 45, 22.2.1882.
Ein am 29.4.1882 aufgestelltes Inventar umfaßte noch immer 323 Positionen, darunter
2 000 Flaschen französischen Wein
1 953 Stück Tisch- und Bettwäsche
11 Stück „Meubles de luxe"
45 Stück „Objects d'art" etc.
– StA HG E II (6d), Inventaire et estimation..., 29.4.1882.
Der in diesem Landhäuschen betriebene Luxus läßt Rückschlüsse auf den „Stadthaushalt" der Familie zu (vgl. „Maison Directoriale").
1076 Sohn Eduard führte das Leben eines Dandy und war nicht an der Spielbank interessiert. Er überließ die Geschäftsführung seinem Stiefbruder Camille – einem der beiden Söhne aus Blancs erster Verbindung –, der jedoch „trotz der Rieseneinkünfte so sehr über seine Verhältnisse (lebte), daß er sein Präsidium niederlegen mußte, sein riesenhaftes Vermögen in nichts zerrinnen sah und schließlich vom Kasino eine bescheidene Pension erhielt. Nach der Inflation 1923 „verschwand die Familie Blanc gänzlich vom Schauplatz" Spielbank. – Conte Corti, S. 335/336.
1077 Conte Corti, S. 313–316 u. S. 328/329.
1078 STA HG, E II (6d). – Conte Corti, s. 329.
1079 Conte Corti, S. 329.
1080 Bertin, Célia. La dernière Bonaparte. Paris 1982, S. 33/34 u. S. 41 u. S. 122.
Die Generosität der Großmutter erklärte Marie Bonaparte als „une sorte de rachat du „crime" montecarlien", motiviert durch „le dessein inconscient de se purifier de tout l'or arraché aux joueurs..."
Den Verkauf ihrer Aktien des Casinos von Monte-Carlo durch den Vater begrüßt sie lebhaft, denn: „Mieux valait sortir de cette sombre affaire, dont la prospérité ultérieure reste d'ailleurs douteuse".
1081 Diese Aussage von Jacobi, H., Spielbank, S. 32 hat noch immer Gültigkeit.

2. Baugeschichte

1082 HHStA 310 XVc , fol. 26–30 / Hoehn Bd. 29, fol. 4–6; Vertrag, 29.7.1840 u. 21.8.1840.
1083 Varnhagen von Ense, Karl August. Tagebücher, Bd. 2. Leipzig 1861, S. 326 (18.7.1844).
Selbst innerhalb der Homburger Verwaltung sorgte das „eigen gestellte" Pachtverhältnis für Verwirrung. Als Stadtschultheis Stumpff 1843 die Mobiliarversicherung des Kursaalgebäudes zu besorgen hatte, fiel ihm auf, „daß das Kurhaus so wohl im Flurbuch (:jedoch jetzt noch ohne Grund und Garten:) als auch in dem Steuerkataster auf den Namen der Herrn Gebrüder Blanc eingeschrieben steht und verfehle nicht gehorsamst nachzufragen, ob dasselbe so stehen bleiben oder auf den Namen gnädigster Herrschaft überschrieben werden soll". Die heftige Reaktion von Regierungsrat Henrich belegt die Brisanz des angeschnittenen Themas. „Sodann bemerken wir Ihnen auf Ihre Anfrage hinsichtlich der Eintragung des Kurhauses und des dazu gehörigen Terrains in das Flurbuch und Steuerkataster, daß diese Eintragung auf den Namen gnädigster Herrschaft geschehen müsse, da das Eigenthum dieses Gebäudes und des dazu gehörigen Terrains gnädigster Herrschaft zusteht, und die Herrn Gebrüder Blanc dasselbe nur während 30 Jahre, nämlich vom 1t April 1841 bis dahin 1871 als Pachter in Benutzung haben. Uebrigens haben Sie annoch anher zu berichten, auf welchen Grund und Veranlassung hin die Einschreibung des

fraglichen Gebäudes auf den Namen der Gebr. Blanc geschehen sey". Als sich herausstellte, daß diese Eintragung „auf den Grund der von den beeidigten Experten ausgefertigten Taxation resp. Schätzung geschehen ist", sah sich die übergeordnete Behörde veranlaßt, Stumpff, da er sich nur auf die Angaben der Bautechniker verlassen und selbst die Eintragung in das Flurbuch vorgenommen habe, mit einer Strafe von 50 fl. zu drohen, wovon man nur deshalb abzusehen geneigt war, da „hier auch der besondere Umstand eintritt, daß die Gebrüder Blanc das fragliche Gebäude auf eigene Kosten erbaut haben" und Stumpff „die einzelnen Bestimmungen des von denselben mit dem Gouvernement abgeschlossenen Vertrags nicht bekannt waren". Immerhin gelangte eine Abschrift des Schreibens „zu den Anstellungs-Acten des Herrn v. Stumpff". – HHStA Wiesbaden 314, 1576; Akten Landesregierung III. Deputation, 6.11.1843, 17.12.1843, 2.8.1844.

1084 Der momentane Kenntnisstand über Vertragsverhältnisse zwischen Spielbankpächtern und Landesherren ist dürftig. Verf. stellte bei stichprobenartigen Recherchen fest, daß sich die Quellenlage andernorts nicht immer so günstig gestaltet wie im Fall der Homburger Spielbank; die Überlieferung scheint oft lückenhaft zu sein, wenn die Verträge überhaupt auffindbar sind. Für eine zutreffende Beurteilung der jeweiligen Situation ist das Studium der Quellen unerläßlich. Der über einzelne Spielbanken Auskunft gebenden Lokalliteratur mangelt es in der Regel an Überblick und Problembewußtsein, was Unschärfen in der Formulierung zur Folge hat und zu völlig unzutreffenden Schlüssen führen kann.
Der Einschätzung der Verf., die Blancs seien zu ihrer Zeit die einzigen Spielbankpächter als Bauherren gewesen, liegen die Kenntnis der Kontrakte aus Wiesbaden und aus Baden-Baden als verbindlich sowie unergiebige Recherchen in der oben bezeichneten Literatur als unverbindlich zugrunde.

1085 Zweifellos steht der Versuch"verschiedene(r) Nauheimer Persönlichkeiten im Jahre 1843 die Errichtung einer Spielbank in Nauheim bei der kurhessischen Regierung durchzubringen" mit der Etablierung der Homburger Spielbank in Verbindung. Aufgrund vor allem ärztlicher und theologischer Bedenken verzögerte sich die Realisierung um 10 Jahre, während derer Kurfürst Wilhelm II. in der Homburger Spielbank heftig spielte und Unsummen verlor. Das „eigen gestellte" Pachtverhältnis in Homburg war dem Kurfürsten so wohlvertraut, daß er eine am 3.7.1851 in Wilhelmshöhe eingehende Offerte von „20 000 Thaler per Jahr für die Spiele in Kurhessen: Wilhelmsbad, Nauheim, Hofgeismar und Nenndorf mit dem ausschließlichen Rechte, daß in keinem anderen Orte Kurhessens ein neues Privileg gegeben werden könne" unbeantwortet ließ. Der Absender war Francois Blanc, dem die Konzession nicht nur aus Gründen persönlicher Revanche versagt geblieben sein wird, sondern weil der Kurfürst auf ein günstigeres Angebot wartete. Am 20.12.1853 schloß er mit Blancs Landsmann, Jacques Roland Viali aus Paris, einen Vertrag, der im Gegensatz zu dem Angebot Blancs eben das enthielt, was Blanc in Homburg zum Zuge hatte kommen lassen: die Verpflichtung zum Bau eines Kursaal(gebäudes) sowie eines Palais „zur ausschließlichen landesherrlichen Benutzung für 325 000 Taler", „zu erbauen und vollständig zu möblieren" etc. Zwar verzögerte sich die Realisierung dieses Vorhabens wiederum, auch wurde 1860 „von der Erbauung eines landesherrlichen Palais" Abstand genommen; aber es blieb dabei, „daß die Pächter den Bau eines Kurhauses und dessen Ausstattung vorzunehmen" hatten. Auch dieses Kursaalgebäude wurde von einem Bauherrn errichtet, der nicht zugleich Eigentümer war; wie in Homburg sollten nach Ablauf der Pachtzeit „alle in Gemäßheit des Vertrages ausgeführten, respektive erworbenen Gebäude und Anlagen mit Grund und Boden, sowie allem Zubehör, insbesondere auch das gesamte vom Pächter angeschaffte Mobiliar, mit Ausnahme der Spieltische, in das volle Eigentum des Staates übergehen".
Viali hat es, im Gegensatz zu Blanc, jedoch nicht verstanden oder beabsichtigt, Einfluß auf die Wahl des Architekten zu nehmen: „Architekt und Bauleiter war der kurhessische Regierungsbaumeister Malkomesius". –
HStA Marburg, Best. 300, Ab. 11, C. 19, Nr. 13(12); Acta das Hazardspiel in den Mineralbädern Kurhessen's betreffend; F. Blanc an Kurfürst Wilhelm II.; Eingang Wilhelmshöhe 3.7.1851. – Kissel, Franz. Hundert Jahre Bad-Nauheim 1835–1835. Bad-Nauheim 1935, S. 29–36 u. S. 68.
Einen weiteren Versuch, sich in einer zweiten nahegelegenen Spielbank zu etablieren, unternahm Francois Blanc 1853 in Ems. Er erbot sich, „jährlich 20 000 fl. Spielpacht für Ems allein zu zahlen, ausserdem die Musik zu stellen, 1000 fl. den Armen zu geben und überhaupt für Ems das zu tun, was er für Homburg getan hatte." Doch hatte Blanc auch dieses Mal kein Glück: „Wir wissen jedoch nicht, wie sich die Regierung zu diesem Plane Blancs verhalten hat; vermuten lässt sich jedenfalls, dass sie es bei der allgemeinen Hetze

gegen Blanc nicht für ratsam hielt, auf das Anerbieten einzugehen".– Bach, Adolf, Spielbank Ems, S. 29

1086 Eingedenk der guten Erfahrungen mit den Spielbankpächtern des 19. Jahrhunderts überträgt man jetzt in Homburg dem Spielbankpächter Werner Wicker die Kosten und die Verantwortung für Neubauten, die seinem Engagement besonderes Profil verleihen und ihm den Ruf eines „Blanc des 20. Jahrhunderts" eingetragen haben. 1975 übernahm er „als Gegenleistung für die Überlassung der Konzession den Bau und Betrieb eines Thermalbades", das in seinem Besitz verbleiben sollte. „Die Stadt erhielt auf diese Weise mit der Taunus-Therme ein florierendes Kur- und Freizeitbad, das den Haushalt von Stadt und Kurgesellschaft nicht belastet". Bei der Neuvergabe der Konzession, 1985, „hat die Stadt mit dem Unternehmer eine zusätzliche Leistung ausgehandelt", wobei die Modalitäten denjenigen von 1840 frappierend ähneln. „Die Spielbank wird ein Parkdeck mit 300 Plätzen errichten... Nach Ablauf der fünfjährigen Konzessionsperiode geht der Bau in das Eigentum der Stadt über". Der Publizitätsfreudigkeit des Homburger Unternehmers steht in Wiesbaden das Bemühen um ein Verschweigen der Bedingungen gegenüber, zu denen, nahezu gleichzeitig, eine Gesellschaft die Konzession für die Wiesbadener Spielbank erhielt. „Auch über Details, die zur Konzessionsverlängerung für die Neuland KG führten, wollte Exner keine näheren Angaben machen. Er begnügte sich mit dem Hinweis, die Konditionen hätten sich verbessert, womit feststehen dürfte, daß die Stadt kräftiger als zuvor beim Glücksspiel mitkassieren darf". – (hth). Der Spielbank bleiben nur fünf Prozent. „Ideenreiche" Gesellschaft wird das Casino weitere fünf Jahre betreiben. Frankfurter Allgemeine Zeitung 265, 14.11.1985, S. 35. – (bhr). Neuland KG gewinnt das Glücksspiel. Spielbank bleibt in ihrer Hand / Quandt-Gruppe steigt aus. Frankfurter Allgemeine Zeitung 248, 25.10.1985, S. 54.

1087 HHStA 310 XVc 23 / Hoehn Bd. 29, fol. 9; Blanc frères, 6.11.1840.

1088 HHStA 310 XVc 23 /Hoehn.Bd.29, fol.9; Blanc frères, 6.11.1840.– Über den Architekten Sand konnte nichts ermittelt werden.

1089 Jacob Friedrich Peipers (1805 Elberfeld – 1878 Frankfurt am Main) bittet am 27.7.1830 in Frankfurt „um hochgefällige Erlaubnis zum hiesigen Aufenthalt", nachdem er „bereits einige Zeit hindurch hier gewohnt" hat. Seiner Bitte um Erteilung des Bürgerrechts vom 18.3.1835 fügt er folgende Angaben zu seiner Person bei: „Nachdem ich, der ganz gehorsamst Unterzeichnete mich unter der Leitung des inzwischen verstorbenen Herrn Oberbau-Directors Weinbrenner in Carlsruhe der Bau-Kunst gewidmet und längere Zeit in Italien zugebracht, hatte ich mich späterhin bei dem Herrn Architecten Gau in Paris praktisch ausgebildet und seit dem Jahre 1830 in hiesiger Stadt verweilt, wo ich ebenfalls bemüht war, meine theoretischen und praktischen Kenntnisse zu erweitern. Es ist mir nun dieser Aufenthalt, theils durch den Umstand, daß ich mich hier des Umgangs mit nahen Verwandten zu erfreuen habe, theils durch die hier in reichem Maaße vorhandenen Mittel zur ferneren Cultivirung meines Faches, so werth geworden, daß ich den Wunsch nicht unterdrücken kann, für immer hier zu verbleiben..." Ein Zeugnis Gaus liegt bei. Dem Ansuchen wird erst willfahren, als Peipers 1837 die Frankfurterin Elisabetha Margaretha Winckler heiratet.
In Frankfurt und Umgebung errichtete Peipers „eine größere Anzahl von Privatbauten". Beim Bau von Stülers Alter Börse in Frankfurt hatte er die Bauleitung inne. Größere architektonische Projekte sind von ihm nicht bekannt.
– StA Frankfurt am Main, Senatssupplikationen, 173/32 (1830, 1832, 1833, 1835, 1837). – Frankfurt und seine Bauten. Frankfurt am Main 1886, S. 264 u. S. 305. – Kunst und Künstler in Frankfurt im 19. Jahrhundert. Frankfurt am Main 1907, S. 107. – Lerner, Franz. Das tätige Frankfurt im Wirtschaftsleben dreier Jahrhunderte, zugleich ein Handbuch der Altfrankfurter Firmen. Frankfurt am Main 1955, S. 37.
Jacobi (1935, S. 200) kannte noch den inzwischen verschollenen Entwurf zu einem Kursaalgebäude in Homburg von Peipers, beschrieb ihn jedoch nur kurz als „ein viel größeres Kurhausprojekt mit zwei seitlichen Türmen neben dem Mittelbau". Im Nachlaß Jacobis hat sich die Empfangsbescheinigung Peipers' für einen Betrag von 150 fl. erhalten: „Le soussigné reconnait par la présente avoir recu pour un plan d'un Curhaus, la somme de cent et cinquante florins. le 22. Avril 1841. F. Peipers architekt". – StA HG E II 3 (Nachlaß Jacobi), Nr. 67.

1090 Wahrscheinlich handelte es sich um Christian Martin Ritter (1805 Frankfurt – 1877 Frankfurt), Sohn des Frankfurter Bürgers und Weisbindermeisters Johann Peter Ritter. In den Adreßbüchern der Stadt Frankfurt wird er zuerst als Maurermeister, später auch mit dem Zusatz Bauunternehmer geführt. „Nach den Plänen von Martin Ritter entstand 1860–1862 in noblen spätklassizistischen Formen mit der Villa Leonhardsbrunn eine Kombination aus zentralem Wohngebäude und beidseitig höhergestaffelten Gewächshausflü-

geln, deren signifikanten Abschluß je ein mit steiler Glashaube überkuppeltes Oktogon bildete. Der Gebäudekomplex diente der Kunst- und Handelsgärtnerei Friedrich Grüneburg Sohn als Betriebsstätte" (Rödel, Volker. Ingenieurbaukunst in Frankfurt am Main 1806–1914. Frankfurt am Main 1983, S. 314). – Freundlicher Hinweis des Stadtarchivs Frankfurt am Main.
Möglicherweise kannte Jacobi (1935, S. 199) die inzwischen verschollenen Entwürfe Ritters, denn er schreibt: „Einer der Pläne scheint von einem Maurermeister M. Ritter in Frankfurt herzurühren".
Vielleicht bezog sich diese Notiz aber auch nur auf eine in seinem Nachlaß (StA GH E II 3, Nr. 70) erhaltene Quittung folgenden Wortlauts:
„Monsieur Blanc de Paris, Weißer Schwanen Nro. 2 dahier
Frankfurt den 2ten April 1841
Herr Blanc aus Paris belieben an Maurermeister M. Ritter für
1840 gefertigt für Sie:
1. Großer Plan zu einem Kurhaus nach Homburg, nach Ihren Angaben, nebst facade ..... 33,—
2. Kleinerer Plan, orange, mit facade in perspektivischem Bild ..... 28,—
3. Veränderter Plan, blau, mit facade ..... 18,—
4. Facade als illuminirtes perspektivisches Bild, nebst zwey Grundrissen, roth ..... 27,—
5. Vier Facaden in verschiedenen Stylen ..... 20,—
——
fl. 126,—
per Acquit
M. Ritter".

1091 Zu Geyer s. Kapitel „Projekte von G. Moller. Planungsverlauf".
Im StA HG E II 3 (Nachlaß Jacobi) hat sich die Empfangsbescheinigung für einen auf die Anfertigung eines Entwurfs bezüglichen Betrag von 150 fl. erhalten (bez. Nr. 68): „Recu de Monsieur L. blanc la Somme de cent-cinquante florins pour un plan du Curhaus à Hombourg. Mayence, 15 mars 1841. F. Geier".

1092 HHStA 310 XVc 22 / Hoehn Bd. 28, fol. 132; Geh. Rat, 1.12.1840.

1093 Zum Entwurf Peipers s. Jacobi 1935, S. 200 .

1094 „Je reconnais avoir recu de Monsieur Blanc la somme de Cinq cents vingthuit florins pour composition du plan d'un établissement public dit Kursale et pour Copie du dit. Munich au 20 fevrier 1841. Métivier. Conseiller des Bâtimens royaux du Roi de Bavière. – StA HG E II 3 (Nachlaß Jacobi), bez. Nr. 69.
Vgl. die autobiografischen Notizen Métiviers: „Plans & (unleserlich) pour une grande construction á Homburg près Francfort. Ce Batiment contienne un Caffé, un restaurant, salle de Danse, salons de Lecture, de Jeux && 1841". – München, Bayr. Staatsbibliothek, cod. gall. 892, fol. 22.

1095 „Monsieur, j'ai l'honneur de Vous soumettre le plan de Monsieur Métivier Conseiller des batiements royaux à Munich... J'éspère que ce plan pourra être agréable à Votre Altresse Sérenissimé et je La prie de vouloir bien me faire connaître Sa décision le plus tôt possible attendue que je desirerais commencer les travaux immédiatement". – HHStA 310 XVc 22, fol. ... / Hoehn Bd. 28, fo. 133; L. Blanc (Hombourg ès monts) an Landgraf Philipp, 25.2.1841.

1096 Hoehn Bd. 28, fol. 134; Geh. Rat, 27.2.1841.

1097 Lotz II, S. 304/305. – Vgl. Hamelsche Chronik, StA HG, E I d, Bd. 5, fol. 12 ff.

1098 Er begegnet später als Croupier an der Homburger Spielbank.

1099 Vgl. Hamelsche Chronik, StA HG, E I d, Bd. 5, fol. 34. – Zu Peipers s. dessen Kurzbiografie weiter oben.

1100 Bestätigt durch Notizen in der Hamelschen Chronik, StA HG E I d, Bd. 5, fol. 13 u. fol. 34. „Im April (1841) kam der Architekt H. C. Müller aus Frankfurt nach Homburg zu wohnen, um die Kurbauten für die Herren Blanc zu (leiten)".
Carl Müller, Maurermeister, beantragte bei seiner Heirat mit Maria Friederike Louise Kling aus Homburg, am 9.2.1843 das Bürgerrecht in Frankfurt für seine Frau und zugleich für beide die Beibehaltung des Bürgerrechts bei auswärtigem Aufenthalt (StA Frankfurt am Main, Senatssupplikationen 427/3). Über eine Tätigkeit in Frankfurt als Architekt oder ausführender Baumeister ließ sich nichts ermitteln. – Hinweis des Stadtarchivs Frankfurt am Main.
Nach Abschluß der Arbeiten am Kursaalgebäude annoncierte Müller in Homburg, „daß derselbe von heute an alle Arten von Architektur und Maurerarbeiten übernimmt, und empfiehlt sich zu sämmtlichen in diese Fächer einschlagenden Geschäfte". – Amts- und Intelligenz-Blatt 15, 19.4.1843.

1101 Westerfeld begegnete bereits weiter oben als Zeuge für die Entdeckung des Elisabethenbrunnens durch Dr. Trapp.
Jakob Westerfeld (6.1.1802 Burgholzhausen – 11. 2. 1886 Homburg) spielte im Homburger Bauwesen, besonders der sog. Spielbankzeit, eine Rolle, zum einen als landgräflicher Bediensteter, zum anderen als das Stadtbild maßgeblich prägender freier Architekt. Seine Vita läßt sich anhand der Personalakte (HHStA 310 XXI a2, 13) folgendermaßen skizzieren:
1819 bei Forstmeister Lotz „in Diensten".

1828 sucht er bei Landgraf Friedrich um „einen meinen Fähigkeiten angemessenen Posten“ an, der nicht bewilligt wird. Daraufhin scheint Westerfeld bei Moller gearbeitet zu haben. Es ist vom Fehlen eines Examens die Rede.
1831 befürwortet die Landesregierung seine Einstellung u. a. mit der Begründung, „der Bittsteller (habe) in vielen Fällen gute Kenntnisse im Baufache entwickelt und es wird ihm, dem Vernehmen nach, von dem Herrn Oberbaurath Moller ein gutes Lob beigelegt“.
Für die 1830–1832 vorgelegten Projekte I–IV oder V zu einem Kursaalgebäude von G. Moller hat Westerfeld diverse „Kopien“ angefertigt (s. dort).
1832 wird Westerfeld als Bautechniker angestellt.
1834, 27.1. richtet G. Moller an Landgraf Ludwig ein Schreiben, aus dem sowohl die Wertschätzung Westerfelds als auch die Ungunst der engen Homburger Verhältnisse für einen Mann seiner Ausbildung erhellt: „... Es ist mir angenehm, bei dieser Gelegenheit dem Hrn. Westerfeld, für welchen Ew. Durchlaucht sich immer so gnädig interessiren, das Zeugniß geben zu müssen, daß er nicht nur vielen Fleiß und Diensteifer hat, sondern, daß er wirklich entschiedenes Talent zum practischen Baumeister hat. Höchstdieselben werden es mir daher gewiß zu Gnaden halten, wenn ich dieserwegen und im Interesse des Dienstes selbst, darauf aufmerksam mache, wie nöthig es sein dürfte, dem Hr. Westerfeld einen angemessenen Gehalt zu bestimmen. Ich halte ihn für einen durchaus rechtlichen und ehrliebenden Mann, aber ich wünsche lebhaft, daß er es bleibt, und *kann* er es bleiben, wenn er nicht zu leben hat? – Wenn er einmal in Elend versinkt, und jedes edlere Gefühl, von dem Gefühl der Noth überwältigt wird, dann ist er für den Dienst, für die Welt verloren. Ich würde es nicht wagen, mich hierüber so freimüthig zu äußern, wenn mir nicht die edle Denkweise Euer Durchlaucht zu gut bekannt wäre, welche ich von dem Augenblick an, wo ich so glücklich war Höchstdemselben bekannt zu werden, aufs lebhafteste erkannte und welche immer der Gegensatn meiner innigsten Vereherung war...“ Diese Eingabe stößt nur auf Unverständnis. Die folgenden Aktenstücke sind von untergeordneter Bedeutung.
1836, 26.10. Verleihung des Dienstcharakters „Bauinspektor“ (Amtsblatt No. 45; vgl. Hamel, Staatsdiener, 6). „Westerfeld hat von da ab alle späteren Bauten und Umbauten im Schloß wie im Schloßgarten ausgeführt. Die Konzepte seiner Baurechnungen sind erhalten. Seit dem 9. März 1841 war ihm auch die Aufsicht über die Bauten der Kurverwaltung von der Regierung übertragen worden...“ (Jacobi, Heinrich, Notizen zur Vita Jakob Westerfelds, in: Nachlaß Jacobi, StA HG E II, 4v).
Vgl. auch: StA HG E II 3 (Nachlaß Jacobi); Vertrag zwischen L. Blanc und J. Westerfeld, 1.3. und 9.3.1841).
1838/39 Bau des „Brunnensälchens“, s. dort.
Mit Homburgs Spielbankzeit beginnt Westerfelds „Aufstieg“. Seine Rührigkeit, v. a. im privaten Bauwesen, trug ihm einigen Neid ein. Vgl. hierzu das „Geschäfts-Protokoll vom 1ten Mai 1842 bis 1ten Mai 1843, geführt von dem L. Bau Inspector Westerfeld“ (HHStA 310 XXI a2, 13).
„Westerfeld muß auch ein reicher Mann gewesen sein, der in dem damals aufsteigenden Homburg viele große Privathäuser auf Spekulation, darunter sein Haus in der Kisseleffstraße, gebaut hat, die heute noch einzelnen Straßen ihr Gepräge geben. Der klassizistische Stil Mollers, der ihn sehr geschätzt haben muß, ist dabei unverkennbar.
Im übrigen hat er sämtliche Staatsbauten im Amt Homburg, auch Chausseen, Brücken pp. ausgeführt, daneben auch die Baupolizei geleitet, kurz alle Arbeiten betrieben, welche heute noch Aufgaben des preußischen Kreisbeamten sind, als welcher er nach dem Anfall Homburgs an Preußen seit 1866 übernommen wurde. Der sehr tätige und um das Werden und den Ausbau der Stadt Homburg sehr verdiente Mann starb hochbetagt am 11. Feburar 1886 (Jacobi, H., Notizen J. W.). – Nachruf in: Taunusbote 37, 13.2.1886.
Westerfeld wird verschiedentlich erwähnt bei Jacobi 1935, Frölich/Sperlich und Lotz II. Eine Würdigung seiner Persönlichkeit und seines architektonischen Œuvres steht jedoch noch aus.

1102 Heinrich Weckerling war der Entdecker des Ludwigsbrunnens (1809) gewesen. Zu seiner Vita s. dort.

1103 Text der Grundsteinlegungsurkunde, abgedruckt in: Hofmann, Friedrich. Lebendiges Bad Homburg. Bad Homburg 1960, S. 93/94.

1104 z. B. Hamelsche Chronik, Bd. 5, 1841, fol. 13. („Der Bauplan des Kursaals ist vom königl. Baumeister Metivier (sic) in München trefflich gezeichnet“) und ebda., fol. 34 („Den Plan zeichnete ein Münchener Baumeister“).

1105 Die durch Westerfeld bezeugte Anwesenheit Métiviers in Homburg „Anfangs im Februar“ 1841 fällt mit dem zu vermutenden Termin der Abgabe seiner Pläne zusammen (StA HG E II 3, 12.12.1841). Die in Métiviers autobiografischen Notizen aufgeführte „Voyage à Paris en ferrovie“ ist dagegen „en Mars“ vollzogen worden (Bayerische Staatsbibliothek, cod. gall. 892, fol. 22). Nicht zutreffend ist daher die von Rose, H., S. 64 geäußerte Vermutung, Métivier werde sich „auf der Durchreise (nach Paris) vermutlich in Homburg v. d. H. aufgehalten haben wegen des Kurhausbaues, den er um diese Zeit zu errichten hatte".

1106 Der Aufenthalt scheint sich auf einen Tag beschränkt zu haben, denn der Name Métiviers erscheint im Februar 1841 nicht in der Fremdenliste des Amts- und Intelligenz-Blattes, in dem nicht nur die „wohnhaften", sondern auch die „durchreisenden" Gäste aufgeführt wurden.
Die Durchsicht der Fremdenlisten aus den Jahren 1840 bis 1842 ergab, daß Métivier zu keinem anderen Zeitpunkt vor oder nach 1841 in Homburg anwesend war.

1107 Hamelsche Chronik, 1841, fol. 34. – Lotz II, S. 304/305. Tatsächlich handelte es sich nicht um die Anwendung des französischen, sondern des allerdings ebenfalls vom Frankfurter abweichenden bayerischen Maßes, denn Métiviers Blatt 29 in der TU München trägt die Beschriftung „baieris: Fuß".

1108 HHStA 310 XVc 22 / Hoehn Bd. 28, fol. 136; Programm Grundsteinlegung, 21.5.1841. – Hamelsche Chronik, 1841, fol. 34 (dort fälschlich „Pfeiffers").

1109 HHStA 310 XVc 22 / Hoehn Bd 28, fol. 135/136; Programm Grundsteinlegung, 21.5.1841.

1110 Vollständig abgedruckt bei Hofmann, F., S. 93/94. –
Empfangsbescheinigung Jacob Renfers über 9 fl. für einen „Grundstein von Basalt Stein zum Kurhaus in Homburg von 2 1/2 Schuh lang, 18 Zoll breit, 10 Zoll dick, 6 Zoll tief ausgearbeitet mit dem dazugehörigen Däckel von 4 Zoll dick und der Jahreszahl 1841" erhalten im StA HG, E II 3 (Nachlaß Jacobi); 6.12.1841.
Der Grundstein mit der Urkunde wurde nach der Zerstörung des Kurhauses (1945) wieder aufgefunden und 1950 in den Grundstein des neuen Kurhauses eingelassen. – Taunusbote 2, 1.8.1949. – Hofmann, F., S. 95–97.
Heute befindet sich der Grundstein mit der Urkunde und den Dokumenten des Jahres 1841 im Stadtmuseum Bad Homburg.

1111 Hamel, Johann Georg. Hessen-Homburgische Reim-Chronik. Homburg vor der Höhe 1860, S. 165/166.

1112 Hamelsche Chronik, 1841, fol. 13.

1113 Hamelsche Chronik, 1842, fol. 38.

1114 Mit dem gleichen – einer „Presseerklärung" folgenden? – Wortlaut bereits am 20.5.1841 in „Didaskalia".

1115 Vgl. HHStA 310 XVc 22 / Hoehn Bd. 28, fol. 135/136; Programm Grundsteinlegung, 21.5.1841. – Jacobi 1935, S. 201. – Conte Corti, S. 45/46. – Lotz II, s. 305/306. – Rechnung „über die Fahrt der Canonen, welche M. Volk sen. an den Bauplatz des Cursahl bey dem Grundsteinlegen hin und retour gefahren hat" (2 fl. 30 kr.) enthalten in StA HG E II 3 (Nachlaß Jacobi); 15.5.(?)1841.

1116 Gemeint ist das Brunnensälchen.

1117 Amts- und Intelligenz-Blatt 21, 23.5.1841. – Vgl. Hamelsche Chronik, 1841, fol. 13: „Auch begann im März 1841 die Renovatur der Anhalt'schen Gebäulichkeiten, wohin die Spielbank kommen soll".

1118 Eaux minérales de Hombourg près Francfort sur le Mein. Paris 1841 (Vorwort und Text von Ch. Muller, Le Directeur des eaux minérales de Hesse-Hombourg). – Vgl. Jacobi 1935, S. 179.

1119 Damit stimmt überein, daß im „Verzeichniß der Kur- und Badegäste..." von 1842, 23.–30.7. (No. 1133) bereits ein „Monsieur Aug. Rey, Journalist aus Paris" genannt wird. – Vgl. auch Conte Corti, S. 44 (die dort erwähnte Schrift erschien jedoch erst 1844).

1120 Die m. W. erste öffentlich geäußerte Kritik an der Homburger Spielbank publizierte bezeichnenderweise die „Usinger Zeitung", das Organ der nächstgelegenen nassauischen Residenzstadt, bereits im Zusammenhang mit der Grundsteinlegung (enthalten in: Hamelsche Chronik, 1841, fol. 33).

1121 Amts- und Intelligenz-Blatt 21, 23.5.1841.

1122 Im vollen Wortlaut abgedruckt bei Jacobi 1935, s. 193. – Am 24. April 1842 (Regierungsblatt No. 251.252, No. 6) erging eine „Nachträgliche Verordnung zu dem Gesetz vom 20. April 1841, das Spielverbot betreffend", die verschärfend wirken sollte:
„Wir Philipp, von Gottes Gnaden souverainer Landgraf zu Hessen etc. finden Uns auf desfalls erstatteten Vortrag bewogen, hiermit zu erklären und zu verordnen, daß das Spielverbot und die Strafbestimmungen Unserer Verordnungen vom 20. April v. J. eines Theils nicht blos auf die Dauer der Kurzeit beschränkt sein und andern Theils auch auf solche Personen Anwendung finden sollen, welche, obgleich Unserm Landgrafenthume nicht angehörig, bei Inländern in Lehre, Dienst oder Arbeit stehen, ingleichen auf solche Ausländer, welche im hiesigen Lande ihr beständiges Domicil haben und zugleich daselbst Fabriken oder Gewerbe betreiben, sowie auf deren Dienst- oder Arbeitsleute.
Gegenwärtige Verordnung tritt mit dem Tage ihrer Verkündigung in Unserem Regierungsblatt in Wirksamkeit.
Homburg, den 16. April 1842
(L. S.) Philipp
vdt. v. Ibell".
Vorausgegangen war dieser nachträglichen Verordnung eine offenbar auf Beschwerden Frankfurter Unternehmer zurückzuführende „Übereinkunft gegen das Hazardspielen der Hand-

lungsgehilfen in benachbarten Badeorten", 1841. – Berger, Helmut. Von der „Übereinkunft gegen das Hazardspielen der Handlungsgehilfen" bis zur offiziellen Wirtschaftsvertretung. In: Mitteilungen Industrie- und Handelskammer Frankfurt am Main, Nr. 15/16, 15.8.1984, S. 541/542.

1123 Die spärlichen Regierungsakten beziehen sich auf die J. Westerfeld übertragene Bauüberwachung, worüber er der Landesregierung Bericht zu erstatten hatte.
Von den bei der Spielbankgesellschaft vorhandenen Unterlagen haben sich offenbar nur geringe, wohl von L. Jacobi selektierte Reste im StA HG erhalten. Es handelt sich dabei um eine größere Anzahl von Rechnungen und Quittungen sowie einige Briefe. Eine präzise Vorstellung von dem Bauablauf vermitteln auch sie nicht. Es werden daher vielleicht nicht unbedingt repräsentative Dokumente vorgestellt, die aber für unsere Fragestellung aussagekräftig genug sind.

1124 J.Westerfeld wird angewiesen, weiterhin „die technische Beaufsichtigung der Arbeiten" zu besorgen und „das Geeignete (zu) veranlassen, daß das Gebäude in seiner Ausführung möglichst gefördert werde, und sich mit den ausführenden Baumeistern in solchen Rapport (zu) setzen, daß Sie von jeder etwa vorgenommenen oder beliebt werdenden Veränderung in dem Bauplan rechtzeitig Kenntniß erhalten und im Stande sind, uns davon sogleich die erforderliche Mitteilung zu machen..." – StA HG E II 3 (Nachlaß Jacobi); Landesregierung III. Dep. an Westerfeld, 20.8.1841.
Am 7.12. sieht sich die Landesregierung zu einer Rüge Westerfelds veranlaßt, da „Sie seit Ihrer letzten Berichterstattung (10. Aug. d. J.) keine weitere Mittheilung über den Vortgang des Kurhausbaues anher gemacht haben, obgleich der fragliche Auf-Bau inzwischen in vieler Beziehung fortgeschritten ist..." – StA HG E II 3 (Nachlaß Jacobi); Landesregierung III. Dep. an Westerfeld, 7.12.1841.
Obwohl keine konkreten Versäumnisse vorliegen und Westerfeld darüberhinaus am 12.12.1841 verspricht, künftig „monatlich über den Fortgang der Arbeiten Bericht (zu) erstatten", reskribiert die Landesregierung nochmals, „daß die Arbeiten an dem Kurhaus forthin sorgfältig zu beaufsichtigen sind, und zeitweise berichtliche Nachricht über den Fortgang des Baues anher zu geben ist". – StA HG E II 3 (Nachlaß Jacobi); Westerfeld an Landesregierung III. Dep. und Landesregierung III. Dep. an Westerfeld, 12.12.1841 und 17.12.1841.
Der Grund für die geringe Anteilnahme Westerfelds an der Bauaufsicht ist nicht eindeutig zu benennen. Grundsätzlich dürfte ihm wohl das Mißtrauen der Regierungsbeamten gegenüber jedem privaten Unternehmertum fremd gewesen sein. Daher wäre es möglich, daß ihm die Leitung des Baus durch zwei Fachleute genügend Gewähr für eine sachgemäße Ausführung zu leisten schien. Hinzu gekommen sein mag die nicht zuletzt durch eigene Bauvorhaben verursachte Arbeitsüberlastung Westerfelds, die, da der Landesregierung offenbar nicht einsichtig, zur Anlage seines penibel geführten „Geschäfts-Protokoll(s) vom 1ten Mai 1842 bis 1ten Mai 1843" (HHStA 310 XXI a2, 13) führte. Dort finden sich Baustellenbesuche an folgenden Tagen: 20.5., 12.7., 22.7., 9.9., 13.9., 14.9., 15.9., 21.9., 10.12.1842; 17.1., 26.1., 25.2., 7.3.1843. Hinzu kommen ein „Rapport wegen den Kurhausarbeiten" bei Regierungsrat Zurbuch, 18.9.1842 und die Abfassung eines Berichts „über den Fortgang der Bauarbeiten im Kurhaus", 7.3.1843.
Der Verpflichtung zur Berichterstattung wird jedoch weiterhin so „sehr mangelhaft und nur auf jedesmalige Erinnerung entsprochen", daß die Landesregierung am 16.12.1842 Westerfeld erneut wegen „Nachlässigkeit und Dienstwidrigkeit allen Ernstes" verweist und ihn, „bei Meidung einer Ordnungsstrafe", zur Anfertigung eines Berichts ermahnt. – StA HG, E II 3 (Nachlaß Jacobi); Landesregierung III. Dep. an Westerfeld, 16.12.1842.
Am 23.3.1843 erfolgt eine neuerliche Mahnung, „der Auflage vom 13. v. M. Reg. III. No. 18 ... binnen acht Tagen zu entsprechen", woraufhin Westerfeld am 7.3.1843 einen Bericht abfaßt. – StA HG, E II 3 (Nachlaß Jacobi); Landesregierung III. Dep. an Westerfeld und Bericht Westerfeld, 2.3. und 7.3.1843.

1125 „Am 30. October 1841 brachte der Maurermeister Weckerling den Kurbau fertig unter's Dach; im Innern aber hatte er noch Mauern aufzuführen. Die zwei Nebendächer waren bis zu jener Zeit schon vom Zimmermeister Sauer aufgeschlagen worden, und am 23. December 1841 ward (unleserlich) und Deckung des ganzen Kurbau-Daches mit Schiefern fertig". – Hamelsche Chronik, 1841, fol. 35.
Die Anwesenheit des Steinhauermeisters Henneck aus Reistenhausen zu Anfang August 1841 dürfte auf eine zumindest teilweise Verwendung von Mainsandstein schließen lassen (Amts- und Intelligenz-Blatt, 1.–7.8.1841).

1126 StA HG E II 3 (Nachlaß Jacobi); Westerfeld, 12.12.1841. Auf die hier erwähnte, allerdings nur der Dachkonstruktion geltenden Begutachtung Mollers scheint sich Jacobis Aussage (1935, S. 201) zu beziehen, Moller sei „gutachtlich gehört worden“, denn es fanden sich keine weiteren diesbezüglichen Belege.

1127 HHStA 310 XVc 23, fol. 67–71 / Hoehn Bd. 29, fol. 22; Précis sur la situation de l'Entreprise des Eaux Minérales et des Jeux de la Ville de Hombourg.
Die Datierung ergibt sich aus dem Kontext, der darauf schließen läßt, daß das Schriftstück dem Schreiben Hoehn Bd. 29, fol. 21; Gebr. Blanc an „Président“, 7.10.1841 beigefügt war.

1128 „... Ils durent donc s'occuper immédiatement de:
1. Disposer et meubler convenablement un bâtiment provisoire pour y établir les jeux de banque et les bureaux
2. Fonder des Restaurants comfortables
3. Etablir un cabinet de lecture et une bibliothèque
4. Créer de nouvelles promenades, embellir les anciennes
5. Disposer convenablement les sources d'Eaux Minerales pour la commodité et l'agréement des malades
6. Préparer aux Etrangers tous les moyens de distraction en usage dans les grands bains tels que bals, concerts, harmonie etc.
7. Créer des moyens de transport fréquentes et commodes entre Francfort et Hombourg
8. à l'instar de ce qui existe dans les autres place d'Eaux (dans ?) un Etablissement ou les Etrangers trouveraient des Cheavaux pour la promenade
9. – Idem – pour des ânes
10. Avoir un corps de Musique
11. Apeller et consulter les hommes de Science les plus célèbres ... pour savoir si au moyen de travaux ... on ne devait pas retrouver la même nappe d'Eaux chaude qui venant de Nauheim et s'étendant jusqu'à Wiesbaden doit necessairement couler sous Hombourg
12. Envoyer des agents à l'étranger, s'occuper de la rédaction et de la distribution de brochures pour analyser authentiquement les Eaux, enfin employer les moyens de publicité possibles pour chercher la connaissance de leur Etablissement
13. Seul Etablissement de ce genre qui ait le privilège de continuer pendant l'Hyver la tenue de banques ils durent arriver au moyen d'utiliser cette faculté en faisant refluer sur Hombourg après la fermeture des bains de Baden et de Wiesbaden, tous les Etrangers qui s'y trouvent ainsi que ceux de France et d'Angleterre pour lesquelles la Chasse eu un attrait puissant, dans ce but ils se rendérent dans locatoires des Chasses des Forêts et plaines du pays, afin de pouvoir en donner la jouissance aux Etrangers, et sous ce rapport leur but sera atteint parceque grand nombre de personnes de distinction se sont déjà adressés à eux pour demander des autorisations uet des enseignemeints sur ces chasses et que quelques unes sont dejà arrivées
14. Convaincus de la superiorité des Eaux de Hombourg ... (on) expédie 17 000 mille cruchon. Cette situation est sans doute bien loin d'approcher de celle de Kissing qui expédie annuellement 600 mille cruchons, mais il faut considerer que Kissing est un Etablissement ancien, dont la reputation est faite, tandis que celle des Hombourg est naissance...
15. Enfin, malgré la courte espace du temps qui s'en écoule depuis la concession du privilège des Jeux... (les jeux) d'Hombourg conservent leur progression...“ –
HHStA 310 XVc 23, fol. 67–71 / Hoehn Bd. 29, fol. 22; Précis sur la situation de l'Entreprise des Eaux Minérales et des Jeux de la Ville de Hombourg; o.O. o. Dat.

1129 HHStA 310 XVc 23, fol.67–71 /Hoehn Bd.29, fol.22; Précis sur la situation de l'Entreprise des Eaux Minérales et des Jeux de la Ville de Hombourg,o.O.,o.Dat.

1130 Als Grund für diese Bitte wird eine momentane Geldknappheit angeführt, in der sich die Gebr. Blanc infolge des Zusammenbruchs eines Bankhauses, bei dem sie eine „somme très considérable“ angelegt hätten, befänden. – Hoehn Bd. 29, fol. 21; Gebr. Blanc an „Président“, 7.10.1841.

1131 Hoehn Bd. 29, fol. 23; Geh. Rat, 22.11.1841.

1132 Hoehn Bd. 29, fol. 23; Landesregierung, 30.10.1841.

1133 StA HG, E II 3 (Nachlaß Jacobi); Aufstellung über Schreinerarbeit und Anschreiben der Schreiner H. L. Becker, L. ?, D. Barr, 18.12.1841.

1134 Hamelsche Chronik, 1842, fol. 26. „... im März 1842 verschwand der Garten und die Planke zwischen dem Anhalt'schen und von Brandenstein'schen Hause, so daß nur noch die unteren Anhalt'schen Häuser die freie Ansicht des Kurgebäudes hemmten“.

1135 Hamelsche Chronik, 1842, fol. 26.

1136 Westerfeld wurde angewiesen, „auf geeignetem Wege“ Erkundigungen darüber einzuziehen, „auf welchem Grund der langsame Fortschritt der Bauarbeiten im Kurhause resp. der Stillstand derselben darin beruht“. – StA HG E II 3 (Nachlaß Jacobi); Landesregierung III. Dep. an Westerfeld, 22.4.1842.

1137 Herr de Wellens „bemerkte, daß nicht das Mindeste im Inneren des Kurhauses, an der Construction oder irgend einem anderen Gegenstand vorgefallen, womit diese Nachricht, daß er entlassen sei sowie alle der Art dahier sehr oft vorfallende Gerüchte (seien) ganz unbegründet..." – StA HG E II 3 (Nachlaß Jacobi); Landesregierung III. Dep. an Westerfeld und Westerfeld an Landesregierung III. Dep., 6.5. u. 11.5.1842.

1138 In diesem Zusammenhang verdient Beachtung, daß die Gebrüder Blanc am 24.4.1842 den Landgrafen darauf aufmerksam machen ließen, daß „les autres bains de l'Allemagne ayant le droit de jouer à toutes les fêtes, les administrateurs (die Gebr. Blanc, A. B.) de Hombourg se sont convaincus que leur établissement souffrait des nombreuses interruptions que leur contrat leur impose". Für eine Erweiterung ihrer Spielmöglichkeiten sind sie bereit, jährlich 200 fl. an eine Homburger karitative Einrichtung abzuführen. Daraus folgerte auch für das im Bau befindliche Kursaalgebäude ein räumlicher Expansionsdrang, der sich in dem Wunsch nach einer Abwandlung der inneren Organisation ausdrückt. – Hoehn Bd. 29, fol. 36; Blanc frères an „Monsieur le Président". 24.5.1842.

Am 26.5.1842 ergeht die Mitteilung, „daß Se. Landgr. Durchlaucht von der gnädigen Absicht geleitet, den Wünschen der H. Bittsteller möglichst zu entsprechen", die begehrte Erweiterung der Spielmöglichkeiten gestatte, mit Ausnahme dreier Tage in der Karwoche, des Palmsonntags und den ersten Feiertagen zu Ostern, Pfingsten und Weihnachten. Nach längerem Schriftwechsel wird die diesbezügliche Übereinkunft einige Wochen vor der Einweihung des Kursaalgebäudes unterzeichnet. – Hoehn Bd. 29., fo. 37 u. fol. 44; Geh. Rat an Landesregierung III. Dep. und Kontrakt Blanc – Landgraf Philipp, 26.5.1842 und 1.4.1843.

1139 HHStA 310 XVc; Landesregierung, 22.5.1842.

1140 Zu Geier s. die Kurzbiografie unter „Projekte von Georg Moller 1830–1833. Planungsverlauf". –

Die Mitteilung in der Hamelschen Chronik, 1842, fol. 26: „Da sich der Frankfurter Baumeister H. Pfeiffer (richtig: Peipers) Fehler zuschulden kommen ließ, so ward er von H. Blanc dimissioniert, und am (unleserlich) 1842 traf ein neuer Baumeister von Mainz, H. Geier hier zur Leitung der Kursaalbauten ein, und nahm sein Logis bei H. Justizrath v. Haupt (Amtsblatt 49, (unleserlich) 1842)" deckte sich hinsichtlich der Terminierung mit dem Verzeichnis der anwesenden Fremden im Amts- und Intelligenz-Blatt 49, 4.12.1842, wo unter Nr. 107 „Herr Fr. Geier, Baumeister aus Mainz logiert bei Herrn Justizrath Dr. von Haupt" geführt wird.

Weitere Nennungen im Amts- und Intelligenz-Blatt 6, 5.2.1843 (Nr. 78) und weiterhin bis 10.3.1843, jeweils bei Justizrat v. Haupt, lassen auf eine längerfristige Anwesenheit im Zuge der Fertigstellung des Kursaalgebäudes schließen. Daß der „Gastgeber" in landgräflichen Diensten stand, kann zur Beurteilung der Engagierung Geiers wohl kaum herangezogen werden, da in diesem Haus häufig Fremde wohnten.

Das erste überkommene Dokument, das F. Geier unterzeichnete, datiert vom 4.1.1841 (StA HG E II 3 (Nachlaß Jacobi); Vertrag mit Gebrüder Viotti, 4.1.1843).

Aus einem Schreiben der Landesregierung scheint einer der „Fehler" Peipers' hervorzugehen, die Geier beseitigen soll. Darin wird Westerfeld aufgetragen, „im Benehmen mit dem dermaligen Baumeister H. Geier für die Herstellung einer dauerhaften Bedeckung der Rinnen auf den Dächern des Kurhauses zu sorgen" und gemäß „den desfallsigen Ihnen früher schon gemachten Auflagen weiteren Bericht zu erstatten". – StA HG E II 3 (Nachlaß Jacobi); Landesregierung III. Dep. an Westerfeld, 13.1.1843. – Monatliches Entgelt laut Quittungen in StA HG E II 3 (Nachlaß Jacobi), 1.6. u. 1.7.1843: 500 fl.

Unzutreffend ist jedenfalls die Darstellung bei Jacobi 1935, S. 200, wonach Geier als erster bauleitender Architekt entlassen worden und an seine Stelle Peipers getreten sei. Falsch auch diverse Mitteilungen bezüglich Peipers (Geier bleibt unerwähnt) bei Lotz II, S. 304–306. Ob, wie Hamel weiter mitteilt, „auch Architect Maurermeister C. Müller ... dimissionirt, und an seine Stelle der Weckerlingsche Polier, Achenbach, angenommen" wurde, erscheint zweifelhaft.

1141 z. B. Glaserarbeiten an G. Blum, P. Altmannsberger, H. Erich; Spenglerarbeiten an H. Ohlbaum, I. Scheuermann, Ph. Volk; Schlosserarbeiten an W. Quitzu, J. Ch. Petry, J. J. Schugt; Tonwaren („Friese") an Ph. Brenner; Zimmerarbeiten an J. Sauer; Schreinerarbeiten an H. L. Becker, L. Emrig, D. Baer u. a. – Alle Rechnungen in StA HG E II 3 (Nachlaß Jacobi).

1142 StA HG, E II 3 (Nachlaß Jacobi); Rechnung v. Louis Schick, Buchdruckerei, Buch- und Kunsthandlung in Homburg, 22.9.1842.

1143 HHStA 310 XVc 22; Blanc frères, 30.5.1843.

„Gegen die den Gebrüdern Blanc ertheilte Erlaubniß, fremde Handwerker zu den Kurhausbauten verwenden zu dürfen", legten die Homburger Schlosser und Schreiner Beschwerde ein, zu der Mängel in der Ausführung Anlaß gaben. F. Geier beauftragte daraufhin, „um mit den hiesigen Meistern in keine weitere Collission mehr zu kommen", zwei Homburger Handwerker mit den Reparaturarbeiten. – StA HG E II 3 (Nachlaß Jacobi); Landesregierung III. Dep. und Westerfeld, 18.8. u. 25.9.1843.

1144 StA HG E 3 (Nachlaß Jacobi); Vertrag mit Schreinermeister P. Ursinus in Mainz,

29.12.1842.

1145 Nach Thieme-Becker soll die Ausstattung des Homburger Kursaalgebäudes von dem Mainzer Möbelschreiner Wilhelm Kimbel (1786–1869) vorgenommen worden sein.
Die Söhne Kimbels bezeichneten jedoch diese Möbellieferung als den größten Auftrag (Höhe: 30 000 fl.) ihrer Tante Lisette Usinger. Diese hatte 1830 in Mainz ein Tapeziergeschäft mit Möbelniederlassung begründet. Die Unternehmerin entstammte der sehr renommierten Möbelschreiner-Familie Bembé, die später für das Cluysenaarsche Kursaalgebäude in Homburg das Parkett liefern sollte.
Wilhelm Kimbel war mit der Schwester Lisette Usingers, Margarethe geb. Bembé, verheiratet. Viele Jahre lang lieferte Kimbel der Firma Bembé die Möbel. Es ist anzunehmen, daß er auch Lisette Usinger belieferte, so daß sich die Angaben Thieme-Beckers und der Kimbel-Söhne nicht ausschließen müssen.
Bei den im StA HG (Nachlaß Jacobi) aufbewahrten Rechnungen und Quittungen fanden sich weder Belege von Usinger noch von Kimbel. –
Zu Kimbel: Thieme, Ulrich / Becker, Felix. Allgemeines Lexikon der bildenden Künstler ..., 20. Bd. Leipzig 1927, S. 309.
Zu Kimbel, Usinger und Bembé: Zinnkann, Heidrun. Mainzer Möbelschreiner der ersten Hälfte des 19. Jahrhunderts. Diss. Frankfurt am Main 1985 (= Schriften des Historischen Museums Frankfurt am MAin, Bd. 17), S. 155, 168.

1146 StA HG, E II 3 (Nachlaß Jacobi); Vertrag mit Franz Anton Weber in Frankfurt, 7.2.1843.

1147 StA HG E II 3 (Nachlaß Jacobi); Rechnung J. Scheller, 21.3.1843. – Herkunft der Platten unbekannt.

1148 StA HG E II 3 d (Nachlaß Jacobi); Rechnung über 1130 fl. von Rolle & Schwilgue in Straßburg, 8.4.1843.

1149 StA HG, E II 3 (Nachlaß Jacobi); Erwähnung in einem Vertrag über Schlosserarbeit an der Tür, 19.7.1843.

1150 StA HG, E II 3 (Nachlaß Jacobi); Westerfeld an Landesregierung III. Dep., 11.5.1842.

1151 StA HG, E II 3 (Nachlaß Jacobi); Schreiben H. D. Brunauker an Gebr. Blanc, 13.10.1842.

1152 „... Die HH. Akordanten liefern für die nachstehenden Preise alles Material, alle Arbeit und stellen diese vollkommen fertig her, so daß keinerlei Nachrechnung aus irgend einem Grunde statt finden kann. Ueber die Färbung der Saalwände, des Vestibüls pp. werden grobe Muster gemacht, von welchen die Herren Blanc alsdann das geeignete auswählen. Die Arbeiten müssen noch im Laufe des Monats Januar 1843 begonnen und dergestalt fortgesetzt werden, daß die Beendigung aller Arbeiten im Saal sowohl als im Vestibül am 15ten Juni 1843 statt hat. Lassen die Uebernehmer diesen Termin vorübergehen, ohne daß diese Arbeiten beendigt sind, so werden denselben wöchentlich einhundert und fünfzig Gulden als Strafe abgezogen:
Nb: Die Anfertigung des Gerüstes hat Weisbinder Hammelmann (aus Homburg, A. B.) heut d. 18. Januar um die Summe von achtzig Gulden übernommen. F. Geier". –
StA HG E II 3 (Nachlaß Jacobi); Vertrag mit „fratelli Viotti", „aus Mücnehn", 4.1.1843.
Über Axerio und die Gebrüder Viotti konnte in München nichts ermittelt werden; es existiert kein polizeilicher Meldebogen (Bayer. HStA u. StA München).
Jacobi 1935, S. 201 nennt „als Stukkateure neben dem Italiener Axerio die auch in Frankfurt arbeitenden Brüder Viotti". Nach Auskunft des Amts- und Intelligenz-Blatts 6, 5.2.1843 logierte seit dem 2.2.1843 „Herr G. Axerio aus Rivi... in der goldenen Rose" (Nr. 46). Er blieb, zuletzt „im Hause des Herrn Pfarrer Convert", bis zum 10.3.1843 (letztmalige Nennung im Amts- und Intelligenz-Blatt). Da sich in der gleichen Zeit von den Gebrüdern Viotti in Homburg keine Spuren finden, scheint es sich bei ihnen um das namengebende Unternehmen zu handeln, während Axerio als ihr Angestellter und in Homburg ausführender Stukkateur anzusehen ist.

1153 Die am 6.8.1843 in München von Antonio Viotti ausgestellte Quittung über den Empfang des Geldes (StA HG E II 3 (Nachlaß Jacobi); 6.8.1843) wurde offenbar von Axerio nach Homburg gebracht, dort wohl auf Verlangen detailliert und neu ausgefertigt. Die gültige Empfangsbescheinigung über denselben Betrag von 14.130 fl. wurde am 29.8.1843 in Homburg von Axerio unterschrieben (StA HG E II 3 (Nachlaß Jacobi); 29.8.1843).

1154 Im Königsbau der Münchner Residenz, an dessen Ausstattung auch Métivier beteiligt war, wurden „die Dekorationsmalereien" im Speisesaal „nach den Zeichnungen des Architekten von Anschütz und Conti gemalt". – Die Decoration der inneren Räume des Koenigsbaues zu München. Ausgeführt nach Zeichnungen und unter Leitung des Architekten Leo von Klenze. Besonderer Abdruck aus der Allgemeinen Bauzeitung. Wien 1842, o.p.

1155 StA HG, E II 3 (Nachlaß Jacobi); Vertrag Blanc frères und Anton Conti Maler, 17.12.1842. – Amts- und Intelligenz-Blatt 1, 1.1.1843: „Herr Conti, Maler aus München" (Nr. 138). Dort weiterhin verzeichnet bis 6, 5.2.1843: „Herr Anton Conti, Maler aus München" (Nr. 93); „Antonio

Conti" in Frankfurt, 16.8.1843.
Weitere Rechnungen müssen verloren gegangen sein. Aufstellung der Vergoldungen (3.480 Quadratschuh), unbezeichnet, in StA HG E II 3 (Nachlaß Jacobi). – Jacobi 1935, S. 201.
Im Bayer. HStA ließ sich nichts über Conti ermitteln. Dem polizeilichen Meldebogen im StA München sind folgende Angaben zur Person zu entnehmen:
Conti, Anton (geb. 11.12.1796 Corneno in Italien; gest. 21.8.1843 Frankfurt am Main); Maler; katholisch; verheiratet mit Marianna Xaverine Welebil, Putzarbeiterin (geb. 8.10.1809 Kempten, gest. 1839); 2. Ehe mit Josepha Szeh, Hoftheater Feuerwächterstochter (geb. 17.2.1825 München, „getr. b. U. L. Frau d. 4.11.40", gest. 19.11.1881). Wohnungen nacheinander in Briennerstr. 9, Herrnstraße 25/2, Umgebung.

1156 Zur Tätigkeit der Gebrüder Viotti in Frankfurt enthält die Hamelsche Chronik, 1843, fol. 10, eine Notiz der Didaskalia 293, 24.10.1843: „Viel Beifall finden die auf der Villa des Hrn. v. Rothschild auf der Günthersburg mit außerordentlichem Geschmack gearbeiteten Gypsmarmor(arbeiten?), die von dem bereits rühmlichst bekannten Künstler Axerio-Viotti aus Italien gefertigt sind. Es ist dies derselbe, welcher die Gyps-Marmor- und Stukkateurarbeiten in dem geschmackvollen Kursaale zu Homburg vor der Höhe verfertigt hat. Da es jetzt zu dem neuesten Modegeschmacke gehört, die Salonswände mit Gypsmarmor zu dekoriren, so ist es Pflicht, auf die treffliche Arbeiten dieses Künstlers aufmerksam zu machen. Der talentvolle Künstler wird sich einige Zeit in Landau aufhalten, ehe er wieder nach Italien abreist, und es ist daher unserer Haute volée Gelegenheit geboten, seine Kunst in Deutschland noch einige Zeit benutzen zu können..."
Auch über die Beschäftigung Contis in Frankfurt berichtet Hamel (Chronik, 1843, fol. 9): Am 22. Oct. 1843 wurde mir erzählt, daß der geschickte Maler Conty, ein geborener Italiener, die schöne Malereien an den Decken des Kurgebäudes gefertigt habe. Dem Kurfürsten von Hessen gefiel diese Arbeit so gut, daß er diesen Maler auch mit Arbeiten in seinem Wohngebäude zu Frankfurt/Main beauftragte, wo denn derselbe auch mit seinen Leute, seit Vollendung des Kursaals arbeitete und vor einiger Zeit verstarb".
Gleichlautend Pauli, Friedrich Wilhelm. Homburg vor der Höhe und seine Heilquellen. Frankfurt a. M. 1844, S. 8: „Maler Conti ..., der leider, in Folge starker Anstrenungen und Erhitzungen bei diesem seinem letzten größeren Werke, zu Frankfurt im August 1843 einem hitzigen Nervenfieber erlag".(Vgl. Anm. 1197).
Über die Tätigkeiten von Viotti-Axerio und Conti in Frankfurt ließ sich im StA Frankfurt nichts ermitteln.

1157 Thieme/Becker, Bd. 35. Leipzig 1942, S. 482. – (hb). Bevor Lenné den Kurpark schuf, entwarf Weyhe den Kurhausgarten. Taunus-Kurier 38, 14.2.1975, S. 4. – Schildt, Helmut, Maximilian Friedrich Weyhe und seine Parkanlagen. Düsseldorf 1983. – Plan zum Kur(haus)garten (Kopie) erhalten in StA HG.

1158 „... unter Leitung des preußischen Gartendirectors Weyhe (aus Düsseldorf); seine Gehülfe war Pfannbecher von ebendorther". – Hamelsche Chronik, 1843, fol. 4. – Im März 1843 wurden, wohl für die Begrenzung der neuen Anlagen, 1200 „Weisdorn Setzling" geliefert. – StA HG E II 3 (Nachlaß Jacobi); Rechnung von Ph. Bullmann in Dorfweil, 18.3.1843.
Die Anwesenheit Weyhes in Homburg ist durch die Kurliste 1843, S. 4. für den Zeitraum vom 6.4. und zum 6.5.1843 bezeugt: „Im Hessischen Hof: Herr Weihe, Königl. Gartendirektor in Düsseldorf". Vgl. dazu Hamelsche Chronik, 1843, fol. 5: „Im Mai wurde im Kurhausgarten am östlichen Eck das Tivoli erbaut".

1159 StA HG, E II 3 (Nachlaß Jacobi); Westerfeld, 7.3.1843.

1160 HHStA 310 XVc 23 / Hoehn Bd. 29, fol. 45; Gebrüder Blanc, 9.4.1843.
Von den in dieser und der folgenden Zeit eingehenden Rechnungen haben sich im StA HG, E II 3 (Nachlaß Jacobi) u. a. erhalten:
„Rechnung für Herrn Blan über verfertigte Spenglereiarbeit in neuem Kuhrsaale" (30 fl.) von Ch. Lotz, Spenglermeister, 13.4.1843; „Rechnung für Herrn Gebrüder Blanc über gefertigte Zimmermannsarbeit von G. Oppermann" (1302 fl.), 13.4.–24.9.1843; Rechnung über Tuche, Tressen und Knöpfe (zu Livreen?) von C. F. Birkenstock (199 fl.), 225.5.1843; „Rechnung für Herrn Gebrüder Blanc von Adolf Greiss, Sattler und Tapezierer" (wohl Bedientenzimmer-Ausstattung, 329 fl. 36 kr.), 1.7.1843; „Rechnung für Herrn Gebrüder Blanc über verfertigte Schreiner Arbeit am neuen Kurgebäude von D. Bär, Schreinermeister (8 fl. 49 kr.), 20.7.1843; Rechnung über Kleidung, v. a. für „Jäger Staub" von J. D. Wilck (58 fl.), 30.7.1843; „Nota für Herrn Gebrüder Blan" von A. Schramm (Kappen für die Portiers, 14 fl.), 1.8.1843; „Rechnung über gelieferte Schreinerarbeiten in das neu erbaute Churhaus in Homburg von Ursinus, Schreiner" (455fl. 25 kr.), 6.8.1843; Rechnung A. Conti (450 fl.), 16.8.1843; „Rechnung für Herrn Gebrüder Blanc von Adolph Greiss, Sattler und Tapezierer" (711 fl. 45 kr.), 18. u. 31.8.1843; „Den Consert-

saal und Nebenzimmer mit Maschinenpapier und Goldtapeten tapezirt" (272 fl. 24 kr.), A. Greiss, 18.8.1843; „Rechnung für Herrn Blang" von Glaser P. Altmannsberger (171 fl. 34 kr.), 4.5.1843; Rechnungen von F. A. Weber, Maler und Lackierer (1169 fl. 46 kr.), 15.5.–29.8.1843; Restbetrag für G. Sauer, Zimmermeister (2.371 fl. 21 kr; Gesamtbetrag: 11.394 fl. 52 kr.), 26.8.1843; „Rechnung für die Herrn Blanc über Schreiner Arbeit" von L. Emmrich (1451 fl. 12 kr.), 29.8.1843; Rechnung Gebr. Viotti, Stukkateure (14.300 fl.), 29.8.1843; „Rechnung für Herrn Gebrüder Blanc" von Ph. Stroh (billiges Mobiliar, 42 fl. 12 kr.), 21.11.1843 etc.

Am 2. August 1843 notiert F. Geier: „Vom Bau und der Möblirung des Kurhauses sind noch folgende Beträge zu bezahlen:
Maurerarbeiten f. 2 100
Steinhauerarbeit f. 9 000
Dachdeckerarbeit f. 100
Schreinerarbeit f. 4 700
dto. f. 3 000
Schlosserarbeit ca. f. 2 200
Malerarbeit f. 9 000
Stuccateurarbeit f. 2 430
Verschiedenes f. 470
Möbel (in monatlichen Terminen zahlbar) f. 2 400
Beleuchtung (Ende October) f. 8 000

Summa f. 61 000
HHStA 310 XVc 23

1161 Hamelsche Chronik, 1843, fol. 5.

1162 Didaskalia Nr. 225, 13.8.1843.

1163 Hamelsche Chronik, 1843, fol. 6.

1164 Ankündigung in: Didaskalia Nr. 225, 13.8.1843. Annonce im Verzeichnis der Kur- und Badegäste No. 15, 1843. – Hamelsche Chronik, 1843, fol. 6.

1165 Hamelsche Chronik, 1843, fol. 9.

1166 Ein Exemplar enthalten in Hamelsche Chronik, 1843, bei fol. 6.

1167 Hamelsche Chronik, 1843, fol. 9. – Conte Corti, S. 52/53.

1168 Hamelsche Chronik, 1843, fol. 9. – Conte Corti, S. 52/53.

1169 Didaskalia Nr. 225, 13.8.1843.

1170 Zwei Exemplare erhalten in StA HG, eines davon in Hamelsche Chronik, 1843, bei fol. 6. – Hamelsche Chronik, 1843, fol. 6+9.

1171 Hamelsche Chronik, 1843, fol. 9. – Rechnung „für die requirirte Schutzwach bei Gelegenheit der Einweihung des Kursaals (4 fl. 36 kr.). StA HG, E II 3 (N.J.); Lommel, 21.8.1843.

1172 HHStA 310 XVc 23/ Hoehn Bd. 29, fol. 104–116; diverse Schreiben, 22.8.1843 – 13.3.1846.

1173 StA HG, E II 3 (Nachlaß Jacobi); Westerfeld an Landesregierung III. Dep., 25.9.1843.

1174 StA HG, E II 3 (Nachlaß Jacobi); Landesregierung III. Dep. an Westerfeld, 3.10.1843.

3. Der Architekt, Jean Baptist Métivier

1175 *Nennungen J. B. Métiviers in der Literatur*
Chronologische Zusammenstellung, unabhängig von Umfang und Inhalt. Wichtige Textstellen und Arbeiten werden im folgenden diskutiert. Homburger Lokalliteratur nur in Auswahl.

Schaden, Adolph von. Artistisches München im Jahr 1835... München 1836, S. 75.

Nagler, G. K. Neues allgemeines Künstler-Lexicon..., 9. Bd. München 1840, S. 176/177.

Söltl, (Johann Michael). Die bildende Kunst in München. München 1842, S. 76/77.

The *Dictionary* of Architecture, Vol. V. London o.J. (ca. 1860), p. 78.

Nagler, G. K. Die Monogrammisten, 4. Bd. München/Leipzig o.J. (1871), S. 599 (Nr. 1915).

Reber, Franz von. Bautechnischer Führer durch München. München 1876, S. 272.

Maillinger, Joseph. Bilder Chronik der Königlichen Haupt- und Residenzstadt München... München 1876, Bd. 1, S. 171 (Nr. 1731), S. 177 (Nr. 1811); Bd. 2, S. 22 (Nr. 211), S. 102 (Nr. 1688).

Holland, Hyac. Métivier. In: Allgemeine Deutsche Biographie, Bd. 21. Berlin 1885 (Repr. Berlin 1970, S. 518).

Weber, A. Regensburg. Kunstgeschichte im Grundriß. Regensburg 1898, S. 30.

Schäfer, Carl. Von deutscher Kunst. Gesammelte Aufsätze und nachgelassene Schriften. Berlin 1910, S. 265.

Klopfer, Paul. von Palladio bis Schinkel. Esslingen 1911, S. 239.

Dussler, Leopold. Incunabeln der deutschen Lithographie... 1925

Vollmer, Hans (Hrsg.). Allgemeines Lexikon der bildenden Künstler von der Antike bis zur Gegenwart, 24. Bd. Leipzig 1930, S. 439.

Rose, Hans. Jean Baptiste Métivier, der Erbauer des Braunen Hauses in München. In: Zeitschrift des deutschen Vereins für Kunstwissenschaft, Bd. 1. München 1934, S. 49–71.

Jacobi 1935, S. 199/200.

Lieb, Norbert. München. Lebensbild einer Stadtkultur. München 1952, S. 169, 183, 184.

Bénézit, E. ... Dictionnaire critique et documentaire des peintres, sculpteurs, dessinateurs et graveurs, Vol. 6. o.O. 1956, p. 82.

Colombier, Pierre du. L'architecture francaise en Allemagne au XVIIIe siècle. Paris 1956, p. 161.
Lübbecke, Fried. Kleines Vaterland Homburg vor der Höhe. Frankfurt am Main 1956, 19632, S. 249–252.
Dünninger, Hans. Jean Baptiste Métivier und Karl Victor Keim in ihrer Bedeutung für das fürstliche Bauwesen. In: Thurn- und Taxis-Studien, Beiträge zur Kunst- und Kulturpflege im Hause Thurn und Taxis, Bd. 3. Kallmünz 1963, S. 299–393.
Schindler, Herbert. Große Bayerische Kunstgeschichte, Bd. II (Neuzeit bis an die Schwelle des 20. Jahrhunderts). München 1963, S. 350.
Hederer, Oswald. Leo von Klenze. München 1964, S. 426.
Häuserbuch der Stadt München. Hrsg. vom Stadtarchiv München nach den Vorarbeiten von Andreas Burgmaier, Bd. IV (Angerviertel). München 1966, S. 558.
Wichmann, Hans (Bearb.). Bibliographie der Kunst in Bayern, Bd. III. Wiesbaden 1967, S. 378.
Peter, Werner. Pompeji und die Wanddekoration der Goethezeit. München 1970, S. 41.
Lotz II, S. 304.
Hederer, Oswald (Hrsg.). Bauten und Plätze in München. München 1972, s. 35, 57, 115.
Himmelheber, Georg. Die Kunst des deutschen Möbels, 3. Bd. München 1973, S. 171.
Lieb, Norbert. München. Die Geschichte seiner Kunst. München 19772, S. 244, 247/248, 254–256, 261, 270, 277.
Messerer, Wilhelm. Bildende Kunst. In: Spindler, Max. Bayerische Geschichte im 19.und 20. Jahrhundert, 2. Teilbd. (1800–1970). München 1978, S. 1181.
Nerdinger, Winfried (Hrsg.). Klassizismus in Bayern, Schwaben und Franken. Architekturzeichnungen 1775–1825. München 1980, S. 112–114, 178, 218, 272, 290, 323/324, 440.
Reitzenstein, Alexander von / *Brunner*, Herbert. Reclams Kunstführer Deutschland, Bd. I, 1. Stuttgart 1983, S. 384, 392.
Reidel, Hermann. Emanuel Joseph von Herigoyen. München/Zürich 1982, S. 74, 242, 246.
Junkelmann, Marcus. Napoleon und Bayern. Von den Anfängen des Königreiches. Regensburg 1985, S. 322, 357.
Nerdinger, Winfried (Hrsg.). Romantik und Restauration. Architektur in Bayern zur Zeit Ludwigs I. 1825–1848. München 1987, S. 468–469, 475–478.

1176 Rose, H., S. 58.

1177 Nerdinger, H. (Hrsg.)

1178 Bayerische Staatsbibliothek (Bay StaBi), cod. gall. 892, fol. 2. Die wichtigsten Daten sind der Lebensbeschreibung bei Rose, H., S. 61–64 zu grundelegt.
Die Richtigkeit nahezu aller von Métivier (erst 1855) notierten Fakten und Daten bestätigt der polizeiliche Meldebogen im StA München. Da bislang unpubliziert, soll er hier die Stelle einer Kurzvita einnehmen.
Familien-Bogen für
Name: *Metivier, Johann*
+ 15.10.1857
Stand etc.: Bau-Rath u. Hof-Bau-Decorateur
Familienstand: verh.
Religion: kath.
Geboren: zu Rennes in Frankreich, 1781
Name: *Menagé, Johanna*
+ 30.11.26 *
Stand etc.: –
Familienstand: verh.
Religion: kath.
Geboren: zu Paris, 1782
Name: *Herzog, Katharina*
+ 4.9.1858
Stand etc.: Hoflackais-Tochter
Familienstand: verh.
Religion: kath.
Geboren: München 1807
Im Buch cfr 4265 auf den Grundpolizeilichen Lizenz vom 8t. Juni 1830.
Getraut bey Ulfrauen 12.6.1830
Stadtviertel: Kreutz
Prannerstr 15/3 bei B. v. Mayr, Institutsvorsteherin /: Aufenhalt unbestimmt. 22.1.11 (?). Ausgz. 30.9.19 (?)
Prannerstr. 1477/1
Prannerstr. 1506/1 (1)
Prannerstr. 1495/1 (15)
Prannerstr. 1480/2 (11)
Nun die Kinder. **
Name: *Metivier,Hadrian Oktavius*
Geburts-Zeit: 1809
Paßausg. v. a. 1577 1871. Paß 3 Jhr. ertheilt
Religion: kath.
Geburtsort: Paris in Frankreich
Bemerkungen: Handlungs-Commis in Venedig – (unleserl.) 26.1.31
Belgischer Consul in Athen. (unleserl.) 20.3.43
Name: *Métivier, Louise Eugenie*
Geburts-Zeit: 1810
Religion: kath.
Geburtsort: Paris in Frankreich
Bemerkungen: + am 23.4.1827
Name: *Métivier, Maria Ariane*
Geburts-Zeit: 3. Juni 1812
Religion: kath.
Geburtsort: München
Bemerkungen: An den Rentier Anton Ludwig Jeu-

nesse in Paris verheirathet. Be. buch Gb. 6718
Name: *Métivier, Ernestine*
+ 24.1.78 in Triest inhalt. Mitth. d. (unleserl.)
Paßausg. v. a. 15.7.71
Geburts-Zeit: 1815
Religion: kath.
Geburtsort: München
Bemerkungen: Zu Athen beim obigen Bruder 9.11.46
Name: *Métivier, Karoline*
Geburts-Zeit: 7. Aug. 1819
Religion: kath.
Geburtsort; München
Bemerkungen: + 16. Septbr. 1831
Name: *Métivier, Hadrian Louis*
Gebuerts-Zeit: 16.3.1821
Religion: kath.
Geburtsort: München
Bemerkungen: Grenzoberaufseher Vom Cheveauléger Reg. neun (?) beabschiedet am 22.10.46 mit ausgezeichneter guter Aufführung subtr. s. H. 3.11.46
Name: Métivier, *Nukalana (?) Ida*
Geburts-Zeit: 6.12.1828
Religion: kath.
Geburtsort: München
Bemerkungen: 4361. Mutter Kath. Herzog, z. Zt. Hotel Max Emanuel 19.10. (unleserl.)
An den Privatlehrer Franz Fuss (unleserl.) verehelicht 20.5.46
Name· *Métivier, Klementine Maria Katharina*
Geburts-Zeit: 15.12.1830
Religion: kath.
Geburtsort: München
Bemerkungen: z. Hd. Burgg (?) 3.3.. 15.10.67
Bogen ***
Name: *Métivier, Leo August*
Geburts-Zeit: 14.8.1833
Bogen
Religion: kath.
Bemerkungen: (unleserl.) + 16.3.1870 (?)
Name: *Métivier, Alfredine Alexandrine*
Geburts-Zeit: 20.10.1841
Religion: kath.
Geburtsort: München
Bemerkungen: Frauenpf. Bogen **** + 29.9.77 (?)
Königinstr. 5(0 v. 5.5.59; Kehrenstr. 8/1, 24.11.59
Sebastianspl. 1/3; 2.1.60
* In cod. gall. 892: 1.12.1826
Anläßlich des Todes seiner ersten Frau entwarf Métivier eine Grabstätte (Rose, H., S. 67). Das Monument aus Sandstein mit der Inschrift „Familie Métivier“ hat sich (1979) auf dem Südlichen Friedhof in München erhalten.
** Auf dem Meldebogen folgt an dieser Stelle trotz der zitierten Ankündigung der hier nicht zugehörige „Bogen“ betr. Alfredine Métiver (Vgl. ****). Genannt sind nur die überlebenden Kinder. In cod. gall. 892 nennt Métivier weitere sechs Kinder, die früh starben.
*** Gemeint ist der Bogen „Verzeichnis anderer zur Familie gehörigen Personen“, betr. *Métivier, Adelheid*, unehel. Mädchen der Tochter Klementine, kath., led., geb. 4.12.1867 München, (unleserl.)
**** Auf dem unteren Teil des Familien-Bogens: *Alfredine*: A. V. Sebastiansplatz 17.4.67 1/III rechts do. 4.8.76
nach Italien 1.9.70
Heimathscheingesuch nach Wien. 8.5.73
Sebastiansplatz 1/3. 15.10.73. Laut Bez. (unleserl.) nicht mehr da. 30.9.74.

1179 Schaden, A. v., S. 75.

1180 Söltl, S. 76/77.

1181 Hautecoeur, Louis. L'architecture sous Henri IV et Louis XIII. Paris 1943, p. 500/501.
Zur familiären Verflechtung: „Salomon de Brosse épouse Florence Métivier, fille d'Antoine Métivier, architecte des bâtiments du Roi, dont le successeur fut Jean Androuet de Cerceau“; Antoine Métivier war „le beau-père de son (d. h. du Cerceaus) oncle Salomon de Brosse“. – Hautecoeur, Louis. Histoire de l'Architecture classique en France, tome 1. La formation de l'idéal classique. La Renaissance. Paris 1943, p. 5. – Hautecoeur, L., L'architecture sous Henri IV, a.a.O., p. 500.
Des weiteren zu Antoine Métivier:
Lange, Adolphe. Dictionnaire des Architectes Francais, tome 2. Paris 1872, p. 136. – Bauchal, Ch. Nouveau dictionnaire biographique et critique des architectes francais. Paris 1887, p. 423.

1182 Polizeilicher Meldebogen, StA München.

1183 Lami, Stanislas. Dictionnaire des Sculpteurs de l'Ecole Francaise au XIIIe siècle. Paris 1911, p. 132. – Vollmer, Hans (Hrsg.). Allgemeines Lexikon der bildenden Künstler von der Antike bis zur Gegenwart, 22. Bd. Leipzig 1928, S. 176.

1184 Catalogue général des livres imprimés de la Bibliotheque Nationale, Bd. 63. Paris 1932, Sp. 529–536.

1185 Dort heißt es, die Familie stamme väterlicherseits aus der Touraine. Der Vater Francois wird, ohne Berufsangabe, als „vers 1750 ou 51“ aus Rennes gebürtig und im August 1814 in Paris verstorben erwähnt. Die Mutter, Thérèse Marie geb. Guerc, geboren in Rennes „en 1759 ou 1760“, sei 1804 in Paris gestorben. Seine drei älteren Geschwister, eine Schwester und zwei Brüder, seien ebenfalls bereits tot. – Bay StaBi, cod. gall. 892, fol. 1.

1186 Rose, H., S. 61/62. – Vgl. auch Nerdinger, W. (Hrsg.), S. 440.

Die bei Rose erstmals als Dekorateure bezeichneten Verwandten Métiviers haben sich nicht belegen lassen. In Métiviers Autobiografie wird von Verwandten lediglich der Pate Louis Vignon erwähnt, der von Beruf „confiseur" ist (fol. 1).

1187 Bay HStA, OBB 4268; Métivier an Montgelas, 1.1.1814 (vgl. Anm. 14),

1188 Schaden, A. v., S. 75. – Vgl. auch Nerdinger, W. (Hrsg.), S. 440.

1189 Fouché, Maurice. Percier et Fontaine. Paris o.J.

1190 Hederer, O., Klenze

1191 Rose, H., S. 62/63.

1192 Laut polizeilichem Meldebogen (StA München) wurde Métiviers Tochter Louise Eugenie 1810 „in Paris" geboren. (Genaueres Datum fehlt).

1193 „... mon arrivée à Munich le 7 janvier 1811". – Bay StaBi, cod. gall. 892, fol. 16.

1194 Bay HStA, OBB 4268; Métiver an Montgelas, 1.1.1814. – Zur Beschäftigung am Stadtpalast des Grafen Montgelas vgl. Nerdinger, W. (Hrsg.), S. 290.

1195 Rose, H., S. 63.

1196 Zitiert nach Rose, H., S. 67. – Die Vergleichbarkeit der Foyerdekorationen mit jenen des Hortensiensaals erfährt damit eine Bestätigung, jedoch nicht die Annahme, das Foyer sei bereits vor dem Theaterbrand von Métivier ausgeführt worden und unversehrt geblieben. – Vgl. Nerdinger, W. (Hrsg.), S. 272.

1197 Bay HStA, OBB 4268; Métivier an Montgelas, 1.1.1814. Das Anstellungsgesuch befindet sich nicht bei den Akten, so daß die Selbsteinschätzung Métiviers, die auf den möglichen Wortlaut des Bewerbungstextes schließen lassen könnte, nur aus dem Schreiben erschlossen werden kann.

1198 Bay HStA, OBB 4268; 17.1.1814.

1199 Bay HStA, OBB 4268; Gärtner, 8.2.1814.

1200 Rose, H., S. 66.

1201 Bay HStA, OBB 4268, fol 7; König Ludwig I., 11.2.1816 .

1202 Unter Bezugnahme u. a. auf die Ausführung des ihm übertragenen, „wie ich hoffe, meine Einsichten im Fache des Bauwesens nach dessen vollstem Umfange" bezeugenden „Innere(n) der Glyptothek" beantragt Métivier 1818 seine Beförderung (Bay HStA OBB 4268, fol 10; Métivier, 14.1.1818).
In seinen autobiografischen Notizen spricht Métivier von seiner „Leitung der Arbeiten in der Glyptothek während mehrerer Abwesenheiten Klenzes, und Ölmalerei auf Marmor in zwei Sälen, 1818/19/20" (Rose, H., S. 66).
Unerwähnt bleibt Métivier in der Arbeit von Gropplero di Troppenburg, obwohl sie detaillierte Angaben liefert, z. B. ein Verzeichnis der „Mitarbeiter an den Stuckdekorationen der Glyptothek". Offenbar läßt sich Métiviers Arbeit an der Glyptothek nicht nachweisen. – Gropplero di Troppenburg, Elianna. Die Innenausstattung der Glyptothek durch Leo von Klenze. In: Glyptothek München 1830–1980. München 1980, S. 190–213, bes.: S. 213.

1203 Rose. H., S. 59.

1204 Bay HStA, OBB 4268, fol. 10; Métivier an König, 14.1.1818.

1205 Bay HStA, OBB 4268; König Ludwig I. an Hofbau-Intendanz, 25.9.1818.

1206 So bezeichnet sich der 1818 zum „Dekorateur" ernannte Métivier 1824 in einem Schreiben (Bay HStA, OBB 4268, fol. 16; Métivier an König, 28.7.1824).

1207 Dies unterstreicht auch Nerdinger, W. (Hrsg.), S. 178: „Die ungeheure Bedeutung Métiviers, der entweder aus natürlicher Bescheidenheit immer hinter Klenze zurückstand, oder aber von diesem in den Schatten gedrängt wurde, ist an den erhaltenen Planungsunterlagen abzulesen, wurde jedoch bis heute überhaupt nicht berücksichtigt".

1208 Rose, H., S. 60.

1209 Bay HStA, Plansammlung, Nr. 12 632 – 12 644.

1210 Rose, H., S. 63.

1211 Bei dem am 14.8.1833 geborenen Sohn Leo August Métivier übernimmt Leo v. Klenze die Patenstelle. – Bay StaBi, cod. gall. 892, fol. 4.

1212 Abb. in: Seidl, Wolf. Bayern in Griechenland. Die Geburt des griechischen Nationalstaats und die Regierung König Ottos. München 1981, S. 31.

1213 Die Bauten, auf die sich Métivier hier beziehen dürfte, waren: „Bau des Hauses Karolinenplatz 2, 1822/23"; „Wohnhaus, Ökonomiegebäude, Gewächshaus usw. für Baron Maillot, Kriegsminister, Wiesenstraße bei Schwabing, 1823"; „Bau des Hotel Mejan, Ecke Briennerstraße – Wittelsbacherplatz (die Fassade ist von Klenze), 1923/24". – Rose, H., S. 67.

1214 Von seiner ersten, am 30.11.1826 verstorbenen Frau hatte Métivier 11 Kinder; von seiner zweiten Frau, der Münchnerin Catherina Herzog, die er am 12.6.1830 heiratete, weitere 5 Kinder. Mehrere Kinder starben allerdings früh. – Bay StaBi, cod. gall. 892, fol. 2–4.

1215 Bay HStA, OBB 4268, fol. 16; Métivier an König, 28.7.1824. – Wegner, E., S. 95.

1216 Die Heirat seiner Schwester Auguste mit Eugène Beauharnais erschien Ludwig in besonderem Maß eine Mésalliance. Um einem vergleichbaren Schicksal zuvorzukommen, beeilte er sich „aus Angst, daß ihm Napoleon eine Frau nach seinem Sinn bestimmen könnte..., sich selbst eine zu suchen". – Bayern, Adalbert. Prinz von. Eugen Beauharnais. Ein Lebensbild. Berlin 1940, S. 370, 374, 406. – Bayern, Adalbert Prinz von. Max I.

Joseph von Bayern. München 1957, S. 506–509, 592–594.
Vgl. auch die von Ludwig betriebene Entlassung des Staatsministers Graf Montgelas (Ludwig: „Montgelas ist eingefleischter Franzose"). – Bayern, A. v., Max. I., S. 739–751, hier: S. 745. – Bayern, Adalbert Prinz von. Als die Residenz noch Residenz war. München 19692, S. 218, 226.

1217 Bay HStA OBB 4268, fol. 15; Staatsministerium des Innern, 20.7.1824.

1218 Bay HStA OBB 4268; Métivier, 27.8.1824.

1219 Das Rangverhältnis des Vaters spielte offenbar eine Rolle, als Métiviers Tochter Alfredine fünf Jahre nach dem Tod des Vaters um die „Verleihung einer St. Anna-Präbende" nachsuchte. Aus der Personalakte ging hervor, „daß Métiviers, der Vater der Bittstellerin, als Hofdekorateur bey der k. Hofbau-Intendanz angestellt war und bloß den Titel eines Baurathes hatte..." Damit erfüllte die Bittstellerin zwar eine der „Allgemeine(n) Vorbedingungen", wonach „der Vater der Candidatin ... in königl. Civil- oder Militärdiensten stehen, oder darin bis an sein Ende gestanden seyn" mußte. Der Verteilungsschlüssel aber sah außer „adelige(n) Präbenden" vorrangig „unadelige Präbenden" für „die Töchter geheimer und wirklicher Collegialräthe, wie auch Officiere von gleichem Range" vor. Als Tochter eines Hofdekorateurs mit dem bloßen Titel eines Bauraths entsprach Alfredine Métivier den Anforderungen nicht. Statt der Präbende erhielt sie die Bewilligung eines Unterhaltsbeitrags von 72 fl. – Bay HStA, OBB 7576; 18.7.1862, 2.7.1862, 3.7.1862. – Bay HStA, MA Damenstifte 5 und 62; Statuten und Präbendegesuche von Zivilpersonen, 1862/83. – Bay HStA, MF 42.883; Alfredine Métivier, 3.8.1867.

1220 Bay HStA, OBB 4268, fol. 16; an die Hofbau-Intendanz. 31.8.1824 (der darin angesprochene Bericht von der „erfolgte(n) Erneuerung" fand sich nicht bei den Akten des Ministeriums des Innern). – Veröffentlicht in: Regierungs- und Intelligenzblatt für das Königliche Baiern, 1824, S. 921.

1221 Bay HStA, OBB 7576; 18.7.1862.

1222 Während das Äußere des Palais' an Münchner Bauten Fischers und Klenzes anknüpfte, war die Innenausstattung mit ihrem „streng gräzisierenden ornamentalen Vokabular der Zeit" eine eigenständige Leistung Métiviers, die schon zu ihrer Zeit Aufsehen erregte. „Der gesamte Bau, vor allem seine Dekorationen und Teile der aufwendigen technischen Ausrüstung, wie ein für den Brandfall für Löscharbeiten fest installiertes Wasserreservoir, wurden ausführlich als Musterbeispiele exquisiter Architektur in Ungers großem Stichwerk publiziert". – F. Zimmermann, in: Nerdinger, Wilfried (Hrsg.). Romantik und Restauration, S. 477–478. S. auch: Rose, H., S. 67.
Das Gebäude an der Briennerstraße brannte im Krieg aus, wurde aber von seinem Eigentümer, der Münchener und Aachener Versicherung, rekonstruiert (Fassade; dort zwei gußeiserne Kandelaber, angeblich nach Entwurf Métiviers).

1223 Söltl, S. 76/77.

1224 Rose, H., S. 61 (nennt eine damals „schätzungsweise noch mehr als 300 Möbel" umfassende Kollektion im Leuchtenbergpalais, von denen sich infolge Kriegszerstörung wohl kein Stück erhalten hat.)

1225 Nerdinger, W. (Hrsg.), Romantik und Restauration, S. 478.

1226 Nerdinger, W. (Hrsg.), Romantik und Restauration, S. 475–477.

1227 Bay StaBi, cod. gal.. 892, fol. 16.

1228 Nerdinger, W. (Hrsg.), S. 178.

1229 Rose, H., S. 60.

1230 Der Wohlstand scheint allerdings nicht von langer Dauer gewesen zu sein, denn aus dem Hinweis von Métiviers Tochter Alfredine, sie sei erwerbsunfähig und besitze nicht das geringste Vermögen, geht hervor, daß der Vater kein reiches Erbe hinterlassen hatte. – Bay HStA, MF 42.883; Alfredine Métivier, 3.8.1867.

1231 Es ist das von Rose erforschte, zu seiner Zeit als „Braunes Haus" bezeichnete, „weltbekannt geworden(e)" Gebäude, das seit Juli 1930 „als Heim der N.S.D.A.P." diente. Nicht zuletzt die Tatsache, daß Hitler, der „an den (Umbau-)Arbeiten persönlich Anteil" genommen haben soll, das Palais für dieser Funktion würdig hielt, läßt Rückschlüsse auf seine Dimensionen zu. Daß „der Führer" Métiviers Klassizismus schätzte, spricht nicht gegen seinen Erbauer. – Rose, H., bes. S. 51–58.

1232 F. Zimmermann, in: Nerdinger, W. (Hrsg.). Romantik und Restauration, S. 478–479.
Nach Kriegszerstörungen wurde das Gebäude 1945 abgebrochen.

1233 Für den Königsbau nennt Métivier selbst „Vorbereitungen für die enkaustischen Malereien", 1832 und „Stucco lustro", 1832/33 u. 1835 (Rose, H., S. 67).
Mit den Entwürfen des Mobiliars wurde hier L. v. Klenze beauftragt, da Ludwig I. offenbar zumindest in seinen Wohnräumen den reinen Empirestil und damit Métiviers Beauftragung abgelehnt zu haben scheint. „Klenze führte gewisse Abrundungen der Form ein – gewundene Vorderbeine bei den Stühlen und Sesseln, die Lehnen leicht gekurvt und an den Ecken abgerundet – welche darauf abzielten, die Geradlinigkeit des Empirestils abzuschwächen und ihn dem Biedermeierstil nä-

herzubringen". – Praz, Mario. Die Inneneinrichtung von der Antike bis zum Jugendstil. München 1964, S. 263/264. – Bayern. Kunst und Kultur. München 1972, S. 478 (Kat. Nr. 1629–1632).
Für den Festsaalbau dagegen nennt Métivier selbst „Entwürfe", „Entwürfe von Möbeln, Standuhren, Kronleuchtern", 1841, „Entwürfe von Möbeln für die Residenz", 1844, „Möbel für die Residenz", 1845 (Rose, H., S. 69). Diese sind in der Literatur unbekannt geblieben, wie überhaupt die Bedeutung Métiviers für die Möbelproduktion in München bislang nur von Rose und Nerdinger hervorgehoben wurde. Dagegen herrscht die Ansicht vor, daß „in Fragen der Einrichtung Klenze entscheidend (war), auf dessen Entwürfe das Mobiliar des Souveräns und des Adels zurückgeht". – Praz, M., S. 263.

1234 Rose, H., S. 61.

1235 Zur Vita Leuchtenbergs: Bayern, Prinz Adalbert von. Eugen Beauharnais. Der Stiefsohn Napoleons. Berlin 1940.

1236 Bayern, Prinz Adalbert von. Als die Residenz noch Residenz war. München 19692, S. 260, 263.

1237 „Umbauten im Palais Leuchtenberg", 1837, „Neue Sattel- und Geschirrkammer im Palais Leuchtenberg", 1837, „Neuausstattung der Salons vor der Bildergalerie im Palais Leuchteberg", 1838, „Ausbesserungsarbeiten im Palais Leuchtenberg", 1838. Rose, H., S. 68.

1238 Rose, H., S. 63, 68. – Diese Anstellung kann allerdings nicht von langer Dauer gewesen sein, da der Herzog von Leuchtenberg, für den Métivier vor allem in Ismaning tätig war, 1839 eine russische Prinzessin heiratete, mit der er bald in deren Heimat übersiedelte. 1839/40 („Neues Appartement für die junge Herzogin von Leuchtenberg") endet laut Métiviers eigenen Aufzeichnungen seine Tätigkeit für die Familie.

1239 Söltl, S. 76/77. – Mallinger, J., S. 22, 177.

1240 Rose, H., S. 54.

1241 Rose, H., S. 60/61.

1242 Zu Schloß Egglkofen bei Deggendorf, 1833–1840 (neugotisch); Schloß Weyhern, 1834–1845 zuletzt: Nerdinger, W.(Hrsg.). Romantik und Restauration, S. 468–469.

1243 Steinhauser, M., Baden-Baden, S. 112–114.

4. „Villa pour Fêtes et Jeux (Kursaal) bâtie è Homburg es monts près de Francfort a/M. en 1841, 42 et fini en 1842"

1244 StA HG E II 3 (Nachlaß Jacobi); Métivier, 20.2.1841.

1245 „... der mit der Eingabe des Mr. L. Blanc vom 25. Febr. 1841 vorgelegte in elf Blättern bestehende Bauplan..." Hoehn Bd. 28, fol. 134; Geh. Rat an Landesregierung II. & III. Dep., 27.2.1841.

1246 StA HG E II 3 (Nachlaß Jacobi); Landesregierung III. Dep. an Westerfeld, 23.7.1841.

1247 Seit Jacobi 1935, S. 200 folgen alle Autoren der Auffassung, daß „leider die zum Vertrag gehörigen Baupläne verschwunden sind". So bedauert etwa Lübbecke, F., S. 249: „Leider sind uns alle Bauzeichnungen und –rechungen der von Blanc errichteten Kurhäuser verloren gegangen". Gleichlautend Lotz II, S. 304: „Die Baupläne, die der königlich-bayrische Hofbaurat Johann Métivier aus München entworfen hat, sind verschollen".

1248 Leider fehlen rechts und links unten die Ecken, auf denen sich die Signatur befunden haben dürfte. Das Papier zeigt das Wasserzeichen: „J. Whatman Turkey Mill 1840". Genauere Bezeichnung des Lagerorts z. Zt. wegen Neuordnung des Archivs nicht möglich.

1249 Vor allem die eingezeichneten Veränderungen deuten darauf hin, daß es sich nicht um eine später angefertigte Kopie handelt. Westerfelds Bitte um Zuteilung einer Hilfskraft „für die Copirung der Bau-Pläne" mit dem Hinweis darauf abgewiesen wurde, „daß die Original-Pläne in der L. Regierungs-Registratur (tatsächlich zu diesem Zeitpunkt aber noch bei Westerfeld, A. B.) immer vorhanden sind und sie Ihnen auf Ihr Anstehen zu jeder Zeit übergeben werden könnten, wenn Sie sie bedürfen sollten, außerdem es Ihnen bei den wenigen herrschaftlichen Bauten, die dieses Jahr stattfinden, leicht möglich sein dürfte, die Copirung der Baupläne selbst vorzunehmen". Sehr wahrscheinlich hat Westerfeld darauf hin, in der ihm eigenen Art, souverän über Anforderungen der Landesregierung hinwegzugehen, darauf verzichtet, die Kopien selbst anzufertigen. –
StA HG E II 3 (Nachlaß Jacobi); Landesregierung III. Dep. an Westerfeld, 20.8.1841.

1250 StA HG E II 3(Nachlaß Jacobi); Westerfeld (ohne Namensnennung) an die Landesregierung III. Dep. (ohne Anrede), 12.12.1841.

1251 Diese Vermutung ergibt sich aus der mit 11 angegebenen Anzahl der Blätter, die sich folgendermaßen aufgegliedert haben könnten.
Situationsplan: existierte wohl nicht, da Métivier die Lokalität nicht kannte.
Grundrisse: Existierten wohl *zwei*, davon erhalten einer.
Ansichten: Existierten wohl *vier*, da die Seitenansichten voneinander abwichen, also zu Straßen- und Parkansicht noch je eine Seitenansicht zu zählen sein dürften.

Schnitte: wohl *zwei*, d. h. ein Längs- und ein Querschnitt.
Die nach dieser Schätzung verbleibenden drei Blätter könnten dem Saal (2 Blätter?) und anderen Räumlichkeiten (Spielzimmer, Salle des princes?) gewidmet gewesen sein.

1252 Ein vielleicht großer Teil der Blätter könnte in die Hände des Architekten J.-P. Cluysenaar gelangt sein, der den Métivierbau 1861–63 ummantelte. Die Rückforderung der zu diesem Zweck nützlichen Pläne könnte versäumt oder wegen mangelnder Aktualität für überflüssig gehalten worden sein.

1253 Rose, H., S. 69.

1254 Architektursammlung der TU München, Inventarnummern 1975/20 und 1975/21.

1255 Blatt 29 etwas abweichend: „Villa pour Fêtes et Jeux (Kursaal) bâtie à Homburg es monts près de Francfort a/M. en 1841 et 42“. Signatur unten rechts.

1256 Alt Homburg, H. 3/1983, Titelbild.

1257 In: Pauli, Friedrich Wilhelm. Homburg vor der Höhe und seine Heilquellen. Frankfurt am Main 1842.

1258 Nerdinger, W. (Hrsg.), S. 159/161.

1259 Laut Liefervertrag vom 7.8.1843 sollten die „gußeisernen Kätten vor dem hieisigen Kurhause“ bereits wenige Tage nach der Eröffnung geliefert werden. – StA HG E II 3 (Nachlaß Jacobi); Steinbrink, 7.8.1843.

1260 Die Orangenbäume waren den Blanc 1843 oder 1844 von Kurfürst Wilhelm II. von Hessen-Kassel als Entgelt für eine Spielschuld überlassen worden. Da die der Philippsruher Orangerie entstammenden Bäumchen „unzweifelhaft zum Fideikommiß gehörten“, strengte sein Nachfolger Friedrich Wilhelm, dem ihre Aufstellung an diesem Ort besonders im Hinblick auf die damit verbundenen Anekdoten über ihre Herkunft ein Dorn im Auge gewesen sein muß, einen Prozeß an, mit dem Ziel sie zurückzuerhalten. Er verlor ihn jedoch, da die Spielbankpächter darauf verweisen konnten, daß ihnen die Besitzverhältnisse unbekannt gewesen seine. Nach dem in dieser Sache offenbar nicht gut unterrichteten Chronisten Hamel „kauften“ die Blanc die „Orangenbäume zur Aufstellung vor dem Kurhause“. 1889 wurden sie an die Königlichen Schlösser in Potsdam veräußert. –
Conte Corti, S. 56/57. – Goeddaeus, E. von. Aus dem Leben des Kurfürsten Friedrich Wilhelm von Hessen. Cassel 18832, S. 29/30. – Hamelsche Chronik, 1844, fol. 13. – Fechtner, Harald. Das alte Bad Homburg 1870–1920. Villingen 1970, S. 12.

1261 Auf die Anfrage der Landesregierung, „ob in der Konstruktion des Daches wesentliche Aenderungen vorgenomen worden sind“, teilte Westerfeld (verspätet) mit, die Dachkonstruktion sei „nicht wie in den vorliegenden Planen nach alter Art, sondern nach dem neuen Mollerischen System viel haltbarer ausgeführt, daß das Dach am Hauptbau in zwei Theile gemacht wurde, ist aus dem ganz einfachen Grunde geschehen, damit es nicht zu hoch und 8 Fuß niedriger als projectirt gemacht werden konnte. Auf den beiden Blättern der vorderen Hauptfacade und dem Durchschnitt durch den Saal, habe ich mit Bleistiftlinien die Abänderung angegeben. Diese Abänderung an den Dächern wurde schon Anfangs im Februar d. von Herrn Baumeister Peipers vorgenommen, dem Münchener Baumeister Herrn Metivier bei seiner anwesenheit dahier in meiner Gegenwart vorgelegt und von demselben mit der größten Zufriedenheit, weil diese construction sehr haltbar ist, angenommen, auch von demselben unbedingt bestimmt, daß die Dächer an den Seitenflügeln ebenfalls in dieser Art gemacht und mit Schiefer bedeckt werden sollen“. Oberbaurat Moller habe diese Dachkonstruktion ebenfalls für gut befunden. – StA HG E II 3 (Nachlaß Jacobi); Landesregierung III. Dep. an Westerfeld, 7.1.21841 und StA HG E II 3 (Nachlaß Jacobi); Westerfeld (ohne Namensnennung) an Landesregierung III. Dep. (ohne Anrede), 12.12.1841.

1262 In: Gardey, J. Notice sur les eaux minérales de Hombourg-ès-monts, près Francfort-sur-le-mein. Paris 1851.

1263 StA HG E II 3 (Nachlaß Jacobi); Westerfeld (ohne Namensnennung) an Landesregierung III. Dep., 12.12.1841.

1264 Von den Regierungsbeamten mißverstanden als eine nachgesuchte „Vergrößerung des Spiel-, Billard- und Kursaals“. – StA HG E II 3 (Nachlaß Jacobi); Landesregierung u. Westerfeld, 20.8.1841, 11.5.1842. – HHStA 310 XVc 22; Landesregierung, 25.5.1842.

1265 Grundriß des neuen Kursaalgebäudes (mit beibehaltenem Kursaal) von J.-P. Cluysenaar, 1861. – StA HG, Plansammlung, Nr. 334

1266 StA HG E II 3 (Nachlaß Jacobi); Westerfeld an Landesregierung III. Dep., 11.5.1842.

1267 Inventarliste bei Schreiben HHStA 310 XVc 23 / Hoehn Bd. 29, fol. 108 (Abschrift); F. u. L. Blanc an Landesregierung, 30.9.1843.

1268 Diese nicht näher präzisierte Mitteilung nur bei Pauli, Friedrich Wilhelm. Homburg vor der Höhe und seine Heilquellen. Frankfurt a. M. 1844, S. 8.

1269 Anhand der im Grundriß eingetragenen Fensteröffnungen – hier fünf Fenster an der Straße, zwei zur Seite Ludwigstraße – läßt sich die Lokalisierung der Räumlichkeiten mit einiger Sicherheit vornehmen.

1270 Inventarliste HHStA 310 XVc 23 /Hoehn Bd.29, fol.108; 30.9.1843
1271 Auch hier gab es ein Buffet, zwei große Spiegel, und die drei Fenster waren mit „Lambrequins" verhangen (Inventarliste HHStA 310 XVc 23,/ Hoehn Bd.29, fol.108; 30.9.1843).
1272 Außerdem „1 großer Spiegel, 1 Lustre mit 6 Lampen, 4 Lambrequins mit Bleien" (Inventarliste HHStA 310 XVc 23 /Hoehn, Bd.29, fol.108; 30.9.1843).
1273 Der im Grundriß eingezeichneten Zahl von fünf Räumen im linken Seitenflügel korrespondiert in dem Blancschen Inventar nur eine Folge von vier lokalisierbaren Räumlichkeiten. Geht man allerdings nicht von einer systematischen Ordnung der Liste aus, ließe sich das dort zwischen „Grosser Saal" und „Fuerstensaal" aufgeführte, im Obergeschoß jedoch nicht mögliche „Conversations-Zimmer" vermutungsweise mit dem Mittelraum im linken Seitenflügel („2 Vorhänge"!) gleichsetzen. Es enthielt: „1 großer Spiegel, 1 Console mit weißer Marmorplatte, 2 Vorhänge von gelb und rother Seide, 3 Canapées in gelber Seide, 8 Fauteuils do., 4 Tabouret do., 1 Tisch mit Marmorplatte, 1 Lustre mit 10 Lampen, 3 Arme mit 6 Carcels" (Inventarliste HHStA 310 XVc 23/Hoehn Bd.29, fol.108; 30.9.1843).
1274 Bezeichung für das hier ausgeübte Hazardspiel.
1275 Inventarliste HHStA 310 XVc 23 /Hoehn Bd.29, fol.108, 30.9.1843.
1276 Coghlan, Francis. A picture of Homburg and its environs. London 1844, p. 23–30.
1277 Pauli, F. W., S. 8.
1278 Didaskalia Nr. 225, 13.8.1843.
1279 Didaskalia Nr. 229, 20.8.1843.
1280 Hamelsche Chronik, 1843, 1. Nov.: „Schließung der Spielsäle u. des Lesekabinets im Kurgebäude für das Publikum, und es soll nur geschlossenen Gesellschaften deren Besuch gestattet seyn (Amtsblatt No. 44 de 1843).
1281 Gardey, J. Essai médical sur les Eaux minérales de Hombourg-ès-monts. Francfort sur le mein 1847, p. 100.
1282 Downie, Alexander Mackenzie. The Spas of Germany, considered with reference to their efficacy in the treatment of chronic disease. London 1842, p. 18. – Coghlan, F., p. 24. – Pauli, F. W., S. 8. – Das Heilbad Homburg vor der Höhe und seine nächste Umgebung in heiteren und ernsten Versen, beschrieben von dem Sänger der „Fahrt nach Königstein". Homburg vor der Höhe 1845, S. 15/16. – Gardey, J.,1847, p. 100/101.
1283 StA HG, E II 3 (Nachlaß Jacobi); Rechnung über die Vergoldung im großen Saal, unbezeichnet.
1284 Coghlan, F., p. 24.
1285 Taunusbote 24, 13.6.1875.
1286 Gardey, J., 1847,p. 100.
1287 StA HG E, II 3 (Nachlaß Jacobi); Accord F. A. Weber. Maler und Lackierer zu Frankfurt, 7.2.1843 und Rechnung von Gebrüder Viotti über gefertigte (Stukkatur-)Arbeiten im Kurhause zu Homburg v. d. Höhe, 29.7.1843.
1288 StA HG, II 3 (Nachlaß Jacobi); Accord F. A. Weber, 7.2.1843.
1289 Wie Anm. 1275.
1290 Bains de Hombourg près de Francfort-sur-le-mein. Paris o.J. (ca. 1845–50).
1291 Promemoria über vorzunehmende Renovirungen und Verbesserungen, der Kurfonds-Verwaltung am 21. April 1886 überreicht von A. Schultz-Leitershofen, Kurdirektor. – StA HG, E II 3 (Nachlaß Jacobi), Neuerungen Kurhaus, 1886.
1292 Taunusbote 227, 27.9.1889. – Taunusbote 263, 8.11.1889. – Von „der kürzlich stattgehabten Besichtigung des neu hergestellten Konzertsaales durch Hrn. Professor Thiersch" sprach der Taunusbote 74, 28.3.1890.
1293 StA HG, Plansammlung (unsigniert, ohne Datum).
Die kleinen, auf zusammengefalteten Karton aufgeklebten Blätter haben den Charakter von Skizzen. Die souveräne Strichführung läßt gleichwohl an eigenhändige Bleistiftzeichnungen des „Meister(s) aller Architekturzeichnung" und Professors für „Innendekoration und malerische Perspektive" (seit 1879) F. v. Thiersch denken. Möglicherweise war mit dem in Thierschs „Verzeichnis der im Archiv verwahrten Zeichnungen und Akten" erwähnten, bislang unbestimmten Projekt in Homburg das Gutachten für die Renovierung des Kursaals und die Anfertigung der Zeichnungen gemeint.
Obwohl vermutlich nur als Anregung für die Homburger Behörde skizziert, sind die Blätter als Dokumente des den „strengen" Klassizismus ablehnenden bzw. im Sinn der Neurenaissance uminterpretierenden Historismus von Interesse. Die daraus erhellende Überlebtheit des Homburger Frieses war für die Zuständigen am Ort indessen kein Grund, ihn zu entfernen. Der Verzicht auf die Verfolgung „modischer" Trends charakterisiert gleichzeitig die Situation Homburgs nach Spielbankschluß.
– Friedrich von Thiersch. Ein Münchner Architekt des Späthistorismus 1852–1921. Ausstellungskatalog der Architektursammlung der Technischen Universität und des Münchner Stadtmuseums, I. München 1977, S. 15, 59.
1294 StA HG, E II 3 (Nachlaß Jacobi); Kurfonds Verwaltung an Städtische Kur- und Badeverwaltung, 20.1.1889.
1295 „Das Frieß, 315 Quadratschuh; die Herzlaub

unter dem Frieß, 193 Quadratschuh; Herzlaub über dem Frieß, 105 Quadratschuh; Eierstab mit Perlen, 210 Quadratschuh". – StA HG, E II 3 (Nachlaß Jacobi); unbezeichnete „Rechnung über Vergoldung im großen Saal", ohne Datum.

1296 „Fries, 209', 313 fl.". – StA HG, E II 3 (Nachlaß Jacobi); „Rechnung von Gebrüder Viotti über gefertigte (Stukkatur-)Arbeiten im Kurhause zu Homburg vor der Höhe", 20.7.1843.

5. Typus und Ikonografie

1297 Eaux minérales de Hombourg près Francfort sur le mein. Paris 1841, p. 6. – Verfasser war wohl der die vom 5. April 1841 datierende Einleitung unterzeichnende „Ch(arles) Muller, Le Directeur des eaux minérales de Hesse-Hombourg". Der ehemalige Hof-Apotheker Carl Müller war seit 1837 als Homburger Brunneninspektor beschäftigt. – Jacobi 1935, S. 179.

1298 „... für die Gesamtsilhouette der Palazzo Pitti, für die Einzelgliederung des Aufrisses der Palazzo Rucellai..." – Thoma, Hans / Brunner, Herbert. Residenzmuseum München. München 1966, S. 14/15.

1299 „Die in dem Florentiner Bau (Palazzo Pitti), namentlich im Erdgeschoß, so ungebärdige Rustika" erschien bereits an Albertis wenig späterem Palazzo Ruccelai „gezähmt". Es kommt daher nicht erst „dem Architekten des 19. Jahrhunderts ... nicht mehr auf das Stein-, sondern auf das Liniengefüge an". Erst am Königsbau aber handelte es sich „nur noch um eine Scheinrustika, deren Quaderspiegel von Quaderspiegel breit trennende Scheinfugen mit den wirklichen Fugen der Mauerung gar nichts zu tun haben". – Beenken, Hermann. Schöpferische Bauideen der Romantik. Mainz 1952, S. 79.

1300 „Er wird ungefähr in dem Styl des Palladio eine prachtvolle Facade gewähren, deren Mitte eine prachtvolle Säulenstellung auf massivem Unterbau einnimmt. Künstlerisch genommen, entsteht durch diese Verschiedenheit des Styls kein eigentlicher Nachtheil. Die Gesammtheit des königlichen Schlosses gestattet ohnehin, wegen seines Umfanges und seiner Lage durchaus keinen allgemeinen Überblick, sie muß daher als eine Reihenfolge von Palästen betrachtet werden..." – Schornsches Kunstblatt, 13. Jg., 1832, No. 96, 29.11.1832.

1301 Thoma, H.,1959, S. 18.

1302 Beenken, H., S. 69.

1303 Nerdinger, W. (Hrsg.). Romantik und Restauration, S. 226.

1304 Das einzige von dem Präsidialgebäude existente Foto abgebildet bei Jacobi 1935, Abb. 46 (vgl. auch den Situationsplan Abb. 45).

1305 Vgl. etwa Palladios Palazzi per Iseppe da Porto und da Porto Breganze in Vicenza, die Basilica und die Loggia del Capianato in Vicenza, alle jedoch mit zum Teil statuenbekrönten Verkröpfungen über Halb-, nicht Vollsäulen. – Mostra del Palladio, p. 102/103, 111. 117.

1306 Bothe, R. (Hrsg.), S. 368.

1307 Bothe, R. (Hrsg.), S. 324–326. – Wegner, E., Gutensohn, S. 310–316. – Nold, A.,1980, S. 212.

1308 Wegner, E., Gutensohn, S. 315. – Bothe, R. (Hrsg.), S. 326.

1309 z. B. Florenz: Chiostro grande bei S. Croce (Brunelleschi; 1453); Chiostro verde bei S. Maria Novella ; Chiostro dei canonici bei S. Lorenzo (Antonio Manetti, 1457–62).

1310 Wasem, Eva-Maria. Die Münchener Residenz unter Ludwig I. Bildprogramme und Bildausstattungen in den Neubauten. In: Miscellanea Bavarica Monacensia, Heft 101 (= Schriftenreihe des Stadtarchivs München). München 1981, S. 170–172.
Zum Innern des Festsaalbaus s. auch: Thoma, Hans. von der Neuveste zum Festsaalbau. In: Vierte Festschrift zum Wiederaufbau der Residenz München. München 1959, S. 15–17.

1311 Evers, Hans Gerhard. Die bayerischen Königsschlösser. In: Wagner-Rieger, Renate / Krause, Walter. Historismus und Schloßbau. Studien zur Kunst des 19. Jahrhunderts, Bd. 28. München 1975, S. 119–128, Abb. 20 des Beitrags.

1312 Wasem, E.-M., S. 60–66.

1313 Zeichnerisch wiedergegeben in: Die Decoration der inneren Räume des Koenigsbaues zu München. ausgeführt nach Zeichnungen des Architekten Leo von Klenze. Besonderer Abdruck aus der Allgemeinen Bauzeitung. Wien 1842, o.p.
Auf den Fries selbst geht Klenze im Text nicht ein. Er erwähnt nur die „in ganz reinem Weiß gehalten(en)" Reliefs Schwanthalers, deren (Un)Farbigkeit ein letztes Argument gegen ihre Übernahme in den vergleichsweise farbenfreudigen Homburger Kursaal dargestellt haben würde.

1314 In dieser Ausführung waren die Münchner „Viktorien" in der Renaissance ein geläufiges Motiv. Als Beispiel seien die Supraporten in der Sala degli angeli des Palazzo Ducale in Urbino genannt.

1315 In diesem Zusammenhang sei besonders auf die Charakterisierung des Münchner Thronsaals bei E. M. Wasem, S. 62 hingewiesen: „Die Beschränkung auf die Töne Weiß, Gold, Rot war ebenso wie die innenarchitektonische Gliederung dem französischen Empire entlehnt und zeugte von dem

Einfluß der napoleonischen Hofarchitekten Percier und Fontaine auf Klenze, der sich zu Beginn seiner Laufbahn bei ihnen in Paris ausbilden ließ". Die „französische" Prägung des Thronsaals ließe sich ebensowohl auf den Hof-Dekorateur Métivier zurückführen, wofür allerdings bislang Belege fehlen.

1316 Da der Verfertiger des Münchner Frieses unbekannt ist, läßt sich die ohnedies unwahrscheinliche These, er habe diesen – für den Fall, daß es sich um Viotti-Axerio handelte – in Homburg einfach wiederholt, durch nichts erhärten.

1317 Lange, H., S. 159–163.

1318 Nerdinger, W. (Hrsg.), Romantik und Restauration, S. 226.

1319 Nerdinger, W. (Hrsg.), S. 112–114. („Tempel der Israeliten" in München, 1824–1826; „vergleichbar wären im Werke Métiviers das 1823 entstandene Wohnhaus des Baron Maillot und, mehr noch, das einstige Palais Palavicini (1828/29), beide in München. Alle diese Beispiele können zugleich gewisse Ähnlichkeiten mit zeitgleichen Bauten Klenzes nicht leugnen") und S. 323/324 (Fürstlich Thurn und Taxisscher Marstell in Regensburg, 1829–1831; „die Reithallenfassade steht deutlich unter dem Einfluß von Klenzes ehemaliger Hofreitschule in München (1818–22)").

1320 Handbuch der Architektur, 4. T., 4. Halbbd., 2. H., S. 2.

1321 Bayern, A. P. von, S. 257.

1322 Bayern, A. P. von, S. 273/274.

1323 Steinhauser, M., Baden-Baden, S. 109–112.

1324 Hamelsche Chronik, 1844, fol. 8.

1325 Der in der Lokalliteratur immer wieder betonten Ablehnung der Spielbank seitens der Landgrafen, die diese nie betreten haben sollen, steht der Protest Landgraf Philipps gegen deren von der Nationalversammlung initiierte Aufhebung (1849) entgegen (Conte Corti, S. 81); mit der hier gegebenen Interpretation läßt sich das Verhalten des Landgrafen eher in Übereinstimmung bringen.

1326 Zur Definition des Begriffs siehe: Knoepfli, Albert. Zum Schloßbau des 19. Jahrhunderts in der deutschsprachigen Schweiz. In: Wagner-Rieger, Renate / Krause, Walter (Hrsg.). Historismus und Schloßbau. Studien zur Kunst des 19. Jahrhunderts, Bd. 28. München 1975, S. 154–178, hier: S. 170.

1327 Richter, Wolfgang / Zänker, Jürgen. Der Bürgertraum vom Adelsschloß. Hamburg 1988, S. 88. – Die in dieser Abhandlung angesprochenen „Kurschlösser" sind alle nicht vom Typ der Kursaalgebäude der 1. Hälfte des 19. Jahrhunderts.

1328 Knoepfli, A., a.a.O., S. 159.

1329 Knoepfli, A., a.a.O., S. 170.

1330 Knoepfli, A., a.a.O., S. 166.

1331 Knoepfli, A., a.a.O., S. 170.

1332 Knoepfli, A., a.a.O., S. 170.

1333 „Die Bedeutung des Zitats liegt in der Dialektik von Destruktion und Konstruktion von Geschichte". – Nachbilder. Vom Nutzen und Nachteil des Zitierens in der Kunst. Hannover 1979, S. 58.

6. Rezeption des Kursaalgebäudes

1334 Varnhagen von Ense, Karl August. Tagebücher, Bd. 1. Leipzig 1861, S. 133 ff., S. 180 ff., S. 310 ff.

1335 Varnhagen, Tagebücher, Bd. 2, S. 321–322 (8. Juli 1844).

1336 Varnhagen, Tagebücher, Bd. 2, S. 326 (18. Juli 1844).

1337 Varnhagen, Tagebücher, Bd. 2, S. 329 (20. Juli 1844).

1338 Varnhagen, Tagebücher, Bd.2, S.326 (18.Juli 1844)

1339 Varnhagen, Tagebücher, Bd.2, S. 326 (18.Juli 1844)

1340 Varnhagen, Tagebücher, Bd. 3, S. 143 (29. Juli 1845).

1341 Varnhagen, Tagebücher, Bd. 3, S. 114 (10. Juli 1845).

1342 Varnhagen, Tagebücher, Bd. 2, S. 339–340 und S. 328 (30. und 19. Juli 1844).

1343 Fülöp-Miller, René / Eckstein, Friedrich (Hrsg.). Dostojewski am Roulette. München 1925, S. 77 (Dostojewski an Anna Grigorjewna, 19.5.1867).

1344 Fülöp-Miller / Eckstein, Dostojewksi, S. 81 (Dostojewksi an Anna Grigorjewna, 20.5.1867).

1345 Fülöp-Miller / Eckstein, Dostojewski, S. 91 (Dostojewski an Anna Grigorjewna, 22.5.1867).

1346 Fülöp-Miller/Eckstein, Dostojewski,S. 91 (Dostojewski an Anna Grigorjewna,,22.5.1867)

1347 Conte Corti, S. 58–64..– Walsh, Gerta. Zwischen Puschkin und Dostojewski: Sophie Kisseleff in neuer Forschung. In: Alt Homburg, Jg.31,Nr.7. Bad Homburg 1988, S.9–13–
Bereits zu ihren Lebzeiten ,1862,wurde die Kisseleffstraße in Homburg nach ihr benannt. Nach ihrem Tod widmete ihr die lokale Presse zwei Artikel. Unter der Rubrik „Local-Berichte Homburg" findet sich im Taunusboten Nr. 2, 10.1.1875 folgender Nachruf:
„Aus Paris wird unterm 4. Januar geschrieben: „Gestern verstarb in Paris in vorgerücktem Alter die Gräfin Sophie Kisseleff, geborene Gräfin Potocka, die geschiedene Gemahlin des Staatsmannes, welcher Rußland vor dem Krimkriege am franz. Kaiserhofe vertrat. In den Sechziger Jahren (richtig: seit den 40er Jahren, A. B.) war die Gräfin Kisseleff eine stehende Figur in den Spiel-

sälen von Homburg, wo sie, wie man sagt, mehrere Millionen sitzen ließ und der Gemeinderath der Stadt eine Straße nach ihr benannte. Später verfiel die seltsame Frau der Bigotterie und machte zweimal die Pilgerfahrt nach Palästina, vergebens dort Heilung von einem Beinbruche suchend, den sie einst beim Weggehen vom grünen Tisch erlitten hatte. In Paris hielt sie ein namentlich für vornehme Polen gastfreies Haus und hier ereilte sie gestern in ihrem Hotel der Rue de Presbourg der Tod". Als Nachtrag folgte im Taunusboten Nr. 5, 31.3.1875 eine anekdotische Blütenlese. „Über die kürzlich in Paris verstorbene Gräfin Kisseleff gehen noch verschiedene Erzählungen durch die Blätter; zum Theil wahr, zum Theil nicht wahr. So ist z. B. unseres Wissens unwahr, daß die Gräfin beim Ausgang aus hiesigem Spielsaal einen Beinbruch erlitten..."

1348 Losch, Philipp. Der letzte deutsche Kurfürst Friedrich Wilhelm von Hessen. Marburg 1937, S. 63.

1349 Hamelsche Chronik, 1843, fol. 54–82 und 1844, fol. 4.

1350 Varnhagen, Tagebücher, Bd. 2, S. 339 (30. Juli 1844).

1351 Hamelsche Chronik, 1843

1352 Nach den Beobachtungen Friedrich Pechts verhielt sich der Kurfürst in Baden-Baden nicht anders als in Homburg. „Drinnen in den Spielsälen erfreute mich dann der Anblick jenes musterhaften deutschen Landesvaters, des fortgejagten alten Kurfürsten von Hessen, der mitten unter den Croupiers und Spielern sitzend, das Gold verspielte, was er seinen Unterthanen abgepreßt. Eine mächtige Gestalt mit schneeweißem Bart, hatte er große Haufen Gold und Banknoten vor sich, die er mit einer gewissen Wuth auf die verschiedensten Karten setzte. Bald hatte er Alles verloren und lief nun brummend fort, um nach einiger Zeit mit frisch gefüllten Taschen wieder anzukommen. Und dafür wurden die armen hessischen Bauern bis auf's Blut ausgesogen". – Pecht, Friedrich. Aus meiner Zeit. Lebenserinnerungen. München 1894, Bd. 1, S. 169.
Bereits 1836 beobachtete der Göttinger Universitätsrat Albert Kreuzhage den Kurfürsten an der Spielbank in Baden-Baden. „Der Kurfürst von Hessen spielte auch. Er pointirte blos mit jedesmal einem Röllchen doppelte Louisdor und verlor viel". – Zitiert nach: Schupp, Walter. Die Reise eines Göttinger Universitätsrates nach Baden-Baden und in den Schwarzwald im Jahre 1836. In: Badische Heimat, 61. Jg., H. 2, Freiburg 1981, S. 189–201, hier: S. 194.

1353 Varnhagen, Tagebücher, Bd. 2, S. 321–322 (8. Juli 1844).

1354 Varnhagen, Tagebücher, Bd. 3, S. 121 (15. Juli 1845).

1355 Varnhagen, Tagebücher, Bd. 2, S. 321–322 (8. Juli 1844).

1356 Varnhagen, Tagebücher, Bd. 3, S. 377 (7. Juli 1846).

1357 Varnhagen, Tagebücher, Bd. 3, S. 389 (18. Juli 1846).

1358 Varnhagen, Tagebücher, Bd. 3, S. 390 (18. Juli 1846).

1359 Varnhagen, Tagebücher, Bd. 3, S. 397 (23. Juli 1846).

1360 Bereits 1843 notierte Hamel die ersten Selbstmörder. „Binnen 14 Tagen starben im Gasthof zum Hessischen Hof zwei Selbstmörder, in Folge Spielverluste. Ein Engländer schnitt sich den Hals ab, und wahrscheinlich den 2. Febr. Abends spät erschoß sich ein Franzose. Man brachte sie Nachts auf den Kirchhof." – Hamelsche Chronik, 1843

1361 Varnhagen, Tagebücher, Bd. 3, S. 145 (1. August 1845).

1362 Varnhagen, Tagebücher, Bd. 3, S. 121–122 (15. Juli 1845).

1363 Die Homburger Regierung legt in den 40er Jahren eine Akte, betreffend die Prostitution an. Als sie 1860 die Einführung verschärfter Bestimmungen vorschlägt, lehnt dies der Landgraf mit der Begründung ab, dadurch „würde der sehr üble Ruf, in welchem Homburg, in Beziehung auf Vergehen der Unzucht anderen Städten, insbesondere Badeorten gegenüber, ohne Grund sich befindet, seine officielle Bestätigung erhalten, und es würde dadurch der Stadt wesentlich geschadet werden". Vier Jahre später greift der Regierungsbeamte Schaffner die Angelegenheit wieder auf und betont, „die in dem früheren Berichte L. Verwaltungs-Amts hervorgehobenen Mißstände haben sich seitdem nicht gemindert; sie sind im Gegenteil noch viel stärker geworden". Seinen Antrag auf Einführung der verschärften Verordnung begründet er damit, daß „gegen eine Publication ... nun allerdings zwar das Anstößige des Gegenstandes (spreche), allein man glaubt doch nicht, daß hierdurch der Ruf Homburg besonders leiden werde. Jedenfalls leidet derselbe durch das täglich fortgesetzte Treiben der schamlosen Personen mehr... Außerdem bietet aber auch Homburg ganz besondere Verhältnisse. Sowohl während des Winters, aber namentlich während des Sommers halten sich in der verhältnismäßig kleinen Stadt sehr viele Fremde und darunter viele zu Ausschreitungen gegen die Sittlichkeit sehr geneigte Fremden auf, weßhalb das Gewerbe der Gassenhurerei in den Gassen und angränzenden Promenaden verlockender erscheint als vielleicht anderstwo..." – HHStA 314, 1741; Akten der Lan-

desregierung, 19.10.1860 u. 19.4.1864.
1364 Ein Arzt prophezeite, daß die „Elite der vornehmen Welt“ in absehbarer Zeit „andere Bäder vorzuziehen“ beginne, um nicht „mit demjenigen Sortiment Damen, die bald als Frau von *, bald als Madame la comtesse * oder gar als Signora *, bei ungehindertem Eintritt in die Reunionssäle (denn nur le costume de bal est de rigueur!) sich auf den sammetnen und seidenen Divans ausspreitzen, in Berührung zu kommen...“ –
Reisenotizen über die Brunnen- und Badeeinrichtungen in den Taunusbädern. In: Balneologische Zeitung, Correspondenzblatt für Hydrologie, Bd. V, Nr. 4, 7. August 1857.
Während sich die meisten zeitgenössischen Schriftsteller nicht näher darüber auslassen, um welche Art „Damen“ es sich handelte, sprach die Gartenlaube kurzerhand von „Loretten“ und „Courtisanen“. „In Homburg sowohl wie in Baden-Baden sind außerdem die Directoren der Bank beflissen, eine Anzahl hübscher Pariser Loretten hinzuziehen, theils um junge reiche Leute durch diese Courtisanen an den Spieltisch zu fesseln, theils um sie an der Bank mitspielen zu lassen, wenn das Geschäft flau geht...“ – Aus den deutschen Spielhöllen, Nr. 2, Homburg. In: Die Gartenlaube, Illustrirtes Familienblatt, Jg. 1862, S. 233.
Als die Spielbank aufgelöst wurde, schrieb die Gartenlaube: „... Und so manche Schöne unserer Demimonde blickte traurig ihren Geliebten an, dessen mit Rubeln gespickte Börse sie so oft hat erleichtern helfen...“ –
Die Gartenlaube, Illustrirtes Familienblatt, Jg. 1873, S. 35–36.
1365 Les Joueuses. Paris, Bade, Ems, Hombourg et Monaco, par une joueuse. Paris 1868, p. 30.
Die Aussage dieser Joueuse bestätigt die polemischen, aber offensichtlich wahrheitsgetreuen Schilderungen der zeitgenössischen Spielbankgegner, z. B. Etienne Pall, der ein entsprechendes Kapitel seiner Publikation (Enthüllungen aus Bad Homburg und Geheimnisse des dortigen Treibens. Weimar 1856, S. 52–53) mit dem Titel „Die jungen weiblichen Lockvögel“ überschrieb. Darin heißt es: „Wenn die ersten Strahlen der Sonne auf die Fenster von Tortoni oder vom Café Anglais (im Palais Royal in Paris, A. B.) fallen, reisen einige Damen mit Camelien in die Bäder ab... Kaum dort angelangt, wissen sie schon, von wem sie sich werden lieben lassen und sogar, beim Mercur! wen sie selbst lieben werden...“
Dem Berichterstatter der Gartenlaube waren einige der Damen schon aus Paris bekannt. „... Eine Menge Damen, deren Aeußeres weit mehr auffallend als schön war, gingen hin und her; ich hatte manche derselben in Paris auf öffentlichen Bällen und in Gärten gesehen, wo sie eine weit untergeordnetere Rolle spielten, als nunmehr, wo sie alle sehr elegant gekleidet waren und sich teilweise in Begleitung von sehr eleganten jungen Leuten befanden...“ –
Aus den deutschen Spielhöllen, Nr. 1, Homburg. In: die Gartenlaube, Illustrirtes Familienblatt, No. 14, 1862, S. 217.
1366 Varnhagen, Tagebücher, Bd. 3, S. 121 (15. Juli 1845).
Gleichlautend an anderer Stelle: „Ueber die homburgischen Verhältnisse; liederliche Wirthschaft, Willkür, Gewaltsamkeit, offenbare Rechtsverweigerung, der Landgraf unkundig und schwach, man achtet seiner nicht, kriecht aber doch vor ihm und seinen Brüder, strebt mit dem „Hof“ in Verbindung zu sein...“. – Varnhagen, Tagebücher, Bd. 2, W. 145 (1. August 1845).
1367 Varnhagen, Tagebücher, Bd. 3, S. 388–389 (18. Juli 1846).
1368 Varnhagen, Tagebücher, Bd. 2, S. 330 (21. Juli 1844).
1369 Zitiert nach: Fülöp-Miller/ Eckstein,(Hrsg.). Dostojewski ,S. 81.
1370 Joyce, R. Recollections of the Salzkammergut, Ischl, Salzburg, Bad Gastein with a sketch of Trieste and the baths of Hombourg in winter. Frankfort 1851, p. 250.
1371 Pall, E. Enthüllungen , S. 31.
1372 Das Heilbad Homburg vor der Höhe und seine nächste Umgebung, in heiteren und ernsten Versen beschrieben von dem Sänger der „Fahrt nach Königstein“. Homburg vor der Höhe 1845, S. 13–18.
1373 Taunusbote 24, 13.6.1875.
1374 Pall, E., Enthüllungen, S. 31.
1375 Die letzte Spielhölle. In: Der Hausfreund. Ein illustrirtes Volksblatt, X. Jg., No. 19, 1867, S. 292–294.
1376 „... die souveraine Landgrafschaft Hessen-Homburg war bis zum Todestage des letzten hochseligen Herrn das „beau ideal“ der Monarchie und das einzige deutsche Land, welches das göttliche Recht fürstlicher Alleinherrschaft in fleckenloser Reinheit bewahrte. Hier konnte der Sedez-Monarch in Wahrheit sagen: „Der Staat – das bin ich“ ... (Jetzt:) Trüb und finster wird der Blick des Ehrenmannes, der in diesen Winkel des schmutzigen fürstlichen Erwerbs blickt. J, ein mit dem Panzer der Unverletztlichkeit angethaner deutscher Souverain ist es, der hier Gold einschachert um Glück und Ehre von Tausenden! ... War einer jener vielen großen und kleinen Spielhöllen-Schirmherren überzeugt von der Heilsamkeit derselben für sein Volk? Oder sprach nur der

„beschränkte Unterthanenverstand" in dieses entsittlichende, Ehre und Tugend vergiftende, seelenmörderische Treiben der geldgierigen Finanzleute und Regenten? Nein! anerkannt wurde das Schändliche und Verderbliche der geduldeten wie der gehegten Hazardspiele, aber gewogen wurde ihr Abwurf und ihr Wesen auf der Wage des niedrigen Eigennutzes, der verächtlichen Selbstsucht ... und lächelnd streicht der Schirmherr von Jahr zu Jahr ein höheres Pachtgeld in seinen Seckel... Gottlob, das wird jetzt anders werden, weil es anders geworden ist ... die Anstalten zur schmödesten Volksberaubung (sind) dem Untergang geweiht, und sie können, was auch immer zu ihrer Erhaltung geschehen mag, ihrem Verbrechen nimmer entrinnen. Es wanken die stolzen Prachtgebäude des Verbrechens überall, und auch die Stützen des Diebsbaues, den wir vor Augen haben, sind zum Brechen morsch, auch diese Anstalt wird in ihrem verpestenden Elemente untergehen und mit sich in den Grund reißen, was sich auch an sie anklammert und sie aufrecht zu erhalten sich bestrebt hat. Es bleibt vom ganzen Bau nur eine Säule übrig, – die Schandsäule, die hoch emporragt..." – Meyer's Universum oder Abbildung und Beschreibung des Sehenswertesten und Merckwürdigsten der Natur und Kunst auf der ganzen Erde, Bd. 12. Hildburghausen/Philadelphia 1847, DXXXVI (Stahlstich und Text zu: Homburg vor der Höhe, das Kurhaus).

1377 Einer Bemerkung Varnhagens zufolge sahen die Besucher Homburgs schon damals im Kurhausbau eine durch die Gebrüder Blanc veranlaßte epochale Wende: „Ein Herr von der Leyen aus Elberfeld erzählt uns, wie Homburg als Kurort war, ehe die Brüder Blanc gekommen, als das Haus noch nicht stand, der Garten noch nicht angelegt war". – Varnhagen, Tagebücher, Bd. 3, S. 407 (25. Juli 1846).

1378 Haebler, Gustav. Geschichte der Stadt und des Kurortes Baden-Baden, II. Bd. Baden-Baden 1969, S. 91.

1379 Schopenhauer, Johanna. Erinnerungen von einer Reise in den Jahren 1803, 1804 und 1805, 1. Bd. Rudolstadt 1813, S. 258–265.

1380 Zu dem auch von ihm als „King of Bath" zitierten Richard Nash und zu der unter dessen Ägide entstandenen Architektur siehe: Ison, Walter. The Gregorian Buildings of Bath from 1700–1830. Reprint der Ausgabe New York 1948. Bath 1969, p. 29 ff.

1381 Schopenhauer, J., a.a.O., S. 264/265.

IX. Erweiterungsbauten von J.P. Cluysenaar, 1850

1382 Die Bautätigkeit auf dem Grundstück rund um das Kursaalgebäude kann in dieser Arbeit nicht erschöpfend behandelt werden. Die folgenden Notizen sollen lediglich aufzeigen, wie rege die Aktivitäten seit der Vollendung des Kursaalbaus besonders in dessen nächster Umgebung waren. Als Inititalzündung wirkte der Bau des Kursaalgebäudes auch auf den privaten Wohnbau, der eine gesonderte Studie verdiente.

Das *Präsidialgebäude* (Jacobi 1935,S. 196–197, 199) auf der Ecke Louisenstraße/Schwedenpfad wurde 1843 durch Jacob Westerfeld umgestaltet (Pläne in HHStA 3011, 2434/1–2) und mit einem vergleichsweise aufwendig gestalteten Hintergebäude versehen (Pläne im Archiv des Bauamtes Bad Homburg). Am 1.11.1858 erwarb die Kurhauspachtgesellschaft das Präsidialgebäude zu 20 000 fl.(StA HG E II 3, Nachlaß Jacobi); 1860 wich es dem linken Kurhausflügel.

Von den beiden Eckhäusern Ecke Louisenstraße/Ludwigstraße erwarben die Gebrüder Blanc 1843 das vormals von *Brandensteinsche Haus*; das *Wiesenbachsche Haus* (Ecke) ging nahezu gleichzeitig an Felix Desportes aus Paris über (laut Conte Corti, S. 97–98 „Sekretär" von Blanc; laut Akte in HHStA 310 XIVe 2, 5a war er 1843 um die Herausgabe eines Journals unter dem Titel „Badezeitung" bemüht.). Am 28.3.1843 wurde ein Plan H. Weckerlings für ein zweigeschossiges Eckwohnhaus genehmigt (Pläne in Archiv des Bauamtes Bad Homburg). Aus unbekannten Gründen kam es nicht zur Ausführung, vielmehr verkaufte Desportes schon im Juli 1843 das Anwesen an die Homburger Deininger und Greiss, die ihrerseits die „ideelle Hälfte" an die Gebrüder Blanc verkauften (StA HG EII 3, Nachlaß Jacobi). 1846 gelang es den Gebrüdern Blanc, die Herren Doyon & Garreau in Paris für das Anwesen und dessen Bebauung mit einem „Gasthaus" zu interessieren. Die Pläne zu dem repräsentativen „Hotel de France"– ein dreiflügliges Gebäude mit einem Kernbau von 2 Voll- und 3 Halbgeschossen entlang der Ludwigstraße – erhielten unter Vorbehalt die Genehmigung. Doch wurde auch dieses Projekt nicht realisiert.(Pläne im Archiv des Bauamtes Bad Homburg.)

Am 15.12.1847 sah ein Vertrag vor, an der Stelle des Präsidialgebäudes ein *Theater*, an der Stelle der „beiden vormals Blancschen Häuser" ein „großes schönes *Hotel* mit Colonnade" entstehen zu lassen. Zu den Bedingungen, die von Seiten des Landgrafen an das Projekt geknüpft wurden, gehörte, daß Hotel- und Theaterbau als zwei „correspondirende Gebäude nach einem dem L. Gou-

vernement vorher zur Einsicht vorzulegenden Plane" errichtet würden (StA HG EII 3, Präsidialgebäude). Auch dieses Projekt kam in der vorgesehenen Form nicht zur Durchführung.
1847 wurde auf einem Teil des ehemals Wiesenbachschen Terrains ein *Badehaus* errichtet (Jacobi 1935, S. 202–203).

1383 Dazu: StA HG, E Id, Hamelsche Chronik, Bd.5, 1842 u. 1843.
Leider haben sich die Pläne nicht erhalten, so daß ein Vergleich nicht möglich ist.
Der Plan Westerfelds dürfte sich in der Bekanntmachung, die Erweiterung der Stadt Homburg v. 4.12.1842 niedergeschlagen haben (Archiv der landgräflich hessischen Verordnungen, 1816–1866. Homburg 1867)

1384 HHStA 314, 1177; ebda 310 XVc 22; 25.u.30.3.1846

1385 Grosche, Geschichte, S. 144–145

1386 StA HG E II 3, Präsidialgebäude. – Vermutlich identisch mit dem Projekt von Chr. Holler, das Jacobi 1935, S. 204 erwähnt. – Die Pläne sind verschollen. Aussagen zur Architektur, insbesondere im Hinblick auf eine Ähnlichkeit mit den 1850–51 ausgeführten Flügelbauten, sind daher nicht möglich.

1387 Es ist vollkommen unzweifelhaft, daß die Flügelbauten mit Spiel- und Speisesaal keinesfalls vor 1850–51 ausgeführt wurden. Der Nachweis soll hier detailliert geführt werden, da in der Vergangenheit die Tatsache, daß in einem Homburg-Album aus dem Jahr 1847 das Kursaalgebäude bereits mit den beiden Seitenflügeln wiedergegeben wurde, Verwirrung stiftete. Verf. ist der Ansicht, daß der Maler des erwähnten Albums, Wegelin, zwei Ansichten des Kursaalgebäudes anfertigte, eine vor und eine weitere nach dem Bau der Seitenflügel. Die Ansicht mit den Seitenflügeln dürfte zur zweiten Auflage des Albums gehören, dessen Umdatierung vermutlich versäumt, jedenfalls unterlassen wurde.
Diese Annahme stützt sich auf die Tatsache, daß der Name in den Homburger Kur- und Badelisten sowohl des Jahres 1845 als der Jahre nach 1850 erscheint. Laut Kur- und Badeliste 1–6 war „Herr Wegelin, Maler aus Genf" vom 25.5. bis 29.6.1845 im Goldenen Engel, Louisenstraße 34 einquartiert. Er könnte damals die Ansicht ohne die weder existenten noch in Planung befindlichen Flügelbauten angefertigt haben, die 1847 in die erste Auflage des Albums aufgenommen wurde.
Daß Wegelin seit 15.2.1850 in Homburg weilte, bezeugt das Amts- und Intelligenz-Blatt für das Landgräflich Hessische Amt Homburg, No.7, wonach von den „dahier anwesenden Fremden" unter Nr. 42 erscheint: „Herr Ch.D. Wegelin aus St. Gallen, Hessischer Hof, Louisenstraße". Wegelins Besuche wiederholten sich 1851 (Kur- und Bade-Liste 6, 15.6.1851) und häuften sich seit 1852, in welchem Jahr er den ganzen Sommer in Homburg verbrachte (18.4. bis 5.9.1852). Wegelins ausgedehnte Aufenthalte lassen sich in den Listen bis zum Frühjahr (8.3.) 1857 nachweisen. Wie aus der Herkunftsangabe St. Gallen und den Monogrammen Ch.D. in der Kurliste von 1850 hervorgeht, kann es sich nicht um den Kölner Architektur- und Landschaftsmaler Adolph Wegelin (1810–1881) handeln, wie irrtümlich von Miedel angenommen (Miedel, Hilde: Bad Homburg im 19. Jahrhundert. Bad Homburg 1975, S. 18). Der Gesuchte war vielmehr der Zeichner Daniel Wegelin, der am 2.4.1802 in St. Gallen geboren wurde und am 10.4.1885 dort starb (Bürgerregister, Bd.VIII, S. 577, 589 im Stadtarchiv St. Gallen, Vadiana). D.Wegelin illustrierte u.a. das Werk von H. Leemann: Palästina. Bilder aus dem heiligen Lande. Zürich 1845.

1388 Jacobi 1935, S. 204. – Quellen: HHStA 310 XVc 36 u. ebda. 62. – Zur Beurtheilung der Frage über die Aufhebung der Spielbanken, vorzugsweise in Beziehung auf Homburg. Homburg v.d.Höhe 1848

1389 Conte Corti, S. 104

1390 HHStA 310 XVc 64; 9.+10.9.1850

1. Erweiterungspläne

1391 Conte Corti, S. 90–91

1392 Restaurierungsbedürftig erhalten in: StA HG, Plansammlung, 333

1393 HHStA 310 XVc 64; 7.9.1850

1394 HHStA 310 XVc 22; 5.11.1850

1395 HHStA 310 XVc 64, fol. 66 ff.

1396 HHStA 310 XVc 22; 5.11.1850

2. Bauausführung

1397 Grosche, Geschichte, S. 145

1398 Über die Bauausführung liegen nur spärliche Unterlagen im HHStA vor.

1399 Hymans, Les Cluysenaar, p. 16

1400 Kurliste 11.–13.8.1853, S. 338. – Cluysenaar, „Architect a. Brüssel", wohnte bei Herrn v. Wellens. Dieser enge Vertraute der Gebrüder Blanc stammte vermutlich ebenfalls aus Brüssel, wo im 19. Jahrhundert ein Baron de Wellens nachweisbar ist (Archives de la Ville de Bruxelles).

1401 HHStA 310 XVx 64; 10.9.1850

1402 In der Zeitschrift für praktische Baukunst, 1855, Sp.338 wohl fälschlich: Govards.– In der Hom-

burger Kur- und Badeliste 45, 10.11.1850, Nr. 66 und 7.–14.5.1854, S.6 wohl ebenfalls fälschlich: „Herr Gobert nebst Frau aus Paris“ und „Herr Gobert aus Brüssel“.
Cluysenaar lobte die „Peintures superbes exécutés par Govaerts de Bruxelles.“ – Hymans, Les Cluysenaar, S. 16
In den Archiven der Stadt Brüssel fanden sich keine Belege für die Tätigkeit von Govaerts.
Für die Ausstattung des Homburger Kurhauses von 1861–63 wurde Govaerts erneut zugezogen, s.dort.

1403 Amts- und Intelligenz-Blatt 1, 4.1.1852, Nr. 118: Herr Berre, Maler aus Brüssel, Goldener Adler. Nach derselben Quelle blieb der Maler bis 5.2.1852 in Homburg.
Es besteht eine gewisse Unsicherheit, ob es sich hierbei um den für Homburg nachgewiesenen Maler van Brée handelt oder um den Maler Florent Berre, geb. 1821, tätig in Belgien als Marine, See- und Orientmaler (Busse-Verzeichnis O6458).
Für 1853 ist die Anwesenheit von „van Brée aus Brüssel“ bei Herrn Gemmer in der Dorotheenstraße gesichert (Amts- und Intelligenz-Blatt 16, 17.4.1853).

1404 S. Fratelli Viotti und Axerio im Kapitel Bauausführung Kursaalgebäude von Métivier.
Die Anwesenheit Axerios in Homburg während der Zeit des Innenausbaus der Flügelbauten ist belegt durch:
Amts- und Intelligenz-Blatt 13, 30.3.1851, Liste der Kurfremden, Nr. 136: Herr Axerio aus Italien, Goldene Rose.
Laut Amts- und Intelligenz-Blatt 1–20 war Axerio auch vom 31.12.1851 – 5.2.1852 in Homburg. Die Angaben sind dieses Mal etwas präziser: P. Axerio aus Rina. G. Axerio aus Rimi St. Geus war noch am 16.4.1852 anwesend. Bei G. Axerios Anwesenheit im März und November 1853 notierte das Intelligenz-Blatt: Herr G. Axerio aus Rimo de St. Giuseppe. Am 2.2.1854 war „Herr Axerio“ erneut in Homburg. Im Amts- und Intelligenz-Blatt taucht Axerio dann wieder am 4.4.1858 und am 1.4.1860 auf („aus Rima“)

1405 HHStA 310 XVc 22; 11.12.1852

1406 Der Taunuswächter 6, 18.11.1852; 8, 25.1.1852

1407 Der Taunuswächter 34, 25.4.1852

1408 Der Taunuswächter 52, 27.6.1852

1409 Trapp, E.Ch.: Einige Betrachtungen über die Vorkommnisse während der Brunnen-Zeit in den Sommern 1851 und 52 zu Homburg v.d.Höhe. Separatum in: StA HG, Bibliothek, Nr. 71

1410 Schick, Louis: Der Führer durch Bad Homburg und seine Umgebung. Homburg 1855,S. 21, 23

1411 Trapp, E.Ch.: Einige Betrachtungen über die Vorkommnisse während der Brunnen-Zeit in den Sommern 1851 und 52 zu Homburg v.d.Höhe. Separatum in: StA HG, Bibliothek, Nr. 71

3. Der Außenbau

1412 Wittkower, Rudolf. Grundlagen der Architektur im Zeitaler des Humanismus. München 1969, S. 48

1413 z.B.: Bade- und Kurhaus in Salzburg, 1866–72 (Bothe, R. (Hrsg.), S. 57, Abb. 7, S. 80, Abb. 42); Kurhaus in Baden bei Wien, 1886 (Bothe,R. (Hrsg.), S. 85, Abb. 49;

1414 Bothe, R. (Hrsg.), S. 29–33

1415 Abb. in Hessische Heimat, H.2/3. Marburg 1984, S. 58, Abb. 17 u. S. 69, Abb. 34

1416 Lohr, Siegfried. Bad Nauheim und der Kasseler Baumeister Julius Eugen Ruhl. In: Hessische Heimat, H.2/3. Marburg 1984, S. 79–84, hier: S. 82–84; Bothe, R. (Hrsg.), S. 73

1417 Der Speisesaal in Homburg. In: Zeitschrift für praktische Baukunst. Berlin 1856, Sp.

1418 „...der Japanische oder Speisesaal“.– Schick, Louis: Der Führer durch Bad Homburg und seine Umgebung. Homburg 1855, S. 21

1419 Der Speisesaal in Homburg. In: Zeitschrift für praktische Baukunst. Berlin 1856, Sp.5–8, T. 1–5

1420 Der Spielsaal in Homburg. In: Zeitschrift für praktische Baukunst. Berlin 1855, Sp. 337–338, Taf. 36,37,38

1421 Mignot, Claude. Architektur des 19. Jahrhunderts. Freiburg/Stuttgart 1983, S. 98–99

4. Der Architekt Jean-Pierre Cluysenaar (1811–1880)

1422 Umfangreiches Material zu Leben und Werk von J.P. Cluysenaar bewahren die Archives de la Ville de Bruxelles und die Bibliothèque Royale Albert I. in Brüssel auf. Weiteres Material zu den Homburger Aufträgen fand sich dort nicht.
Am ausführlichsten informiert über Jean-Pierre Cluysenaar die als Dokumentation der Künstlerfamilie Cluysenaar konzipierte, umfangreiche Publikation von J.P. Cluysenaars Tochter Fanny Hymans geb. Cluysenaar. Hymans, Fanny. Les Cluysenaar. Une famille d'artistes. Bruxelles 1928, S. 11–132
Weitere Erwähnungen von Bedeutung: Nachrufe u.a. in: Revue Artistique, 2.Jg., Nr. 24. Antwerpen, 24.4.1880, S. 389–392; Taunusbote 45, 22.2.1880; Thieme, Ulrich / Becker, Felix: Lexikon der Künstler aller Zeiten..., Bd. 7.Leipzig 1912, S. 126–127; Saintenoy, P.: CLuysenaar, architecte des galeries Saint-Hubert de Bruxelles,

1811–1880. In: Académie royale de Belgique. Bulletin de la classe des beaux-arts 26 (1944), S. 119–132; Zeitler, Rudolf: Die Kunst des 19. Jahrhunderts. Propyläen Kunstgeschichte, Bd. 11. Berlin 1966, S. 362–363 (fehlerhaft); Architecture art ou dessin? Ausstellungskatalog Bibliothèque Royale Albert Ier. Bürssel 1972;; Geist, Hans Joachim: Passagen. Ein Bautyp des 19. Jahrhunderts. Studien zur Kunst des 19. Jahrhunderts, Bd. 5. München 1974, S. 153–162, 316, Anm. 293; Bruxelles Monumental au 19e siècle. Ausstellungskatalog Académie Royale des Beaux-Arts. Brüssel 1975; Poelart et son temps. Brüssel 1980, S. 153–163

1423 Hymans, Les Cluysenaar, S. 22.– In den Homburger Bauakten fand sich kein Hinweis auf diese frühe Tätigkeit Cluysenaars für Blanc.

1424 Hymans, Les Cluysenaar, S. 22. – Das Gebäude und sein Besitzer konnten bei den Bauakten nicht ausfindig gemacht werden.

1425 Sie bewies sich nach dem Bau des Kursaalgebäudes von Métivier noch einmal bei dem Badehaus („Kurhausbad"), mit dessen Planung ein Pariser Architekt Decloux beauftragt war.
Der Name taucht am 15. Juni 1847 in der Homburger Kurliste Nr. 621 und am 20. Mai 1848 in der Kurliste Nr. 69 auf: Herr Decloux, Architect aus Paris, Goldener Adler, Louisenstraße 47. Als Architekt des neuen Kurhausbades wird er erwähnt in einem Vertragsentwurf vom 23.6.1847. – StA HG E II 3,d (Nachlaß Jacobi).
In den einschlägigen Lexika konnte ein Architekt dieses oder eines ähnlichen Namens nicht gefunden werden.

1426 Hymans, Les Cluysenaar, S. 49

1427 Geist, Passagen, S. 155, 156

1428 Hymans, Les Cluysenaar, S. 31, 33

1429 Hymans, Les Cluysenaar, S. 22

1430 Hymans, Les Cluysenaar, S. 11

1431 Poelart et son temps, S. 154

1432 Geist, S. 155, 316; Poelart et son temps, S. 155; Willaumez, Marie-France: Les Passages-Galeries du XIXe siècle à Bruxelles. Brüssel 1983, S. 25 ff.

1433 Poelart et son temps, S. 153–154

X. Neubau von J.P.Cluysenaar, 1860–63

1434 Daten bei: Jacobi 1935, S. 222; Conte Corti, S. 147; Lotz II,S. 346; Biallas, S. 18; Grosche, Geschichte, S. 153

1435 Danksagung an die Feuerwehr in: Amts- und Intelligenz-Blatt 45, 4.11.1860

1436 Die Landgrafschaft Hessen-Homburg war 1819 der kurhessischen Brandversicherung beigetreten. Zum Zeitpunkt des Brandes, durch den erstmals eine größere Entschädigungssumme beansprucht wurde, beliefen sich die Reinerträge der Brandversicherung aus Hessen-Homburg auf mehr als 37 000 fl. – Ins dritte Jahrhundert. 200 Jahre Hessische Brandversicherungsanstalt 1767-1967. Kassel 1967, S. 163-164

1437 HStA DA, D XI, Nr. 96/97; Regierungsrat Wiesenbach an Landgraf Ferdinand, 17.10.1862. – HHStA 310 XVc 57; 24.10. u. 4.11.1862

1438 HHStA 314, 359; 8.+ 16.11. 1860, 4.12.1860

1. Planung

1439 HHStA 310 XVc 76; 8.11.1860

1440 Amts- und Intelligenz-Blatt 46, 11.11.1860:"Im Europäischen Hof (Louisenstraße): Herr Cluysenaer a.Brüssel."
Siehe auch die Bemerkung: „...haben wir auf dem uns übersandten Bauplan den fehlenden Maßstab von dem Architecten Cluysenaar sofort einzeichnen lassen..." – HHStA 310 XVc 76; 10.11.1860

1441 HHStA 310 XVc 76; 14.11.1860 (s.auch: 30.11.1860). – Die „fünf Planzeichnungen" konnten in den mir zugänglichen Archiven nicht ausfindig gemacht werden.

1442 HHStA 310 XVc 76; 8.11.1860

1443 HHStA 310 XVc 76; 14.11.1860

1444 HHStA 310 XVc 76; 8.4.1861

1445 HHStA 310 XVc 76, 8.4.1861 u. 6.5.1861. – Diese Pläne konnten nicht ausfindig gemacht werden.

1446 StA HG E II, 3 k; Cluyseanaar, 2.4.1861

1. Theàtre	177 344 frcs
2. Galerie	155 197 frcs
3. Salle de jeu	67 196 frcs
4. Bàtiment de M. Blanc	127 698 frcs
5. Café	35 520 frcs
6. Inodores (?)	11 294 frcs
7. Travaux intérieures	6 200 frcs
8. Fermeture de la Trinkhalle	26 334 frcs
9. Fermeture par des chassis mobiles de la veranda	7 920 frcs
Total	614 629 frcs

1447 HHStA 310 XVc 76; 6.5.1861 / Hoehn, Bd. 30, fol.180

1448 HHStA 310 XVc 76; 30.11.1860

1449 Vollmer, Hans (Hrsg.). Allgemeines Lexikon der bildenden Künstler..., Bd.35. Leipzig 1942, S. 483; Buxbaum, August. Baugeschichte der Stadt Darmstadt. Ms. in HStA DA, fol. 111-113, 119, 121; Haupt, Georg. Die Bau- und Kunstdenkmäler der Stadt Darmstadt, Bd.1. Darmstadt 1952, S. 230, 254, 260, 264-265, 275, 296

1450 HHStA 310 XVc 76; 12.4. u. 30.4.1861

1451 HHStA 310 XVc 76; 11.6.1861

1452 Hier und im folgenden. HHStA 310 XVc 76; Cluy-

senar, 30.5.1861
1453 HHStA 310 XVc 76; 5.6.1861 u. 8.6.1861
1454 HHStA 310 XVc 76; 11.6.1861
1455 Die Pläne haben sich bei den Genehmigungsakten im Archiv des Bauamtes Bad Homburg (cf. Louisenstraße 54) erhalten. Sie waren 1990 nicht auffindbar. Es handelte sich um: „1. einen Situationsplan, 2. zwei Grundrisse der Stockwerke, 3. zwei Durchschnitte, a. des Directorial-Gebäudes, b. der Gallerie, 4. zwei Aufrisse, a. nach der Louisenstraße u. dem freien Platz, b. nach dem Schwedenpfad und der Ludwigstraße".
1456 HHStA 310 XVc 76; 31.3.1862 u. 23.4.1862
1457 HHStA 310 XVc 76; 2.u.9.12.1861. – Eine Ausfertigung des zugehörigen Situationsplans befindet sich in StA HG, Plansammlung, Nr. 334. – S. auch: Grosche, Heinz: Geschichte der Stadt Bad Homburg vor der Höhe, Band III. Frankfurt am Main 1986, S. 153
1458 HHStA 310 XVc 76 / Hoehn Bd. 30, fol.191; 5.3.1862
1459 Hoehn, Bd. 30, fol. 202/203; 25.3. u. 7.4.1862
1460 Dazu zuletzt: Grosche, Geschichte, S. 150-153
1461 Taunusbote 11, 18.9.1863; Hoehn, Bd. V, 32, fol. 68; 13.10.1862
1462 Zitiert nach Fischer, Klaus. „Faites votre jeu". Geschichte der Spielbank Baden-Baden. Baden-Baden 1975, S. 42
1463 Lacroix, Emil / Hirschfeld, Peter / Niester, Heinrich. Die Kunstdenkmäler der Stadt Baden-Baden. Karlsruhe 1941, S. 338
1464 Steinhauser, M., S. 113

2. Baugeschichte

1465 Am ausführlichsten werden die Rahmenbedingungen zum Kurhausbau geschildert in Grosche, Geschichte, S. 153 ff.
1466 Hymans, Les Cluysenaar, S. 17, 22
1467 HHStA 310 XVc 76; 7.12.1860; 15.12.1860
1468 HHStA 310 XVc 76; 7.12.1860
1469 HHStA 310 XVc 76; 8., 15. u. 28. 12.1860
1470 HHStA 310 XVc 76; 28.2.1861
1471 Enthalten in: HHStA 310 XVc 76; bei fol. 194.- Die Pläne tragen das Datum 4.3.1861; sie wurden jedoch schon am 22.2.1861 begutachtet.
1472 HHStA 310 XVc 76; 22.2.1861
1473 Unterlagen im Archiv des Bauamtes Bad Homburg, cf. Louisenstraße 56
1474 HHStA 310 XVc 76; 29.6.1861
1475 HHStA 310 XVc 76; 27.6.1861
1476 HHStA 310 XVc 76; 16.7.1861. – S. auch Baubuch, die Neubauten des Kurhauses betreffend; eingeholte Kostenvoranschläge in StA HG E II 3
1477 StA HG C II 5b, 1, Kurhaus. Briefbuch. Die Neubauten des Kurhauses betr. Angefangen im July 1861-1865 (nachfolgend: Briefbuch).
Die Niederschriften im Briefbuch sind zum Teil zweisprachig – deutsch und französisch – abgefaßt, da die Korrespondenz mit Cluysenaar dies erforderte. Das nicht fehlerfreie Französisch Jacobis, seine etwas willkürliche Orthographie und seine Vernachlässigung der Interpunktion ermöglichten nicht in allen Fällen eine eindeutige Entschlüsselung des Sinnes.
Das Buch wurde bis fol. 137 zeitgenössisch paginiert, von fol. 138 an wurde von der Verf. fortlaufend weitergezählt.
1478 Briefbuch, S. 89; Cluysenaar, 6.12.1861; Hoehn, Bd. 30, fol. 191
Über Karsch konnte nichts ermittelt werden.
Karsch blieb nach seiner Entlassung noch längere Zeit in Homburg, offenbar vor allem um „journalistische Studien" zu betreiben. Noch am 2.7.1862 schrieb Jacobi an Cluysenaar: „...depuis quelque temps on écrit si méchant de Hombourg dans les journaux, on dit que Karsch à écrit beaucoup" (Briefbuch, S. 139)
1479 Jacobi war 1861 als Kandidat im Baufach zugelassen worden (HHStA 310 XXIa 2b; 1861)
Zu Jacobi: Vollmer, Hans (Hrsg.): Lexikon der bildenden Künstler..., Bd. 18 Leipzig 1925, S. 246; Biallas, Alfred: Louis Jacobi 1836-1910. Baumeister und Bürger Bad Homburgs. Katalog. Bad Homburg 1986, bes. S. 18-19; Walsh, Gerta. Louis Jacobi – Baumeister und Bürger Homburgs. In: Alt Homburg 29.Jg., H. 5. Bad Homburg 1986, S. 2-7; ebda., H.6/7, S. 2-8; Biallas, Alfred. Louis Jacobi: „Notizen aus meinem Leben". In: Alt Homburg, 29.Jg., H.9. Bad Homburg 1986,S. 7-9; ebda. H.10/1986, S. 2-7; Fiebich, Silke. Bedeutende Bauwerke des Architekten Louis Jacobi in Bad Homburg v.d.H.,Frankfurt am Main 1988 (Magisterarbeit; maschinenschriftliches Exemplar in StA HG)
1480 Angaben zur Vita nach Fiebich, S. 13-26
1481 StA HG E II 6a Nr. 10/20, S. 4; Biallas, S. 19
1482 Es trifft jedoch nicht zu, daß – wie Fiebich schreibt – Cluysenaar „ während der gesamten Bauzeit in Brüssel blieb" hat.
Die Durchsicht der Homburger Kur- und Badeliste für das Jahr 1861 ergab, daß „Herrn Cluysenaar u. Familie a. Brüssel" von Mai bei August bei Herr von Wellens in der Oberen Promenade wohnte (Wellens stammte offenbar ebenfalls aus Brüssel, wo aber nichts Genaueres über ihn ermittelt werden konnte): Kur- und Badeliste, S. 6, 17, 30, 46, 64, 88, 118, 145, 183, 221, 258, 302, 345, 392.
Weitere Aufenthalte Cluysenaars während der Bauzeit bezeugt das Briefbuch.

1483 Briefbuch, S.1/2; Karsch an Arnold, 29.6.1861
1484 Zahlreiche Exemplare erhalten in StA HG, Plansammlung, Nr. 334
1485 Briefbuch, S. 48; 28.10.1861
1486 Briefbuch, S. 63; Karsch, 8.11.1861
1487 Briefbuch, S. 74; Karsch, 18.11.1861
1488 Briefbuch, S. 87-89; Cluysenaar, 5.12.1861
1489 HHStA 310 XVc 78; Jacobi, 23.4.1866
1490 Alle Angaben nach den in der Baugeschichte aufgeführten Akten.
1491 Hymans, Les Cluysenaar, S. 135-300; Thieme, Ulrich / Becker, Felix: Lexikon der bildenden Künstler aller Zeiten..., Bd. 7. Leipzig. 1912, S. 126
1492 Hymans, Les Cluysenaar, S. 136. – Abweichend davon die wohl nicht zutreffende Angabe von H. Hymans in: Thieme, Ulrich / Becker, Felix: Lexikon der bildenden Künstler aller Zeiten..., Bd. 7 Leipzig 1912, S. 126, die Gemälde stammten aus der römischen Zeit.
1493 Hymans, Les Cluysenaar, S. 136
1494 Angabe in Fußnote Hymans, Les Cluysenaar, S. 136. – Der Aufenthalt wird bezeugt durch die Angabe: „Herr Cluyssenaer, Maler aus Paris (im goldenen Adler) in der Kurliste 1862, S. 541 vom 14.-20. September 1862
1495 Das von Grötz & Cie. in Schönmünzaich imMurgtal gelieferte Glas sollte von dem Homburger Glasermeister Blum eingesetzt werden. – Briefbuch, S.3-4, 4.7.1861; S. 4, 4.7.1861; S. 5, 10.7.1861; S. 7, 15.7.1861; S. 42, 10.10.1861; S. 43, 9.10.1861
1496 Briefbuch, S. 10, 17.7.1861; S. 15, 23.7.1861; S. 28, 27.9.1861
1497 Briefbuch, S. 35-36, 4.10.1861; S. 40, 5.10.1861
1498 Briefbuch, S. 61, 8.11.1861; S. 73, 18.11.1861
1499 Briefbuch, S. 58, 7.11.1861; S. 61, 8.11.1861; S. 67, 11.11.1861; S. 72, 18.11.1861
1500 Briefbuch, S. 69, 15.11.1861; S. 76, 18.11.1861; S. 83-84, 1.12.1861
1501 Briefbuch, S. 2, 30.6.1861; S. 3, 5. u. 9.7.1861; S. 12, 18.7.1861; S. 24, 15.9.1861; S. 25, 25.9.1861; S. 26, 26.9.1861
1502 Briefbuch, S. 28, 27.9.1861; S. 38, 1.10.1861; S. 40, 5.10.1861; S. 45, 20.10.1861; S. 47, 24.10.1861; S. 50, 29.10.1861; S. 53, 2.11.1861; S. 57, 7.11.1861; S. 79, 22.11.1861
1503 Briefbuch, S. 7, 15.7.1861
1504 Briefbuch, S. 22, 2.9.1861
1505 Briefbuch, S. 66, 11.11.1861
1506 Briefbuch, S. 73, 18.11.1861; S. 76, 18.11.1861
1507 Briefbuch, S. 83, 1.12.1861
1508 Briefbuch, S. 113, 30.4.1862
1509 Briefbuch, S. 132, 12.6.1862
1510 Briefbuch, S. 119, 10.5.1862
1511 Briefbuch, S. 203, 28.2.1863
1512 Vermutlich identisch mit: Blaues Sälchen und „Café olympique".
1513 Briefbuch, S. 31f; 28.9.1861
1514 HHStA 310 XVc 60, ; 28.9. u. 7.10.1861; Briefbuch, S. 33, 30.9.1861
1515 Briefbuch, S. 40, 5.10.1861
1516 Briefbuch, S. 49, 28.10.1861; S.49, 29.10.1861; S. 59, 1.11.1861
1517 Briefbuch, S. 70, 15.11.1861
1518 Briefbuch, S. 83, 1.12.1861. – Möglicherweise wurde 1864 erneut an der Restauration gearbeitet, denn Jacobi schrieb: „Le cabinet de Chevet (= der Restaurateur) est bientòt fini" (Briefbuch, S. 348, 6.1.1865).
1519 Briefbuch, S. 26, 30.4.1862
1520 Briefbuch, S. 131-132, 12.6.1862; S. 133, 25.6.1862
1521 Briefbuch, S. 139, 2.7.1862
1522 Briefbuch, S. 14, 23.7.1861; S. 18, 24.7.1861; S. 19, 27.7.1861; S. 22, 2.9.1861; S. 50, 29.10.1861
1523 Briefbuch, S. 40, 5.10.1861; S. 42, 9.10.1861; S. 46, 24.10.1861
1524 Briefbuch, S. 63, 8.11.1861; S. 65, 8.11.1861; jS. 63, 8.11.1861; S. 72-73, 18.11.1861; S. 76, November 1861; S. 81, 22.11.1861
1525 Briefbuch, S. 93, 16.12.1861; S. 94, 20.12.1861
1526 Briefbuch, S. 100, 24.3.1862
1527 Briefbuch, S. 113, 30.4.1862
1528 Briefbuch, S. 114, 30.4.1862
1529 Briefbuch, S. 119, 10.5.1862. – Zur Säumigkeit der Schreiner: Briefbuch S. 119, 17.5.1862
1530 Briefbuch, S. 143, 15.7.1862; S. 127, 24.5.1862
1531 Briefbuch, S. 129, 11.6.1862
1532 Briefbuch, S. 131, 12.6.1862; S. 139, 2.7.1862
1533 Briefbuch, S. 142, 14.7.1862; S. 149, 4.8.1862
1534 Der Lieferant der Möbel und der textilen Ausstattung, Ternissien & Fraysse in Paris, hatte die Ausstattung nach drei ihm am 12.6.1862 zugeschickten Zeichnungen des Spielsaals angefertigt und nach Homburg gesandt (Briefbuch, S. 130-131, 12.6.1862). Nach ihrer Ankunft wurde der Lieferant von Jacobi aufgefordert, noch weitere 50 Meter „de cette étoffe blanc pour les rideaux et 50 Meter du même étoffe comme celui des lambriquens avec toutes les choses qui sont nécessaires pur faire les poriaires" zu liefern (Briefbuch, S. 147, 2.8.1862). Wenige Tage später entschloß sich Jacobi, die Austattung doch von Ternissien & Fraysse fertigstellen zu lassen.
Die fünf Lüster stammen von Lacarrière père et fils Comp. in Paris (Briefbuch, S. 130, 11.6.1862; 25.8.1862).
Die Vergoldungen wurden von vier nicht namentlich genannten Belgiern vorgenommen (Briefbuch, S. 152, 11.8.1862; S. 155, 15.8.1862).
1535 Briefbuch, S. 151, 8.8.1862
1536 Briefbuch, S. 145, 31.7.1862; S. 149, 4.8.1862

1537 Briefbuch, S. 182, 8.11.1862. – Dem Bericht ist eine Zeichnung des Divans beigefügt. Dieser entspricht den ausgeführten, wie sie auf zeitgenössischen Fotografien zu sehen sind. Ende November 1862 war bereits einer der Divans eingetroffen (Briefbuch, S. 184-185, 15.9.1862).
1538 Briefbuch, S. 166, 15.9.1862; S. 170, 27.9.1862
1539 In: Hoehn, Bd. 5, fol.63
1540 Briefbuch, S. 27, 27.9.1861
1541 Briefbuch, S. 32, 30.9.1861; S. 33, 30.9.1861; S. 39, 1.10.1861
1542 Briefbuch, S. 49, 28.11.1861; S. 70, 15.11.1861; S. 84, 2.12.1861
1543 Briefbuch, S. 108, 23.4.1862; S. 135-136, 21.6.1862; S. 137, 25.6.1862; S. 159, 29.8.1862
1544 Briefbuch, S. 139, 2.7.1862; S. 145, 31.7.1862
1545 Briefbuch, S. 161, 30.8.1862
1546 Briefbuch, S. 165-166, 13.9.1862. – Am 27.9.1862 ging ein Päckchen mit Fliesenproben an Cluysenaar ab (Briefbuch, S. 170, 27.9.1862). Am 29.10.1862 bat Cluysenaar die Firma „die Mosaikplatten für den 1.3.1863 zu liefern" (Briefbuch, S. 180, 183, 186; 29.10., 12.11., 26. 11.1862).
1547 Briefbuch, S. 174, 10.10.1862. – Ende Oktober 1862 wurde die Haupttreppe vor dem Eingang gesetzt (Briefbuch, S. 175, 23.10.1862)
1548 Briefbuch, S. 178, 22.11.1862; S. 184, 22.11.1862; S. 240, 10.6.1863
1549 Briefbuch, S. 193, 12.1.1863; S. 199-200, 21.2.1863
1550 Briefbuch, S. 203, 28.3.1863; S. 205, 9.3.1863; S. 214, 26.3.1863
1551 Briefbuch, S. 208, 11.3.1863; S. 213, 18.3.1863; S. 215, 26.3.1863
1552 Briefbuch, S. 240, 10.6.1863; S. 244, 17.6.1863;
1553 Briefbuch, S. 243, 16.6.1863; S. 253, 16.7.1863; S. 285, 24.10.1863; S. 287, 3.11.1863; S. 244, 17.6.1863
1554 Briefbuch, S. 253, 16.7.1863
1555 Briefbuch, S. 258-259, 1.8.1863
1556 Briefbuch, S. 260-261, 5.8.1863
1557 Briefbuch, S. 288, 20.11.1863; S. 297, 19.1.1864; S. 314, 30.3.1864; S. 319, April 1864; S. 323, 22.5.1864
1558 Briefbuch, S. 193, 12.1.1863; S. 200, 21.2.1863; S. 212, 17.3.1863; S. 216, 28.3.1863; S. 228, 28.4.1863; S. 232, 1.5.1863; S. 262, 18.8.1863; S. 286, 29.10.1863; S. 239, 9.6.1863
1559 Briefbuch, S. 206, 9.3.1863. – Weyland hatte bereits 1861 bemerkt, „daß die ganze Gebäude-Anlage mit dem freien Platz in der Mitte dadurch eine Abrundung und wesentliche Verschönerung erhalten dürfte, wenn in der Mitte dieses Platzes ein Standbild (von Metall oder Stein) oder wenn dieses nicht beliebt werden sollte, ein schöner Springbrunnen (mit Figuren) aufgestellt würde" (HHStA 310 XVc 76, fol.48; 30.4.1861).
1560 Briefbuch, S. 319, April 1864
1561 Briefbuch, S. 158, 27.8.1862; S. 159, 29.8.1862; S. 173, 2.10.1862; S. 178, 29.10.1862
1562 Briefbuch, S. 175, 23.10.1862; S. 178, 29.10.1862
1563 Briefbuch, S. 182, 8.11.1862
1564 Briefbuch, S. 206, 9.3.1863; S. 213, 18.3.1863; S. 215, 26.3.1863; S. 237, 1.6.1863; S. 240, 10.6.1863; S. 256, 20.7.1863; S. 259, 1.8.1863; S. 281, 20.10.1863
1565 Briefbuch, S. 203, 28.2.1863; S. 211, 14.3.1863; S. 213, 18.3.1863
1566 Briefbuch, S. 272, 28.9.1863; S. 275, Oktober 1863
1567 Briefbuch, S. 289, 4.12.1863; S. 295, 8.1.1864; S. 304, 16.2.1864; S. 309, 3.3.1864
1568 Briefbuch, S. 311, 4.3.1864; S. 316, 14.4.1864
1569 Briefbuch, S. 315, 31.3.1864; S. 316, 14.4.1864; S. 321, 9.5.1864; S. 327-328, 17.6.1864; S. 336, 18.7.1864; S. 335, 18.7.1864
1570 Briefbuch, S. 327, 17.6.1864
1571 Briefbuch, S. 336, 18.7.1864; S. 339, 27.7.1864
1572 Briefbuch, S. 340, 5.8.1864; S. 343, 27.9.1864
1573 Briefbuch, S. 343, 27.9.1864
1574 Briefbuch, S. 345, 20.10.1864; S. 347, 3.11.1864; S. 348-349, 6.1.1864
1575 Les deux mondes 44, 16.10.1864;
1576 Le Chroniqueur, Journal internationale des salons et des bains. Paris/Frankfurt am Main, 25.1.1865
1577 Briefbuch, S. 134, 13.6.1862; S. 137, 25.6.1862
1578 Briefbuch, S. 237, 1.6.1863; S. 244, 17.6.1863; S. 253, 16.7.1863
1579 Briefbuch, S. 336, 18.7.1864
1580 Briefbuch, S. 328, 17.6.1864; S. 327, 17.6.1864; S. 331, 1.7.1864; S. 332, 4.7.1864; S. 347, 3.11.1864
1581 Briefbuch, S. 256,20.7.1863;S. 259, 1.8.1863; S. 261, 5.8.1863; S. 290, 4.12.1863; S. 291, 15.12.1863
1582 Briefbuch,S. 315, 31.3.1864; S. 316, 14.4.1864; S. 319, April 1864
1583 Schudt, Friedrich. Bad Homburg vor der Höhe. Zürich 1888, S. 46
1584 Briefbuch, S. 272, 28.9.1863; S. 275, Oktober 1863
1585 Briefbuch, S. 289, 23.11.1863; S. 313, 19.3.1864; S. 315, 31.3.1864; S. 316, 14.4.1864; S. 318, 18.4.1864
1586 Briefbuch, S. 321, 9.5.1864; S. 328, 17.6.1864; S. 336-337, 18.7.1864
1587 Briefbuch, S. 344, 20.10.1864; S. 347, 3.11.1864
1588 Le Chroniqueur, 14.10.1865
1589 Le Chroniqueur, 11.2.1866
1590 Briefbuch, S. 14-15, 23.7.1861; S. 21, 2.9.1861; S. 40, 5.10.1861; S. 45, 12.10.1861; S. 55, 2.11.1861;

S. 56, 7.11.1861; S. 62, 8.11.1861; S. 69, 15.11.1861; S. 79, 22.11.1861; S. 80, 22.11.1861; S. 82, 1.12.1861; S. 85, 5.12.1861; S. 93, 16.12.1861

1591 Briefbuch, S. 153, 11.8.1862; S. 155-156, 15.8.1862

1592 Briefbuch, S. 160, 29.8.1862

1593 Briefbuch, S. 168, 17.9.1862; S. 174, 10.10.1862; S. 185, 22.11.1862; S. 190, 14.12.1862; S. 176, 23.10.1862; S. 176, 23.10.1862

1594 Briefbuch, S. 206, 9.3.1863; S. 29, 13.4.1862; S. 231, 29.4.1863; S. 232, 1.5.1863

1595 Briefbuch, S. 318, 18.4.1864; S. 320, 30.4.1864; S. 321, 2.5.1864; S. 330, 30.6.1864; S. 327, 17.6.1864; S. 333, 12.7.1864; S. 340, 5.8.1864; S. 342, 18.8.1864; S. 343, 27.9.1864

1596 Briefbuch, S. 344-345, 20.10.1864; S. 349-350, 18.1.1865; S. 367, 4.11.1865

1597 Briefbuch, S. 12, 18.7.1861

1598 Briefbuch, S. 22, 2.9.1861

1599 Briefbuch, S. 53, 2.11.1861; S. 56, 7.11.1861; S. 59, 1.11.1861; S. 62, 8.11.1862; S. 70, 15.11.1861; S. 87-89, 5.12.1861

1600 Briefbuch, S. 99, 16. u. 24.3.1862; S. 103, 2.4.1862.
Mühldörfer hatte 1860 die Maschinerie des Baden-Badener Theaters hergestellt. – Steinhauser, M., Baden-Baden, S. 127, Anm. 121

1601 Briefbuch, S. 140, 5.7.1862; S. 163, 5.9.1862.
Grundriß und Prospekt – StA HG, Plansammlung 334 – tragen das Datum 22. und 25.5.1862

1602 Briefbuch, S. 111-112, 30.4.1862;

1603 Briefbuch, S. 153, 14.8.1862

1604 Briefbuch, S. 126, 24.5.1862. – Die dazugehörigen „Steinpläne" dürften die Nummern 31 u. 32 bzw. 54 der in StA HG , Plansammlung 334, erhaltenen Blätter sein.

1605 Briefbuch, S. 138, 28.6.1862. – Der erhaltene „Steinplan" – StA HG, Plansammlung 334, alte Nr. 39 – datiert vom gleichen Tag wie das zitierte Schreiben.
Im Oktober 1862 angemahnt wurden die am 29.9. bestellten, „zur 22ten Bestellung" gehörigen Steine „betr. Hauptgesims der Theaterbühne und des Giebels nach der Ludwigstraße" sowie die 23te Bestellung „Theater-Facade zwischen dem Café & dem Speisesaal". Die hierzu gehörigen „Steinpläne" – StA HG, Plansammlung 334, Nr. 41-43 – waren die letzten im Jahr 1862 ausgefertigten Blätter.

1606 Briefbuch, S. 136,24.6.1862

1607 Briefbuch, S. 173-175, 8. u. 23.10.1862; S. 181, 8.11.1862; S. 184, 22.11.1862; S. 185, 24.11.1862

1608 Briefbuch, S. 193, 12.1.1863; S.199-200, 21.2.1863

1609 Carl Brandt (1828-1881), Maschinenmeister, zuletzt Maschinerie-Director am Darmstädter Hoftheater (seit 1849/50). Erfinder der Schiebebühne (sog.„Vesperwagen") anläßlich der Erstaufführung von Verdis Sizilianischer Vesper in Darmstadt 1857. Brandts fantasievollen, mitunter gar „tollkühnen" Einfälle waren über Darmstadt hinaus bekannt. Er richtete 24 verschiedene auswärtige Bühnenhäuser technisch ein. Bekannt-geworden ist Brandt vor allem durch seine Tätigkeit für Richard Wagners Bayreuther Festspielhaus, dessen gesamte technische Anlage ihm übertragen war. Nach dem Brand des Darmstädter Hoftheaters richtete Brandt zusammen mit Hofbaurat Dr. Weyland ein Interimstheater ein. Die Bühne des neuen Theaters modernisierte er durch den Einbau einer eisernen Konstruktion. – Knispel, Hermann. Das Großherzogliche Hoftheater zu Darmstadt von 18101-890. Darmstadt/Leipzig 1891; Kaiser, Hermann. Das Großherzogliche Hoftheater zu Darmsadt 1810-1910. Darmstadt 1964, bes. S. 58-59 u. 63-64
Nach Homburg wurde Brandt vermutlich durch Dr.Weyland empfohlen.

1610 H. Jacobi. Vom Homburger Theater, Unveröffentlichtes Manuskript in StA HG, E II, 4 nahm dagegen an, daß Mühldörfer die Maschinerie, Brandt die Szenerie angefertigt hätten.
Über die technischen Raffinessen des Kurhaustheaters berichtete Jacobi am selben Ort: „Was die Beleuchtung anbetrifft, so war vielleicht das Homburger Theater eines der ersten, das sich rühmen konnte, eine getrennte Beleuchtung von Bühne und Haus zu haben. Dazu hatte die Aktiengesellschaft 1860 auch ein großes Gaswerk für die ganze Stadt an ihrem unteren Ende angelegt…Hinzu kam eine Berieselung der Bühne, welche an einem verdeckten Hahn von einem Sitz des Parterre aus in Betrieb gesetzt werden konnte." Der eiserne Vorhang hingegen kam, obwohl schon zur Bauzeit diskutiert, erst 1887 hinzu.

1611 Briefbuch, S. 192, 5.1.1863; S. 198, 19.2.1863; S. 199, 21.2.1863; S. 201, 24.2.1863; S. 229-230, 29.4.1863; S. 202-203, 20.2.1863; S. 204, 3.3.1863

1612 Briefbuch, S. 205, 9.3.1863; S. 210, 14.3.1863

1613 Briefbuch, S. 230, 29.4.1863; S. 231, 29.4.1863; S. 236, 19.5.1863

1614 Briefbuch, S. 244, 17.6.1863; S. 247, 24.6.1863

1615 Taunusbote 51, 25.6.1863

1616 Briefbuch, S. 248, 25.6.1863

1617 Briefbuch, S. 258, 16.7.1863; S. 263, 22.8.1863; S. 266, 11.9.1863

1618 Briefbuch, S. 266, 11.9.1863; S. 270, 23.9.1863

1619 Briefbuch, S. 274, Oktober 1863; S. 281, 16.10.1863

1620 Briefbuch, S. 276, 8.10.1863; S. 278, 14.10.1863; S. 287, 9.11.1863; S. 289, 4.12.1863; S. 292, 15.12.1863
1621 Briefbuch, S. 270-271, 23.9.1863; S. 274, Oktober 1863
1622 Briefbuch, S. 279-280, 14.10.1863
1623 Briefbuch, S. 282-283, 20.10.1863; S. 287, 19.11.1863; S. 288, 23.11.1863; S. 291, 4.12.1863; S. 326, 24.5.1864
1624 Taunusbote 95, 26.11.1863
1625 Briefbuch, S. 333, 12.7.1864
1626 Briefbuch, S. 290, 4.12.1863
1627 Briefbuch, S. 315, 31.3.1864; S. 319, April 1864
1628 Abb. in: Hymans, Les Cluysenaar, S. ...
1629 Büttner, Frank. Die Galleria Riccardiana in Florenz. Kieler kunsthistorische Studien, Bd. 2. Frankfurt am Main 1972, S. 117 ff.
1630 Le Chroniquer, 14.10.1865
1631 Le Chroniquer, 14.1.1866
1632 Köver, Katharina. Johann Joseph Couven. Bestandskatalog IV des Suermondt-Ludwig-Museums. Aachen 1983, S. 94, Kat. Nr. 144
1633 Hymans, Les Cluysenaar, S. 60
1634 Steinhauser, M., Baden-Baden, S. 116
1635 Semper, Manfred. Theater. Handbuch der Architektur, 4.Theil, 6.Halbbd., 5. Heft. Stuttgart 1904, S. 31

3. Schicksal des Gebäudes

1636 Grosche, Geschichte, S. 160 ff.
1637 Schudt, Friedrich. Bad Homburg vor der Höhe und seine Umgebung. Städtebilder und Landschaften aus aller Welt, No. 66-66a. Zürich 188
1638 Zitiert nach Grosche, Geschichte, S. 192
1639 Zitiert nach Grosche, Geschichte, S. 193
1640 Jacobi, Heinrich. Vom Homburger Theater. Unveröffentlichtes Manuskript in: StA HG E II (Nachlaß Jacobi), 4r
1641 Taunusbote 56, 8.3.1955, S. 5-6

XI. Das Kurhaus der Moderne

1642 Hofmann, Friedrich. Lebendiges Bad Homburg vor der Höhe. Bad Homburg 1960, S. 93-98; Baeumerth, Angelika. Bad Homburg und seine „Kurhäuser“. In: Heimat Hochtaunus. Frankfurt am Main 1988, S. 392-396, hier: S. 395-396
1643 Zitiert nach Hofmann, S. 94
1644 Durth, Werner / Gutschow, Niels. Architektur und Städtebau der Fünfziger Jahre. Schriftenreihe des Deutschen Nationalkomitees für Denkmalschutz, Bd. 33. Bonn 1987, bes. S. 118-119
1645 Gunkel, Erich. Die Geschichte der Bad Homburger Kurhäuser. In: Bad Homburg. Das Kurhaus. Taunus Zeitung, Verlagsbeilage Nr. 84. Bad Homburg 1984, S. 41
1646 Investition in die Zukunft. Das Neue Bad Homburger Kurhaus. Hrsg.: Magistrat der Stadt Bad Homburg. Bad Homburg 1980, S. 4

XII. Das Kurhaus der Postmoderne

1647 Durth/Gutschow, S. 10
1648 Investition in die Zukunft. Das Neue Bad Homburger Kurhaus. Hrsg.: Magistrat der Stadt Bad Homburg. Bad Homburg 1980; Bad Homburg. Das Kurhaus (= Taunus Zeitung, Verlagsbeilage Nr. 84). Bad Homburg 1984; Baeumerth, Angelika. Bad Homburg und seine „Kurhäuser“. In: Heimat Hochtaunus. Frankfurt am Main 1988, S. 392-396, hier: S. 396
1649 (Bernecker, Helmut.) Warum wird Wicker-Entwurf nicht in aller Offenheit diskutiert. In: Taunus-Kurier 221, 22.9.1979, S. 4
1650 Investition in die Zukunft. Das Neue Bad Homburger Kurhaus. Hrsg.: Magistrat der Stadt Bad Homburg. Bad Homburg 1980, S. 11
1651 Bad Homburg. Das Kurhaus (= Taunus Zeitung, Verlagsbeilage Nr. 84). Bad Homburg 1984, S. 9,11

Quellen

Archive/Archivalien

Hessisches Hauptstaatsarchiv Wiesbaden (=HHStA)
Bayerisches Hauptstaatsarchiv München (=Bay HStA)
Generallandesarchiv Karlsruhe(=GLA)
Stadtarchiv Aachen (=StA Aachen)
Stadtarchiv Baden-Baden (=StA Baden-Baden)
Stadtarchiv Bad Homburg (=StA HG)
Stadtarchiv Darmstadt (=StA DA)
Stadtarchiv Frankfurt am Main (=StA Frankfurt)
Stadtarchiv Mainz (=StA Mainz)
Stadtarchiv München (=StA München)
Stadtarchiv Paris (=StA Paris)
Archives de la Ville de Bruxelles
Technische Universität München, Architektursammlung (=TU München)
Technische Universität Berlin, Universitätsbibliothek, Plansammlung (=TU Berlin)
Firmenarchiv Merck, Darmstadt, Nachlaß Moller (=Firmenarchiv Merck)
Sammlung des Polizeirats August Hoehn in der Hessischen Landesbibliothek Wiesbaden, „Concessionirte Spielbanken und Hazardspiele", Rara 4*Gz 302, Bd.28–34 (=Hoehn)
Chronik des Stadtarchivars Johann Georg Hamel im Stadtarchiv Bad Homburg, E 1d (=Hamelsche Chronik)

Periodika

Didaskalia, Blätter für Geist, Gemüth und Publizät. Frankfurt (=Didaskalia)
Verzeichnis der Kur-und Badegäste in Homburg vor der Höhe
Landgräflich Hessisches Amts- und Intelligenz-Blatt, Homburg vor der Höhe 1818 ff. (=Amts- und Intelligenz-Blatt)
Der Taunusbote, Homburg vor der Höhe 1859 ff. (=Taunusbote)
Morgenblatt für gebildete Stände (=Morgenblatt)
Kunst-Blatt zum Morgenblatt für gebildete Stände (=Kunst-Blatt)
Mitteilungen des Vereins für Geschichte und Altertumskunde (seit 1952: und Landeskunde) zu Bad Homburg vor der Höhe. Bad Homburg 1877 ff. (=Mitteilungen)
Alt Homburg, Mitteilungs-, Kultur- und Erinnerungsblatt des Gemeinschaftskreises „Alt Homburg". Bad Homburg 1957 ff. (=Alt Homburg)

Literatur

Alterthümer, die, von Athen,
beschrieben von J. Stuart und N. Revett.
Aus dem Englischen übersetzt
nach der Londoner Ausgabe vom Jahre 1762 und 1787 und bereichert mit einigen eigenen und allen Zusätzen der neuen Ausgabe vom Jahre 1825, I. Band. Darmstadt 1829.

Alterthümer, die, von Athen,
beschrieben von J. Stuart und N. Revett.
Aus dem Englischen übersetzt
nach der Londoner Originalausgabe und bereichert mit einigen eigenen und allen Zusätzen der neuen Ausgabe vom Jahre 1825, II. Band. Darmstadt 1831.

Alterthümer, die, von Athen,
beschrieben von J. Stuart und N. Revett.
Aus dem Englischen übersetzt
nach der Londoner Ausgabe vom Jahr 1830, und mit einigen eigenen Anmerkungen begleitet, III. oder Ergänzungsband. Darmstadt 1833.

Alterthümer von Athen und andern Orten Griechenlands, Siciliens und Kleinasiens,
gemessen und erläutert von C. R. Cockerell, W. Kinnard, T. L. Donaldson, W. Jenkins, W. Railton.
Aus dem Englischen übersetzt nach der Londoner Ausgabe vom Jahre 1830, und mit einigen Anmerkungen begleitet von Dr. Karl Wagner, Lehrer am Grossherzoglichen Gymnasium zu Darmstadt. Darmstadt 1833.

Bach, Adolf.
Der Kampf gegen die deutschen Spielbanken des 19. Jahrhunderts. In: Schmollers Jahrbuch, J. 56, H. 3/4, 1922, S. 163–189

Die Emser Spielbank. Nach den Akten des Staatsarchivs zu Wiesbaden. Bad Ems 1924.

Baehr, Paul.
Chronik von Bad Oeynhausen. Bad Oeynhausen 1967 [2]

Baeumerth, Angelika.
1200 Jahre Bad Homburg vor der Höhe. Bad Homburg 1982

Bankel, Hansgeorg (Hrsg.).
Carl Haller von Hallerstein in Griechenland 1810–1817. Berlin 1986
Bertin, Célia.
La dernière Bonaparte. Paris 1982
Biallas, Alfred
Louis Jacobi 1836–1910. Baumeister und Bürger Bad Homburgs. Katalog. Bad Homburg 1986
Biehn,Heinz/Herzogenberg,Johanna Baronin.
Große Welt reist ins Bad. München 1960
Bitz, Matthias
Badewesen in Südwestdeutschland 1550 bis 1840. Zum Wandel von Gesellschaft und Architektur. Idstein 1989
Boetticher, Karl.
Die Tektonik der Hellenen. Potsdam 1852, Berlin 1881 [2]
Bothe, Rolf (Hrsg.).
Kurstädte in Deutschland. Zur Geschichte einer Baugattung. Berlin 1984
Bothe, Rolf.
Antikenrezeption in Bauten und Entwürfen Berliner Architekten zwischen 1790 und 1870. In
Berlin und die Antike, Katalog. Berlin 1979,
Bracken, Catherina Philippa.
Antikenjagd in Griechenland 1800–1830. München 1977
Bröndsted, Peter Oluf.
Reisen und Untersuchungen in Griechenland, 2. Buch. Paris 1830
Voyages dans la Grèce accompagnés de recherches archéologiques, première livraison. Paris 1826
Busch, Werner.
Nachahmung als bürgerliches Kunstprinzip. Ikonographische Zitate bei Hogarth und in seiner Nachfolge. Studien zur Kunstgeschichte, Bd. 7. Hildesheim/ New York 1977
Cancrin, Franz Ludwig von.
Grundlehren der Bürgerlichen Baukunst nach Theorie und Erfahrung vorgetragen. Gotha 1892
Clogg, Richard (Hrsg.).
The Struggle for Greek Independence. Essays to mark the 150th anniversary of the Greek war of Independence. London 1973
Coghlan, Francis.
A picture of Homburg and its environs. London 1844
Colvin, Howard.
A biographical Dictionary of British Architects 1600–1830
Corti, Egon Caesar Conte.
Der Zauberer von Homburg und Monte Carlo. Leipzig 1932 und Frankfurt 1951 [2]
Crook, J. Mordaunt.
The Greek Revival. Neo-Classical Attitudes in British Architecture 1760–1870. London 1972
Döhmer, Klaus.
„In welchem Style sollen wir bauen?“ Architekturtheorie zwischen Klassizismus und Jugendstil. Studien zur Kunst des 19. Jahrhunderts, Bd. 36. München 1976
Dörpfeld, Wilhelm.
Mitteilungen des deutschen archäologischen Instituts, athenische Abteilung, Bd. XVI, 1891
Eaux minérales de Hombourg près Francfort sur le Mein. Paris 1841
Erler, Kurt.
Der Philhellenismus in Deutschland 1821–1829. Ein Beitrag zur Geschichte der öffentlichen Meinung im 19. Jahrhundert. Diss. Leipzig 1906
Ettlinger, Leopold.
Denkmal und Romantik. Bemerkungen zu Leo von Klenzes Walhalla. In: Festschrift für Herbert von Einem. Berlin 1965
Fergusson, James.
The Parthenon, an essay on the mode by which light was introduced into Greek and Roman temples. London 1883
Festschrift
zur 74. Versammlung deutscher Naturforscher und Aerzte. Karlsbad 1902
Fiebich, Silke.
Bedeutende Bauwerke des Architekten Louis Jacobi in Bad Homburg v.d.H.,Frankfurt am Main 1988 (Magisterarbeit, masch. Exemplar in StA HG)
Fischer, Klaus.
„Faites votre jeu“. Geschichte der Spielbank Baden-Baden. Baden-Baden 1975
Fontaine,
Histoire du Palais Royal. Paris 1834
Fräßle, Klaus.
Carl Haller von Hallerstein. Diss. Freiburg 1971
Carl von Haller in Griechenland. Traditionelle und individuelle Antikenrezeption. In
Bankel, H. (Hrsg.)
Frölich ,Marie/ Sperlich,Hans-Günther.
Georg Moller. Baumeister der Romantik. Darmstadt 1959
Fülöp-Miller, René / Eckstein, Friedrich (Hrsg.).
Dostojewski am Roulette. München 1925
Gardey, J.
Essai médical sur les Eaux minérales de Hombourg-ès-monts. Francfort sur le mein 1847
Notice sur les eaux minérales de Hombourg-ès-monts, près Francfort-sur-le-mein. Paris 1851
Gartenhof, Kaspar.
Bad Brückenau. 1747–1862. Ein Jahrhundert aus der Geschichte des Bades an der Sinn. Mainfränkische Hefte, 58. Würzburg 1973
Gerloff, Friedrich.
Wie es wurde und wuchs... 175 Jahre Bad Nenndorf. Bad Nenndorf 1963
Granville

Bains d'Europe. Manuel du voyageur aux eaux d'Allemagne, de France, de la Belgique, de la savoie, de la suisse etc. Paris 1841
Granville,
The Spas of Germany, vol. II. Paris 1837 23
Griechen und Deutsche.
Bilder vom Anderen. Stuttgart/Darmstadt 1982
Göricke, Joachim.
Die Kirchenbauten des Architekten Heinrich Hübsch. Diss. Karlsruhe 1974
Grosche, Heinz.
Geschichte der Stadt Bad Homburg vor der Höhe, Bd.3. Frankfurt am Main 1986
Habel, Heinrich.
Das Odeon in München und die Frühzeit des öffentlichen Konzertsaalbaus. Berlin 1967
Haebler, Gustav.
Geschichte der Stadt und des Kurortes Baden-Baden, II. Bd. Baden-Baden 1969
Hammer-Schenk, Harold (Hrsg.).
Kunsttheorie und Kunstgeschichte des 19. Jahrhunderts in Deutschland, Bd. 2. Stuttgart 1985
Hase, Ulrike von.
Wiesbaden - Kur- und Residenzstadt. In
Grote, Ludwig (Hrsg.). Die deutsche Stadt im 19. Jahrhundert. (=Studien zur Kunst des 19. Jahrhunderts, Bd.24). München 1974
Hederer, Oswald.
Karl von Fischer. Leben und Werk. München 1960
Leo von Klenze. München 1964
Hirschfeld, Christian Cay Lorenz.
Theorie der Gartenkunst, Bd. II. Reprint der Ausgabe Leipzig 1782, 1785. Hildesheim/New York 1973
Hochgrebe, Heinrich / Schultheis, Theodor.
Die Wildunger Kur von 1580 bis zur Gegenwart. Bad Wildungen 1987
Hoeltje, Georg.
Georg Ludwig Friedrich Laves. Hannover 1964
Hoferichter, Carl Horst.
Georg Moller im Dienst – seine Personalakte in der Schleiermacherschen Kabinettsregistratur. In Darmstadt in der Zeit des Klassizismus und der Romantik. Darmstadt 1979
Hofmann, Friedrich.
Lebendiges Bad Homburg. Bad Homburg 1960
Hooker, G. T. W. (Hrsg.).
Parthenos and Parthenon. Oxford 1963
Huber, Eva.
Georg Moller 1784-1852. In: Darmstadt in der Zeit des Klassizismus und der Romantik. Darmstadt 1979, S 159–163.
Hübsch, Heinrich.
1795–1863. Der große badische Baumeister der Romantik. Karlsruhe 1984
Jacobi, Heinrich.
–Forstmeister Franz Lotz und das Homburger Bauwesen. In: Der Weiße Turm, Nr. 10/1938
–Homburg zur Zeit der englischen Landgräfin und sein Aufstieg zur Stadt. Sonderdruck des Taunusboten Nr. 180–196. Bad Homburg 1937
–Von der Homburger Spielbank.Sonderdruck aus der Frankfurter Wochenschau 39 u. 40. Frankfurt 1941
–Zur Geschichte der Homburger Heilquellen. In: Mitteilungen XVIII, 1935
Jacobi, Louis(zugeschrieben)
Zur Geschichte des Bades Homburg, Homburgs Heilquellen. In
Bad Homburg in Wort und Bild (= Blätter vom Taunus, H. 1–5). Homburg 1893.
Jamme, Christoph / Pöggeler, Otto (Hrsg.),
Homburg vor der Höhe in der deutschen Geistesgeschichte. Stuttgart 1981
Jung, Wilhelm.
Alles über Kronthal. Kronthal 1977 [2]
Kissel, Franz.
Hundert Jahre Bad-Nauheim 1835–1835. Bad-Nauheim 1935
Krünitz, Johann Georg.
Oekonomisch-technologische Encyclopädie, oder allgemeines System der Stats- Stadt- Haus- und Land-Wirthschaft und der Kunst-Geschichte, in alphabetischer Ordnung, 17. Theil. Berlin 1787
Kuhnert, Reinhold.
Urbanität auf dem Lande. Badereisen nach Pyrmont im 18. Jahrhundert. Göttingen 1984
Lange, Hans.
Vom Tribunal zum Tempel. Zur Architektur und Geschichte deutscher Hoftheater zwischen Vormärz und Restauration. Studien zur Kunst- und Kulturgeschichte, Bd. 2. Marburg 1985
Leake, W. Martin.
Topographie Athens. Zürich 1844[2]
Leinz, Gottlieb.
Baugeschichte der Glyptothek 1806–1830. In
Vierneisel, Klaus / Leinz, Gottlieb. Glyptothek 1806–1980. München 1980
Lotz , Friedrich.
Geschichte der Stadt Bad Homburg vor der Höhe, Bd. II. Frankfurt 1972
Mehrdorf, Wilhelm / Stemler, Luise.
Chronik von Bad Pyrmont. Bad Pyrmont 1967
Michaelis, Adolf.
Der Parthenon. Leipzig 1870
Mosch, Carl Friedrich.
Die Bäder und Heilbrunnen Deutschlands und der Schweiz. Leipzig 1819
Nerdinger, Wilfried (Hrsg.).
Klassizismus in Bayern, Schwaben und Franken. Architekturzeichnungen 1775–1825. München 1980
Nerdinger, Winfried (Hrsg.).
Klassizismus in Bayern, Schwaben und Franken. Ar-

chitekturzeichnungen 1775–1825. München 1980
Niclot, Colette.
Le Palais Royal. Paris o.J. 173
Nold, Angelika.
Das Kursaalgebäude in Bad Ems. In: Nassauische Annalen, Bd. 91. Wiesbaden 1980
Pall, Etienne.
Enthüllungen aus Bad Homburg und Geheimnisse des dortigen Treibens. Weimar 1856
Palm, Rolf.
Ich schenk´ dir Monte Carlo. Gütersloh 1974
Pauli, Friedrich Wilhelm.
Homburg vor der Höhe und seine Heilquellen. Frankfurt am Main 1842
Pevsner, Nikolaus.
Doric Revival. Die Wiederentdeckung der dorischen Ordnung im frühen Klassizismus (in Zusammenarbeit mit S. Lang). Studien zur Kunst des 19. Jahrhunderts, Sonderband. München 1977
Podehl, Wolfgang.
Brunnen und Bäder. In
Herzogtum Nassau 1806–1866. Wiesbaden 1981
Spielbanken - Spielhöllen. Wiesbaden 1975
Reidel, Hermann.
Emanuel Joseph von Herigoyen. Zürich 1982
Reissberger, Mara.
Teophil Hansens Wiener Zinspalais.
Künstlerische, gesellschaftliche und ökonomische Bedingtheiten eines Bautyps. Diss. Marburg 1978
Richter, Wolfgang / Zänker, Jürgen.
Der Bürgertraum vom Adelsschloß. Hamburg 1988
Riemann, Gottfried (Hrsg.).
Karl Friedrich Schinkel, Reise nach England, Schottland und Paris im Jahre 1826. München 1986
Rose, Hans.
Jean Baptiste Métivier, der Erbauer des Braunen Hauses in München. In: Zeitschrift des deutschen Vereins für Kunstwissenschaft, Bd. 1. München 1934
Saint-Germain, Philippe / Rousset, Francis.
La grande dame de Monte-Carlo. Paris 1981
Schaefer, Albert.
Wiesbaden. Von der Römersiedlung zur Landeshauptstadt. Frankfurt am Main 1973 [2]
Schroth, Ingeborg.
„Die Nachahmung des Griechischen“ durch die Berliner Baumeister der Goethe-Zeit. Diss. Freiburg 1944
Sebald, Eduard.
Das Kurhaus, ein Bautyp des 19. Jahrhunderts am Beispiel des Wiesbadener Kurhauses von Christian Zais. In
Nassauische Annalen, Bd. 97. Wiesbaden 1986
Simon, Erika.
Panathenaia and Parthenon. Festivals of Attica, An archaeological commentary. London 1983
Sombart, Werner.
Luxus und Kapitalismus. München/Leipzig 1913
Sperlich, Hans-Günther.
Die Drehung der Achse. Moller als Architekt einer bürgerlichen Hauptstadt. In: Darmstadt in der Zeit des Klassizsmus und der Romantik. Darmstadt 1979
Spielmann, Carl.
Das Kurhaus zu Wiesbaden 1808–1904. Wiesbaden 1904
St. Clair, William.
That Greece might still be free. The Philhellenes in the War of Independence. London 1972
Steinhauser, Monika.
Das europäische Modebad des 19. Jahrhunderts. Baden-Baden – Eine Residenz des Glücks. In: Die deutsche Stadt des 19. Jahrhunderts. Studien zur Kunst des 19. Jahrhunderts, Band 24. München 1974
Stern,
Album der domänenfiskalischen Bäder und Mineralbrunnen im Königreich Preußen. Aachen o.J. (um 1910)
Stolz, Ruprecht.
Die Walhalla. Ein Beitrag zum Denkmalsgedanken im 19. Jahrhundert. Diss. Köln 1977
Struck, Wolf-Heino.
Wiesbaden im Biedermeier. Geschichte der Stadt Wiesbaden, Bd. V. Wiesbaden 1981
Wiesbaden in der Goethezeit. Geschichte der Stadt Wiesbaden, Bd. IV, T. 1. Wiesbaden 1979
Szambien, Werner.
Jean-Nicolas-Louis Durand (1760–1834). De l´imitation à la norme. Paris 1984
Thoma, Hans.
Von der Neuveste zum Festsaalbau. In: Vierte Festschrift zum Wiederaufbau der Residenz München. München 1959
Thomsen, Knut.
Die Bemühungen Hessen-Homburgs um Sitz und Stimme im Bundestag. Beitrag zur Geschichte eines deutschen Kleinstaates. In: Mitteilungen XXX, 1966, S. 5–125.
Traeger, Jörg (Hrsg.).
Die Walhalla. Idee, Architektur, Landschaft. Regensburg 1979
Tsigakou, Fani-Maria.
The rediscovery of Greece. Travellers and painters of the romantic era. London 1981
Varnhagen von Ense, Karl August.
Tagebücher, Bd. 2./3 Leipzig 1861
Vogt, Günther.
Frankfurter Bürgerhäuser des 19. Jahrhunderts. Ein Stadtbild des Klassizismus. Frankfurt am Main o.J.
Wagner-Rieger, Renate / Krause, Walter (Hrsg.).
Historismus und Schloßbau. Studien zur Kunst des 19. Jahrhunderts, Bd. 28. München 1975
Wasem, Eva-Maria.

Die Münchener Residenz unter Ludwig I. Bildprogramme und Bildausstattungen in den Neubauten. In Miscellanea Bavarica Monacensia, Heft 101 (= Schriftenreihe des Stadtarchivs München). München 1981
Watkin, David.
The Life and Work of Ch. R. Cockerell. London 1974
Weber, Carl Julius.
Deutschland oder Briefe eines in Deutschland reisenden Deutschen, 5. Bd., 2. Theil. Stuttgart 1834, S 478.
Wegner, Ewald.
Forschung zu Leben und Werk des Architekten Johann Gottfried Gutensohn (1792–1851). Frankfurt 1984(= Europäische Hochschulschriften , Reihe XXVIII, Bd.32)
Weinbrenner, Friedrich.
1766–1826. Karlsruhe 1977
Westerburg, Thomas.
Das Geheimnis des Roulette. Wien/Düsseldorf o.J. (1974)
Wykes, Alan.
Glücksspiele. München 1967.
Youngson, A. J.
The making of classical Edinburgh. Edinburgh 1966

Abbildungsnachweis

Farbtafeln

S. 71 Plansammlung der Universitätsbibliothek der Technischen Universität Berlin, Inv. Nr. 10 311
S. 193 Original und Foto: Architektursammlung der Technischen Universität München, Inv. Nr. 1975/20
S. 229 Aus: Zeitschrift für praktische Baukunst, 16. Jg. Berlin 1856, Tafel 2
S. 263 Ansichtspostkarte, Sammlung A. Baeumerth

Abbildungen

1 Aus: Nachrichten über die Heilquellen von Homburg vor der Höhe, deren chemischen Gehalt und Wirksamkeit. O.O. 1837
2 Aus: Taunus-Album. Frankfurt am Main 1839
3 Stadtarchiv Bad Homburg, Plansammlung, II C 8a
4 Stadtarchiv Bad Homburg, Plansammlung, II C 8b
5 Aus: Friedrich Weinbrenner 1766-1826. Karlsruhe 1978, S. 46
6 Hessisches Hauptstaatsarchiv Wiesbaden 3011/ 2460,1
7 Hessisches Hauptstaatsarchiv Wiesbaden 3011/ 2460, 3
8 Hessisches Staatsarchiv Darmstadt
9 Hessisches Hauptstaatsarchiv Wiesbaden 310 XVc 7, Bd.2, 14 u. 17
10 Plansammlung der Universitätsbibliothek der Technischen Universität Berlin, Inv. Nr. 10 304
11 Fotografie nach Fotografie
Hessisches Staatsarchiv Darmstadt, Nachlaß Frölich, Kasten I, H. XVII, S. 42
12 Plansammlung der Universitätsbibliothek der Technischen Universität Berlin, Inv. Nr. 10 307
13 Plansammlung der Universitätsbibliothek der Technischen Universität Berlin, Inv. Nr. 10 309
14 Plansammlung der Universitätsbibliothek der Technischen Universität Berlin, Inv. Nr. 10 305
15 Anhand des Situationsplans von G. Moller eingezeichnet in: Geometrischer Grundriß von der Gemarkung Homburg, 1822-1823 (Katasteramt Bad Homburg).
16 Stadtarchiv Bad Homburg (Aufnahme ca. 1981; 1990 vermißt)
17 Stadtarchiv Bad Homburg (Aufnahme ca. 1981; 1990 vermißt)
18 Plansammlung der Universitätsbibliothek der Technischen Universität Berlin, Inv. Nr. 10 306
19 Plansammlung der Universitätsbibliothek der Technischen Universität Berlin, Inv. Nr. 10 308
20 Plansammlung der Universitätsbibliothek der Technischen Universität Berlin, Inv. Nr. 10 314
21 Plansammlung der Universitätsbibliothek der Technischen Universität Berlin, Inv. Nr. 10 315
22 Plansammlung der Universitätsbibliothek der Technischen Universität Berlin, Inv. Nr. 10 316
23 Plansammlung der Universitätsbibliothek der Technischen Universität Berlin, Inv. Nr. 10 317
24 Plansammlung der Universitätsbibliothek der Technischen Universität Berlin, Inv. Nr. 10 318
25 Plansammlung der Universitätsbibliothek der Technischen Universität Berlin, Inv. Nr. 10 324
26 Plansammlung der Universitätsbibliothek der Technischen Universität Berlin, Inv. Nr. 10 323
27 Plansammlung der Universitätsbibliothek der Technischen Universität Berlin, Inv. Nr. 10 320
28 Plansammlung der Universitätsbibliothek der Technischen Universität Berlin, Inv. Nr. 10 321
29 Plansammlung der Universitätsbibliothek der Technischen Universität Berlin, Inv. Nr. 10 322
30 Plansammlung der Universitätsbibliothek der Technischen Universität Berlin, Inv. Nr. 10 319
31 Aus: Karl Friedrich Schinkel. Berlin 1981, S. 169
32 Plansammlung der Universitätsbibliothek der Technischen Universität Berlin, Inv. Nr. 10 305
33 Aus: Hirschfeld, Gartenkunst, V. Buch, S. 33
34 Aus: Raval, Marcel. Claude-Nicolas Ledoux. Paris 1945, S.85
35 Aus: Raval, Marcel. Claude-Nicolas Ledoux. Paris 1945, S.84
36 Original und Foto: Stadtarchiv Darmstadt
37 Original und Foto: Stadtarchiv Darmstadt
38 Aus: Darmstadt in der Zeit des Klassizismus und der Romantik. Darmstadt 1979, S. 123
39 Original und Foto: Stadtarchiv Darmstadt
40 Plansammlung der Universitätsbibliothek der Technischen Universität Berlin, Inv. Nr. 10 310
41 Plansammlung der Universitätsbibliothek der Technischen Universität Berlin, Inv. Nr. 10 311
42 Plansammlung der Universitätsbibliothek der Technischen Universität Berlin, Inv. Nr. 10 312
43 Plansammlung der Universitätsbibliothek der Technischen Universität Berlin, Inv. Nr. 10 313

44 Hessisches Hauptstaatsarchiv Wiesbaden 310 XVc 7, Bd.2
45 In: Ersch/Gruber, Allgemeine Encyclopädie der Wissenschaften und Künste, 3. Sect. 3. Theil. Leipzig 1832
46 Stadtarchiv Bad Homburg
47 Stuart/Revett, The Antiquities of Athens
48 Aus: Bröndsted, P.O.: Reisen und Untersuchungen in Griechenland...Paris 1830, Taf. XXXVIII, S. 132
49 Aus: Zeitschrift für Bauwesen, II. Jg. Berlin 1852, Bl. 81
50 Aus: Michaelis, Adolf. Der Parthenon. 1870
51 a + b Original und Foto: Institut für Baugeschichte der Universität Karlsruhe
52 Original und Foto: Architektursammlung der Technischen Universität München
53 Original und Foto: London, British Architectural Library Drawings Collection, Inv. RAN 1/K/10
54 Aus: Hussey, Christopher. English Country Houses. Late Georgian 1800-1840. London 1956, p. 9, Abb. 2
55 Original und Foto: Architektursammlung der Technischen Universität München
56 Original und Foto: Bayerische Staatsbibliothek München
57 Original und Foto: Bayerische Staatsbibliothek München
58 Original und Foto: British Architectural Library, Drawings Collection
59 The Royal Commission on the Ancient & Historical Monuments of Scotland, Edinburgh
59 a The Royal Commission on the Ancient & Historical Monuments of Scotland, Edinburgh
60 Bildarchiv Foto Marburg
61 Sammlung A. Baeumerth
62 Stahlstich von J. Poppel in „Guide par les Bains du Taunus". Darmstadt/Wiesbaden (Verlag G.G. Lange), um 1840. Sammlung A. Baeumerth
62 a Museum of Art, Rode Island, School of Design (Fotografie in StA HG, Fotosammlung)
63 Fotografie, Reproduktion aus: Conte Corti, Egon Caesar. Der Zauberer von Homburg und Monte Carlo. Frankfurt am Main 1951, vor S. 33
64 „Amts- und Intelligenz-Blatt 21, 23.5.1841
65 Stadtarchiv Bad Homburg E I 3d, 1843 (Hamelsche Chronik), bei fol. 6
66 Stadtarchiv Bad Homburg E I 3d, 1843 (Hamelsche Chronik), bei fol. 6
67 Original: Stadtmuseum München
Aus: Seidl, Wolf. Bayern in Griechenland.
Die Geburt des griechischen Nationalstaats und die Regierung König Ottos. München 1981, S. 31
68 Stadtarchiv Bad Homburg, Plansammlung, Nr. 333
70 Original und Foto: Architektursammlung der Technischen Universität München, Inv. Nr. 1975/21
71 Stahlstich aus: Meyers Universum. Hildburghausen 1847. Sammlung A. Baeumerth
72 Sammlung Harald Fechtner
73 Aus: Gardey, J.: Notice sur les eaux minérales de Hombourg-ès-monts près Francfort-sur-le-mein. Paris 1851
74 Stadtarchiv Bad Homburg, Fotosammlung
75 Stadtarchiv Bad Homburg, Plansammlung, Nr. 334
76 Sammlung A. Baeumerth
77 Sammlung A. Baeumerth
78 Stadtarchiv Bad Homburg, Fotosammlung
79 Sammlung A. Baeumerth
80 Aus: Busignani, Alberto / Bencini, Raffaello. Le Chiese di Firenze, Bd. 3. Firenze 1982, S. 61
81 Stadtarchiv Bad Homburg, Fotosammlung
82 Aus: Die Decoration der inneren Räume des Koenigsbaues zu München. Ausgeführt nach Zeichnungen und unter Leitung des Architekten Leo von Klenze. Besonderer Abdruck aus der Allgemeinen Bauzeitung. Wien 1842, Bl. VII, VIII („Der Empfangs- oder Thronsaal")
83 Foto: Verwaltung der Staatlichen Schlösser, Gärten und Seen, Museumsabteilung, Schloß Nymphenburg, München
84 Stadtarchiv Bad Homburg, Plansammlung, Nr. 333
85 Stadtarchiv Bad Homburg, Plansammlung, Nr. 333
86 Stadtarchiv Bad Homburg, Fotosammlung
87 Stadtarchiv Bad Homburg, Graphische Sammlung
88 Aus: Wittkower, Rudolf. Grundlagen der Architektur im Zeitalter des Humanismus. München 1969, Abb. 43
89 Sammlung A. Baeumerth
90 Aus: Zeitschrift für praktische Baukunst, 16.Jg. Berlin 1856, Tafel
91 Aus: Zeitschrift für praktische Baukunst, 16.Jg. Berlin 1856, Tafel
92 Sammlung A. Baeumerth
93 Aus: Zeitschrift für praktische Baukunst, 16.Jg. Berlin 1856, Tafel
93 a Aus: Zeitschrift für praktische Baukunst, 16.Jg. Berlin 1856, Tafel 137
94 Aus: Zeitschrift für praktische Baukunst, 16.Jg. Berlin 1856, Tafel
95 Sammlung A. Baeumerth
96 Sammlung A. Baeumerth
97 Archives de la Ville de Bruxelles
98 Sammlung A. Baeumerth
99 Aus: Hymans, Henri. Les Cluysenaar. Bruxelles 1928
100 Aus: Hymans, Henri. Les Cluysenaar. Bruxelles 1928

101 Aus: Hymans, Henri. Les Cluysenaar. Bruxelles 1928
102 Archiv des Bauamtes Bad Homburg (Aufnahme 1980; 1990 verschollen)
103 StA HG, Plansammlung, Nr. 334
104 Archiv des Bauamtes Bad Homburg (Aufnahme 1980; 1990 verschollen)
105 HHStA 310 XVc 76, fol. 194
106 Sammlung A. Baeumerth
107 Aus: Hymans, Henri. Les Cluysenaar. Bruxelles 1928
108 Archiv des Bauamtes (Aufnahme 1980; 1990 verschollen)
109 Sammlung A. Baeumerth
110 Archiv des Bauamtes (Aufnahme 1980; 1990 verschollen)
111 Sammlung A. Baeumerth
112 Stadtarchiv Bad Homburg, Plansammlung, Nr. 334
113 Stadtarchiv Bad Homburg, Plansammlung, Nr. 334
114 Sammlung A. Baeumerth
115 Stadtarchiv Bad Homburg, Fotosammlung
116 Stadtarchiv Bad Homburg, Fotosammlung
117 Aus: Schaefer, Bad Homburg und seine Umgebungen. Darmstadt 1864
118 Aus: Hymans, Henri. Les Cluysenaar. Bruxelles 1928
119 Sammlung A. Baeumerth
120 Bildarchiv Foto Marburg
121 Stadtarchiv Bad Homburg, Fotosammlung
122 Stadtarchiv Bad Homburg, Fotosammlung
123 Sammlung A. Baeumerth
124 Sammlung A. Baeumerth
125 Aus: Köver, Katharina. Johann Joseph Couven. Aachen 1983, Kat. Nr. 144
126 Sammlung A. Baeumerth
127 Stadtarchiv Bad Homburg, Fotosammlung
130 Sammlung H. Bernecker
131 Sammlung A. Baeumerth
132 Foto: H. Lebeau